Wanzek · Die Gußmodel für Tüllenbeile im südöstlichen Europa

Universitätsforschungen zur prähistorischen Archäologie

Band 2

Aus dem Seminar für Ur- und Frühgeschichte
der Freien Universität Berlin

1989

In Kommission bei Dr. Rudolf Habelt GmbH, Bonn

Die Gußmodel für Tüllenbeile im südöstlichen Europa

von

Burger Wanzek

1989

In Kommission bei Dr. Rudolf Habelt GmbH, Bonn

Gedruckt u. a. mit Unterstützung der Freien Universität Berlin

CIP-Titelaufnahme der Deutschen Bibliothek

Wanzek, Burger:
Die Gussmodel für Tüllenbeile im südöstlichen Europa/
von Burger Wanzek. – Bonn: Habelt, 1989
(Universitätsforschungen zur prähistorischen Archäologie; Bd. 2: Aus dem
Seminar für Ur- und Frühgeschichte der Freien Universität Berlin)
ISBN 3-7749-2420-1
NE: GT

ISBN 3-7749-2420-1

Copyright 1989 by Dr. Rudolf Habelt GmbH, Bonn

VORWORT DER HERAUSGEBER

Die neue Reihe "Universitätsforschungen zur Prähistorischen Archäologie" soll Bedürfnissen des Faches Rechnung tragen, die in den letzten Jahren entstanden sind. Die wachsende Zahl an Examensarbeiten und anderer Forschungsleistungen vornehmlich junger Wissenschaftler kann nur in einem begrenzten Maße in den traditionellen und etablierten Publikationsorganen des Faches vorgelegt werden. Es liegt weder im Interesse der Wissenschaft und erst recht nicht der betroffenen jungen Autoren, daß der Überhang an Manuskripten zu einer mitunter mehrjährigen Verzögerung ihrer Bekanntgabe führt. Die Universitäten sind aufgerufen, Abhilfe zu schaffen; sie wollen dies mit den Mitteln der ihnen zur Verfügung stehenden modernen Technik erreichen. Die Institute können - bei einem gewissen redaktionellen Engagement - kostengünstig Manuskriptbearbeitungen bis hin zum Umbruch durchführen, sie haben verschiedene Möglichkeiten, den Druck der selbständig hergestellten Buchsätze zu finanzieren. Was sie nicht können, ist, den Vertrieb und die heute nötige Werbung zu sichern. Dafür ist ein Zusammenschluß und die Zusammenarbeit mit einem Verlag von Nutzen.

Für die einzelnen Bände zeichnen jeweils die Autoren und die Institute ihrer Herkunft, die im Titel deutlich gekennzeichnet sind, verantwortlich. Die gegenseitige Beratung und der Erfahrungsaustausch der beteiligten Partner wird noch zu mancher Verbesserung führen, und sicher wird das gemeinsame Vorgehen in Zukunft auch Früchte bei der Mittelbeschaffung tragen. Es ist unser Ziel, den Preis der Bücher niedrig zu halten, um ihnen so eine möglichst weite Verbreitung zu sichern.

Die unterzeichnenden Herausgeber laden alle interessierten Institutsleiter ein, dem Herausgeberkreis beizutreten und Arbeiten aus ihrem Bereich der Reihe zukommen zu lassen.

Bernhard Hänsel   Harald Hauptmann   Albrecht Jockenhövel   Jens Lüning   Michael Müller-Wille
Berlin(West)   Heidelberg   Münster   Frankfurt/M.   Kiel

Für C. und G. Paetzold

Inhaltsverzeichnis

Vorwort

Einleitung   13

    Zur Quellenkritik   15
    Zur Chronologie   18
    Zum Arbeitsgebiet und zur Verbreitung   20
    Zum Stand der Forschung   23
    Zur Nomenklatur der Gußmodel   29

Der Fundstoff   32

    Zur Herstellung der Gußmodel aus Stein   33

        Die Herstellung des Gußmodelrohlings   33
        Die Einarbeitung des Negativs   37
        Die Einarbeitung der Verzierungen   38

    Zu den gußtechnischen Einrichtungen   39

        Die Verzapfungslöcher   39
        Die Passmarken   40
        Die Verschnürungsrillen   44
        Die Griffmulden   45
        Die Entgasungskanäle   45
        Die Eingußkanäle   47
        Die Dornfortsätze   49
        Andere gußtechnische Einrichtungen   52

    Zur Herstellung der Gußmodel aus Ton   52

    Zu den Gußkernen   53

        Die Herstellung der Gußkerne   54
        Die Installierung der Gußkerne im Gußmodel   55

    Zum Metalleinguß   59

        Die Eingußkanalvarianten   60
        Variante 1   61
        Variante 2   61
        Variante 3   62
        Variante 4   63
        Variante 5   64
        Variante 6   64

    Mehrteilige Gußmodel für Tüllenbeile?   65

Zur Datierungsmethode	69
Zur Gliederung der Tüllenbeilornamentik	70
Zur räumlichen, zeitlichen und Typengliederung des Fundstoffes	72
Fragmentierte Gußmodel und Hinweise auf Gußmodel	132
Gußmodel mit Schneiden- und Beilkörperfragmenten	132
Gußmodel mit Tüllenbeilrändern	133
Zur Herkunft des Gerätetyps Tüllenbeil	134
Die Forschungsgeschichte	134
Die ältesten Tüllenbeile	136
Die spätbronzezeitlichen Tüllenbeile	137
Das extrakarpatische Gebiet	137
Das innerkarpatische Gebiet	138
Der nordkarpatische Raum	138
Die Grundlagen der Tüllenbeilentwicklung	143
Die Funktion der Tüllenbeile	149
Zu den spätbronzezeitlichen Gußmodeln und ihren Positivanalogien	156
Zu den älterurnenfelderzeitlichen Gußmodeln und ihren Positivanalogien	158
Bulgarien	158
Das Gebiet um das Eiserne Tor	159
Ungarn und Siebenbürgen	161
Zusammenfassung	162
Zu den jungurnenfelderzeitlichen Gußmodeln und ihren Positivanalogien	164
Zu den späturnenfelderzeitlichen Gußmodeln und ihren Positivanalogien	166
Die Gußmodel und ihre Positivanalogien	166
Exkurs: Die Tüllenbeile aus Bronze ohne Positivanalogien	166
Die Tüllenbeile aus Eisen	169
Zur Verbreitung und Lage der Gußmodel	176
Die Lagerstätten für Kupfer und Zinn	176
Der Bezug Lagerstätte-Fertigprodukt	177
Der Bezug Lagerstätte-Gußmodel	178
Zur Vergesellschaftung von Tüllenbeilgußmodeln mit anderen Modeln im selben Fundverband	182
Zur Vergesellschaftung von Tüllenbeilnegativen mit anderen Negativen auf demselben Gußmodel	185
Zur Organisation des Gießerwesens anhand der Tüllenbeilgußmodel	188
Der Fundkatalog	193

Verzeichnisse und Register 206

    Verzeichnis der allgemeinen und gußtechnischen Abkürzungen 206

    Verzeichnis der Abkürzungen für Gerätetypen 207

Listen 1-14 208

Literaturverzeichnis 236

Addenda 272

Ortsregister 273

Tafelerklärungen 285

Tafeln 1-71

Vorwort

Die vorliegende Arbeit behandelt die Gußmodel für Tüllenbeile in Bulgarien, Jugoslawien, Rumänien, der südlichen Slowakei und Ungarn. Sie ist die überarbeitete Fassung einer im Herbst 1986 abgeschlossenen Abhandlung, die als Dissertation vom Fachbereich Altertumswissenschaften der Freien Universität zu Berlin angenommen wurde.

Es zeigte sich, daß die Bearbeitung der Gußmodel ein Desiderat zur Erforschung der Bronzezeit in Südosteuropa darstellte, da besonders bei der angestrebten länderübergreifenden Untersuchung der Gußmodel für Tüllenbeile und ihrer Beziehung zu den bronzenen Tüllenbeilen verbindlichere Ergebnisse zur Handwerks- Handels- und Kulturgeschichte dieses Raumes zu erwarten waren.

Die Arbeit wäre ohne das Entgegenkommen und die bereitwillig geleistete Hilfe insbesondere der ausländischen Wissenschaftler in der Form nicht denkbar gewesen. Für die Möglichkeit, in Museen und Sammlungen Material aufnehmen und studieren zu dürfen, für die Überlassung unveröffentlichter Funde sowie für die Vermittlung neuer Kenntnisse gebührt mein Dank folgenden Damen und Herren.

M. Babeş (Bukarest), T. Bader (Satu Mare), D. Balen-Letunić (Zagreb), M. Barbu (Arad), E. Barth (Wien), D. Benea (Timişoara), I. Chicideanu (Bukarest), E. Ciocea (Vaslui), B. Čović (Sarajevo), R. Cvejić (Zrenjanin), R. Drechsler-Bižić (Zagreb), H. Drescher (Hamburg), E. Dunăreanu-Vulpe (Tecuci), M. Fekete (Szombathely), A. u. M. Florescu (Iaşi), S. Gabrovec (Ljubljana), M. Garašanin (Belgrad), C. Georgieva-Valcănova (Smoljan), J. I. Gladičeva (Sofia), K. Glučkov (Čepelare), I. Hitzl (Athen), S. Joanović (Vršac), D. Jovanović (Negotin), C. Kacsó (Baia Mare), K. Kănčev (Nova Zagora), I. Karajotov (Sofia), R. Katinčarov (Sofia), T. Kemenczei (Budapest), V. Kolšek (Celje), T. Kovács (Budapest), A. Lalović (Zaječar), A. László (Iaşi), D. Maksimović (Niš), B. Marijanović (Sarajevo), F. Medeleţ (Timişoara), P. Medović (Novi Sad), I. Miloi (Arad), A. Mozsolics (Budapest), M. Nicu (Tecuci), B. Nikolov (Vraca), D. Nikolov (Stara Zagora), J. Obereder (Wien), M. Özdoğan (Istanbul), M. Petrescu-Dîmboviţa (Iaşi), D. Pirkmaier (Celje), C. Preda (Bukarest), R. Radišić (Zrenjanin), R. Rašajski (Vršac), P. Rogozea (Caransebeş), M. Rusu (Cluj), I. Šavel-Horvat (Murska Sobota), L. Sekereš (Subotica), M. Šimek (Varaždin), U. Sinn (Athen), T. Soroceanu (Cluj), I. Stanczik (Budapest), S. Stojanov (Razgrad), H. Todorova (Sofia), N. Trampuž-Orel (Ljubljana), S. Tripolsky (Senta), R. Vasić (Belgrad), M. Voineagu (Arad), M. Vukmanović (Belgrad), A. Vulpe (Bukarest), E. Zaharia (Bukarest).

Ein besonderer Dank gilt meinem verehrten Doktorvater, Herrn Prof. Dr. B. Hänsel, der meine Arbeit mit Ratschlägen und Hinweisen formaler, methodischer und inhaltlicher Art über alle Maßen förderte.

Zu Dank verpflichtet bin ich den Mitarbeitern des Berliner Seminars für Ur- und Frühgeschichte sowie vielen meiner Kommilitonen, die durch ihre Gesprächsbereitschaft nicht unerheblich zum Gelingen meines Vorhabens beigetragen haben.

Zu danken habe ich den Verantwortlichen des Deutschen Akademischen Austauschdienstes für die Verleihung eines Reisestipendiums nach Rumänien.

Ich danke meinen Eltern, daß sie mir dieses Studium ermöglichten.

Burger Wanzek

Berlin 1988

Einleitung

Gegenstand der vorliegenden Arbeit sind die steinernen, in Ausnahmefällen aus Ton bestehenden Gußformen und Gußformenhälften für Tüllenbeile aus Bulgarien, Jugoslawien, Rumänien, der südlichen Slowakei und Ungarn. Sie sind Ausgangspunkt einer Untersuchung zur bronzezeitlichen Handwerks- und Handelsgeschichte im südöstlichen Europa.

Das Ziel der Arbeit ist verschiedener Natur. Es besteht darin:
1. die von der bisherigen Forschung vernachlässigte Fundgattung der Gußmodel anhand des häufigsten Typs - für Tüllenbeile - in einem geographisch und archäologisch abgrenzbaren Raum geschlossen vorzustellen.
2. das gußtechnische Spektrum der Tüllenbeilherstellung darzustellen, um durch die Gußtechnik Handwerkskreise herauszuarbeiten.
3. die Verbreitung der Gußmodel und deren Verhältnis zu den fertigen zuweisbaren Tüllenbeilen zu klären versuchen.

Die Berechtigung zu einer sinnvollen Beschäftigung mit dem Fundstoff lieferte die in der Literatur erscheinende große Menge an Gußmodel. Hier ist insbesondere auf die Forschungstätigkeit in den oben genannten Ländern und deren literarische Präsentation hinzuweisen, die in den letzten zwei Jahrzehnten zu einer beträchtlichen Vermehrung des Fundstoffes führte. Es erwies sich jedoch, daß gerade bei dem Bemühen um technologische Fragen nur eine umfassende Neuaufnahme der durch die Literatur bekannten Gußmodel eine solide Ausgangsbasis liefern konnte. Zu diesem Zweck wurde im Sommer und Herbst 1983 eine Museumsreise in die betreffenden Länder durchgeführt. Dabei besuchte ich Museen und Sammlungen in folgenden Städten:

Bulgarien:
Burgas, Čepelare, Chaskovo, Chotnica, Loveč, Nova Zagora, Plovdiv, Razgrad, Ruse, Sevlievo, Sofia, Sliven, Stara Zagora, Veliko Tărnovo, Vraca.

Jugoslawien:
Belgrad, Celje, Kikinda, Ljubljana, Murska Sobota, Negotin, Novi Sad, Ptuj, Sarajevo, Senta, Subotica, Varaždin, Vršac, Zagreb, Zrenjanin.

Österreich:
Wien.

Rumänien:
Arad, Bacău, Baia Mare, Bîrlad, Brăila, Bukarest, Caransebeş, Cîmpulung, Cluj, Constanţa, Huşi, Iaşi, Piatră Neamţ, Satu Mare, Tecuci, Timişoara, Tîrgovişte, Tulcea, Vaslui, Zalău.

Ungarn:
Budapest, Szombathely.

Das Ziel einer vollständigen Aufnahme ließ sich leider nicht erreichen, da aus verschiedenen Gründen in einigen Museen das Gußmodelmaterial nicht greifbar war, als verschollen galt oder nur als Skizze überliefert war.
In Ungarn war die Materialaufnahme aus durchaus verständlichen Gründen eingeschränkt, da T. Kovács eine Vorlage aller Gußformen des Landes vorbereitet. Es gilt diese Arbeit abzuwarten und in den Ergebnissen zu den Tüllenbeilen der vorliegenden gegenüberzustellen. Nur im Savaria Museum zu Szombathely war es möglich, daß gesamte dort vorhandene Fundgut zu überprüfen.

So trägt das aus der Literatur gesammelte ungarische Material zwangsläufig ausschnitthaften Charakter, besonders was die gußtechnischen Details der Schmal-, Stirn- und zweiten Breitseiten betrifft. Die slowakischen Gußmodel sowie die zum Vergleich herangezogenen anderer Länder sind der Literatur entnommen. Bei der Zusammenstellung der Positivanalogien konnte eine Materialaufnahme angesichts der Fundmasse nicht angestrebt werden. Sie basiert auf der Literatur, wobei Wert darauf gelegt wurde, neben den großen bekannten Materialeditionen, Periodica und sonstige Publikationen größerer und kleinerer Institutionen, wie Bezirksmuseum, Kreismuseum etc. durchzusehen, um ein geschlossenes, verläßliches Bild der publizierten Tüllenbeile zu erhalten.

Es ist unerläßlich darauf hinzuweisen, daß die Gußmodel nur einen Teilaspekt des Bronzegießerhandwerks darstellen. Die Spannweite dieses Handwerkszweiges reicht von der Gewinnung des Metall- und Gesteinsrohstoffs - in der vorliegenden Arbeit nur am Rande gestreift - über den Aufbereitungs- und Fertigungsprozeß des Metalls bis zur Nachbearbeitung des gegossenen Fertigproduktes. Es ist weiterhin annehmbar, daß der Gießer mit 'sekundären' Tätigkeiten wie Reparaturen oder Einschmelzen von Altmetall betraut gewesen war (Jockenhövel 1986; Abb. 3. Needham 1981; Abb. 11).

Hinweise auf das Metallhandwerk lassen sich natürlich durch viele andere Gegenstände oder Objektgruppen gewinnen.

Eine Arbeit, wie sie Jockenhövel (1986) für Süddeutschland anstrebte, in der neben Gußformen Gußkuchen, Barren, Gußtiegel, Gußabfall, Schlagsteine etc. zur Aufhellung der Struktur und Organisation der Metallverarbeitung dienten, läßt sich für den Südosten Europas in Form einer zusammenfassenden Übersicht nicht schreiben.

Trotz eines als relativ gut zu beschreibenden Forschungsstandes und leicht zugänglicher Funde war es dem Autor nicht möglich, ein verbindliches Bild der süddeutschen Zustände aufzuzeigen.

Dieser Zustand scheint primär am Forschungs- und Publikationsstand zu liegen, wie es von Jockenhövel auch an mehrfacher Stelle mit Deutlichkeit betont wird. Gleiches hat - wenn nicht in stärkerer Form - in dem von mir gewählten Arbeitsgebiet zu gelten.

Die Beschränkung auf die Gußformen ist somit im weitesten Sinne zwangsläufig.

Abschließend soll darauf hingewiesen werden, daß die vorliegende Untersuchung als ein erster Versuch zur tieferen Kenntnis der Fundgruppe 'Gußmodel' zu verstehen ist. Sie wird von mir - hauptsächlich durch die Überrepräsentation der Tüllenbeilgußmodel gegenüber anderen - als Maßstab für zukünftige Untersuchungen zu dieser Fundgruppe verstanden.

Zur Quellenkritik

Eine quellenkritische Betrachtung des Fundstoffes gibt Auskunft darüber, in welchen zahlenmäßigen Anteilen die Gußmodel für Tüllenbeile in den Fundkategorien 'Grab', 'Hort' oder 'Siedlung' vertreten sind, wie es sich mit der geographischen Verteilung dieser Kategorien und der Gußmodel verhält und in welcher Weise diese Überlieferung forschungsgeschichtlich oder in anderer Art determiniert ist, allgemeiner ausgedrückt, wie es sich mit dem Verhältnis zwischen Art und Aussage der Überlieferung und der historischen Wirklichkeit verhält.

	SI	EF	HO	UNV	GR	gesamt
absolut	33	28	9	2	1	73
prozentual	45,2	38,4	12,3	2,7	1,4	100

Die Aufstellung zeigt, in welcher Weise sich die 73 Fundorte absolut und prozentual auf die Fundkategorien verteilen. Mit UNV werden die mir in ihrer Quellenzugehörigkeit unbekannten Funde von Karlovo (KatNr. 6) und Lesičevo (KatNr. 7) bezeichnet.

Die hohe Zahl der 'Einzelfunde' resultiert aus mehreren Faktoren. Hierzu zählen primär die Art der Fundmeldung und Fundbergung, die Nachuntersuchungen - sprich Grabungen - nicht umfassen.

Selbst bei dem Besuch der Museen war es nicht möglich, genauere Informationen zu erhalten. Es kann somit nicht entschieden werden, ob es sich um einzelne Gegenstände handelt, die beispielsweise als 'Einstückhort' anzusprechen sind, oder um solche, die einzelne Teile größerer Komplexe oder Fundansammlungen darstellen. Sehr häufig handelt es sich bei ihnen um Aufsammlungen bei landwirtschaftlichen Tätigkeiten.

Auch bei den 'Hortfunden' ist mit einem gewissen Vorbehalt zu argumentieren. So ist der 'Hort' von Esenica (KatNr. 5) angekauft worden. Bei den anderen muß damit gerechnet werden, daß bei Wegfall von Hinweisen auf Gräber oder Siedlungen die Kategorie 'Hortfund' am wahrscheinlichsten ist.

Bei den Funden von Sveti-Petar (KatNr. 39) und Cernica (KatNr. 44) handelt es sich nachweislich um Deponierungen im Bereich von Siedlungen.

Auch das, was sich unter 'Siedlung' verbirgt, ist vielfältiger Natur. Wirkliche Siedlungsstrukturen sind erst im Fall von Velem (KatNr. 72) durch neuere Grabungen und deren Vorlagen bekannt geworden. Die übrigen 'Siedlungen' sind in Struktur, Ausdehnung und Entwicklung kaum faßbar, wenngleich hier die Zuordnung zu dieser Fundgattung unbestritten bleiben soll.

Sehr häufig sind unter 'Siedlung' nur die Abfolgen archäologischer Schichten zu verstehen mit wenigen bzw. nicht deutbaren Strukturen.

Einen entscheidenden Faktor für die Fundüberlieferung stellen die Ursachen und Begleitumstände dar, die zum Verlassen und zur Aufgabe der Siedlung führten. Es ist anzunehmen, daß aus einer intentionell verlassenen Siedlung alle Objekte materiellen und ideellen Wertes mitgenommen wurden, während eine fluchtartig aufgegebene zwangsläufig mehr Sachgüter fördern sollte (Jockenhövel 1986, 214).

Doch auch hierzu läßt sich aufgrund des Forschungs- und Publikationsstandes nicht entscheiden - auch bei den großen Siedlungen wie Velem oder Sághegy -, was beabsichtigt, was 'fluchtartig' verlassen wurde.

Andererseits ist dieses an modernen Gegebenheiten orientierte Modell nicht unbedingt auf prähistorische Zustände übertragbar. Die Palette der Ursachen, die zu einer Siedlungsaufgabe führen, sind vielfältiger Natur, die beispielsweise Aufgabe aus kultischen Gründen, Epidemien oder Naturkatastrophen umfassen. Daß vielleicht im Irrationalen verwurzelte Gründe vorliegen, wird durch die vielen Gußformenhälften angedeutet, die dort zurückgelassen wurden, während man die andere Hälfte mitnahm. Ansonsten ist der Umstand 'der halben Gußform' schwer zu interpretieren.

Die gleichmäßige Verbreitung der Tüllenbeilgußmodel (Tafel 1) zeigt an, daß mit einem gleichartigen Überlieferungsstand zu rechnen ist, was auch an anderen Fundgattungen, wie beispielsweise den Horten deutlich wird. Konzentrationen von Fundpunkten wie im Bereich des Eisernen Tores oder am oberen Olt spiegeln verkehrstechnisch günstig gelegene Gegenden wider. Verbreitungsfreie Zonen, wie das Theiß-Donau-Zwischenland oder die Gebirgsregionen sind naturgemäß durch alle Zeiten siedlungsfeindlicher, so daß hier mit keinem großen archäologischen Fundniederschlag zu rechnen ist.

Versucht man, die Zahl der für diese Untersuchung zu Grunde gelegten Gußmodel gegenüber einer ursprünglichen, durch die unterschiedlichen Tüllenbeile nahegelegten, abzuschätzen, so stellt das vorgelegte Material einen äußerst geringen Bestandteil aller Tüllenbeilgußmodel dar.

Die oben abgebildete Aufstellung gibt meines Erachtens doch eine richtungsweisende Tendenz wieder, die durch die Untersuchung ihre Bestätigung findet, nämlich, daß der Hauptteil der Bronzegießerei in Siedlungen vollzogen wurde, während mehrere Horte als Niederlegungen wandernder Gießer zu interpretieren sind, wie unten gezeigt werden wird.

Eine Wertung der 'Einzelfunde' kann nicht erfolgen.

Es ist jedoch abzusehen, daß durch zukünftige Forschungen, gerade im Bereich der Siedlungsarchäologie, eine Vielzahl von Gußmodeln und anderen Gießereigeräten der Untersuchung zugänglich gemacht werden wird.

Letztlich ist auf das Material der Gußmodel und damit verbunden auf die allgemeine Gußtechnik einzugehen. Beides trägt entscheidend zur Frequenz der Fundüberlieferung bei. Die Mehrzahl der Gußmodel ist aus Stein gefertigt. Ihr Überdauern im Boden ist somit gesichert. In wieweit kleinste Fragmente nicht erkannt wurden oder in Magazinen unerkannt lagern, ist nicht abzuschätzen.

Die Ausnahme stellen tönerne Gußmodel - in der Form den steinernen entsprechend - von zwei Fundorten dar. Ihr Überdauern im Boden ist natürlich naturgemäß stark eingeschränkt, auch wegen Belastung durch das heiße Metall. Es ist jedoch in diesem speziellen Fall und allgemein nicht abzuschätzen, wie viele tönerne Model überliefert sind bzw. ob es die Regel war, in solchen zu gießen.

Grundsätzlich wird in der Arbeit davon ausgegangen, daß der Tüllenbeilguß in steinernen Gußformen ausgeführt wurde.

Dieses wird unter anderem durch die vielen Formen bestätigt, die Spuren von Hitzeeinwirkung zeigen und durch ihre Gesteinsart unzweifelhaft dem mehrfachen Einguß flüssiger Bronze widerstanden.

Weiterhin belegen die vielen Tüllenbeile mit Gußnähten an den breiten Seiten und diejenigen mit vorhandenen Resten der Anschnitte an der Tüllenmündung, die exakt den Eingußvarianten der steinernen Model entsprechen, deren Verwendung.

Es ist somit nicht notwendig, auf Verfahren wie den 'Guß à cire perdue' oder den 'Kastenguß' (Goldmann 1981) - die darüberhinaus nur schwer bzw. kaum nachweisbar sind - zurückzugreifen.

Die immer noch geführte Diskussion, ob der Bronzeguß in Steinformen das Hauptverfahren darstellt, oder überhaupt praktikabel ist, soll - zumindestens für die vorliegende Arbeit - mit den Worten Bergers (1986, 29) zum Abschluß gebracht werden. Zusammen mit meinen Ergebnissen, die Bergers Untersuchungen in Teilen bestätigen bzw. andere Argumente aufführen, stellt der Guß in steinernen Gußformen das Hauptverfahren des bronzezeitliche Gießers bei der Herstellung von Schwergeräten dar. "Eine im Fach diskutierte Frage, ob Formen nur der Herstellung von Wachs- oder Zinnmodeln zum Guß in verlorener Form gedient haben könnten, beantwortet sich...fast von selbst. Die offensichtliche Wertschätzung des Rohmaterials, ferner Herkunft, die mühevolle Bearbeitung und die mehrfache Wiederverwendung dürften in seiner speziellen Eignung, wohl Temperaturfestigkeit, begründet sein; für Wachs hätte ein anspruchsloserer Werkstoff genügt. Wenn die Formteile auch äußerlich keine Hitzeeinwirkung erkennen lassen, so ergab die mineralogische Untersuchung doch Hinweise auf Veränderungen in der Kristallstruktur gegenüber dem Ausgangsgestein".

Zur Chronologie

Der zeitliche Rahmen der Arbeit wird durch die Lebensdauer bronzener Tüllenbeile abgesteckt. Die ältesten Tüllenbeile liegen in einigen Exemplaren aus der mittleren Bronzezeit vor. Die Hauptmasse des Gerätetyps Tüllenbeil erscheint zum ersten Mal zu Beginn der späten Bronzezeit. Ihr Endpunkt fällt mit der späten Urnenfelderzeit zusammen. Es ist der Zeitpunkt, an dem ein neuer Werkstoff - das Eisen - für die Herstellung von Tüllenbeilen in Gebrauch kommt bzw. in seiner Funktion durch andere Gerätetypen abgelöst wurde (Mayer 1977, 249 ff.; László 1977, 62; Stary 1982, 38 f.). Die mit den eisernen Tüllenbeilen verbundenen Herstellungstechniken und sonstigen Aspekte werden nur am Rande gestreift.

Das in der vorliegenden Arbeit benutzte chronologische Schema basiert in erster Linie auf den Gliederungen der spätbronzezeitlichen und urnenfelderzeitlichen Hortfunde. Dieser Bezug bietet sich zwingend an, da Tüllenbeile neben Sicheln den Hauptbestandteil dieser Fundgattung ausmachen. Maßgeblich waren die Hortfunduntersuchungen von Bándi (1962), v. Brunn (1968), Hänsel (1976, 25 ff.), Kemenczei (1984), Mozsolics (1973b; 1985), Müller-Karpe (1959), Novotná (1970a), Petrescu-Dîmbovița (1977; 1978), Vasić (1982b) und Vinski-Gasparini (1973) sowie die Spezialuntersuchungen zu Tüllenbeilen durch Černych (1978b, 185 ff.), Mayer (1977, 184 ff.) und Novotná (1970b, 71 ff.).

Wenn auch gelegentlich Lückenhaftes in den einzelnen Bearbeitungen deutlich wird, was u.a. aus Unterschieden im Forschungsstand, unveröffentlichten Funden, verschiedenartigen publikatorischen Vorlagen resultiert, so ist doch mit aller Deutlichkeit herauszustreichen, daß ein tragbares zeitliches Gliederungssystem für das südöstliche Europa existiert. Es ergibt sich aus der Verknüpfung der verschiedenen Systeme, zumal alle Gliederungen Bezug auf die durch Müller-Karpe verfeinerte Gliederung der Reineckeschen Bronzezeitstufung nehmen. Gleichermaßen ist aber wiederholt auf die methodischen und sachbezogenen Einschränkungen bei der Erstellung von Hortfundgliederungen und deren (unsachgemäßer) Benutzung hingewiesen worden (Petrescu-Dîmbovița 1978, 95 f.; v. Brunn 1968, 28 f.; Vasić 1982b, 281 f.). Für die Untersuchung bot es sich an, die nach der Müller-Karpeschen Gliederung des Zeitabschnittes ausgerichteten bzw. ausrichtbaren Chronologieschemata sinnvoll zu größeren Einheiten gleichartiger Tüllenbeilentwicklung zusammenzufassen. Dieses bedingte den Wegfall der Stufen HaA2 und HaB2, da das für diese Stufen in Anspruch genommene Fundmaterial kaum glaubhaft von dem der Vorgängerstufen scheidbar ist. Für die Untersuchung ergibt sich somit eine Gliederung in 'Späte Bronzezeit', 'Ältere Urnenfelderzeit', 'Jüngere Urnenfelderzeit' und 'Späte Urnenfelderzeit'. Das Verhältnis dieser Stufenbenennungen zu den in den betreffenden Ländern üblichen chronologischen Gliederungsschemata ist aus der Abb. 1 ersichtlich. Die Namengebung der Stufen orientiert sich an dem von Müller-Karpe vorgelegten Benennungssystem vorgeschichtlicher Perioden. Der Gebrauch der Bezeichnungen 'Mittlere Bronzezeit', 'Ältere Bronzezeit', 'Frühe Bronzezeit' und 'Kupferzeit' geschieht im gleichen Sinne (Müller-Karpe 1973, 15 ff.; 1974a, 13; 1974b, 7 ff.; 1980, 18 ff.).

Abb. 1

Jhr. v. Chr.	Bulgarien Hänsel 1976	Serbien Vasić 1982	Kroatien, mittleres u. nördliches Bosnien Vinski-Gasparini 1983	Rumänien Siebenbürgen Petrescu-Dîmbovița	Moldau 1978	Walachei	Dobrudscha	Ungarn Mozsolics 1984	Slowakei Novotná 1984	Österreich Mayer 1977	Hier benutzte Benennung
13.	Gura-Rișești	Stufe I	Horizont I Peklenica	Uriu	Băleni	Drajna	Gura Dobrogei	B IV b Opály	Oždʼany Opály Mala Vieska	Baierdorf/ Luftenberg	Späte Bronzezeit
12.	Lesura-Vărbica	Stufe II	Horizont II Veliko Nabrdje	Suseni	Ilișeni		Techirghiol	B V b Aranyos	Buzica	Haidach/ Drassburg	Ältere
								B V b Kurd	Martincek-Bodrog		
11.		Stufe III	Horizont III Kloštar Ivanić	Jupalnic				B V c Gyermely	Trenčianske-Bohuslavice	Augsdorf	Urnenfelderzeit
10.	Sîmbăta I-Mlada Gvardia	Stufe IV	Horizont IV Miljana	Moigrad	Rafaila	Boldești	Sîmbăta Nouă	B VI a Hajdúböszörmény	Somotor-Lúčky	Mahrersdorf	Jüngere
9.		Stufe V		Fizeșu-Gherlii	Bîrlad			B VI b Románd		Herrnbaumgarten	Urnenfelderzeit
8.	Bîlvănești-Krivodol	Stufe VI	Horizont V Matijevci	Șomartin				B VI c Bükkszentlászló	Sitno	Treffelsdorf/ Grossweikersdorf	Späte Urnenfelderzeit → Ha B3

Vergleichende Übersicht der im Arbeitsgebiet gebräuchlichen chronologischen Stufenbezeichnungen

Zum Arbeitsgebiet und zur Verbreitung (Tafel 1)

Die Größe des Arbeitsgebietes wird durch die politischen Grenzen der Länder Bulgarien, Jugoslawien, Rumänien, Ungarn sowie den südlichen, vor den dortigen Erzgebirgen liegenden, Teil der Slowakei abgesteckt. Aus dem geographisch zum südöstlichen Europa zählenden Albanien sind bis jetzt ein kupferzeitlicher Gußmodel (Prendi 1982, 36; Abb. 13) und Gußformenhälften für eine Lanzenspitze und einen Meißel bekannt (Beide unveröffentlicht; Mitteilung B. Hänsel).

Die südliche Grenze des Arbeitsgebietes fällt mit den politischen Grenzen Jugoslawiens und Bulgariens zu Albanien, Griechenland und zur Türkei zusammen. Diese von Westen nach Osten verlaufende Grenzziehung liegt etwas südlicher als die in diesem Teil Europas bekannte südliche Verbreitungsgrenze der Tüllenbeilgußmodel und des Gerätetypes Tüllenbeil. Nur wenige Tüllenbeile und ein Model sind südlich dieser Grenze bekannt (Harding 1984, 127; Anm. 4 u. 5; Bouzek 1985, 151 f.; Abb. 75. - Zu ihrer Verbreitung siehe Tafel 2). Es handelt sich um folgende Stücke:

1. **Troja** (Gußformenhälfte). (Tafel 3, 3)
   Schmidt 1902; Nr. 6769.

2. **'Troas'.** (wie Tafel 3, 6)
   Bittel u. Schneider 1940, 580; Abb. 10.

3. **Sazazkale bei Artvin.** (Tafel 3, 1)
   Bittel 1933, 150 ff.; Abb. 5.

4. **Umgebung Herakleion.** (Tafel 3, 5)
   Deshayes 1960, 145; Taf. 17, 14; 56, 3.

5. **Pseira.** (Tafel 3, 10)
   Deshayes 1960, 145; Christophe u. Deshayes 1964, 554.

6. **Hagia Triada.** (Tafel 3, 2)
   Deshayes 1960, 146; Taf. 17, 11; 56, 4.

7. **Nordgriechenland (?).** (Tafel 3, 9)
   Bouzek 1985, 151.

8. **Olympia.** (Tafel 3, 4)
   Ebd; DAI Athen NegNr. Ol 2714.

9. **Sterne Dergisi** (Taf. 3, 6)
   Unveröffentlicht. Mitteilung M. Özdoğan.

10. **Ališar Hüyük.** (Taf. 3, 7-8)
    v.d. Osten 1937, 253; Abb. 286, d 2033. d 2452. d 2974.

Die Tüllenbeile aus Pseira und Hagia Triada weichen zum Teil stark von den südosteuropäischen ab, sind aber von der Grundkonzeption zu diesem Gerätetyp zu rechnen.

Die südliche Verbreitungsgrenze der bulgarischen Tüllenbeile ist der Arbeit Černychs zu entnehmen (Černych 1978b, 185 ff.; Abb. 97-98; 100-101).

Da eine vergleichbare Bearbeitung der serbischen Tüllenbeile noch aussteht, liefert uns die Vorlage der dortigen Hortfunde, die zum überwiegenden Teil Tüllenbeile enthalten, und der Einzelfunde durch Vasić (1982, 271 f.; Abb. 1; Anm. 10) einen Hinweis auf deren Verbreitung.

In Albanien finden sich nur ganz im Norden Tüllenbeile in den Hortfunden von Melgushë (Prendi 1977-78, 40; Taf. 11, 6-8; 1982, 226; Abb. 12, 8-9; 1984, 24; Taf. 7, 1-18) und Torovicë (Unter diesem Fundort rangieren ein großer Hortfund ⟨Prendi 1984, 19 ff.; Taf. 1-6⟩ und ein Zweistückdepot ⟨Prendi 1977-78, 38; Taf. 11, 9; 1982, 220; Abb. 10, 2; 1984, 21; Abb. 2, 1-2⟩). Zur Verbreitung dieser südlichsten südosteuropäischen Tüllenbeile siehe Tafel 2.

Die Mehrzahl der bulgarischen Gußmodel befindet sich an den oberen und mittleren Abschnitten der im Balkangebirge entspringenden und nach Norden zur Donau fließenden Gewässer. Nur wenige Fundorte liegen südlich dieses Gebirges. Auf dem Gebiet nördlich der Donau bis zum Südrand der Karpaten sind ganz im Westen zwei und im Osten eine Fundstelle in der sonst für die Urnenfelderzeit nahezu fundleeren Walachei bekannt. Mehrere Fundpunkte gruppieren sich um den unteren Abschnitt des Mittellaufes der Donau, bzw. um deren dortige Nebenflüsse. Eine größere Anzahl von Fundorten liegt im Flußgebiet der Save, im nördlichen Kroatien und in Bosnien. Im Gebiet, welches durch den Lauf der Drau, den östlichen Alpenrand und den Donauverlauf von Wien bis zur Draueinmündung begrenzt wird, lassen sich vier Regionen gegeneinander absetzen: eine östlich von Maribor, eine nördlich zwischen Sopron und der Györ, eine im Zwickel des Donauknies von Budapest und eine nördlich von Pécs. Östlich davon liegen drei Fundpunkte am Unterlauf des Mureș. Nördlich davon erscheinen Gußmodel im Nordosten der Ungarischen Tiefebene und in der südlichen Slowakei. In Siebenbürgen ist das Gebiet um Mediaș und das obere Tal des Oltes zu nennen. Zwei Fundstellen liegen östlich der Karpaten.

Daß hier eine Grenze der Tüllenbeilherstellung vorliegt, wird durch die Aufarbeitung der Gußmodel des nördlichen Schwarzmeergebietes durch Bočkarev und Leskov (Bočkarev und Leskov 1980) deutlich. Gußmodel für Tüllenbeile sind aus Studenok, Golourov, Derevjannoje, Mazepincy, 'Gegend von Dnjepropetrovsk', Mayaki, Ostrovec, Vološkoje, Novo-Aleksandrovka, Zavadovka, Kardašinka, 'Tiliguler Bucht', Kapulovka, Bondaricha, Kirovo, Čebanovka, Kobjakovo, Staraja Igren, Radensk, Ptachovka, Malye Kopani, Voznesenka, Solocha und Zazimje bekannt (Ebd. 7 ff.). Die Fundorte liegen am Nordrand des Schwarzen Meeres und im Flußgebiet des Dnjepr. Die Verbreitung der nordpontischen Tüllenbeile ist aus den Kartierungen Černychs ersichtlich (Černych 1976; Abb. 29-33; 35-39). Sie zeigen, daß sie gleichmäßig über den nordpontischen Raum verbreitet sind, indes ist ein Verbreitungsschwerpunkt um den Dnjepr festzustellen.

Verbreitungsgrenzen der Tüllenbeilherstellung nach Norden, Nordwesten und Westen werden naturräumlich durch die slowakischen Gebirge und die östlichen Alpen markiert.

Eine Bearbeitung der slowakischen Tüllenbeile erfolgte durch Novotná (1970a, 71 ff.). Gußmodel von dort sind aus Somotor (Ebd. 101; Taf. 45, 851), Vyšný Kubín (Ebd.; 852-854), der 'Slowakei' (Ebd.; Taf. 45, 850), Dolný Kubín (Čaplovič 1977, 70 ff.; Abb. 37, 6) und Ilija (Laminová-Schmiedlová 1980, 170 ff.; Abb. 94, 5) bekannt.

Die österreichischen Tüllenbeile sind von Mayer vorgelegt worden (Mayer 1977, 184 ff.). Gußmodel für diesen Gerätetyp stammen aus Baden (Ebd. 202; Taf. 81, 1126), Hainburg a.d. Donau (Ebd. 202; Taf. 83, 1150), Ornding (Ebd. 205; Taf. 85, 1190-1192), Limberg (Ebd. 206; Taf. Taf. 85, 1194), St. Andrä a.d. Traisen (Ebd. 223; Taf. 89, 1329) und Zemling (Maurer 1981; Abb. 382).

Eine Bearbeitung der italischen Tüllenbeile stammt seit jüngstem aus der Feder Carancinis (Carancini 1984, 143 ff.). Nur ein Gußmodel für Tüllenbeile ist aus dem apulischen Fund von Canne überliefert (Ebd. 158; Taf. 131, 3881). Die Verbreitung der außerhalb des Arbeitsgebietes liegenden Gußmodel für Tüllenbeile ist der Tafel 4 zu entnehmen.

Die naturräumliche Grenze des Arbeitsgebietes nach Westen stellt zum größten Teil die Adria dar, nördlich davon fällt sie mit der politischen Grenze Jugoslawiens zu Italien, im Süden zu Albanien zusammen.

Zusammenfassend läßt sich zum gewählten Arbeitsgebiet Folgendes festhalten. Die Arbeitsraumgrenzen lassen den Eindruck eines geschlossenen Gebietes entstehen, welches sich in seiner räumlichen Gliederung und archäologischen Befundsituation als ein eigenständiges gegenüber anderen abgrenzen läßt. Die Herstellung von Tüllenbeilen, sei es an einzelnen Fundstellen oder an Konzentrationen von diesen, wird deutlich erst weit außerhalb des Arbeitsgebietes praktiziert, wie die Fundortlagen der Gußmodel aus den benachbarten Ländern belegen. Die Verbreitung des Gerätetypes Tüllenbeil hingegen setzt sich in den angrenzenden Ländern kontinuierlich fort; im Falle der südlichen Arbeitsraumgrenze wird jedoch die Verbreitungsgrenze von Tüllenbeilen erfaßt.

Zum Stand der Forschung

Die Erforschung der Gußmodel kann im Arbeitsgebiet auf keine selbstständige Forschungsgeschichte zurückblicken. Eine umfassende oder nur Teilaspekte betreffende Darstellung der Gußmodel existiert nicht. Dagegen liegen aus anderen Gebieten Europas zum Teil umfangreiche und detaillierte Bearbeitungen vor. Auf sie wird am Ende dieses Kapitels eingegangen werden.

Die Gußmodel erscheinen in der literarischen Vorlage fast immer in Zusammenhang mit anderen Betrachtungen oder im Rahmen von Fundmeldungen, so daß eine Darstellung der Forschungsgeschichte eine Literaturübersicht zur Bronzezeit sein müßte. Da es hier nicht Sinn und Absicht sein kann, einen größeren Forschungsabriß zur Bronzezeit zu präsentieren - in fast jedem größerem Werk werden Gußmodel mit erwähnt -, beschränkt sich die folgende Schau auf die Untersuchungen, in denen das Gußformenmaterial einen bedeutenderen Beitrag zur Kenntnis dieser Formengruppe darstellt, als es von einer Fundnennung oder Fundmeldung zu erwarten ist.

Einen Markstein in der donauländischen Erforschung der Bronzezeit bilden die Werke Joseph Hampels, die durch die Fülle des vorgelegten Materials in einer hohen Qualität der Abbildungen das zusammenfassen, was gegen Ende des letzten Jahrhunderts im Raum der österreichisch-ungarischen Monarchie an Fundstoff bekannt war (Hampel 1877; 1886a; 1887; 1886b, 1892, 1896). Noch heute sind diese Arbeiten als Grundlage für jede Untersuchung im Karpatenbecken unentbehrlich. Im ersten Teil des Hauptwerkes 'A bronzkor Emléki Magyarhonban' wird der Fundstoff nach geschlossenen Funden und nach den "hauptsächlichsten Typen von Werkzeugen, Waffen, Schmucksachen und Gefäßen" gegliedert. Darunter befinden sich auch vier Tafeln mit Gußmodeln (Hampel 1886b; Taf. 2-5; 1887, 4). Ausführlich werden in einem Katalog die Gußmodel beschrieben, die sich im Nationalmuseum in Budapest und in Wien befinden sowie die aus Polen, ungarischen Privatsammlungen und von weiteren ungarischen Fundorten bekannten Gußformenhälften und Gußformen. Hampel spricht von insgesamt 80 ungarischen Gußmodeln (Hampel 1896, 191 ff.). Es wird ferner auf allgemeine Aspekte des Bronzegusses und der Nachbearbeitung des Gußrohlings eingegangen. Die im Abbildungsteil identische französische Fassung weicht im Text ab. Es wird deutlicher zwischen "...matérial du fondeur, des utensils, des armes et des ornements..." unterschieden (Hampel 1886, V). In 'Antiquités préhistoriques de la Hongrie' entfällt eine Phototafel auf die Darstellung von Gußmodeln, zu denen festgestellt wird "...la série de moules trouvés dans le pays, les fonderies...temoignent que la plupart des objets en bronze ont été fabriqués dans le pays même" (Hampel 1877, VI; Taf. 14).

Montelius äußert sich 1871 gleichermaßen zu schwedischem Fundmaterial. "Il est à remarquer que le type <Tüllenbeilnegativ> est étrange, mais que les exemplaires suédois sont coulés dans le pays, comme prouvent les moules y ont été trouvés" (Montelius 1873, 292).

Die Äußerungen Hampels und Montelius' zeigen einen wichtigen forschungsgeschichtlichen Aspekt auf. Gußformen sind ein Beleg für eine einheimische und autochthon herleitbare Herstellung (bronzener) Gegenstände, die abseits von fremden handwerklichen Einflüssen ablief, auch wenn das auszugießende Objekt dort fremd ist. Diese und ähnliche Aussagen ziehen sich wie ein roter Faden als eine der wenigen Erkenntnisse zu Gußmodeln

bis heute durch die Literatur. Zu diesem Punkt sind beispielhaft die Ausführungen Wüstemanns zur Bronzeverarbeitung im Seddiner Kulturgebiet zu nennen. Für die "Präsens bodenständiger Bronzeverarbeitung" sprechen neben anderen Sachgütern die dort gefundenen Gußformen (Wüstemann 1974, 98 u. Anm. 33). Gleichermaßen werden die Gußmodel der frühbronzezeitlichen Kulturen des Karpatenbeckens behandelt (Tasić 1984, 101 f. <Makó-Kultur>; 159. 165 <Nagyrév-Kultur>; 201 <Hatvan-Kultur>; 225 f. <Vatya-Kultur>; 241 ff. <Füzesabony-Kultur>; 271 f. <Kultur der transdanubisch inkrustierten Keramik>; 331 <Mad'arovce-Kultur>; 379 f. <Zeit des Koszider-Horizontes>).
Darüberhinaus werden die Gußmodel zum Teil in der Ansprache und Auswertbarkeit - hauptsächlich chronologische Fragen betreffend - den Positiven gleichgesetzt.
1880 erwähnt Hampel bei der Vorstellung der Gußmodel von Ercsi, daß sich im Nationalmuseum zu Budapest 32 Gußformen befinden (Hampel 1880, 211 f.).
Um die Wende zum 20. Jahrhundert erfolgte zum ersten Mal eine wissenschaftliche Bearbeitung und Vorlage der bosnischen Flußufersiedlungen von Debelo Brdo, Donja Dolina, Ripač und Varvara (Fiala 1896; Fiala u.a. 1897; Truhelka u.a. 1904; Radimský u.a. 1897). Diese Siedlungen erbrachten eine große Anzahl an Gußmodeln für Arbeitsgeräte, Schmuckgegenstände und Waffen.
1908 legte v. Miske den ersten Teil eines mehrbändig geplanten Werkes über Velem vor (v. Miske 1908). Auf die Beschreibung der Gußmodel entfällt ein kleiner Abschnitt, während das sehr gut abgebildete Fundmaterial fast fünf Tafeln füllt (ebd. 21-23; Taf. 22-27). Auch wenn anhand des reichen Fundstoffes - nicht nur der Gußmodel - die Bedeutung Velems deutlich wird, fällt auf, daß den Gußmodeln nur eine geringe Wertschätzung innerhalb der 'Metallurgie' zubemessen wird. Zum Zeitpunkt der Publikation sind 51 Gußmodel aus Velem bekannt (ebd. 21). Vom selben Autor wurde auf die Bedeutung der Velemer Fundstelle anhand einiger Gußmodel, die sowohl der Herstellung für Geräte in Velem als auch dem Handel in entfernte Gebiete dienten, aufmerksam gemacht. Danach lasssen sie den Schluß auf nahe und ferne Handelsverbindungen zu und belegen, daß sich in Velem eine Gußstätte für fremde Gebiete befand (v. Miske 1904a, 129 ff.; 1904b, 23; 1932, 66. 70).
1912 legte Roska die Ergebnisse der Grabung von Pecica vor, die eine größere Anzahl von Gußmodeln erbrachte, welche hauptsächlich der Herstellung von Waffen und Arbeitsgeräten dienten. Die Gußmodel sind den Schichten 10, 12, 13 und 14 zuweisbar (Roska 1912). Zusammen mit den Bronzen bedient sich Roska der Gußmodel, um die chronologische Stellung der einzelnen Siedlungsschichten zu ermitteln.
1926 erwähnt v. Tompa 80 Gußformen von Velem (v. Tompa 1923-26, 41).
1943 legte Lázár unter anderem mehrere Gußmodel vom Sághegy, einer Velem benachbarten Fundstelle, vor (Lázár 1943). Neben einer kurzgefaßten Beschreibung der Model wird hier zum ersten Mal auf die Viertelbruchstücke von Gußformenhälften hingewiesen, die nach Lázár durch den Mangel an ausreichend großen Gesteinsblöcken für Gußmodel erklärt werden. Daneben werde der hohe Stellenwert des Gesteinsmaterials in der häufigen Benutzung eines Gußmodels deutlich.
1953 bediente sich Milojčić - ähnlich Roska - unter anderem der Gußmodel von Pecica, um die zeitliche Stellung der Siedlungsschichten zu ermitteln (Milojčić 1953).
1958 erfolgte eine größere Bearbeitung der im Naturhistorischen Museum zu Wien be-

findlichen Miskeschen Sammlung von Velem durch Foltiny (Foltiny 1958). Ausführlicher als sonst wird der Behandlung der Gußmodel ein bescheidener Raum gewährt (ebd. 31-33). Nach einer kurzgefaßten Behandlung einiger Gußmodel - nach den auszugießenden Geräten - ist Foltiny in den Ergebnissen v. Miske sehr ähnlich. Danach belegen die Gußmodel eindeutig die Bedeutung Velems als Gießerwerkstätte in Europa und bezeugen - neben anderen Einrichtungen - die Anwesenheit ehemaliger Schmelzöfen. Während ein Gußmodel für ein Tüllenbeil mit aufgebogenem Rand ein Indiz für den Handel mit dem östlichen Karpatenbecken darstellt, glaubt Foltiny, weitreichende Handelsbeziehungen nach Westeuropa anhand eines Gußmodels für zweiösige Tüllenbeile feststellen zu können.

1959 erfolgte die Vorlage des Gußformenfundes von Soltvadkert durch Gazdapusztai (Gazdapusztai 1959). In dieser auch noch für heute beispielhaften Arbeit werden erstmals die Vielzahl von Ansatzmöglichkeiten, die sich aus der Beschäftigung mit Gußmodeln ergeben, angesprochen. In Soltvadkert ergab sich ein für die Vorgeschichtsforschung äußerst günstiger Fall, da eine kleine Ansiedlung mit einem Gußformenlager durch eine Überschwemmung mit einer Sandschicht versiegelt worden war. Auf einem kleinen Hügel im Donau-Theißzwischengebiet befand sich ein kleines rechteckiges Gebäude mit mehreren Feuerstellen. Dazu gehörte ein aus 41 Gußmodeln bestehendes Lager, welches unmittelbar vor Verlassen der Siedlung in einer eigens für die Niederlegung hergestellten Tonwanne deponiert wurde. Es handelt sich also um eine kleine Ansiedlung, in der Bronzeguß betrieben wurde. Zum einen legt die Geschlossenheit des Fundes und der gleichzeitige Gebrauch der Gußmodel ein intensives Gießertum nahe, zum anderen zeigt die Vielfalt der Gußformen ein potentielles Gerätespektrum, welches erheblich von dem abweicht, was aus gleichzeitigen Gräbern und Hortfunden bekannt ist. Der Soltvadkerter Fund weist auf ein differenziertes Verhandlungs- und Bezugssystem der Fertigwaren hin. Gazdapusztai gibt eine genaue Beschreibung der einzelnen Gußmodel und diskutiert deren zeitliche Stellung, den Bezug zu den Positiven, die Rohstoffbeschaffung und dessen Transport. Er weist weiter darauf hin, daß nicht allein zur Deckung des Eigenbedarfes, sondern auch für den Handel produziert worden ist. Im Gußformeninventar sei eine einheimische und eine fremde Komponente spürbar.

Durch Bóna (1960) erfolgte die Vorlage der Gußmodel aus der Siedlung von Tiszafüred-Asotthalom. Die Model dienten der Herstellung von Gürtelschließen, Nadeln (oder Stachelscheiben) und Anhängern. Die mitgefundenen Bronzeschlacken, Bronzefladen und Tondüsen für Blasebälge belegen die Anwesenheit einer Bronzegießerei. Aufgrund der Identität zweier zusammengehöriger Negative wird angenommen, daß Schablonen beim Einarbeiten der Negative benutzt wurden. Dadurch sei es erklärlich, daß sich bronzezeitlicher Hängeschmuck im Laufe der Zeit allmählich vergrößerte. Diese Vergrößerung sei in einzelnen "Gewerbezentren" bei der mehrfachen Herstellung gleicher Schmuckformen nachweisbar. Daneben gewährten die Model - mangels Bronzefunden - einen Einblick in das Metallgewerbe der Egyeker-Kultur.

1962 legte Drescher die Ergebnisse einer Studienreise in die ČSSR vor, die die Aufnahme der dortigen Gußmodel zum Ziel hatte (Drescher 1962). Neben der Vorstellung verschiedener Gußmodel wird zum ersten Mal auf die unterschiedlichen Eingußvarianten an Tüllenbeilgußmodeln hingewiesen. Drescher zufolge können sie zur Abgrenzung von Werkstattbereichen geeignet sein.

1967 und 1973 widmete Mozsolics in ihren beiden Werken zu den mittelbronzezeitlichen und spätbronzezeitlichen Hortfunden des Karpatenbeckens den Gußmodeln jeweils ein Kapitel (Mozsolics 1967, 98 ff.; 1973, 80 ff.). In beiden Kapiteln finden eine Vielzahl von Gußmodeln ihre Erwähnung. Sie sollen einen Hinweis auf einen Metalltransport in Form von Barren darstellen. Es wird ein Bezug Lagerstätte-Gußmodelfundort angedeutet, da die Positivanalogien zu den Gußmodeln weit entfernt liegen. Es wird weiterhin die Frage gestellt, "warum nicht die fertige Ware, sondern das Rohmaterial, sowohl für die Gußformen als auch die herzustellenden Gegenstände, transportiert wurde". Anhand ihrer Gußmodelzusammenstellung ist nach Mozsolics in allen größeren Siedlungen Bronzeguß betrieben worden. Der Wert eines Gußmodels ist aus der Anzahl der Negative auf den Formenflächen abzuleiten. Der Rohstoff sei schwer zu beschaffen und mußte optimal ausgenutzt werden. Fragen zur Rohstoffbeschaffung und der Hinweis, daß die Fundortlage von Soltvadkert in Zusammenhang mit alten Handelsstraßen zu sehen ist, da die Rohstoffe weder für die Gußmodel noch für das Metall in der Nähe vorkämen, runden das Bild der Betrachtungen ab.

In den siebziger Jahren verdichten sich die Vorlagen von Gußmodeln durch große Materialbearbeitungen, in denen sie teils den entsprechenden Positiven an die Seite gestellt, teils als eigene Fundgruppe behandelt werden.

In den Bearbeitungen Novotnás der slowakischen Nadeln sowie der Äxte und Beile im Rahmen der Edition 'Prähistorische Bronzefunde' werden die Gußmodel getrennt vom metallenen Fundgut vorgestellt (Novotná 1970b, 101 f.; 1980, 184 ff.). Bei den Nadeln wird auf das unterschiedliche quantitative Verhältnis der Gußmodel zu den Positiven hingewiesen, was als Hinweis auf die häufige Verwendung des Verfahrens 'in verlorener Form' hindeuten soll. Da dadurch keine Normung der Stücke zu erzielen sei, erkläre sich die große Vielfalt der Nadeln. Bei den Tüllenbeilen wird auf den hohen Stellenwert des Gesteinsmaterials hingewiesen, der in der häufigen Benutzung mehrerer Formenflächen und durch Flickungen an Gußmodeln zum Ausdruck kommt.

1982 wies Novotná auf bronzezeitliche Gußmodel aus der Slowakei hin. Nach der Anzahl der Model pro Fundort sollen kleine Siedlungen mit geringer Gußtätigkeit von solchen zentraler Stellung scheidbar sein (Novotná 1982, 359 ff.).

1974 legte Bóna sein Werk über die nach ungarischer Terminologie mittlere Bronzezeit vor (Bóna 1974). Bei den Vorstellungen der keramischen Kulturen werden die Gußmodel genannt, zusammenfassend erscheinen sie in einem eigenen Kapitel (ebd. 271 f.). Bei der Szöreg-Kultur soll das Fehlen naher Metallvorkommen verantwortlich für die Herausbildung nur weniger kleiner Gießerzentren gewesen sein (ebd. 106). Bei der Gyulavarsand-Kultur wird darauf hingewiesen, daß die Gußmodel nicht aus Burgen, sondern aus kleinen Siedlungen stammten (ebd. 133). Die Gußmodel der Füzesabony-Kultur werden als Datierungshilfe für die Kultur genutzt, und es wird unter anderem festgestellt, daß die Siedlungen mit Gußmodeln Zentren der Bronzezeit gewesen sind (ebd. 156; 164).

1976 legte Hänsel bei der Bearbeitung der unterdanubischen Hortfunde geschlossen die rumänischen und bulgarischen Gußmodelhortfunde vor und publizierte auf drei Tafelseiten zum ersten Mal den Hortfund von Pobit Kamăk (Hänsel 1976, 25 ff.; Taf. 1-3). Hänsel wies auf den großen Anteil der Gußmodelhorte an den Metallhorten und deren voneinander abweichender Inventare hin. Ansonsten sind die Gußmodelhorte in ihrer chronologischen Aussagefähigkeit den Metallhorten gleichgestellt.

1977 erfolgte die Bearbeitung der österreichischen Äxte und Beile durch Mayer (Mayer 1977, 184 ff.), die typenbezogen das entsprechende Gußmodelmaterial mitlieferte.

1978 erschien das Werk Černychs über den Bergbau und die Metallurgie im vorgeschichtlichen Bulgarien, das analog dem Mayerschen Vorgehen das Gußmodelmaterial bei der Gliederung des Metallspektrums mit vorlegte (Cernych 1978, 185 ff.). Darüberhinaus erfolgte die bisher umfangreichste Darstellung des Hortfundes von Pobit Kamăk (ebd. 254 ff.; Taf. 67-70), wobei chronologische Aspekte im Vordergrund stehen.

1979 legte Šimek die Ergebnisse einer Ausgrabung in Sveti Petar bei Ludbreg vor (Šimek 1979). In einer Grube einer mehrgrubigen Siedlungsanlage wurde zusammen mit einer Tondüse, Keramikfragmenten und Gußkernen ein großes Gußformenlager entdeckt. Die Füllung der Grube bestand aus dunkler, mit Asche und Holzkohle durchmischter Erde. Eine chronologische und gußtechnische Diskussion beschließt den Artikel zu Sveti Petar.

Damit endet der zwangsläufig kurze forschungsgeschichtliche Überblick zu den südosteuropäischen Gußmodeln. An zukünftigen Arbeiten ist auf eine in Vorbereitung befindliche Arbeit T. Kovács' hinzuweisen, die im Rahmen der Reihe 'Prähistorische Bronzefunde' die ungarischen Gußmodel zum Thema haben wird.

Als eine Art Vorbericht dazu kann der kürzlich erscheinende Aufsatz Kovács (1986) über 'Jungbronzezeitliche Gußformen und Gießereien' in Ungarn gelten. Der Autor stellt einige Gußmodel von der mittleren Bronzezeit bis zur Urnenfelderzeit vor und weist auf die bisher geringe Beschäftigung mit den Gußformen hin, die sich "mit ihrer eingeschränkten Aussagefähigkeit erklären" läßt.

Die Model dienen auch hier als Beleg für "die Kontinuität des örtlichen Bronzegusses". Weit entfernt gelegene Positivanalogien zeigen die "Exportfähigkeit" bestimmter Bronzegegenstände auf. Auf "eine gut organisierte Gesellschaft bzw. auf ein gut ausgebautes Handelssystem" weisen die sich weit von Rohstoffquellen für Metall und Stein befindlichen Siedlungen hin. Das Gußmodel "für Barren aus Aszod stellt einen Hinweis auf einen mehrstufigen örtlichen Metallhandel bzw. Bronzeguß" dar. Aufgrund der unterschiedlichen Legierungszusätze in Velem (Antimon) und Sághegy (Zinn) kann "möglicherweise eine voneinander abweichende Rohstoffbasis der beiden Werkstätten und auch die Verschiedenheit der technologischen Verfahren" erschlossen werden. Die beiden Lokalitäten hatten zu ihrer Zeit eine Vorrangstellung inne. Ihr Verhältnis zu kleinen Werkstätten sei momentan noch nicht klärbar.

Außerhalb des Arbeitsgebietes liegen mehrere Arbeiten vor, in denen die Gußmodel Gegenstand detaillierter Untersuchungen sind. Hierbei sind in erster Linie die Arbeiten irischer und englischer Wissenschaftler zu nennen, die unter anderem neben der katalogartigen Erfassung der Fundgruppe hauptsächlich die Klärung gußtechnischer Aspekte zum Ziel hatten (Coghlan 1951, 47 ff.; Coghlan u. Raftery 1961; Collins 1970; Curle 1932-33; 1933-34; Foster 1980; Hodges 1954; 1957; 1958-59; 1960; Maryon 1938; Tylecote 1962, 107 ff.).

1981 erschien die Arbeit Needhams über Tüllenbeilgußmodel im südlichen England und Wales (Needham 1981). Ausgangspunkt seiner Betrachtungen waren die Model für Tüllenbeile mit vertikaler Rippenzier bzw. hängender Dreieckszier - genannt 'Bulford-Helsbury Tüllenbeile' - und die zuweisbaren Tüllenbeile

- genannt 'Stogursey Tüllenbeile'. Neben Kapiteln zur Benennung der Tüllenbeile und Model, deren chronologischer Stellung, zu gußtechnischen Termini, zum Rohmaterial sowie zur Gußtechnik werden das Verhältnis Model zu Fertigprodukt, ihre Überlieferung von der Bronzezeit bis zur heutigen Auffindung sowie die Organisation des bronzezeitlichen südenglischen und südwalischen Bronzegießerhandwerks ausführlich diskutiert.

Für die süddeutschen urnenfelderzeitlichen Siedlungen liegt seit kurzem eine Studie von Jockenhövel (1986) vor. Anhand der Gußmodel und anderer Metallhandwerk anzeigender Sachgüter wird der Versuch unternommen, Struktur und Organisation der Metallverarbeitung in dieser Fundgruppe zu klären. Es lassen sich jedoch - hauptsächlich aufgrund des Forschungs- und Publikationsstandes - keine verbindlichen Aussagen treffen.

Aus dem skandinavischen Raum sind die Arbeiten Oldebergs zu nennen, die der Bronzemetallurgie - und somit den Gußmodeln - einen weiten Platz einräumen (Oldeberg 1943, 125 ff.; 1976, 75 ff.). Von Bedeutung für das Gießereiwesen und das Gußgeschehen sind die Befunde aus den Siedlungen von Haag in Dänemark (Neergard 1908) und Hallunda in Schweden (Jaanusson 1971).

In der Schweiz haben die Seeufersiedlungen - ähnlich den bosnischen Siedlungen an Flußufern - eine Vielzahl an Gußmodeln geliefert (beispielhaft: Gross 1883, 56 ff.; Taf. 27-30; Rychner 1979, 42; Taf. 131-137). Durch günstige Lagerungsbedingungen und genaue Ausgrabungsmethoden sind außerdem mehrere tönerne Gußmodel für den Guß im Wachsausschmelzverfahren erhalten geblieben. Zu Untersuchungen dieser Gußmodel ist auf die Arbeiten Weidmanns hinzuweisen (Weidmann 1981; 1982), welche primär technologische Aspekte berühren. Allgemeinere Darstellungen liegen durch Wyss vor (Wyss 1967; 1971).

Über polnische Gußmodel informiert der Bericht über eine Tagung in Legnica, welche die Kupfer- und Bronzemetallurgie im zweiten und ersten vorchristlichen Jahrtausend in Europa zum Thema hatte (Pamiętnik Muz. Miedzi 1, 1982).

Der in der Archeologija Polski 27, 1982, 249 ff. vorgelegte andere Teil des erwähnten Kongresses informiert über mittel- und osteuropäische Bronzemetallurgie, wobei gelegentlich Gußmodel erwähnt werden.

Französische Gußmodel finden durch Briard (1968), Briard u. Ornée (1985) und Mohen (1973; 1978; 1980-81) ihre Vorlage.

Für das nördliche Schwarzmeergebiet existiert seit 1980 eine zusammenfassende Arbeit durch Bočkarev und Leskov. Neben Kapiteln zur Typologie der Gußmodel bzw. der auszugießenden Negative wird detailliert auf die Herstellung der Gußmodel und die gußtechnischen Einrichtungen eingegangen (Bočkarev u. Leskov 1980).

Aus dem türkisch-mesopotamischen Raum ist eine größere Anzahl von Gußmodeln für Schmuckstücke und Kultfigurinen bekannt. Eine Bearbeitung dieser Fundgruppe erfolgte durch Canby (1965), Emre (1971), Özguç (1966), Opitz (1933) und Schäfer (1971).

An weiteren Werken - zum Teil allgemeinen Charakters - zur vorgeschichtlichen Gußtechnik dürfen die Arbeiten Dreschers (1953-55; 1955; 1956; 1957; 1958; 1961; 1962) und Götzes (1925) nicht unerwähnt bleiben.

Zu petrologischen Untersuchungen an Modeln siehe Okrusch u. Schubert (1986).

Zur Nomenklatur der Gußmodel

Die Vorstellung und Bearbeitung einer bisher unbearbeitet gebliebenen Fundgruppe erfordert nicht zwangsläufig ein (neues) nomenklatorisches System. Im Falle der Gußmodel scheint es aber angebracht, ein Schema verbindlicher Namengebungen und Bezeichnungen einzuführen. Zu häufig wurden die Gußformen, Gußformenhälften, gußtechnischen Einrichtungen etc. mit unterschiedlichen Namen benannt. Dadurch wird zum einen deutlich, daß ein einheitliches Bezeichnungssystem nicht existiert, zum anderen, daß die zum Teil sehr verschiedenartigen Benennungen eine gewisse Unsicherheit und Unkenntnis der gußtechnischen Einrichtungen verraten. Im folgenden wird das für die vorliegende Arbeit verbindliche Benennungssystem vorgestellt und als Vorschlag der künftigen Forschung angeboten. Zu den einzelnen gußtechnischen Einrichtungen ist auf die entsprechenden Kapitel unten zu verweisen.

Die gußtechnische Herstellung bronzener Gegenstände kann mittels verschiedener Verfahren durchgeführt werden. Zu unterscheiden sind a) der Guß im Wachsausschmelzverfahren (Drescher 1958, 6; Goldmann 1981, 111), b) der Guß in Formsand (Drescher ebd; Goldmann 1981, 115), c) der Guß in Gußformen (Drescher 1958, 5; Goldmann 1981, 111 f.), d) der Guß in mehrteiligen Formen (Drescher ebd; Goldmann 1981, 113). Tüllenbeile werden ausschließlich in Gußformen hergestellt. Im Arbeitsgebiet ist der überwiegende Teil der Gußmodel aus Stein gefertigt, die Ausnahme stellen tönerne dar. Außerhalb des Arbeitsgebietes sind ebenso metallene Tüllenbeilgußformen bekannt (Tafel 4).

Unter einer **Gußform** wird eine aus **Gußformenhälften** bestehende Einrichtung zur Herstellung metallener Geräte verstanden. Eine allgemeine Bezeichnung für Gußform und Gußformenhälfte ist **Gußmodel**. Als **Gegenstück** wird die eine Hälfte eines zusammenpassenden Gußformenhälftenpaares bezeichnet. Ist in beide Gußformenhälften das Negativ zu gleichen, aufeinander passenden Teilen eingearbeitet, so liegen **bifaziale Gußformen** vor, wie zum Beispiel bei Tüllenbeilen. Bei **monofazialen Gußformen** ist das Negativ gänzlich in eine Gußformenhälfte eingearbeitet worden, wie zum Beispiel bei Sicheln.

Da eine Gußformenhälfte bifazialer Gußformen zumeist eine annähernd quaderförmige Gestalt aufweist, setzt sie sich aus drei mal zwei gleichgroßen Flächen zusammen, die im rechten Winkel aneinanderstoßen (Abb. 2). Die sechs Flächen werden als **Breitseite eins, Breitseite zwei, Schmalseite eins, Schmalseite zwei, Stirnseite eins** und **Stirnseite zwei** bezeichnet. Die Breitseite eins ist die der beiden großen Flächen, auf der das von der Quadratzentimeterzahl her größte Negativ eingearbeitet worden ist. Dieses gilt für den Fall mehrerer Negative auf einer Gußformenhälfte. Im Falle nur eines Negatives ist die negativtragende Fläche die Breitseite eins. Die Stellung einer Gußformenhälfte in der Ansprache und Vorlage richtet sich nach der angenommenen Funktion des auszugießenden Gegenstandes. Im Falle eines Tüllenbeiles weist folglich die Schneide nach unten und die Tüllenöffnung nach oben. Die Schmalseite eins liegt somit auf der linken Seite zwischen den Breitseiten, die Schmalseite zwei auf der rechten Seite. Die Stirnseite eins liegt am oberen Rand zwischen den Breit-und Schmalseiten, die Schmalseite zwei am unteren Rand. Die sechs Flächen einer Gußformenhälfte werden als **Formenflächen** bezeichnet (Abb. 2, 1). In sie sind die Negative eingearbeitet. Als **Negativ** wird die in der Längsachse halbierte Einarbeitung des auszugießenden Gegenstandes einer Gußformenhälfte oder beider bezeichnet. Primäre Negative stellen die ersten Einarbeitungen auf einem Gußmodel dar. **Sekundäre Negative** sind spätere Einarbeitungen, welche die primären u.U. dadurch zerstören können. Die Stoßgrate zwischen Negativ und Formenfläche werden **Negativrand** benannt (Abb. 2, 10), die Stoßgrate zwischen Formenfläche und Breit-, Schmal- oder Stirnseiten heißen **Formenkanten** (Abb. 2, 11). Als **Gußkern** wird der Einsatz im Gußmodel bezeichnet, welcher den Hohlraum des Tüllenbeils ausspart. **Verschmauchungsspuren** sind durch die hohe Temperatur des einlaufenden Metalls verursachte farbliche Veränderungen auf der Gußformenhälfte.

Wie oben kurz angedeutet, hat sich die Stellung des Gußmodels und daraus resultierend das Benennungssystem nach der angenommenen Stellung des auszugießenden Gegenstandes zu richten. Im Falle der Tüllenbeile ist eine Hack- oder Schlagfunktion mit nach unten gerichteter Schneide in Betracht zu ziehen. Die Eingußvorrichtung befindet sich zwischen dem oberen Negativrand und der Stirnseite eins (Abb. 2, 7), welche die dickere - und somit widerstandsfähigere - der beiden Stirnseiten darstellt. An dieser Stelle blieb das Gußmodel während des ganzen Metalleingusses mit der flüssigen Bronze in Berührung.

Bei vielen anderen Geräten ist jedoch die zweckgebundene Stellung nicht oder nur unter Vorbehalt zu verifizieren, bei einigen ist ebenso eine Multifunktionalität zu erwägen.

Ist die Funktionsstellung eines Objektes nicht zu ermitteln, so erfolgt die Ansprache und Abbildung mit einer nach oben weisenden Eingußvorrichtung des auf der Breitseite eins befindlichen Negativs. Befinden sich mehrere 'unklare' Negative auf der ersten Breitseite, von denen eines die Eingußvorrichtung auf einer Stirnseite trägt, so erfolgt die Ausrichtung nach diesem Negativ. Dieses System bedingt - durch die verschiedenen Negative mit ihren wechselnden Eingußvorrichtungen - eine unterschiedliche Stellung einiger gußtechnischer Einrichtungen. Es ist meiner Meinung nach aber sinnfälliger, die gleiche Ausrichtung der Negative als übergeordnetes Kriterium zu nehmen, als die Negative nach den zum Teil wechselnden gußtechnischen Einrichtungen auszurichten. Im abbildenden Teil dieser Arbeit werden die Gußmodel - mit allen oder nur mit einigen Formenflächen 'aufgeklappt' (wie Abb. 2) wiedergegeben. Dabei erfolgt die Darstellung der Formenflächen von links nach rechts in der Folge Schmalseite eins, Breitseite eins, Schmalseite zwei und Breitseite zwei. Die Stirnseite eins erscheint über, die Stirnseite zwei unter den Breitseiten.

Abb. 2

Schematische Darstellung eines Tüllenbeilgußmodels

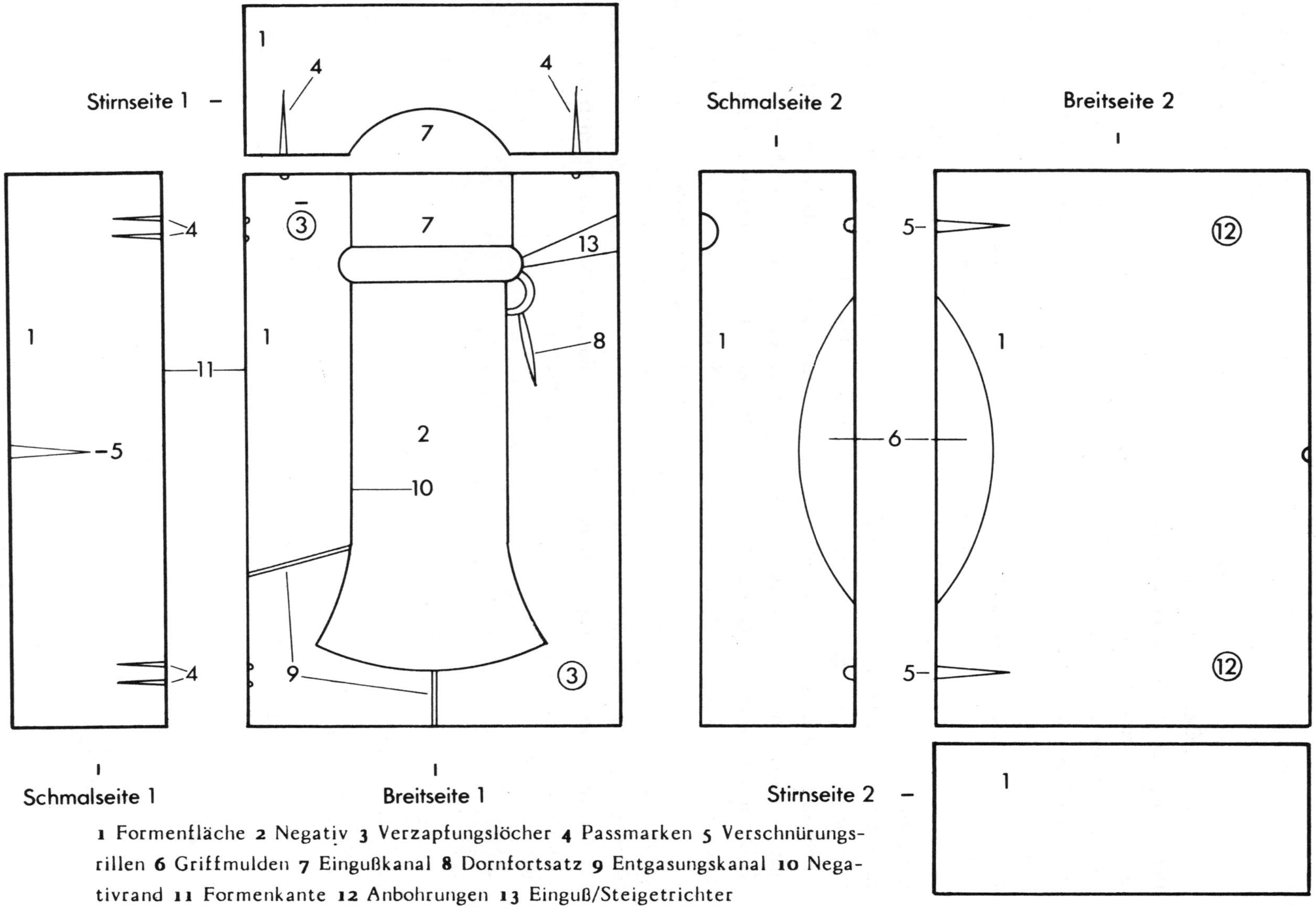

1 Formenfläche **2** Negativ **3** Verzapfungslöcher **4** Passmarken **5** Verschnürungsrillen **6** Griffmulden **7** Eingußkanal **8** Dornfortsatz **9** Entgasungskanal **10** Negativrand **11** Formenkante **12** Anbohrungen **13** Einguß/Steigetrichter

Der Fundstoff

Die Gußformenhälften und Gußformen für Tüllenbeile stellen mit über 130 Gußmodeln von über 70 Fundorten die zahlenmäßig größte Gruppe von überlieferten Gußmodeln zur Herstellung eines bronzezeitlichen Gerätetypes in Südosteuropa dar. Gemäß ihres Überlieferungsstandes, der sich aus Erhaltungszustand der Gußmodel, der literarischen Dokumentation sowie der Autopsie der Stücke zusammensetzt, lassen sich drei Qualitätskategorien zur Auswertbarkeit voneinander scheiden:

Kategorie 1

Hierunter fallen Gußmodel, welche durch die Güte der Publikation oder durch die eigene Anschauung in umfassendem Maße dokumentiert sind und dadurch eine vollständige Ansprache und Auswertung zulassen. Die Gußmodel sind vollständig erhalten.

Kategorie 2

Hierzu zählen Gußmodel, welche in Abbildungen vorliegen oder durch eigene Aufnahme dokumentiert worden sind. Sie lassen jedoch entweder durch ihren fragmentierten Zustand oder durch die Art der Publikation eine gegenüber der Kategorie 1 eingeschränkte Ansprache und Auswertung zu.

Kategorie 3

In dieser Stufe sind Gußmodel zusammengefaßt, von denen keine Abbildungen oder Beschreibungen vorliegen. Die Ansprache und Auswertung dieser Stücke sind stark eingeschränkt oder nicht durchführbar.

Wie aus den Angaben im Katalog hervorgeht, entfällt die Mehrzahl der Stücke auf die Kategorie 1. Die zur Kategorie 2 zählenden Gußmodel erlauben in den überwiegenden Fällen die Klärung von Teilaspekten. Gußmodel der Kategorie 3 geben durch ihr Auftreten einen Hinweis auf Gießertätigkeit und die chronologische Stellung, sofern diese ermittelbar ist. Es zeigt sich, daß eine solide Basis für die Aufarbeitung des spätbronzezeitlichen und urnenfelderzeitlichen Gußmodelfundgutes im südöstlichen Europa anhand des Überlieferungsstandes gegeben ist.

Technischer Teil

Zur Herstellung der Gußmodel aus Stein

Die Herstellung des Gußmodelrohlings

Der Herstellungsprozeß eines Tüllenbeilgußmodels beginnt mit der Gewinnung des benötigten Rohstoffes Stein oder Ton und ist nach der Einarbeitung des Negativs und der gußtechnischen Einrichtungen abgeschlossen. Das Stadium bis zu diesen Einarbeitungen wird als Gußmodelrohling bezeichnet. Es umfaßt die Herrichtung des natürlich geformten Steines in die gewünschte Form.

Der für die Tüllenbeile am häufigsten herangezogene Rohstoff ist Stein. Gußmodel aus Ton sind von vier Fundorten belegt (Mikleuška, KatNr. 33; Rabe-Anka Insel, KatNr. 36; Ciumeşti, KatNr. 45; Tiszaföldvár, KatNr. 70).

Gußformen für Tüllenbeile aus Metall fehlen im Arbeitsgebiet. Die meines Wissens einzige metallene Gußform aus dem Arbeitsgebiet stammt ohne Kenntnis um den Fundort aus Ungarn und diente der Herstellung dreier Nadeln (Hampel 1886b; Taf. 4, 7-8). Gußformen - auch für andere Geräte - aus Metall herzustellen, wurde besonders in Mittel,- Nord- und Westeuropa praktiziert. Zur Verbreitung dieses Verfahrens seien beispielhaft die folgenden Fundorte derartiger Gußmodel genannt: Bošovice (Kytlicova 1964, 516 ff.; Abb. 161), Nová Ves (Felcman 1911, 375 ff.; Taf. 19), Chotouchov (Pleiner 1978; Abb. 167, 2), Prag-Suchdol (Ebd.; Abb. 167, 3), Karbow (Schuldt 1959; Abb. 33), Holzendorf (Gärtner 1969; Taf. 35 f), Merseburg (Schulz 1939; Abb. 95 g), Vorland (Kersten 1958; Taf. 23 c), Krampnitz (Gandert 1960, 47 ff.; Abb. 4), Berlin-Spindlersfeld (Sprockhoff 1938, 205 ff.; Taf. 82, 31. 33), Polzen (Jacob-Friesen 1930, 141 ff.; Abb. 3), Buchberg über Zittau (Coblenz 1961, 362 ff.; Abb. 6, 3), Pawlowiczki (Seger 1909, 24 f.; Abb. 29), Brzeg (Altschlesien; Taf. 6, 5), Kielpino (Gedl 1981; Taf. 37, 43-44), Schinna (Jacob-Friesen 1940, 108 ff.; Abb. 1), Erlingshofen (Müller-Karpe 1961; Taf. 64, 1-2), Gössenheim (Müller-Karpe 1959; Taf. 173 B 1-3), Umgebung Lüneburg (Drescher 1957; Taf. 1), Haassel (ebd.), Haimbach (Richter 1970; Taf. 95, 12-13), Konz (Kolling 1968; Taf. 53, 8), Lindenstruth (ebd.; Taf. 92, 1-2), Schotten (Herrmann 1966; Taf. 202 A 1), Wallerfangen (Kolling 1968; Taf. 45, 3), Werne (Sudholz 1964; Taf. 37). Zur Verbreitung siehe Tafel 4.

Neben dieser beispielhaften Nennung hauptsächlich mitteleuropäischer Gußmodel aus Metall sind keine weiteren aus Nord- und Westeuropa bekannt. Doch kehren wir zu den steinernen Gußformen Südosteuropas zurück. Unter der allgemeinen Bezeichnung 'Stein' werden die vielfältigsten, die Mineralzusammensetzung betreffenden Varianten von Sandsteinen, Schiefergesteinen und Steatiten subsummiert. Äußerst selten vorkommende Gesteinsarten (nicht für Tüllenbeilgußmodel) sind Marmor und Basalt. Eine Ansprache und Analyse des Rohstoffes konnte für die Arbeit nicht durchgeführt werden. So dienlich eine Bearbeitung des lithischen Gesteinsmaterials zur Klärung der Herkunftsfrage auch ist, gehört eine solche in die Hände des Fachwissenschaftlers, der mit den quantitativen und qualitativen Analysen von Gesteinen und mit den geologischen Verhältnissen in Südosteuropa vertraut ist. Die Ergebnisse zur mineralogischen Zusammensetzung des steinernen Gußmodelmaterials müßten Erkenntnissen gegenübergestellt werden, die aus der Ausgießbarkeit der Model resultieren, so daß man auf diesem Wege Angaben zur Güte der Gußmodel erhielte. Bei Kenntnis der Lagerstätte könnten Aussagen zur Verhandlungsrichtung, Verhandlungsweite und Verhandlungsintensität von Rohstoffen für Gußmodel getroffen werden. Daß man bei der Auswahl des Gesteinsmaterials auf notwendige Eigenschaften wie Hitzebeständigkeit und leichter Bearbeitbarkeit zu achten hatte, erscheint verständlich. Daß das Gestein aber auch einen kostbaren Rohstoff darstellen konnte, zeigen die Gußformenhälften aus Pobit Kamăk (Taf. 44), die man nach Zerbrechen durch eine Kupferflickung restaurierte.

Der Weg von der Rohstofflagerstätte bis zum fertigen Gußmodel läßt sich anhand des überlieferten Fundmaterials in einzelne Herstellungsabschnitte gliedern.

Die Befunde von Pobit Kamăk (Taf. 45), Soltvadkert (Gazdapusztai 1959; Taf. 8, 5-8) und vom Sághegy (Lázár 1943, 282; Taf. 6, 39) belegen die Zurichtung der Vorformen für Gußmodel. Es handelt sich um langrechteckige, quaderförmige Steine, welche bisweilen eine geschliffene Fläche aufweisen, in die das Negativ eingearbeitet werden sollte (zu Gußmodelrohlingen siehe auch: Collins 1970, 25; Abb. 5-7). Auf dieser geschliffenen Fläche darf kein Kontakt mit flüssigem Metall in Form von Schmauchspuren nachweisbar sein. Diese würden eine Funktion der Stücke als Abdeckplatte bei monofazialen Gußformen belegen. Es stellt sich die Frage, mit welchen Werkzeugen und in welcher Herstellungstechnik die Zurichtung des Gußmodels bis zum geschilderten Stadium erfolgen konnte. Geschlossene (Siedlungs-) Funde mit Werkzeugen liegen nicht vor. Allenfalls könnten die Befunde von Velem herangezogen werden, wie dieses v. Miske, jedoch unter anderem bei der Erkärung der Negativeinarbeitungen, auch tut (v. Miske 1929, 84 f.). Da weiche Steine durch jedes mit einer Schneide versehene Bronzeobjekt geschnitten oder gesägt werden können - ebenfalls sind Gesteine mit hohen Härtegraden wie Silex oder Obsidian mit in die Betrachtung einzubeziehen -, steht eine Menge denkbarer Werkzeuge zur Verfügung. Die an einigen Gußmodeln auftretenden Bearbeitungsspuren liefern uns genauere Hinweise auf einzelne Werkzeuge bzw. Werkzeuggruppen. Wenn auch diese Bearbeitungsspuren außer in Pobit Kamăk (Taf. 45, 1) nur an fertigen Gußformenhälften und nicht an Gußmodelrohlingen feststellbar sind, übermitteln sie uns doch einen Hinweis auf die Zurichtungsart der äußeren Form von Gußmodeln für Tüllenbeile. Die Gußmodel von Maklejenovac (KatNr. 32; Taf. 38, 5 a), Berettyószentmárton (KatNr. 58; Taf. 49, 12 b), Tiszaföldvár (KatNr. 70) und Boljetin (KatNr. 19) weisen auf den Schmalseiten rechtwinklig zur Längsachse verlaufende muldenartige Vertiefungen auf. Bei der Gußform von Tiszaföldvár sind derartige Spuren auch auf den ersten Stirnseiten feststellbar (Hampel 1886b; Taf. 3, 4-5). Zu unterscheiden sind breite Bearbeitungsspuren bei den drei erstgenannten Stücken und kleine schmale bei der Gußformenhälfte von Boljetin. Diese Spuren dürften am ehesten auf ein mit einer kurzen Schneide versehenes Gerät zurückzuführen sein. In Betracht kommen Tüllenbeile, verantwortlich für breite Schlagspuren, und Tüllenmeißel für schmale Schlagspuren. Bočkarev und Leskov (1980, 46) ziehen ebenfalls Flachbeile in Betracht. Es ist außerdem nicht auszuschließen, daß breite und schmale Schlagspuren zwei aufeinander folgende Bearbeitungsstadien darstellen. Ein Gußmodel aus Südbulgarien (KatNr. 13; Taf. 39, 6) weist auf seinen Schmalseiten in Längsrichtung verlaufende Sägespuren auf. Als zuweisbare Werkzeuge sind die in den urnenfelderzeitlichen Hortfunden auftretenden Sägeblätter zu nennen (siehe dazu das Kapitel zu 'Sägen' in: Mozsolics <1985>, 47). Ihre geringen Größen und die enggestellten kleinen Zähne sprechen eher für derartige Arbeiten und für Metallsägen und gegen den Gebrauch bei der Holzzurichtung. Nach v. Miske (1929, 86; 1908; Taf. 17, 16-22) wurden die Sägen zur Nachbehandlung gußfrischer Metallgeräte benutzt. Gleiches wird von Bočkarev und Leskov für das nördliche Schwarzmeergebiet angenommen (Bočkarev u. Leskov 1980, 45). Bei der Frage nach den für die Bearbeitungsspuren verantwortlichen Werkzeugen sollte in jedem Fall an eine gesteinsspezifische Bearbeitungstechnik gedacht werden, bei der zum Beispiel weiche Gesteine gesägt, härtere hingegen in Schlagtechnik bearbeitet worden sind. Eine Kombination dieser Praktiken ist ebenfalls denkbar. Über die genannten Gußmodel hinaus gestaltet sich ein weiterer Nachweis von Bearbeitungsspuren schwierig, da die Gußformenhälften zumeist geschliffen worden sind und so eine Einebnung der vorhandenen Arbeitsspuren erfolgte. Das Ebnen der Flächen dürfte auf einer planen großflächigen Steinplatte erfolgt sein. Im Regelfall wurden die Arbeitsgrate vollständig weggeschliffen und eingeebnet (zu Schleifspuren Taf. 45, 1). Die endgültige Form eines Gußmodels nähert sich im Normalfall der eines Quaders, weist also dreimal zwei gleichgroße Flächen auf. Häufig ist eine Trapezform des Längsschnittes zu beobachten, wobei am dickeren Ende die Eingußvorrichtung eingearbeitet worden ist. Dadurch sollte der Stein, der an dieser Stelle zuerst mit dem flüssigen Metall in Berührung tritt, widerstandsfähiger gemacht werden und ein dauerhaftes Benutzen des Gußmodels gewährleisten (beispielhaft an einem Gußmodel für eine Lanzenspitze: Taf. 36, 8). Die quaderförmige Gestalt - als Regelfall - bedingte einen rechteckigen Querschnitt. Einige Gußmodel dieses Querschnittes erhielten durch einen zusätzlichen Schleifvorgang eine weitere Fläche, die fazettenartig zwischen den Stirn- oder Schmalseiten und den zweiten Breitseiten lag (Taf. 35, 8 c; 39, 3 a; 48, 7 c). Sie zählen hier zu den Gußmodeln mit rechteckigem Querschnitt. Von den genannten Gußmodeln sind nach formalen Gesichtspunkten solche zu trennen, die eine in Längs- oder Querrichtung konvexe Wölbung der zweiten Breitseiten aufweisen. Die Trapezform kann, wie oben ausgeführt, ebenfalls auftreten. Die D-förmige Gestalt des Querschnittes kann von flach (Taf. 39, 1 c; 2 c; 46, 4 a; 4 c; 47, 3 a) über 'typisch' D-förmig zu gespitzt gerundeten Formen variieren (KatNr. 44, e). Gußmodel mit symmetrisch geformtem Querschnitt sind auch bekannt (Taf. 47, 7 c; 48, 5 a; 5 e). Eine ungewöhnlich gestaltete zweite Breitseite weisen die Gußformenhälften aus Mediaş (Taf. 47, 3 c) und Cernat (Taf. 49, 4, b) auf. Bei beiden ist diese Formenfläche längs fazettiert gearbeitet.

Eine Besonderheit innerhalb der Urnenfelderzeit stellen Gußmodel aus dem Nordwesten des Arbeitsgebietes dar, die deutlich dicker als die anderen sind. Sie wirken massiv und klobig (Taf. 35, 1; 36, 1; 2; 37, 6; 39, 1-4; 50, 3). Zur Verbreitung der Gußmodel mit gerundetem und rechteckigem Querschnitt sowie der der dickeren (=Großformen) siehe die Tafeln 4 und 5.

Man kann festhalten, daß sich bei der Oberflächenbehandlung der Gußmodel drei Bearbeitungsweisen feststellen lassen. Überliefert sind a) das Schleifen der Gesteinsoberfläche mit Ebnen der Arbeitsgrate, b) das Belassen der bearbeiteten Fläche nach dem Einsatz von Werkzeugen, d.h. dem Stehenlassen der Arbeitsgrate und c) das Belassen der naturgegebenen Oberfläche ohne jegliche Bearbeitung. Letzteres ist an einigen wenigen Gußmodeln festzustellen.

Dezidiertere Angaben zur Gewinnung und Zurichtung des Gußmodelrohstoffes bis zum Stadium des Rohlings liefert das Gußformenfundgut des nördlichen Schwarzmeergebietes, wie es von Bočkarev und Leskov vorgelegt worden ist (Bočkarev und Leskov 1980, 45 ff.). Bočkarev und Leskov erwähnen bei der Zerkleinerung großer Gesteinsblöcke die Techniken des 'Entgegensägens' und des 'Bohrens in Reihen' (Ebd. 45). Während letztgenannte Technik im Arbeitsgebiet durch das Fundgut nicht überliefert ist, zeigen uns die Gußmodel aus Südbulgarien (Taf. 39, 6) und Novigrad na Savi (Taf. 38, 3) die Anwendung einer Sägetechnik zur Spaltung eines Steines. Bei dem Gußmodel aus Novigrad befindet sich auf der ersten Schmalseite der Rest eines primären Negativs. Bei der Zurichtung der Gußformenhälfte, welche wohl in Zusammenhang mit der Einrichtung des sekundären Negativs steht, ist das Stück der Länge nach gespalten worden. Ein Teil des ursprünglichen Negativs eines Tüllenbeils befand sich auf dem abgetragenen Teil, der andere verblieb auf der neu zugerichteten Gußformenhälfte. Die Zurichtung des so neu gewonnenen Gußmodels erfolgte in der Querrichtung zum ursprünglichen, bei der der Schneidenteil des Tüllenbeils abgetragen wurde. Bei der Gußformenhälfte aus Südbulgarien befinden sich auf beiden Schmalseiten schräg verlaufende Absätze. Sie dürften durch Entgegensägen von den beiden Breitseiten aus entstanden sein. Es ist jedoch nicht ganz auszuschließen, daß diese Art der Oberflächenbehandlung im genannten Beispiel mit der Begradigung der Formenflächen zusammenhing.

Letztlich soll in diesem Zusammenhang auf die Fundgattung und Fundzusammensetzung der Gußmodelrohlinge enthaltenden Quellen eingegangen werden. Bei den drei Funden von Soltvadkert (Gazdapusztai 1959), Sveti Petar (KatNr. 39) und Pobit Kamăk (KatNr. 9) handelt es sich um die größten geschlossenen Fundkollektionen des Arbeitsgebietes. Der Fund von Pobit Kamăk ist zur Gattung der Hortfunde zu rechnen. Zu den Umständen der Auffindung und Bergung, die dieses belegen, siehe Černych (1978b, 254) und Hänsel (1974, 39). Die Funde von Soltvadkert und Sveti Petar sind in Siedlungen gefunden worden (Gazdapusztai 1959; Šimek 1979). Man wird annehmen können, daß diese beiden Funde nicht erst zum Zeitpunkt der Deponierung bzw. eigens zu diesem Zweck zusammengestellt worden sind, sondern als ein zur Verfügung stehendes Gußformenensemble eines Gießers in Gebrauch gewesen sind. Dadurch wird nahegelegt, daß die mit dem Metallguß befaßte Person ebenso an der Herstellung des Gußformenmaterials beteiligt gewesen sein kann. Der Hortfund von Pobit Kamăk wurde nicht mit in die Betrachtung einbezogen. Solange es für die Niederlegungsgründe urnenfelderzeitlicher Hortfunde kein Interpretationsschema gibt bzw. mehrere Deutungsmöglichkeiten nebeneinander stehen, kann zum Zustandekommen der Zusammensetzung von Hortfunden, zu denen trotz des abweichenden Bestandes durch die Gußmodel der Hort von Pobit Kamăk zu rechnen ist, kein endgültiges Urteil gefällt werden (zum neuesten Stand der ‹mitteleuropäischen› Hortfunddeutung siehe Arch. Korrbl. 15, 1985, 17-85; 163-206). Wie die bislang ausführlichste Analyse des Hortes durch Černych (1978b, 254 ff.) zeigt, weisen die einzelnen Hortbestandteile in zum Teil weit entfernt liegende Gebiete. Eine unterschiedliche Provenienz der in Pobit Kamăk zusammen auftretenden Gegenstände ist nahegelegt. Eine genuine Geschlossenheit des Fundes - die uns in diesem Fall ein zur Verfügung stehendes Gußformenensemble eines Bronzegießers gezeigt hätte - braucht nicht vorzuliegen. Dieses steht nicht im Gegensatz zu der oben ausgesprochenen Annahme wandernder Handwerker, da damit nur die Kollektionierung von verschiedenen Orten in Betracht gezogen wird.

Beim jetzigen Forschungsstand bleibt somit als einziger Nachweis für Gußmodelrohlinge die Fundgattung 'Gußformenlager in einer Siedlung'. Auf die sich daran anknüpfenden Fragen, ob der Rohstoff geliefert worden ist und von welcher Lagerstätte er stammt, ob nur größere Siedlungen Gußformen hergestellt haben, ob kleinere Siedlungseinheiten mit Gußformen oder ausschließlich mit Rohlingen beliefert wurden, läßt sich beim derzeitigen Forschungs- und Publikationsstand noch keine Antwort geben.

Die Einarbeitung des Negativs

Der auf die Bearbeitung des Rohlings folgende Schritt bestand in der Einarbeitung des Negativs. Hinweise auf die Art und den Zeitpunkt innerhalb des Herstellungsprozesses liefern uns die Gußmodel von Maklejenovac (KatNr. 32; Taf. 38, 5) und Brzi Brod (KatNr. 20). Diese Gußmodel tragen nämlich unvollständig ausgeführte Negativeinarbeitungen der Eingußkanäle. Der obere Teil des Tüllenbeilnegativs mit Verzierung sind angebracht, die Schneidenpartie fehlt. Beide Gußmodel zeigen auf, daß man bei der Anlage des Negativs mit der Einarbeitung des Eingußkanales begann, und in Richtung zur Schneide fortfahrend das Negativ fertigstellte. Der halbfertige Zustand der Gußformenhälfte von Maklejenovac ist durch den Querbruch der Form zu erklären, welcher eine Weiterbearbeitung sinnlos machte. Bei der Gußformenhälfte von Brzi Brod ist die zweite Breitseite, auf der sich das unvollständige Negativ befindet, konvex geformt. Bei diesem Stück könnte es sich demnach um ein primäres Negativ handeln, welches bei der Einarbeitung des sekundären durch Überschleifvorgänge und einer Neugestaltung des Querschnittes partiell zerstört worden ist. Negativtragende Flächen sind zwecks gewünschter genauer Auflagemöglichkeit des Gegenstücks natürlich vollkommen plan gearbeitet.

Zur Einarbeitung von Negativen dürften Meißel, Hohlmeißel, Punzen und anderes Feingerät benutzt worden sein. v. Miske (1929, 85; Abb. 6, 4. 5) zieht für diese Arbeit "Düllenkreuzmeißel" und "Tüllenhohlmeißel" in Betracht. Bočkarev und Leskov (1980, 49) erwägen je nach Art der Anbringung ('Einschneiden', 'Ausschlagen', 'Aushöhlen') den Einsatz von Messern, Flachbeilen oder Meißeln. Nach der Fertigstellung des Negativs sind dessen Innenflächen geglättet worden. Mit welchem Werkzeug dieses erreicht wurde, ist nicht geklärt. Nach Bočkarev und Leskov (1980, 49) ist es mit Sand und Spänen geschehen. Feilen werden in Erwägung gezogen, fehlen aber im dortigen Fundgut (Ebd.), sind aber zum Beispiel aus Velem bekannt (v. Miske 1929, 86; Abb. 8, 6; 10, 1; Berger 1986).

Markierungen, welche die endgültige Größe des Negativs angeben, sind nicht vorhanden. Eine exakt einzuhaltende Größennormung scheint nicht vorgelegen zu haben. Eine Tendenz zur Verkleinerung der Tüllenbeile im Laufe ihrer Entwicklung ist spürbar, wie die kleinen Tüllenbeile der späten Urnenfelderzeit anzeigen. Vor diesem Zeitabschnitt sind jedoch die Tüllenbeilgrößen nicht als chronologisches Kriterium heranzuziehen.

Bei der Anlage eines Tüllenbeilnegativs wird man wohl mit zeichnerischen Schablonen oder Holzmodellen zu rechnen haben, die die Länge, Verzierung und Dicke im Gußmodel - also die Einarbeitungstiefe - vorgeben. Außerdem ist in Betracht zu ziehen, daß solche Hilfsmittel als Lehrmaterial oder allein als optische Hilfe Anwendung fanden. Derartige Hilfsmittel sind aus Metall überliefert. In den Hortfunden von Keszöhidegkút (Ebd. Taf. 10, 5), Kurd (Ebd. Taf. 10, 6) Lengyeltóti (Ebd. 59), Beremend (Mozsolics 1984a, 50 f.; 1985;

Taf. 252, 5. 8. 9) und Lovasberény (Ebd.; Taf. 245, 2. 4. 5) finden sich massive halbe Tüllenbeile. Sie dienten ohne Zweifel als Hilfsmittel zur Korrektur der Negative, um die genaue Stellung der beiden Gußformenhälften zueinander zu ermitteln. Dieses hat natürlich Folgen für das Verständnis der Passmarken, auf die unten eingegangen wird. Die Herstellung dieser Halbformen könnte unter Verwendung einer 'normalen' Gußformenhälfte im monofazialen Gußverfahren durchgeführt worden sein. Es bleibt zu diesen Stücken festzuhalten, daß die Längenregelung eines Tüllenbeiles nicht erst bei Anlage des Negativs durchgeführt wurde, sondern vorgegeben war. Eine andere Kontrolle des Negativs konnte im vollständigen Ausguß desselben erreicht werden. Ein derartiges massives Tüllenbeil ist aus Popgruevo bekannt (Černych 1978b; Taf. 40, 9). Es stellt sich jedoch angesichts des materialaufwendigen Verfahrens die Frage, ob es sich hierbei um den Normalfall handelt.

Nach Mozsolics (1984a, 39 f.) dienten die halben Tüllenbeile auch als Vorlage für Gußmodel. Danach sollen sie als "Modelle zum Schnitzen von Sandsteinformen gedient haben". Das Depot von Beremend ist nach der Autorin vielleicht einem Hersteller von Gußformen zuzuschreiben (Moszolics 1985, 95 f.). Bočkarev und Leskov (1980, 48) sprechen bei der Anlage der Negative von "hölzerne(n) und tönerne(n) Schablonen" und von "Meßgeräte(n) (Holzlineale ?)". Spuren einer Negativmarkierung sind auf einem Gußmodel festgestellt worden. Bemerkenswert ist weiterhin, daß Meßgeräte zur Tiefeneinarbeitung der Negative im nördlichen Schwarzmeergebiet nicht vorhanden sind (Ebd.), aus Ungarn, wie oben gezeigt wurde, jedoch vorliegen. Südosteuropa und der östlich anschließende Raum scheinen sich bei der archäologischen Befunddeutung zu ergänzen.

Die Einarbeitung der Verzierungen

Der folgende Arbeitsschritt bestand in der Einarbeitung der Tüllenbeilverzierungen. Wie die bereits oben genannte Gußformenhälfte von Maklejenovac zeigt (Taf. 38, 5), ist damit zu rechnen, daß man auch schon vor der Fertigstellung des Negativs damit begonnen hat. Ein Negativ aus Regöly (KatNr. 68) trägt eine asymmetrische Verzierung. Da der auf Tüllenbeilen erscheinende Verzierungsschatz durchweg längsachsensymmetrisch ist, belegt diese Gußformenhälfte den einzigen Fall mit möglicherweise unvollständiger Verzierung und zeigt, daß sie also erst nach der Fertigstellung des gesamten Negativs angebracht worden ist.

Auf eine zusätzliche, nachträglich in anderer Technik angebrachte Verzierung verweist das Gußmodel aus Karlovčić (KatNr. 28). Hier ist zusätzlich zur Parabelzier - die tief eingearbeitet erscheint - ein sechsstrahliges Sternmuster unterhalb des Randes eingeritzt worden.

Zu den gußtechnischen Einrichtungen

Nach der Einarbeitung des Negativs und des Eingußkanales erfolgte die Anbringung der übrigen gußtechnischen Einrichtungen, da es zum einen erst jetzt notwendig und sinnvoll war, sie zu installieren, zum anderen einige gußtechnische Einrichtungen nur bei fertiggestelltem Negativ eingearbeitet werden konnten. Gußtechnische Einrichtungen sind Einarbeitungen auf den Formenflächen, die einen problemfreien Guß des Tüllenbeiles gewährleisten sollten. Sie lassen sich in solche gliedern, die dem Aneinanderpassen der Gußformenhälften dienten, wie Verzapfungslöcher, Passmarken, Verschnürungsrillen und Griffmulden und in unmittelbar mit dem Negativ in Kontakt stehende, welche direkt das Gußgeschehen unterstützten, wie Entgasungskanäle und die Eingußkanäle. Zum Schluß sollen die sogenannten Dornfortsätze besprochen werden. Ihre Bedeutung als gußtechnische Einrichtung ist jedoch nicht zweifelsfrei zu belegen.

Die Verzapfungslöcher (Abb. 2, 3)

Verzapfungslöcher sind drei bis sechs Millimeter weite und im Zentimeterbereich tiefe Bohrungen auf den negativtragenden Flächen einer Gußformenhälfte. Sie erscheinen nicht nur auf Gußmodeln für Tüllenbeile, sondern sind auf vielen anderen zu finden (Taf. 36, 8 b. 9; 37, 3 a. 7 a; 38, 6 b; 39, 6 b u. d; 40; 41; 42; 43; 1-2; 46, 2. 3 b. 4 b; 47, 1. 3 b. 5. 6 b. 7 b. 48, 5 b. 49, 11). Diese Bohrungen dienten zur Aufnahme der metallenen Passstifte, welche, in die gegenüberliegenden Verzapfungslöcher des Gegenstücks eingezapft, ein Verrutschen in der Ebene der negativtragenden Formenflächen verhinderten. Den meines Wissens einzigen Beleg für Passstifte stellt die Gußform aus Tiszaföldvar dar, in deren Verzapfungslöchern sich noch die Passstifte befanden (Hampel 1886b; Taf. 3, 4-5; 1877; Taf. 14, 16. 18). Da die Bohrungsöffnungen einiger Verzapfungslöcher in den Stein hinein abnimmt, war zusätzlich ein Verkeilungseffekt gegeben. Die Verzapfungslöcher liegen meist diagonal zum Negativ in den Ecken der Formenfläche. Ausnahmen hierzu finden sich auf den Gußformenhälften von Logreşti-Moşteni (Taf. 48, 5 b; Petrescu-Dîmboviţa 1978; Taf. 74 C 1-2), Pleniţa (Taf. 47, 6 b. 7 b; Petrescu-Dîmboviţa 1978; Taf. 222 C 6-7), Ungarn (Taf. 49, 11) und Velem (v. Miske 1904a; Abb. 31; 1908; Taf. 26, 2; 1932; Taf. 5, 20).

Bei den Gußmodeln aus Logreşti-Moşteni treten bei einem Stück drei Verzapfungslöcher nebeneinander unterhalb des Negativs auf. Ein weiteres befindet sich in der Mitte der rechten Seite. Auf dem anderen sind drei Verzapfungslöcher in Dreiecksanordnung angebracht. Bei dem zu einer Gußform gehörenden Gußmodel aus Pleniţa befinden sich auf jeder Gußformenhälfte drei Verzapfungslöcher. Auf dem anderen Stück dieses Fundes ist zusätzlich zur Diagonalanordnung ein weiteres Verzapfungsloch in der Mitte der Formenfläche installiert. Von der Gußform aus Ungarn trägt eine Gußformenhälfte ein weiteres in der linken oberen Ecke. Diese Anordnung findet sich auf dem Gegenstück nicht wieder. Bei den beiden Gußmodeln aus Velem sind bei dem einen je ein Verzapfungsloch zu beiden Seiten des Negativs angebracht, bei dem anderen befindet sich eines unterhalb der Schneide. Nach Bočkarev und Leskov können vom genannten, regelhaften Anbringen abweichende Anordnungen Hinweise auf primäre, nicht mehr vorhandene Negativeinarbeitungen darstellen (Bočkarev u. Leskov 1980, 49. - Siehe ebd. auch zur Anbringung der Verzapfungslöcher), welche nach Löschung an ihren stehengebliebenen Verzapfungslöchern erkannt werden können. Dieses ist jedoch auf die Tüllenbeilgußmodel des Arbeitsgebietes nicht ohne weiteres zu übertragen, da alle Verzapfungslöcher auf einer Gußformenhälfte die gleiche Tiefe aufweisen. Bei der Löschung eines Negativs müßte die Formenfläche soweit eingeebnet werden, bis sie plan wieder eine Neueinarbeitung zuließe. Aus diesem Grund blieben von den ersten Verzapfungslöchern nur kurze Bohrungen übrig, die als zu den primären Negativen gehörend zu erkennen wären. Bemerkenswert ist, daß von den Gußmodeln mit unregelmäßiger Verzapfungslochanordnung vier von insgesamt sieben aus geschlossenen Funden (Logreşti-Moşteni und Pleniţa) überliefert sind. Zwei weitere stammen von einer Fundstelle (Velem). Man ist geneigt, dieses gemeinsame Vorkommen der mit dem Guß betrauten Person zuzuschreiben, die somit eine aus einer Werkstatttradition erwachsene Technik anzuwenden scheint. Die beiden Gußmodel aus Pleniţa (Taf. 47, 6 b; 7 b) und Ungarn (Taf. 49, 11) tragen unmittelbar neben den in den Diagonalen angeordneten Verzapfungslöchern je ein weiteres. Es handelt sich hierbei wohl um solche, die zuerst auf der Gußformenhälfte angebracht wurden. Letztlich richtete man sich aber doch nach denjenigen auf dem Gegenstück.

Neben den Gußmodeln mit Verzapfungslöchern weist jedoch die Mehrzahl der überlieferten Gußformenhälften und Gußformen diese nicht auf. Man sollte in ihnen nicht grundsätzlich unfertige Stücke sehen, denen dieses gußtechnische Detail fehlt. Zum Teil weisen sie Spuren von Hitzeeinwirkung auf, zum anderen tragen sie weitere gußtechnische Einrichtungen, welche einen Gußvorgang in jedem Fall ermöglichen. Ein Guß konnte also durchaus ohne Verzapfungslöcher durchgeführt werden. Sie sind Ausdruck einer spezifischen, nur aus bestimmten Werkstattkreisen erwachsenden Technik zu verstehen. Zur Verbreitung der Gußmodel mit Verzapfungslöchern siehe Tafel 7.

Die Passmarken (Abb. 2, 4)

Passmarken sind auf den Stirn- und Schmalseiten angebrachte Ritzungen, die von der Formenkante dieser Seite mit der negativtragenden Fläche ausgehen. Sie treten in entsprechender Anordnung auf den Gußformenhälften einer Gußform auf und dienen zum genauen Anpassen beider Hälften bei der Vorbereitung zum Gußvorgang. Die Passmarken lassen sich hinsichtlich ihres Anbringungsortes und ihrer dortigen Anzahl in mehrere Passmarkenvarianten gliedern.

Variante 1 (Abb. 3, 1-2)
Eine oder zwei Passmarken sind in der Mitte der Schmalseiten angebracht.

Variante 2 (Abb. 3, 3-4)
Eine oder zwei Passmarken sind am oberen oder unteren Ende der Schmalseiten angebracht.

Variante 3 (Abb. 3, 5-6)
Am unteren und oberen Ende der Schmalseiten sind je eine oder zwei Passmarken angebracht.

Variante 4 (Abb. 3, 7-8)
Sie stellt einen Zusammenschluß der Variante 1 und 3 dar. Eine oder zwei Passmarken sind jeweils am oberen und unteren Ende sowie in der Mitte der Schmalseiten angebracht.

Variante 5 (Abb. 3, 9)
Sechs Passmarken sind gleichmäßig über die Schmalseite angeordnet.

Variante 6 (Abb. 3, 10)
Zwei Passmarken sind in asymmetrischer Anordnung auf der Schmalseite angebracht.

Die Passmarken auf der Stirnseite eins erscheinen entweder einzeln neben der Eingußöffnung, was die Variante I darstellt (Abb. 3, 15) oder an deren beiden Seiten, was für die Variante II typisch ist (Abb. 3, 16).

Die Passmarken auf den zweiten Stirnseiten lassen sich in drei Varianten gliedern.
Variante A   (Abb. 3, 11)
Eine Passmarke befindet sich in der Mitte der Formenfläche.
Variante B   (Abb. 3, 12-13)
Eine oder mehrere Passmarken sind jeweils an beiden Enden der Stirnseite angebracht.
Variante C   (Abb. 3, 14)
Drei Passmarken sind an den beiden Enden sowie in der Mitte der Formenfläche angebracht.
Die Passmarken auf den Schmalseiten und den beiden Stirnseiten erscheinen zum Teil in vielfältigen Kombinationen miteinander auf einer Gußformenhälfte. Für die folgenden Ausführungen sind ausschließlich die Gußmodel herangezogen worden, die zum einen vollständig erhalten sind, zum anderen ihren gesamten Formenschatz an Passmarken erkennen lassen. (Abb. 4).
Zu unterscheiden sind Gußmodel, bei denen die Passmarken nur auf einer Schmalseite auftreten, wie in Arad (KatNr. 42a), Poian (KatNr. 53), Plenița (KatNr. 52, a u. b; Taf. 47, 6 a. 7 a), Ciumești (KatNr. 45, a), Păltiniș (KatNr. 51), Karlovčić (nach der Literatur. - KatNr. 28), Roman (KatNr. 10; Taf. 46, 1 a), 'Ungarn' (KatNr. 71), Novigrad (KatNr. 34; Taf. 38, 3 a), Velem (KatNr. 72, q; Taf. 5, 3 b), Sveti Petar (KatNr. 39, g. h; Taf. 35, 1 a) und Ripač (KatNr. 38, d). Aus Sveti Petar (KatNr. 39, i) liegt ein Gußmodel mit Passmarken auf beiden Schmalseiten vor. Hierzu gehört unter Umständen ein Stück aus Ripač (KatNr. 38, b; Taf. 39, 3 a u. c). In Cernat (KatNr. 43, a; Taf. 49, 4 a) treten Passmarken auf einer Schmalseite und der Stirnseite eins auf. Auf der Stirnseite zwei und einer Schmalseite sind sie aus Ciumești (KatNr. 45, d), Ripač (KatNr. 38, a; Taf. 39, 1) und Lăpuș (KatNr. 47, a) bekannt. Gußmodel mit Passmarken auf beiden Schmalseiten und weiteren entweder auf der ersten oder zweiten Stirnseite liegen aus Logrești-Moșteni (KatNr. 48 a; Taf. 48, 5 a u. c), Umgebung von Mediaș (KatNr. 50), Lăpuș (KatNr. 47, b; Taf. 48, 7 a. c. d) vor. Passmarken auf einer Schmalseite und beiden Stirnseiten sind aus Sokol (KatNr. 12, b u. c), Passmarken auf allen Schmal- und Stirnseiten aus Mediaș (KatNr. 49 b) und Želju-Voivoda (KatNr. 15, c) bekannt. Aus Mediaș (KatNr. 49 a) und Sokol (KatNr. 12, e. f. h; Taf. 46, 3 c. 4c) sind Gußmodel mit Passmarken ausschließlich auf einer der beiden Stirnseiten überliefert.

Die häufigste Anordnung stellen Passmarken auf einer Schmalseite dar. Andere Anbringungsarten oder Kombinationen sind in annähernd gleicher geringer Zahl überliefert. Es muß jedoch darauf hingewiesen werden, daß ein Teil der ungarischen und die slowakischen Gußmodel nicht im Original untersucht werden konnte, was für eine genaue Analyse unbedingt erforderlich gewesen wäre. Hinzu kommt die nicht geringe Zahl der fragmentierten Stücke, die ebenfalls keine exakte Aussage zuläßt. Aus diesem Grunde erscheinen nur die verläßlichen Gußmodel auf der Tafel 8, welche die Verbreitung der Passmarkenvarianten auf den Schmalseiten zeigt.
Gußmodel ohne Passmarken sind in fast gleicher Anzahl wie solche mit Passmarken bekannt. Auch hier sollte nicht grundsätzlich, wie bei den Verzapfungslöchern, an unfertige Stücke gedacht werden. Viele dieser Stücke tragen Spuren von Hitzeeinwirkung, die ihre Benutzung anzeigen. Es war für den Gußprozeß offenbar nicht unbedingt notwendig,

Abb. 3

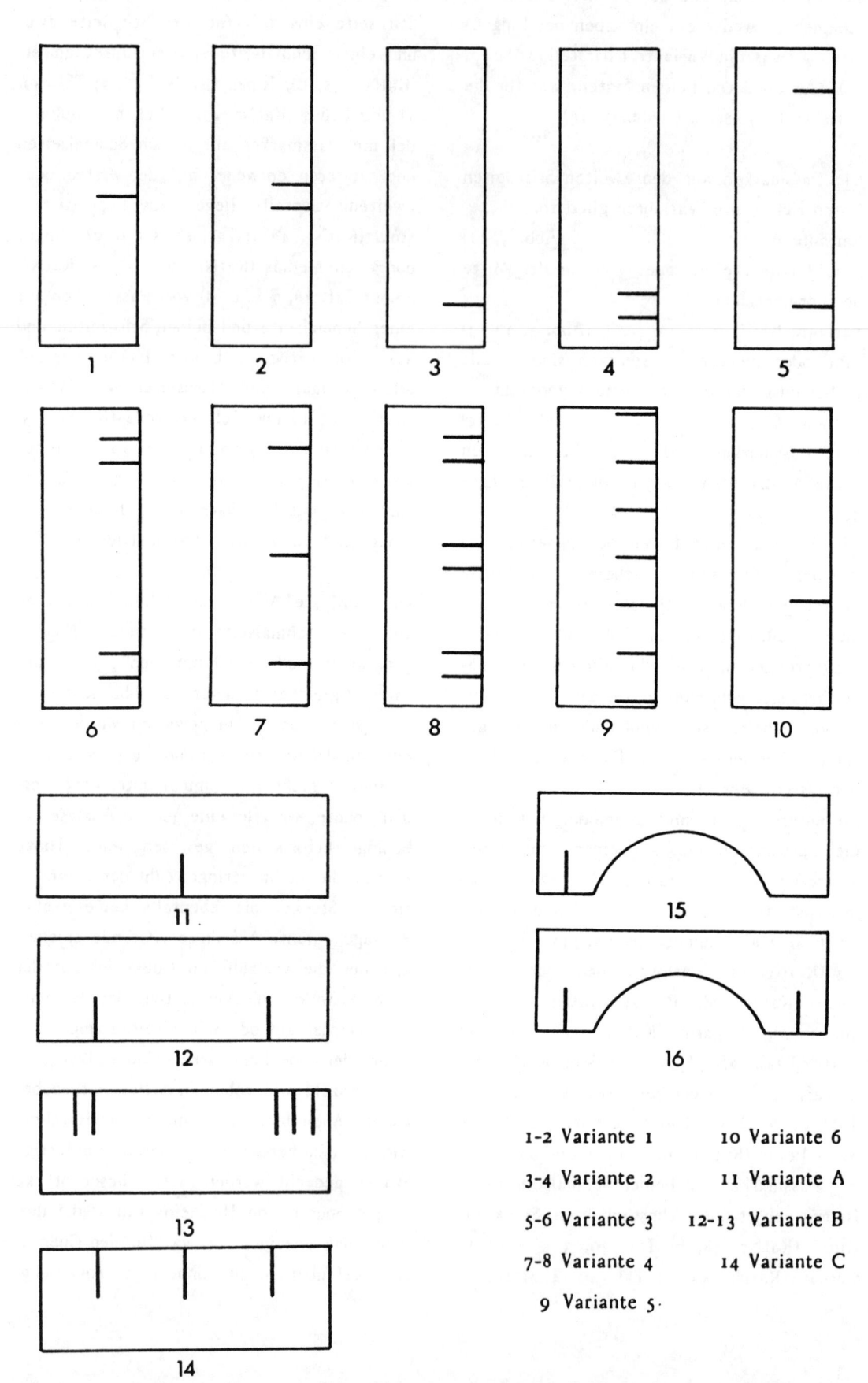

1-2 Variante 1   10 Variante 6
3-4 Variante 2   11 Variante A
5-6 Variante 3   12-13 Variante B
7-8 Variante 4   14 Variante C
9 Variante 5

Anordnung der Passmarken. 1-10 Schmalseiten; 11-14 zweite Stirnseite; 15-16 erste Stirnseite

Abb. 4

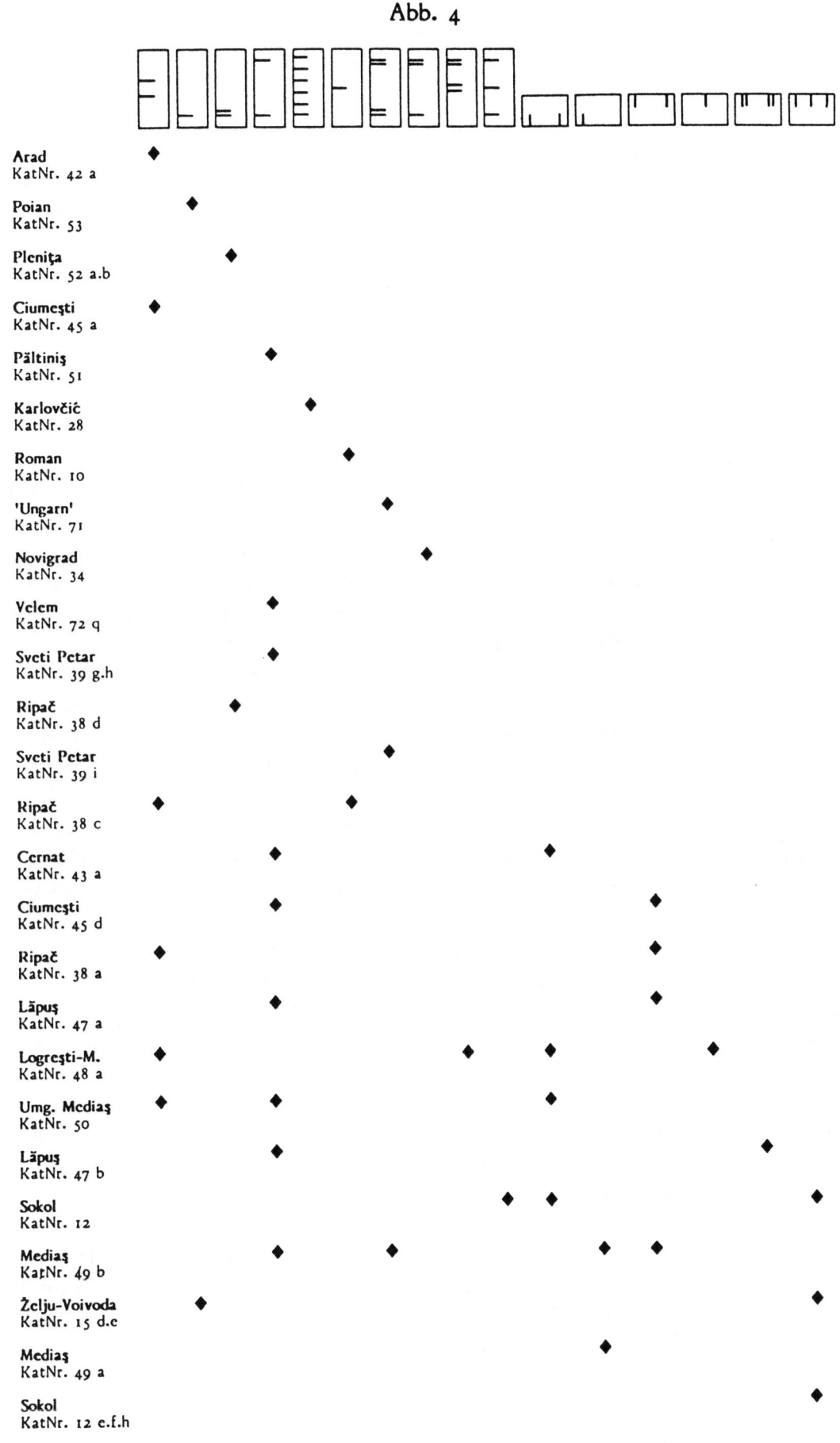

	Arad KatNr. 42 a
	Poian KatNr. 53
	Pleniţa KatNr. 52 a.b
	Ciumeşti KatNr. 45 a
	Păltiniş KatNr. 51
	Karlovčić KatNr. 28
	Roman KatNr. 10
	'Ungarn' KatNr. 71
	Novigrad KatNr. 34
	Velem KatNr. 72 q
	Sveti Petar KatNr. 39 g.h
	Ripač KatNr. 38 d
	Sveti Petar KatNr. 39 i
	Ripač KatNr. 38 c
	Cernat KatNr. 43 a
	Ciumeşti KatNr. 45 d
	Ripač KatNr. 38 a
	Lăpuş KatNr. 47 a
	Logreşti-M. KatNr. 48 a
	Umg. Mediaş KatNr. 50
	Lăpuş KatNr. 47 b
	Sokol KatNr. 12
	Mediaş KatNr. 49 b
	Želju-Voivoda KatNr. 15 d.e
	Mediaş KatNr. 49 a
	Sokol KatNr. 12 e.f.h

Verteilung der Passmarken auf vollständig erhaltenen Gußmodeln

Passmarken zu installieren. Sie waren wohl nur als eine mögliche Zuhilfenahme beim genauen Anpassen beider Gußformenhälften angebracht worden. Zur Funktion der Passmarken stellt sich die Frage, ob diese ein Maß- oder Markierungssystem wiedergeben, mit deren Hilfe ein größenvorgegebenes Einarbeiten der Negative in die Gußformenhälften vorbestimmt wurde. Nach Fertigstellung des Negativs in einer Gußformenhälfte übertrüge man die Größenwerte des Negativs oder seiner Verzierungen mittels der Passmarken auf die andere Gußformenhälfte. Bei dieser Annahme wäre zu erwarten, daß die Passmarken in der Höhe bestimmter metrischer Eigenheiten des Negativs an den Schmal- oder Stirnseiten angebracht sind. Dazu könnten beispielsweise die Gesamtlänge des Negativs, die Dicke des Randes, die Punkte des Ösenansatzes, die Verzierungen etc. gehören.

Die Anordnung der Passmarken spricht jedoch gegen einen metrischen Bezug. Sie geben häufig nur die ungefähre Negativgröße oder die der Verzierungen wieder. Es ist nicht zu belegen, daraus ein metrisches Orientierungssystem für die Einarbeitung abzuleiten. Dieses trifft auch auf die Passmarken auf den Stirnseiten zu, die nie die exakten Breiten der Tüllenbeile wiedergeben. Andererseits kann hinter den regelhaft angeordneten Passmarken ein System der Größenregelung vorliegen, welches für uns verborgen bleibt, das keinen Bezug zur Größe des Negativs aufweist.

Die Verschnürungsrillen (Abb. 2, 5)

Die auf den Stirn,- Schmal- und Breitseiten angebrachten Verschnürungsrillen sind tiefe, langspitze Einarbeitungen. In Länge, Breite und Tiefe lassen sie sich deutlich von den eingeritzten Passmarken trennen.

Sie dienten zur Aufnahme und Führung von Bändern, die, um die Gußform gewickelt, ein Aneinanderpressen der Gußformenhälften gewährleisteten. Durch den Druck wurde erreicht, daß kein oder nur wenig flüssiges Metall zwischen die beiden Formenflächen floß und zu starke Gußnähte bildete, die nach dem Guß wieder abgearbeitet werden mußten. Dem Druck des einfließenden Metalls, der die Gußformenhälften nach außen drückte, wurde entgegengewirkt.

Interessante Hinweise auf die Art der Umwicklung beim Gußvorgang liefern uns einige Gußmodel für die Herstellung anderer bronzener Geräte. Metallene Gußformenhälften tragen bisweilen auf ihrer zweiten Breitseite eine erhabene bandförmige Struktur (beispielhaft: Montelius 1895; Taf. 30, 6; Oldeberg 1943; Abb. 284; Kersten 1958; Taf. 23 c; Hodges 1960; Taf. 5 B-C; 8 A). Hodges (Ebd. 157) hat in überzeugender Weise belegt, daß diese 'Bänder' die Verschnürungen wiedergeben, welche beim Abguß mittels eines Lehmmodelles um die Gußform gewickelt waren. Beim Herstellungsprozeß verblieben die Bänder auf dem Original und finden sich so auf den zweiten Breitseiten einiger metallener Gußformen wieder. Die stilisierte Ausführung auf dem Gußmodel aus Casalecchio (Montelius 1895; Taf. 30, 6) mag dafür sprechen, daß der ornamentale Bänderabdruck auch als Verzierungsdetail verstanden und gewollt war.

Diese bei Gußformen aus Metall für andere Bronzegegenstände angewandte Umwicklung ist ohne jeden Zweifel auch bei steinernen Gußformen vorauszusetzen. Für die Benutzung von Bändern aus organischem Material spricht der Abdruck auf der Gußformenhälfte aus Wiltshire (Hodges 1960; Taf. 5 C). Metallene Bänder sind aufgrund ihrer größeren Widerstandsfähigkeit gegen Hitze natürlich auch in Betracht zu ziehen (Drescher 1957, 59). Einen Beleg für die Umwicklung von Gußformen stellt ein Gußmodel aus Kalakača dar (Medović 1978; Taf. 16, 3). Bei ihm ist neben dem bisher einmaligen Fall des Nachweises einer Lehmummantelung unter derselben ein kleiner Kanal zu finden, der zu den Verschnürungsrillen auf den beiden Schmalseiten der Gußformenhälften führt.

Dieser Kanal kann nur durch ein Band entstanden sein, welches in den Verschnürungsrillen laufend unter der Lehmummantelung hindurchführte. Drescher (1962, 818) weist auf eine Gußform aus dem Depot von Zvoleneveš hin, welche ebenso Reste einer Lehmummantelung tragen soll (Smolik 1886, ⟨Sp⟩ 193 ff.).

Die Verschnürungsrillen lassen sich hinsichtlich ihres Anbringungsortes, der Anzahl sowie ihrer näheren Funktionsbestimmung in mehrere Verschnürungsrillenvarianten gliedern.

Variante 1

Die Verschnürungsrillen dienen ausschließlich zum Aneinanderpressen der Gußformenhälften. Sie waren auf der zweiten Breitseite, den Schmal- oder Stirnseiten angebracht. Hierzu zählen die Gußmodel von Donja Dolina (KatNr. 23, a u. b; Taf. 38, 1 c. 2 c), Sokol (KatNr. 12, h), Boljetin (KatNr. 19; Taf. 38, 6 a), Novigrad (KatNr. 34) und Ercsi (Nach der Literatur. - KatNr. 59).

Variante 2

Die Verschnürungsrillen finden sich in der Mitte entweder auf den Stirnseiten oder den zweiten Breitseiten. Bei der in der Längsachse vollzogenen Umwicklung wurde der Kopfteil des Kernes mit einbezogen (zu den Gußkernen siehe unten).

Zu dieser Variante zählen die Gußmodel aus Boljetin (KatNr. 19), Cernat (KatNr. 43, b; jedoch fraglich), Mediaş (KatNr. 49, b) und Logreşti-Moşteni (KatNr. 48, a; Taf. 48, 5 a u. e).

Kombinationen der beiden Varianten sind auf dem Gußmodel von Boljetin anzutreffen. Wie bei den Verzapfungslöchern und Passmarken ist die gußtechnische Einrichtung der Verschnürungsrillen nur an wenigen Gußmodeln belegt. Dieses dürfte ebenso wie oben angesprochen mit dem eingeschränkten Überlieferungsstand zusammenhängen. Die Tafel 9 zeigt die Verbreitung der Gußmodel mit Verschnürungsrillen.

Die Griffmulden (Abb. 2, 6)

Griffmulden sind auf den Schmalseiten oder an deren Übergang zu den zweiten Breitseiten eingearbeitete Vertiefungen. Sie dienten zur besseren Handhabung beim Auseinandernehmen und Zusammensetzen der Gußform. Sie treten in der genannten Form an den Gußmodeln aus Pleniţa (KatNr. 52, a u. b; Taf. 47, 6 a. 7 a) und Ripač (KatNr. 38; Taf. 39, 1 a. 2 u. c. 3 a u. c) auf. Eine vergleichbare spitzovale Eintiefung auf der zweiten Breitseite findet sich in Ciumeşti (KatNr. 45, e; Taf. 48, 3 b). Eine andere Handhabe weist ein Model aus Medow auf (Tafel 19, 8). Der rechteckige Zapfen auf der zweiten Breitseite erinnert an ein ähnliches Stück aus Haag (Tafel 19, 7). Zur Verbreitung dieser Gußmodel siehe Tafel 10.

Die Entgasungskanäle (Abb. 2, 9)

Beim Einfluß des flüssigen Metalls in Gußformen stellen sich verengende Hohlräume 'kritische' Stellen dar. Durch Stau des fließenden Metalls und damit verbundener Abkühlung, durch nicht genügend schnelles Verdrängen der in der Form sich befindlichen Luft oder beim Gußvorgang entstehender Gase kann es zu Fehlgüssen kommen. Blasige Oberflächen oder Fehlstellen am fertigen Objekt können die Folge sein (Mozsolics 1984a, 26).

Diese 'kritischen' Stellen liegen bei Gußmodeln für Tüllenbeile im Bereich der Schneide, unterhalb des Gußkernes. An dieser engen Stelle erstarrte das Metall zuerst (Rottländer

1985, 261). Das durch den Eingußkanal zum unteren Ende des Negativs gelangte flüssige Metall mußte nun weiter in horizontaler Richtung um das untere Ende des Kernes herumfließen, um - gegen die Gravitationskraft aufsteigend - in den Steigekanälen zu erscheinen. Daß das Metall nicht an einer beliebigen Stelle in den Negativhohlraum hineingeschüttet wurde, belegen die Eingußvarianten und die zuweisbaren Gußkerne. Daß der 'kritische' Punkt im Bereich der Schneide lag, belegen die dort angebrachten Entgasungskanäle (Bočkarev und Leskov 1980, 49). Sie dienten zur Wegführung der Luft oder der beim Guß entstehenden Gase und wahrscheinlich auch der Aufnahme von Metall und ermöglichten auf diese Art ein problemloses Fließen des Metalls. Den Nachweis einer weiteren Lösung zum freien Metalldurchlauf stellen meines Erachtens die horizontal oder vertikal verlaufenden Rippen auf den Innenseiten einiger Tüllenbeile dar. Sie erforderten eine Aussparung am Gußkern, die flüssigem Metall Freiraum schaffte und dem Metallstau entgegenwirkte. Tüllenbeile mit diesen Rippen sowie entsprechende Gußkerne sind m.W. aus dem Arbeitsgebiet nicht bekannt. (Zur Anbringung und Funktion siehe Olshausen 1885, 410; 449-458; Götze 1925, 150; Baudou 1960, 16 f.; Drescher 1857, 66 f.; Ehrenberg 1981, 214 ff.; Rynne 1983, 48 f.).

Die Entgasungskanäle lassen sich nach ihrer formalen Ausprägung, ihrer Anzahl und des Ortes ihrer Anbringung in Entgasungskanalvarianten gliedern.

Variante 1

Die Entgasungskanäle setzen am Negativrand der Tüllenbeilschneide an und verlaufen zur zweiten Stirnseite. Eine Gußformenhälfte vom Sághegy (KatNr. 69, d; Taf. 49, 8 b) trägt einen in der Mitte des Schneidenrandes ansetzenden und noch auf dieser Formenfläche endenden Entgasungskanal. Von Mikleuška (KatNr. 33; Taf. 39, 4) liegt ein Stück vor, dessen an der Seite angebrachter Entgasungskanal in die zweite Stirnseite mündet. Bei dem Gußmodel von Cernat (KatNr. 43, b; Taf. 49, 5) führen drei Entgasungskanäle zur Stirnseite zwei. Beim Stück aus der Slowakei (KatNr. 17) enden vier Entgasungskanäle noch auf der ersten Breitseite. Aus Italien liegt ein der Variante 1 zuweisbarer Gußmodel vor (Carancini 1984; Taf. 133, 3881).

Variante 2

Die Entgasungskanäle sind an der Seite der Negativkante angebracht. In Novigrad (KatNr. 34; Taf. 38, 3) verläuft er schräg nach oben gerichtet zur Schmalseite eins. Ein weiterer befindet sich in ähnlicher Anordnung am oberen Tüllenbeilabschluß. Vielleicht zählt zu dieser Variante ein fragmentierter Gußmodel aus Velem (KatNr. 72 f; v. Miske 1908; Taf. 26, 2), über dessen Gesamtgröße und Negativausprägung aufgrund seines Erhaltungszustandes keine Aussage zulässig ist. Es ist ein schräg nach oben zur Schmalseite eins verlaufender Entgasungskanal festzustellen, der an der gleichen Stelle wie an dem Gußmodel aus Novigrad angebracht ist. Ein Gußmodel aus Mediaş (KatNr. 49b; Taf. 47, 2) trägt vier Entgasungskanäle. Von diesen sind zwei schräg nach oben, die anderen nach unten gerichtet. Die Anordnung der Entgasungskanäle auf diesem Gußmodel stellt eine unikate Ausprägung dar, die mit der asymmetrischen Form des Negatives und der damit verbundenen ungewöhnlichen Gestalt des Gußkernes zusammenhängen mag. Die schräg gerichtete Stellung der Entgasungskanäle tritt auch auf einem fragmentierten Gußmodel aus Banatska Palanka (KatNr. 18; Taf. 37, 7) auf. Die entweder nach oben oder unten weisenden Entgasungskanäle deuten unterschiedliche Funktionen an. Die nach unten gerichteten sind so zu verstehen, daß sie der Aufnahme flüssigen Metalls dienten, das dem nachfolgen den den nötigen Freiraum für den ungehinderten Durchfluß ermöglichte. Die nach oben gerichteten waren für die Aufnahme und Wegführung der beim Gußvorgang entstehenden Gase zuständig.

Eine besondere Art von Entgasungskanälen tragen die Gußformenhälften aus Pobit Kamăk (KatNr. 9, i u. j; Taf. 41, 8 u. 9), der Slowakei (KatNr. 17) und Ungarn (KatNr. 71; Taf. 49, 10-11). Bei ihnen sind im Eingußkanal mehrere vertikal verlaufende Kanäle eingearbeitet worden, welche der Abführung der Luft oder der Aufnahme des nach oben gestiegenen Metalles dienten. Diese Anordnung wird als Variante 3 bezeichnet. Eine gleichartige Anordnung von Entgasungskanälen findet sich auf einer Gußformenhälfte aus Kietrz, die der Herstellung von Lanzenspitzen diente (Taf. 52, 4).

Der Mehrzahl der Gußformen für Tüllenbeile kommt ohne die Einrichtung der Entgasungskanäle aus. Es mag mit der Beschaffenheit des Gesteinsmaterials zusammenhängen, daß man darauf zurückgriff. Gesteine, die durch ihre geringere Materialdichte eine Wegleitung der Gase ermöglichten, machten diese Einrichtung überflüssig. Tönerne Gußmodel zum Beispiel weisen keine Entgasungsvorrichtungen auf; durch den Ton konnten die Gase diffundieren. Vielleicht aber kommt in dieser gußtechnischen Einrichtung ein besonderes Sicherheitsdenken des Gießers zum Ausdruck. Ob die Entgasungskanäle auf beiden Hälften einer Gußform auftreten, oder ob es ausreiche, sie nur auf einem Gußmodel einzuarbeiten, kann nicht entschieden werden. Entgasungskanäle tragende Gußmodel sind bei Tüllenbeilen nur als Gußformenhälften überliefert. Eine Entgasung kann ebenso an den Passstellen der beiden Gußformenhälften erfolgen (Mitteilung H. Drescher).

Die Eingußkanäle (Abb. 2, 7)

Die über den Negativen in die erste Breitseite und die Stirnseite eins eingearbeiteten und im Querschnitt halbrunden Vertiefungen stellen die Eingußkanäle dar.

Diese beim Eingußvorgang zuerst mit dem flüssigen Metall in Kontakt tretende Stelle am Gußmodel ist für das problemlose Einfließen des Metalles in die Gußform verantwortlich. Es ist für die gesamte Güte des Gusses und des daraus resultierenden Endproduktes von ausschlaggebender Bedeutung. Es verwundert daher nicht, daß im Verlauf der technischen Entwicklung der Tüllenbeilherstellung mehrere unterschiedliche Eingußvarianten zur Anwendung gelangten, sich gegenseitig ablösten oder für einzelne Gebiete regionalspezifische Eingußarten darstellten.

Im folgenden wird eine Beschreibung der einzelnen Eingußkanalvarianten gegeben. Ein Rekonstruktionsversuch des (Ein-)Gußgeschehens wird unten im Kapitel 'Zu den Eingußvarianten' unternommen.

Variante 1 (Abb. 5, 1)

Der obere Abschluß des Tüllenbeilnegativs schließt mit der Formenfläche der Stirnseite eins ab. Eine Eingußvorrichtung am Gußmodel ist nicht vorhanden. Der Metalleinguß hatte durch eine Vorrichtung außerhalb der Gußform zu erfolgen.

Variante 2 (Abb. 5, 2)

Der Eingußkanal hat eine kurze, zylindrische Form. Das Negativ ist von der Stirnseite eins geringfügig nach innen in den Gußmodel verlagert.

Variante 3 (Abb. 5, 3-4)

Der Eingußkanal ist von zylindrischer Form, seine Länge überschreitet die der Variante 2. Zu beiden Seiten schließt sich eine halbrunde Aussparung an. Die Untervariante A wird durch die senkrechte Stellung der Aussparungen gekennzeichnet, während eine Schrägstellung typisch für die Untervariante B ist.

Abb. 5

Schematische Darstellung der Eingußkanalvarianten

Variante 4 (Abb. 5, 5-6)

Hauptmerkmal ist eine am Negativ des Tüllenbeilrandes ansetzende und zur Formenkante der Breitseite eins führende trichterförmige Einarbeitung. Bei der Untervariante A führt dieses trichterförmige Negativ zur Stirnseite eins, bei der Untervariante B zu einer Schmalseite. Die Länge der Eingußkanäle dieser Variante ist sehr unterschiedlich. Sie kann im Bereich der Längen der Varianten drei bis fünf variieren.

Variante 5 (Abb. 5, 7-8)

Sie stellt die einzige Variante dar, bei der die Eingußkanäle zweier zusammengehörender Gußformenhälften unterschiedlich geformt sind. Während die eine nur einen zylindrischen Eingußkanal trägt, ist im Gegenstück eine vertikal verlaufende, halbrunde Rille angebracht, deren Verlauf bisweilen deutlich trichterförmig ausgeprägt ist und in einer kleinen Erweiterung auf der Stirnseite eins mündet. Bei dieser Variante finden sich die längsten Eingußkanäle überhaupt an Gußmodeln für Tüllenbeile. Daneben sind kürzere Formen, die den Längen der Varianten 3 und 4 entsprechen, ebenfalls überliefert.

Variante 6 (Abb. 5, 9)

Diese nur von einer Gußformenhälfte her bekannte Variante weist am oberen Abschluß eines zylindrischen Eingußkanales eine trichterförmige, umlaufende Erweiterung auf.

Von den über 130 Gußmodeln des Arbeitsgebietes passen sich drei nicht in das Gliederungsschema der Eingußkanalvarianten ein. Es handelt sich um die Gußform aus Tiszaföldvár (KatNr. 70) und eine Gußformenhälfte aus Lăpuș (KatNr. 47, b; Taf. 48, 7 b). Bei ersterer sind in beide Eingußkanäle die Rillen eingearbeitet worden. Am Stück von Lăpuș, das die Variante 4 aufweist, ist unüblicherweise eine derartige Rille zu beobachten. Zur Verbreitung der Eingußkanalvarianten siehe Tafel 12.

Die Dornfortsätze (Abb. 2, 8)

Die Dornfortsätze sind dornartige, pfeilförmige oder mit einer Öse versehene Negative an den Unterseiten der Tüllenbeilöse. Sie treten auf Gußmodeln für Tüllenbeile auf, die die Eingußkanalvariante 4 aufweisen. Eine Ausnahme dazu stellt ein Gußmodel aus Velem dar (Tafel 24, 14), bei welchem der Fortsatz an der unteren Seite der die Untervariante B der Eingußkanalvariante 3 charakterisierenden trichterförmigen Einarbeitung angebracht ist. Ein Gußmodel aus Myškoviči weist die gleiche Ausprägung auf (Taf. 52, 12). Bei einem Gußmodel aus Plenița (KatNr. 52 c; Petrescu-Dîmbovița 1978; Taf. 222 C 5) liegt nach Ausweis der Abbildung ein frei auf der Breitseite eins eingearbeiteter Dornfortsatz vor. Am Gußmodel aus Tășad (KatNr. 56; Taf. 49, 2) scheint ein ähnlicher Fall vorzuliegen. Bei den Gußmodeln aus Logrești-Moșteni (KatNr. 48, c; Petrescu-Dîmbovița 1978; Taf. 74 C 1; Taf. 48, 5 b), welche keine Ösen und auch eine andere Eingußkanalvariante aufweisen, ist nicht zweifelsfrei zu entscheiden, ob es sich bei den länglichen Vertiefungen um Dornfortsätze, Entgasungskanäle oder Störungen der Formenfläche handelt.

Die Dornfortsätze sind entweder parallel zum Negativ angebracht oder sie weisen, leicht schräg geneigt, zur nächstliegenden Schmalseite. Die Form der Dornfortsätze variiert von länglich, symmetrisch bikonvex geformt, wie an den Gußmodeln von Cernat (KatNr. 43, b; Taf. 49, 5), Livadje (KatNr. 30; Taf. 37, 3), Plenița (KatNr. 52, c; Petrescu-Dîmbovița 1978; Taf. 222 C 4), Velem (KatNr. 72, i), Bakonyszentkirály (KatNr. 57), Slowakei (KatNr. 17) und Porozsló (KatNr. 66) über mit einem keulenartigen Ende versehenen, wie aus Plenița (KatNr. 52, a. b. e; Taf. 47, 6 b; 48, 1) und Ciumești (KatNr. 45, d; Taf. 48, 2) zu Typen mit Ösen- oder Pfeilspitzen wie aus der Umgebung von Mediaş (KatNr. 50, Taf. 47, 3 b), Mezőcsát (KatNr. 61) und Ungarn (KatNr. 71, b; Taf. 49, 11). Für die monofaziale Herstellung der Dornfortsätze sprechen die Gußformen aus Pleniţa und Ungarn, auf denen nur auf einer Gußformenhälfte ein Negativ für die Fortsätze erscheint. Daß die Negative in der Tat zum Metallausguß bestimmt gewesen sind, belegen die Reste der Dorne an Tüllenbeilen. Es ist daraus zu schließen, daß sie nach Fertigstellung des Tüllenbeiles von diesem abgebrochen wurden und der Ansatzpunkt an der Öse abgeschliffen wurde. Beispielhaft für diese Tüllenbeile seien die folgenden Stücke genannt. Die anhand der Literatur gemachte Zusammenstellung erhebt keinen Anspruch auf Vollständigkeit. Eine Durchsicht der literarischen Vorlagen ergibt - je nach Güte der Abbildung - weitere Stücke.

Tüllenbeile mit Resten der Dornfortsätze sind beispielsweise aus Arad (Petrescu-Dîmboviţa 1978; Taf. 223, 3-4), Căuaş (Ebd.; Taf. 88, B 1), Dezmir (Ebd.; Taf. 217, E 4), Dîrja (Ebd.; Taf. 219, 1. 10-11), Sîngeorgiu de Pădure (Ebd.; Taf. 263; A 26), Uriu (Ebd. Taf. 49, C 3), Balsa (Josá 1963-64; Taf. 8, 86), Berkesz (Ebd.; Taf. 12, 35. 37), Nagyhalász (Ebd.; Taf. 37, 42), Nyíregyháza (Ebd.; Taf. 42, 6. 10), Nyírpazony (Ebd.; Taf. 71, 49), Nyírtura (Ebd.; Taf. 61, 6. 13. 15), Tiszavasvári (Ebd.; Taf. 70, 39), Napkor (Kemenczei 1965-66; Taf. 2, 2), Somotor (Novotná 1970b; Taf. 33, 582) und Viničky (Ebd. Taf. 34, 606) bekannt.

Geht man hingegen davon aus, daß sie am Tüllenbeil belassen wurden, so ist ihnen nur schwerlich eine Funktion zuzuschreiben. Sie sind beim Arbeiten hinderlich und dürften bei häufiger Benutzung abbrechen oder gar Verletzungen hervorrufen. Eine zusätzliche Verbindung mit der Tüllenbeilschäftung ist durch das Vorhandensein der Öse, welche ja gerade zu diesem Zweck am Tüllenbeil angebracht scheint, ebenfalls nicht notwendig. Eine Funktion als 'Luftfalle', also eines Hohlraumes, der nicht abgeführte Gase aufnimmt und so der Blasenbildung am Gußstück entgegenwirkt, ist nicht denkbar, wie die Model aus Velem (Taf. 24, 14) und Myškoviči (Taf. 52, 12) verdeutlichen. 'Luftfallen' hätten am Endpunkt des Gußvorganges angebracht sein müssen. Im Gegensatz dazu stellen die Negative der dornartigen Fortsätze gerade die Hohlräume dar, welche entweder zu Beginn des Metalleingusses als erste gefüllt werden oder aber in der Nähe des Metallausflusses - oder am Steigetrichter (s.o.) - angebracht sind, so daß der Funktion als 'Luftfalle' keine Bedeutung zukäme.

Eine Verwendung als gußtechnische Einrichtung ist nicht einzusehen, da gußtechnische Argumente dafür nicht vorliegen. Die Mehrzahl der Gußmodel weist darüberhinaus diese Einrichtung nicht auf. Durch ihre zur Gesamtzahl der Tüllenbeilgußmodel geringe Anzahl und ihr großes formales Spektrum scheint eine gußtechnische Funktion widerlegt. Gußtechnische Einrichtungen weisen über lange Zeiträume ähnliche formelhafte Ausprägungen auf.

Außerhalb des Arbeitsgebietes erscheinen Dornfortsätze in ähnlicher oder unterschiedlicher Ausprägung. Während das Stück vom Berg Oybin (Taf. 52, 9) den unsrigen an die Seite gestellt werden kann, sind bei den anderen bemerkenswerte Unterschiede festzustellen. In Battaume (Taf. 52, 10-11) erfolgte die Herstellung der Pfeilspitzen, dessen Negative keinen Kontakt mit dem des Tüllenbeiles haben, mittels eines zur Schmalseite führenden seperaten Eingußtrichters. Auch wenn auf diesem Gußmodel nicht die typische Pfeilspitzenherstellung praktiziert worden ist, so ist doch ein Bezug zu den pfeilspitzförmigen Fortsätzen des Arbeitsgebietes nicht zu verkennen. In Wohlau (Taf. 52, 7-8) befanden sich auf beiden Gußformenhälften je zwei nebeneinander eingearbeitete lanzettförmige Negative. An deren Enden waren zusätzlich Kanäle angebracht, die als Entgasungskanäle anzusprechen sind. Dieses ist ein deutlicher Beleg für den Ausguß dieser Negative.

Die dornartigen Fortsätze treten ebenfalls auch bei Gußmodeln für andere Geräte auf. Auf einem Sichelgußmodel aus der Umgebung von Bamut stößt eine pfeilspitzenförmige Einarbeitung an den Schneidenteil der Sichel (Taf. 51, 5). Eine vergleichbare Form weist der Fortsatz am Gußmodel von Mezőcsát (KatNr. 61) auf. Auf der Gußformenhälfte aus Vyšný Kubín (Taf. 51, 6) ist eine lanzettförmige Vertiefung in annähernd gleicher Stellung eingearbeitet. Weitere Gußmodel für Sicheln mit derartigen Negativen sind aus Grävernitz (Taf. 51, 4), Heilbronn-Neckargartach (Taf. 52, 2-3), Mörigen (Taf. 52, 5-6), vom Hesselberg (Taf. 51, 2), aus dem Amt Vejle (Taf. 51, 7), aus Aszód (Taf. 51, 1), Riederode (Taf. 52, 1) und Carnitz (Taf. 51, 3) bekannt. Auf ihnen erscheinen die 'dornartigen Fortsätze' teils in bekannter Lanzettform, teils als gerade Ritzungen. In Carnitz (Taf. 51, 3) erscheinen neben einer lanzettförmigen Einarbeitung zwei Negative für Pfeilspitzen, wie sie aus Battaume (Taf. 52, 11) und in vergleichbarer Ausführung aus Mezöcsát (KatNr. 61) und Velem (Tafel 24, 14) vorliegen.

Meines Erachtens lassen sich mit den dornartigen Fortsätzen andere Negative in Verbindung bringen. Ausgehend von einer Gußform aus Wohlau (Taf. 52, 7-8) soll der Gußmodel von Kietrz (Taf. 52, 4) genannt werden. Parallel zum Lanzenspitzennegativ verläuft ein länglicher Kanal, der seine Eingußöffnung auf der Stirnseite zwei hat. Vom Kanal gehen auf einer Seite acht gleichgeformte und ausgerichtete spitzovale Einarbeitungen ab. Dieses Prinzip leitet zu Gußmodeln über, die ausschließlich zur Herstellung dieser Geräte dienten. Sie sind aus Sveti-Petar (Taf. 35, 1 d), Obřany (Adamek 1961; Taf. 85, 3) und Teleac (Berciu u. Popa 1965; Abb. 4, 3) bekannt. Von der Fundstelle C aus Szöreg stammt ein Gußmodel, bei dem von einem länglichen Kanal seitlich mehrere spitzovale Negative abzweigen, die - anders als oben - in einer kleinen Halbkugel enden. Diese Gußform gehört zu einem größeren geschlossenen Gußmodelkomplex. Nach Mozsolics (1985, 197; Taf. 274, 8) handelt es sich um Negative für kleine Nägelchen, die bei der Panzerherstellung in Gebrauch standen.

Zusammenfassend läßt sich zu den dornartigen Fortsätzen folgendes sagen.

Negative für dornartige Fortsätze finden sich an Gußmodeln für Tüllenbeile, Sicheln und Lanzenspitzen (und Schaftlochäxten ? ⟨Tafel 43, 3-4⟩). Gußmodel ausschließlich für derartige Geräte sind ebenso belegt. Die Vielfalt in der formalen Ausprägung und in der verschiedenartigen Anbringung legt den Gedanken an eine typologische Abfolge nahe. Die dornartigen Fortsätze stellen den Teil der Gußform dar, welcher zuletzt ausgegossen wurde. Daß dieses sogar unumgänglich gewesen war, zeigen die Gußformenhälften aus Myškovici (Taf. 52, 12) und Velem (Taf. 24, 14), bei denen sich der Fortsatz am Steigetrichter befand, der - ausgegossen - nach Beendigung des Gußvorganges entfernt werden mußte. Bronze - also ausgegossene - Dornfortsätze sind m. W. nach nicht überliefert. Da eine gußtechnische Funktion der dornartigen Fortsätze kaum glaubhaft gemacht werden kann, erscheint es mir möglich, daß es sich dabei um ein Opfer an höherstehende Mächte, denen gegenüber ein Donationswunsch, Donationszwang oder Donationsrecht bestand, handeln könnte. Analoge Vorgänge, bei denen bei der Herstellung eines Gegenstandes ein Teil von diesem geopfert werden mußte, sind aus der ethnologischen Forschung bekannt.

Zur Verbreitung der Gußmodel mit dornartigen Fortsätzen siehe Tafel 13.

Andere technische Einrichtungen

Neben den oben beschriebenen gußtechnischen Einrichtungen, deren Funktionszuweisung in den überwiegenden Fällen zweifelsfrei erfolgen konnte, liefern einige Gußmodel spezielle Bearbeitungen der Formenflächen, die gußtechnische Einrichtungen wiedergeben können, wobei aber gleichfalls an die Reste von primären Einarbeitungen gedacht werden muß.

Die Gußform von Pleniţa trägt auf den Schmalseiten ihrer Gußformenhälften und auf einer ersten Stirnseite (Taf. 47, 6 a. 7 a u. c) je eine Anbohrung in der Form eines Verzapfungsloches. Ein Gußmodel aus Mediaş (KatNr. 49, a) weist ebenso auf seiner ersten Stirnseite eine Anbohrung auf. In Logreşti-Moşteni (Taf. 48, 5 c u. d) treten sie auf der zweiten Schmalseite und der zweiten Breitseite auf. Eine Verzapfungsmöglichkeit der genannten Gußmodel ist auszuschließen. Eher ist an eine weitere Möglichkeit der Gußformenverschnürung zu denken, bei der ein in dieses Loch eingesteckter Stift als Widerhalt für eine Umwicklung diente. Indiz für die Annahme sind die Bohrungen auf den beiden Schmalseiten der Gußformenhälfte von Boljetin (Taf. 38, 6 a). Dort befinden sich jeweils zwei Bohrungen in gleicher Anordnung. Hier und in Mediaş treten die Bohrungen zusammen mit Verschnürungsrillen auf. Es ist jedoch nicht auszuschließen, daß die Bohrungen Reste früherer Negative darstellen, oder mit der Herstellung des Gußmodels in Zusammenhang zu bringen sind. Dieses mag auch für die konkav geformte Schmalseite der Gußformenhälfte von Boljetin (Taf. 38, 6 a) gelten. Zur Verbreitung der Gußmodel mit Anbohrungen siehe Tafel 6.

Zur Herstellung der Gußmodel aus Ton

Die Herstellung tönerner Gußmodel erfolgte aufgrund des unterschiedlichen Rohstoffes in anderer Weise. Genaue Hinweise auf den Herstellungsprozeß, die Anbringung der Negative und der gußtechnischen Einrichtungen sind durch die tönernen Gußmodel, wie sie aus Ciumeşti (KatNr. 45), Mikleuška (KatNr. 33) und von der Rabe-Anka Insel (KatNr. 36) vorliegen, nicht zu erhalten. Die Oberflächen sind gut geglättet und Bearbeitungsspuren sind nicht nachweisbar. Der formale Zustand und die Ausprägung der Negative entsprechen denen steinerner Gußmodel. Es darf angenommen werden, daß die Einarbeitung der Negative und der gußtechnischen Details in der gleichen Reihenfolge wie bei Gußmodeln aus Stein durchgeführt worden ist. Zur Herstellung tönerner Gußmodel ist auf die Ausführungen Maryons (1938, 212 ff.), Hodges (1954, 62 f.) und Needhams (1980, 182 ff.) zu verweisen.

Zu den Gußkernen

Die in ihrer Funktion und Form unmittelbar zur Gestaltung des Eingußkanales in Beziehung stehenden Gußkerne ermöglichen uns eine Rekonstruktion des Gußgeschehens.
Geschlossene Funde von Tüllenbeilgußmodeln und (unter Umständen) zuweisbaren Kernen liegen bis auf das Gußformenlager von Sveti Petar (KatNr. 39) nicht vor. Allenfalls könnte der Befund von Gornja Radgona (KatNr. 25) mit hinzugerechnet werden. Hier wurde ein Gußkern zusammen mit einer fragmentierten Gußformenhälfte, auf der ein primäres Tüllenbeilnegativ eingearbeitet ist, gefunden. Ebenso sind Kerne aus den Siedlungen von Ripač (KatNr. 38) und Velem (KatNr. 72) zu nennen, die zwar mit den dort gefundenen Gußformen keinen geschlossene Fund per definitionem darstellen, deren Zusammengehörigkeit jedoch angenommen werden kann.
[Donja Dolina]
Durch diesen Umstand sowie durch die Tatsache, daß Gußkerne bei bestimmten Eingußvarianten - bei der Entnahme aus dem Gußrohling (siehe dazu unten) - zerstört werden mußten, werden Deutungen der Kerne allein aus dem archäologischen Material heraus stark eingeschränkt. Hinzukommend wird durch die Beschaffenheit eines Kernes aus Lehm oder Ton und zusätzlich durch den Kontakt mit dem heißen Metall ein Verfall im Boden beschleunigt. Weiterhin bleibt anzunehmen, daß ihre Ansprache als Gußkerne im Falle von Zufallsfunden nicht immer gelang bzw. bei 'Altgrabungen' diese tönernen Objekte nicht in ausreichendem Maße in ihrer Funktion verstanden wurden.
Die überlieferten Gußkerne zeigen eine große gestaltliche Vielfalt. Konisch geformte Kerne, in der überwiegenden Zahl aus Metall bestehend, sind zu einer ersten Formengruppe zusammenfaßbar (Tafel 14, 1-8). Das breite Ende schließt entweder quer ab oder weist eine konische Form auf. Der Querschnitt ist rund oder gestreckt oval. Bis auf den tönernen, fragmentierten Gußkern aus Velem, der als Ausnahme eine kreuzförmige Ritzung trägt, haben alle zwei gegenüberliegende Löcher. Die Kerne von Trössing und Veliko Nabrdje (Taf. 14, 6-7) besitzen am schmalen Teil einen quer verlaufenden Abschluß.
Dieser Formengruppe ist eine zweite von Gußkernen aus Ton gegenüberzustellen. Eine als Untergruppe eins bezeichnete Kernvariante zeigt eine Gliederung in einen kubisch geformten Teil - im folgenden als Kopfteil bezeichnet - und in einen konisch geformten Teil - im folgenden als Negativteil bezeichnet. Dieser Teil füllte das Negativ der Gußform aus. Der Kopfteil kann entweder pyramidausschnitt,- kegelausschnitt,- würfel- oder quaderförmig gestaltet sein (Taf. 14, 9-15). Der Querschnitt des Kopfteiles kann rechteckig oder gerundet sein. Ein Gußkern von der Gradina Čungar bei Cazin (Taf. 14, 12) besitzt einen treppenartig gestuften Übergang vom Kopfteil zum Negativteil. Ein Gußkern vom selben Fundort (Taf. 14, 14) trägt unter seinem würfelförmigen Kopfteil einen stabförmigen Negativteil. Mehrere Gußkerne haben an der oberen Kante des Kopfteiles oder am Übergang zum Negativteil halbrunde oder dreiecksförmige Ausschnitte (Taf. 14, 9-12). Sie dienten entweder zur Einlage und Führung von Bändern, die unter Einbeziehung des Kernes die Gußformenhälften aneinanderdrückten, oder waren die Öffnungen, durch welche das Metall in die Form gegossen wurde.
Die zweite Untergruppe wird durch große, konisch geformte Kerne gekennzeichnet (Taf. 15, 1-4). Eine schwach ausgeprägte Einzie-

hung des Bahnverlaufes gliedert den Kern in einen mächtigen Kopfteil und einen langen Negativteil. Auch diese Gußkerne können am oberen Rand des Kopfteiles die oben beschriebenen Ausschnitte tragen (Taf. 15, 1).

Als Besonderheit der tönernen Kerne sind Anbohrungen auf den oberen Flächen der Kopfteile zu nennen (Taf. 14, 11). Diese Bohrungen dürften ähnlich denen auf den Schmalseiten der Gußformenhälften zur Aufnahme von Stiften gedient haben, die als Widerhalt für die Umwickelung mit Bändern zu verstehen sind. Zum Schluß soll auf einen bronzenen tüllenartigen Gegenstand aus dem Hortfund von Biharugra (Taf. 14, 16) eingegangen werden, der zwar den genannten Gußkernen formal in keiner Weise entspricht, welcher aber möglicherweise zur Kategorie der Kerne zu rechnen ist. Ein umlaufender Wulst teilt den im Querschnitt runden Gegenstand in einen konisch geformten Unterteil, welcher dem Negativteil der Gußkerne entspricht, und in einen mit allseitig konkaver Wandung versehenen zylindrischen Oberteil - den Kopfteil. Eine Öffnung im unteren Teil ist wohl als Zerstörung zu interpretieren, während ein Loch im oberen Teil beabsichtigt am Objekt installiert worden ist. Ob dieser tüllenartige Gegenstand bei der Herstellung von Tüllenbeilen als Gußkern in Anwendung stand, dürfte jedoch erst nach einer genauen Untersuchung am Objekt geklärt sein. In der Formgebung erinnert er an die zweite Untervariante der ersten Formengruppe.

Die Herstellung der Gußkerne

Die Herstellung der Gußkerne erfolgte gemäß der zwei für sie verwandten Materialien Bronze und Ton auf unterschiedliche Arten. Die Annahme Novotnás (1970b, 185), nach der hölzerne Gußkerne in Gebrauch standen, ist abwegig, angesichts der Temperatur des einfließenden Metalls.

Die auf metallenen Kernen über die gesamte Gerätelänge verlaufenden Grate (Taf. 14, 2-4) belegen die Verwendung von zweiteiligen Gußformen. Ob die an der Herstellung beteiligten Gußformen aus Stein, Ton oder Metall gefertigt waren, läßt sich nicht sagen, da bisher keine Gußmodel für derartige Geräte bekannt sind oder Untersuchungen an metallenen Gußkernen stattgefunden haben. Eine Herstellung analog der der Tüllenbeile ist anzunehmen.

Hinweise, wie tönerne Gußkerne gefertigt wurden, sind aus dem überliefertem Fundgut ebenfalls nicht zu erhalten. Ihre Oberflächen sind allseitig gut geglättet, so daß eventuelle Reste vorheriger Bearbeitungsschritte nicht ablesbar sind.

Eine ausführliche Beschreibung der Herstellung von tönernen Gußkernen wurde von Drescher gegeben, die hier gekürzt geschildert werden soll (Drescher 1957, 63. 65).

Ein Ton-Lehmgemisch, dem organische Bestandteile beigegeben worden sind, wird zu einer Rolle geformt, deren Länge die des Negativs und des dazugehörigen Eingußkanals um ca. 10. Millimeter überschreitet. Diese Rolle wird in das Negativ und den Eingußkanal einer Gußformenhälfte gelegt und mit Hilfe des Gegenstückes in den gesamten Hohlraum der Gußform gedrückt. Der nach Öffnen der Gußform entnommene Kern ist ein exakter Abdruck des Negativ- und Eingußkanalhohlraumes. Nach einer Trockenzeit wird vom Negativteil des Kernes eine Schicht abgetragen, deren Dicke der Wandungsstärke des späteren Tüllenbeils entspricht. Nach einer weiteren Trockenzeit wird der Kern gebrannt. Für die gesamte Dauer des Herstellungsprozesses sind ca. 20 Minuten zu veranschlagen.

Diese von Drescher beschriebene Art der Gußkernherstellung findet sich bereits in den

Ausführungen Curles (1933), 122) und Maryons (1938, 213 f.), die eine Herstellung und Zurichtung von tönernen Gußkernen bei Gußformen aus Ton in ähnlicher Weise beschreiben. Die Annahme Evans' (1881, 443 ff.; 449), nach der die Kernherstellung durch Einpressen von Ton in die geschlossene Gußform erfolgte, ist abwegig und durch die Untersuchungen Dreschers (1957; Anm. 19) widerlegt worden.

Zum Schluß dieses Kapitels soll darauf hingewiesen werden, daß mit Sicherheit nicht alle genannten Gußkerne bei der Tüllenbeilherstellung in Anwendung standen. (Siehe den geschlossenen Fund Taf. 15, 8). Der Vollständigkeit halber sind hier die wenigen bekannten Gußkerne zusammengestellt worden. (1) Mit welchen speziellen Gußkernen bei der Tüllenbeilherstellung zu rechnen ist, soll im folgenden Kapitel geklärt werden.

Die Installierung der Gußkerne im Gußmodel

Die Halterung der Gußkerne in der Gußform ist von ausschlaggebener Bedeutung für das problemlose Einfüllen der Bronze in den Model und somit Voraussetzung für die fehlerfreie Herstellung des gewünschten Endproduktes.

Der Freiraum zwischen Kern und Negativkante, der die Wandstärke des Tüllenbeiles vorgibt, hatte im Idealfall gleich zu bleiben. Ist dieses nicht der Fall, ergeben sich beim Tüllenbeil unterschiedliche Wandstärken, die bei der Benutzung des Beiles Spannungen hervorrufen. Stößt der Gußkern dagegen an einer Stelle an die Negativkante, so wird die Verteilung des Metalls dort unterbrochen und es entstehen Fehlgüsse, welche Löcher in der Tüllenbeilwandung aufweisen (Mozsolics 1984, 27; Taf. 13, 1). Darüberhinaus ist in jedem Fall eine stabile Gußkernfixierung vonnöten, um dem nach oben wirkenden Druck des einfließenden Metalls entgegenzuwirken (Drescher 1957, 65).

Die Halterung der Gußkerne bedingte neben einer passgerechten Herstellung eine unverrückbare Fixierung in der Gußform. Dieses ließ sich auf drei Arten erreichen:
a) durch Kernhalterstifte im Bereich des Beilkörpers,
b) durch Einrichtungen im Eingußkanal oder
c) durch Auflage und Halterung des Kernkopfes eines entsprechend geformten Kernes auf die Stirnseite eins einer Gußform.

Von Götze ist auf eine andere, innerhalb der Gußform praktizierte Gußkernhalterung hingewiesen worden (Götze 1925, 158 ff.). Danach bestand bei der Herstellung eines Tüllenbeiles im Verfahren des 'Verlorenen Gusses' - also mit tönernen Gußmodeln - eine Verbindung zwischen Kernspitze und gegenüberliegendem Gußformenteil in Form von Stäben oder Plättchen (Ebd.; Taf. 76 k. q). Sie sollten in der Vorbereitung zum Metalleinguß den Kern in der Mittelachse halten. Nach Ausguß des Hohlraumes mit Wachs seien diese Kernhalter aus dem Bereich herausgezogen und die dortige Öffnung zusammengedrückt worden (Ebd.; Taf. 76 r). Eine begründete Ablehnung dieses unnötigerweise komplizierenden Verfahrens zur Kernstützung erfolgte durch Drescher (1957, 69 f.).

Da jedoch im Arbeitsgebiet nicht mit diesem Verfahren der Tüllenbeilherstellung zu rechnen ist, ist es für unser Material von untergeordnetem Interesse.

Kernhalterungen im Bereich des Tüllenbeilkörpers (s.o. <a>) erfolgten durch Kernhalterstifte, die, gegenüberliegend in den Gußkern gesteckt, in entsprechenden kanalartigen Führungen zu beiden Seiten des Negatives in den Gußformenhälften lagen. Ein einzelner

(1) = Es fehlen 1.) Boljanić
2.) Privina Glava, s. Ostave : Taf. 63, 6
usw.

durch den Kern gesteckter Stift ist ebenfalls in Erwägung zu ziehen. Diese Kernhalterstifte hinterließen im fertigen Tüllenbeil entsprechende Öffnungen.

Derartige Einrichtungen stellen nach Auskunft unseres Gußmodelmaterials die Ausnahme dar. Sie sind nur an den Gußformenhälften von Livadje (Tafel 37, 3 a), Berettyószentmárton (Tafel 49, 12 a) und an einem Stück aus 'Südbulgarien' (Tafel 39, 6 b) belegt. Ein weiteres Gußmodel aus 'Bulgarien' (Tafel 46, 6) trägt einen Kanal, der von der linken Negativkante zum gegenüberliegenden Formenrand führt. Ob es sich sich dabei wirklich um eine Kernhaltervertiefung oder um einen Entgasungskanal handelt, ist nicht zu entscheiden. Seine Größe und der Umstand, daß er nur an einer Seite auftritt, läßt eher an die zweite Möglichkeit denken.

Daß bei der Herstellung von Tüllenbeilen jedoch weit häufiger mit Kernhalterstiften zu rechnen ist, zeigen uns die Tüllenbeile, welche auf den beiden schmalen Seiten gegenüberliegend je ein Loch aufweisen. Diese können nur durch die Einlage von Kernhalterstiften verstanden werden. In der Liste 10 sind beispielhaft derartige Tüllenbeile zusammengestellt. Ihre Auflistung darf kaum als repräsentativ verstanden werden, da je nach der literarischen Vorlage diese Öffnungen ersichtlich sind oder nicht.

Die Mehrzahl der Tüllenbeile trägt die Öffnungen im oberen Drittel des Beilkörpers. Daneben gibt es einige, die (nach Auskunft der Darstellung) das Loch nur auf einer schmalen Seite tragen. Kernhalteröffnungen auf der breiten Seite sind ebenso belegt, wie aus der Mittelachse der schmalen Seiten herausgerückt angeordnete Löcher.

Bemerkenswert bei dieser gußtechnischen Einrichtung ist der unikate Verzierungsschatz der Tüllenbeile. Es hat geradezu den Anschein, als ob nur Tüllenbeile mit Dreiecksornamentik mit Hilfe dieser Art der Kernfixierung hergestellt worden sind. Die wenigen Tüllenbeile, die diese Verzierung nicht aufweisen, tragen auch die vom Regelfall abweichende Anbringung der Löcher (so beispielsweise die beiden Beile aus der 'Slowakei'; Liste 10, 42; <Novotná 1970b; Taf. 26, 465. 471>).

Die am Tüllenbeil aus Torvaj auftretenden Ausspitzungen am Beilkörper (Mozsolics 1985; Taf. 271 B 2) sind wohl nicht als mitgegossene Einlagen für Kernhalterstifte zu verstehen. Es dürfte sich wohl um einen eigenen Tüllenbeiltyp handeln.

Zu der Kernhalterung mittels Stiften steht das Gußmodelfundgut des Arbeitsgebietes in deutlichem Gegensatz zu den in Liste 10 zusammengestellten Tüllenbeilen. Während diese relativ uniform in Verzierung und Darstellung der Kernhalterung vorliegen, stellen die Gußmodel mit dieser Einrichtung die gußtechnische Ausnahme dar.

Bei der zweiten Gußkernstabilisierung wird der Kernkopf innerhalb des Eingußkanals auf verschiedene Arten in der Gußform gehalten. Diese Lösung ist an steinernen, metallenen und tönernen Gußmodeln belegt (s.o. <b>).

Die Art der Gußkernhalterung ist durch die Gußmodel des Arbeitsgebietes nicht überliefert. Sie ist typisch für nord-, mittel- und westeuropäische Gußformen und grenzt so durch ihre Abwesenheit das karpatenländische Fundgut als eine eigenständige, geschlossene Handwerkerregion von den umliegenden ab. Es wird deutlich, wenn man sich die Bedeutung der Kernhalterung und deren technische Lösungen vor Augen hält.

Nicht nur der Vollständigkeit willen soll auf diese technologische Eigenart der benachbarten Länder eingegangen werden, sondern auch um aufzuzeigen, welche Schwierigkeiten sich bei den Gußmodeln des Arbeitsgebietes auftun, versucht man, sie einer eindeutigen technischen Lösung zuzuführen.

Die vielfältigen Arten der Kernhalterung im Bereich des Eingußkanales lassen sich in mehrere Varianten gliedern, die auf den Tafeln 16, 1-8 und 17, 1-3 in schematischer Weise wiedergegeben wurden.

Eine erste Variante umfaßt Gußmodel, bei denen Erhebungen - nur in Form von kleinen Halbkugeln -, in entsprechende Vertiefungen am Gußkern einrastend, diesen in der Gußform halten (Tafel 16, 2. 6. 8; 17, 10 c; 18, 4. - siehe Chardenoux u. Courtois 1979; Taf. 87, 44. 46; Hodges 1960; Abb. 3; Coffyn 1985; Taf. 56, 3; Butler 1973; Abb. 15).

Eine zweite Variante wird durch Gußmodel gekennzeichnet, bei denen Vertiefungen im Eingußkanal die entsprechend geformten Erhebungen am Gußkern aufnehmen.

Die Untervariante a benennt halbkugelige Vertiefungen (Tafel 16, 7; 18, 3. 5. - siehe Drescher 1957; Taf. 3 〈oben〉; K. H. Jacob-Friesen 1940; Abb. 1; Neergard 1908; Abb. 21-22. 30).

Die Untervariante b benennt Gußmodel, bei denen horizontal angebrachte Kanälchen von den Kanten des Eingußkanals in diesen hinein führen (Tafel 16, 3. - siehe Winkler u. Baumann 1975; Abb. 3 〈oben〉; Seger 1909; Abb. 20).

Die Untervariante c kennzeichnet umlaufende Vertiefungen im Eingußkanal (Tafel 17, 1. - siehe Coffyn 1985; Taf. 56, 2; Monteagudo 1977; Taf. 121, 1751; Blanchet 1984; Abb. 169; Altschlesien 2, 1929; Taf. 6, 5 a).

Die Untervariante d bezeichnet eine dreieckige Einarbeitung, welche vom unteren Rand des Eingußkanals ausgeht (Tafel 17, 2. - siehe: Schuldt 1959; Abb. 33).

Die dritte Variante wird durch Gußmodel umschrieben, bei denen horizontal eingearbeitete Kanälchen beiderseits des Eingußkanals angebracht sind. Sie können bis zur Formenkante führen (Tafel 16, 4-5. - siehe: Coffyn 1985; Abb. 71 b; Oldeberg 1943; Abb. 273-276; Taf. 10).

Eine vierte Variante wird durch ein Gußmodel aus Irland gekennzeichnet. Beiderseits des schmalen Kanälchens, welches dem Metalleinlauf diente, sind V-förmig zwei längliche Aussparungen eingearbeitet, die zur Kante des Eingußkanals führen (Tafel 17, 3. - siehe: Coghlan u. Raftery 1961; Taf. 8, 1-2).

Bei der Variante fünf befinden sich beiderseits des Eingußkanals Ausschnitte auf der Gußformenhälfte, in die entsprechende Teile des Kernes eingelegt werden konnten. Diese Erscheinung kombiniert auch mit der Variante 1 (Tafel 16, 1-2. - siehe: Müller 1891; Taf. 22, 345; Monteagudo 1977; Taf. 122, 1766).

Damit sind alle bekannten Möglichkeiten zur Kernhalterung innerhalb des Eingußkanals genannt. In welcher Form der Metalleinguß durch die Kerne oder an ihnen vorbei in den Gußformenhohlraum führte, soll unten beschrieben werden.

Die dritte Art der Kernhalterung bestand in der Auflage des Kernkopfes auf die Stirnseite eins (siehe oben 〈c〉). Ihr lassen sich alle Gußmodel des Arbeitsgebietes zuweisen.

Da jedoch über diese gußtechnische Eigenart der karpatenländischen Gußmodel keine Vorstudien vorliegen, wollen wir uns zu Beginn mit den Rekonstruktionsversuchen beschäftigen, wie sie am Fundmaterial außerhalb des Arbeitsgebietes gewonnen wurden, wo diese Art der Gußkernhalterung ebenfalls heimisch war.

Es sind in erster Linie die Ergebnisse englischer und irischer Forscher, die zu diesem Problem einen gewissen Kenntnisstand geschaffen haben. Danach soll geprüft werden, ob die Ergebnisse auf unser Fundmaterial anzuwenden sind oder andere Lösungen in Betracht gezogen werden müssen.

Rekonstruiert worden sind Gußmodel, bei denen der gesamte Kernkopf der Stirnseite eins auflag (Tafel 17, 5 a. b. 9; 18, 1.). Daneben finden sich solche , bei denen der Kernkopf im unteren Teil in den Eingußkanal hineinfaßt (Tafel 17, 7; 18, 5). Bei einer trichterförmigen Gestalt des Eingußkanals wird an eine Halterung gedacht, die ausschließlich durch Verkeilung erreicht wird (Tafel 17, 4. 6). Bei der Rekonstruktion Feustels (Tafel 18, 7) schließt der Kernkopf mit der Stirnseite eins ab.

Die durch eigene Versuche gewonnene Lösung Dreschers nimmt eine Mittelstellung ein (Tafel 18, 3). Der Kern liegt mit seinem abgesetzten oberen Teil der Wandung einer metallenen Gußform auf, wird aber im Eingußkanal durch halbkugelige Erhebungen gehalten. Die Rekonstruktion Coghlans und Maryons (Tafel 17, 9; 18, 9) weichen in der Orientierung des Kernes von den übrigen ab. Während jene die Anschnitte (=Kanäle des Metalleinlaufs) rechtwinklig zur Ebene der Passfläche tragen, zeigen sie diese gerade in dieser Ebene.

Bei den Rekonstruktionen der Kerne wird zwischen ein- und zweiteiligen unterschieden. Während die einteiligen (Tafel 17, 9; 18, 1-3. 5. 7) aus einem Stück gefertigt sind, sollen bei den zweiteiligen (Tafel 17, 4-7) Negativ- und Kopfteil separat gefertigt und dann zusammengefügt worden sein.

Bei den gesamten Rekonstruktionen treten jedoch Unstimmigkeiten gußtechnischer Art auf. Zum einen ist es in höchstem Maße zweifelhaft, ob ein aus zwei Teilen gefertigter Kern ausreichend Stabilität aufweist, um den Gußvorgang zu überstehen. Zum anderen ist es nicht notwendig, derartige Kerne zu postulieren, da einfacher herzustellende einteilige Kerne in überzeugender Weise dem gleichen Zweck dienen. Reste von mehrteiligen Gußkernen sind meines Wissens nach nicht überliefert (Drescher 1957, 69).

Ein anderer Punkt betrifft die Halterung der Gußkerne. Weder eine Verkeilung, schon garnicht die bloße Auflage des Kernkopfes auf die Stirnseite eins sind ausreichend, um den Kern beim Gußvorgang gegen Verrutschen oder das Hochdrücken des eingegossenen Metalls zu sichern (Drescher 1957, 65 und mündliche Mitteilung des Autors). Dieses kann erreicht werden, wenn eine zusätzliche Sicherung im Eingußkanal gegeben ist. In der Tat sind natürlich bronzene Gußformen in anderer Weise zu beurteilen als solche aus Stein. Die dünne Wandung der metallenen erfordert zwangsläufig eine zusätzliche Stabilisierung im Eingußkanal.

Zum Metalleinguß

Der Bronzeeinguß konnte durch eine trichterförmige Erweiterung im Kernkopf erfolgen, welche durch nach unten anschließende Kanälchen, den Anschnitten, mit dem Tüllenbeilhohlraum in Verbindung stand. Sämtliche auf Experimenten oder Überlegungen beruhenden Erkenntnisse weisen auf diese Form des Bronzeingusses hin (Tafel 17, 4 b. 5 b. 6 a. 7 b c. 9 b; 18, 1 b. c. 2 b. 3 b. 5. 9. - Zur Anbringung des Trichters siehe: Drescher 1957, 65). Weitere Möglichkeiten bestehen im Guß am Kern direkt vorbei oder durch eine separate Eingußöffnung.

Die Folge des Metalleingusses durch den Kernkopf war, daß nach Beendigung des Gußprozesses und Erstarren des Metalls der Kern durch den zwangsläufig mit ausgegossenen Trichter und die Anschnitte fest im Tüllenbeil gehalten wurde. Nach Entnahme des Gußrohlings aus der Gußform zerschlug man den Kernkopf und trennte den Gußzapfen (=Eingußtrichter und Anschnitte) vom Tüllenbeil. Danach erfolgte die Entnahme des restlichen Teiles des Gußkernes aus dem Tüllenbeilhohlraum, und das Tüllenbeil konnte seine Nachbearbeitung erfahren, bei der unter anderem die Ansatzpunkte der Anschnitte sowie die Gußnähte abgeschliffen wurden.

Da somit der Kern nach dem Gußvorgang zerstört werden mußte, ist es nicht verwunderlich, daß solche Reste zu den ganz seltenen Funden zählen müssen. Bedenkt man weiter, daß derartige Reste wohl kaum immer als solche verstanden oder angesprochen worden sind, erscheint ihre geringe Anzahl nicht verwunderlich.

So liegt beispielsweise aus Haag der Rest eines Kernes vor, der, in der Hälfte zerbrochen, die Spuren des Trichters und der Anschnitte trug (Taf. 15, 10). Aber dieser Befund stellt nur die Ausnahme dar, da die Anschnitte in der Ebene der Passflächen beider Gußformenhälften liegen (Drescher 1957; Anm. 18). Es ist in jedem Fall sicherer, das Metall nicht auf die Fuge der aufeinandertreffenden Gußformenhälften fließen zu lassen.

Weitere Indizien für den Bronzeinguß durch den Kernkopf stellen die abgetrennten, ausgegossenen Eingußtrichter und Anschnitte dar, wie sie auf Tafel 19, 9-14 zusammengestellt sind. Es ist aber bei ihnen nicht mit wünschenswerter Deutlichkeit klar, ob sie nicht dem Guß anderer Gegenstände wie zum Beispiel Lappenbeilen entstammen. Klarheit wird erst herrschen, wenn die Gußtechnik auch anderer Geräte mit vergleichbarer Gußtechnologie geklärt ist.

Letztlich sollen die Rekonstruktionen Rafterys und Coghlans (Tafel 18, 6. 8) erwähnt werden, die eine Tüllenbeilherstellung im Verfahren des 'verlorenen Gusses' befürworten. Bei beiden ist der Kern als zweiteilig angenommen worden, in einem Fall mit vier Anschnitten ausgerüstet, im anderen mit einer zusätzlichen Kernhalterung mit Stiften im Bereich des Beilkörpers.

Kehren wir zu den Gußkernen des Arbeitsgebietes zurück, wie sie oben beschrieben und nach der Form in mehrere Varianten gegliedert werden konnten. Die oben beschriebenen Rekonstruktionen gingen davon aus, daß durch den Kern gegossen wurde und dieser letztendlich zerstört werden mußte. Aus diesem Grund können die Gußkerne (Tafel 17; 18, 1-4) für die oben beschriebenen Gußvorgänge nicht herhalten. Dieses mag daran liegen, daß sie dem Guß anderer Geräte dienten oder Teil einer abweichenden Eingußweise sind.

Von der Form des Negativteiles ausgehend paßten sie durchaus in das Negativ eines Tüllenbeilgußmodels. Die Form des Kopfteils jedoch spricht gegen eine solche Verwendung. Derartige Gußkerne dürften bei der Herstellung von Lanzenspitzen zur Anwendung gekommen sein.

Selten werden die Hohlräume von Tüllenbeilen mit dargestellt, so daß nicht ermittelbar ist, welche Regelhaftigkeit in der Kerngestaltung vorliegen mag.

Dankenswerterweise gelangten durch Mozsolics (1985) einige Tüllenbeile aus spätbronze- und urnenfelderzeitlichen Hortfunden zur literarischen Vorlage, bei denen eine Wiedergabe des Tüllenbeilhohlraumes erfolgte. Es ist bemerkenswert, daß kein einheitliches Bild entsteht.

Es liegen im Querschnitt trapezförmige Hohlräume vor, wie sie langläufig von Tüllenbeilen zu erwarten sind (Tafel 20, 3. 5-7). Daneben sind aber auch langdreieckige (Tafel 20, 4), solche langovaler Gestalt (Tafel 20, 8-9) und sehr kurze (Tafel 20, 10-11) bekannt. Wie dieser Befund zu beurteilen ist, ob bestimmte Hohlräume auf bestimmte Gebiete oder Zeitabschnitte beschränkt sind, läßt sich bei der geringen Vorlage natürlich nicht sagen.

Daß einige der Gußkerne mit der Lanzenspitzenherstellung in Verbindung stehen, belegt der Fund von Pivnica (Tafel 15, 8). Gußkern und Gußform wurden zusammen gefunden.

Von Interesse ist, daß der Metalleinguß nicht durch den Kern führte, sondern an ihm vorbei, wie die Verschmauchungsspuren am Kernkopf erkennen lassen. Zusammenfassend läßt sich sagen, daß bei der Tüllenbeilherstellung in Gußmodeln aus Stein, Ton und Metall die drei oben beschriebenen Gußkernhalterungen praktiziert wurden. Davon wurde die Auflage des Kernkopfes auf die Stirnseite eins als einzige Lösung im Arbeitsgebiet praktiziert. Gerade ihre Vielzahl zeigt, daß der sicheren Halterung des Gußkernes ein besonderes Gewicht zukam und man, mehrere Varianten ausprobierend, die optimale Lösung zu erhalten versuchte. Dieses hat für die Gebiete außerhalb Südosteuropas zu gelten, während hier die Vielfalt der Eingußkanalvarianten typisch ist. Es wurden gleichwertig das Fundgut und die Erkenntnisse anderer Handwerksregionen mit herangezogen, um zu zeigen, in welcher Variationsbreite diese technische Einrichtung vorlag.

Im folgenden Abschnitt sollen die einzelnen Eingußvarianten vorgestellt und der Versuch unternommen werden, ein Bild der Gußkerninstallierung in der Gußform, vor dem Hintergrund der bekannten Gußkerne, zu erhalten.

Die Eingußkanalvarianten

In diesem Kapitel soll der Versuch unternommen werden, von den definierten Eingußvarianten, den Gußkernen und den Untersuchungsergebnissen in anderen Gebieten ausgehend, ein wahrscheinliches Bild der Tüllenbeilherstellung in Südosteuropa herzuleiten.

Ein Gliederungsversuch der Eingußkanäle ist für das Arbeitsgebiet bisher noch nicht durchgeführt worden. Anläßlich der Bearbeitung einiger tschechoslowakischer Gußmodel wies Drescher darauf hin, daß "diese gußtechnische Eigenart nach eingehender Untersuchung einmal zur Abgrenzung der Werkstätten...geeignet sein dürfte" (Drescher 1962, 821). Weiter wurde vermerkt, daß in der Slowakei eine "gußtechnische Grenzziehung" festzustellen ist. Während westlich davon Tüllenbeile mit zwei Anschnitten gegossen wurden, praktizierte man östlich davon den Guß mit einem Anschnitt. Erst während der jüngeren Bronzezeit sollen Eingußvorrichtungen innerhalb einer Gußform aufgekommen sein (Drescher 818. 822).

Anhand englischer Gußmodel unternahm Hodges einen Gliederungsversuch (Hodges 1960, 157 f.; Abb. 3. - Tafel 17, 10). Dabei waren für "four main variants" sowohl die Gestalt der Eingußkanäle als auch die Art der Gußkernhalterung ausschlaggebend. Auf das Arbeitsgebiet übertragen, würden sie die Variante fünf charakterisieren.

Variante 1 (Abb. 5, 1)

Je eine Gußform aus den Depotfunden von Sokol (Tafel 46, 5) und Želju-Voivoda (Tafel 46, 8) weist einen Eingußkanal der Variante 1 auf. Durch die Identität der Negative, ihrer Verzierungen und die gleiche Anordnung der Passmarken ist die Zusammengehörigkeit zweier Gußformenhälften zu einer Gußform abgesichert. Dieses ist von Bedeutung, weil dadurch die gleiche Ausprägung der Negative und der Eingußkanäle an beiden Gußformenhälften belegt ist. Dieses muß ebenso auf alle anderen Varianten anwendbar sein.

Da es sich bei der Variante um die einzige handelt, bei der das Negativ im oberen Teil keine Möglichkeit für einen Einguß bietet, hatte die Anbringung eines separaten Eingußtrichters außerhalb der Gußform zu erfolgen. Separat gearbeitete Eingußtrichter sind aus Westeuropa bekannt (Tafel 15, 5-6), im Arbeitsgebiet hingegen nicht überliefert.

Reste von Lehmummantelungen, in denen die Gußform steckte und in die über dem Einguß ein Trichter geschnitten wurde, liegen von Tüllenbeilen nicht vor, sind aber an Gußmodeln für andere Geräte bekannt.

Drescher (1962, 818; Abb. 4) führt von Zvoleneveš ein Gußmodel ohne Eingußtrichter für Nadeln an, welches noch Reste der Lehmummantelung besaß. Auch bei anderen Modeln ist bei Abwesenheit von Eingußtrichtern von einem in den Lehmmantel eingearbeiteten Trichter auszugehen (Ebd. 817 f.; Abb. 1. 3. 8. 10). Ein weiteres Stück stammt aus Kalakača (Medović 1978; Taf. 16, 1).

Bei Gußmodeln ohne Eingußtrichter sollte von einem Lehmmantel mit integriertem Trichter ausgegangen werden, da sonst ein sinnvoller Guß nicht vorstellbar erscheint.

Vielleicht gelingt es doch einmal, Reste des dafür benutzten Lehms zu finden, geht man von den wenigen Beispielen aus, deren Lehm - in dafür typischer Weise - stark gemagert ist (Medović 1978; Taf. 16, 1; Drescher 1962, 818 und persönliche Mitteilung des Autors).

Im Fund von Zvoleneveš finden sich auch Gußmodel mit großem Eingußtrichter, der für den Einguß bestimmt war (Richlý 1894; Taf. 44, 3. 5. 8; 45, 11).

Hinsichtlich der auf den Tafeln 14 und 15 zusammengestellten Gußkerne ist keiner für die Variante 1 verwendbar. Für die Form und Halterung des Gußkernes sind verschiedene Möglichkeiten vorstellbar. Auch wird nicht, im Gegensatz zu den anderen Varianten, deutlich, an welcher Stelle der Einguß erfolgte.

Die vorgeschlagene Rekonstruktion (Tafel 21) geht von einem Einguß durch den Kernkopf aus. Die Halterung des Kernes erfolgte durch Einbeziehung in einen Lehmmantel, der das gesamte Gußmodel umschloß. Als Nachweis für die Herstellung mittels dieser Variante könnten Tüllenbeile gelten, bei denen der obere Tüllenbeilabschluß in einer kleinen umlaufenden Fläche endet. Sie wird dadurch gebildet, daß das Negativ an den unteren Teil des Kernkopfes stößt.

Variante 2 (Abb. 5, 2)

Diese Variante tritt auf mehreren Gußformenhälften sowie an einer Gußform aus dem Depotfund von Želju-Voivoda auf. Eine kurze zylindrische Einarbeitung mit ovalem Querschnitt befindet sich zwischen oberem Negativabschluß und der Stirnseite eins. Der kurze Kanal ermöglicht an dieser Stelle ein Einpassen des Kernkopfes. Das bedeutet eine zusätzliche Halterung des Gußkernes in der Gußform. Analog der ersten Variante ist auch hier ein Einguß durch den Kernkopf anzunehmen. Die Tüllenbeile aus Oinacu (Petrescu-Dîmbovița 1978; Taf. 73 B 1-9) scheinen in der beschriebenen Weise hergestellt zu sein. Sie tragen auf der äußeren Kante des Tüllenbeilrandes einen dünnen, nach oben ausfransenden, umlaufenden Steg.

Er wurde gebildet, als das den Hohlraum füllende Metall in den Spalt zwischen Gußform und Gußkern eindrang. Die Anordnung der Stege am Tüllenbeilrand ähnelt der von Hodges vorgeschlagenen Rekonstruktion (Hodges 1958-59, 133; Abb. 4 c <mit einem mehrteiligen Gußkern>). Bei der Annahme des Eingusses durch den Gußkern, müßte dieses an den Resten der Anschnitte am Tüllenbeilrand erkennbar sein. Leider lassen die Abbildungen von Oinacu keine Aussage zu. Ein Einguß zwischen Kern und Gußform könnte vielleicht mit Gußkernen, wie sie von der Gradina Čungar vorliegen (Tafel 14, 12), erfolgt sein. Die dort angebrachte Einziehung am Übergang vom Kernkopf zum Negativteil würde durch Einfassen in den Eingußkanal die Halterung des Kernes unterstützen. Er ist dadurch in eine Lehmummantelung eingepaßt, in die ein Eingußtrichter hineingearbeitet worden ist. Die Frage, ob der Einguß durch den Kern oder an ihm vorbei erfolgte, ist durch die Gestalt der Anschnittreste auf dem Tüllenbeilrand zu beantworten. Anschnitte ließen einen runden oder ovalen Anschnittrest stehen, während beim Einguß an einer Aussparung am Kernkopf der Anschnitt D-förmig oder spitzovale Gestalt aufweisen müßte.

Die Rekonstruktion lehnt sich an die der Variante 1 an (Tafel 21).

Variante 3 (Abb. 5, 3-4)

Das Vorkommen der Eingußvariante an einer Gußform von Logrești-Moșteni (KatNr. 48) belegt deren gleichgeartete Ausprägung an den Gußformenhälften einer Gußform. Weiter tritt diese Variante an mehreren anderen Gußformenhälften auf.

Die beiden halbrunden den Eingußkanal begrenzenden Aussparungen ergeben in der Gußform einen im Querschnitt D-förmigen Kanal, der in den Hohlraum führt. Die so gebildeten Kanäle könnten einen Einguß- und Steigekanal darstellen. Durch den einen erfolgte der Metalleinguß, durch den anderen der Metallaufstieg. Somit konnte der Kern den 'Eingußkanal' ganz ausfüllen und mittels Bändern, die durch die Verschnürungsrillen laufen, gehalten werden (siehe dazu unten bei der Variante 4). In die Lehmummantelung konnte über den Kanälen ein Eingußtrichter eingearbeitet werden.

Bemerkenswert ist, daß der Einguß in der Ebene der zusammentreffenden Formenflächen beider Gußformenhälften zu erfolgen hatte. Nach den Abbildungen zu urteilen, sollten die Tüllenbeile aus den Depotfunden von Dumești (Petrescu-Dîmbovița 1978; Taf. 99 B1) und Gusterița (Ebd.; Taf. 104, 16) in dieser Variante gegossen sein. Zu beiden Seiten des Tüllenbeilrandes sind kleine Erhebungen bemerkbar, die die Reste der abgetrennten Kanäle darstellen könnten. Coghlan und Maryon (Tafel 17, 9; 18, 9) hatten bei ihren Rekonstruktionen ein verwandtes Verfahren in Betracht gezogen. Hier erfolgte der Einguß durch den Kernkopf und die Anschnitte, welche in der Ebene der Formenflächen lagen. Während Drescher die Frage nach derartig hergestellten Tüllenbeilen unbeantwortet ließ (Drescher 1957; Anm. 18), belegen die Variante 3 und die in dieser Hinsicht verwandte Variante 4 unzweifelhaft dieses Verfahren im südöstlichen Europa.

Ein Gußmodel aus Kapulovka (Tafel 17, 8) zeigt eine andere Anbringung der kleinen Kanälchen. Sie stellen separate Einarbeitungen

beiderseits des Eingußkanals dar.
Bedingt durch die Schrägstellung der beiden kleinen Kanälchen erfolgte der Metallaufstieg in der Untervariante B langsamer.
Zur Rekonstruktion siehe die Tafel 22.

Variante 4 (Abb. 5, 5-6)

Die für diese Variante typischen Einrichtungen erscheinen auf Gußformenhälften und Gußformen. Auch bei ihr wird durch das Auftreten in einer Gußform die gleichartige Ausprägung auf beiden Gußformenhälften belegt.
Bei dieser Variante führt eine im Model befindliche kleine trichterförmige Erweiterung von der ersten Stirnseite oder einer Schmalseite zum Negativrand. Es ist die einzige Variante, die einen außerhalb des Negatives befindlichen Eingußtrichter besitzt.
Bei der Untervariante B erfolgte der Einguß bei einer Schrägstellung oder Seitenlage der Gußform. Eine gekippte Stellung einer Gußform bei Einguß des Metalles ist bei anderen Gußmodeln bekannt. Auf diese Weise wurde ein gleichmäßiges Ausfüllen des Hohlraumes gewährleistet und entstehende Gase konnten ungehindert entweichen.
Derartig eingerichtete Gußmodel sind aus Vyšný Kubín (Tafel 24, 15), Somotor (Tafel 24, 16), Dolný Kubín (Tafel 24, 12), dem nordwestukrainischen Bezirk Gorodenka (Tafel 24, 13), Myškovići (Tafel 52, 12) und aus Velem (Tafel 24, 14) bekannt.
Einen Nachweis für das Verfahren der Variante 4 stellen Gußzapfen (= ausgegossene Trichter und Anschnitte) dar, deren Oberkannte zur Senkrechten schräg verläuft (Drescher 1957, 57. - Tafel 19, 12).
Die Schrägstellung von Gußformen läßt sich jedoch differenzierbarer fassen. Eine Möglichkeit besteht in der 'normalen' rektangulären Einarbeitung des Negativs in die Gußform. Die Schrägstellung erfolgte beim Gußvorgang. Daneben ist die aus der Senkrechten des Gußmodels gekippte Anordnung der Negative bekannt. Sie nimmt die Schrägstellung des Models vorweg. Die Gußformenhälften aus der 'Slowakei' (Tafel 19, 2. - Nach Drescher 1957, 819 aus der Umgebung von Zvoleneveš), Sîntion (Tafel 19, 3) und Oarţa des Sus (Tafel 19, 1) belegen sehr schön dieses Verfahren.
Vom Gerätetyp und der zeitlichen Stellung her sind diese Gußmodel von untergeordnetem Interesse. Vielleicht handelt es sich um eine gerätespezifische Anordnung für Flach-, Absatz- oder Randleistenbeile, die um die Wende von der älteren zur mittleren Bronzezeit im slowakisch-ostungarisch-nordwestrumänischen Raum eine Gießerhandwerksschule aufzeigt.
Als Gußkerne sind unter Umständen diejenigen von Gornja Radgona (Tafel 15, 1), Velem (Tafel 15, 2), Tetin (Tafel 15, 3) und Ripač (Tafel 14, 9) in Betracht zu ziehen. Sie würden mit ihrem Kernkopf der Stirnseite eins aufsitzen. Die Kerne von Gornja Radgona und Ripač tragen zwei kleine Ausschnitte an ihren oberen Kanten. Unter der Voraussetzung, daß sie zur Einlage von Bändern dienten, korrespondiert dieses gut mit den Untersuchungen zu den Verschnürungsrillen. Die dortige Variante 2, deren Anordnung von Verschnürungsrillen der Einbeziehung des Kernkopfes dienten, treten nur an Gußmodeln der Eingußvariante 3 oder 4 auf. Nur bei ihnen ist die Einlage eines Kernes in das Negativ und den 'Eingußkanal' möglich.
Bei der Rekonstruktion dieser Variante (Tafel 22) wird wie bei den anderen von einer trichterförmigen Erweiterung der Eingüsse in der Lehmummantelung ausgegangen.
Als einzige Ausnahme zu dieser Variante hat ein Gußmodel aus Lăpuş zu gelten (Tafel 48, 7 b). Dem separaten Eingußtrichter nach müßte es sich um die Variante 4 handeln. Eine im Eingußkanal verlaufende senkrechte

Rille scheidet den Gußmodel von den übrigen. Diese Rille weicht aber auch in der Größe von vergleichbaren Einarbeitungen der Variante 5 ab. Betrachtet man den Trichter weiterhin als Eingußvorrichtung, so könnte die Rille als Steigevorrichtung gedeutet werden. Das Gußmodel zeigt somit eine technologische Lösung, welche zwischen den Varianten 4 und 5 steht. Möglicherweise handelt es sich auch um eine Führung des Gußkernes. Es bleibt dann aber fraglich, warum sie senkrecht angebracht wurde.

Variante 5 (Abb. 5, 7-8)

Sie stellt die einzige Eingußvariante dar, bei der mindestens im Eingußkanal einer Gußformenhälfte ein zusätzlicher, im Querschnitt D-förmiger, kleiner Kanal eingearbeitet worden ist.

Bei der Untervariante A befindet sich in einer Gußformenhälfte ein langer zylindrischer Eingußkanal, im Gegenstück der Eingußkanal mit der zusätzlichen Rinne (Abb. 5, 7-8; Taf. 35, 1b. 8b; 38, 1a. 2a).

Bei der Untervariante B befinden sich die zusätzlichen Einarbeitungen in den Eingußkanälen beider Gußformenhälften (Abb. 5, 7; Hampel 1886b; Taf. 3, 4-5 ⟨Tiszaföldvar; KatNr. 70⟩).

Wie der Metalleinguß der Variante durchgeführt wurde, vermitteln uns die Tüllenbeile aus der Slowakei (Novotná 1970b; Taf. 40, 715) und aus Haag in Dänemark (Neergard 1908; Abb. 38). Auf dem Tüllenbeilrand verläuft ein nach oben auszackender Steg, der dem nachträglich nicht entfernten, ausgegossenen D-förmigen Kanal entspricht; ansonsten wurden diese bei der Nachbearbeitung des Gußrohlings entfernt. Bei diesen genannten Beispielen läßt sich indes nicht feststellen, ob es sich um die Untervariante A oder B handelt - ein allgemeines Phänomen, da in der literarischen Vorlage die Reste der abgearbeiteten Anschnitte so gut wie nie wiedergegeben werden.

Beim Fund einer Gußmodelhälfte mit ausschließlich zylinderförmigen Eingußkanal ist natürlich die Zugehörigkeit zu einer der beiden Untervarianten nicht zu verifizieren. Eine Gemeinsamkeit besteht jedoch in der großen Länge der Eingußkanäle. Um ihre Zugehörigkeit zur Variante 5 zu belegen, ist ein Vorgriff auf das Kapitel notwendig, welches sich mit der zeitlichen Stellung und Verbreitung der Gußmodel und Tüllenbeile beschäftigt.

Gußmodel der Variante 5 erscheinen zum überwiegenden Teil in der jüngeren und späten Urnenfelderzeit im westlichen Teil des Arbeitsgebietes (Tafel 12). Die Gußformenhälften mit langem Eingußkanal ohne Aussparung passen sich ohne Schwierigkeiten in den durch die der Variante 5 zuweisbaren Gußmodel vorgegebenen chronologischen und chorologischen Rahmen ein, sodaß eine Zuweisung sehr wahrscheinlich ist.

Der Metalleinguß bei der Untervariante A erfolgte durch die Aussparung im Eingußkanal. Unterstützend wirkte ein halbkugeliger oberer Abschluß (Tafel 35, 8c; 38, 1b). Als Steigetrichter ist eine Aussparung am unteren Teil des Kernkopfes denkbar, sodaß der schon genannte Kern von der Gradina Čungar (Tafel 14, 12) den wirklich benutzten sehr nahe kommen dürfte. Bei der Untervariante B bilden die beiden Kanäle sowohl den Einguß- als auch den Steigetrichter.

Die Kernhalterung geschähe neben der Auflage auf die Stirnseite 1 durch die Einbeziehung in eine Lehmummantelung. In sie ist bei der Untervariante A der Steigetrichter mit eingeformt. Auf diesen Überlegungen basiert die Rekonstruktion auf der Tafel 23.

Variante 6 (Abb. 5, 9)

Sie ist durch die Gußformenhälfte von Dobanovci (KatNr. 22) definiert. Durch die trichterförmige Erweiterung des Eingußkanales wird eine Einlagemöglichkeit für einen schrägen Teil am Kernkopf gegeben. Auch wenn das Gegenstück nicht vorliegt, ist eine andere Möglichkeit als ein ganz umlaufender Abschluß nicht denkbar.

Die Variante 6 ermöglicht somit die Einlage des Kernes in den Eingußkanal zum Zwecke der Halterung. Es ist eine für das Arbeitsgebiet untypische Lösung, die dadurch in gußtechnologischer Hinsicht den mitteleuropäischen Gußmodeln nahesteht. Bedingt durch dieses Detail hatte der Einguß durch den Kernkopf zu erfolgen, also durch eine wie bei den Varianten 1, 2 und 5 im Kernkopf integrierten Eingußtrichter. Die dadurch unterbundene Kernfixierung durch Bänder wurde neben der Einlage in den Eingußkanal wie bei den anderen Varianten durch eine Einbeziehung in eine Lehmummantelung erreicht. Siehe die Rekonstruktion auf Tafel 23.

Die übrigen, bei der Besprechung der Eingußvarianten, nicht erwähnten Kerne (Taf. 14, 1-8) dürften wohl bei der Herstellung anderer Geräte zum Einsatz gekommen sein. Die spitz-kegelförmigen waren mit Sicherheit bei der Lanzenspitzenherstellung in Gebrauch (Taf. 14, 1-5. 13-15), wie die Hohlräume dieser Geräte nahelegen.

Diejenigen mit ovalem Querschnitt (Taf. 14, 6-8) sind vielleicht bei der Tüllenbeilherstellung zum Einsatz gekommen.

Bedenkt man die Eingußvarianten 3 und 4, bei denen das Negativ und der Eingußkanal ganz ausgefüllt werden konnte, so wäre eine Halterung in der Lehmummantelung denkbar. Gegen vertikales Verrutschen bediente man sich der Kernhalterstifte, die in entsprechende Löcher an diesen Kernen gesteckt wurden. Vielleicht wird dadurch die große Zahl der Tüllenbeile mit Kernhalteröffnungen verständlich (Liste 10). Sie dürften somit auf indirektem Wege die Eingußvarianten 2 und 3 bestätigen.

Abschließend soll zu diesem Kapitel mit aller Deutlichkeit darauf hingewiesen werden, daß nur eine Untersuchung an den Tüllenbeilen die vorgeschlagenen Varianten und das daraus rekonstruierte Gußgeschehen bestätigen oder widerlegen kann.

Es dürfte sich dann zeigen, wie die räumliche Verbreitung und zeitliche Stellung unserer definierten Eingußvarianten zu beurteilen ist, welcher Tüllenbeiltyp welcher Variante entspricht oder ob weitere aus den Tüllenbeilen erschließbar werden.

Die vorgeschlagene Gliederung der Eingußvarianten, denen als gußtechnisches 'Detail' eine wichtige Rolle zukam, soll als eine vorläufige verstanden werden. Sie bedarf der Ergänzung durch Untersuchungen am fertigen Objekt.

Mehrteilige Gußmodel für Tüllenbeile ?

1943 wies Lázár bei der Vorlage der Sågheger Gußmodel auf eine spezielle Zurichtung einer Tüllenbeilgußformenhälfte hin (Lázár 1943, 286). Ausgehend von einem "Viertel einer Tüllenbeilform" (= Gußformenhälfte) nahm er an, daß "kein entsprechend großer Sandstein zur Verfügung stand, so daß man statt zwei großen Modellstücken vier kleinere verwendete" (Ebd.; Abb. 4). Inwieweit hier der Mangel an geeignetem Stein dafür ausschlaggebend war und ob die damit zwangsläufig hervorgerufene Gußtechnik - auf die von Lázár nicht eingegangen wird - für Tüllenbeile geeignet scheint, soll im folgenden untersucht werden.

Das Argument des Rohstoffmangels kann

nicht gelten, da vom Sághegy sowohl große Model (Ebd.; Abb. 1) als auch solche aus Ton (Ebd.; Abb. 37-38) vorhanden sind. Auf Beides hätte man zurückgreifen können. Die Einschränkung, daß der Model für das Lappenbeil aus dem meines Wissens nach nur hier überlieferten seltenen Basalt besteht, entfällt, denkt man beispielsweise an die benachbarte Fundstelle von Velem mit ihren vielen großen Gußformenhälften.

Es stellt sich also die grundsätzliche Frage, ob mehrteilige Gußmodel, wie sie für die Herstellung anderer Geräte bekannt sind, auch für Tüllenbeile angenommen werden sollten.

Mehrere Befunde bestätigen, daß das 'Viertelstück von Gußformenhälften' vom Sághegy - in Anlehnung an Lázár soll dafür dieser Begriff beibehalten werden - kein Einzelfall ist.

Neben einem weiteren vom genannten Fundort (Ebd.; Abb. 2) sind sie aus Neszmély (Tafel 24, 6), Bakonyszentkirály (Tafel 24, 7), Gornja Radgona (Tafel 37, 8 a) und Velem (Tafel 24, 8-11) bekannt. Außerhalb des Arbeitsgebietes liegen sie von Ornding (Tafel 24, 3-4), Limberg (Tafel 24, 5) und Pobedim (Tafel 24, 2) vor. Ihre Verbreitung beschränkt sich auf ein annähernd kreisförmiges Gebiet um den östlichen Alpenrand von der Mur (Gornja Radgona) über das nördliche Transdanubien (Neszmély) bis nach Niederösterreich (Limberg). Zur Verbreitung siehe die Tafel 6.

Daß es sich bei diesen Stücken nicht um zufälligen Bruch oder Zerstörung der Gußmodel handelt, belegen die zum Teil glattgeschliffenen Flächen der vermeintlichen Bruchflächen. Dieses ist durch eigene Untersuchung des Velemer Materials im Museum zu Szombathely einwandfrei festgestellt worden. Auch bei einigen nicht untersuchten Stücken ist davon auszugehen, wie zum Beispiel die Vorlage des Models von Neszmély nach Patek zeigt (Tafel 24, 6). Die innere Fläche erscheint geschliffen. Eine reale Bruch- oder Zerstörungskante liegt bei den Viertelstücken dagegen bei der Stirnseite 2 entsprechenden Flächen vor. Daneben wird durch die einheitliche Zeitstellung 'Jüngere Urnenfelderzeit' und die Verbreitung nahegelegt, daß es sich nicht um Zufälliges, sondern um eine beabsichtigte Zurichtung von Gußmodeln handelt.

Die parallel zu den Schmalseiten verlaufenden glatten Kanten lassen an die Anlagemöglichkeit eines entsprechenden 'Gegenstückes' denken. Die Gußform bestünde dann aus vier einzelnen Teilen, das heißt aus zweiteiligen Gußformenhälften. Unklar bleibt, warum sie alle quer zur Längsachse gebrochen und somit in der Form der Viertelstücke überliefert sind.

Es ist nicht anzunehmen, daß eine mehrteilige Gußform für Tüllenbeile ein gegenüber den 'Normalen' gleichwertiges Endprodukt entstehen läßt. Es dürfte kaum durchführbar sein, vier Modelteile beim Metalleinguß ständig in der korrekten Lage zu halten. Verzapfungslöcher, die ein Aneinanderstecken der Formteile ermöglichten, sind nicht vorhanden. Außerdem wird eine saubere Ornamentanbringung stark eingeschränkt.

Derartig hergestellte Tüllenbeile, welche an zwei zusätzlichen Gußnähten auf den Breitseiten erkenntlich wären, sind meines Wissens aus dem Arbeitsgebiet nicht überliefert. Somit ist beim derzeitigen Kenntnisstand ein Tüllenbeilguß mittels halbierter Gußformenhälften nicht anzunehmen.

Interessanterweise liegen Geräte vor, auf deren Breitseiten eine vertikal verlaufende Gußnaht zu erkennen ist (Tafel 20, 14-15). Es wird jedoch nicht deutlich, ob sich noch weitere auf den Geräten befinden, so daß ein Guß in vierteiliger Gußform anzunehmen ist. Oldeberg (1943, 151) spricht sich gegen eine Herstellung mittels Gußformen oder mehrteiliger Model aus. Die Gußnaht sei ein Indiz für das Verfahren des 'Verlorenen Gusses'. Gußmodel mit derartig eingearbeiteten Negativen sind jedoch vorstellbar. Daneben bleibt es natürlich höchst fraglich, diesen schwedischen Befund auf das Arbeitsgebiet übertragen zu wollen.

Erstaunlicherweise liegen zu den Viertelformen von Gußformenhälften Analogien in Metall vor. Es handelt sich dabei um aus Tüllenbeilen herausgebrochene (Viertel-) Stücke, oder - als indirekter Beleg - um Tüllenbeile, denen dieses 'Viertel' fehlt. Die Listen 11 und 12 führen einige Beispiele für beides an. Die fast ausschließlich in Depotfunden auftretenden Metallanalogien haben somit ihre Entsprechungen in gleichartig geformten Gußmodeln, die jedoch mit der Herstellung nicht in Zusammenhang gebracht werden können.

Das Auftreten gerade in der Fundgattung der Depotfunde läßt meines Erachtens eine andere Deutungsweise zu. Es ist durchaus erwägenswert, daß die Zusammensetzung, Niederlegung und Behandlung der Horte bzw. ihrer Bestandteile nicht ausschließlich praktischen Erwägungen folgte, sondern daß oft ein geistiger Hintergrund ausschlaggebend war. Dieses wird gerade durch die zum Teil regelhaft absichtliche Zerstörung der einzelnen Gegenstände - nicht nur der Tüllenbeile - deutlich. Eine Erklärung ist im Umfeld dessen zu suchen, was durch den Begriff 'Rituelles Unbrauchbarmachen' umschrieben wird. Durch den Umstand, daß eine bestimmte, genau eingehaltene Zerstörungsart an Tüllenbeilen ihre Entsprechung an Gegenständen ihrer Herstellung hat, sollten auch für die Deutung der 'Viertelstücke' analoge Hintergründe angenommen werden. Es ist somit erstmalig feststellbar, daß ausschließlich depotfundbezogene Handlungen, aus dieser Fundgattung herausgelöst, anderenorts in den Siedlungen feststellbar werden.

Unklar bleibt aber weiterhin, warum man die vertikalen Bruchkanten wieder glättete und sich nicht mit dem bloßen Bruchstück zufrieden gab. Oder fertigte man sie eigens zu diesem Zweck, aus beispielsweise unbrauchbar gewordenen Gußmodeln?

Eine andere Art des Unbrauchbarmachens von Gußmodeln besteht im Anbohren der Negative. Beispiele hierfür sind aus Sveti Petar (Taf. 36, 9) und Pobit Kamäk (Taf. 43, 1) bekannt. Bei dem Gußmodel für eine Lanzenspitze sind vier Anbohrungen in der linken oberen Ecke angebracht. Zwei von ihnen sind unmittelbar am Negativrand angebracht. Auf dem Model aus Pobit Kamäk liegt eine Hälfte der Bohrung im Negativ. Die Bohrungen im Negativ erscheinen in gußtechnischer Hinsicht unverständlich und sind auch nicht durch Negative oder gußtechnische Einrichtungen auf der zweiten Breitseite erklärbar, zumal es sich nicht um Durchbohrungen handelt. Es ist ebenfalls in Hinblick auf die aufeinander folgenden Arbeitsgänge nicht einzusehen, daß die Verzapfungslöcher vor Anlage der Negative angebracht wurden. Das Gußmodel von Pobit Kamäk zeigt, daß die Anbohrungen nach der Einarbeitung des Negativs erfolgten. Als Erklärung bliebe, daß diese beiden Gußmodel vor ihrer Deponierung angebohrt wurden und das Gelingen eines fehlerfreien Gusses verhindert wurde. Inwieweit sich diese Erscheinung in Beziehung zu den 'Viertelstücken' setzen läßt, das heißt, ob auch hier von 'rituellem Unbaruchbarmachen' die Rede sein kann und welche Bedeutung ihrer chronologischen Stellung und der Lage des Fundortes zukommt, läßt sich durch diese beiden Befunde nicht klären.

Eine andere Herstellungsweise von Tüllenbeilen wird durch eine Abbildung Carancinis nahegelegt (Tafel 24, 1). Ein fragmentiertes Tüllenbeil, das das Negativ einer Beilschneide trägt, hat auf seiner Stirnseite 1 zwei Verzapfungslöcher. Unter der Annahme, daß sie nicht für ein Negativ der Breitseite 2 dienten, kommt auch hier eine zweiteilige Gußformenhälfte in Frage. Analogien in Metall, die an quer um das Tüllenbeil verlaufenden Gußnähten erkennbar wären, sind nicht bekannt. Vergleichbar ist eine Gußform aus Pobit Kamăk (Tafel 40, 7 b u. 8 b). Das ansonsten in eine Gußformenhälfte eingearbeitete Negativ verteilt sich auf zwei Gußmodel. Hierbei handelt es sich jedoch um ein primäres Negativ, ähnlich dem für den Armreif (Tafel 40, 7 c u. 8 c). Nach Halbierung der Modelhälften wurden in beide die Negative für einen Schwertgriff eingearbeitet (Tafel 40, 7 d u. 8 d).

Die durch das italische Gußmodel nahegelegte Gußtechnik ist im Arbeitsgebiet nicht bekannt. Entgegen den oben beschriebenen Viertelstücken von Gußformenhälften ist ein Gelingen des Gusses nicht in Frage zu stellen. Es ergibt sich aber auch der Aspekt, worin ein Vorteil gegenüber Bekanntem bestehen sollte.

Eine völlige Fehleinschätzung der Tüllenbeilherstellung gelang Iconomu (1983-84; s. Addenda). Bei der Vorlage des Gußmodeldepots von Brădiceşti (KatNr. 42b) ging er vom Model für das Tüllenbeil aus (Tafel 50, 4). Danach soll das Negativ im monofazialen Guß - wie bei Sicheln - zweimal ausgegossen worden sein. Die entstehenden zwei halben Tüllenbeile seien dann verlötet worden. Es ist nicht weiter auf diese Methode einzugehen.

Eine weitere Herstellungstechnik läßt sich aus der Stellung der Ösen herleiten. Im Regelfall befinden sie sich auf den Schmalseiten. Abweichend davon gibt es einige Tüllenbeile mit Ösen, die auf der Breitseite angebracht sind (Tafel 20, 12-13. - Weitere bei: Gross 1883; Taf. 13, 12-13; Černych 1976; Taf. 3, 1. 2. 4; 5, 10). Tüllenbeile und Gußmodel für eine solche Herstellung sind im Arbeitsgebiet nicht bekannt, jedoch sind Gußmodel für diese Herstellungsart ohne weiteres vorstellbar. Auf zwei dreiteilige Gußmodel für Tüllenbeile aus Ungarn wurde kürzlich von Kovács (1986, 194) hingewiesen.

Zur Datierungsmethode

Dieses Kapitel behandelt die zeitliche Stellung der Tüllenbeilgußmodel und die Beziehung der Tüllenbeilnegative zu den in Form und Verzierung zuweisbaren Tüllenbeilen.

Da die formalen Erscheinungen und die gußtechnischen Einrichtungen der Gußmodel keinen Hinweis auf ihre chronologische Stellung zulassen, hat ihre Datierung über den Vergleich der Tüllenbeilnegative - im folgenden auch als 'potentielle Tüllenbeile' bezeichnet - mit Tüllenbeilen zu erfolgen. Die potentiellen Tüllenbeile werden durch den Vergleich ihrer Form und Verzierung - wobei in den überwiegenden Fällen die Verzierung der primäre Vergleichsfaktor ist - mit den Tüllenbeilen aus den bronze- und urnenfelderzeitlichen Hortfunden in ihrer zeitlichen Stellung erfaßt.

Die Gegenkartierung der typologisch zuweisbaren Tüllenbeile ermöglicht es, einen Einblick in die Verhandlungsintensität, Verhandlungsweite und Verhandlungsrichtung eines Tüllenbeiltypes innerhalb eines chronologischen Abschnittes bzw. dessen Änderung gegenüber vorherigen und seiner Weiterentwicklung in späteren Zeitabschnitten zu erhalten.

Die Positivanalogien wurden anhand der Literatur aus den Ländern Albanien, Ungarn, Bulgarien, der Slowakei, Jugoslawien, Österreich und Rumänien zusammengetragen. Die mährischen Funde wurden nicht komplett mit einbezogen. Dieses fällt aber nicht ins Gewicht, da die karpatenländischen Tüllenbeile in Mähren in ihrer Verbreitung ausdünnen. Sie sind von dort nur in sehr wenigen Exemplaren bekannt. In gleicher Weise werden die Tüllenbeile aus dem Südwesten der Sowjetunion behandelt.

Es ist kein anderer Weg möglich, um zu einer angemessenen Datierung zu gelangen. Stratigraphische Befunde, die Auskunft über die zeitliche Stellung der aus Siedlungsschichten geborgenen Gußmodel ermöglichen, stellen den Ausnahmefall dar (Boljetin, KatNr. 19; Gomolova, KatNr. 24; Gornja Radgona, KatNr. 25; Mikleuska, KatNr. 33; Radovin, KatNr. 37; Ripač, KatNr. 38; Bakonyszentkirály, KatNr. 57). Hinzukommend sind die Befunde aus den Siedlungsschichten so gering an Aussagefähigkeit, daß man über einen allgemeinen Zeitansatz nicht hinauskommt. Als Beifund auftretende Keramik ist als Datierungsmittel auszuscheiden, da diese Quellengattung gewöhnlich über ihre Vergesellschaftung mit bronzenen Geräten datierbar wird, somit bei Anwendung auf die Gußmodel der methodische Fehler des Zirkelschlusses vorläge.

Ein anderer Datierungsweg läßt sich anhand der Beifunde geschlossener Gußmodelkomplexe beschreiben (Esenica, KatNr. 5; Pobit Kamăk, KatNr. 9; Sokol, KatNr. 12; Želju-Voivoda, KatNr. 15; Sveti Petar, KatNr. 39; Brădicești, KatNr. 42b; Cernica, KatNr. 44; Ciumești, KatNr. 45; Logrești-Moșteni, KatNr. 48; Plenița, KatNr. 52). Es handelt sich bei diesen Fundansammlungen um aus Gußmodeln bestehende Hortfunde oder Gußformenlager in Siedlungen. Die zeitliche Stellung derjenigen für Tüllenbeile ist theoretisch über die begleitenden Funde faßbar. Aber auch hier muß die Klippe des Zirkelschlusses umschifft werden und das die Datierung verzerrende Altmaterial ausscheidbar sein.

Weiterhin bieten sich die Negative für andere Gegenstände auf demselben Gußmodel für eine Datierung an. Jedoch muß auch hier einwandfrei feststehen, daß alle Negative zur selben Zeit in Gebrauch standen. Eine Vielzahl der Gußmodel zeigt hingegen, daß die begleitenden Negative primäre Einarbeitungen sind oder die Tüllenbeilnegative für die Anbringung anderer zerstört worden sind.

Die Voraussetzung für die oben genannte Datierungsmethode besteht in einer Gliederung der Tüllenbeilnegative nach ihrer Verzierung und Form. Diese Aufgliederung anhand der Verzierung ist im Vergleich mit dem überaus variantenreichen Verzierungsschatz der in der Hauptsache in den Hortfunden auftretenden Tüllenbeile gerechtfertigt.

Beim derzeitigen Forschungsstand zu den südosteuropäischen Hortfunden sind diese Annahmen als Arbeitshypothese durchaus anzuwenden. Gerade die Verzierung der Tüllenbeile ist zum einen deren verbindende Eigentümlichkeit, indem verwandte Muster oder Musterkombinationen in ihrer Verbreitung über ein großes Gebiet streuen können. Andererseits zeigt sich, daß bei einer fortschreitenden Verfeinerung der Ornamentgliederung sich gebietsspezifische, auf Kleinräume bezogene Verzierungen abzeichnen, die gegen solche anderer Regionen abgrenzbar sind.

Es ist gerade die Verzierung, die gebietsbezogen auftritt, während die Form und Größe eines Tüllenbeiles mit wenigen Ausnahmen diesen Bezug nicht aufweisen und weitverbreiteten allgemeinen Größen- und Formtendenzen von der späten Bronzezeit bis zur späten Urnenfelderzeit unterworfen sind. Je nach der Anzahl und Verbreitung der eine gemeinsame Verzierung tragenden Tüllenbeile und ihrer zuweisbaren Gußmodel lassen sich kleinere und größere Benutzungs- und Benutzerkreise einschließlich der Herstellungsstätten herausarbeiten.

Zur Gliederung der Tüllenbeilornamentik

Die auf einem Tüllenbeil erscheinende bzw. im Negativ angelegte Verzierung läßt sich nach dem Anbringungsort, der Verzierung und wohl auch des Sinngehaltes in verschiedene Verzierungskategorien gliedern.

Als Hauptmotiv wird die auf den breiten Seiten auftretende lineare oder bogige, erhabene Zier bezeichnet. Hierzu zählen beispielsweise vertikale oder horizontale Rippen, Dreiecksmuster oder Halbkreise. Sie erscheinen in den meisten Fällen in mehrfacher Ausführung zu Mustern kombiniert. Dieses Hauptmotiv kann - wie unten gezeigt werden wird - zum Teil in mehrere Varianten gliederbar sein. Daneben erscheint auf vielen Tüllenbeilen eine Zier, die für einen oder mehrere große Räume typisch ist. Dazu zählen schräg gerippte Ränder (Tafel 64) mit einer Hauptverbreitung an der unteren Donau und in Bulgarien, horizontal gerippte Ränder (Tafel 69), die ihre Hauptverbreitung um Slawonien haben, sowie eine aus kleinen Halbkugeln gebildete Zier (Tafel 70), die mit mehreren Verbreitungsschwerpunkten in Siebenbürgen, Slawonien, am östlichen Alpenrand, in der westlichen Slowakei und in Österreich nördlich der Donau verbreitet ist.

Im folgenden Abschnitt werden die Tüllenbeilgußmodel anhand der Verzierung wie folgt umschrieben.

Oberstes Gliederungskriterium der Tüllenbeilornamentik ist die Anzahl der Ösen. Die zwei, eine oder keine Öse(n) tragenden Tüllenbeile werden durch die Zahlen 1., 2. oder 3. bezeichnet.

Die Ab- oder Anwesenheit von Verzierung wird mit a. bzw. b. benannt.

Die folgende Zahlenbezeichnung 1., 2., 3., 4. etc. benennt die oben als Hauptmotiv bezeichnete Zier auf dem Tüllenbeil. Bei unverzierten Tüllenbeilen wird an dieser Stelle die Form benannt.

Der letzte Gliederungsfaktor, mit a., b., c. etc. markiert, weist auf die Variante innerhalb des Hauptmotives hin.

Das Tüllenbeilgußmodel mit seinem Negativ wird also mit einer maximal vierstelligen Verschlüsselung umschrieben. Ein Beispiel soll dieses erläutern:

Die unter 2.b.2.d. aufgeführten Tüllenbeile sind:
Tüllenbeile mit zwei Ösen (=2.)
verziert (=2.b.)
gehören zu 'Tüllenbeile mit gegenständig angeordneter Lappenzier' (=2.b.2.)
und zählen zur Variante
'Doppelte Lappenzier unter
Horizontalrippen' (=2.b.2.b.)

Diese Gliederung des Materiales, die allzu schematisch anmuten mag, erwies sich als unumgänglich, um den großen, vielfältigen Fundanfall eines großen Raumes wie den des Arbeitsgebietes gleichgewichtig gerecht zu werden. Andere Gliederungen von Tüllenbeilen, denen man hätte folgen können, stellen entweder gegenüber dem vorliegendem Fundmaterial regionalbezogene Gliederungen dar, die folglich nur einen Ausschnitt der Tüllenbeile erfassen können (Podborský 1970, 96 ff. ⟨für Mähren⟩; Novotná 1970b, 72 ff. ⟨für die Slowakei⟩; Mayer 1977, 184 ff. ⟨für Österreich⟩; Černych 1978b, 185 ff. ⟨für Bulgarien⟩; Mozsolics 1973, 39 ff.; 1985, 32 ff. ⟨für Ungarn⟩) oder sind durch zu allgemein gefaßte Gliederungskriterien nicht auf das vorliegende Material übertragbar (Foltiny 1955, 86 ff. ⟨für das Karpatenbecken⟩).

Zur räumlichen, zeitlichen und Typengliederung des Fundstoffes

1.	Die Gußmodel für Tüllenbeile mit zwei Ösen
1.a.	Unverzierte Tüllenbeile
1.a.1.	Breite Form mit breitem Rand und leicht einziehenden Seiten

GM: Donja Dolina (KatNr. 23 - Tafel 38, 1-2)
PA: nicht bekannt

1.b.	Verzierte Tüllenbeile
1.b.1.	Zwei Vertikalrippen unter Horizontalrippe

GM: Sveti Petar (KatNr. 39, g. h - Tafel 35, 1)
PA: nicht bekannt

{ vgl. Pašalići

1.b.2. Vier ineinandergeschachtelte Dreiecke unter doppelter Horizontalrippe

GM: Velem (KatNr. 72, b)
PA: nicht bekannt

1.b.3. Parabelförmige Zier, mit tropfenförmiger Aussparung, schräg gerippter Rand

GM: Karlovo (KatNr. 6)
PA: nicht bekannt

Die Tüllenbeile mit zwei Ösen sind eine für das Arbeitsgebiet untypische Erscheinung. Ihre Herkunft und Hauptverbreitung liegen im Raum nördlich des Schwarzen Meeres (Černych 1976b; Abb. 36-39; Leskov 1981; Taf. 1 ff.). Die zeitliche Stellung dieser Tüllenbeile geht über den hier behandelten Rahmen hinaus. Auf die mitteleuropäische Chronologie projiziert, waren bronzene Tüllenbeile mit zwei Ösen von der älteren Bronzezeit bis zur späten Urnenfelderzeit in Gebrauch (Leskov 1967, 143 ff.; Abb. 6. 10. 17. 19; 1981, 90 ff.). Es wird deutlich, daß allein der Umstand der Zweiösigkeit keinen genauen Anhaltspunkt zur Zeitstellung unserer entsprechenden Tüllenbeile liefert, wohl aber damit zu rechnen ist - wie unten gezeigt werden wird -, daß die Anbringung von zwei Ösen in einem begrenzten chronologischen Horizont durchgeführt worden ist.

Positivanalogien zu unseren Gußmodeln, das heißt in Anzahl der Ösen und in der Verzierung vergleichbare Tüllenbeile, sind nicht überliefert. Die Anbringung der beiden Ösen, die vielleicht mit einer speziellen Verschnürung des Beiles an seiner Schäftung zu erklären sein dürfte, hat keinen Einzug in das Arbeitsgebiet gefunden.

Nur aus der südlichen bzw. südöstlichen Peripherie und aus Siebenbürgen sind fünf Tüllenbeile mit zwei Ösen belegt. Es handelt sich um die Tüllenbeile aus den Depotfunden von Rădeni (Petrescu-Dîmbovița 1978; Taf. 63 B 1) und Popgruevo (Černych 1978b, Taf. 40, 9) sowie um die Einzelfunde von Malorad (Ebd.; Taf. 40, 8), Galice (Ebd.; Taf. 40, 10) und Pietroasa (Petrescu-Dîmbovița 1978; Taf. 274 D 4). Durch die Art der Anbringung der Ösen, der Formung des Tüllenbeilkörpers und der Verzierung wird der Bezug zu den nordpontischen Exemplaren unterstrichen. Man wird nicht fehlgehen, diese Tüllenbeile nicht als karpatische Eigenschöpfungen zu bezeichnen, sondern als Beile, die aus jenem Gebiet hierhin gelangt sind, oder durch Anregungen von dort hergestellt wurden.

Das Depot von Rădeni wird von Petrescu-Dîmboviţa (1978; Anm. 56) in die Stufe Baleni der ersten Jungbronzezeitstufe der rumänischen Hortfunde datiert.

Einen ähnlichen Zeitansatz erfahren die bulgarischen Stücke, welche von Černych den durch metallanalytische Verfahren herausgearbeiteten Gruppen XI (Malorad und Galice) und XII (Popgruevo) zugewiesen werden (Černych 1978b, 203). Der chemischen Gruppe XI kann das Material eingegliedert werden (Ebd., 178 ff.; Tab. IV, 4), was in den von Hänsel (1976, 25-51) und Panajotov (1980b, 173) erarbeiteten Gliederungen der bulgarischen Hortfunde typisch für die erste Fundgruppe ist (Ebd.; Karte 1; Hänsel 1976, 29-34).

Die in den genannten Arbeiten nicht erscheinenden und nur in der mehr geographisch orientierten Depotfundgliederung Černychs auftretenden Horte von Tikač (Černych 1978b; Taf. 49, 2-3. 5; 53, 2) und Dibič (Ebd.; Taf. 30, 1; 43, 14; 49, 6) lassen sich zwanglos der ersten Gruppe der beiden oben genannten Autoren zuweisen. Methodologisch gröber gestaltet sich die Datierung des Hortes von Popgruevo, dessen Material der chemischen Gruppe XII angehört. Als datierter und somit datierender Vergleich ist nur der Hort von Kalugerovo zu nennen (Ebd.; Taf. 41, 3-6), der nach Panajotov (1980b, 173) der ersten Hortfundgruppe angehört. Seiner metallurgischen Zusammensetzung nach ist der aus Doppeläxten gleichen Typs bestehende Fund nach rein quantitativen Gesichtspunkten der chemischen Gruppe XII zuzuweisen (Černych 1978b; Tab. IV, 4). Zwei der Doppeläxte gehören den Gruppen X und XI an. Die geringe Anzahl der analysierten Teile ist meines Erachtens nicht ausreichend, um für eine über die chemischen Gruppen durchgeführte Datierungshilfe für das Tüllenbeil von Popgruevo zu dienen (Ebd.; Zum Hortfund von Kalugerovo: Buchholz 1983, 78 f.).

Zusammenfassend kann festgehalten werden, daß die zweiösigen Tüllenbeile von Rădeni, Malorad und Galice mit großer Sicherheit der ersten bulgarischen Hortfundgruppe angeschlossen werden können. Vielleicht ist hier das als Einzelfund einzustufende Tüllenbeil von Pietroasa, welches in Formung der Ösen und des Beilkörpers dem Stück von Galice sehr nahesteht, anzugliedern. Das Tüllenbeil von Popgruevo sollte als zeitlich nicht weit entfernt eingestuft werden.

Das Gußformenlager von Sveti Petar gehört unzweifelhaft der späten Urnenfelderzeit an, wie Šimeks chronologische Diskussion des Fundes zeigt (Šimek 1979, 118).

Einen ähnlichen Zeitansatz möchte man für die Gußmodel aus Donja Dolina annehmen. Auch wenn die dortigen 'Beifunde' mit den Tüllenbeilgußmodeln keinen geschlossenen Fund per definitionem darstellen, ist es bemerkenswert, daß die Gußmodel für andere Geräte wie Rasiermesser mit halbmondförmiger Schneide, Miniaturäxte und Nadeln mit kleinem Vasenkopf an das Ende der urnenfelderzeitlichen Entwicklung der Gerätetypen gestellt werden können (Marić 1964; Taf. 3, 10; 4, 1. 4). Nach Jockenhövel (1971, 213) ließen sich in Donja Dolina Rasiermesser vom Typ Urcice herstellen, die in Nordwestjugoslawien der Spätphase der jüngeren Urnenfelderzeit angehören (Siehe dazu auch: Weber 1982, 51 f.; 55 f.; Tab. 5; Abb. 4). Eine ähnliche Zeitstellung wird von Mayer (1977, 26 ff.) für die dem Stück aus Donja Dolina verwandten österreichischen Miniaturäxte in Betracht gezogen. Zu einer vergleichbaren Datierung der Nadeln mit kleinem Vasenkopf kommt Říhovský (1979, 198 ff.; 1983, 47 ff.).

Diese Datierungsansätze stehen in Einklang mit den Untersuchungen Marićs, der unter anderem das hier zur Diskussion stehende Material seiner Phase I b der Siedlung von

Donja Dolina zuweist (Marić 1964, 27 ff.; 74 mit Tab. 3-4).

Die zeitliche Einstufung der Gußmodel von Karlovo und Velem gestaltet sich schwieriger. Der Gußmodel von Karlovo setzt sich durch einen schräg gerippten Rand und eine parabelförmige Zier, welche eine tropfenförmige Öffnung einschließt, von anderen Tüllenbeilen ab. Letztgenannte Ornamentkombination erscheint auf Beilen, deren Hauptverbreitung beiderseits der unteren Donau faßbar ist und die sich der ersten rumänischen Hortfundgruppe zuordnen lassen (Zu diesen Tüllenbeilen siehe unten das Kapitel zu den Gußmodeln 3.b.4.d.). Das zu diesen Tüllenbeilen gehörige Gußmodel von Ljuljakovo befindet sich - in bemerkenswerter Nähe zu dem von Karlovo - außerhalb des Verbreitungsgebietes, südwestlich von diesem.

Tüllenbeile mit schräg geripptem Rand und Gußmodel dafür treten an mehreren Stellen des Arbeitsgebietes auf. Die Hauptverbreitung liegt in Bulgarien und um die untere Donau. Durch die Anwesenheit der Gußmodel sollte angenommen werden, daß hier das Ursprungsgebiet dieser Randgestaltung zu suchen ist.

Die zum Teil weit entfernt liegenden Tüllenbeile tragen den schräg gerippten Rand in Kombination mit dort gebräuchlichen Verzierungselementen und sind so von den unterdanubischen zu trennen. Es handelt sich um die Beile von Velem, Viničky und Pácin (Zu den Tüllenbeilen mit schräggeripptem Rand siehe Liste 5 und Tafel 64), zu denen ein Gußmodel aus Donja Dolina (KatNr. 23, d) zu rechnen ist, das eine gute Entsprechung im genannten Gußmodel von Velem hat.

Die häufigste, die schräge Randrippung begleitende Verzierung der unterdanubischen Tüllenbeile ist die vertikale Rippenzier, die, an einer Horizontalrippe ansetzend, von einer Parabel- oder Trapezzier ausgehend oder direkt am Rand ansetzend, auf der breiten Seite der Tüllenbeile erscheint.

Davon ist die Kombination von ausschließlicher Parabelzier und schräg geripptem Rand abzusetzen. Sie tritt nur an Tüllenbeilen mit einer Öse auf, während solche mit Vertikalrippen eine Öse tragen können oder ösenlos sind. Beide Arten von Tüllenbeilen schließen sich in ihrer Verbreitung aus. Während ösenlose nur südlich der Donau anzutreffen sind, erscheinen einösige nur nördlich davon. Die Anzahl der Ösen ist also eine gebietsspezifische Einrichtung. Dieses sollte bei der Beurteilung der Doppelösigkeit nicht übersehen werden.

Der Verzierung nach stehen dem Gußmodel von Karlovo Tüllenbeile mit parabelförmiger Zier am nächsten. Diese Beile lassen sich gut in die Hortfundgruppe stellen, welche von Hänsel als Stufe von Sîmbăta I - Mlada Gvardia umschrieben worden ist und den Hortfundgruppen III und IV des Karpatenbeckens nach v. Brunn entspricht (Hänsel 1976, 41 ff.). Dabei ist eher an einen jungen Ansatz innerhalb dieser Stufe zu denken, wie die Datierungen der Hortfunde von Sîmbăta Nouă und Sîngeorghiu de Pădure durch Petrescu-Dîmboviţa (1978, 149 f.) zeigen. Der Hort von Leskovo wird von Vasić (1982b, 268; 271) der dritten Stufe der ostjugoslawischen Hortfundgliederung zugewiesen. Die Beifunde - Tüllenbeile, Schwert und Armreif - schließen indes eine jüngere Datierung nicht aus.

Faßt man die Ergebnisse zusammen, so erscheint eine Einordnung des Gußmodels in die Hortfundgruppe Sîmbăta I-Mlada Gvardia berechtigt. Durch die schräge Randrippung und die Parabelzier sind sie mit den Tüllenbeilen aus dem Raum um die untere Donau verbunden. Die ältere Parabelzier spricht nicht gegen einen Zeitansatz in die jüngere Phase der Hortfundstufe von Sîmbăta I-Mlada Gvardia, wie die Hortfunde von Prodimčec (Unveröffentlicht), Sokol (Černych 1978b; Taf. 30, 17; 43, 2 ⟨rechts⟩), Stražica (Ebd.; Taf. 30, 21; 31, 6; 34, 5), Sîmbăta Nouă (Petrescu-Dîmboviţa 1978; Taf. 253, 20-25) zeigen. In ihnen treten auch ältere Verzierungselemente wie Parabelzier mit und ohne tropfenförmiger Aussparung, die zum Teil mit weiteren Ornamenten kombiniert erscheinen, noch auf. Genausowenig wie Doppelösigkeit Einzug und Anwendung im Arbeitsgebiet gefunden hat, ist die Parabelzier auf eine chronologische Stufe beschränkt.

Das Gußmodel von Velem trägt unter einer doppelten Horizontalrippe eine vierfach ineinandergeschachtelte Dreieckszier. Die Dreieckszier in Ein-, Zwei-, Drei- oder Vierzahl ist eine charakteristische Verzierung der älteren Urnenfelderzeit. Die vierfache Variante hat ihre Hauptverbreitung im Drau-Save-Donaugebiet und im nördlichen Bosnien (Liste 4 und Tafel 69).

Genau wie oben schließen sich die Verbreitungen der ösenlosen und der einösigen Tüllenbeile dieser Verzierung aus. Ösenlose finden sich nur im Westen der Verbreitung und im Depotfund von Sighetu Marmaţiei. Die randständige Dreieckszier mit horizontalgerripptem Rand ist als eigenständige Verzierungsvariante ausgliederbar. Sie tritt auf den Tüllenbeilen der Depotfunde von Čermožište, Punitovci, Blatnica, Dolina und Motke auf. Ohne die Randrippung sind derartig verzierte Beile aus den Funden von Pepinci, Privina Glava und Sighetu Marmaţiei bekannt. Die Tüllenbeile mit zusätzlicher Horizontalrippung der breiten Seite von Uioara de Sus, Dolina und Bežanica stehen dem Gußmodel von Velem am nächsten. Eine zeitlich jüngere Ausführung des vierfachen Dreiecksmotives trägt das Tüllenbeil aus dem Depotfund von Suatu, bei dem die das Motiv bildenden Rippen ohne Bezug zueinander und zur Horizontalrippung auf der breiten Seite auftreten.

Analog dem methodischen Vorgehen bleibt als einzige begründbare Datierung die ältere Urnenfelderzeit bestehen. Die in der Liste 4 aufgeführten Tüllenbeile sind bis auf das Depot von Suatu der älteren Urnenfelderzeit zuzuweisen.

Zusammenfassend läßt sich zu den zweiösigen Tüllenbeilen und entsprechenden Gußmodeln folgendes sagen:

1. Die Verbreitungsgebiete der einzelnen Komponenten von Verzierungskombinationen schließen sich gegenseitig aus, in den genannten Fällen auch die der einösigen und ösenlosen Tüllenbeile.

2. Die zweiösigen Tüllenbeile haben ihre Hauptverbreitung um die untere Donau. Sie stehen in Form und Verzierung - soweit vorhanden - den Beilen aus dem nördlichen Schwarzmeergebiet sehr nahe. Ihre Abkunft von dort ist anzunehmen.

3. Die im Nordwesten des Arbeitsgebietes auftretenden Gußmodel tragen in den Tüllenbeilnegativen Verzierungen, wie sie für die einheimischen Gebiete typisch sind. Der Gußmodel von Karlovo findet in den einzelnen Verzierungselementen seine Entsprechungen auf unterdanubischen Tüllenbeilen.

4. neben der für den Arbeitsraum typischen Verzierung erscheint die Anbringung zweier Ösen abweichend von der nordpontischen. Die Ösen wirken künstlich 'aufgesetzt'.

5. Die Tüllenbeile sind der ersten Hortfundstufe zuzuweisen (Ausnahme: Suatu). Sie stellen damit das erste Auftreten dieses Types im Arbeitsgebiet dar. Die Gußmodel für diese Beile verteilen sich in ihrer zeitlichen Stellung auf den folgenden Abschnitt von der älteren bis zur späten Urnenfelderzeit.

6. Die Doppelösigkeit ist generell kein datierendes Element. Die dem Gußmodel von Donja Dolina zuweisbaren einösigen Entsprechungen haben die gleiche zeitliche Stellung (Siehe dazu das Kapitel zu den unter 2.a.1. auf-

geführten Tüllenbeilen). Bei den Gußmodeln von Karlovo und Velem wurde der zeitliche Bezug zu den einösigen Tüllenbeilen belegt. Abweichend davon ist die auf dem sicher datierten Gußmodel aus Sveti Petar auftretende Verzierung auf einösigen Tüllenbeilen als älter einzustufen (Siehe dazu das Kapitel zu den unter 2.b.1.b. aufgeführten Tüllenbeilen).

7. Die Tüllenbeilgußmodel liegen in ihrer Verbreitung zu den Positivanalogien immer peripher bzw. im Fall der Model für zweiösige Tüllenbeile zu den aufgeschlüsselten Verzierungselementen weit entfernt (Zur Verbreitung von 1.a. und 1.b.1.: Tafel 34; 1.b.3.: Tafel 29; 1.b.2.: Tafel 27).

→ was ist eigentlich mit den Beilen von
- Peterd (Mozsolics, Bronzefunde Ungarn Taf. 60,3)
- Brodski Varoš (Vinski-Gasparini, Urnenfelderkulturen Taf. 62,15) ?

2. Die Gußmodel für Tüllenbeile mit einer Öse
2.a. Unverzierte Tüllenbeile
2.a.1. Breite Form mit breitem Rand, leicht einziehende Seiten

GM: Ripač (KatNr. 38 - Tafel 39, 1-3)

PA:

1. Osredak, Hortfund.
   Knez 1958, 255 ff.; Abb. 2, 1-2.

2. Prozor, Hortfund.
   PJZ 4; Taf. 47, 4.

3. Ometala kod Gmica, Hortfund.
   Ebd.; Taf. 47, 4.

4. Donja Dolina, Siedlungsfund.
   Marić 1964, 31; Taf. 5, 12.

5. Matijevći, Hortfund.
   PJZ; Taf. 96, 12.

6. Mušja Jama, Höhlenfund.
   Szombathely 1913; Abb. 54.

7. Seline.
   Batović 1980; Taf. 7, 10.

8. Adaševci, Hortfund.
   Vinski-Gasparini 1973, 211; Taf. 130 A 2.

9. Ciglenik, Hortfund.
   Ebd.; Taf. 126 A 4.

10. Ripač, Siedlungsfund.
    Čurčić 1912; Taf. 3, 21.

11. Trilj.
    Marović 1984; Taf. 20, 4.

12. Dugiš.
    Ebd.; Taf. 20, 5.

13. Škočjan, Depot ?
    Szombathy 1937; Abb. 54.

14. Kranj, Grabfund.
    Stare 1980; Taf. 91, 9.

Die dem Gußmodel von Ripač zuweisbaren Tüllenbeile treten formal recht einheitlich auf. Eine geringe Variationsbreite betrifft den Einzug der Seitenbahnen und die Größe. Die Hortfunde von Osredak (1), Adaševci (8), Prozor (2), Ometala kod Gmica (3) und Matijevći (5) weisen diesen Typ der späten Urnenfelderzeit zu. Abweichend tritt er in Osredak (1) und Škočjan (13) auch mit horizontalgerripptem Rand auf.

Eine jüngere Variante mag aus Donja Dolina (4) vorliegen. Das Tüllenbeil mit weit ausschwingender Schneide und schwach ausgeprägter Knickung der Seitenbahnen wird von Marić der Phase Ic von Donja Dolina zugewiesen (Marić 1964, 31).

Der Gußmodel von Ripač liegt innerhalb der Positivverbreitung, dessen Zentrum sich im südlichen Bosnien befindet (Tafel 34).

2.a.2.   Symmetrisch aufgebogener Rand

GM: 1. Ciumeşti (KatNr. 45 d - Tafel 48, 2)

2. Umgebung Sînnicolău Mare (KatNr. 55 - Tafel 49, 7)

3. Lăpuş (KatNr. 47 a - Tafel 48, 6 b)

PA: 1. Bükkaranyos, Hortfund.
Hampel 1886b; Taf. 217, 2-3.

2. St. Pölten, Einzelfund.
Mayer 1977, 185; Taf. 71, 982.

3. Bătarci, Hortfund.
Petrescu-Dîmboviţa 1978, 98; Taf. 20 C 2.

4. Domăneşti, Hortfund.
Ebd., 101; Taf. 28, 2.

5. Dipşa, Hortfund.
Ebd. 118 f.; Taf. 93 B 9.

6. Gemzse, Hortfund.
Mozsolics 1966, 26; Abb. 10, 3.

7. Galoşpetreu, Hortfund.
Petrescu-Dîmboviţa 1978, 120; Taf. 100 C 1.

8. Dîrja, Hortfund.
Ebd. 138; Taf. 219, 1.

9. Bodrogkeresztúr, Hortfund.
Kemenczei 1984, 114; Taf. 44 a 4.

10. Harsány, Hortfund.
Ebd. 117; Taf. 47 a 5-6.

11. Kék, Hortfund.
Ebd. 174 f.; Taf. 181, 8.

12. Napkor, Hortfund.
Ebd. 178; Taf. 183, 12. 13.

13. Tállya, Hortfund.
Ebd. 185 f.; Taf. 187, 6.

14. Detva, Hortfund.
Novotna 1970b, 80; Taf. 31, 556.

15. Horné Strháre, Hortfund.
Ebd. Taf. 32, 558.

16. Levice, Hortfund.
Ebd. Taf. 32, 560.

17. Brvnište, Hortfund.
Ebd.; Taf. 32, 563. 566.

18. Bizovac, Hortfund.
Holste 1951, 4; Taf. 3, 12.

19. Podcrkavlje i Brod, Hortfund.
Ebd. 6; Taf. 7, 3.

20. Pétervására, Hortfund.
Ebd. 16; Taf. 30, 1-2.

21. Tab, Hortfund.
Ebd. 19; Taf. 36, 20.

22. Taktakenéz, Hortfund.
Jósa 1963-64; Taf. 57, 3.

23. Vîlcele, Hortfund.
Soroceanu, 1981, 249 ff.; Abb. 3, 7.

24. Glod.
Kacsó 1977c, 131 ff.; Abb. 8, 4.

25. Mişca, Einzelfund.
Nánási 1974, 181; Abb. 3, 8.

26. Căianu Mare, Einzelfund.
Marinescu u. Retegan 1974, 445; Taf. 2, 2.

27. Öreglak, Hortfund.
Mozsolics 1985; Taf. 76, 9.

28. Kemecse, Hortfund.
Ebd.; Taf. 183, 1.

29. Piricse, Hortfund.
Ebd.; Taf. 200, 4.

30. Tiszadob, Hortfund.
Ebd.; Taf. 202, 19.

31. Vajdácska, Hortfund.
Ebd.; Taf. 206, 6. 12.

32. Alsódobsza, Hortfund.
Ebd.; Taf. 166, 3.

2.a.3. Stark geschwungener Rand, einseitig aufgebogen

GM: 1. Ciumesti (KatNr. 45 e - Tafel 48, 3 a)

2. Lăpuş (KatNr. 47 a - Tafel 48, 6a)

PA: 1. Mohács, Hortfund.
Holste 1951, 15; Taf. 28, 21.

2. Rohod, Hortfund.
Ebd.; Taf. 28, 3.

3. Botpalád, Hortfund.
Ebd.; Taf. 34, 19.

4. Balsa, Hortfund.
Jósa 1963-64; Taf. 8, 92.

5. Demecser, Hortfund.
Ebd.; Taf. 22, 2-3.

6. Kántorjánosi, Hortfund.
Ebd.; Taf. 26, 1. 4. 5.

7. Tiszanagyfalu, Hortfund.
Ebd.; Taf. 43, 3.

8. Taktakenéz, Hortfund.
Ebd.; Taf. 57, 6.

9. Nyírtura, Hortfund.
Ebd.; Taf. 61, 9-15.

10. Nagyhalász, Einzelfund.
Ebd.; Taf. 71, 44.

11. Püspökhatvan, Hortfund.
Kemenczei 1984; Taf. 113, 3-4.

12. Edelény, Hortfund.
Ebd.; Taf. 115 a 2.

13. Ecseg, Hortfund.
Ebd.; Taf. 116 a 29.

14. Szendrőlád, Hortfund.
Ebd.; Taf. 119, 2-7.

15. Bükkaranyos, Hortfund.
Ebd.; Taf. 120, 4.

16. Kék, Hortfund.
Ebd.; Taf. 181, 3. 9.

17. Piricse, Hortfund.
Ebd.; Taf. 185, 6.

18. Merk, Hortfund.
Ebd.; Taf. 200 a 3.

19. Hadháztéglás, Hortfund.
Ebd.; Taf. 200 b 3.

20. Pácin, Hortfund.
Ebd.; Taf. 201, 8.

21. Tarhos, Hortfund.
Ebd.; Taf. 207 a 7.

22. Tiszafüred.
Ebd.; Taf. 209 c 5.

23. Vésztő.
Ebd.; Taf. 213 c 9.

24. Baktalórántháza.
Jósa 1963-64; Taf. 71, 46.

25. Lesne, Hortfund.
Novotná 1970b; Taf. 27, 476; 28, 491; 30, 521.

26. Viničky, Hortfund.
Ebd.; Taf. 27, 483; 28, 486; 29, 515. 517.

27. Zbince, Hortfund.
Ebd.; Taf. 28, 490. 496; 30, 527.

28. Humenné, Hortfund.
Ebd.; Taf. 28, 488; 30, 530. 532.

29. Blatna Polianka, Hortfund.
Ebd.; Taf. 27, 482; 28, 492-494; 29, 514.

30. Slavkovce, Hortfund.
Ebd.; Taf. 29, 510.

31. Aleşd, Hortfund.
Petrescu-Dîmboviţa 1978; Taf. 19 A 6.

32. Bătarci, Hortfund.
Ebd.; Taf. 20 C 1.

33. Coştiui, Hortfund.
Ebd.; Taf. 26 c 1.

34. Dragomireşti, Hortfund.
Ebd.; Taf. 33 B 3.

35. Ileanda, Hortfund.
Ebd.; Taf. 35 D 2.

36. Panticeu, Hortfund.
Ebd.; Taf. 41 B 1.

37. Uriu, Hortfund.
Ebd.; Taf. 49 C 5. 7.

38. Bîrsana, Hortfund.
Ebd.; Taf. 83 B 1-2.

39. Căuaş, Hortfund.
    Ebd.; Taf. 88 B 1.

40. Dipşa, Hortfund.
    Ebd.; Taf. 93 B 8.

41. Galospetreu, Hortfund.
    Ebd.; Taf. 100 c 4.

42. Gusteriţa, Hortfund.
    Ebd.; Taf. 105, 40.

43. Satu Mare, Hortfund.
    Ebd.; Taf. 132 C 2-3.

44. Sfăraş, Hortfund.
    Ebd.; Taf. 133 B 1.

45. Sighetu Marmaţiei, Hortfund.
    Ebd.; Taf. 134 B 3.

46. Uioara de Sus, Hortfund.
    Ebd.; Taf. 161, 21. 29.

47. Valea lui Mihai, Hortfund.
    Ebd.; Taf. 209 B 3-4.

48. Dîrja, Hortfund.
    Ebd.; Taf. 219, 7.

49. Dezmir, Hortfund.
    Ebd.; Taf. 217 E 3.

50. Fînaţe, Hortfund.
    Ebd.; Taf. 220, 1-2.

51. Cluj-Napoca, Hortfund.
    Ebd.; Taf. 228 B 3.

52. Josani, Hortfund.
    Ebd.; Taf. 232 C 2.

53. Porumbenii Mari, Hortfund.
    Ebd.; Taf. 237 D 7.

54. Şpălnaca, Hortfund. [Arad II ←]
    Ebd.; Taf. 224, 4.

55. Tăuteu, Hortfund.
    Ebd.; Taf. 247 B 6.

56. Sîmbăta Nouă, Hortfund.
    Ebd.; Taf. 252 B 6.

57. Crizbav, Hortfund.
    Ebd.; Taf. 265 E 2.

58. Pietroasa.
    Ebd.; Taf. 274 D 1.

59. Săcuieni, Einzelfund.
    Nánási 1974, 182; Abb. 3, 5.

60. Visiua, Hortfund.
    Dănilă 1976, 61 ff.; Taf. 1, 3.

61. Rozavlea, Hortfund.
    Kacsó u. Mitrea 1976, 537 ff.; Abb. 1, 9-14.

62. Crăciuneşti, Hortfund.
    Nistor u. Vulpe 1974, 5 ff.; Abb. 3, 16-17.

63. Sălişte, Hortfund.
    Vulpe 1969, 181 ff.; Abb. 5, 12.

64. Tiszakarád, Hortfund.
    Mozsolics 1969, 62 ff.; Abb. 1, 5; 2, 5-7.

65. Nagykálló, Hortfund.
    Mozsolics 1963, 252 ff.; Abb. 5, 3.

66. Gemzse, Hortfund.
    Mozsolics 1966, 26; Taf. Abb. 10, 2.

67. Olcsvaapáti, Hortfund.
    Mozsolics 1966, 26 ff.; Abb. 12, 3.

68. Salzburg, Einzelfund.
    Mayer 1977; Taf. 71, 970.

69. Drňa.
    Novotná 1970b; Taf. 27, 484.

70. Plešany, Hortfund.
    Ebd.; Taf. 27, 485.

71. Babie.
    Ebd.; Taf. 30, 533.

72. Cara, Hortfund.
    Holste 1951; Taf. 23, 10.

73. Sátoraljaújhely, Hortfund.
    Ebd.; Taf. 28, 3.

74. Botrad', Hortfund.
    Ebd.; Taf. 34, 29-30.

75. Fizeşu Gherlii, Hortfund. [Spalnaca I !]
    Ebd.; Taf. 47, 10.

76. Vîlcele, Hortfund.
    Soroceanu 1981, 249 ff.; Abb. 3, 8-9.

77. Jászkarajenő, Hortfund.
    v. Tompa 1934-35, 27 ff.; Taf. 52, 2.

78. Hermanovce nad Topl'ou.
    Macalova 1982, 162; Abb. 108.

79. Öreglak, Hortfund.
    Mozsolics 1985; Taf. 76, 5.

80. Márok, Hortfund.
    Ebd.; Taf. 90, 7.

81. Berkesz, Hortfund.
Ebd.; Taf. 175, 7.

82. Tiszadob, Hortfund.
Ebd.; Taf. 202, 20.

83. Vajdácska, Hortfund.
Ebd.; Taf. 206, 5.

84. Tákos, Hortfund.
Ebd.; Taf. 211, 2.

85. Szentes, Hortfund.
Ebd.; Taf. 223 B 2.

86. Hódmezővársárhely, Hortfund.
Ebd.; Taf. 255, 2.

87. Sióagárd, Hortfund.
Ebd.; Taf. 43, 1.

88. Rîmet, Hortfund.
Petrescu-Dîmboviţa 1977, 157.

Die unverzierten Tüllenbeile mit gebogenem Rand treten im östlichen Arbeitsgebiet in einer großen Anzahl und formalen Variationsbreite auf. Die Art der Randgestaltung, welche hier als primäres Gliederungskriterium genommen wurde, erscheint in vielfältigster Ausprägung. Leider ließen die Veröffentlichungen nicht immer eine genaue Zuweisung der Tüllenbeile zu dem einen oder anderen Gußmodel zu, so daß die vorgelegte Gliederung der Beile und ihr angenommener Bezug zu den Gußmodeln - entgegen solchen, welche durch ihre Verzierung eindeutig(er) gliederbar sind - einen vorläufigeren Charakter tragen muß.

Da zwei Varianten von Gußmodeln in zwei geschlossenen Fundverbänden auftreten (Ciumeşti und Lăpuş), erfolgt eine gemeinsame Besprechung der unter 2.a.2. und 2.a.3. zusammengefaßten Tüllenbeile.

Tüllenbeile mit symmetrisch gestaltetem Rand (2.a.2.) sind zur späten Bronzezeit und älteren Urnenfelderzeit aus dem nordostungarischen, ostslowakischen und nordwestrumänischen Gebiet bekannt. Hier liegt ihre Hauptverbreitung. Darüberhinaus sind sie in geringerer Zahl aus der westlichen Slowakei, Slawonien und Siebenbürgen überliefert (Tafel 30). Spätbronzezeitliche und urnenfelderzeitliche Tüllenbeile kommen in annähernd gleichem Zahlenverhältnis vor.

Vom unverzierten Grundtyp sind Beile mit einer Horizontalrippe abzugliedern. Sie kommen in den Hortfunden von Galoşpetrau (7), Harsány (10), Detva (14), Levice (16), Tab (21), Horne Strhare (15), Bükkaranyos (1) und Alsódóbsza (32) vor. Diese Beile sind von Novotná als 'Tüllenbeile mit symmetrischerMündung' zu einer Gruppe zusammengefaßt worden (Novotná 1970b, 79 ff.).

Während sich die spätbronzezeitlichen Exemplare in ihrer Verbreitung auf das Theiß-Someş-Gebiet beschränken, ist ein Ausbreiten in die oben genannten Räume zur älteren Urnenfelderzeit feststellbar.

Die Tüllenbeile mit stark geschwungenem, einseitig aufgebogenem Rand (2.a.3.) sind von der späten Bronzezeit bis zur jüngeren Urnenfelderzeit bekannt. Sie liegen in einer großen Anzahl aus Siebenbürgen, Nordostungarn und der Slowakei vor (Tafel 31). Von Novotná werden sie als 'Schnabeltüllenbeile von ostkarpatischer Art' benannt (Novotná 1970b, 73 ff.). Das Kennzeichen des hier herausgestellten Typs ist neben der Randgestaltung die langgestreckte Form des Beilkörpers. Der Rand kann in seiner Ausformung von gekantet aufgebogen bis gerundet variieren, fließende Übergänge sind häufig. Eine Gliederung dieser Tüllenbeile erfolgte durch Novotná, die sie nach ihrer Größe, der Form, des Querschnittes, der Schneidenbiegung und der Verzierung in vier Varianten aufschlüsselte (Novotná 1970b, 73).

Durch die Materialvorlagen von Kemenczei, Petrescu-Dîmboviţa und Mozsolics ist es möglich geworden, eine weitere Variante herauszuarbeiten, die den Gußmodeln von Ciumeşti und Lăpuş zuweisbar ist. Kennzeichnend für sie ist die genannte Randgestaltung und die langgestreckte Form. Verzierungen, gleich welcher Art, treten auf dem Beilkörper im Gegensatz zur zweiten Variante Novotnás nicht auf.

Dieser Tüllenbeiltyp erscheint zum ersten Mal in Hortfunden der späten Bronzezeit, Hauptverbreitung ist der nordsiebenbürgische und nordostungarische Raum. Zur älteren Urnenfelderzeit erweitert sich das Verbreitungsgebiet. Die Beile sind nun auch im mittleren und westlichen Siebenbürgen beheimatet. Ein weiterer Verbreitungsschwerpunkt liegt beiderseits der Theiß nördlich von Tokaj und im südwestlichen Maramureşgebiet. Seine weiteste Verbreitung erfährt der Tüllenbeiltyp zur jüngeren Urnenfelderzeit, zu der er auch im südöstlichen Siebenbürgen und im Gebiet um den unteren Körös belegt und weiterhin in Nordostungarn bekannt ist, während die älterurnenfelderzeitlichen Gebiete Rumäniens nicht mehr von diesem Typ abgedeckt werden.

Das Gußformendepot von Ciumeşti wird von Petrescu-Dîmboviţa der Stufe Suseni der zweiten Jungbronzezeitstufe der rumänischen Hortfunde zugewiesen (Petrescu-Dîmboviţa 1978, 130), die gleiche Datierung erfahren die Gußmodel von Lăpuş (Nach einer Mitteilung von C. Kacsó, der die abschließende Publikation über die Hügel von Lăpuş vorbereitet).

Es ist angebracht, an dieser Stelle näher auf die Chronologie des Hortes von Ciumeşti einzugehen, da bei einer genauen Untersuchung der einzelnen Hortbestandteile doch große Abweichungen untereinander auftreten, die an der Geschlossenheit dieses größten rumänischen Gußmodelfundes Zweifeln aufkommen lassen.

Die Gußform für Rasiermesser (Petrescu-Dîmboviţa 1978; Taf. 91, 7-8) lieferte Typen, wie sie mit weitausgeschnittenem Blatt typisch für die jüngere Phase der älteren Urnenfelderzeit sind (Jockenhövel 1971, 155 ff.). Der vorliegende Typ mit Endring und dreistegigem Griff ist von Jockenhövel als 'Typ Nynice' herausgearbeitet worden. Seine Hauptverbreitung ist das süddeutsch-nordwestböhmische Gebiet, die zeitliche Stellung lautet 'Spätphase der Urnenfelderkultur' (Ebd., 168 ff.). Dieser zeitlich späte Ansatz über Vergleiche mit anderen Metallgeräten wie Ringen, Nadeln, Messern etc. ist meines Erachtens jedoch bei genauer Analyse der Dinge in der von Jockenhövel genannten Ausschließlichkeit nicht aufrecht zu erhalten. Hinzu dürfte die leichte methodische Ungenauigkeit kommen, Keramik bestimmter Phasen von Gräberfeldern miteinander zu vergleichen und ihnen chronologische Konkordanz zuzubilligen. Dieses führt dann dazu, das Metallinventar der durch Keramik gegliederten Stufen als 'formal gleich geblieben' einzustufen. Keramik dieser Erscheinungsform ist im Einzelfall primär durch Metallgeräte datiert, sagt aber nichts über die reale, durch Kombinationsstatistik oder horizontalstratigraphische Verfahren gewonnene Phasengliederung und deren zeitliche Dauer aus.

Die zum Vergleich herangezogenen Messerformen aus den Gräbern 18 (Šaldová 1965, 56; Abb. 16, 11), 23 (Ebd. 8 f.; Abb. 19, 13; Jockenhövel 1971, 78. 168 f.; Taf. 26, 321; 78 A 1), 51 (Šaldová 1965, 12; Abb. 22, 7) und 210 (Ebd. 26; Abb. 38, 8; Bei Jockenhövel 1971, 170 fälschlicherweise als 'Grab 200' benannt.) der Nekropole von Nynice sowie die Gußmodel für entsprechende Formen aus Heilbronn-Neckargartach (Paret 1954, 7 ff.; Taf. 8, 12-14) und Meckenheim (Sprater 1928, 34; Abb. 33) lassen sich im Ostalpengebiet unzweifelhaft der jüngeren Urnenfelderzeit zuweisen (Řihovsky 1972, 64 ff.).

Die Datierung des Gußmodeldepots von Vepřek (Píč 1896; Taf. 20, 1-4) durch Jockenhövel (1971, 169) scheint meines Erachtens ebenfalls zu spät angesetzt zu sein. Das über die Gußmodel für kleine und große Ringe (Píč 1896; Taf. 20, 2. 4) zum Vergleich herangezogene Depot von Zvoleneveš (Richlý 1924; Taf. 44; 45, 12-14) enthält Model für Nadeln vom Typ Ervenice (Ebd.; Taf. 44, 4. 6. 9; 45, 14. - Bouzek 1962, 247 ff.), welche nach Jockenhövel der Spätphase der böhmischen Urnenfelderkultur angehören sollen (Jockenhövel 1971, 170). Bouzek, der diesen Typ herausgestellt hat, schließt aber einen früheren Zeitansatz nicht aus (Bouzek 1962, 247 ff.). Andere Spezialuntersuchungen zu Nadeln weisen diese und ähnliche Formen der mittleren und älteren Urnenfelderzeit zu, noch frühere Ansätze werden ebenso in Betracht gezogen

(Novotná 1980, 151 ff.; Říhovský 1979, 105 ff.). Weiterhin soll dahingestellt bleiben, inwieweit es gerechtfertigt ist, die während der gesamten Bronzezeit bekannten Ringe als Hilfsmittel zur Datierung zu benutzen. Die auf Gußmodeln erscheinenden Negative für Ringe unterschiedlicher Größe brauchen nichts über ihre Zugehörigkeit zu bestimmten chronologisch faßbaren Metallobjekten auszusagen, solange nichts über die Zusammensetzung der Gußmodeldepots hinsichtlich der Provenienz und Gußtechnologie der beteiligten Stücke bekannt ist.

Ungeklärt in ihrer zeitlichen Stellung sind die im Depot von Zvoleneveš erscheinenden Gußmodel für Pickel mit oberständiger Lappung (Richlý 1924; Taf. 44, 1). Die Bearbeitung der österreichischen Lappenpickel durch Mayer (1978, 228 ff.) zeigt, daß dort gefundene datierte Exemplare der älteren Hallstattzeit angehören, über den zeitlichen Beginn dieser Gerätegruppe jedoch derzeit keine Aussage möglich ist. Zu diesem Punkt sind die von Mayer (Ebd., 230) erwähnten älteren, aus rumänischen Horten stammenden Lappenpickel zu nennen. Die im Depot von Zvoleneveš auftretenden Gußmodel für Tüllenbeile mit Dreieckszier (Richlý 1894; Taf. 44, 2) erinnern an Formen, wie sie aus der älteren Urnenfelderzeit bekannt sind (Zur Dreieckszier siehe oben die Gußmodel unter 1.b.2. und unten unter 2.b.7 und 3.b.3.).

Ob die in Zvoleneveš (Ebd.; Taf. 44, 1) und im Depot von Heilbronn-Neckargartach (Sprater 1928; Taf. 8, 18) auftretenden Negative für gespitzte Tüllen mit Abschlußwulst als Metallkerne bei der Lanzenspitzenherstellung gedient haben, wie Jockenhövel annimmt (Jockenhövel 1971, 170), erscheint durchaus gerechtfertigt, wie uns ein ähnliches Gerät vom Sághegy - unter der Voraussetzung, daß es sich um ein Kern handelt - lehrt (Tafel 14, 1).

Zum halbmondförmig gestalteten Anhängertyp, wie er aus Ciumeşti überliefert ist (Tafel 19, 4), liegt eine neue Studie von Kovács vor (Kovács 1981, 164 ff.). Die vom Autor zusammengetragenen Parallelen zeigen eine beträchtliche zeitliche Spannweite, die an die der unter 2.a.3. zusammengestellten Formen erinnert.

Der Fund von Ciumeşti enthält weiterhin zwei höchst bemerkenswerte Gußformen, für die es meines Wissens keine Parallelen in Südosteuropa gibt (Taf. 19, 5-6). Sie dienten der Herstellung geschlitzter, schwach ausbauchender kleiner Zylinder mit beiderseitigen scheibenförmigen Abschlüssen. Als vergleichbares Stück aus diesem Raum könnte allenfalls ein von Petrescu-Dîmboviţa als "Knopfknebel" bezeichnetes Stück aus dem Depot von Ungureni dienen (Petrescu-Dîmboviţa 1978, 135; Taf. 139, 10). Anders als in Ciumeşti ist anstelle des Schlitzes eine Schlinge ausgebildet, die dem im Querschnitt halbrunden Mittelteil gegenüberliegt und dem Gegenstand eine asymmetrische Form verleiht. Das Depot von Ungureni gehört wie Ciumeşti der zweiten siebenbürgischen Stufe Suseni an.

Zu den Gußformen liegen zum Teil identische Parallelen nur aus Frankreich und aus Großbritannien vor - dort werden sie treffend als 'slotted bar' oder 'slotted spool' bezeichnet. Sie finden sich in den Depotfunden von Parc-y-Meirch (Savory 1971, 258; Abb. 2, 3), Isle of Harty (Hawkes 1956; Abb. 29), Isleham (O'Connor 1980, 368; Taf. 45, 39), Deville (Ebd.; 398; Taf. 63 A 7) und Boissy-aux-Cailly (Nouel 1957, 302; Abb. 91, 7). Untereinander variieren die Objekte geringfügig in der Stärke der Bauchung, der Größe des Schlitzes und der Endscheiben. Sie sind aber unzweifelhaft zu einem Gerätetyp zusammenstellbar, zu dem die Gußmodel aus Ciumeşti gehören. Das Stück aus Ungureni hingegen hat Beziehungen zu einem anderen Formenkreis, der ebenfalls aus Westeuropa bekannt ist (beispielhaft aus Reach <Hawkes 1956; Abb. 22-23> und Watford <Burgess 1968; Abb. 13, 32>).

Die zeitliche Stellung der englischen Horte ist die Ewart-Park-Stufe, was der späten Urnenfelderzeit Mitteleuropas entspricht. Das Depot von Isleham gehört in einen frühen Abschnitt der (mitteleuropäischen) jüngeren Urnenfelderzeit.

Gewißlich sind diese zeitlichen Ansätze nicht ohne weiteres auf Ciumeşti übertragbar, da die westeuropäische Bronzezeitgliederung Bezug auf die Müller-Karpesche nimmt, die wiederum den Ausgangspunkt der südosteuropäischen Hortfundgliederung darstellt. Bemerkenswert bleibt indes der Umstand, daß durch die Datierung der 'slotted bars' die der Datierung der Rasiermesser (nach Jockenhövel) 'erreicht' wird und beides weit westlich seine Verbreitung hat.

Aus der zeitlich folgenden älteren Hallstattzeit liegen vergleichbare zum Pferdegeschirr zuzurechnende Teile vor, wie sie von Kossak für Bayern zusammengestellt worden sind (Kossak 1954a; Abb. 21 A 12. B 2-3. C 6-7; 22 A 2-3; 23 A 5; 24 A 6-7; 25, 20-21; 26 B 1-2. C 2-3. D 8-9; 27, 14). In den konstruktiven Details sind sie den westeuropäischen vergleichbar, unterscheiden sich aber in der langgestreckten Form, der Schlitzbildung und den Abschlußscheiben. Die urnenfelderzeitlichen Erscheinungen sind als Vorläufer der hallstattzeitlichen Pferdegeschirrbestandteile anzusprechen.

Welche Schlußfolgerungen aus den verschiedenen Datierungen zu Ciumeşti gezogen werden können, soll an dieser Stelle nicht besprochen werden. Das Gußmodeldepot wird in der Datierung Petrescu-Dîmboviţas belassen. Eine Wertung des Sachverhaltes wird im Kapitel unten 'Zur Vergesellschaftung von Gußmodeln im selben Fundverband' gegeben. Sie betrifft ebenso die anderen Gußmodelkollektionen.

Die Gußmodel 2.a.2. liegen unmittelbar peripher (Ciumeşti und Lăpuş) bzw. weit südlich (Sînnicolău Mare) zur Hauptverbreitung der Tüllenbeile (Tafel 30).

Die unter 2.a.3. stehenden Gußmodel von Lăpuş und Ciumeşti liegen sowohl innerhalb des Verbreitungsgebietes (Ciumeşti) als auch peripher dazu (Tafel 31).

2.a.4. Stark symmetrisch ausschwingende Schneide

GM: Novigrad na Savi (KatNr. 34 - Tafel 38, 3 b)

PA:

1. Sîngeorghiu de Pădure, Hortfund.
   Petrescu-Dîmboviţa 1978; Taf. 263 A 20.

2. Jupalnic, Hortfund.
   Ebd.; Taf. 220 B 6.

3. Szarvas, Hortfund.
   Kemenczei 1984; Taf. 203 b 10.

4. Szentes, Hortfund.
   Ebd.; Taf. 205, 14.

5. Floreşti, Hortfund.
   Mitteilung N. Boroffka.

6. Tiszavasvári, Hortfund.
   Kemenczei 1984; Taf. 213 a 4.

7. Gyermely, Hortfund.
   Mozsolics 1985; Taf. 240, 2.

8. Beremend, Hortfund.
   Ebd.; Taf. 253, 3.

9. Novi Bečej, Hortfund.
   Garašanin 1973; Taf. 76.

Die dem Gußmodel zuweisbaren Tüllenbeile haben eine weite Verbreitung östlich der Theiß. Sie sind aus Nordostungarn, dem mittleren Theißgebiet, Siebenbürgen und einmal aus dem rumänischen Banat belegt. Die Zeitstellung der Hortfunde ist relativ einheitlich. Die Depotfunde von Szentes (4), Szarvas (3), Tiszavasvári (6) und Sîngeorghiu de Pădure (1) können der jüngeren Urnenfelderzeit zugewiesen werden, während die Horte von Jupalnic (2) und Novi Bečej (9) der älteren Urnenfelderzeit angehören. Mozsolics nennt für die Funde von Beremend (8) und Gyermely (7) eine vergleichbare Zeitstellung. Das letztgenannte Depot ist namengebend für die ungarische Hortfundstufe der jüngeren Phase der älteren Urnenfelderzeit. Die Tüllenbeilverzierung ist aber in gleicher Ausprägung für jungurnenfelderzeitliche Erscheinungen typisch.

Eine ösenlose Variante dieser Beile befindet sich in den Depots von Hummersdorf (Müller-Karpe 1959; Taf. 135, 1) und Brodski Varoš (Vinski-Gasparini 1973; Taf. 61, 8). Beide gehören der älteren Urnenfelderzeit an. Ob der auf den breiten Seiten fehlende halbrunde Absatz oder die Ösenlosigkeit Indizien für ältere Entwicklungsstadien der Tüllenbeile sind,

sollte bei der geringen Anzahl des so definierten Beiltyps nicht zu entscheiden sein. Bemerkenswert ist jedoch, daß die verbreiterte Schneide an vielen verzierten Tüllenbeilen erscheint (Mayer 1977; Taf. 80, 1114; 82, 1134. 1135; Novotná 1970b; Taf. 37, 660-670; 38; 39, 692-699; Mozsolics 1985; Taf. 244, 14).

Phänomenologisch an die Beile mit verbreiteter Schneide sind solche mit bizarr geformter, ledermesserartiger Schneide anzuschließen, welche auch an Lappenbeilen auftritt. Sie sind von folgenden Fundorten bekannt:

1. **Špure.**
   Müller-Karpe 1959; Taf. 131, 4.
2. **Hočko Pohorje.**
   PJZ; Taf. 5, 24.
3. **Bingula Divoš.**
   Holste 1951; Taf. 11, 11.
4. **Rinyaszentkirály.**
   Hampel 1886b; Taf. 214, 21.
5. **Gyönggyössolymos.**
   Kemenczei 1970-71; Taf. 6, 1.
6. **'Ungarn' ?**
   Hampel 1886b; Taf. 13, 6.
7. **Amstetten.**
   Mayer 1977; Taf. 52, 719.
8. **Umgebung von Bonyhad.**
   Mozsolics 1985; Taf. 41, 6. 7.
9. **Beremend.**
   Ebd.; Taf. 203, 4.
10. **Brodski Varoš.**
    Vinski-Gasparini 1973; Taf. 60, 16.
11. **Cerknica.**
    Guštin 1979; Taf. 1, 19.

12. Paprača.
Fiala 1896b; Abb. 40. (1)

Es darf angenommen werden, daß die Erscheinung der verbreiterten Schneide einer bestimmten Funktionalität untergeordnet ist (Mozsolics 1985, 38), was die weitgestreute Verbreitung wiedergeben mag, die somit nicht der räumlichen Beschränkung von Verzierungen unterliegt.

Der Fundort des Gußmodels liegt südwestlich zu den zuweisbaren Tüllenbeilen (Tafel 33).

Zur Verbreitung der Tüllenbeile mit stark verbreiteter Schneide siehe Tafel 70.

(1) = Was ist mit Peringrad = 12. Paprača ; Ribnica
(2) = "   "   " Boljanić

2.b. Verzierte Tüllenbeile

2.b.1. Tüllenbeile mit Vertikal- und Horizontalzier

2.b.1.a. Langgestreckte Form, breiter Rand und Horizontalrippe

GM: 1. Sveti Petar (KatNr. 39 m. i(?) . j(?)- Tafel 36, 4)

2. Mikleuška (KatNr. 33 - Tafel 39, 4).

PA:

1. Gemer, Einzelfund.
Novotná 1970b; Taf. 40, 727.

2. Forst im Weißenbachtal.
Mayer 1978; Taf. 73, 1007.

3. Kamena Gorica, Hortfund.
Vinski-Gasparini 1973; Taf. 126 B 7.

4. Slepšek, Grabfund.
Gabrovec 1973; Taf. 9, 4.

Das Gußmodellager von Sveti-Petar ist der späten Urnenfelderzeit zuzuweisen. Unter der Voraussetzung, daß das österreichische Tüllenbeil (2) Teil eines Depotfundes ist (Mayer 1977, 168; 188), zu dem ein Messer vom Typ Hadersdorf gehörte, welches an das Ende der Urnenfelderzeit datiert (Říhovský 1972, 61 ff.), stünde diese Zeitstellung in Einklang mit der von Sveti Petar und der des Hortes von Kamena Gorica. Eine gleiche Datierung hat der Grabfund von Slepšek. Der Tüllenbeiltyp sollte demnach der späten Urnenfelderzeit angehören.

Die Fundorte der Gußmodel befinden sich östlich der Hauptverbreitung der Positivanalogien (Tafel 34).

2.b.1.b. Horizontalrippe und zwei Vertikalrippen

GM: Velem (KatNr. 72, j)

PA: 1. Gyermely, Hortfund.
Hampel 1886b; Taf. 159, 4.   vgl. mit Pašalići

2. Augsdorf, Hortfund.
Mayer 1977; Taf. 76, 1046.

Die Positivanalogien zum Gußmodel aus Velem können übereinstimmend der älteren Urnenfelderzeit zugewiesen werden bzw. sind für diese Zeitstufe namengebend (Mozsolics 1984a; Tab. 1). Möglicherweise stellt das ösenlose Tüllenbeil aus dem Depot von Gușterița (Holste 1951; Taf. 26, 1) eine ältere Variante dar, während ein Gußmodel für ein doppelösiges Beil aus Sveti Petar (Taf. 35, 1 b) eine jüngere Ausprägung wiedergibt. Zur Verbreitung des Gußmodels und der Positivanalogien siehe Tafel 32.

2.b.1.c.   Stark ausschwingende Schneide, Horizontalrippen

GM: 'Ungarn' (KatNr. 71 - Tafel 49, 10-11)

PA:

1. Sărătel, Einzelfund.
   Marinescu u. Danilă 1974; Taf. 2, 1; 6, 9.

2. Piliny, Grabfund ? ‹Miniaturtüllenbeil›.
   Kemenczei 1967; Abb. 18, 17.

3. Blatnica, Hortfund ?
   Novotná 1970b; Taf. 37, 660.

4. Počudvadlo, Einzelfund.
   Ebd.; Taf. 37, 664.

5. Nordungarn.
   Ebd.; Taf. 37, 667.

6. Balmazújváros, Hortfund.
   Kemenczei 1984; Taf. 190 b 3.

7. 23. August, Einzelfund.
   Udrescu 1973; Abb. 6, 5.

8. Săcuieni, Einzelfund.
   Nánási 1974; Abb. 3, 4.

9. Škočjan, Hortfund ?
   Szombathy 1937; Abb. 60.

10. Brza Palanka, Hortfund.
    Srejović 1960; Abb. 15.

Die Positivanalogien zum Gußmodel aus Ungarn zeigen eine weite Verbreitung (Tafel 33). Sie werden von Novotná mit anderen zur Gruppe 'Tüllenbeile mit symmetrisch ausgeschnittener Mündung' zusammengefaßt (Novotná 1970b, 79 ff.). Bei dem Fund von Piliny handelt es sich um ein Miniaturgerät, wie sie innerhalb der Pilinyer-Kultur aufzutreten pflegen. Nur wenige Funde sind zeitlich fixierbar. Das Depot von Balmazújváros gehört der älteren, das von Brza Palanka der jüngeren Urnenfelderzeit an.

2.b.1.d.   Geschwungener Rand, vier Horizontalrippen   *mit 3 Horizontalrippen :*

GM: Velem (KatNr. 72 i - Tafel 24, 14)   *Spalnaca I*

PA: *Taf. 244,9*

1. Fizeşu Gherlii, Hortfund.
   Petrescu-Dîmboviţa 1978; Taf. 231 B 2.

2. Tarhos; Hortfund.
   Kemenczei 1984; Taf. 207 a 5.

3. Tiszaszentimre, Hortfund.
   Ebd.; Taf. 210, 13.

4. Balmazújváros, Hortfund.
   Ebd.; Taf. 190 b 4.

Die Positivanalogien finden sich in Depotfunden der jüngeren Urnenfelderzeit. Ein vergleichbarer spätbronzezeitlicher Tüllenbeiltyp wird unten unter dem Typ 'Olcsvaapáti' besprochen. In Hinblick auf die Zahl der jungurnenfelderzeitlichen Gußmodel und Metallgeräte möchte man den Model aus Velem dieser Datierung anschließen. Zur Verbreitung der Tüllenbeile liegt der Fundort des Gußmodels weit westlich (Tafel 32).

2.b.1.e. Langschmale Form, Horizontalrippen, schwach symmetrisch ausschwingende Schneide

GM: Umgebung Mediaş (KatNr. 50 - Tafel 47, 3 b)

PA:

1. Jamu Mare, Hortfund.
   Holste 1951; Taf. 48, 17.

2. Uioara de Sus, Hortfund.
   Petrescu-Dîmboviţa 1978; Taf. 45, 15.

3. Sîmbăta Nouă; Hortfund.
   Ebd.; Taf. 214 B 1.

4. Kék, Hortfund.
   Kemenczei 1984; Taf. 181, 1.

5. Obreja.
   Unveröffentlicht. Mitteilung T. Soroceanu.

6. Bonyhád, Hortfund.
   Wosinsky 1896; Taf. 65, 15.

Alle Positivanalogien tragen wie in Mediaş keine Zick-Zack-linie unter der Horizontalrippung. Der Gußmodel weist somit eine unikate Verzierungskombination auf. Trotzdem entsprechen die Tüllenbeile gut dem im Gußmodel angelegten Tüllenbeil. Die Hortfunde sind alle der älteren Urnenfelderzeit zuzuweisen. Sie sind aus Rumänien und Transdanubien bekannt. Der Fundort des Gußmodels liegt östlich der Positivanalogien (Tafel 28).

2.b.1.f. Asymmetrische Schneidenführung, doppelte Horizontalrippe

GM: Mediaş (KatNr. 49 b - Tafel 47, 2)

PA: 1. Prügy, Hortfund.
     Kemenczei 1981; Abb. 7, 1.

2. Borşa, Hortfund.
   Petrescu-Dîmboviţa 1978; Taf. C 1.

Tüllenbeile mit asymmetrischer Schneidenführung sind eine für das mittlere Siebenbürgen und nordöstliche Ungarn typische Erscheinung (Petrescu-Dîmboviţa 1978, 214 ff.). Die Schrägschneide erscheint an Tüllenbeilen unterschiedlichster Ornamentierung. Zu der konkreten Verzierung aus Mediaş liegen nur die beiden jungurnenfelderzeitlichen Hortfunde aus Borsa und Prügy vor, die zusammen mit dem Fundort Mediaş gut das Verbreitungsgebiet der Tüllenbeile mit schräger Schneide umreißen. Zur Gesamtverbreitung wie zur Verbreitung der beiden Horte liegt der Gußmodel südöstlich (Tafel 32). Ähnlich anderen Beilen könnte in der besonderen Stellung der Schneide eine spezifische Funktion dieser Tüllenbeile zum Ausdruck kommen. Dieser Gedanke liegt nahe, da die Schneidenausführung an unterschiedlich verzierten Tüllenbeilen auftritt. Dazu sei auf die Tüllenbeile oben unter 2.a.4. - mit ausschwingender Schneide - verwiesen. Gegenüber diesen Tüllenbeilen ist das Verbreitungsgebiet der hier genannten Beile kleiner und gut abgrenzbar. Außerhalb des Arbeitsgebietes stammt aus Dolný Kubín (Tafel 24, 12) ein Gußmodel für derartige Tüllenbeile, welcher ebenfalls außerhalb der Hauptverbreitung, nordöstlich davon, liegt. Mit der Vertikalrippung erinnert der Gußmodel an Tüllenbeile aus dem Wolga-Kama-Gebiet (Kuz'minych 1983; Taf. 28-33).

2.b.1.g. Langgestreckte Form, breiter Rand, Querrast auf breiter Seite

GM: Pécs (KatNr. 64)

PA:

1. Peci.
   Radimský 1896; Abb. 14.

2. Sitno, Hortfund.
   Batović 1980; Taf. 13, 5.

3. 'Südliches Kroatien/südliches Bosnien'
   Ebd.; Taf. 5, 7.

4. Umgebung Obrovca.
   PJZ; Taf. 46, 4.

5. Matijevći, Hortfund.
   Ebd; Taf. 96, 11. 13.

6. Adaševci, Hortfund.
   Vinski-Gasparini 1973; Taf. 130 A 1.

7. Gajina Pecina, Hortfund.
   Ebd.; Taf. 128, 10.

8. Vranjkova Pečina, Hortfund.
   Batović 1980; Taf. 11, 11.

9. Pécs, Grabfund.
   Török 1950; Taf. 6.

10. Ljubljanska barja.
    Bregant 1955; Abb. a 282.

Die besten Vergleiche zum Gußmodel aus Pécs stellen die Tüllenbeile aus Peci (1) und Pécs (9) dar. Es existieren aber die genannten anderen Beile, welche den charakteristischen Querrast auf ihren breiten Seiten tragen. Sie sind in ihrer Verbreitung auf ein Gebiet beschränkt und datieren alle in die späte Urnenfelderzeit. Als Unterschied zum Gußmodel aus Pécs tritt bei ihnen eine abweichende Kombination von Verzierungselementen auf. Zusammenfaßbar sind die Beile mit Querrast und horizontalgeripptem Rand, wie sie aus Sitno (2) und aus dem südlichem Bosnien oder Kroatien (3) überliefert sind. Anzuschließen ist hier das Beil aus der Umgebung von Obrovca (4), das aber eine abgesetzt gestaltete Schneide aufweist. Die Datierung in die späte Urnenfelderzeit erfährt ihre Bestätigung durch die im Depot von Sitno (2) auftretenden oberständigen Lappenbeile (PJZ; Taf. 50, 4), welche in sehr großer Zahl aus italischen Hortfunden vorliegen, die dem achten vorchristlichen Jahrhundert zugewiesen werden (Carancini 1984, 19. 41 ff.). Eine andere Variante umfaßt kleinere Tüllenbeile mit einziehenden Seiten. Der Rand kann horizontal gerippt sein. Diese Beile sind aus Matijevći (5), Adaševci (6), Gajina Pecina (7) und aus Vranjkova Pecina (8) bekannt. Die Funde werden von Vinski-Gasparini der Hortfundstufe V in Nordwestkroatien zugestellt, was der Datierung des Hortes von Sitno entspricht (Vinski-Gasparini 1973, 214. 216). Der Querrast tritt weiterhin an Tüllenbeilen ohne Öse auf. Zur Diskussion dieser Stücke siehe unten zu den unter 3.b.1.b. genannten Tüllenbeilen. Die Datierung der Depotfunde harmoniert mit der Zeitstellung des Grabfundes von Pécs (9), der auch der späten Urnenfelderzeit angehört. Nach den Abbildungen zu urteilen, könnte das Tüllenbeil aus dem Grabfund durchaus in der Gußform aus Pécs hergestellt worden sein.

Folgt man den Ausführungen zu den Positivanalogien, so dürfte als Zeitstellung für das Gußmodel ebenfalls die späte Urnenfelderzeit in Betracht kommen. Auch wenn nur eine exakte, datierende Entsprechung vorliegt (9), so ist das Auftreten des Querrastes auf den breiten Seiten von Tüllenbeilen auf einen zeitlichen Abschnitt beschränkt, der für den zuweisbaren Gußmodel richtungsweisend sein sollte. Sein Fundort liegt zu der im westlichen Bosnien und Kroatien beheimateten Tüllenbeilgruppe nordöstlich. Die beste Entsprechung (9) liegt dazu benachbart (Tafel 34).

2.b.2. Tüllenbeile mit gegenständiger, bogenförmiger Verzierung

2.b.2.a. Doppelte Bogenzier und Dreiecksornamentik

GM: Ciumeşti (KatNr. 45 a - Tafel 48, 4)

PA: Siehe unten die Ausführungen zum Typ 'Harsany'.

2.b.2.b. Einfache Bogenzier, Dreiecksornamentik, Horizontalrippen

GM: Arad (KatNr. 42a - Tafel 49, 6)

PA: A = mit verbreiteter Schneide
B = "ähnlich Bokavić"

A 1. Arad, Hortfund. *Moigrad*
Petrescu-Dîmboviţa 1978, 139; Taf. 223, 13-16.

A 2. Haşag; Hortfund. *Fizesu Gherlii*
Ebd., 149; Taf. 259 B 1.

A/B 3. Iara, Hortfund. *Moigrad*
Ebd., 151; Taf. 267 A 1.

A/B 4. Hazlin, Hortfund. *Rohod*
Novotná 1970b, 89; Taf. 38, 686.

A 5. Bratislava, Hortfund. *Rohod*
Ebd., 90; Taf. 38, 690.

6. Ecsedi láp, Hortfund. *Gava II*
Jósa 1963-64; Taf. 62, 3.

7. Nyíregyháza, Hortfund. *Gava II*
Ebd.; Taf. 42, 5.

8. Szentes, Hortfund. *Gava II*
Holste 1951; Taf. 35, 11-12.

9. Măluţ, Einzelfund.
Marinescu 1979, 126; Taf. 1, 6.

10. Románd, Hortfund.
Németh u. Torma 1965, 59 ff.; Abb. 8, 21.

11. Părhăuţi, Einzelfund.
Ignat 1981, 141; Abb. 5, 5.

12. Mezőkövesd, Hortfund. *Kyjatice III*
Kemenczei 1984, 149; Taf. 122, 5.

13. Sághegy, Siedlungsfund.
Patek 1968; Taf. 32, 12.

14. Rohod, Hortfund. *Gava II*
Jósa 1963-64; Taf. 52, 13.

15. Mahrersdorf, Hortfund.
Mayer 1977, 205; Taf. 84, 1176.

A 16. Hida, Hortfund. *Fizesu Gherlii*
Holste 1951; Taf. 49, 3.

17. Umgebung Piešt'any, Einzelfund.
Novotná 1970b, 89; Taf. 38, 685.

18. Umgebung Anger-Birkfeld, Einzelfund.
Mayer 1977, 200; Taf. 82, 1138.

Die Positivanalogien des Gußmodels von Arad zeigen in ihrer formalen Gestaltung ein einheitliches Gepräge. Die Kombination der einzelnen Verzierungsbestandteile wie Horizontalrippung des Randes und die Dreieckszier weisen eine große Vielfalt auf. Die Verbreitung der Tüllenbeile umfaßt das Gebiet vom östlichen Österreich bis nach Siebenbürgen. Der Fundort Părhăuţi (11) liegt in der nördlichen Moldau. Das Element des horizontalgerippten Randes, der Horizontalrippen auf den breiten Seiten und der Dreieckszier ist im gesamten Verbreitungsgebiet vorhanden. Dagegen tritt ungerippter Rand nur an südsiebenbürgischen Funden (1.2.3.), in Parhauti und im Gußmodel von Arad auf. Die Hortfunde datieren in die jüngere Urnenfelderzeit. Das Depot von Iara (3) wird als älter angesehen (Petrescu-Dîmboviţa 1978, 151).

vgl. Bokavić

①

Der Fundort des Gußmodels von Arad liegt an der südlichen Peripherie der Positivverbreitung; zu Tüllenbeilen ohne Randrippung liegt es am westlichen Verbreitungsrand (Tafel 32).

① = Stufe Somartin bzw. Moigrad!

erg.: Sarkad (c) (Kemenczei Spätbronzezeit 182 Taf. 207 b, 3)

2.b.2.c.   Einfache Bogenzier unter Horizontalrippen

GM: Piliny (KatNr. 65 - Tafel 50, 6)

PA:

1. Hida, Hortfund.
   Holste 1951, 26; Taf. 49, 2.

2. Sîngeorghiu de Pădure, Hortfund.
   Petrescu-Dîmbovita 1978, 149 f.; Taf. 263 A 32.

3. Tîrgu Mureş, Hortfund.
   Ebd. 150; Taf. 264 A 11.

4. Nové Mesto nad Váhom, Einzelfund.
   Novotná 1970b, 89; Taf. 38, 675.

5. Syrovin, Hortfund.
   Holste 1962, 20; Taf. 21, 2 <Mitte>.

6. Velem, Hortfund?
   v. Miske 1904; Taf. 14, 39; 16, 7; 19, 15.

7. Mödling, Einzelfund.
   Mayer 1977, 199; Taf. 81, 1127.

8. Gutenstein, Einzelfund.
   Ebd.; Taf. 81, 1128.

9. Baden, Siedlungsfund.
   Ebd.; Taf. 81, 1129.

10. Fraham, Einzelfund.
    Ebd.; Taf. 81, 1130.

11. Erlach, Einzelfund.
    Ebd.; Taf. 81, 1131.

12. Überackern, Einzelfund.
    Ebd.; Taf. 81, 1133.

13. Umg. Hódmezővársárhely, Einzelfund.
    Banner 1944-45, 36, Taf. 11, 3.

14. Kapelna, Hortfund.
    Vinski-Gasparini 1973; Taf. 110, 9.

15. Badacsonytomaj, Hortfund.
    Mozsolics 1985; Taf. 23, 1-2.

16. Brod, Hortfund.
    Petrescu-Dîmboviţa 1978; Taf. 226 C 1.

17. Variaş, Hortfund.
    Ebd.; Taf. 221 E 2.

18. Sághegy, Siedlungsfund.
    Patek 1968; Taf. 32, 5.

19. Hradec, Hortfund.
    Novotná 1970b; Taf. 38, 676.

20. Stillfried, Grabfund.
    Kaus 1984; Taf. 37. 38 c.

21. Dombóvár.
    Patek 1968; Taf. 44, 8.

Der Gußmodel von Piliny ist an seinem oberen Teil fragmentiert, so daß man über die Randgestaltung und die Anzahl der möglicherweise vorhandenen Horizontalrippen nicht unterrichtet ist. Die Zuweisung der Positivanalogien kann somit nur unter Vorbehalt durchgeführt werden. Die Hauptverbreitung der zuweisbaren Tüllenbeile sind das östliche Österreich, die westliche Slowakei und Transdanubien. Weiterhin sind aus Siebenbürgen einige Tüllenbeile dieser Art bekannt. Die einfache Lappenzier tritt in Kombination mit horizontalgeripptem Rand, ein-, zwei- oder dreifacher Horizontalrippung unter dem Rand auf, wobei gebietsspezifische Verzierung oder Kombination von Verzierungselementen nicht festzustellen ist.

Die rumänischen Depots, in denen diese Tüllenbeile auftreten, werden von Petrescu-Dîmbovita der zweiten Spätbronzezeitstufe zugewiesen. Dieser Datierungsansatz harmoniert mit den Ausführungen Mayers zur zeitlichen Stellung der österreichischen Beile (Mayer 1977, 200).

Der Fundort von Piliny liegt nördlich der Verbreitung der weitgestreuten Positivanalogien (Tafel 32).

2.b.2.d.   Doppelte Bogenzier unter Horizontalrippen.

GM: 1. Ercsi (KatNr. 59)

2. Baden (Mayer 1977, 199; Taf. 81, 1126)

PA:

1. Strekov, Hortfund.
   Novotná 1970b, 92; Taf. 38, 671.
   Holste 1951; Taf. 23, 2.

2. Lesenceistvánd, Hortfund.
   Szentmárton 1910, 426 ff.; Abb. 9.

3. Nádudvar, Hortfund.
   Nepper u. Máthé 1971, 49 f.; Abb. 12, 12.

4. Románd, Hortfund.
   Nemeth u. Torma 1965, 59 ff.; Abb. 19.

5. Biharugra, Hortfund.
   Gallus u. Horvath 1939; Taf. 18, 6.

6. Sághegy, Siedlungsfund.
   Patek 1968; Taf. 32, 4. 7-8.

7. Borsodgeszt, Hortfund.
   Kemenczei 1984; Taf. 116 b 7.

8. Braunau, Einzelfund.
   Mayer 1977, 198; Taf. 81, 1118.

9. Lasberg, Einzelfund.
   Ebd.; Taf. 81, 1121.

10. Ried am Riederberg, Einzelfund.
    Ebd.; Taf. 81, 1122.

11. Prod, Hortfund.
    Hampel 1886b; Taf. 249, 3.

12. Székesfehérvár, Hortfund.
    Petres 1960, 35 ff.; Abb. 2, 2.

Die den Gußmodeln zuweisbaren Tüllenbeile tragen die doppelte Lappenzier, analog den unter 2.b.2.a. genannten, häufig in Kombination mit horizontaler Randrippung und Rippen unterhalb des Randes. Beile mit ungeripptem Rand und einer Horizontalrippe sind vom Sághegy (6) und aus Österreich (8-10) bekannt, während die weiter östlich verbreiteten durch drei Horizontalrippen unter dem Rand gekennzeichnet sind. Während der Gußmodel aus Baden somit den erstgenannten Tüllenbeilen nahesteht, tritt die doppelte Horizontalrippe, wie sie aus Ercsi vorliegt, nur an den Beilen von Brod (11) und an einem vom Sághegy (6) auf. Ein weiterer Gußmodel für derartige Tüllenbeile liegt aus Obřany vor (Adámek 1961; Taf. 85, 1).

Die Verbreitung ähnelt der der unter 2.b.2.c. genannten, jedoch ist die östliche Verbreitungsgrenze auf Nordostungarn und Westsiebenbürgen beschränkt. Der Gußmodel von Ercsi liegt inmitten der Positivverbreitung, das von Baden östlich davon (Tafel 32).

Die österreichischen Tüllenbeile werden von Mayer über Vergleiche mit dem Depot von Prod (11) der jüngeren Urnenfelderzeit zugewiesen (Mayer 199, 177). Eine ähnliche Zeitstellung haben die Hortfunde von Nádudvar (3) und Románd (4). Ältere Tüllenbeile befinden sich in den Depots von Lesenceistvánd (2) und Borsodgeszt (7).

2.b.2.e. Einfache Bogenzier und schräg gerippter Rand

GM: Donja Dolina (KatNr. 23d)

PA:

1. Donja Dolina, Siedlungsfund.
   Marić 1964; Taf. 3, 15.
2. Velem, Hortfund ?
   v. Miske 1908; Taf. 14, 41.
3. Salzburg, Einzelfund.
   Mayer 1977; Taf. 74, 1025.
4. Korneuburg, Einzelfund.
   Ebd.; Taf. 74, 1026.
5. Glanegg, Einzelfund.
   Ebd.; Taf. 74, 1028.
6. Limberg, Einzelfund.
   Ebd.; Taf. 74, 1037.

Entsprechungen zum Gußmodel aus Donja Dolina mit dort auftretenden Verzierungselementen sind nicht belegt. Als einziger guter Vergleich - in der schrägen Randgestaltung - ist das Tüllenbeil aus Velem (2) zu nennen. Ähnlichkeiten zum einfachen Lappenornament bei gestrecktem Beilkörper tragen viele der unter 2.b.2. genannten Beile. Die von Mayer vorgelegten österreichischen Beile (3-6) lassen sich zeitlich nicht gleich einordnen, wie die Datierungen der zum Vergleich herangezogenen Hortfunde belegen (Mayer 1977, 190). Eine große Abweichung besteht auch zum Datierungsvorschlag Marićs', der den Gußmodel und das Tüllenbeil (1) der Phase Ib von Donja Dolina zuordnet (Marić 1964, 28). Es lassen sich derzeit keine genauen Angaben zur Zeitstellung dieser Tüllenbeile machen, nimmt man an, daß der Typ längere Zeit in Gebrauch stand.

Hauptverbreitung der Tüllenbeile ist der Ostalpenraum (Tafel 34). Was die Übernahme der schrägen Randrippung betrifft, so wurde festgestellt, daß sie außerhalb ihrer Hauptverbreitung in Kombination mit einheimischen Elementen auftritt. Die einheimische Verzierung hier wäre das einfache Bogenornament, zu dessen Hauptverbreitung der Fundort Donja Dolina weit im Süden liegt.

2.b.3.   'Siebenbürgisches Tüllenbeil',
Variante A2 nach Rusu

GM: Cernat (KatNr. 43 a)

PA:

1. Pinticu, Einzelfund.
   Marinescu 1980, 46; Taf. 9, 7.

2. Gyulaháza, Hortfund.
   Jósa 1963-64, 33; Taf. 25, 3.

3. Rohod, Hortfund.
   Ebd., 37; Taf. 50, 11.

4. Oros, Einzelfund.
   Ebd; Taf. 71, 47.

5. Aleşd, Hortfund.
   Petrescu-Dîmboviţa 1978, 97 f. Taf. 19 A 5.

6. Balşa, Hortfund.
   Ebd. 98; Taf. 20 B 4.

7. Bătarci, Hortfund.
   Ebd.; Taf. 21 B 2.

8. Lozna, Hortfund.
   Ebd. 103 f.; Taf. 36 C 1.

9. Miercurea-Ciuc, Hortfund.
   Ebd., 104; Taf. 38 B 3.

10. Rebrişoara, Hortfund.
    Ebd., 106; Taf. 43 B 11.

11. Sîmboieni, Hortfund.
    Ebd.; Taf. 45 C 3.

12. Stupini, Hortfund.
    Ebd. 107; Taf. 47 B 6.

13. Uriu, Hortfund.
    Ebd., 108; Taf. 49 C 9.

14. Uroi, Hortfund.
    Ebd.; Taf. 51 A 1.

15. Valea Largă, Hortfund.
    Ebd.; Taf. 51 B 1.

16. Valea lui Mihai, Hortfund.
    Ebd.; Taf. 52 A 1.

17. Vădaş, Hortfund.
    Ebd.; Taf. 52 D 2.

18. Drajna de Jos, Hortfund.
    Ebd., 111 f.; Taf. 66, 1-5.

19. Dipşa, Hortfund.
    Ebd. 118 f.; Taf. 93 B 2.

20. Gusteriţa, Hortfund.
    Ebd., 120 ff.; Taf. 104, 14. 16. 18.

21. Şpălnaca, Hortfund.
    Ebd., 127 ff.; Taf. 140 B 5; 141, 6.

22. Uioara de Sus, Hortfund.
    Ebd., 132 ff.; Taf. 160 E 2.

23. Baia Mare.
    Ebd., 155 f.; Taf. 271 A 1.

24. Cluj-Napoca.
    Ebd., 156; Taf. 272 C 1.

25. Dragu.
    Ebd.; Taf. 273 A 4.

26. Firtuşu.
    Ebd.; Taf. 273 C 2.

27. Sic, Einzelfund.
    Székely 1967, 327 f.; Abb. 1, 4.

28. Şieu-Odorhei.
    Marinescu u. Danilă 1973-74, 67; Taf. 2, 5; 7, 2.

29. Turia, Hortfund.
    Petrescu-Dîmboviţa 1978, 108; Taf 49 B 1.

30. Wietenberg, Siedlungsfund.
    Unveröffentlicht. Mitteilung N. Boroffka.

31. Riureni, Einzelfund.
    Unveröffentlicht. Mitteilung B. Hänsel.

32. Săsarm, Einzelfund.
    Marinescu 1979, 128; Taf. 2, 4.

33. Pecica; Hortfund.
    Dörner 1970, 460; Abb. 14, 4.

34. Sărăţeni, Einzelfund.
    Székely 1968, 185 f.; Abb. 10, 8.

35. Ruja, Einzelfund.
    Blăjan u.a. 1982-83, 103 f.; Abb. 10, 5.

36. Căiana Mic.
    Marinescu u. Retegan 1974, 445; Taf. 1, 1.

37. Iugani, Einzelfund.
    Bobi 1981, 35; Abb. 24, 4.

M. Rusu legte 1966 eine Gliederung der sogenannten 'Siebenbürgischen Tüllenbeile' vor (Rusu 1966, 17 ff.). Sie wurden nach der auf der breiten Seite auftretenden Verzierung in die Hauptvarianten A, B und C unterteilt, welche in die Varianten A1-A5, B1-B5 und C1-C10 gegliedert wurden. Das im Gußmodel von Cernat angelegte Tüllenbeil gehört zur Variante A2. Die Hauptverbreitung liegt in Siebenbürgen. Darüberhinaus sind einige Stücke aus Nordostungarn, dem westlichen, extrasiebenbürgischen Raum und östlich der Karpaten belegt. Die Mehrzahl der zur Datierung herangezogenen Depotfunde ist der ersten Jungbronzezeitstufe nach Petrescu-Dîmbovița zuzuweisen. Ihr zeitliches Erscheinen beschränkt sich jedoch nicht auf diese Stufe, wie Rusu annahm (Ebd. 24), sondern greift auch auf die folgende Depotfundstufe über, wie das Auftreten dieser Tüllenbeile in den Horten von Dipșa (19), Gusterița (20), Șpălnaca (21) und Uioara de Sus (22) zeigt. Bemerkenswert ist der Umstand, daß diese Horte zu den größten urnenfelderzeitlichen Depotfunden Südosteuropas zählen.

Der Fundort des Gußmodels liegt an der südöstlichen Verbreitungsgrenze der Positivanalogien (Tafel 26).

2.b.4. Tüllenbeile mit trapezförmiger Zier

2.b.4.a. Rechtwinklige Trapezzier

GM: 1. Boljetin (KatNr. 19 - Tafel 38, 6 b)

2. Pleniţa (KatNr. 52 g)

3. Pältiniş (KatNr. 51)

4. Logreşti-Moşteni (KatNr. 48 b - Tafel 48, 5 b)

PA:

1. Fizeşu Gherlii, Hortfund.
Petrescu-Dîmboviţa 1978 149; Taf. 258, 36.

2. Szentes, Hortfund.
Holste 1951, 19; Taf. 35, 16.

3. Szabad.
Göhl 1895, 312 ff.; Abb. 1, 1.

4. Petroşani, Hortfund.
Petrescu-Dîmboviţa 1978, 105; Taf. 43 A 1-3.

5. Ostrovul Mare.
Unveröffentlicht. Mitteilung B. Hänsel.

6. Corlate.
Unveröffentlicht. Mitteilung B. Hänsel.

7. Viţa, Einzelfund.
Marinescu 1979b, 129; Taf. 2, 7.

8. Drăguţeşti, Einzelfund.
Oancea u. Gherghe 1981, 265 ff.; Abb. 1, 1-3.

9. Peşcari, Hortfund.
Săcărin 1977, 111 ff.; Taf. 1, 1; 2, 1.

10. Mesić, Hortfund.
Ostave; Taf. 61, 5.

Die den Gußmodeln zuweisbaren Tüllenbeile mit trapezförmiger Verzierung zeigen eine zeitlich gestaffelte Verbreitung und damit verbunden eine unterschiedliche Ausprägung der sie charakterisierenden Verzierung. Eine ältere Gruppe, die der späten Bronzezeit und älteren Urnenfelderzeit zugewiesen werden kann, umfaßt langgestreckte Tüllenbeile, die mitunter eine oder mehrere zusätzliche an der Trapezzier ansetzende Rippen trägt. Diese Beile sind auf ein kleines Verbreitungsgebiet am Westrand der Südkarpaten beschränkt (Tafel 27).

Die Tüllenbeile von Fizeşu Gherlii (1), Szentes (2), Szabad (3) und Viţa (7) repräsentieren die der jüngeren Urnenfelderzeit zuweisbaren Stücke. Ihre Verbreitung liegt nördlich der der älteren und umfaßt Transdanubien, Ostungarn und Siebenbürgen. Diese Tüllenbeile sind kleiner und mit einer stärker geschwungenen Körperform versehen. Die Zier bedeckt nun fast die gesamte breite Seite.

Zur älteren Formengruppe sollten die Gußmodel von Pleniţa und Pältiniş gerechnet werden. Das Stück von Boljetin nimmt nach formalen Gesichtspunkten eine Art Zwischenstellung ein. Während die Form an die jungurnenfelderzeitlichen Tüllenbeile erinnert, zeigt die trapezförmige Verzierung Beziehung zur älteren Ausprägung des Ornaments.

Das Depot von Pleniţa wird von Petrescu-Dîmboviţa in die dritte Jungbronzezeitstufe der rumänischen Hortfundgliederung gestellt, was der älteren Urnenfelderzeit entspricht. Einen vergleichbaren Zeitansatz weist der Gußmodel von Boljetin auf, welcher in der Schicht I der gleichnamigen Siedlung geborgen wurde. Eine entsprechende Datierung soll dem Gußmodel aus Pältiniş zuzusprechen sein (Mitteilung von P. Rogozea, der eine Publikation der Befunde vorbereitet).

Der Gußmodel von Logreşti-Moşteni trägt eine besondere Ausprägung des Ornamentes in Form einer Auszipfelung. Meines Erachtens läßt sie sich der hier genannten Verzierung zuweisen, was auch durch die geographische Nähe zu den anderen Gußmodeln wie zu den Positivanalogien zum Ausdruck kommt.

Die Gruppe der Gußmodel kann somit den älterurnenfelderzeitlichen Positivanalogien an die Seite gestellt werden, zu deren Verbreitung sie an der westlichen Peripherie liegen (Tafel 27).

Eine vergleichbare Auszipfelung des oberen Ornamentrandes wie im Fund von Logreşti-Moşteni (KatNr. 48 b) und im Depot von Petroşani (Petrescu-Dîmboviţa 1978; Taf. 43 A 1-2) ist aus Zavadovka bekannt (Bočkarev u. Leskov 1980; Taf. 10, 82).

2.b.4.b. Trapezzier mit gerundetem oberen Ornamentabschluß

GM: Vraca (KatNr. 14 - Tafel 39, 5)

PA:

1. Drslavice, Hortfund.
   Řihovsky 1972; Taf. 35, 31.

2. Șpălnaca, Hortfund.
   Petrescu-Dîmbovița 1978; Taf. 141, 27.

3. Alun, Hortfund.
   Ostave; Taf. 80, 7.

4. Urovica, Hortfund.
   Ebd.; Taf. 82, 1.

5. Leskovo, Hortfund.
   Ebd.; Taf. 71, 8.

6. Balsa, Hortfund.
   Andras 1963-64; Taf. 8, 89.

7. Lovasberény, Hortfund.
   Holste 1951; Taf. 22, 8.

8. Vulturești, Siedlungsfund.
   Berciu 1976, 174; Abb. 5, 7.

9. Fizeș, Hortfund.
   Bozu 1982, 147 ff.; Taf. 6, 2; 7, 2.

10. Județ Gorj.
    Unveröffentlicht. Mitteilung B. Hänsel.

11. Szentes, Hortfund.
    Kemenczei 1984; Taf. 204, 6; 205, 1.

12. Galatin.
    Černych 1978b; Taf. 39, 1.

13. Rinyaszentkirály, Hortfund.
    Mozsolics 1985; Taf. 97, 5.

14. Biatorbágy, Hortfund.
    Ebd.; Taf. 237, 3.

Eine eigene Gruppe bilden der Gußmodel aus Vraca und die zuweisbaren Tüllenbeile, deren Kennzeichen der gerundete obere Ornamentabschluß darstellt. Diese Gruppe steht somit im Ornament zwischen den Tüllenbeilen mit rektangulärer Ornamentausprägung (2.b.4.a.) und solchen mit parabelförmiger Breitseitenzier (2.b.5.). Die Anzahl der Positivanalogien mit eben dieser Verzierung rechtfertigt jedoch die Erstellung einer eigenen Verzierungsgruppe. Die zeitliche Stellung der Hortfunde beschränkt sich bis auf die Depots von Alun (3) und Szentes (11) auf die ältere Urnenfelderzeit.

Die Positivanalogien zum Gußmodel haben ihre Hauptverbreitung um das 'Eiserne Tor'. Sie treten weiter verbreitet als die Tüllenbeile 2.b.4.a. auf und nehmen die von diesen Tüllenbeilen freigelassenen Räume ein. Darüberhinaus sind sie in geringer Zahl in dem nördlich anschließenden Rumänien, Ungarn, Mähren und in Bulgarien vertreten.

Zur Hauptverbreitung der Positivanalogien liegt der Gußmodel von Vraca südöstlich davon, im nordwestlichen Bulgarien (Tafel 28).

2.b.5. Tüllenbeile mit parabelförmiger Verzierung

2.b.5.a. Ausschließlich Parabelzier

GM: 1. Pleniţa (KatNr. 52 e - Tafel 48, 1)

2. Livadje (KatNr. 30 - Tafel 37, 3 a)

PA:

1. Urovica, Hortfund.
   Ostave; Taf. 81, 3; 82, 6.

2. Matejovce, Einzelfund.
   Novotná 1970b; Taf. 43, 786.

3. Arcuş, Hortfund.
   Petrescu-Dîmboviţa 1978; Taf. 19 C 8.

4. Ciorani, Hortfund.
   Ebd.; Taf. 58 A 1.

5. Duda, Hortfund.
   Ebd.; Taf. 59 A 1.

6. Negreşti, Hortfund.
   Ebd.; Taf. 63 A 5.

7. Drajna de Jos, Hortfund.
   Ebd.; Taf. 66, 6.

8. Bancu, Hortfund.
   Ebd.; Taf. 225 C 1-2.

9. Cetea, Hortfund.
   Ebd.; Taf. 227 B 2.

10. Umgebung Sebeş, Hortfund ?
    Ebd.; Taf. 274 G 4.

11. Mesić, Hortfund.
    Holste 1951; Taf. 22, 8.

12. Hinova.
    Berciu 1953, 627; Abb. 13, 1-2; Taf. 35, 11. 13.

13. Ostrovul Mare.
    Ebd. 627 f.; Abb. 12, 1; 13, 3; Taf. 35, 12. 14.

14. Peşcari, Hortfund.
    Săcărin 1977, 112 f.; Taf. 1, 3; 2, 3.

15. Simnicea, Einzelfund.
    Ignat 1981, 141; Abb. 6, 3.

16. Dumbrăveni, Einzelfund.
    Ebd. 140; Abb. 5, 2.

17. Szentes, Hortfund.
    Kemenczei 1984; Taf. 204, 22-23; 205, 2-3.

18. Judeţ Mehedinţi.
    Unveröffentlicht. Mitteilung B. Hänsel.

19. Strašimirovo.
    Černych 1978b; Taf. 39, 12.

20. Uioara de Sus, Hortfund.
    Petrescu-Dîmboviţa 1978; Taf. 164, 102.

21. Aiud, Hortfund.
    Rusu 1981, 375 ff.; Abb. 4, 7.

22. Cozla, Hortfund.
    Săcărin 1979, 104; Abb. 1, 1; 2, 4.

23. Criştineşti, Einzelfund.
    Ursulescu 1978, 243 ff; Abb. 1.

24. Copăcelu, Hortfund ?
    Udrescu 1973-74, 31; Abb. 6, 4; Berciu 1976; Abb. 5, 8.

25. Lovasberény, Hortfund.
    Mozsolics 1985; Taf. 244, 10.

Die den Gußmodeln von Pleniţa und Livadje zuweisbaren Tüllenbeile finden sich in Hortfunden, die der späten Bronzezeit, der älteren und jüngeren Urnenfelderzeit zugewiesen werden können. Dabei ist festzustellen, daß innerhalb dieses Zeitabschnittes eine Verbreitungsverlagerung mit einer Formveränderung der Tüllenbeile einhergeht. Ein verbindendes Element der Tüllenbeile ist die verdrückte oder an den Beilkörper geschlagene Öse.

Die Depotfunde der späten Bronzezeit sind aus der Moldau, dem südöstlichen Karpatenvorland und aus Siebenbürgen belegt, während die der nächstfolgenden Stufe in der Mehrzahl aus dem Gebiet um das 'Eiserne Tor' bekannt sind. Folgt man der Datierung der Depotfunde von Bancu (8), Cetea (9), Umgebung von Sebeş (10) und Szentes (18), so finden sich die jungurnenfelderzeitlichen Vertreter dieser Tüllenbeile in Siebenbürgen. Abweichend von den älteren weisen sie eine kleinere Form und geschwungenere Seitenbahnen auf. Einige der Beile sind von Rusu als Variante C6 der 'Siebenbürgischen Tüllenbeile' herausgestellt worden (Rusu 1966, 10 f.). Das ostbulgarische Beil von Strašimirovo (21) erinnert in seiner Form an Stücke aus dem nördlichen Schwarzmeergebiet, die dort von Černych als Typ '32' herausgearbeitet worden sind (Černych 1976b, 77 ;Taf. 5, 11-13. - Die Kartierung dieser Tüllenbeile ebd. Abb. 33 in Rumänien und Bulgarien ist falsch, wie die vorliegende Untersuchung zeigt.).

Die Gußmodel von Pleniţa und Livadje, die zur Gruppe der älterurnenfelderzeitlichen Positivanalogien gehören, liegen an deren südöstlicher Verbreitungsgrenze (Tafel 28).

2.b.5.b.   Parabelförmige Zier unter Horizontalrippe

GM: Karlovčić (KatNr. 28)

PA: 1. Szentes, Hortfund.
       Kemenczei 1984; Taf. 205, 4.

    2. Vojilovo, Hortfund.
       Ostave; Taf. 70, 2-3.

    3. Cozla, Hortfund.
       Săcărin 1979, 107; Abb. 1, 2; 2, 5.

Tüllenbeile dieser Verzierung sind von Rusu als Variante C7 der 'Siebenbürgischen Tüllenbeile' beschrieben worden (Rusu 1966, 10 ff.). Die von Jevtić vorgeschlagene Datierung an das Ende der Urnenfelderzeit ist gewiß zu hoch angesetzt, da vom Tüllenbeilnegativ keine Argumente für eine derartig späte Datierung vorliegen. Von Interesse sind die Negative auf der zweiten Breitseite, die den Gußmodel als etwas Einmaliges erscheinen lassen.

Es fällt auf, daß keines der Negative im bronze- und urnenfelderzeitlichen Formenschatz Südosteuropas anzutreffen ist.

Der peltaförmige Umriß des größeren Objektes erinnert entfernt an den Unterteil eines mittelalterlichen Ohr- bzw. Lockenringes, doch findet sich im Repertoire des 6. bis 11. nachchristlichen Jahrhunderts keine exakte Entsprechung eines solchen Typs (Ercegović-Pavlović 1967, 91 ff.; 1970, 41 ff.; Čilinska 1975, 63 ff.). Beziehungen sind in der Formgebung auch zu Schmuckstücken des 'Großmährischen Reiches' zu sehen (Dostál 1965, 376 ff.)

Geeigneter zum Vergleich ist eine Gruppe von Anhängern der albanischen Kalaja-Dalmaces- bzw. Koman-Kultur des 6. bis 8. Jahrhunderts (Spahiu 1971; Taf. 8; Rajterič-Sivec 1974, 566. 572). Gemein mit diesen Anhängern hat das Negativ von Karlovčić die zahlreichen ringförmigen Fortsätze, doch unterscheidet sich die Umrißgestalt von den albanischen Exemplaren.

Der kleine Gegenstand mit dem breiten Eingußtrichter ist offensichtlich ein langovaler Anhänger mit einem aus drei Kugeln bestehenden Fortsatz. Parallelen sind mir nur aus Rumänien bekannt (Miclea u. Florescu 1980, 212 f.; Abb. 821-822; Teodor 1978, 164; Abb. 5, 3), doch sind auch hier Unterschiede in der Formgebung zu beobachten.

So muß die genaue zeitliche Einordnung der Negative ungewiß bleiben, wenn auch manche Indizien für eine frühmittelalterliche Datierung sprechen. Gußmodel für diesen Anhängertyp sind von Klanica (1974; Abb. 5) zusammengestellt worden. Ein Gußmodel aus Chersones kommt den unsrigen sehr nahe (Ebd.; Abb. 5, 4).

Somit liegt in Karlovčić der wohl einmalige Fall vor, daß zwischen den Datierungen der beiden Breitseiten nahezu eintausend Jahre liegen mögen. Die Breitseiten dieser Gußformenhälfte sind folglich nicht als geschlossener Fund anzusprechen.

Das Depot von Szentes (1) ist dem Beginn der jüngeren Urnenfelderzeit zuzuweisen, die beiden anderen gehören dem vorherigen chronologischen Abschnitt an.

Zu den drei Positivanalogien liegt der Fundort des Gußmodels westlich.

Ohne Zweifel besteht ein Bezug zu den Tüllenbeilen nur mit parabelförmiger Zier der breiten Seite (2.b.5.a.), der durch die geographische Nähe von Karlovčić zu deren Verbreitung und Ähnlichkeiten im Dekor zum Ausdruck kommt (Tafel 28).

2.b.5.c. Vertikalrippen zwischen Parabelzier und Rand

GM: Mediaş (KatNr. 49 a - Tafel 47, 1)

PA:

1. Urovica, Hortfund.
   Ostave; Taf. 81, 1-2. 11-12. 14; 82, 3.

2. Boljetin, Hortfund.
   Srejović 1960, 63; Abb. 31 d.

3. Şendreni, Einzelfund.
   Dragomir 1979, 597; Abb. 3, 2.

4. Căscioarele, Einzelfund.
   Şerbanescu u. Trohani 1975, 533 ff.; Abb. 3, 6.

5. Lesura, Hortfund.
   Černych 1978b; Taf. 39, 2.

6. Magura.
   Ebd.; Taf. 39, 3.

7. Altimir, Hortfund.
   Ebd.; Taf. 39, 4.

8. Judeţ Mehedinţi, Einzelfund.
   Unveröffentlicht. Mitteilung B. Hänsel.

9. Črmošnjice, Hortfund.
   Müller-Karpe 1959; Taf. 132 A 3.

10. Aiud, Hortfund.
    Rusu 1981, 375 ff.; Abb. 4, 8.

11. Kreis Orjachovo.
    Černych 1978b; Taf. 39, 5.

12. 'Bulgarien'.
    Ebd.; Taf. 39, 6-7.

13. 'Österreich'
    Mayer 1977; Taf. 71, 986.

14. Negreşti.
    Petrescu-Dîmboviţa 1978; Taf. 63 A 4.

Das Motiv 'Parabelzier mit Vertikalrippen' tritt in einer größeren Variationsbreite an Tüllenbeilen auf, deren Verbreitungsschwerpunkt das nordwestliche Bulgarien und das Gebiet um das 'Eiserne Tor' ist. Das Motiv läßt sich in mehrere Varianten gliedern.

Eine Variante, die die nächste Analogie zum Gußmodel aus Mediaş darstellt, umfaßt die Tüllenbeile von Urovica (1), Boljetin (2), Şendreni (3), Črmošnjice (9) und Aiud (10). Die die Parabelzier und den Rand verbindenden Vertikalrippen überschreiten in ihrer Anordnung seitlich nicht die Breite der Parabelzier. Die Tüllenbeile von Căscioarele (4), 'Österreich' (13) und Negreşti (14) sind dieser Variante anzuschließen. Das Rippenornament tritt jedoch ohne Bezug zum Rand und zum Ornament auf. Aus Miroc (Srejović 1960, 63; Abb. 31 d) liegt ein Tüllenbeil vor, bei dem Rippen zwischen einer Trapezzier und dem Rand erscheinen. Es stellt ein weiteres Argument für die Verbindung der Tüllenbeilgruppen 2.b.4. und 2.b.5. dar.

Zu einer zweiten Variante zählen die Tüllenbeile aus Lesura (5) und Magura (6). Das Rippenornament verläuft über die gesamte Breite des Tüllenbeiles.

Eine dritte Variante wird durch die Beile aus Urovica (1), Altimir (7), Kreis Orjachovo (11) und 'Bulgarien' (12) gekennzeichnet. Die vertikalen Rippen verlaufen vom Rand ausgehend über die gesamte breite Seite, auch seitlich der Parabelzier.

Bemerkenswert an der Verbreitung der einzelnen Varianten ist der Umstand, daß gerade die Variante, zu der der Gußmodel von Mediaş zu rechnen ist, eine sehr große Verbreitung aufweist, die dem Donau- und Drauverlauf von der Dobrudscha bis nach Slawonien folgt (Tafel 28). Auch wenn der Fundort dieser Verbreitung nicht anzuschließen ist, so liegt doch auch hier eine große Entfernung zur Hauptverbreitung - nordöstlich von dieser - vor. Als zeitliche Stellung der Tüllenbeile und des Gußmodels ist die ältere Urnenfelderzeit in Betracht zu ziehen, wie das Auftreten der Tüllenbeile in den Depotfunden dieser Zeitstufe belegt. Das bislang nur unvollständig vorgelegte Depot von Boljetin ist nach Vasić (1982b, 271) als jünger einzustufen.

Zusammenfassend läßt sich zu den beiden großen Tüllenbeilgruppen 2.b.4. und 2.b.5. folgendes sagen:

Während der späten Bronzezeit sind östlich und südöstlich der Karpaten zum ersten Mal Tüllenbeile mit parabelförmiger Verzierung auf den breiten Seiten belegt.

In der folgenden Stufe treten Parabelzier mit gerundetem oberen Abschluß und die Trapezzier hinzu. Hauptverbreitung aller dieser Beile ist der Großraum um das 'Eiserne Tor'. Zu dieser Zeit tritt gerade dort als neues Verzierungselement die Vertikalrippung hinzu.

Während der jüngeren Urnenfelderzeit ist die Mehrzahl der genannten Ornamente, mit Ausnahme der Rippenverzierung, in nordwestlichen Gegenden des Arbeitsgebietes wie Mähren, Transdanubien und Nordostungarn oder im mittleren Siebenbürgen anzutreffen.

2.b.6. Tüllenbeile mit Winkel- und Bogenzier

2.b.6.a. Leicht bogige oder gewinkelte Zier und Winkelrippen

GM: Pleniţa (KatNr. 52 a, b u. f - Tafel 47, 6 b. 7 b)

PA:

1. Trenčianske Bohuslavice, Hortfund.
   Novotná 1970b, 83; Taf. 34, 598.

2. Szarvas, Hortfund.
   Holste 1951; Taf. 33, 1. 4; Kemenczei 1984; Taf. 203 b 1. 3.

3. Szentes, Hortfund.
   Holste 1951; Taf. 35, 9; Kemenczei 1984; Taf. 204, 8.

4. Kapelna, Hortfund.
   Vinski-Gasparini 1973; Taf. 110, 11-14.

5. Velem, Hortfund?
   v. Miske 1904; Taf. 19, 12-14; 15, 4.

6. Mackovac, Hortfund.
   Fiala 1899; Taf. 6 <rechts unten>.

7. Tešany, Hortfund.
   Truhelka 1909, 73; Abb. 35.

8. Umgebung von Wels ?
   Mayer 1977; Taf. 77, 1064.

9. Sîmbăta Nouă, Hortfund.
   Petrescu-Dîmboviţa 1978; Taf. 252 B 12.

10. Tiszafüred. *szőlős*
    Kemenczei 1984; Taf. 209 b 3.

11. Miljana, Hortfund.
    PJZ ; Taf. 95, 12.

12. Büdöskutpusztakárol, Hortfund.
    Kuzsinsky 1920; Abb. 149, 2.

13. Beravci, Hortfund.
    Vinski-Gasparini 1973; Taf. 108, 1.

14. Corneşti, Hortfund.
    Petrescu-Dîmboviţa 1978; Taf. 229, 11-12.

15. Tura, Einzelfund.
    Jósa 1963-64; Taf. 72, 57.

16. Debrecen, Hortfund.
    Mozsolics 1985; Taf. 265, 1-9; 260, 11-12.

17. Merk, Hortfund.
    Ebd.; Taf. 200 a 5.

18. Napkor, Hortfund.
    Jósa 1963-64; Taf. 39, 27-31.

19. Şpălnaca, Hortfund.
    Petrescu-Dîmboviţa 1978; Taf. 244, 18. 19. 23.

20. Lešany, Hortfund.
    Böhm 1940, 5 ff.; Taf. 1.

21. Taktakenéz, Hortfund.
    Jósa 1902, 275; Abb. 1, 12.

22. Pácin, Hortfund.
    Kemenczei 1984; Taf. 201, 2.

23. Brnvište, Hortfund.
    Novotná 1970b, 83; Taf. 33, 591.

24. Biatorbágy, Hortfund.
    Hampel 1896; Taf. 209, 2.

25. Nógrádmarcal, Hortfund.
    Kemenczei 1984; Taf. 117 d 26.

26. Dévaványa.
    Ebd.; Taf. 194 a 5.

27. Tiszavasvári, Hortfund.
    Ebd.; Taf. 212, 1-3.

28. Vésztő, Hortfund.
    Ebd.; Taf. 213 c 6.

29. Nagykálló, Hortfund.
    Jósa 1963-64; Taf. 38, 9.

30. Rohod, Hortfund.
    Ebd.; Taf. 52, 18.

31. Zagon, Hortfund.
    Petrescu-Dîmboviţa 1978; Taf. 251, 8.

32. Dîrja, Hortfund.
    Ebd.; Taf. 219, 19-20.

33. Jupalnic, Hortfund.
    Ebd.; Taf. 220 B 2-3.

34. Székesfehérvár, Hortfund.
    Petres 1960, 35 ff.; Abb. 2, 3.

35. Dridu, Hortfund.
    Unveröffentlicht. Mitteilung N. Boroffka.

36. Meszlen, Hortfund.
    Mozsolics 1985; Taf. 232 A 3.

37. Badacsonytomaj, Hortfund.
    Ebd.; Taf. 235, 10.

38. Lovasberény, Hortfund.
    Ebd.; Taf. 244, 1-4. 6-9. 13; 245, 1.

39. Jászkarajenő, Hortfund.
    Ebd.; Taf. 250, 12. 18.

40. Beremend, Hortfund.
    Ebd.; Taf. 253, 2.

41. Sümeg, Hortfund.
    Ebd.; Taf. 270 B ⟨links unten⟩.

42. Lukavac.
    Čović 1955; Taf. 1, 1.

Die Positivanalogien zum Gußmodel aus Pleniţa gehören mit ihren Verzierungen zu einer großen Familie von Tüllenbeilen, die mit einer hakenförmigen Verbreitung aus Siebenbürgen, Ost- und Nordostungarn, der Slowakei, Transdanubien und dem Drau-Savegebiet bekannt sind. Außerhalb davon finden sich vereinzelt Beile in der Dobrudscha (9), Niederösterreich (8) und im rumänischen Banat (33). Der Fundort des Gußmodels liegt weit außerhalb der Hauptverbreitung, im südwestlichen Rumänien (Tafel 33).

Die Verzierungen auf den Tüllenbeilen zeigen eine große Vielfalt sowohl hinsichtlich der Ausprägung des hier definierten Ornamentes als auch der Kombination mit anderen Verzierungselementen, so daß die Tüllenbeile nach ihrer Verzierung in mehrere Varianten gliederbar sind.

Zur ersten Variante zählen die Ornamente, bei denen der obere Abschluß schwach gebogen entgegentritt. Hierzu zählen die Tüllenbeile aus Trenčianske Bohuslavice (1), Szarvas (2), Szentes (3), Mackovac (6), Tešany (7), Umgebung von Wels (?) (8), Miljana (11), Beravci (13), Velem (5), Büdöskutpusztakárol (12), Debrecen (16), Sümeg (42), Lovasberény (39), Meszlen (36), Kapelna (4) und Lukavac (42). Die Verzierung ist demnach typisch für westlich der Donau gelegene Fundstücke. Ausnahmen sind Trenčinaske Bohuslavice aus der westlichen Slowakei und Szentes und Szarvas am unteren Körös.

Die zweite Variante umfaßt Tüllenbeile, bei denen der obere Ornamentabschluß stark gebogen, annähernd halbkreisförmig ist. Hierzu zählen die Stücke aus Tiszaszólós (10), Lešany (20), Taktakenéz (21), Pácin (22), Brnvište (23), Biatorbágy (24), Velem (5), Tura (15), Dridu (35), Beremend (41), Lovasberény (39) und Dîrja (32). Bis auf die Beile aus Velem und Dridu erscheint diese Variante nur am nördlichen Rand des Arbeitsgebietes, in der Slowakei, Nord- und Nordostungarn. Hierzu zählt das eine potentielle Tüllenbeil aus Pleniţa (KatNr. 52 f). Eine besondere Ausprägung innerhalb dieser Variante weisen die Tüllenbeile aus Tura, Brnviste und Herceghalom auf. Bei ihnen erscheint das halbkreisförmige Ornament in einer gespitzt ausgeführten Form.

Die dritte Variante ist durch einen leicht gewinkelten oberen Ornamentabschluß gekennzeichnet. Er findet sich auf den Tüllenbeilen von Szarvas (2), Kapelna (4), Velem (5), Sîmbăta Nouă (9), Beravci (13), Merk (17), Debrecen (16), Jászkarajenő (40), Lovasberény (39), Biatorbagy (38) und Napkor (18). Die Verzierungsweise ist vom Drau-Savegebiet über den Fund von Szarvas am unteren Körös bis nach Nordostungarn und einmal aus der Dobrudscha bekannt.

Für die Variante vier sind Ornamente charakteristisch, bei denen der obere Abschluß in stark gewinkelter Form auftritt. Hierzu zählen die Beile aus Corneşti (14), Debrecen (16), Dévaványa (26), Szentes (3), Nógródmarcal (25), Spălnaca (19), Velem (5), Dridu (35), Székesfekérvár (34), Tiszavasvári (27), Lovasbereny (39), Jászkarajenő (40)³⁹, Badacsonytomaj (37), Vesztő (28), Nagykálló (29), Napkor (18), Rohod (30), Zagon (31), Dîrja (32), Jupalnic (33) und Beravci (13). Die Hauptverbreitung dieser Variante ist der siebenbürgische, ost- und nordostungarische Raum. Darüberhinaus ist sie je einmal aus dem rumänischem Banat (33), Slawonien (13) und aus Velem (5) bekannt.

Als additive Ornamente zur Bogen- und Winkelzier treten Horizontalrippen, die Wiederholung des oberen Ornamentabschlusses und Punkte (kleine Halbkugeln) auf. Letzteres erscheint nur einmal in Velem. Die Horizontalrippung des Randes ist ausschließlich in den Gußmodeln aus Pleniţa vorhanden.

Die in ein-, zwei-, drei- oder vierfacher Ausführung auftretenden Horizontalrippen stellen das geläufigste begleitende Verzierungsmotiv dar. Davon ist die dreifache Ausführung am häufigsten vertreten. Sie erscheint im gesamten Verbreitungsgebiet mit Ausnahme von Siebenbürgen, wo sie nur aus dem Depot von Dridu (35) bekannt ist. Die doppelte Horizontalrippe erscheint am zweihäufigsten. Sie zeigt eine intermediäre Verbreitung. Bekannt ist sie aus Slawonien, dem mittleren und nördlichen Ungarn und aus der Slowakei. Eine weitreichendere Verbreitung wird durch die Funde von Jupalnic (33), Sîmbăta Nouă (9) und Şpălnaca (19) markiert. Die einfache Horizontalrippe tritt einmal in Siebenbürgen (19) und im slawonischen Depot von Beravci (13) auf. Die vierfache Ausprägung zeigt eine identische Verbreitung in den Funden von Corneşti (14) und Kapelna (4).

Es zeigt sich, daß die ein- und vierfache Horizontalrippe bei den Verzierungsvarianten eins und vier die Ausnahme darstellt und bei den Varianten zwei und drei nicht auftritt.

An zahlenmäßig zweiter Stelle der Verzierungskombinationen ist die Wiederholung des oberen Ornamentteiles zu nennen. Es zeigt sich, daß bei der Variante vier die winklig gestaltete Wiederholung typisch für die siebenbürgisch-ost/nordostungarischen Tüllenbeile ist. Außerhalb erscheint sie in Jupalnic, Beravci und Velem.

Bei der Variante drei erscheint die Wiederholung auf Beilen aus Beravci, Kapelna und Merk.

Die Tüllenbeile der Variante zwei weisen bis auf das Stück aus Tiszaszőlős die Wiederholung auf.

Bei der Variante eins erscheint dieses auf den Beilen von Trenčianske Bohuslavive, Szarvas, Szentes, Kapelna, Tešany, Miljana und Beravci. Somit ist diese Ornamentgestaltung typisch für die südlichen Tüllenbeile der Verzierungsvariante eins.

Die in den Gußmodeln von Pleniţa angelegten Tüllenbeile gehören zum einen zur Variante zwei (KatNr. 52 f), zum anderen stehen sie (KatNr. 52 a u. b) den Varianten eins und drei nahe. Der im Negativ angebrachte zusätzliche Bogen oberhalb des Ornamentes dürfte die oben beschriebene Wiederholung des Ornamentteiles sein, wie es bei der Variante zwei geläufig ist. Die an den Negativen auftretende doppelte Horizontalrippe erscheint an vielen Beilen im mittleren Verbreitungsgebiet der Tüllenbeile. Die Horizontalrippung der Tüllenbeilränder verweist auf das Drau-Save-Zwischengebiet, in dem dieses Ornament seine Hauptverbreitung hat.

Während die zuweisbaren Tüllenbeile in Hortfunden, die für die jüngere Urnenfelderzeit typisch erscheinen, auftreten, wird der Fund von Pleniţa von Petrescu-Dîmboviţa dem jüngeren Abschnitt der älteren Urnenfelderzeit, d.h. der Stufe HaA2 zugewiesen. Übernimmt man diese Deutung, was auch im Hinblick auf die wahrscheinlich älterurnenfelderzeitliche Stellung der übrigen Gußmodel des Hortes gerechtfertigt erscheint, so sind die hier besprochenen potentiellen Tüllenbeile von Pleniţa ganz an den Anfang der Tüllenbeilgruppe zu stellen.

Weitere Affinitäten dieser Beilgruppe werden insbesondere durch die Variante vier deutlich, die zweifelsohne den unter 2.b.6.b. genannten Tüllenbeilen nahesteht.

Auch wenn die unter 2.b.6.b. zusammengefaßten Tüllenbeile wohl Erscheinungen der jüngeren Urnenfelderzeit sind, so liegt ihr Beginn doch in der vorherigen Zeitstufe, wie der der älteren Urnenfelderzeit angehörende Depotfund von Herceghalom (24) zeigt.

Zur Gesamtverbreitung der Positivanalogien liegt Pleniţa weit außerhalb im Süden (Tafel 33).

2.b.6.b. Doppelt bogige Verzierung, dreirippiges Muster bildend

GM: Lovas (KatNr. 31 - Tafel 37, 4 a)
PA:

1. Țelna, Hortfund.
Petrescu-Dîmbovița 1978; Taf. 249 A 5.

2. Sîmbăta Nouă, Hortfund.
Ebd.; Taf. 252 B 9.

3. Detva, Hortfund.
Novotná 1970b; Taf. 34, 604-605.

4. Gemer, Einzelfund.
Ebd.; Taf. 33, 595.

5. Drenovi, Hortfund.
Truhelka 1909, 56; Taf. 16, 4.

6. Sîg, Hortfund.
Soroceanu u. Láko 1981; Abb. 8, 4.

7. Năsăud, Einzelfund.
Marinescu 1979, 126; Taf. 2, 2.

8. Biatorbágy, Hortfund.
Hampel 1896; Taf. 209, 1.

9. Șieu, Hortfund.
Kacsó 1977a, 33 ff.; Abb. 5.

10. Edelény, Hortfund.
Kemenczei 1984; Taf. 115 a 4.

11. Sălard, Hortfund.
Petrescu-Dîmbovița 1978; Taf. 238 C 3.

12. Cluj-Napoca, Hortfund.
Ebd.; Taf. 228 B 5.

13. Suatu, Hortfund.
Ebd.; Taf. 242, 10.

14. Blatnica.
Gallus u. Horvath 1939; Taf. 26, 18.

15. Debelo Brdo, Hortfund.
Fiala 1896, 58; Abb. 157.

16. Mackovac, Hortfund.
Ebd., 141 ff.; Taf. 6 <rechts Mitte>.

17. Nagykálló, Hortfund.
Mozsolics 1963, 252 ff.; Abb. 1, 5.

18. Aparhant, Hortfund ?
Wosinsky 1896; Taf. 56, 14-15.

19. Spisská Nová Ves, Einzelfund.
Novotná 1970b; Taf. 42, 759.

20. Vinićky, Hortfund.
Ebd.; Taf. 34, 606.

21. Sîngeorghiu de Pădure, Hortfund.
Petrescu-Dîmbovița 1978; Taf. 263, 29.

22. Bratislava, Hortfund.
Ebd.; Taf. 37, 651.

23. Reci, Siedlungsfund.
Székely 1966; Taf. 8, 1.

24. Sághegy, Siedlungsfund.
Patek 1968; Taf. 31, 6.

25. Dolné Lefantovce.
Császta 1974, 41 f.; Abb. 18.

26. Boian.
Bläjan u.a. 1982-83; Abb. 2, 8.

27. Simbiași, Hortfund.
Székely 1976-77; Abb. 3, 5.

28. Lukavac, Hortfund.
Čović 1955; Taf. 1, 2.

Die Positivanalogien erscheinen in Horten der jüngeren Urnenfelderzeit. Es lassen sich zwei Verzierungskombinationen unterschiedlicher Verbreitung herausarbeiten. Während die Kombination der Verzierung mit zwei Horizontalrippen typisch für eine südliche Verbreitung ist - als Ausnahme sind die Funde von Șieu (9) und Sághegy (25) zu nennen -, ist diejenige mit drei Rippen typisch für die nördlich anschließenden Gebiete - Siebenbürgen, Nordostungarn, Slowakei und Transdanubien (Tafel 33). Zweimal tritt sie im Verbreitungsgebiet der ersteren auf (5) und (28). Interessanterweise liegen beide Kombinationen im Fund von Aparhant (18) vor, welcher zwischen beiden Varianten liegt. Ein Beil mit vier Horizontalrippen liegt aus Gemer (4) vor.

Der ersten Motivkombination ist der Gußmodel von Lovas, auch wegen der Lage des Fundortes im östlichen Slawonien, an die Seite zu stellen.

2.b.6.c.   Doppelt bogige Verzierung

                  GM: 1. Somotor (KatNr. 16 - Tafel 24, 16)

                       2. Porozsló (KatNr. 66)

                       3. Idjoś (KatNr. 26 - Tafel 37, 5 a)

                       4. Neszmély (KatNr. 63 - Tafel 24, 6)

                PA:

1. Țelna, Hortfund.
Petrescu-Dîmbovița 1978; Taf. 249 A 7.

2. Glod, Hortfund.
Ebd.; Taf. 258 C 6.

3. Tîrgu Mureș, Hortfund.
Ebd.; Taf. 264 A 14.

4. Șieu, Hortfund.
Kacsó 1977a, 33; Abb. 5, 12.

5. Girișu Român, Hortfund.
Petrescu-Dîmbovița 1978; Taf. 266 A 5.

6. Sîngeorghiu de Pădure, Hortfund.
Ebd.; Taf. 263 A 25-26.

7. Suatu, Hortfund.
Ebd.; Taf. 242, 12.

8. Fizeșu Gherlii, Hortfund.
Ebd.; Taf. 257, 12.

9. Delnița, Hortfund.
Petrescu-Dîmbovița 1978; Taf. 255 C 1. 3.

10. Sălard, Hortfund.
Ebd.; Taf. 238 C 2.

11. Cluj-Napoca, Hortfund.
Ebd.; Taf. 228 B 4.

12. Herrnbaumgarten, Hortfund.
Mayer 1977; Taf. 80, 1109.

13. Umgebung von Retz, Einzelfund.
Ebd.; Taf. 80, 1111.

14. Nyíregyháza, Hortfund.
Jósa 1963-64; Taf. 42, 7.

15. Bistrița-Năsăud, Einzelfund.
Marinescu u. Danilă 1974; Taf. 3, 3; 7, 1.

16. Otomani, Einzelfund.
Nánási 1974; Abb. 3, 2.

Die Positivanalogien zu den Gußmodeln finden sich in Depotfunden, die der jüngeren Urnenfelderzeit angehören. Die Hauptverbreitung liegt in Siebenbürgen. Darüberhinaus sind derartige Beile aus Nordostungarn und Niederösterreich belegt (Tafel 33).

Auch bei diesen Tüllenbeilen läßt die Kombination mit Horizontalrippen einen Gebietsbezug erkennen. Beile mit zwei Horizontalrippen, zu denen der Gußmodel aus Porozsló gehört, sind typisch für Siebenbürgen. Tüllenbeile mit dreifachen Rippen sind nicht sehr zahlreich. Sie liegen aus Siebenbürgen (6. 7. 10.) und Niederösterreich (12) vor. Die dazugehörigen Gußmodel von Idjoś und Neszmély liegen zwischen den Verbreitungen, bzw. westlich zum Verbreitungsschwerpunkt in Siebenbürgen. Positivanalogien zum Gußmodel aus Somotor - ohne Horizontalrippen - liegen nicht vor. Zur Hauptverbreitung des Verzierungstyps befindet sich der Fundort nordwestlich. Die doppelte Bogenverzierung tritt an Beilen verschiedener Gestaltung auf, so an solchen mit abgesetzter oder asymmetrischer Schneide oder langgestreckter Form und an kleinen Tüllenbeilen.

2.b.6.d.   Doppelte vertikalbogige Verzierung

GM: Tăşad (KatNr. 56 - Tafel 49, 2)

PA:

1. Mintiu Gherlii, Hortfund.
   Petrescu-Dîmboviţa 1978; Taf. 266 B 2.

2. Tîrgu Mureş, Hortfund.
   Ebd.; Taf. 264 A 17.

3. Sîngeorghiu de Pădure, Hortfund.
   Ebd.; Taf. 263 A 30-31.

4. Hida, Hortfund.
   Ebd.; Taf. 259 C 3.

5. Haslau-Regelsbrunn, Hortfund.
   Mayer 1977; Taf. 79, 1085-1086.

6. Alland, Einzelfund.
   Ebd.; Taf. 79, 1087 A.

7. Neunkirchen, Einzelfund.
   Ebd.; Taf. 80, 1103.

8. Slopna, Einzelfund.
   Novotná 1970b; Taf. 41, 750.

Die Positivanalogien zum Gußmodel aus Tăşad treten in Depotfunden auf, die der jüngeren Urnenfelderzeit zuzuweisen sind. Auch bei ihnen ist die Kombination mit Horizontalrippen gebietsspezifisch.

Kombinationen mit drei Horizontalrippen erscheinen im mittleren Siebenbürgen. Zu ihnen gehört dieser Gußmodel (Tafel 33). Tüllenbeile mit zwei Horizontalrippen treten im nordwestlichen Siebenbürgen und einmal in der westlichen Slowakei auf. Eine nordostösterreichische Variante stellt die Verzierung in Kombination mit einer Rippe dar.

2.b.6.e. Gewinkelte Verzierung und Vertikalrippe

GM: Velem (KatNr. 72 r - Tafel 50, 16)

PA:

1. Hallstatt.
   Mayer 1977; Taf. 77, 1065.

2. Mahrersdorf; Hortfund.
   Ebd.; Taf. 77, 1067-68; 78, 1069.

3. Somotor, Hortfund.
   Novotná 1970b; Taf. 33, 584.

4. Pliešovce, Einzelfund.
   Ebd.; Taf. 34, 602.

5. Tiszaeszlár, Hortfund.
   Jósa 1963-64; Taf. 59, 15.

6. Lovasberény, Hortfund.
   Holste 1951; Taf. 22, 6.

7. Velem, Hortfund.
   v. Miske 1904; Taf. 15, 5.

8. Ciceu-Corabia, Hortfund.
   Marinescu 1979, Taf. 1, 1.

9. Mezőkövesd, Hortfund.
   Kemenczei 1984; Taf. 122, 3.

10. Tiszafüred, Hortfund ?
    Ebd.; Taf. 209 b 1.

11. Zagon, Hortfund.
    Petrescu-Dîmboviţa 1978; Taf. 251 A 5.

12. Tăuteu, Hortfund.
    Ebd.; Taf. 247 B 9.

Die dem Gußmodel von Velem zuweisbaren Tüllenbeile erscheinen in Hortfunden, die in die jüngere Urnenfelderzeit gesetzt werden können. Die Kombination der Verzierung mit Horizontalrippen läßt auch hier einen Bezug zu bestimmten Gebieten erkennen.

Die häufigste Kombination mit zwei Horizontalrippen ist an der nördlichen Grenze des Arbeitsgebietes, von Ostösterreich über die Slowakei bis nach Nordostungarn, verbreitet.

In einem südlich, parallel dazu verlaufenden Gebiet - Westungarn bis Nordsiebenbürgen - ist die Verzierung mit drei Horizontalrippen kombiniert. Der transdanubische Raum läßt sich durch die Einbindung einer Halbrundzier davon abgliedern. Vierrippige Verzierung tritt einmal in Nordostungarn auf (9).

Der Fundort des Gußmodels liegt an der westlichen Verbreitungsgrenze der Positivanalogien (Tafel 33).

2.b.6.f. Einfache rechtwinklige Verzierung

GM: 1. Velem (KatNr. 72 k - Tafel 50, 5)

2. Slowakei (KatNr. 17)

PA: 1. Ciceu Corabia, Hortfund.
Marinescu 1979; Taf. 1, 3.

2. Nitra, Hortfund.
Novotná 1970b; Taf. 34, 607.

3. Boian.
Blăjan u.a. 1982-83; Abb. 2, 7.

Zwei Positivanalogien (1, 2) erscheinen in jungurnenfelderzeitlichen Hortfunden. Die geringe Anzahl der zuweisbaren Tüllenbeile sowie die weit auseinanderliegenden Fundorte der Gußmodel lassen keine konkrete Aussage zum Verbreitungsgebiet der Verzierung zu. Bemerkenswert ist jedoch, daß dadurch ein Gebiet abgesteckt wird, in dem die anderen jungurnenfelderzeitlichen Tüllenbeile verbreitet sind. Ein ähnliches Tüllenbeil ist aus Mähren bekannt (Podborský 1970: Taf. 35, 14). Zur Verbreitung siehe die Tafel 32.

2.b.7. Tüllenbeile mit hängender Dreieckszier

Die Tüllenbeile mit hängender Dreieckszier stellen die größte Gruppe älterurnenfelderzeitlicher Beile dar. Ihr in die Hunderte gehendes Vorkommen, zumeist in Hortfunden, stellt das Ornament an die Spitze des urnenfelderzeitlichen Verzierungsschatzes.

Die hängende Dreiecksverzierung tritt in ein-, zwei-, drei-, vier- oder fünffach ineinander geschachtelter Form auf. Als einmalige Ausnahme hierzu ist mir nur ein albanisches Tüllenbeil bekannt, das sieben Dreiecke trägt (Prendi 1977-78; Abb. 11).

Die Dreieckszier erscheint häufig in Kombination mit anderen Verzierungselementen wie Horizontal- oder Vertikalrippen, horizontal gerippten Rändern, Halbkreisen, Punkten (=kleine Halbkugeln) und Bögen verschiedenartigster Ausrichtung. Dabei läßt sich von der Art der Anbringung eine 'Ergänzungsvariante' von einer 'Additionsvariante' scheiden. Bei ersterer ergänzt ein Motiv die Dreieckszier - Beispiel: eine kurze Vertikalrippe setzt an der Spitze eines Dreieckes an. Bei der zweiten Variante erscheint eine zusätzliche Verzierung ohne Kontakt, additiv zur Dreieckszier - Beispiel: Halbkugeln.

Wiewohl von mehreren Autoren auf die Verzierung bzw. deren Bedeutung aufmerksam gemacht worden ist, erschöpfen sich die Angaben zumeist in der Übernahme der zeitlichen Stellung derart ornamentierter Tüllenbeile (Holste 1936, 12; v. Merhart 1956-57, 115; Kemenczei 1965-66, 22; 1984, 25. 32. 48-50. 53. 74. 81. 83; Schauer 1974, 117; Mayer 1977, 196 ff.; Patek 1981, 329 f.; Köszegi 1960, 162; Mozsolics 1985, 33 f.). Detailliertere Angaben zu diesem vielfältigen Verzierungsschatz sind die Ausnahme (v. Brunn 1968, 37-39. 82). Stanko Sielski war es, der meines Wissens nach als bisher einziger, anläßlich der Veröffentlichung eines unter anderem aus 16 Tüllenbeilen bestehenden Depotfundes, das auf den Beilen auftretende Ornament feintypologisch gliederte (Sielski 1931, 7 ff.). Sein Ansatz geriet in Vergessenheit und wurde nicht wieder aufgegriffen bzw. wurden ähnliche Versuche bis heute nicht unternommen. Daß feintypologische Vergleiche auch heutzutage nicht als Regel zu gelten haben, zeigen die Veröffentlichungen, in denen Tüllenbeile unterschiedlichster Ornamentkombinationen miteinander verglichen werden oder sie einem gemeinsamen Verzierungstyp zugeschlagen werden.

Gegenüber der großen Anzahl der mit Dreiecken verzierten Tüllenbeile erstaunt die geringe Zahl der für diese Beile angefertigten Gußmodel. Die Annahme Schauers, daß Tüllenbeile im Verfahren der 'verlorenen Form' hergestellt wurden, bedarf des Beweises (Schauer 1974, 117). Es ist indes dabei nicht klar, ob eine Übernahme v. Brunnscher Aussagen vorliegt oder ob Schauers eigene Ansicht zum Ausdruck kommt. Die Mehrzahl der durch Publikationen vorgelegten Tüllenbeile sowie eigene Untersuchungen ergeben ausschließlich Belege für die Herstellung mittels einer Gußform, so daß dieses Verfahren das Hauptverfahren darstellt.

Im folgenden soll anhand der potentiellen Tüllenbeile gezeigt werden, in welch einer Variationsbreite das Dreiecksornament und als additives Element die Horizontalrippe im Arbeitsgebiet, welches die Hauptverbreitung dieser Tüllenbeile einschließt, belegt sind.

Ausgangspunkt der Betrachtung sind die unter 2.b.7. zusammengestellten Gußmodel und Tüllenbeile.

2.b.7.a. Einfache Dreieckszier unter Horizontalrippen

GM: 1. Regöly (KatNr. 68)

2. Mezőcsát (KatNr. 61)

PA: nicht belegt

Tüllenbeile der hier vorliegenden Ornamentkombination von einfacher Dreieckszier mit zwei bzw. drei Horizontalrippen sind nicht überliefert. Das einfache Dreiecksornament tritt ansonsten als randständig, an einer oder an fünf Horizontalrippen ansetzend auf (Liste 1). Die zeitliche Stellung dieser Tüllenbeile ist die ältere Urnenfelderzeit, was mit den angenommenen Datierungen für die Gußmodel harmoniert. Ihre Verbreitung umfaßt Kärnten, die Westslowakei, Südbosnien und Siebenbürgen (Tafel 27 und 64).

Betrachtet man jedoch die Anzahl der Horizontalrippen, so fällt auf, daß dieses Verzierungsdetail, je nach der Anzahl, für bestimmte Gebiete charakteristisch ist, in anderen fehlt oder als untypisch zu bezeichnen ist.

Dieses bezieht sich auf die zwei- oder dreifach ineinander geschachtelte Dreieckszier unter drei Horizontalrippen, deren Hauptverbreitung Siebenbürgen ist (Listen 2f u. 3f; Tafeln 65 u. 68). Darüberhinaus sind sie in wenigen Exemplaren westlich dieser Verbreitung, im Falle der dreifachen Dreieckszier einmal östlich belegt.

Tüllenbeile mit doppelter Horizontalrippe, wie sie im Gußmodel von Mezőcsát vorliegen, zeigen eine gebietskonstante Verbreitung in Slawonien, Kroatien und Slowenien, solche mit drei Dreiecken sind aus Westungarn und Siebenbürgen bekannt (Listen 2e, 3e u. 4; Tafeln 67, 68 u. 69). Als zeitliche Stellung kommt ebenfalls die ältere Urnenfelderzeit in Betracht.

2.b.7.b. Doppelte Dreieckszier unter zwei Horizontalrippen

GM: Velem (KatNr. 72 q - Tafel 50, 3 a)

PA: Siehe Liste 2e

Auf die zeitliche Stellung und Verbreitung derartiger Tüllenbeile ist eben eingegangen worden. Der im Gußmodel von Velem auftretende horizontalgerippte Rand hat als Einzelornament seine Hauptverbreitung im Gebiet der zuweisbaren Tüllenbeile.
Der Fundort des Gußmodels liegt nordwestlich dieser Verbreitung (Tafel 27 und 65).

2.b.7.c. Doppelte Dreieckszier, am Rand ansetzend

GM: Tiszaföldvár (KatNr. 70)

PA: Siehe Liste 2c

Die Positivanalogien erscheinen in Horten der älteren Urnenfelderzeit. Formal abweichende Ausprägungen sind aus den jüngeren Funden von Pod kod Bugojna (Liste 2c, 2) und Ometala kod Gmića (Liste 2c, 3) bekannt. Es hadelt sich um kleine, mit breitem Rand versehene Tüllenbeile, wie sie für diese Zeit aus Bosnien (unverziert: 2.a.1.) typisch sind.
Die Tüllenbeile sind aus Slawonien, Transdanubien, Nordostungarn und Siebenbürgen bekannt. Der Fundort der Gußform liegt inmitten dieser Verbreitung (Tafel 27 und 65).

2.b.7.d. Dreifache Dreieckszier unter zwei Horizontalrippen

GM: Gomolova (KatNr. 24)

PA: Siehe Liste 3e

Zur Zeitstellung und Verbreitung der Positivanalogien siehe oben (2.b.6.a.).

Der Fundort des Gußmodels liegt am südöstlichen Verbreitungsrand (Tafel 27 und 68).

2.b.7.e. Zweifache Dreieckszier, eingefaßt von trapezförmiger Zier, unter vier Horizontalrippen

GM: Pleniţa (KatNr. 52 d)

PA: nicht belegt

Positivanalogien zum Gußmodel sind nicht bekannt. Das von einer Trapezzier eingefaßte Dreiecksornament ist in dieser Kombination einmalig. Vergleichbare Beile mit zwei- oder dreifacher Dreieckszier sind nur aus Siebenbürgen und in einigen Exemplaren aus Ungarn bekannt (Listen 2g u. 3g; Tafeln 65 u. 68).
Die Trapezzier kann sowohl als zusätzliches, neues Element zur zweifachen Dreieckszier als auch als Variante des äußeren Dreieckes gedeutet werden. Daß wir es eher mit einem eigenständigen Motiv zu tun haben, wird durch das häufige Auftreten im Arbeitsgebiet angedeutet (Liste 7; Tafel 70).
In streng rektangulärer Ausführung tritt es nur an den Beilen aus Tomišelj (Liste 7, 1) und 'Kapela' (Liste 7, 2) auf. Ansonsten erscheint es abgewandelt: mit Halbkreisen,

Halbkugeln, bogigen Lappenornamenten oder mit einziehenden Seitenrippen kombiniert.

Als Hauptverbreitung ist auch hier Siebenbürgen zu nennen. Somit erscheinen auf dem Gußmodel von Pleniţa zwei Verzierungen, kombiniert zu einer unikaten Verbindung, wie sie in ihren Hauptverbreitungsgebieten getrennt nebeneinander erscheinen. Zur zeitlichen Stellung von Pleniţa siehe oben unter 2.b.4.a., 2.b.5.a. und 2.b.6.a. Der Fundort liegt außerhalb der Verbreitung der einzelnen Ornamentbestandteile südöstlich davon.

3.   Die Gußmodel für Tüllenbeile ohne Öse

3.b.   Verzierte Tüllenbeile

3.b.1.   Tüllenbeile mit Horizontalrippenzier

3.b.1.a.   Mehrfache Horizontalrippenzier

GM: Dobanovci (KatNr. 22)

PA:

1. Veliko Nabrdje, Hortfund.
Vinski-Gasparini 1973; Taf. 46, 10.

2. Popinci, Hortfund.
Holste 1951; Taf. 15, 15. *{Donja Bebrina}*

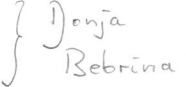

3. Rudnik, Hortfund.
Ebd.; Taf. 20, 2.

4. Brestovik, Hortfund I.
Ostave; Taf. 7, 1.

5. Brestovik, Hortfund II.
Ebd.; Taf. 8, 6.

6. Brestovik, Hortfund V.
Ebd.; Taf. 17, 1.

7. Jakovo, Hortfund.
Ebd.; Taf. 27, 13; 28, 1.

Der Gußmodel weist mit seiner mehrgliedrigen Horizontalrippung ein einzigartiges Ornament auf, wie es in der Ausprägung auf keinem Tüllenbeil zu finden ist. Als Positivanalogien werden hier Beile zusammengefaßt, die als oberen Beilkörperabschluß ein drei- oder vierrippiges Horizontalornament tragen. Sie treten in Hortfunden der älteren Urnenfelderzeit auf.

Die Tüllenbeile sind um den Unterlauf der Save verbreitet, wo sich auch der Fundort des Gußmodels befindet (Tafel 28).

Mit drei Horizontalrippen verzierte Tüllenbeile finden sich in den Depotfunden von Popinci (2), Rudnik (3) und Brestovik (6), solche mit vier in Veliko Nabrdje (1) und Brestovik (4 u. 5). Ein Gebietsbezug der Varianten ist nicht festzustellen.

Verwandte Tüllenbeile, jedoch mit einer Öse, sind oben besprochen worden (2.b.1.e.). Sie weisen die gleiche Zeitstellung auf, sind aber nördlich von den ösenlosen Stücken verbreitet. *(S. 90)*

Was ist mit Boljanić?

3.b.1.b.   Langgestreckte Form, breiter Rand, Querrast auf breiter Seite

GM: Radovin (KatNr. 37)

PA 1. Sitno, Hortfund.
   PJZ; Taf. 50, 10.

   2. 'Bosnien', Einzelfund.
   Ebd.; Taf. 54, 9.

Gußmodel und zuweisbare Tüllenbeile sind in ihrer Verbreitung auf einen kleinen Raum nordöstlich von Zadar beschränkt (Tafel 33). Der Gußmodel wird von Batović der Phase I der Siedlung von Radovin zugerechnet, was absolutchronologisch dem neunten vorchristlichem Jahrhundert entsprechen soll (Batović 1968, 58). Dieser Zeitansatz findet seine Bestätigung durch den umbrischen Hortfund von Piediluco, in dem sich ein Beil dieser Art befindet (Carancini 1984, 149 <3741>).

Der Bezug des Gußmodels von Radovin und seiner Positivanalogien zu den Tüllenbeilen mit einer Öse (2.b.1.g.) wird durch die Verzierungen und die Verbreitung unterstrichen. Das Depot von Sitno ist als geringfügig jünger einzustufen (siehe oben 2.b.1.g.).

3.b.2. Tüllenbeile mit vertikaler Rippenzier

3.b.2.a. Vertikalrippen, am Rand ansetzend

 GM: 1. Südbulgarien (KatNr. 13 - Tafel 39, 6 b)

  2. Sokol (KatNr. 12 c u. d - Tafel 46, 4 b)

  3. Želju-Voivoda (KatNr. 15 a u. b - Tafel 46, 9)

  4. 'Bulgarien' (KatNr. 2 - Tafel 46, 6)

 PA: 1. Agatovo.
  Černych 1978b; Taf. 35, 20.

  2. Vărbica; Hortfund II.
  Ebd.; Taf. 35, 21.

  3. Gorsko Kosovo, Hortfund.
  Ebd.; Taf. 35, 22. 24-27.

Tüllenbeile mit vertikaler Rippenzier sind eine für das untere Donaugebiet typische Erscheinung (Hänsel 1976, 39). Das durch die Gußmodel charakterisierte Formengut zeigt nur einen kleinen Ausschnitt derartig verzierter Tüllenbeile, zu dem wiederum nur wenige Positivanalogien zu nennen sind bzw. die Gußmodel abweichende Ornamentausprägung aufweisen.

Die Fundorte der Gußmodel liegen südlich des Balkangebirges im Nordosten der Thrakischen Ebene, im mittleren Bulgarien (Tafel 29). In der Gliederung Černychs kennzeichnen sie den Tüllenbeiltyp '34' (Černych 1978b, 196; Taf. 35, 20-27; 36, 1. 2. 4. 5. 9).

Eine besondere Variante liegt aus Sokol (2) und 'Bulgarien' (4) vor. Bei ihnen enden entweder alle oder nur einige (Südbulgarien) Vertikalrippen in Halbkugeln. Beim letztgenannten tritt noch eine zickzackförmige Zier unterhalb der Vertikalrippen auf, die an die unter 3.b.2.b. genannten Tüllenbeile erinnert. Vergleichbare Ornamente sind aus Pobit Kămak (Tafel 41, 8-9), Gusteriţa (Petrescu-Dîmboviţa 1978; Taf. 105, 42) und aus Albanien (Prendi 1977-78; Taf. 11, 6; 1984; Taf. 5, 5. 7) bekannt. Gleichermaßen verzierte Tüllenbeile sind ebenfalls weit nördlich des Arbeitsgebietes belegt (Gerdsen 1984, 53 ff.).

Die Depotfunde von Vărbica (2), Želju Voivoda ⟨3⟩ und Gorsko Kosovo werden von Hänsel der Hortfundgruppe von Lesura-Vărbica zugeordnet (Hänsel 1976, 38 f.). Abweichend davon gehört das Depot von Sokol der Gruppe von Sîmbăta Noua an (Ebd., 42.), ist also jünger.

Zur Verbreitung der Positivanalogien liegen die Fundorte der Gußmodel südlich (Tafel 29).

3.b.2.b. Vertikalrippen an einer Horizontalrippe ansetzend, horizontalgerippter Rand

GM: 1. Lesičevo (KatNr. 7)

2. Sokol (KatNr. 12 h - Tafel 46, 3 a)

3. Umgebung von Chotnica (KatNr. 4 - Tafel 46, 7)

4. Brădicești (KatNr. 42b - Tafel 50, 4)

PA:

1. Gorsko Kosovo, Hortfund.
Černych 1978b; Taf. 36, 15; 37, 1. 3. 16. 17.

2. Guljanci; Hortfund.
Ebd.; Taf. 36, 16.

3. Galatin, Hortfund.
Ebd.; Taf. 37, 2.

4. Stražica, Hortfund.
Ebd.; Taf. 37, 4.

5. Vărbica, Hortfund I.
Ebd.; Taf. 37, 6. 7. 9. 13. 15. 19-20; 38, 1. 3. 5. 6. 8. 9.

6. Leskovec.
Ebd.; Taf. 37, 8.

7. Vărbica, Hortfund I.
Ebd.; Taf. 37, 11-12. 18. 21. 23-25.

8. Goljamo Peštere.
Ebd.; Taf. 37, 14.

9. Prodimčec, Hortfund.
Ebd.; Taf. 38, 7.

10. Techirghiol, Hortfund.
Petrescu-Dîmbovița 1978; Taf. 214 C 2.

11. Răcarii de Jos.
Unveröffentlicht. Mitteilung B. Hänsel.

12. Cîrna.
Unveröffentlicht. Mitteilung B. Hänsel.

Die Positivanalogien finden sich in einem abgrenzbaren Gebiet im nordwestlichen Bulgarien und im Südwesten Rumäniens. Für Bulgarien repräsentieren sie den Typ '38' (Černych 1978b, 196). Der Fundort von Techirghiol (10) liegt in der Dobrudscha. Die Gußmodelfundorte sind über ein weites Gebiet verbreitet. Brădicești ⟨4⟩ liegt weit außerhalb der Positivverbreitung in der nördlichen Moldau, der Gußmodel aus der Umgebung von Chotnica ⟨3⟩ an dessem östlichen Verbreitungsrand, Lesičevo ⟨1⟩ und Sokol ⟨2⟩ südlich davon in der Thrakischen Ebene (Tafel 29). Die Funde von Sokol ⟨2⟩, Stražica (4) und Prodimčec (9) werden in die Hortfundgruppe von Sîmbăta Nouă gestellt, die übrigen gehören der älteren von Lesura-Vărbica an (Hänsel 1976, 42). Einen Hinweis auf eine genauere Datierung dürfte der schräggerippte Rand sein, wie er in den Gußmodeln angelegt ist. Innerhalb der rumänischen Hortabfolge ist dieses Element von der älteren Phase der jüngeren Urnenfelderzeit an belegt, wohingegen Ursprung und Hauptverbreitung dieses Details in Bulgarien liegen dürften und hier mit einem älteren Auftreten gerechnet werden kann. Vergleichbare Tüllenbeile, jedoch mit Öse, sind aus jungurnenfelderzeitlichen Horten Rumäniens (südlich der Karpaten !) belegt (Petrescu-Dîmbovița 1978; Taf. 119 B 2; 220 B 4; 251 C 1). Die spezielle Ausprägung im Gußmodel aus der Umgebung von Chotnica mit einer Zickzacklinie unter dem Ornament hat eine Parallele im serbischen Depot von Salaš Noćajski (Popović 1964, 5 ff.; Taf. 4, 8). Der in der Moldau liegende Gußmodel von Brădicești ⟨4⟩ dürfte nach der Datierung der begleitenden Gußmodel für Fibeln vom Typ Poiana als jünger einzustufen sein, wenn auch die älteste mögliche Zeitstellung der Fibeln (10. Jhr. v. Chr.) in die Zeit der Beile fiele (Bader 1983, 99 ff.).

3.b.3. Tüllenbeile mit hängender Dreieckszier

3.b.3.a. Dreifache Dreieckszier am Rand ansetzend

GM: 1. Maklejenovac (KatNr. 32 - Tafel 38, 5 b)

2. Kurvin-Grad (KatNr. 29)

PA: Siehe Liste 3a.

Die Positivanalogien zu den Gußmodeln liegen in einer großen Anzahl vor. Ihre Verbreitung umfaßt Transdanubien, das Drau-Save-Gebiet, das rumänische Banat, Siebenbürgen und Nordungarn (Tafel 68). Die Depotfunde sind der älteren Urnenfelderzeit zuzuweisen.

Die Gußmodel von Maklejenovac und Kurvin-Grad weisen eine spezielle Ausprägung des ansonsten rektangulär gestalteten Dreiecksmotivs auf. Während in Maklejenovac die Schenkel der Dreiecke nach innen gebogen sind, liegt in Kurvin-Grad der umgekehrt ausgeführte Fall vor. Zusätzlich greifen sie hier im oberen Teil übereinander, so daß eine Auflösung des strengen Dreiecksmotivs eintritt (Zu einer zeitlichen Entwicklung des Dreiecksornamentes siehe v. Brunn 1968, 39; Müller-Karpe 1959, 199).

Die Tüllenbeile aus den Depotfunden von Rinyaszentkirály (Liste 3a, 19), Uioara de Sus (Ebd. 2) und Dolina (Ebd. 17) stehen in der Verzierung dem Gußmodel von Kurvin-Grad nahe. Diese Positivanalogien bilden auch hinsichtlich der Beilkörperform eine einheitliche Gruppe, die sich durch eine langgestreckte Form und eine leicht ausschwingende Schneide auszeichnet.

Tüllenbeile gleichen Ornamentes mit einer Öse sind im selben Gebiet beheimatet (Tafel 68).

Die Fundorte der beiden Gußmodel liegen an der südlichen Peripherie der Positivverbreitung (Tafel 27 und 68).

3.b.4. Tüllenbeile mit parabelförmiger Verzierung

3.b.4.a. Einfache Parabelzier

GM: 1. Esenica (KatNr. 5 a)

2. Cernica (KatNr. 44 d u. e)

3. Poian (KatNr. 53 - Tafel 49, 3)

PA:

1. Tikač, Hortfund.
Černych 1978b; Taf. 30, 1.

2. Vărbica, Hortfund I.
Ebd.; Taf. 30, 2-3.

3. Florentin, Hortfund.
Ebd.; Taf. 30, 4. 13.

4. Vărbica, Hortfund.
Ebd.; Taf. 30, 10.

5. Ljulin.
Ebd.; Taf. 30, 6.

6. Sokol, Hortfund.
Ebd.; Taf. 30, 8.

7. Gorsko Kosovo, Hortfund.
Ebd.; Taf. 30, 9.

8. Judelnik.
Ebd.; Taf. 30, 14.

9. Ocnița, Hortfund.
Chicideanu 1979; Abb. 1 a-b.

10. Mihai Bravu, Hortfund.
Harțuche u. Constantinescu 1981-83; Abb. 3 b; 5, 3.

11. Orodel.
Unveröffentlicht. Mitteilung B. Hänsel.

12. Karabeir.
Černych 1978; Taf. 30, 5.

13. Hălinga, Hortfund.
Bărcăcilă 1924; Abb. 262.

14. Constanța-Palaș, Hortfund.
Petrescu-Dîmbovița 1978; Taf. 73 B 15.

15. Kazanlăk.
Černych 1978b; Taf. 32, 8.

16. Lesura, Hortfund.
Ebd.; Taf. 33, 18.

17. Cara, Hortfund.
Petrescu-Dîmbovița 1978; Taf. 23 A 1.

Die den Gußmodeln zuweisbaren Tüllenbeile sind von Černych als Typ '2' der bulgarischen Tüllenbeile herausgearbeitet worden (Černych 1978b, 187). Sie sind im östlichen und mittleren Teil Bulgariens und beiderseits der Donau nördlich von Vidin verbreitet (Tafel 29). Zwei Fundorte (9 u. 10) liegen an der Ialomița. Die Tüllenbeile lassen sich nach ihrer Form in zwei Gruppen gliedern.

Die erste umfaßt lange, schlanke Beile mit zum Teil stark einziehenden Seitenbahnen aus den Depotfunden von Tikač (1), Vărbica (2), Florentin (3), Constanța (14), Lesura (16) und die Einzelfunde von Ljulin (5), Judelnik (8), Orodel (11) und Kazanlăk (15). Sie folgen in ihrer Verbreitung dem Donauverlauf von Vidin bis in die Dobrudscha. Ein Beil befindet sich im südöstlichen Bulgarien (5).

Von dieser Gruppe sind kleine, gedrungenere Tüllenbeile aus den Hortfunden von Vărbica (1 u. 2), Sokol (6), Gorsko Kosovo (7), Ocnița (9) und Mihai Bravu (10) abzusetzen. Sie sind im gesamten Verbreitungsgebiet der Tüllenbeile belegt. Daß beide Varianten zur selben Zeit bekannt waren, belegt ihr Erscheinen in zeitgleichen Hortfunden bzw. ihr gemeinsames Auftreten in diesen.

Als zeitliche Stellung ist die späte Bronzezeit und die ältere Urnenfelderzeit in Betracht zu ziehen, wobei die Mehrzahl der datierbaren letzterer Phase angehört. Bei der Verbreitung der spätbronzezeitlichen und urnenfelderzeitlichen Hortfunde ist ein Phänomen wie bei den Beilen gleicher Zier, jedoch mit einer Öse (2.b.5.a.), festzustellen.

Diejenigen der Bronzezeit liegen im Osten des Verbreitungsgebietes, die der Urnenfelderzeit zeigen eine großräumige Verbreitung bzw. eine Verlagerung nach Westen.

Das Depot von Esenica <1> dürfte mit seiner Stellung in der Stufe von Sîmbăta Noua den Endpunkt der Tüllenbeilproduktion dieses Types repräsentieren, was jedoch wenig über die Hauptbenutzungszeit der Tüllenbeile aussagen sollte. Durch die östlichere Verbreitung der Gußmodel ist man geneigt, diese der späten Bronzezeit zuzuweisen.

Der Gußmodel von Poian <3> weicht mit seiner gespitzten Ausführung des Parabelornamentes von den anderen geringfügig ab. Die besten Entsprechungen stellen die Tüllenbeile aus Karabeir (12) und Cara (17) dar. Zur Mehrzahl der zuweisbaren Tüllenbeile liegen die Fundorte der Gußmodel östlich bzw. nördlich davon. Die Verbreitungen dieser Tüllenbeile und der in gleicher Art verzierten mit einer Öse (2.b.5.a. - Tafel 28) schließen sich in der Verbreitung aus.

3.b.4.b. Horizontalrippen mit Vertikalrippen innerhalb der Parabelzier

GM: Roman (KatNr. 10 - Tafel 46, 1 b)

PA: 1. Vărbica, Hortfund II.
Černych 1978b; Taf. 30, 20.

2. Stražica, Hortfund.
Ebd.; Taf. 30, 21.

Die dem Gußmodel zuweisbaren Tüllenbeile repräsentieren den Tüllenbeiltyp '6' nach Černych (Černych 1978b, 187). Sie weichen in der Anordnung des Ornamentes von dem des Gußmodels ab, sind aber meines Erachtens durch die gemeinsame Vertikalrippenzier und die über die breite Seite verlaufende Rippung (bei den Positivanalogien unterhalb des Randes) zu einem Ornamenttyp zusammenfaßbar.

Zur Datierung der Depotfunde siehe oben. Die Fundorte befinden sich in Nordbulgarien. Der Fundort des Gußmodels liegt südöstlich davon (Tafel 29).

3.b.4.c. Parabelzier mit tropfenförmiger Aussparung

GM: Ljuljakovo (KatNr. 8 - Tafel 46, 2)

PA:

1. Kazanlăk.
 Černych 1978b; Taf. 32, 8.

2. Kreis Preslav.
 Ebd.; Taf. 32, 9.

3. Gorsko Kosovo, Hortfund.
 Ebd.; Taf. 32, 11; 33, 11. 12.

4. Rachovo, Hortfund.
 Ebd.; Taf. 32, 14.

5. Dičevo, Hortfund.
 Ebd.; Taf. 32, 16. 21.

6. Samovodene, Hortfund.
 Ebd.; Taf. 32, 19; 33, 1. 3. 5. 9.

7. Kreis Šumen.
 Ebd.; Taf. 33, 2.

8. Novgrad, Hortfund.
 Ebd.; Taf. 33, 4.

9. Semerdžievo, Hortfund.
 Ebd.; Taf. 33, 15.

10. Oinacu, Hortfund.
 Petrescu-Dîmbovița; Taf. 73 B 8-13.

11. Constanța-Palas, Hortfund.
 Ebd.; Taf. 74 D 1-4. 6-7.

12. Nicolae-Bălcescu, Hortfund.
 Ebd.; Taf. 76 B 2.

13. Mihai Bravu, Hortfund.
 Harțuche u. Constantinescu 1981-83; Abb. 3 c; 5, 3.

14. Bozurovo, Hortfund.
 Černych 1978b; Taf. 34, 7.

15. Kreis Šumen.
 Ebd.; Taf. 33, 2.

16. Buzovgrad, Hortfund.
 Hänsel 1976, 31.

17. Chotnica.
 Černych 1978b; Taf. 99, 1.

18. Slivengrad.
 Ebd.; Taf. 33, 16.

Die Positivanalogien sind von Černych als Typ '18' der bulgarischen Tüllenbeile herausgearbeitet worden (Černych 1978b, 189).
Ihre Hauptverbreitung verläuft in einem Gebietsstreifen von Nordbulgarien - nördlich des mittleren Abschnitts des Balkangebirges - bis in das südöstliche Rumänien. Kazanlăk (1) und Slivengrad (18) liegen südlich des Gebirges. Der Fundort des Gußmodels liegt südöstlich des geschlossenen Verbreitungsgebietes der Positivanalogien (Tafel 26).
Die Tüllenbeile erscheinen in Depotfunden, die fast zur Gänze der späten Bronzezeit zugewiesen werden können. Das einzige in die ältere Urnenfelderzeit zu datierende Depot von Gorsko Kosovo befindet sich ganz im Westen der Positivverbreitung.

3.b.4.d. Omegaförmige Rippe um die tropfenförmige Aussparung der Parabelzier

GM: Beljakovec (KatNr. 1)

PA:

1. Dičevo, Hortfund.
   Černych 1978b; Taf. 31, 9.

2. Gorsko Kosovo, Hortfund.
   Ebd.; Taf. 34, 3.

3. Rachovo, Hortfund.
   Ebd.; Taf. 34, 6.

4. Oinacu, Hortfund.
   Petrescu-Dîmboviţa 1978; Taf. 73 B 1-2.
   5. 7.

5. Constanţa-Palas, Hortfund.
   Ebd.; Taf. 74 D 10.

6. Kreis Šumen.
   Černych 1978b; Taf. 34, 8-9.

7. Božurovo, Hortfund.
   Ebd.; Taf. 34, 7.

Die Positivanalogien gehören zum Typ '20' der bulgarischen Tüllenbeile (Černych 1978b, 189).

Ihre Hauptverbreitung beschränkt sich auf ein kleines Gebiet an der Donau um die Städte Ruse und Silištra. Außerdem treten sie im mittleren Bulgarien nördlich des Balkangebirges und in der Dobrudscha auf (Tafel 26).

Die um die Donau und in der Dobrudscha verbreiteten Horte sind der späten Bronzezeit zuzuweisen, während das einzige älterurnenfelderzeitliche Depot von Gorsko Kosovo westlich der Verbreitung liegt. Der Fundort des Gußmodels befindet sich westlich der älteren Hortfunde, denen es zugewiesen wird.

3.b.4.e. Zusätzlich (zu 3.b.4.c.) Vertikalrippen zwischen Parabelzier und Rand

GM: 1. Pobit Kamăk (KatNr. 9 d - Tafel 40, 7 b)

2. Skalica (KatNr. 11)

3. Sokol (KatNr. 12 e u. f - Tafel 46, 5)

4. Želju-Voivoda (KatNr. 15 c u. d - Tafel 46, 8)

PA:

1. Kreis Šumen.
Černych 1978b; Taf. 34, 11.

2. Buzorovo; Hortfund.
Ebd.; Taf. 34, 12.

3. Constanţa-Palaş, Hortfund.
Petrescu-Dîmboviţa 1978; Taf. 75, 12.

4. 'Troas'.
Bittel u. Schneider 1940; Abb. 10.

5. Sterne Dergesi, Hortfund.
Unveröffentlicht. Tafel 3, 6.

6. Pcela.
Černych 1978b; Taf. 32, 10.

7. Buzovgrad, Hortfund.
Hänsel 1976, 31.

8. Stražica, Hortfund.
Unveröffentlicht. Mitteilung B. Hänsel.

9. Lesura, Hortfund.
Černych 1978b; Taf. 31, 12.

10. Vărbica, Hortfund I.
Ebd.; Taf. 30, 19.

Die Verzierung Vertikalrippen zwischen Parabelzier und Rand tritt an den zuweisbaren Tüllenbeilen und den Gußmodeln in einer größeren Variationsbreite auf, so daß - ähnlich den Tüllenbeilen gleicher Verzierung, aber mit einer Öse (2.b.5.c.) - eine Gliederung in Varianten möglich wird.

Die erste Variante umfaßt die Tüllenbeile aus Sterne Dergesi (5) und aus der Troas (4). Bei ihnen verlaufen die enggestellten Vertikalrippen über die gesamte Breite des Tüllenbeiles - zwischen Parabelzier und Rand. Hierzu zähle ich die Gußmodel aus Skalica <2>, Sokol <3> und Želju Voivoda <4>, die gleichfalls enggestellte Rippen, zusätzlich aber eine runde Einschließung der beiden äußeren Rippen aufweisen. Die Fundorte der Tüllenbeile liegen ganz im Südosten des Verbreitungsgebietes, im europäischen Teil der Türkei. Die Gußmodel liegen nordwestlich dazu in der Thrakischen Ebene (Tafel 29).

Eine zweite Variante umfaßt die Tüllenbeile mit schräg gestellter Rippenzier aus Buzorovo (2), Stražica (8), Lesura (9) und Vărbica (10) Hierzu zählt der Gußmodel aus Pobit Kamăk. Die Beile sind gleichmäßig über Nordbulgarien von der Gegend nordwestlich von Vraca bis nach Tolbuchin verbreitet.

Eine dritte Variante ist durch Tüllenbeile mit nur einer mittelständigen Vertikalrippe gekennzeichnet. Es handelt sich um die Stücke aus Constanţa-Palaş (3), Pcela (6) und Buzovgrad (7) (Siehe Bočkarev u. Leskov 1980; Taf. 11, 91).

Die vierte Variante wird durch Tüllenbeile mit drei Vertikalrippen gebildet. Sie finden sich in Constanţa-Palas (3) und im Kreis Šumen (1). Zu den beiden letzten Varianten sind keine Gußmodel überliefert. Variante vier ist in Nordwestbulgarien und in der Dobrudscha belegt, während die Beile der Variante drei aus der Thrakischen Ebene und aus der Dobrudscha vorliegen.

Die Gußmodel der Variante eins - Sokol und Želju Voivoda - sollten der älteren Urnenfelderzeit zugewiesen werden, wie ihr Auftreten in den entsprechenden Hortfunden nahelegt. Die Depots von Sokol <3> und Stražica <8>

werden von Hänsel der Hortfundgruppe von Sîmbăta-Noua-Mlada Gvardia zugewiesen, was einen jüngeren Zeitansatz ergibt (Hänsel 1976, 42). Das Depot von Pobit Kamăk gehört der älteren Urnenfelderzeit an (Ebd. 39). Wiewohl die Mehrzahl der Tüllenbeile der Variante zwei der älteren Urnenfelderzeit angehört, scheint damit nicht die gesamte Lebenszeit dieser Tüllenbeile umrissen zu sein, da sowohl ältere - Depot von Buzorovo (2) - als auch jüngere - Depot von Stražica (8) - Hortfunde mit Tüllenbeilen der Variante zwei belegt sind.

An dieser Stelle soll das bislang unveröffentlichte Depot von Sterne Dergisi vorgestellt werden.

Der Hort wurde bei einer Geländebegehung unter der Leitung von Prof. M. Özdoğan 1983 im europäischen Teil der Türkei gefunden. Der Fund befand sich in einem keramischen Gefäß, welches nicht mehr erhalten ist. Darin fanden sich:

Zwei Ärmchenbeile.

(Das eine wie in: Erkanal 1977; Taf. 1, 3-4. 6-8; das andere wie in: ebd.; Taf. 3, 31, jedoch mit rektangulären Ärmchen).

Eine Doppelaxt.

(Wie in: Buchholz 1983, 45 ff.; Abb. 21; Spyropoulos 1972; Taf. 1-3.

Vier offene unverzierte Armringe mit rundem Querschnitt.

Ein Tüllenbeil (Tafel 3, 6).

Zwei Kalottenschalen.

Drei Schalen mit kurzem, abgesetztem konisch geformten Halsteil.

Zwei Gefäßfragmente mit Omphalosboden und mit von innen herausgetriebenen ineinanderfassenden Rosetten.

Ein im Querschnitt S-förmig geschwungener Gefäßdeckel mit Handhabe.

12 Sicheln.

(Wie in: Černych 1978b; Taf. 58, 1-5).

Ein Fragment eines 'Keftiu-Barrens'.

Drei fragmentierte Lanzenspitzen mit längsfazettierter Tülle.

Drei Schwerter.

(1. Typ F nach Sanders ⟨1963, 133 ff.; Taf. 25⟩.

2. wie in: Müller-Karpe ⟨1980; Taf. 151 B 2⟩, jedoch mit metallenem Vollknauf.

3. wie in: ebd. ⟨Taf. 189, 8⟩, jedoch mit einer in einem kleinen Knauf endenden Griffangel).

Ein amorphes Stück Gold.

Eingeschmolzen. Alle übrigen Gegenstände bestehen aus Bronze.

3.b.4.f. Omegaförmige Zierrippe in der Parabelzier

GM: 'Bulgarien' (KatNr. 3)

PA: 1. Nicolae Bălcescu, Hortfund.
Petrescu-Dîmbovița; Taf. 76 B 1.

2. Gorsko Kosovo, Hortfund.
Černych 1978b; Taf. 31, 11.

Dem Gußmodel aus Bulgarien ohne Fundortzuweisung sind die Tüllenbeile aus dem spätbronzezeitlichen Depot von Nicolae Bălcescu und aus dem urnenfelderzeitlichen von Gorsko Kosovo an die Seite zu stellen. Die Verzierung ist einem großen Kreis plastischer bogiger Verzierung einzugliedern, wie er schon oben (3.b.4.d.) genannt wurde. Die Tüllenbeile sind in Nordbulgarien verbreitet, im Gebiet derjenigen mit Omegazier um die tropfenförmige Aussparung (Tafel 29).

3.b.5. Tüllenbeile mit trapezförmiger Verzierung

GM: Logrești-Moșteni (KatNr. 48 - Tafel 48, 5 b)

PA:

1. Bonyhád, Hortfund.
Wosinsky 1896; Taf. 65, 7.

2. Gorsko Kosovo, Hortfund.
Unveröffentlicht.

3. Prodimčec, Hortfund.
Černych 1978b; Taf. 33, 21.

4. Petrești, Einzelfund.
Blăjan u.a. 1982-83; Abb. 10, 4.

Die Positivanalogien finden sich in Depotfunden der älteren Urnenfelderzeit. Die bulgarischen Hortfunde sind um die Stadt Troyan verbreitet, Bonyhad und Petrești liegen nördlich davon. Der Fundort des Gußmodels befindet sich im südwestlichen Rumänien (Tafel 28). Zur Datierung des Fundes von Logrești-Moșteni siehe oben zu den Tüllenbeilen 2.b.4.

Zur Verbreitung der Tüllenbeile mit gleicher Zier und einer Öse (2.b.4.a.) liegt der Fundort an deren Peripherie.

Fragmentierte Gußmodel und Hinweise auf Gußmodel

Neben den oben beschriebenen Gußmodeln, denen aufgrund ihres Erhaltungszustandes die Positivanalogien zugewiesen werden konnten, gibt es mehrere fragmentierte Gußmodel, deren Fragmentierungsgrad eine einwandfreie Zuweisung zu einer bestimmten Verzierung oder gar zum Gerätetyp Tüllenbeil nicht zuläßt. Sie sollen im folgenden besprochen werden und, soweit es durchführbar erscheint, Positivanalogien an die Seite gestellt werden.

Gußmodel mit Schneidenteil- und Beilkörperfragmenten

1. Cernat (KatNr. 43 b - Tafel 49, 5)
2. Reci (KatNr. 54)
3. Zorenci (KatNr. 41 - Tafel 37, 6)
4. Debelo Brdo (KatNr. 21)
5. Banatska Palanka (KatNr. 18 - Taf. 37, 7a)
6. Rabe-Anka Insel (KatNr. 36).
7. Velem (KatNr. 72 f. o.)
8. Sághegy (KatNr. 69 c.d.e.; Taf. 49, 8b)
9. Holboca (KatNr. 46)
10. Jakomir Bach (KatNr. 27)
11. Umgebung Velešnica (KatNr. 40)

Die Gußmodel von Cernat (1) und Reci (2) liefern Schneidenteile von Tüllenbeilen. Der von Cernat wurde zusammen mit dem Gußmodel für Tüllenbeile vom siebenbürgischen Typ A2 (2.b.3.) in der Siedlung gefunden. Aus diesem Grund ist der Zeitansatz in die späte Bronzezeit zu übertragen. Den Angaben Székélys zu den Fundumständen und besonders zur Stratigraphie des Gußmodels von Reci (2) folgend, sollte eine spätbronzezeitliche Zeitstellung in Betracht gezogen werden. Der Gußmodel von Zorenci (3) steht mit seiner überdurchschnittlichen Größe den 'Großformen' von Tüllenbeilgußmodeln sehr nahe. Sie sind eine für das nordwestliche Jugoslawien typische Erscheinung der späten Urnenfelderzeit. Bei den anderen Gußmodeln ist zusätzlich im Negativ ein Teil des Beilkörpers erhalten geblieben. Nach den Querschnitten der Negative ist der Beilkörper stets sechseckig gestaltet. Der in der Längsachse gebrochene Gußmodel von Debelo Brdo (4) stammt ohne stratigraphischen Zusammenhang aus der gleichnamigen Siedlung.
Das Stück von Banatska Palanka (5) ist ein Einzelfund. Der Gußmodel von der Rabe-Anka Insel (6) stammt aus Grabungen um die Jahrhundertwende. Nach Medović (schriftliche Mitteilung) gehört das potentielle Tüllenbeil zu deren 'Pannonischer Variante'. Seine Zeitstellung wird mit 'Ältere bis Jüngere Urnenfelderzeit' angegeben. Die Gußmodel aus Debelo Brdo (4) und Banatska Palanka (5) gehören aufgrund des Querschnittes und der langgestreckten Form am ehesten der älteren Urnenfelderzeit an. Trotz des starken Fragmentierungsgrades möchte man den Gußmodel aus Velem (7 f) den unter 2.a.4. zusammengefaßten Tüllenbeilen an die Seite stellen. Verbindendes Element des Gußmodels und der Tüllenbeile ist die stark symmetrisch ausschwingende Schneide. Hauptverbreitung ist der ungarische und siebenbürgische Raum. Der genannte Gußmodel von Velem läge weit außerhalb dieser Verbreitung, westlich davon, wie so viele Velemer Gußmodel zu ihren Positivanalogien. Weitere Schneidenfragmente stammen vom Sághegy (8) und aus Velem, amorphe Fragmente aus Holboca (9).

Gußmodel mit Tüllenbeilrändern

1. Bakonyszentkirály (KatNr. 57; Tafel 24, 7)
2. Brzi Brod (KatNr. 20)
3. Miskolc (KatNr. 62)
4. Sághegy (KatNr. 69 b. c.; Tafel 49, 9)
5. Berettyószentmárton (KatNr. 58; Tafel 49, 12a)
6. Velem (KatNr. 72 a, c, e, g, h, l, n, t).
7. Gornja Radgona (KatNr. 25 a)
8. Ornding (Mayer 1978; Taf. 85, 1190-1192)
9. Limberg (Ebd.; Taf. 85, 1194)

Gußmodel, bei denen im Negativ der obere Teil der Tüllenbeile erhalten ist, liegen in einer ungleich größeren Zahl vor. Allein aus Velem sind über 10 Fragmente bekannt. Die meisten fragmentierten Gußmodel von diesem Fundort sowie von Gornja Radgona (7), Sághegy (4), Bakonyszentkirály (1), Ornding (8) und Limberg (9) sind Viertel- oder Halbstücke von Gußformenhälften, die mit der oben beschriebenen Herstellungstechnik in Verbindung zu sehen sind. Unverzierte Tüllenbeile liegen aus Velem, vom Sághegy, aus Berettyószentmárton und Bakonyszentkirály vor. Sie sind insgesamt keinem besonderen Tüllenbeiltyp zuzuweisen, im Falle der Model aus Velem und Sághegy ist eine mögliche Verzierung aufgrund der starken Fragmentierung nicht gänzlich auszuschließen.

Eine wohl unfertige Gußformenhälfte ist aus Velem bekannt. Unter einer doppelten Horizontalrippe verläuft eine schräg zur Schneide weisende Rippe (KatNr. 72 d).

Vom Sághegy ist ein Halbfabrikat belegt (KatNr. 69 c). Unter einer Rippe verläuft eine doppelbogige Verzierung, unter der ein Teil einer Winkelzier zu erkennen ist. Diese Ausführung ist einmalig, ebenso die auf einem Gußmodel, der bei seiner doppelten Dreieckszier Zickzack- und Punktverzierung trägt (KatNr. 69 b).

Die doppelte Dreieckszier ist von Siebenbürgen bis zum östlichen Alpenrand bekannt (Liste 2 d). Der Fundort liegt somit an der westlichen Verbreitungsgrenze. Ein weiterer Gußmodel aus Velem (v. Miske 1904; Taf. 22, 4) mit doppelbogiger Verzierung unter einer Horizontalrippe könnte aufgrund der Tiefe des Negatives wahrscheinlich einen Tüllenhammer liefern. Zur bogigen Zier lassen sich indes Analogien finden (Liste 70).

Den unter 2.b.2.a. zusammengestellten Tüllenbeilen stehen Gußmodel aus Velem nahe (KatNr. 72 e, g, h, m, n, p, t). Ein anderes von diesem Fundort (KatNr. 72 c) weist mit der sechsfachen Horizontalrippenzier ein unikates Muster auf. Zu den Tüllenbeilen 2.a.4. könnte ein Gußmodel aus Miskolc (3) zählen, welches die charakterisierende Schneide aufweist.

Aus Brzi Brod (2) ist ein überarbeitetes Tüllenbeil(?)negativ bekannt, daß mit seiner Vertikalrippenzier unter einer Horizontalrippe den unter 3.b.2.b. genannten Stücken nahesteht. Zu der an der unteren Donau verbreiteten Beilgruppe befindet sich der Gußmodel in deren Nähe. Mehrere Model aus Velem und aus Gornja Radgona scheinen sich zu Tüllenbeilen gleicher Verzierung zusammenfassen zu lassen. Kennzeichnend ist die vertikalbogige Zier. Da alle diese Fragmente Viertel- oder Halbstücke sind, läßt sich nicht sagen, in welcher Weise die Rippen auf der ganzen breiten Seite gestaltet waren. Vergleichbare Gußmodel sind aus Ornding (8) bekannt. Man wird die Verzierung allgemein den Tüllenbeilen 2.b.6. zuweisen dürfen.

Zur Herkunft des Gerätetypes Tüllenbeil

Während der späten Bronzezeit erscheint der Gerätetyp Tüllenbeil zum ersten Mal in einer großen Anzahl im östlichen Karpatenbecken und extrakarpatisch in Bulgarien. Gleichermaßen sind zu dieser Zeit die ersten Gußmodel für Tüllenbeile - jedoch in einer weitaus geringeren Zahl gegenüber den Positiven - bekannt.

Die Herkunft der Tüllenbeile ist bei dem derzeitigen Forschungsstand immer noch als unklar zu bezeichnen. Zu groß ist der plötzliche Anfall der aus gesicherten spätbronzezeitlichen Zusammenhängen stammenden Tüllenbeile, die darüberhinaus als Vertreter eines neu erscheinenden Gerätetyps eine beträchtliche ornamentale und formale Variationsbreite aufweisen, so daß man sie von den wenigen mittelbronzezeitlichen Typen nicht ableiten oder sie als 'Ersatz' altbekannter, nun auslaufender Geräte betrachten kann. Darüberhinaus wurde, unter Bevorzugung anderer Gegenstände oder Gegenstandsgruppen, die Genealogie dieses für die folgende Zeit so bedeutungsvollen Gerätes eher am Rande mitbehandelt.

Somit ist es gerade für die vorliegende Arbeit selbstverständlich, sich mit der Herkunft der Tüllenbeile zu beschäftigen. Am Beginn soll ein kurzer forschungsgeschichtlicher Überblick zu diesem Themenkreis stehen.

Die Forschungsgeschichte

1959 legte Gazdapusztai das in der Folgezeit so häufig zitierte Gußformenlager von Soltvadkert vor (Gazdapusztai 1959). Unter den Gußmodeln soll sich ein solcher für ein Tüllenbeil befinden (Ebd. 268; Taf. 4, 4; 5, 4). Dieses ist meines Erachtens angesichts des starken Fragmentierungsgrades nicht eindeutig zu belegen, so daß dieser Model keine exakte Zuordnung erfahren sollte. Daß andere Argumente durchaus für die Anwesenheit gerade im Donau-Theiß-Zwischenland sprechen könnten, wird unten gezeigt.

Bóna ging ebenfalls auf die Chronologie der Hortfunde vom Koszider-Typ ein, wobei einige frühe Tüllenbeile aus Dunaújvaros-Kosziderpadlas, Kolodnoe, 'Transdanubien' und Kéménd erwähnt werden (Bóna 1959; 216; Abb. 4, 7; 5, 4-5). Bei den 'Tüllenbeilen' aus Dunaújvaros und Kéménd handelt es sich aber eindeutig um Tüllenmeißel (Zu Kéménd siehe: Janšek 1938; Taf. 6, 10. - Zu Dunaújvaros: Moszolics 1967; Taf. 46, 3).

1965 ist es nach Kemenczei "in Ermangelung von entsprechenden Funden" nicht möglich, den "Entwicklungsgang" der Tüllenbeile aufzuzeigen. Unter Verweis auf Bóna (s.o.) wird auf die Möglichkeit kosziderzeitlicher Tüllenbeile hingewiesen (Kemenczei 1965, 123; Anm. 249).

1968 führte Hänsel einige frühe Tüllenbeile auf (Hänsel 1968, 72 f. 196 <Liste 62>). Hiervon ist der Gußmodel aus Veselé zu streichen; er diente der Herstellung eines Flachbeiles (Erwähnung des Gußmodels bei: Novotná 1970b, 101 <846>; Taf. 45, 846; 1983, 63 ff.; Abb. 1, 13. 16. - Vergleiche die Ähnlichkeit dieser und der Gußform aus Soltvadkert <s.o.>). Das Tüllenbeil aus Otomani ist ebenfalls aus Hänsels Liste 62 zu nehmen, da es aus unklaren Fundzusammenhängen resultiert (Hänsel 1968, 73. 196). Hänsel geht weiterhin auf die Zeitstellung und das mögliche Herkunftsgebiet der von ihm genannten Tüllenbeile ein. Die quellenkritischen Argumentationen, wonach Tüllenbeile keine Bestandteile mittelbronzezeitlicher Hortfunde darstellen, sind in dieser Ausschließlichkeit unhaltbare Annahmen. Eine Anzahl derartiger Hortfunde revidiert diese Sicht.

1970 legte Novotná eine Bearbeitung der slowakischen Tüllenbeile vor (Novotná 1970b, 71 ff.). Ohne näher auf die Genealogie dieses Gerätetypes einzugehen, werden einige frühe Tüllenbeile genannt und "dem ältesten Tüllenbeil Mitteleuropas" von Drevenik ein unikater Charakter zugesprochen (Ebd. 72 f.).

In der im selben Jahr erschienenen Studie über die slowakischen Hortfunde erwähnt Novotná wiederum das mittelbronzezeitliche Tüllenbeil von Drevenik und weist auf den großen Fundanfall in der folgenden Stufe hin, der in der Hauptsache in der östlichen Slowakei zu beobachten ist (Novotná 1970a, 94 f.). Das Fehlen von Verzierungen sowie ein schwach ausgebildeter Tüllenrand stellen nach Novotná eher Kennzeichen für ältere (=spätbronzezeitliche) Tüllenbeile dar.

1973 argumentiert Mozsolics ähnlich Kemenczei (1965 <s.o.>). "Es fehlen Funde, die uns eine Reihe von Prototypen überlieferten", so daß "wir über die typologische Entwicklung der ältesten Tüllenbeile in Ungarn ziemlich schlecht unterrichtet" sind. An gleicher Stelle werden die Tüllenbeile aus den mittelbronzezeitlichen Funden von Drevenik und Benczúrfalva genannt (Mozsolics 1973, 37 f.).

1974 wird durch Kemenczei ein weites Spektrum früher Tüllenbeile anläßlich der Diskussion der Depotfunde von Aranyos vorgestellt (Kemenczei 1974, 58 f.). Der Autor verlegt das Herstellungszentrum für ösenlose Tüllenbeile mit doppelter Dreieckszier unter einer Horizontalrippe (siehe die Liste 2 b) "in die westliche Hälfte des Karpatenbeckens".

1977 veröffentlichte Furmanek die bislang vollständigste Zusammenstellung früher Tüllenbeile, ohne näher auf die Verbreitung oder das Typenspektrum einzugehen.

1984 erfolgte die Veröffentlichung des 1977 fertiggestellten Werkes über die Spätbronzezeit Nordostungarns von Kemenczei. In den Kapiteln zur 'Metallkunst' der Pilinyer und der Berkesz Kultur werden eine Vielzahl von spätbronzezeitlichen Tüllenbeilen erwähnt (Kemenczei 1984, 22. 24 f. 32 f.). Je nach der angenommenen Kulturzugehörigkeit werden Gruppen von Bronzen zusammenfassend behandelt. Trotz des dort vorgestellten und zitierten Materials läßt sich kein klares Bild der Tüllenbeilentwicklung ablesen, obwohl - wie unten gezeigt werden wird - entscheidende Stationen der Tüllenbeilentwicklung gerade im Gebiet der Pilinyer und der Berkesz Kultur liegen. Das aus dem Depot von Aranyos stammende Tüllenbeil mit unikater Rippenverzierung - von Kemenczei (1974, 58) als "...ein alleinstehendes Stück" beschrieben - fällt nach Ansicht desselben Autors 1984 unter die Bronzetypen, welche in Mitteleuropa allgemein gebräuchlich gewesen und deren Herstellung vom "Piliny-Volk" fortgesetzt worden sein soll (Kemenczei 1984, 25).

1985 weist Mozsolics auf die geringe Anzahl von Tüllenbeilen in den Depotfundhorizonten von Opály und Aranyos hin (Mozsolics 1985, 32). Die Beile des Aranyos-Horizontes werden nach "verschiedenen Ausprägungen gegliedert", die eine sich anbahnende Typengliederung andeuten. Gliederungskriterien sind Form wie die ornamentalen Ausprägungen.

Hiermit möchte ich den Forschungsüberblick, der keinen Anspruch auf Vollständigkeit erhebt, beenden. Andererseits handelt es sich bei den aufgeführten Werken um die maßgebliche Literatur zum Thema dieses Kapitels.

Im Gegensatz zum Arbeitsgebiet gelang es beispielsweise der Forschung in Nordeuropa, die Ableitung der Tüllenbeile insbesondere durch die Anwesenheit von typologischen Zwischengliedern aus Randleisten- und Absatzbeilen zu belegen (Aner 1961).

Wie zu zeigen ist, lassen sich zu den karpatenländischen Tüllenbeilen eine Vielzahl neuer Aspekte aufzeigen.

Die ältesten Tüllenbeile

Zu den 'Prototypen' von Tüllenbeilen haben solche aus Zusammenhängen vor der Spätbronzezeit zu gelten. Es handelt sich dabei um die spätmittelbronzezeitlichen Depotfunde von Drevenik (Taf. 53, 1), Ožd'any (Taf. 53, 2), Benczúrfalva (Taf. 53, 3-4), 'Transdanubien' (Taf. 53, 5) und den Fund (Depot ?) von Kolodnoe (Taf. 53, 6).

Diese mittelbronzezeitlichen Tüllenbeile werden durch eine Reihe gemeinsamer Merkmale eng zu einer eigenen Gruppe zusammenfaßbar. Mit Ausnahme des unverzierten Stückes aus Ožd'any tragen alle Tüllenbeile eine antithetisch angeordnete Verzierung oder Profilierung des Beilkörpers. Ein zweifaches Ornament liegt aus Drevenik vor, eine gekantete Ausführung aus Benczúrfalva zusammen mit einer Horizontalrippe. Zwei Horizontalrippen sind aus demselben Depot bekannt.

Da alle verzierenden Merkmale auf den Tüllenbeilen von Benczúrfalva vereinigt sind, wird der mittelbronzezeitliche Beiltyp 'Typ Benczúrfalva' benannt.

Bemerkenswert ist die Verbreitung dieser frühen Tüllenbeile. Bis auf den Fund von Kolodnoe aus der nordwestlichen Ukraine liegen die anderen deutlich westlich aller folgenden, spätbronzezeitlichen Tüllenbeilvarianten. Unter der Voraussetzung, daß sich auch im Gußformenlager von Soltvadkert ein Tüllenbeilgußmodel befindet, ist eine räumliche Verlagerung von älterer zu jüngerer mittlerer Bronzezeit aufzeigbar: Die Tüllenbeile des älteren Abschnittes sind für Westungarn typisch, die des jüngeren für den nordungarisch-slowakischen Raum. Auch hierzu stellt der östlich gelegene Fund von Kolodnoe eine Ausnahme dar. Es gehört in die ältere Phase der mittleren Bronzezeit.

Ein weiterer Beleg für die zeitlich gestaffelte 'Westorientierung' der Tüllenbeile dürfte der wohl älteste Tüllenbeilgußmodel Europas vom Sághegy darstellen (Tafel 49, 8 b). Er ist zwar so stark fragmentiert, daß keine Aussagen über die Randgestaltung oder eine etwaige Verzierung möglich sind, das Schneidennegativ gehört jedoch eindeutig zu einem Tüllenbeil. Auf seiner zweiten Breitseite befindet sich das Negativ für einen Radanhänger (Tafel 49, 8 c), dessen gleichzeitige Benutzung mit dem Tüllenbeilnegativ nicht anzuzweifeln ist. Das Negativ des Radanhängers weist ein Speichenschema vom Typ D nach Wels-Weyrauch auf (Wels-Weyrauch 1978, 72. 76 f.). Der Verbreitungsschwerpunkt dieser Anhänger liegt im westlichen Mitteleuropa. Ein weiterer Gußmodel vom Sághegy unterstützt diesen westlichen Bezug. Es handelt sich um ein Bruchstück für ein Scheibenanhängergußmodel (Lázár 1943; Abb. 26). Dieser Typ ist ebenfalls von Wels-Weyrauch behandelt worden (Wels-Weyrauch 1978, 19 ff.). Da in der Gußformenhälfte der Scheibenteil nicht mehr überliefert ist, läßt sich eine genaue Typenansprache nicht durchführen. In jedem Fall läßt sich als Zeitstellung dieses Schmucktypes die jüngere Hügelgräberzeit angeben, als Verbreitung das Rhein-Main- und Fulda-Werragebiet nennen (Ebd.; Taf. 72-73). Durch den Fund vom Sághegy erscheint die Herstellung zwar nicht grundsätzlich geklärt, aber zumindestens nicht mehr so "rätselhaft" (Ebd. 32).

Das Hauptauftreten der Radanhänger fällt ebenfalls in die jüngere Hügelgräberzeit, darüberhinaus sind sie in wenigen Exemplaren auch aus jüngeren Zusammenhängen bekannt (Ebd. 76).

Der Typ Benczúrfalva belegt die vollausgebildete Präsenz des Gerätetypes Tüllenbeil schon zur mittleren Bronzezeit. Somit wird die Frage nach der Herkunft und Ableitung der Tüllenbeile nur vorverlegt.

Die spätbronzezeitlichen Tüllenbeile

Die während dieses Zeitabschnittes auftretenden Tüllenbeile lassen sich in mehrere Gruppen einheitlicher Grundverzierung gliedern, die für große geographische Gebiete typisch sind.

Das extrakarpatische Gebiet

Eine Gruppe umfaßt alle Tüllenbeile mit parabel- oder trapezförmiger Breitseitenzier. Es handelt sich nach der hier gebräuchlichen Gliederung um die Typen 2.b.4, 2.b.5, 3.b.4. und 3.b.5. Sie sind in der Moldau, der östlichen Walachei, der Dobrudscha und im mittleren und nordwestlichen Bulgarien beheimatet. In wenigen Exemplaren überschreiten sie die Kämme der Karpaten und finden sich in Siebenbürgen. Darüberhinaus ist ihre Verbreitung in großer Zahl aus dem nördlichen Schwarzmeergebiet bekannt (Černych 1976b; Abb. 30. 37).

Anders als die Standardisierung der 'Siebenbürgischen Tüllenbeile' und die Gestalt- und Verzierungsvielfalt der aus Nordungarn bekannten Tüllenbeile sind die Parabelzier tragenden durch vielfältige Variationen und Varianten des Motives gekennzeichnet.

Es bleibt indes die Frage offen, ob die Parabel'zier' eine Verzierung - im Sinne des Wortes - oder eine funktionale Einrichtung darstellt. Die ebenen Flächen der Breitseiten ermöglichen vielleicht ein müheloseres Eindringen in einen zu bearbeitenden Gegenstand. Bei der häufig auftretenden Lochung der Breitseite, mit der eine zusätzliche Verkeilung mit der Schäftung erreichbar ist, scheint ein Bezug zur Funktion belegbar.

'Kontakte' zum siebenbürgischen Motiv finden sich an den Beilen von Uroi (Petrescu-Dîmbovița 1978; Taf. 51 A 2) und Drajna de Jos (Ebd.; Taf. 66, 7), bei denen das Ornament eine Mittelstellung zwischen beiden Verzierungen einnimmt.

Räumlich gliedernde Merkmale bei den Tüllenbeilen mit Parabelzier sind die Anzahl der Ösen, die Lochung auf der Breitseite, deren plastische Umrandung und das Auftreten von Vertikalrippen. Da auf diese Varianten oben bei den entsprechenden Gußmodeln eingegangen worden ist, entfällt hier eine Besprechung.

Außerhalb der Hauptverbreitung beinhaltet das Depot von Banatski Karlovčić zwei derartige Beile (Ostave; Taf. 76, 4; 77, 5). Bei einem erscheint das Ornament in dreifacher, rippiger Ausführung, das andere trägt eine zusätzliche Vertikalrippe. Es hat seine Entsprechung im Depot von Tăut (Petrescu-Dîmbovița 1978; Taf. 159 A 1). Ein Tüllenbeil aus Topolnica (Ostave; Taf. 74, 2) hat mit seiner vertikal gerippten Zone Vergleichbares im Depot von Nicolae Bălcescu (Petrescu-Dîmbovița 1978; Taf. 76 B 7).

Über die Her- und Abkunft der Beile mit Parabelzier läßt sich nichts ermitteln.

Sie erscheinen im Arbeitsgebiet - wie die siebenbürgischen - mit der späten Bronzezeit.

Ein Wort sei zur Benennung dieser Beile gesagt. Mozsolics (1973, 39 ff.) wie Rusu (1966, 10 ff.) zählen diese Tüllenbeile zu den 'Siebenbürgischen Tüllenbeilen'. Diese Bezeichnung ist angesichts der extrakarpatischen Hauptverbreitung irreführend, doch impliziert sie unter Umständen auch die Herausbildung in diesem Gebiet, die annehmbar erscheint, aber nicht zu belegen ist. Da die Verbreitung weit und regionenübergreifend ist, schließt sich eine gebietsbezogene Benennung aus. Der hier gewählte Terminus 'Tüllenbeile mit parabelförmiger Breitseite' scheint am ehesten gerechtfertigt.

Ein auch hier verbreitetes Merkmal spätbronzezeitlicher Depotfunde ist die Erscheinung der 'Zentralhorte'. Bei diesen kommen in einer Niederlegung mehrere unterschiedliche Tüllenbeile zusammen. Es handelt sich dabei um die Hortfunde von Nicolae Bălcescu (Petrescu-Dîmbovița 1978; Taf. 76 B; 77 A), Constanța Palas (Ebd.; Taf. 74 D; 75; 76 A) und Oinacu (Ebd.; Taf. 73 B).

Der innerkarpatische Raum
Die sogenannten 'Siebenbürgischen Tüllenbeile' (2.b.3.) haben ihren Verbreitungsschwerpunkt in Siebenbürgen. Nach Osten greift die Verbreitung in die Flußläufe des Sereth und Pruth über, weitere Fundorte anzuschließender Beile aus dem nördlichen Schwarzmeergebiet sind ebenfalls belegt (Černych 1976b; Abb. 30. 32). Südlich der Karpaten treten die 'Siebenbürgischen Tüllenbeile' in den Depotfunden von Drajna de Jos (Ebd.; Taf. 66, 1-5) und Seleusu (Ebd.; Taf. 45 C 1) auf. In nördlicher und westlicher Richtung nimmt die Anzahl der Beile stark ab. Aus der Slowakei (Novotná 1970b, 71 f.) und aus Österreich (Mayer 1978, 187) liegen einige als Einzelfunde überlieferte Exemplare vor. Aus dem Depot von Otok Privlaka stammt ein weiteres (Vinski-Gasparini 1973; Taf. 27, 19).

Gegenüber dem variantenreichen Auftreten nordungarischer Tüllenbeile (s.u.) und der oben besprochenen zeichnen sich die 'Siebenbürgischen' durch eine gleichbleibende Form und Ornamentik innerhalb des Gesamtverbreitungsgebietes aus.

Auch wenn einige Formen geringfügig abweichende Verzierungen aufweisen, die an bestimmte Kleinräume gebunden sind, wirken die siebenbürgischen Tüllenbeile standardisiert. Eine Gliederung nach den unterschiedlichen Ornamentausprägungen erfolgte durch Rusu (1966, 23 ff.). Eine häufiger auftretende Variante ergibt sich durch zusätzliche Vertikalrippen auf dem Beilkörper. Sie ist beispielsweise aus Banatski Karlovac (Ostave; Taf. 76, 5-6; 77, 1-4. 6-9), Österreich (Mayer 1978; Taf. 72, 999), der Slowakei (Novotná 1970b; Taf. 26, 462), Balșa (Petrescu-Dîmbovița 1978; Taf. 20 B 6-7), Roșia de Secas (Ebd.; Taf. 44 C 2) und Sîmboieni (Ebd.; Taf. 45 C 2) bekannt. Die aufgezählten Beispiele entsprechen den Varianten B4 und B5 der Gliederung Rusus (Rusu 1966, 9).

Die 'Siebenbürgischen Tüllenbeile' "tauchen unvermittelt in Depotfunden des Opályi-Horizontes auf" (Mozsolics 1973, 39). Vorläufer zu dieser so überaus charakteristischen Breitseitenzier sind nicht bekannt. Wie bei den Tüllenbeilen mit Parabelzier (s.o.) läßt sich über die Herkunft nichts aussagen. Es hat den Anschein, daß sie als echte Erfindungen - zumindestens was das Ornament betrifft - zu bezeichnen sind.

Der nordkarpatische Raum
Aus dem nordungarisch-südslowakischen Raum ist eine Vielzahl unterschiedlich gestalteter Tüllenbeile bekannt. Sie lassen sich teils zu Varianten zusammenfassen, teils stellen sie unikate Formen dar.

Durch diese Vielfalt an Tüllenbeilformen hebt sich das gesamte Gebiet - mit einem Zentrum in Nordostungarn - als ein bedeutendes Herstellungs- und Innovationszentrum von Tüllenbeilen aus den spätbronzezeitlichen Erscheinungen anderer Gebiete heraus. Zum Teil wurden gerade hier Ornamente entwickelt, die übernommen oder abgewandelt für die folgenden Zeiten in weiten Teilen Südosteuropas bestimmend waren.

Wenn im östlichen Mitteleuropa Anstöße für die Tüllenbeilentwicklung erfolgten, dann in und aus diesem Gebiet.

Zu einer Gruppe zusammenstellbar sind Tüllenbeile mit einer antithetisch bogenförmigen Beilkörperzier. Es handelt sich um die Tüllenbeile aus Pétervására (Tafel 53, 7), Felsőszolca (Kemenczei 1965; Taf. 13, 8), Bodrogkeresztúr (Tafel 53, 8), Nyíregyháza (Tafel 53, 9), Berkesz (Tafel 53, 10), Bükkaranyos (Tafel 53, 11) und Mişca (Tafel 53, 12). Diese Beile sind durch eine kleine Form mit schwach konkav gebogenen Seitenbahnen gekennzeichnet.

Nahestehend sind die Tüllenbeile aus den Depotfunden von Sfaraş (Petrescu-Dîmbovita 1978; Taf. 133 B 4), Balassagyarmat (Kemenczei 1984; Taf. 43 b 2), Bükkaranyos (Taf. 53, 14) und Vîlcele (Taf. 53, 13). Bei ihnen beschränkt sich die ansonsten gleichgroße Bogenverzierung auf den oberen Teil eines längeren Beiles.

Die Hortfunde von Valea lui Mihai und Sfaraş werden von Petrescu-Dîmbovita der älteren Urnenfelderzeit zugewiesen (Petrescu-Dîmbovita 1978, 126 f. 135; Taf. 133 B; 134 A; 209 B; 210 A). Das dortige Inventar spricht jedoch in keiner Weise für eine solche Zeitstellung. Zungensicheln erscheinen, wenn auch in geringerer Anzahl, auch in spätbronzezeitlichen Depotfunden, die Nackenscheibenäxte legen eine frühe Datierung nahe. Aus diesen Gründen wurden die Tüllenbeile beider Horte mit in den Typ aufgenommen.

Die bogenförmige Verzierung tritt zumeist an Tüllenbeilen mit geradem Randabschluß auf. Bei den Stücken aus Péterváşara und Bükkaranyos ist dieser gebogen. An dem anderen Tüllenbeil aus Bükkaranyos erscheint unterhalb des Randes eine doppelte halbrunde Zier. Die aufgezählten Tüllenbeile werden als 'Typ Felsőszolca' bezeichnet. Seine Hauptverbreitung beschränkt sich auf Nordungarn vom Gebiet um Salgótarján bis nördlich von Nyíregyháza (Tafel 25).

Als Tüllenbeile vom 'Typ Olcsvaapáti' werden solche bezeichnet, die unter einem zumeist aufgebogenen Rand eine mehrfache der Form des Randes angepasste Rippung tragen. Es sind die Beile aus Bükkaranyos (Tafel 53, 15), Olcsvaapáti (Mozsolics 1973; Taf. 34, 5),

Pétervására (Tafel 53, 16), Harsány (Kemenczei 1984; Taf. 47 a 2), Botpalád (Holste 1951; Taf. 34, 18) und Farmos (Tafel 53, 17). Ein Einzelfund liegt aus Cadea (Nánási 1974; Abb. 3, 7) vor.

Anzuschließen sind die Beile aus Gemsze (Tafel 53, 18) und Rohod (Jósa 1963-64; Taf. 23, 2). Sie weisen einen geraden Randabschluß und schwächer ausgeführte Rippung auf.

Die Hauptverbreitung des Types Olcsvaapáti liegt um das Mündungsgebiet des Someş in die Theiß (Tafel 25).

Als 'Typ Harsány' werden Tüllenbeile benannt, welche eine einfache oder doppelt ausgeführte kleine Dreieckszier unterhalb des Randes, oder an Horizontalrippen ansitzend, aufweisen. Sie sind aus Tiszaszentmárton (Tafel 53, 19), Valea lui Mihai (Tafel 53, 20), Harsány (Tafel 54, 1) und Abaújszántó (Kemenczei 1965; Taf. 20, 6) bekannt. Innerhalb der Dreieckszier tritt manchmal eine kleine Vertikalrippe hinzu.

Als Einzelfunde repräsentieren den Typ die Beile von Miskolc (Tafel 54, 2), Gemer (Tafel 54, 3), Szendrő (Tafel 54, 4), aus dem ehemaligen Komitat Gemer (Tafel 54, 5), Alba Iulia (Tafel 54, 5a) und Gföhl (Tafel 54, 6).

Die Hauptverbreitung des Types Harsany befindet sich im Flußgebiet des Sájo und des Hernak (Tafel 25).

Tüllenbeile vom 'Typ Berkesz' sind durch eine Zickzackverzierung unterhalb des Randes gekennzeichnet. Sie findet sich an den Tüllenbeilen von Korlat (Tafel 54, 7), Bodrogkeresztúr (Kemenczei 1984; Taf. 47 a 1-3), Rascruci (Tafel 54, 8), Berkesz (Tafel 54, 9-10), Ajak (Mozsolics 1973; Taf. 37 B 1), Veliko Središte (Tafel 54, 14) und an den Einzelfunden von Păucea (Tafel 54, 11), Aszód (Tafel 54, 12. Für einen Tüllenhammer), 'Ungarn' (Tafel 54, 13), Trössing (Tafel 54, 15) und Tiszanagyfalu (Szendrei 1889; Abb. 1).

Die Hauptverbreitung der Tüllenbeile vom

'Typ Berkesz' liegt im Raum des unteren Bodrog und der Theiß (Tafel 25).

Neben diesen vier spätbronzezeitlichen Tüllenbeiltypen sind mehrere selten auftretende oder unikate Verzierungen überliefert. Dazu gehören beispielsweise Tüllenbeile mit vertikal angeordneten Rippen aus Harsány (Kemenczei 1984; Taf. 47 a 4) und Sfaraș (Petrescu-Dîmbovița 1978; Taf. 133 B 2), ein Beil mit mehrfach U-förmiger Rippung aus Bükkaranyos (Kemenczei 1974; Abb. 1, 5), ein solches mit rektangulärer Zier aus Rebrișoara (Petrescu-Dîmbovița 1978; Taf. 44 A 11), ein Beil mit fazettierter Breitseite aus Câtina (Ebd.; Taf. 23 B 1), eines konischer Gestalt aus Ulmi (Ebd.; Taf. 65 C 9) sowie mehrere unverzierte Tüllenbeile mit geradem Rand aus Lăpuș (Ebd.; Taf. 35 E 5), Răchita (Ebd.; Taf. 44 B 3), Drajna de Jos (Ebd.; Taf. 47 C 3), Duda (Ebd.; Taf. 59 A 2) und Harsány (Kemenczei 1984; Taf. 47 a 3).

Weiterhin erscheinen die Tüllenbeile mit einseitig stark aufgebogenem Rand (2.a.3.) und solche mit symmetrisch halbrund geformtem Rand (2.a.2.) zum ersten Mal in den spätbronzezeitlichen Hortfunden des Theiß-Someșgebietes. Am häufigsten treten sie jedoch in der älteren Urnenfelderzeit auf (Tafel 30 und 31). Fassen wir die Ergebnisse der bisherigen stilistischen Untersuchung zusammen, bevor wir uns dem Komplex der Tüllenbeile mit großer Dreieckszier zuwenden.

Mit einem Zentrum in Nordungarn werden im nordwestlichen Karpatenbecken zur späten Bronzezeit die Tüllenbeile der Typen 'Felsőszolca', 'Olcsvaapáti', 'Harsány' und 'Berkesz' entwickelt. Daß dieses auf der Grundlage der mittelbronzezeitlichen Beile vom 'Typ Benczúrfalva' geschieht, belegt die Übernahme der bogigen Lappenprofilierung der Breitseiten, der Horizontalrippen und der Form. Dieses hat insbesondere für den 'Typ Felsőszolca' zu gelten, der im großen und ganzen eine Fortsetzung der mittelbronzezeitlichen Erscheinungen darstellt.

Daß Verknüpfungen unter den anderen Typen vorhanden sind, wird durch die Einbeziehung 'fremder' Elemente deutlich. So ist die aus 'alter Tradition' stammende Lappenbildung bei den Typen 'Harsány' und 'Berkesz' geläufig, während die vom 'Typ Olcsvaapáti' diese nicht aufweisen, aber mit den Tüllenbeilen 2.a.3 aufgrund der Randform in Verbindung zu setzen sind.

Neben der begrenzten Verbreitung im nordungarisch-südslowakischen Raum sind die spätbronzezeitlichen Tüllenbeile auch aus Siebenbürgen bekannt. In einer lockeren Streuung sind sie bis zum Mureș verbreitet, der für diese Typen eine Grenze darzustellen scheint (Tafel 25). Weiter westlich sind die Typen 'Felsőszolca' und 'Harsány' als Einzelfunde aus Niederösterreich überliefert. Im nordwestlichen Slawonien befindet sich im Depot von Peklenica ein Beil (Vinski-Gasparini 1973; Taf. 20, 10), welches mit der Horizontalrippung den Beilen von Rohod (Jósa 1963-64; Taf. 23, 2) und Gemsze (Tafel 53, 18) nahesteht. Formen aus dem Depot von Banatski Karlovac (Ostave; Taf. 76, 4; 77, 5) zeigen in der geknickt ausgeführten Lappung Anklänge an die Tüllenbeile vom 'Typ Benczúrfalva'.

Es kann somit festgehalten werden, daß alle weiter westlich gelegenen Gebiete keine eigene Tüllenbeilherstellung aufweisen, älteres Formengut ist ebenfalls nicht belegt.

Auch das Auftreten von 'Zentralhorten' fällt in die späte Bronzezeit. Wie es für das extrakarpatische Gebiet die Horte von Nicolae Bălcescu, Constanța Palas und Oinacu waren, so sind es in Nordungarn die Depots von Bükkaranyos (Kemenczei 1974; Abb. 1-3) und Harsány (Kemenczei 1985; Taf. 47 a). Sie sind neben der Zusammensetzung mit unterschiedlichen Tüllenbeilen durch eine geographisch mittlere, also zentrale Lage zu den übrigen Tüllenbeilen gekennzeichnet. Die Erscheinung der Zentralhorte ist ebenso für die folgenden Zeitabschnitte typisch.

Etwas Neues und für die folgende Zeit so Typisches sind die Tüllenbeile mit großer hängender Dreieckszier. Der späten Bronzezeit können die Beile aus den Hortfunden von Bükkaranyos (Tafel 55, 1), Alsódobsza (Tafel 55, 2), Piricse (Tafel 55, 3-4), Simonfa (Tafel 55, 5-9), Sárazsadány (Tafel 55, 10) und Sveti Janez (Tafel 55, 11) zugewiesen werden. Aus Österreich liegen auch Tüllenbeile mit gleicher oder ähnlicher Ornamentik vor (Mayer 1978, 190 f.). Sie sind jedoch nicht zweifelsfrei in die späte Bronzezeit zu datieren.

Diese Beile, deren Erscheinen wohl eine Spätphase der späten Bronzezeit darstellt, bilden durch mehrere einheitliche Merkmale einen eigenen Typ. Dazu zählen die Größe, der Verlauf der Seitenbahnen, die zum Teil unter dem Rand stark einziehend über einen konkaven Bahnverlauf in einem abgesetzten Schneidenteil mit halbrundem Abschluß enden. Die Dreieckszier tritt fast ausnahmslos unter einer Horizontalrippe auf.

Vergleicht man diese Tüllenbeile mit dem oben beschriebenen 'Typ Harsány', so wird deutlich, daß die Vergrößerung ursprünglich durch nichts anderes als durch den Mitguß eines zusätzlichen 'Aufsatzes' auf die Tüllenmündung erzielt worden ist.

Bei vielen mit großen Dreiecken verzierten Tüllenbeilen erscheint die Horizontalrippe in starker plastischer Ausführung, so daß bisweilen der Bahnverlauf eine gespitzte Ausbuchtung erhält (Tafel 55, 11).

Der Vergleich zweier Tüllenbeile aus Sárazsadány (Jósa 1963-64; Taf. 17, 8. 10) belegt sehr schön, daß die Größe des kleineren dem Abstand zwischen der plastisch ausgeführten Horizontalrippe und der Schneide des größeren entspricht. Auf eine gleiche Herkunft verweisen die Tüllenbeile von Piricse (Tafel 55, 3-4), Simonfa (Tafel 55, 5. 7), Sióagárd (Mozsolics 1985; Taf. 42, 3. 4. 7. 10; 43, 2-3), Pécs (Ebd.; Taf. 47, 1-4), Peterd (Ebd.; Taf. 60, 9), Birján (Ebd.; Taf. 69, 5-7. 9-10) und Bakóca (Tafel 56, 13). Allen gemeinsam ist die 'unvollständig' ausgeführte Dreieckszier, deren Abstammung von Beilen wie aus dem Depot von Bodrogkeresztúr (Ebd.; Taf. 20, 1. 2. 4. 5) nicht zu leugnen ist. Ähnliches ist beim Tüllenbeil aus 'Ungarn' anzunehmen (Tafel 54, 13), das genauso aus anderen Beilen (Tafel 54, 9-10) des Types 'Berkesz' abgeleitet werden kann, die das Ornament unmittelbar unter dem Rand tragen.

Im Laufe der weiteren Entwicklung verliert die den ursprünglichen Tüllenbeilrand kennzeichnende Rippe ihre plastische Ausführung und wird, ohne den nun geraden Bahnverlauf zu unterbrechen, zu einem Grat rein ornamentaler Funktion (beispielhaft: Petrescu-Dîmboviţa 1978; Taf. 217 D 1-2).

Daß die Tüllenbeilentwicklung den Weg einer Vergrößerung beschritten hat, belegen viele typologische Zwischenstadien sowie ornamentale Gestaltungsmechanismen. So zeigen die als dem 'Typ Felsőszolca' nahestehend eingestuften Tüllenbeile von Sfaraş (Petrescu-Dîmboviţa 1978; Taf. 133 B 4), Bükkaranyos (Taf. 53, 14), Balassagyarmat (Kemenczei 1984; Taf. 43 b 2) und Vîlcele (Tafel 53, 13) den Versuch, über die Verlängerung des Beilkörpers die Größe des Gerätes zu strecken. Dabei verblieb die bogige Ornamentik - in der gleichen Größe - nun auf der oberen Hälfte des Beiles.

Glücklicherweise ist uns ein Tüllenbeil aus Nyíregyháza überliefert, das ein typologisches Zwischenglied zwischen kleinen und großen Beilen darstellt (Tafel 53, 11).

Ein sehr ähnliches Beil ist aus dem jüngeren Depot von Ecseg bekannt (Tafel 56, 14). Gerade dieses Beil ist von Bedeutung für die Authentizität des Stückes aus Nyíregyháza, das nach Jósa (1963-64; Taf. 44) als "Gipsabdruck" (aus einem Gußmodel ??) beschrieben wurde. Das Ecseger Tüllenbeil zeigt, daß es solche Beile gegeben hat. Zwei vergleichbare Stücke liegen aus den ungarischen Depotfunden von Balatonkiliti (Tafel 56, 12) und Bakóca (Tafel 56, 13) vor.

In Nyíregyháza handelt es sich grundsätzlich um ein Beil vom 'Typ Felsőszolca', das eine ungewöhnlich kleine Öse besitzt. Am Tüllenrand setzt ein mitgegossener Teil an, der dagegen eine große Öse trägt, die wohl die Funktion der Beilöse zu übernehmen hatte. Die kleine dem Tüllenbeil 'eigene' Öse verlor dadurch ihre Funktion und wurde gleichsam zum typologischen Rudiment. Überträgt man diesen Befund auf die geschilderte Vergrößerung der Tüllenbeile, so sollte der Ösenstellung eine nicht unerhebliche Bedeutung bei der Beurteilung der Tüllenbeilentwicklung zukommen. Hierbei sind Stellungen zu unterscheiden, bei denen der untere und obere Ösenansatz zwischen Horizontalrippe und Rand angebracht ist bzw. mit ihnen zusammenfällt, auf den oberen Tüllenbeilteil Bezug nimmt oder bei denen die Öse die Horizontalrippe umfaßt.

Einen bemerkenswerten Beleg für die Vergrößerung der Tüllenbeile stellen die von Mozsolics (1973, 39) als 'Hammerbeile' bezeichneten Geräte dar. Es handelt sich um Tüllenbeile, die einen mitgegossenen Auf- bzw. Einsatz in der Tülle aufweisen. Dieser vollgegossene quergeschäftete Teil ist an den Tüllenbeilen aus Csegöld (Ebd.; Taf. 36, 8), Ajak (Tafel 55, 12), Domănești (Tafel 55, 13), dem Komitat Borsod-Abaúj-Zemplén (Tafel 55, 14), dem Komitat Szolnok-Doboka (Ebd. 39), Podchoran (Ebd.) und aus der Umgebung von Liptovský Hrádok (Hampel 1886a; Taf. 15, 11) überliefert. Abgesehen von der atypischen Querschäftung, auf deren Bedeutung ich unten zurückkommen werde, stellt auch dieser Versuch einen Beitrag zur Geräteverlängerung dar.

Weitere Belege für den genannten Entwicklungslauf stellt auch ein Tüllenbeil aus Bükkaranyos dar (Kemenczei 1974; Abb. 1, 1). Innerhalb der Dreiecksornamentik befindet sich eine kleine Vertikalrippe, wie sie einigen Beilen des Types 'Harsány' eigen ist (Tafel 53, 19-20).

Die Beile aus dem Depot von Simonfa (Tafel 55, 8) und Gornji Slatinik (Tafel 56, 8) besitzen zwischen der Horizontalrippe und dem Rand zwei schräg nach unten verlaufende Rippen, die als Verlängerung des darunter folgenden Ornamentes zu deuten sind. Hier ist an eine Ableitung aus den Beilen des Types 'Harsány' zu denken, die durch Einfügung einer Horizontalrippe das Ornament entstehen lassen. Daß dabei eigene Muster entstehen können - oder angestrebt sind ? -, zeigen die genannten Tüllenbeile und solche aus dem Depot von Uioara de Sus (Tafel 56, 10-11), wobei bei dem Tüllenbeil der 'Einfluß' des Types 'Berkesz' durch die Zickzacklinie zu verspüren ist.

Analoge Vorgänge scheinen sich auch während der beginnenden mittleren Bronzezeit abgespielt zu haben, wie eine Gußform aus dem Stadtgebiet von Budapest zeigt (Tafel 56, 9).

Neben einer sehr ähnlichen - auf gleichem Wege entstandenen ? - Verzierung verblüfft die Ähnlichkeit des Negatives mit spätbronzezeitlichen Tüllenbeilen wie beispielsweise aus dem Depot von Piricse (Jósa 1963-64; Taf. 48, 25-26).

Durch die Vergesellschaftung mit einem Nadeltyp der mittleren Bronzezeit ist jedoch eine mittelbronzezeitliche Zeitstellung eindeu-

tig (Zum Nadeltyp: Hänsel 1968, 85 ff.).
Es läßt sich festhalten, daß auf der Grundlage des mittelbronzezeitlichen Typs 'Benczúrfalva' in Nordungarn die spätbronzezeitlichen Tüllenbeiltypen 'Felsőzsolca', 'Harsány', 'Berkezs' und 'Olcsvaapáti' entwickelt wurden. Ein zeitlicher Vorsprung eines Typs läßt sich meines Erachtens beim derzeitigen Forschungsstand nicht fassen. Alle sind der 'Spätbronzezeit' zuzuweisen, auch der dem mittelbronzezeitlichen Typ 'Benczúrfalva' am nächsten stehende von 'Felsőzsolca'.
In denselben Zeitabschnitt fällt die Entstehung der Tüllenbeile mit großer hängender Dreieckszier unter einer Horizontalrippe. Seine Entwicklung läßt sich zweifelsfrei anhand der Vorgänger vom Typ 'Harsány' aufzeigen. Die von nun an auftretende horizontale Rippe stellt ein typologisches Rudiment dar, welches ursprünglich den Tüllenbeilrand der kleinen älteren Beile bezeichnete.
Somit läßt sich im nordöstlichen Karpatenbecken eine kontinuierliche, lückenlose Entwicklung von der beginnenden mittleren Bronzezeit bis zum explosionsartigen, in mehreren Varianten auftretenden Anfall der Tüllenbeile bis zur späten Bronzezeit aufzeigen. Neben der kleinräumig ablaufenden Entwicklung sind - durchaus naturgemäß - einige 'Exporte' aus diesem Gebiet feststellbar. In der Mehrzahl sind sie in gleicher lockerer Streuung bis zum Mureș nachzuweisen. 'Exporte' in westlicher Richtung sind deutlich schwächer spürbar. Sie sind aber in keinem Fall geeignet, das "Zentrum ihrer ⟨der Tüllenbeile⟩ Erzeugung" in die westliche Hälfte des Karpatenbeckens zu verlegen, wie es die ungarische Forschung zu sehen geneigt ist (Kemenczei 1974, 58).
Eine gewisse westliche Komponente besonders der frühen Tüllenbeile bleibt nicht zu verkennen; das spätbronzezeitliche Zentrum ist das östliche Ungarn.

Was im genannten Gebiet ermittelbar war, läßt sich nicht ohne weiteres auf die spätbronzezeitlichen Tüllenbeile anderer Räume des Arbeitsgebietes übertragen. Dort erscheinen sie unvermittelt in diesem Zeitabschnitt, Vorgänger wie in Ungarn sind nicht auszumachen. Sie haben beim derzeitigen Forschungsstand entweder als echte Erfindungen zu gelten, oder sie sind ohne erkennbaren Bezug unter Beeinflussung der ungarischen Exemplare entstanden.

Die Grundlagen der Tüllenbeilentwicklung

Neben den im Kapitel oben dargestellten Ergebnissen zur Ableitung der spätbronzezeitlichen Tüllenbeile bleibt die Frage zu beantworten, vor welchem Hintergrund der Anstoß zur Entwicklung dieses Gerätetyps erfolgte, welches die Ursachen waren und wie diese darstellbar gemacht werden können.
Geräteverwandt und in ihrer Funktionalität ähnlich sind natürlich die Tüllenmeißel und Tüllenhämmer sowie ihre Gußmodel, die seit der älteren und mittleren Bronzezeit bekannt sind (Schreiber 1971, 45 ff.; Gazdapusztai 1959, 265 ff.; Chidioșan 1980, 60; Taf. 38, 14; Mayer 1978, 220 ff.; Jockenhövel 1982, 459 ff; Hralová u. Hrala 1971, 3 ff.).
Je nachdem wie stark man diese funktionale Verwandtschaft betont, ist eine Ableitung durchaus vorstellbar, handelt es sich doch prinzipiell nur um die Verbreiterung des Gerätes bzw. Änderung des Schneidenteils. Hinzukommend liegen viele Beispiele dafür vor, daß ein quergebrochenes Tüllenbeil seine Weiterverwendung als Hammer fand.
Unbeantwortet bleibt aber die Frage, warum gerade mit dem Beginn der späten Bronzezeit und aufgrund welchen Anlasses die Entstehung des Tüllenbeiles erfolgte, zumal die Meißel und Hämmer bis in die späte Urnenfelderzeit weiterzuverfolgen sind.

Die Herausbildung der Tüllenbeile läuft zeitlich gleich, bzw. überlappt sich mit dem zeitlichen 'Auslaufen' der Nackenscheibenäxte und der Schaftlochäxte.

Diese beiden Geräte weisen neben ihrer unterschiedlichen Form ein anderes Schäftungsprinzip auf, was in der Benennung zum Ausdruck kommt. Während die Nackenscheiben- und Schaftlochäxte eine quer zur Arbeitsrichtung verlaufende Durchlochung - bei den einen seperat als Tülle, bei den anderen im Gerät integriert - aufweisen, zeichnen sich die Tüllenbeile durch einen, in der Arbeitsrichtung, im Gerät befindlichen Hohlraum zur Aufnahme der Schäftung aus. Durch die Tüllenmeißel und Tüllenhämmer sind beide Schäftungsarten seit der älteren Bronzezeit bekannt.

Wie ich zeigen konnte, ist der ostungarische Raum wesentlich an der Entwicklung der Tüllenbeile beteiligt. Zur späten Bronzezeit ist ein explosionsartiger variantenreicher Anfall dieses Gerätetyps festzustellen. In dieselbe Zeit und in denselben Raum fällt das Auftreten der jüngsten Nackenscheibenaxtvarianten, die von der späten Bronzezeit an nur noch in ganz wenigen Exemplaren belegt sind. Im selben Zeitabschnitt liegt ebenso das zeitlich letzte Erscheinen der Schaftlochäxte und zwar der Variante Şanţ-Dragomireşti nach Vulpe (1970, 57 ff.). Bei den Nackenscheibenäxten sind es die Varianten B3 und B4 bzw. ihre betreffenden Varianten (Ebd. 79 ff.).

Auffällig ist nun, daß sich die Verbreitungen der Varianten Dobricina und Cehaluţ des Typs B3 und die Varianten Rohod und Uioara des Typs B4 mit dem der gleichaltrigen unverzierten Tüllenbeile mit gerundetem <2.a.2> oder einseitig stark aufgebogenem Rand <2.a.3.> decken (Ebd.; Taf. 51 B; 52-53 A. - Tafel 30 u. 31). Die Verbreitungen der Varianten Breb (Typ B3), Somcuţa und Sărăsău (Typ B4) fallen in die Verbreitungen der Tüllenbeiltypen 'Felsőzsolca', 'Olcsvaapati', 'Harsány' und 'Berkesz' (Ebd. - Taf. 25).

Gleichermaßen sind die Nackenscheibenäxte des Typs 'Drajna' (Ebd. 99 f.; Taf. 53 B; Kacsó 1977b, 57 ff.), die Schaftlochäxte des Typs 'Şanţ-Dragomireşti' (Vulpe 1970, Taf. 47 B) und die doppelarmigen Äxte der späten Bronzezeit (Mozsolics 1973, 22 ff.; Abb. 1) in diesem Gebiet beheimatet.

Nach einer anfänglich zum Teil sehr weiten Verbreitung konzentrieren sich die spätbronzezeitlichen Erscheinungen der verschiedenen Axttypen auf den slowakisch-nordungarisch-nordwestrumänischen Raum. Das Auftreten der Schaftlochäxte nimmt zur späten Bronzezeit ihr abruptes Ende (Ebd. 14).

Den außergewöhnlichsten Bezug zu den Tüllenbeilen liefern die Varianten der Nackenscheibenäxte der Typen B 3 und B 4, die zu vielen Tüllenbeiltypen einen sehr engen geographischen Bezug haben. Daß alle zur selben Zeit nebeneinander existierten, belegen viele Depotfunde des gemeinsamen Auftretens.

Gibt es Belege dafür, darüberhinaus einen formal-funktionaltypologischen Übergang zwischen den Gerätegruppen faßbar zu machen ? Es scheint so, als wenn beides beziehungslos nebeneinandersteht und Mischformen nur schwer vorstellbar sind.

Aber dennoch sind nicht nur Übergangsformen belegt, sondern auch Hinweise für andere Versuche, das Problem des Übergangs von Axt zu Tüllenbeil 'in den Griff zu bekommen' bzw. sich mit einem von beiden Geräten der Erscheinung oder Entwicklung des anderen anzupassen.

Ohne einer dieser Ausprägungen ein zeitlich begründbares Primat zuzusprechen, soll die Aufzählung mit den schon oben erwähnten Tüllenbeilen mit quergelochtem Einsatz beginnen (Tafel 55, 12-14).

Gemeinsam sind ihnen die in der Tülle befinlichen quergelochten Einsätze. Sie bewirken zum einen eine Verlängerung des Gerätes, zum anderen - das Prinzip der Tüllenbeilschäftung übergehend - erlauben sie zur Benutzung nur die Querschäftung, wie sie beispielsweise von den Nackenscheibenäxten her bekannt ist. Diese Tüllenbeile greifen also in der Vollentwicklung auf gerätefremde Schäftungsweisen zurück. Dieses wird besonders an dem Stück aus Podchoran deutlich. Obwohl keine Abbildung vorliegt, ist die Beschreibung Mozsolics' eindeutig. An diesem 'Hammerbeil' befand sich auf einer Seite des eingesteckten Teiles eine Schäftungstülle.

Diese ist nur aus den zur Schäftung vorhandenen Tüllen der Nackenscheibenäxte verständlich, unter deren Einfluß sie entstanden sind. Dieses wird durch mehrere Äxte belegt, die eine nur einseitige Schäftungstülle oder eine einseitig stärker ausgebildete tragen (Kroeger-Michel 1983; Abb. 6 b; 120 a; 121-123; 124 a-b; 128 a; 187 b; 198 d; 202).

Im Depot von Domăneşti (Tafel 56, 1) befindet sich ein von Petrescu-Dîmboviţa (1978, 101) als Lanzenspitze bezeichneter Gegenstand. Er ist typologisch zwischen Lanzenspitze und Nackenscheibenaxt (oder Tüllenbeil ?) einzureihen. Eine lange konische Tülle, die ihre Vorbilder in den Tüllen der Lanzenspitzen hat, erscheint im Verbund mit einer Schneide, wie sie von Nackenscheibenäxten oder Tüllenbeilen her verständlich erscheint.

Unter der 'Anleihe' bei Lanzenspitzen ist somit ein Gerät entstanden, welches die Merkmale eines Tüllenbeiles in sich vereinigt, deren Ausführung jedoch eindeutige Rückschlüsse auf die inhaltlich und formal beteiligten Vorbilder zuläßt. Typologisch steht das Gerät einem Tüllenbeil näher, die Beteiligung der Nackenscheibenaxt hat sich bis auf den Bestandteil der Schneide reduziert, die axteigene Querschäftung war nicht erwünscht.

Ähnliches wird man einer weiteren 'Lanzenspitze' zuzubilligen haben (Tafel 56, 2). Eine lange Tülle und zwei stummelflügelartige Ansätze kennzeichnen diesen Gegenstand prinzipiell als Lanzenspitze. Die bogige Rippenzier und eine Vertikalrippe auf der Tülle dagegen stellen für die Gerätegruppe sonst unbekannte Verzierungen dar.

Sollte man nicht hier an die für die spätbronzezeitlichen Tüllenbeile unter anderem typische bogige Lappung denken ? Folgt man diesem Gedanken, so läge durch dieses Stück der Beleg dafür vor, daß man sich auch in der Form und Gußtechnologie dem Prinzip der Tüllenbeilschäftung über die Lanzenspitzen zu nähern trachtete.

Ein weiteres typologisches Zwischenglied ist aus Sajóörös bekannt (Tafel 56, 3). Es wird von Kemenczei (1984, 182) als Fragment einer Nackenscheibenaxt beschrieben. Dieses ist es zumindestens nach Auskunft der Abbildung gewiß nicht.

Es handelt sich um einen Gegenstand mit langgestreckter, dreieckiger Klinge mit einer Querdurchlochung am schmalen Ende, welche in einem kleinen, rektangulären Knauf endet. Das Gerät steht den Nackenscheibenäxten nahe, es unterscheidet sich von ihnen durch den 'Verlust' der Nackenscheibe und der Tülle. Der Schritt zur Drehung der Tülle in Richtung Schneide ist nicht vollzogen. Ein sehr ähnliches Stück findet sich als Einzelfund aus Teleac (Tafel 56, 7).

Die 'Drehung' der Schneide ist an einem Gegenstand aus dem Depot von Harsány vollzogen (Tafel 56, 4). Kemenczei (1984, 117) beschreibt ihn als Griffteil eines Dolches.

Er besteht aus einer kleinen, durch zwei umlaufende Rippen profilierten Tülle, an die sich ein längliches Blatt anschließt, das in einen abgesetzten halbrunden Schneidenteil ausläuft. Bestimmt handelt es sich nicht um den Griffteil eines Dolches, wie vermutet wird, sondern ebenfalls um ein Zwischenglied zwischen Nackenscheibenaxt und Tüllenbeil, bei dem die Elemente der Nackenscheibenaxt - Scheibe und Quertüllung - verschwunden sind und bei dem die tüllenbeilimmanente Tüllung erfolgt ist. In diesem Zusammenhang sollen noch zwei weitere Objekte aus 'Ungarn' erwähnt werden (Tafel 56, 5-6). Es handelt sich in beiden Fällen um dünne Schneiden, denen - künstlich wirkend - Quertüllen zur Schäftung aufgesetzt wurden. Auch hier sollte man an Geräte denken, bei denen der Versuch unternommen wurde, einen Schneidenteil mit der älteren Querschäftung zu versehen (Siehe auch: Müller-Karpe 1980; Taf. 312 K1; 412 G1; 491 H; 494 A10).

Welche Hinweise liegen aus dem Bereich der Nackenscheibenäxte vor, die anhand des genannten Materiales gewonnenen Ergebnisse zu belegen ?

Die am Stück aus Harsány (Tafel 56, 4) auftretende halbrunde Schneide ist an vielen Nackenscheibenäxten belegt (Kroeger-Michel 1983; Abb. 119).

Die hier und in Sajóörös (Tafel 56, 3) bekannte Längsrippung ist an Äxten des Typs B4 bzw. für die Variante Uioara kennzeichnend (Vulpe 1970; Taf. 39-40).

Bemerkenswert sind ferner die Ergebnisse von Untersuchungen, die sich mit der Herstellung von Nackenscheibenäxten beschäftigen. Vulpe veröffentlichte eine Axt vom Typ B1, die eine hohlgegossene Klinge aufwies (Ebd. 73. 75). Es folgt der Verweis, daß dieses Verfahren "auch bei einigen B3- und B4-Äxten angewendet wurde". Zu gleichen Erkenntnissen gelangte Kroeger-Michel, die eine Gliederung der in den Äxten auftretenden Hohlräume (="cavités") vornahm (Kroeger-Michel 1983, 25). Dabei entfallen die großen Hohlräume "toutes à des périodes tardives". Es erscheint logisch, diesen Geräten einen funktionalen Charakter, im Sinne des handwerlichen Gebrauches, abzusprechen. Dieses wird von Vulpe (1970, 24) und Kroeger-Michel (1983, 25) auch getan.

Vulpe sieht weiterhin in den Äxten der letzten Entwicklungsstufe Barren-Äxte, die "die Bedeutung eines Standardmaßes des Bronzegewichtes erhielten".

Weitaus differenzierter sind die Ausführungen Kroeger-Michels, die der Funktion ein eigenes Kapitel gewidmet hat (Kroeger-Michel 1983, 161 ff.). Für die Erscheinungen der späten Nackenscheibenäxte werden Beweggründe geistiger, merkantiler und funktionaler Natur in Erwägung gezogen. "A cette diversité de formes correspond une diversités de fonctions: si certains belles pièces sont des haches d'apparat, d'autres ont pu servir d'étalon ou de monnaie d'échange..., la dernière catégorie étant destinée à role votif par exemple les haches à cavité intérieure".

Wiewohl den Ausführungen unwidersprochen sein soll, ist ergänzend auf den Bezug zur Tüllenbeilherstellung hinzuweisen. Meines Erachtens weist der hohle Guß der Klingen zur Herstellung der Tüllenbeile. Gezwungenermaßen erfolgte dadurch eine Beeinträchtigung der Funktion. Charakteristisch für die späten Nackenscheibenäxte ist weiterhin ein nachlässiges Gußverfahren. Dieses führte dazu, daß die beiden Gußformenhälften oder der Gußmodel für die Scheibe nicht genau aneinandergepaßt wurden. Die Folgen sind Verschiebungen am fertigen Objekt (Ebd. 26).

Ein weiterer formal-technischer Bezug zu den Tüllenbeilen besteht in der Formung des Querschnittes. Mozsolics (1973, 38) sieht in Tüllenbeilen mit sechseckigem Querschnitt ältere Formen, in solchen gerundeten Querschnittes jüngere Erscheinungen.

Vergleichbares ist bei den Nackenscheibenäxten faßbar. Während rechteckige Querschnitte für den mittelbronzezeitlichen Typ B1 typisch sind, läßt sich innerhalb der Varianten

B3 und B4 eine Gliederung nach sechseckigem und gerundetem Querschnitt vornehmen. Dahinter mag sich eine zeitliche Abfolge verbergen.

Es sei auf das mittelbronzezeitliche Beil aus 'Transdanubien' hingewiesen (Bóna 1959; Abb. 4, 7), welches einen gekanteten Querschnitt hat.

Weitere von den Nackenscheibenäxten ausgehenden Beeinflussungen betreffen Formen, bei denen der Schäftungs- und Scheibenteil dem einer Nackenscheibenaxt entsprechen, die Klinge hingegen einem Randleistenbeil gleicht (Kroeger-Michel 1983; Abb. 118 a; 120). Auch hier hätte die Querschäftung im Verband mit untypischen Geräten Einfluß gefunden (Siehe dazu auch: Tafel 56, 5-6).

Abschließend soll zu diesem Kapitel der Versuch unternommen werden, zusammenfassend das Bild der Tüllenbeilentwicklung, des Niederganges der Nackenscheibenäxte und der Beziehungen zu anderen Geräten zu rekonstruieren.

Seit der frühen Kupferzeit war man in der Lage, an kupfernen Geräten einen für die Schäftung vorgesehenen Teil, durch die Integration eines Kernes während des Gußprozesses, zu erhalten (Mayer 1976, 289 ff.; Durman 1983; Abb. 1; Taf. 1 ff.; Patay 1984, 12 ff.). Es handelte sich um die Quer(durch)lochung des Gerätetyps 'Axt'.

Seit der älteren Bronzezeit sind Tüllenmeißel und Lanzenspitzen überliefert, die die Tülle in Aktionsrichtung tragen. Die Herstellung erfolgte mittels eines Gußkernes in einem Gußmodel. Hundt (1982, 207 ff.) machte auf die Herstellung mittels 'Verlorener Gußformen' an Lanzenspitzen und Tüllenmeißeln außerhalb des Arbeitsgebietes aufmerksam. Auch hier fällt die formale Ähnlichkeit zwischen den Meißeln und Tüllenbeilen auf. Die seit der beginnenden Bronzezeit beibehaltene Form der Tüllenmeißel hängt von der gleichbleibenden Funktion dieser Geräte ab. Daß ähnliche Herstellungsverfahren auch bei Tüllenbeilen auftreten, spielt für eine mögliche Ableitung dieses Gerätetys aus jenen eine nicht unerhebliche Rolle.

Ebenfalls seit der älteren Bronzezeit belegt sind die Nackenscheibenäxte, die durch ihre komplexere Formgebung ein gegenüber den genannten Geräten komplizierteres Gußverfahren bedingen, welches sowohl durch die Geräte selber, als auch durch die Gußmodel belegt wird (Kroeger-Michel 1983; Abb. 4; Vulpe 1970, 75). Vulpe (1970, 75; Anm. 4) erwähnt in diesem Zusammenhang irrtümlicherweise den Gußmodel aus Dunaújvaros. Er diente indes zur Herstellung halbmondförmiger Anhänger (Mozsolics 1967, 87. 100 f.; Taf. 19, 1-2).

Ein weiterer Gußmodel für Nackenscheibenäxte ist aus Vinča bekannt (Tafel 50, 2). Es handelt sich dabei um ein schon länger bekanntes Stück mit angeblichem Fundort 'Ritopek' (Werner 1953, 305; Anm. 2; Mozsolics 1967; Abb. 30 <34>; Vulpe 1970, 75; Anm. 5; Kroeger-Michel 1983, 21; Anm. 2). Die nach den Unterlagen im Nationalmuseum zu Beograd ermittelte Provenienz 'Vinča' liegt im selben Kreis wie Ritopek. Die beiderseitige Ortsnähe dürfte zu einer Verwechslung geführt haben. Ein zusätzlicher Gußmodel stammt aus dem ehemaligen ungarischen Dorf Magosliget <existent bis 1828; in der Nähe der Ortschaften Cicîrlău und Tăuții-Măgherăuș, jud. Maramureș>. Das Negativ war mit dem Scheibenteil in den Model eingearbeitet worden (Tafel 50, 7). Die Nackenscheibenaxt gehört zu einem spätbronzezeitlichen Typ. Ein Gußmodel für eine Nackenscheibe stammt aus Otomani (Vulpe 1970; Taf. 23, 332).

Seit der beginnenden mittleren Bronzezeit sind Tüllenhämmer und die artverwandten Tüllenbeile bekannt. Diese frühen Erscheinungen stellen die formale und funktionale Basis der seit der späten Bronzezeit vermehrt auftretenden Tüllenbeile dar. Dieses Auftreten bedingte keine neue Technologie, wie die seit der älteren Bronzezeit bekannten und ähnlich herzustellenden Lanzenspitzen, Hämmer und Meißel belegen.

Den anderen, seit der Kupferzeit bekannten, Weg schlugen die Nackenscheiben- und Schaftlochäxte ein. In der späten Bronzezeit kam es zu einer Phase, in der die Nackenscheibenaxtentwicklung stoppte, die der Tüllenbeile plötzlich einsetzte und gegenseitige (oder einseitig verlaufende ?) Beziehungen spürbar werden. Versucht man die oben genannten Zwischenglieder zu werten, so stellen sie wohl am ehesten Anpassungen an die schon zu der Zeit bekannten Tüllenbeile dar. Die Tüllenbeile mit quergelochten Einsätzen dagegen sind der Versuch, die Entwicklung in Richtung Tüllenbeil umzukehren oder ihr Einhalt zu gebieten. Fertig entwickelte Tüllenbeile erscheinen als hybride Geräte durch die Adaption älterer Technologien.

Daß allen Zwischengliedern keine Zukunft beschieden war und sie nicht imstande waren, die Entwicklung der Tüllenbeile aufzuhalten, belegt unzweifelhaft ihre geringe Zahl.

In dieser ersten Phase konnte weiterhin eine tüllenbeilinterne Entwicklung herausgearbeitet werden. Sie beinhaltete auf der Grundlage älteren Formenguts die Vergrößerung der Tüllenbeile. Wahrscheinlich ist dieses auch der Grund für das Aufkommen der Stücke mit quergelochten Einsätzen, die der Vergrößerung durch Wiederaufnahme älterer Traditionen entgegenzukommen suchten.

Daß bei der Entwicklung der Tüllenbeile die Tüllenmeißel maßgeblich beteiligt waren, zeigen nicht nur die gleichen gußtechnischen Einrichtungen, sondern auch formale Gemeinsamkeiten an den Geräten. Die formale Grundlage des Tüllenbeils dürfte der Tüllenmeißel gewesen sein.

Die Nackenscheibenäxte zeigen in ihrer letzten Entwicklungsphase einen Funktionswandel bzw. eine Funktionsdifferenzierung, die wohl auch als Widerhall geistiger Um- oder Neuorientierung zu verstehen ist, was letztendlich das Aufkommen der Tüllenbeile belegt. Ihr Entstehen und ihre weite Verbreitung sind ebenso als Widerhall des Aufkommens und der Weiterentwicklung einer Um- oder Neuorientierung zu verstehen. Die Tüllenbeile setzten sich innerhalb kürzester Zeit gegenüber allen Versuchen, dieser Entwicklung Einhalt zu gebieten, durch und verbreiteten sich im gesamten Südosten Europas.

Was indes Anlaß für diese Entwicklung war, bleibt zur Zeit noch verborgen.

Einen zusätzlichen Beleg für die in der Spätbronzezeit faßbaren Ereignisse geben vielleicht die gerade dort - im Bereich der Pilinyer-Kultur - einmalig erscheinenden Miniaturbronzen. Auch sie zeigen einen Funktionsverlust realer Geräte (Müller-Karpe 1980, 208. 480).

Vergleichbare Vorgänge sind in der nordeuropäischen Bronzezeit spürbar. Auch hier konnten bei der Herausbildung der Tüllenbeile vielschichtige Entwicklungen und der 'Einfluß' anderer Geräte herausgearbeitet werden (Šturms 1938, 54 ff.; Aner 1961, 165 ff.).

So ist beispielsweise ein den Beilen aus Ecseg und Nyíregyháza vergleichbares Tüllenbeil aus Haag bekannt (Neergard 1908; Abb. 22).

Zur Funktion der Tüllenbeile

Während die Gußmodel in ihrer Funktion als Herstellungsgeräte der bronzenen urnenfelderzeitlichen Güter zu verstehen sind, ist die Funktion der in ihnen gegossenen Tüllenbeile nur schwer zu fassen. Die Gründe hierfür sind vielfältiger Art.

Dazu zählt insbesondere die spezielle Fundüberlieferung durch die Depotfunde. Beim jetzigen Forschungsstand zu den südosteuropäischen Hortfunden ist von keiner methodisch begründbaren Darstellung der Niederlegungsgründe sowie der Zusammensetzung dieser Quellengattung zu sprechen. Sie sind momentan nur als undifferenzierbare Metallansammlungen zu betrachten, die nur wenige Hinweise auf die beteiligten Sachgüter zulassen.

Ein anderer Punkt betrifft die bisherigen publikatorischen Vorlagen, die wichtige Detailaspekte weglassen oder sie nur teilweise berücksichtigen. Zu nennen sind Gewichtsangaben, Querschnitts- oder Hohlraumwiedergaben, Hinweise auf gußtechnische Dinge - insbesondere die Eingußzone am Rand betreffend - und Benutzungs- sowie Bearbeitungsspuren.

Und letztlich sind auch die verschiedenen Absichten der Bearbeiter zu nennen, die den archäologisch-deskriptiven Bereich verlassen, um zu einer funktional-kulturhistorischen Interpretation der betreffenden Sachgüter zu gelangen.

Zu Beginn soll wiederum ein kurzer forschungsgeschichtlicher Überblick zur Funktion der Tüllenbeile stehen. Da zu diesem Punkt aus dem Arbeitsgebiet nur spärlich Information fließt, soll u.a. anhand der sich mit Tüllenbeilen beschäftigenden Arbeiten der Edition 'Prähistorische Bronzefunde' ein derzeitiges Bild zur Funktion der Tüllenbeile aufgezeigt werden. Es geschieht unter der Annahme, daß die Gründe für die Niederlegung von Horten, das gehäufte Auftreten von Tüllenbeilen in dieser Quellengattung in den verschiedenen Teilen Europas gleichen Vorstellungen folgte. Somit ist die Funktion der Tüllenbeile als identisch anzusprechen.

Novotnás Arbeit über die slowakischen Tüllenbeile (1970b, 71 ff.) scheint die Funktionszuweisung bewußt umgehen zu wollen. Während andere kupferne und bronzene Geräte unter den bekannten Stichpunkten 'Verbreitung', 'Zeitstellung' und 'Funktion' abgehandelt werden, entfällt der letzte Punkt bei den Tüllenbeilen.

Mayer (1977, 207; 259) deutet mehrere Stücke anhand der Schmiedespuren oder einer Hohlschneide als Werkzeuge. Als Waffen werden solche angesprochen, die sich in Gräbern oder Horten befinden sowie Beile mit verbreiteter Schneide und Verzierung, die nicht als Werkzeuge geeignet erscheinen. Weiter wird eine Funktion als Geld in Anbetracht der "stereotyp erscheinenden Serien" angenommen.

Monteagudos (1977, 242 ff.) Deutungsspektrum ist sehr weit gefaßt. Als häufigste Deutung erscheint das 'Arbeitsgerät', bisweilen durch das Vorhandensein von Abnutzungsspuren belegt. Dabei werden auch so konkrete Funktionen wie das Zerkleinern von Ästen und Reisig in Betracht gezogen. Weiterhin werden die Tüllenbeile als Streitbeile, als Bergbaugeräte, als Stemmgeräte zur Holzbearbeitung und als Dechsel angesprochen. Als Beleg für diese Annahmen werden primär die Größe der Geräte und Abnutzungsspuren genannt.

Chardenoux und Courtois (1979, 125) denken bei einigen Stücken an die Verwendung als Barren, da sie nicht nachbearbeitet sind.

Kibbert (1984, 118; 120; 152 f.; 167; 170) widmet der Funktion der Tüllenbeile einen größeren Abschnitt. Durch das geringe Gewicht und die Dünnwandigkeit der Tülle scheint eine praktische Verwendung ausgeschlossen. Sie werden als Beilgeld oder Votivbeile angesprochen. Kibbert vertritt bei den Tüllenbeilen vom 'Typ Seddin' die Ansicht, daß der Sinnbildcharakter im Vordergrund stehe, wobei an Amulette, Statussymbol oder Kultgerät zu denken sei. Als Begründung wird die relativ kleine Anzahl gegenüber Hunderten 'gewöhnlicher' Tüllenbeile, die Ösenlosigkeit, das Vorkommen gerade in 'Fürstengräbern', die Verzierung und die ungewöhnliche Form genannt. Es wird weiter ausgeführt, daß die Form dem Motiv der Sonnenbarke entspreche, und somit das Tüllenbeil in enger Beziehung zum Sonnen- und Totenkult wie zum Wiedergeburtsglauben stehe.

Bei frühen Beilen spricht die kurze und locker befestigte rudimentäre Tülle und die sorgfältig ausgeführte Klingenverzierung gegen eine Gebrauchsfunktion. Es handelt sich demnach um Kult- oder Zeremonialbeile.

Spennemann (1984, 138) stuft Tüllenbeile als Wertträger oder als Beilgeld ein.

Mozsolics (1985, 38) führt aus, daß aus den Fundzusammenhängen selbst kaum auf die Funktion der Beile geschlossen werden kann. Tüllenbeile mit verbreiterter Schneide sind am ehesten als 'Fleischhaueräxte' oder als ein Werkzeug, das von Zimmermännern benutzt wurde, einzustufen. Dagegen soll aber eine Analyse des Fundes von Rinyaszentkirály zeigen, daß auch eine Interpretation als Waffe nicht auszuschließen ist, da zum Fund auch eine Beinschiene und Schwerter gehören.

Soroceanu (unpubl.) konnte durch Auszählen ermitteln, daß von der späten Bronzezeit bis zur jüngeren Urnenfelderzeit die Zahl der mehr als 50% Tüllenbeile enthaltenden Depotfunde um nahezu das dreifache ansteigt.

Bei reinen Tüllenbeildepots ist eine Steigerung um mehr als das Doppelte zu beobachten. Dagegen fällt die Anzahl aller Depotfunde von 102 (Bz D) über 139 (Ha A) auf 90 (Ha B). Man kann demnach am Ende der Urnenfelderzeit von einer Fokussierung in Richtung solcher Depots sprechen, die ausschließlich oder überwiegend Tüllenbeile enthalten. Soroceanu definiert diese Depotfunde als "bestimmte Sondergruppe", die anscheinend einen Votivcharakter haben.

Nach diesem Überblick zeigt sich, das für die Tüllenbeile die unterschiedlichsten Funktionen angenommen wurden bzw. annehmbar sind. Die Deutungen reichen von konkreten Fleischhauer- oder Zimmermannsäxten über Waffen und Werkzeuge hin zu Geräten, die im Kultbetrieb zur Anwendung kamen. Als Belege haben die Quellengattung, die Anzahl in den Horten, Schmiede- oder Abnutzungsspuren, die Größe, Wandstärke und die Ösenanzahl zu gelten.

Je nach Bearbeiter wird einzelnen Punkten mehr Bedeutung zugemessen, andere Aspekte nur am Rande mitbehandelt. Erst die Analyse aller - zumindestens der oben geschilderten - Indizien sollte genauere Hinweise liefern. Ein derartiger Versuch ist bisher noch nicht unternommen worden.

Erstaunlich bleibt, daß gerade der vielfältige Verzierungsschatz kaum in die Betrachtungen einbezogen wurde.

Um zu einer sachgerechten Beurteilung der Funktion zu gelangen, bedarf es einer Untersuchung der Schäftungsmöglichkeit in der Tülle und der Ösenfunktion.

Spennemann (1984) äußerte sich in einer kurzen Mitteilung zu diesem Problem. Er stellte fest, daß bei der Rekonstruktion geschäfteter Beile die Ösenstellung entweder nach vorne oder um 180° gedreht, zum Schäftungsholm weisend, angenommen wird.

Aufgrund von Vergleichen mit chinesischen Tüllenbeilen, deren Ösen zum Teil zoomorph oder anthropomorph gestaltet sind, wird angenommen, daß die Öse bei der Schäftung keine große Rolle gespielt zu haben scheint. Der Bemerkung, daß die durch die Öse führenden Verschnürungen mit dem Holm zu schwach gewesen sein sollen, "um ein im Stamm festsitzendes Beil herauszuziehen", ist zu widersprechen.

Die Beile konnten weitaus praktikabler 'herausgehebelt' werden. Die Beanspruchung lastete auf dem Tüllenbeil und dem Holm. Für einen derartigen Arbeitsgang sind Ösen nicht unbedingt notwendig.

Zu widersprechen ist weiterhin der Ansicht, daß die im Tüllenbeil befindlichen Rippen einer "Drehung des trockenen Zapfens in der Fassung" entgegenwirken sollen. Eine solche Bewegung des Tüllenbeils in seiner Längsachse ist aber nur bei Stücken mit rundem oder rundlichem Querschnitt anzunehmen.

Die Mehrzahl der Tüllenbeile ist im Querschnitt oval geformt, viele sind rechteckig. Gerade diese Form des Hohlraumes spricht wohl dafür, daß eine schon im Gerät angelegte bessere Schäftungsmöglichkeit angestrebt war. Spennemann ist zu folgen, daß das Fehlen der Öse deutlich die Funktionslosigkeit mit der Schäftung zeigt. Sehr einleuchtend sind seine Bemerkungen zur Verkeilung der Schäftung im ösenlosen Tüllenbeil. Ein im trockenen Zustand in eine Tülle passender Holm ist durch Anfeuchten zum Aufquellen gebracht, oder in ein - nach dem Gußvorgang - noch heißes Tüllenbeil eingeführt.

Die Schrumpfung des Beiles und ein eventuelles späteres Anfeuchten führten zu einer festen Halterung. Es bleibt festzuhalten, daß die Schäftung ösenloser Tüllenbeile vor keinen grundsätzlichen Schwierigkeiten stand.

Abzulehnen ist die dazu kontroverse Beurteilung der ösenlosen Tüllenbeile durch Kibbert (1984, 119). Er mißt dem Wegfall der Öse eine große Bedeutung zu, hält keine praktikable Schäftung für möglich und denkt an gerade geschäftete 'Meißel'.

Spennemann weist darauf hin, daß die Öse dem Zusammenbinden von Tüllenbeilen bei der Hortfundniederlegung diente, da Tüllenbeile öfters an einer Schnur aufgereiht gefunden wurden und "daß die Öse als Funktionselement in dem Moment schwindet, in dem die Beildepots enden...". Dieser Aussage sind allerdings gewichtige Aspekte entgegenzuhalten. Trotz einer näheren Untersuchung der 'Öse' sind die von mir als der 'Unterdanubische Tüllenbeilkreis' herausgearbeiteten Tüllenbeile anscheinend übersehen worden. Der Regelfall ist hier die Ösenlosigkeit. Daß die Öse nach Abklingen der Depotfunddeponierung nicht schwindet, zeigen die vielen hallstattzeitlichen slowenischen Tüllenbeile (Hencken 1978; Abb. 26 ff.). Eines von ihnen trug noch eine aus Draht hergestellte Schlinge zur Verbindung mit dem Holm (Ebd.; Abb. 265 a). Ein weiteres Beil mit Öse stammt aus Maiersch (Mayer 1978; Taf. 105, 1530). Jüngere Beile der folgenden La Tène-Zeit und der Kaiserzeit zeigen dagegen keine Ösen (Joachim 1976; Abb. 5, 1; Patterson 1979; Abb. 38, 12; Hunyady 1944; Abb. 22, 13; 23, 7; Taf. 53, 21-23; Jacobi 1974, 228 ff; Anm. 122 ff.; Nothdurfter 1979, 33; Jacobi 1977, 22 f; Sievers 1984, 60 f.; Weißhaar 1984; Abb. 10, 1-4). Daß Tüllenbeile wie an einer Schnur aufgereiht in den Hortfunden vorliegen, stellt die Ausnahme dar. Konkrete Hinweise auf die Lagerungsbedingungen und die Lage von Tüllenbeilen sind m.W. aus dem Arbeitsgebiet nicht bekannt.

Ein Beispiel dazu stellt das normannische Depot von Moidrey dar. An einigen Beilen waren Reste eines Bandes aus organischem Material erhalten, was anzeigt, daß diese zusammengebunden in die Erde kamen (Verron 1972, 381 ff.; Abb. 29; 31). Inwieweit durch diesen Befund ein Regelfall, die Ausnahme, Händlerniederlegungen oder anderes vorliegt, ist nicht zu entscheiden.

Nach einer mündlichen Mitteilung Soroceanus aus Cluj sind bei einigen siebenbürgischen Depots die Tüllenbeile kreisförmig - radial um einen zentralen Gegenstand herum - ausgerichtet. Hiermit liegt der Beleg für eine regelhafte Anordnung der Tüllenbeile vor.

Dieser Befund kann vage mit einem Hortfund aus dem Main-Tauber-Kreis in Verbindung gebracht werden, bei dem drei Schmuckgarnituren und Bruchstücke von Sicheln und Beilen regelhaft um eine runde Steinsetzung angeordnet waren (Wamser 1984).

Inwieweit hier 'paneuropäische' übereinstimmende Glaubensvorstellungen der Urnenfelderzeit zum Ausdruck kommen, ist schwer zu beurteilen. Die Forschung steht in diesem Punkt am Beginn.

Es bleibt jedoch festzuhalten, daß bei der Niederlegung von Tüllenbeilen in Depotfunden ein kultischer Hintergrund in Betracht zu ziehen ist. Den Beilen ist eine über die 'Holzbearbeitung' hinausgehende Funktion im kultisch-magischen Bereich zuzusprechen. Vergleichbares ist durch den Umstand herzuleiten, daß viele Tüllenbeile unmittelbar nach ihrer Herstellung in die Horte gelangten, wie es an den noch vorhandenen Gußgraten abzulesen ist (Ariescu 1970, 26 ff.).

Letztlich soll in diesem Abschnitt auf die Beile eingegangen werden, in denen sich Reste der Schäftung befanden. Nach der Anzahl der Ösen und der Art der Schäftung können mehrere Varianten unterschieden werden. Schäftungsreste sind an Tüllenbeilen mit Öse (Evans 1881; Abb. 186; de Laet 1974; Abb. 164; Hencken 1978, Abb. 265 a ⟨mit einer Drahtschlinge⟩; Montelius 1906; Abb. 182; Kunkel 1931; Taf. 30; Spennemann 1984; Abb. 3; Carancini 1984; Taf. 138, 3989; Mozsolics 1973; Taf. 67, 4-5), an solchen ohne Öse (Wyss 1974; Abb. 14; Heierli 1888; Taf. 18, 2; Engelhardt 1865; Taf. 15, 13; Viollier 1924; Taf. 5, 18 ⟨nur Schäftungsrest⟩; Preuschen u. Pittioni 1937-39; Taf. 25; 119, 3a. 9-11 ⟨für Tüllenpickel⟩; Carancini 1984; Taf. 145, 4101), Schäftungen aus Metall an hallstattzeitlichen Beilen (Carancini 1984; Taf. 145, 4092; 148, 4165. 4166) und Schäftungen, bei denen im Tüllenbeil ein Zwischenfutter steckte, das sein Widerlager in einem endständig durchlochten Stab fand (Glob 1938; Abb. 21-22), bekannt.

Alles in allem gewinnt man den Eindruck - auch durch die zeitlich jungen Exemplare -, daß die Schäftung an Beilen mit oder ohne Öse problemlos zu bewerkstelligen war. Eine Gliederung in solche mit Öse als Tüllenbeile und solche ohne Öse als Meißel, wie es Kibbert in Anspruch nimmt, ist meines Erachtens nicht zu rechtfertigen.

Eine weitere Überlegung zur Funktion der Tüllenbeile ergibt sich aus der Frage nach den urnenfelderzeitlichen Schwergeräten, beispielsweise zum Fällen der Bäume.

Angesichts der geringen Größe und des Gewichtes sowie durch die Dünnwandigkeit der Tülle ist nicht an einen Einsatz als 'Schwergerät' zu denken. Um diesen Aspekt einer Klärung näher zu bringen, müssen wir wieder in andere Gebiete ausweichen.

Aus der jüngeren Bronzezeit des nördlichen Mitteleuropas sind eine größere Anzahl von steinernen Äxten bekannt (Glob 1938; Baudou 1960, 139 ff.). Maier erwähnt aus den südlichen Niederlanden metallzeitliche Äxte aus

Stein (Maier 1964, 138) sowie an anderer Stelle mehrere jungbronzezeitliche Stücke aus dem süddeutschen Raum (Maier 1965). Gleiche Geräte werden aus dem Niederrhein-Maasgebiet erwähnt (Hoof 1970, 80 ff.). Zu erwähnen bleibt weiterhin Schrickels (1953) grundlegender Beitrag "Zur Kenntnis der Felsgeräte Mitteldeutschlands während der Bronze- und frühen Eisenzeit".

Die neuesten Untersuchungen Aroras (1985) im rheinischen Bergbaugebiet zeigen einen interessanten quellenkundlichen Aspekt auf. So konnten in diesem Gebiet durch subtile Grabungsmethoden zahlreiche bronze- und eisenzeitliche Flintartefakte geborgen werden, zu denen auch Beile gehörten, die als Einzelfund unzweifelhaft dem Neolithikum zugewiesen worden wären. Durch die Ermittlung der Flintlagerstätten und durch Untersuchungen zur Silexbearbeitung ließ sich zeigen, "daß die eigenartigen Werkstoffkombinationen der verschiedenen metallzeitlichen Phasen eindeutig zeigen, daß es eine eigenständige metallzeitliche Flintindustrie gegeben haben muß". Eine neuere Arbeit Narrs und Lass' (1985) behandelt den gleichen Aspekt.

Während so in Mitteleuropa metallzeitliche Großgeräte schon länger bekannt waren (Virchow 1880) und durch neueste Untersuchungen faßbar gemacht werden, stellt die Erforschung zu bronzezeitlichen Steingeräten im Arbeitsgebiet die Ausnahme dar. Dieses liegt auch an den ausschließlich Metall enthaltenden Depotfunden sowie an der Unkenntnis der gleichzeitigen Grabfunde.

Daß jedoch auch in Südosteuropa mit formal vergleichbaren Steingeräten zu rechnen ist, zeigen neben der mitteleuropäischen Fundüberlieferung, von der Südosteuropa nicht zu trennen ist, einige wenige Vorlagen und Befunde. Hierzu zählt die Siedlung der Wietenbergkultur von Derşida, die solche Stücke lieferte (Chidioşan 1980, 60 f.; Taf. 38, 17. 26. - Ebd. Nennung weiterer Stücke aus Mokrin, Tószeg und Szihalom). Einer Bestandsaufnahme aller im Kreis Bistriţa-Năsăud bekannten Äxte durch Dănilă und Marinescu (1974) zufolge, soll gerade der aus Mitteleuropa bekannte Streitaxttyp der Wietenbergkultur zuzuschreiben sein.

Bei den aus Mitteleuropa und dem Arbeitsgebiet bekannten steinernen Äxten fällt wie bei den Tüllenbeilen ihre zum Teil geringe Größe auf.

Es dürfte sich aber um das metallzeitliche Großgerät handeln, welches durch die größere Masse und das höhere Gewicht eine bessere Wirksamkeit gegenüber den bronzenen Beilen gewährleistete. Ein anderer für die Steingeräte sprechender Punkt betrifft natürlich die einfachere Rohstoffbeschaffung.

Daß diese Geräte auch in Gebrauch standen, zeigen viele fragmentierte Exemplare, die im Bereich der schwächsten Stelle - des Schaftlochs - gebrochen sind.

Aus der gegebenen Zusammenstellung ist keine allgemeinverbindliche Funktionszuweisung der Tüllenbeile darzustellen.
Es sollen jedoch einige weitere Fazetten aufgezeigt werden, die den Aspekt der Tüllenbeilfunktion abgerundeter erscheinen lassen.
Hierzu müssen wir noch einmal an den Beginn der Tüllenbeilentwicklung in der späten Bronzezeit zurückkehren.
Die große Änderung gegenüber allen Vorgängergeräten oder die Tüllenbeilentwicklung beeinflussende Typen lassen sich wie folgt umschreiben.
Durch die Verlagerung der Schäftung in das Gerät - wie bei Meißeln, Hammern oder Lanzenspitzen - wurde der Schäftungsteil eingespart. Dieses bedeutete einerseits eine Größenreduktion, andererseits eine zum Teil bedeutende Materialersparnis; der Umgang mit

dem Metall erfolgte rationeller.

Auch wenn über den allgemeinen Umgang und die Verfügbarkeit des Rohstoffes nur wenig bekannt ist, kann hier vom möglichen Beginn einer Massenproduktion gesprochen werden, wie es auch durch die große Anzahl der Tüllenbeile wahrscheinlich gemacht wird.

Diese Ersparnis an Masse und Material brachte jedoch Nachteile mit sich. Hierzu gehört ein aufwendigeres Herstellungsverfahren, bei dem es unter anderem die Gußkernfixierung und den Metalleinguß zu lösen galt. Durch die geringe Massivität und das Gewicht wurde der Wirkungsgrad gegenüber anderen Geräten verringert.

Die große Anzahl der Tüllenbeile selber zeigt, daß die für uns negativen Begleiterscheinungen in Kauf genommen wurden und dem Faktor der ökonomischen Materialverwendung entscheidendes Gewicht beigemessen wurde.

Ein anderer Punkt betrifft das plötzliche Einsetzen der Tüllenbeile in der späten Bronzezeit. Anders als im Norden Europas, wo eine typologische Entwicklung seit der Periode I aufzeigbar ist, die am Übergang von Periode II zu III in 'die Tüllenbeile' mündete (Aner 1961), erscheinen sie im Arbeitsgebiet unvermittelt. Während der Folgezeit werden sie zu Bestandteilen der Depotfunde.

Es bleibt somit die Frage offen, warum dieses so spät geschah, obwohl technologische Kenntnisse und formale Vorläufer der Tülle vorhanden waren.

Hier scheinen bisher zwei wichtige Punkte übersehen worden zu sein, die durch die großräumigen Kartierungen und die zeitlich weit gefaßten Untersuchungen deutlich zum Ausdruck kommen.

Hierzu zählt in erster Linie die Verzierung. Wie oben gezeigt werden konnte, ist sie in mehrere Komponenten aufgliederbar.

Es handelt sich um die eigentliche Zier der breiten Seite, um Horizontalrippen sowie gerippte Ränder, um Kreise, Punkte und kurze Rippen.

Von Bedeutung ist nun, daß einzelne Verzierungselemente oder das komplette Ornament in ihrer Verbreitung auf bestimmte Räume beschränkt sind und sich so gegen andersverzierte abgrenzen.

Ein Gerät wie das Tüllenbeil - faßt man alle Ergebnisse zusammen - hat nicht ausschließlich als Handwerkszeug gedient.

Gerade die gebietsbezogene Verzierung und das Vorhandensein steinerner Geräte für 'Grobarbeiten' sollten die Verzierung in den Bereich eines Kennzeichens für soziale oder geographische Gruppen führen. Hierhin führt auch die Überlegung, ob Tüllenbeile nicht als Waffen zu gelten haben mit dem oben geschilderten Verständnis der Verzierung.

Für eine mögliche Begründung dieser Überlegung helfen uns die Erscheinungen am Ende der Entwicklung bronzener Tüllenbeile zu Ende der Urnenfelderzeit weiter.

Wie oben gezeigt werden konnte, stehen in diesem zeitlichen Abschnitt die eisernen Entsprechungen der Tüllenbeile aus Bronze mit einer Hauptverbreitung im zentralen Rumänien.

Die Folgeerscheinung stellen die hallstattzeitlichen slowenischen Beile dar, die nun in den Gräbern erscheinen und Teil einer personenbezogenen Waffenausstattung sind.

Hält man sich zweitens weiterhin vor Augen, welche weiteren Gerätegruppen und Erscheinungen der ostalpinen Hallstattzeit einer urnenfelderzeitlichen Tradition entstammen, so sind hier die Blechgürtel, metallene Gefäßdeckel, Blechgefäße, Helme, Kultwagen, die Punktbuckelverzierung und das Trinkservice zu nennen (Gabrovec 1962).

Wertet man diese Übernahme, so ist leicht festzuhalten, daß es sich weitgehend um Gegenstände aus dem Kultbereich und der Kriegstechnik handelt.

Da alle in ihrer Funktion verstanden wurden und gleichermaßen in die Hallstattzeit transponiert wurden, ist dieses auch für die Tüllenbeile anzunehmen. Es ist als Waffe übernommen worden.

So sind meines Erachtens auch die urnenfelderzeitlichen Tüllenbeile in der Mehrzahl als Waffen zu interpretieren. Darüberhinaus sind spezifische handwerkliche Anwendungen natürlich nicht auszuschließen. (1) Der Blick auf diese Funktion wird durch die großen Massenansammlungen der Depotfunde verstellt, die immer noch ihrer 'Entschlüsselung' harren.

Doch das Verständnis um die Funktion von Tüllenbeilen und Gußmodeln - und anderer Sachgüter - steht und fällt mit einer ausreichenden Vorlage bekannten und neuen Sachgutes und mit dem Willen, sie im Sinn einer kulturhistorischen Äußerung verstehen und interpretieren zu wollen.

Dieses ist für die Zukunft zu wünschen. Die in dieser Arbeit gemachten Äußerungen sind als ein Weg zu diesem Ziel zu verstehen.

(1) = womit wir wieder am Anfang wären

Zu den spätbronzezeitlichen Gußmodeln und ihren Positivanalogien

Neben der großen Zahl und den vielfältigen Erscheinungen spätbronzezeitlicher Tüllenbeile ist die Anzahl der in denselben Zeitabschnitt zu datierenden Gußmodel sehr gering. Hierzu zählen die aus den Siedlungen stammenden Gußformenhälften von Cernat (KatNr. 43) und Ljuljakovo (KatNr. 8) sowie die Einzelfunde von Poian (KatNr. 53) und Beljakovec (KatNr. 1).

Leider lassen die Siedlungsfunde durch die Beschränktheit der Ausgrabungen bzw. der publikatorischen Vorlagen keine Aussage über mögliche zur Bronzegießerei notwendige Einrichtungen zu, so daß nicht zu entscheiden ist, ob diese Siedlungen oder Teile davon eigens für die Gießereitätigkeit eingerichtete Stätten waren oder hatten.

Die Zugehörigkeit zu einer durch gleiche Keramikausprägung definierten 'Kultur' könnte nur im Falle von Cernat angenommen werden. Hier kann durch die Abwesenheit von Keramik der Wietenbergkultur das gefundene Keramikinventar sonst nur der Nouakultur angehören (Székely 1966, 17 ff.; 1970, 478. - Mitteilung N. Boroffka).

Allen Gußmodeln gemein ist ihre zur Verbreitung der Positivanalogien entweder periphere oder separate Lage (Tafel 26; 29, 3.b.4.a.). Cernat liegt an der südöstlichen Verbreitungsgrenze der 'Siebenbürgischen Tüllenbeile', Ljuljakovo und Beljakovec liegen westlich bzw. weit südlich von ihren Positivanalogien, Poian nördlich davon.

Es konnte nicht geklärt werden, ob es sich bei dem Tüllenbeil von Nyíregyháza (Tafel 53, 9) um einen Abguß von einem Tüllenbeil oder einem Gußmodel handelt (s.o.). Wäre letzteres der Fall, so läge auch für den nordostungarischen Raum der Nachweis für spätbronzezeitliche Tüllenbeilherstellung vor. Der Gußmodel läge ebenfalls peripher zur Verbreitung der Positive, östlich der Tüllenbeile vom Typ 'Felsőzsolca', zu denen er gehören müßte (Tafel 25).

Alle spätbronzezeitlichen Gußmodel bestehen aus Stein. Die rumänischen Stücke weisen die Eingußkanalvariante vier auf, das aus Ljuljakovo die Variante zwei, jenes aus Beljakovec die Variante drei.

Bis auf das Stück aus Cernat (KatNr. 43 b) ist allen ein gerundeter Querschnitt gemein. Der andere Cernater Gußmodel (KatNr. 43 a) trägt eine längsfazettierte zweite Breitseite, und, als einziger spätbronzezeitlicher, Passmarken auf einer Schmal- und der ersten Stirnseite. Passmarken auf einer Schmalseite und eine Verschnürungsrille (?) sowie Entgasungskanäle liegen vom anderen Model des genannten Fundortes vor.

Entgasungskanäle finden sich in Ljuljakovo, in Beljakovec ist die Vergesellschaftung mit anderen Negativen für Tüllenbeile, einer kleinen Rille und einer Anbohrung bekannt.

In Cernat (KatNr. 43 b) findet sich der erste Nachweis für die dornartigen Fortsätze.

Neben den wenigen Gemeinsamkeiten unter den spätbronzezeitlichen Gußmodeln für Tüllenbeile - in der Hauptsache gerundeter Querschnitt, keine Verzapfungslöcher, Passmarken, Anbohrungen etc. - überwiegen hinsichtlich der Verbreitung doch die Unterschiede.

Man kann in diesem Zeitabschnitt in gußtechnologischer Hinsicht zwei Kreise voneinander scheiden. Es sind dieses der 'Siebenbürgische spätbronzezeitliche Gußformenkreis' und der 'Bulgarische spätbronzezeitliche Gußformenkreis'.

Dieser wird durch rektanguläre Querschnitte, die Eingußkanalvariante vier und Passmarken gekennzeichnet, jener durch gerundete Querschnitte, die Vergesellschaftung mit anderen Negativen, Verzapfungslöcher und die Eingußkanalvarianten zwei und drei.

'Kontakte' zwischen beiden Kreisen belegen der Gußmodel von Poian, dessen Positivanalogien weit südlicher liegen und der von Cernat, welcher mit seinem - unikat gestalteten - halbrunden Querschnitt Typisches der älterurnenfelderzeitlichen Gußmodel Bulgariens vorwegnimmt. Gleiches gilt für die Passmarken auf einer Stirnseite (Abb. 4). Eine Eigenart des südöstlichen Siebenbürgens ist die längsfazettierte zweite Breitseite, die sonst noch an dem älterurnenfelderzeitlichen Model aus der Umgebung von Mediaş auftritt (s.u.).

Die 'Kontakte' sind ein Beleg dafür, daß sich im Braşover Becken nicht nur die Verbreitungen zweier unterschiedlicher Tüllenbeile - 'Siebenbürgische' und die mit Parabelzier - , sondern auch verschiedenartige gußtechnische Einrichtungen der beiden Kreise treffen.

Daß diese Trennung nicht willkürlich ist und auf die späte Bronzezeit beschränkt, belegt die Konsolidierung und das räumliche Ausgreifen im folgenden Zeitabschnitt der älteren Urnenfelderzeit - zu denen dann andere Gebiete hinzutreten. Die Grundlage für diese Trennung wurde in der späten Bronzezeit gelegt.

Bei den Tüllenbeilen lassen sich zur späten Bronzezeit ein 'Nordostkarpatischer', 'Siebenbürgischer' und 'Bulgarischer Tüllenbeilkreis' voneinander scheiden.

Zu den älterurnenfelderzeitlichen Gußmodeln und ihren Positivanalogien

Gegenüber den spätbronzezeitlichen Erscheinungen ist zur älteren Urnenfelderzeit ein deutlicher Wandel feststellbar. In diesen Zeitabschnitt fällt das häufigste Auftreten und die weiteste Verbreitung der Tüllenbeilgußmodel, die nun im gesamten Arbeitsgebiet zu finden sind.

Als geographische Eckpunkte sind Westungarn, das nordöstliche Rumänien, das mittlere Tundžagebiet und der Raum südlich der mittleren Save anzugeben.

Analog den drei spätbronzezeitlichen Tüllenbeil- und den zwei Gußmodelkreisen ist die ältere Urnenfelderzeit durch eine Aufgliederung in mehrere Tüllenbeilkreise und durch Gußmodelkreise gekennzeichnet.

Bulgarien

So setzt sich der 'Bulgarische und Unterdanubische Gußmodelkreis' dieses Zeitabschnittes mit aller Deutlichkeit von nördlicheren Entwicklungen ab. Kennzeichnend ist für ihn die Herstellung und Verwendung ösenloser Tüllenbeile.

Die Verbreitung dieser Beile bleibt so gut wie ganz auf das Gebiet des heutigen Bulgarien und der Dobrudscha beschränkt. Nur in wenigen Fällen sind derartige Tüllenbeile nördlich und westlich der unteren Donau anzutreffen (Tafel 28, 3.b.1.a.; 3.b.5.; 29, 3.b.2.; 3.b.4.; 27, 3.b.3.a.). Andererseits dringen keine Tüllenbeile nördlicher Provenienzen in dieses Verbreitungsgebiet ein. Beides spricht für eine strenge Einhaltung der Verbreitung von ösenlosen Tüllenbeilen, bei der 'Importe' fremder wie 'Exporte' eigener Stücke unerwünscht gewesen zu sein schienen.

Weiterhin kennzeichnend ist das Vorhandensein der sogenannten Zentralhorte, Horte, in denen mehrere Tüllenbeile unterschiedlicher Ornamente und Verbreitungen gemeinsam auftreten. Damit ähnelt der 'Bulgarische Tüllenbeilkreis' der älteren Urnenfelderzeit den spätbronzezeitlichen Erscheinungen Nordungarns, wo ebenfalls Zentralhorte typisch sind. Während jedoch hier die verschiedenartigen Tüllenbeile eine weite Verbreitung aufweisen, stammen sie in Ungarn aus der näheren Umgebung.

Interpretiert man diese Erscheinung im Sinne einer Entwicklungstendenz, so sind im Raum um die untere Donau und in Bulgarien antiquierte Bearbeitungs- und Verteilungsstrukturen von Tüllenbeilen faßbar, die noch stärker den in Erwägung gezogenen Charakter einer Eigenentwicklung - oder Abkapselung - unterstreichen.

Daß die bulgarischen Tüllenbeile in lokale Varianten aufgliederbar sind, wurde oben bei der Besprechung der dortigen Gußmodel und ihrer Tüllenbeile gezeigt. Auch in der Entwicklung und Ornamentabänderung beschreitet der 'Bulgarische Kreis' eigene Wege. Das Hauptmotiv Parabelzier oder Trapezzier erfährt seine Änderung durch a) die Addition vertikaler oder schräg gestellter Rippen (Černych 1978b; Taf. 34, 12. 14), b) die mehrfache Ausführung des Hauptmotives (Ebd.; Taf. 31, 18), c) die Hinzufügung plastischer Zier, d) die formale Umgestaltung des Hauptmotives (Ebd.; Taf. 32, 69) oder e) die unterschiedliche Gestaltung der beiden breiten Seiten (Ebd.; Taf. 34, 7). Diese Entwicklung beginnt mit wenigen Exemplaren schon in der späten Bronzezeit.

Kennzeichen des 'Bulgarischen und Unterdanubischen Gußmodelkreises' der älteren Urnenfelderzeit sind die Eingußkanalvarianten eins, zwei und drei (Tafel 12), Verzapfungslöcher (Tafel 7), zusätzliche Negative für stabartige Gegenstände (Abb. 7 - Näheres zur

Vergesellschaftung der Tüllenbeilnegative mit anderen siehe unten) und die Anbringung der Passmarken auf einer Stirnseite (Abb. 4).

Eine typische Erscheinung dieses Raumes, die nach der gängigen Chronologie wohl auch noch dem folgendem Zeitabschnitt angehören, stellen die Gußmodelkollektionen von Esenica (KatNr. 5), Sokol (KatNr. 12) und Cernica (KatNr. 44) dar. Durch ihr zum Teil auf die einzelnen Horte verteiltes Inventar von Gußmodeln für Tüllenbeile, Meißel, Lanzenspitzen und Barren fügen sie sich zu einer Gruppe sehr ähnlich zusammengesetzter Gußmodelensembles zusammen (Abb. 8). Kennzeichnend ist weiterhin der schräggerippte Rand (Liste 5; Abb. 8). Das Motiv dürfte hier seinen Ausgangspunkt haben. Es erscheint jedoch auch nördlich der unteren Donau, dann jedoch mit anderen in den betreffenden Gebieten vorherrschenden Ornamenten kombiniert.

Es läßt sich abschließend sagen, daß der 'Bulgarische und Unterdanubische Tüllenbeilkreis' einem Gußmodelkreis entspricht. Durch den strengen räumlichen Bezug wird eine Entwicklung aufgezeigt, wie sie in der späten Bronzezeit in Ungarn bekannt ist bzw. die Entwicklung des übrigen Teiles des Arbeitsgebietes en miniatur wiedergibt.

Das Gebiet um das Eiserne Tor

An den 'Bulgarischen und 'Unterdanubischen Kreis' schließt sich im Nordwesten ein Kreis um das Eiserne Tor an. Was Abgrenzung gegen andere Gebiete, Eigenständigkeit und räumliche Begrenztheit der Tüllenbeile und Gußmodel anbetrifft, nimmt er eine Mittelstellung ein.

Kennzeichnend sind die Tüllenbeile mit parabelförmiger (2.b.5. Tafel 28) und trapezförmiger (2.b.4. Tafel 27 u. 28) Breitseitenzier. Sie tragen eine Öse und unterscheiden sich dadurch von den bulgarischen Entsprechungen ohne dieses Detail.

Beziehungen zum bulgarischen Kreis belegt das Depot von Logreşti-Moşteni (KatNr. 48), welches dortiges Formengut (3.b.5. Tafel 28) wie jenes des Raumes um das Eiserne Tor (2.b.4.a. Tafel 27) beinhaltet. Der Gußmodel von Karlovčić (KatNr. 28) mit seiner vertikalen Rippenzier (2.b.5.b. Tafel 28) steht den bulgarischen Ornamenten nahe.

Vielleicht mag es bezeichnend für dieses Gebiet sein, daß zu diesem Depot eine weitentfernte Parallele aus Bonyhád (3.b.5. Tafel 28) bekannt ist. Es unterstreicht die in geringem Maße vorliegenden 'Exporte' aus diesem Raum.

Die Positive zum Gußmodel aus Kurvin-Grad (KatNr. 29) zeigen eine weite außerhalb dieses Gebietes liegende Verbreitung mit einem Schwerpunkt im Drau-Savegebiet (Liste 3a; Tafel 68). In nördliche Räume weisen die Positive zu einer Gußform aus Pleniţa (KatNr. 52 a u. b. - 2.b.6.a. Tafel 33).

Den Gußmodeln aus Kurvin-Grad, Logreşti-Moşteni und Pleniţa kommt somit in der Kenntnis um die Verbreitung der Tüllenbeile eine gewichtige Rolle zu. Sie belegen zum einen die Erweiterung eines Verbreitungsraumes von Tüllenbeilen, zum anderen legen sie die Herstellung in untypischen Gebieten nahe.

Weiterhin ist die - zwar nur geringe - Akzeptanz fremder Tüllenbeile in diesem Gebiet auffällig. Der Gußmodel von Kurvin-Grad wurde schon genannt; einige seiner Positivanalogien befinden sich auch hier (Tafel 68). Gleiches gilt für die beiden Tüllenbeile aus Mediaş (KatNr. 49). Während die Positivanalogien des einen für den ungarisch-rumänischen Raum typisch sind (2.b.1.e. Tafel 32), belegt das andere (2.b.5.c. Tafel 28) einen engeren Bezug zum Gebiet um das Eiserne Tor - darüberhinaus sind die Tüllenbeile auch nördlich der unteren Donau verbreitet.

Um das Eiserne Tor läßt sich folglich zur Verteilung und Beziehung der Gußmodel und Tüllenbeile eine Dreigliederung erkennen.
Zum einen sind Gußmodel und Positivanalogien gemeinsam im dortigen Gebiet beheimatet, zweitens sind Gußmodel bekannt, deren Entsprechungen zum Teil weit entfernt belegt sind und drittens - der umgekehrte Fall - treten hier Tüllenbeile weit entfernter Gebiete auf. Dieses bezieht sich auf solche, deren Verbreitung sehr weit streut (2.b.1.e. Tafel 32), als auch für nur in diesem Raum beheimatete (2.b.5.c. Tafel 28).

Daß auch in gußtechnischer Hinsicht Bezüge zu anderen Kreisen aufzeigbar sind, belegen primär der Fund von Pleniţa sowie die anderen Gußmodel. Der Kreis um das Eiserne Tor ist somit als Appendix anderer gußtechnologischer Kreise zu bezeichnen bzw. in derem geographischen Schnittpunkt anzusiedeln.
In westliche Regionen weisen die Griffmulden auf den Schmalseiten der Gußform von Pleniţa, die in der Form nur in Ripač auftreten (Tafel 10). Auch die rechteckige Gestalt des Querschnittes weist in nördlichere Gebiete (Tafel 5), ebenso die an den Tüllenbeilösen im Gußmodel angebrachten dornartigen Fortsätze (Tafel 13), die zu dieser Zeit aus Siebenbürgen und dem anschließenden ungarischen Raum bekannt sind. In das Gebiet östlich der Theiß weisen die Eingußkanalvarianten vier (Tafel 12) und die Verschnürungsrillen (Tafel 9).
Die Eingußkanalvariante drei an dem Gußmodel aus Logreşti-Moşteni (KatNr. 49) läßt Verbindungen zum 'Bulgarischen und Unterdanubischen Gußmodelkreis' spüren (Tafel 12). Einen ähnlichen Bezug stellen die Verzapfungslöcher dar, die in der Mehrzahl ebenda belegt sind, darüberhinaus aber auch in Ungarn vorkommen (Tafel 7).

Soweit die Untersuchungen es zulassen, ist für das Vorhandensein von Passmarken ebenso Siebenbürgen in Anspruch zu nehmen (Tafel 8). Die Anbohrungen auf den Stirn- und Schmalseiten scheinen auf den Raum um das Eiserne Tor beschränkt gewesen zu sein (Tafel 6). Die Verschnürungsrillen sind nur einmal aus Boljetin (KatNr. 19) belegt; sie finden sich ansonsten in Siebenbürgen (Tafel 9).

Faßt man die Ergebnise zum besprochenen Raum zusammen, so ist folgendes festzustellen. Es zeichnet sich ein Gebiet eigener Tüllenbeile ab. Wenige davon sind außerhalb bekannt, ebenso wie Beile fremder Regionen dort in geringer Zahl belegt sind. Gußmodel zu den dortigen Tüllenbeilen finden sich auch weit vom Eisernen Tor entfernt. Dieses gilt natürlich auch für die Gußmodel fremder Tüllenbeile.
Es zeigt sich, daß in gußtechnologischer Hinsicht ein Schnittpunkt mehrerer Gußmodelkreise zu formulieren ist. Bemerkenswerterweise erscheinen fremde gußtechnische Einrichtungen nur an solchen Gußmodeln, deren Positive in dasselbe Gebiet weisen. Demzufolge sind solche Gußformen als echte 'Fremdlinge' innerhalb eines Tüllenbeil- und Technologiekreises erkennbar.
Bei den Fremdlingen weisen zum 'Bulgarischen und Unterdanubischen Gußmodelkreis' die Anbringung der Verzapfungslöcher, die auch am Model von Mediaş auftreten, welcher seine Positivanalogien unter anderem auch dort hat. Weiterhin sind es die Tüllenbeilnegative begleitenden stabförmigen Negative und die Vergesellschaftung mit weiteren für andere Geräte (Näheres dazu siehe unten), außerdem die Eingußkanalvariante drei. Nach Norden weisen die Variante vier, die Passmarken auf den Schmalseiten und die Dornfortsätze an den Tüllenbeilösen.

Ungarn und Siebenbürgen

Der sich nördlich und westlich anschließende Raum des Arbeitsgebietes läßt sich durch den Donauverlauf von der Saveeinmündung bis zum Mureș und diesem Fluß folgend vom vorher beschriebenen Gebiet abgrenzen.

Das Hauptmotiv an den Tüllenbeilen ist die hängende Dreieckszier. Dieses Ornament zeigt nach Anzahl der Dreiecke und der ergänzenden Komponenten eine gebietsbezogene Verbreitung, wie oben gezeigt werden konnte (Tafel 64-68). Frappierend ist der regionale Bezug zusammen mit der halbkugeligen Zier, die zumeist an dreiecksverzierten Tüllenbeilen auftritt (Tafel 70). Als Provinzen sind Siebenbürgen, Nordostungarn, das mittlere Drau-Savegebiet und der westslowakisch-niederösterreichische Raum zu nennen. Als Ausnahme sind zwei derartige Tüllenbeile aus Bulgarien bekannt (Černych 1978b; Taf. 38, 18; 40, 3).

Zu den Dreieckszier tragenden Tüllenbeilen sind, gegenüber anderen Formen, mehrere Gußmodel überliefert. Bis auf die Gußmodel aus Regöly (KatNr. 68) und Mezőcsát (KatNr. 61 - beide 2.b.7.a; Tafel 27) weisen die aus Velem (KatNr. 72q; Liste 2e; Tafel 65), Tiszaföldvár (KatNr. 70; Liste 2c; Tafel 65) und Gomolova (KatNr. 24; Liste 3e; Tafel 68) in der Anordnung der Dreiecke und Horizontalrippen in das Drau-Savegebiet.

Der geographische Bezug der Gußmodel zu den Positivanalogien ist nicht einheitlich. Auf das Hauptverbreitungsgebiet bezogen sind sowohl periphere als auch weitentfernte Fundortlagen überliefert. Grundsätzlich wird dadurch das durch die Tüllenbeile bekannte Verbreitungsbild wiedergegeben: eine Hauptverbreitung im Verband mit einer deutlichen Streuung der übrigen Stücke. Gleiches läßt sich auch für die Tüllenbeile mit gerundetem (2.a.2.; Tafel 30) oder stark aufgebogenem Rand (2.a.3.; Tafel 31) sagen. Die Gußmodel liegen außerhalb der Hauptverbreitungen.

Zentralsiebenbürgen scheint, was die herausstellbaren Gußmodelkreise betrifft, keine eigene Entwicklung aufzuzeigen. Symptomatisch zeigen das Depot von Uioara de Sus (Petrescu-Dîmbovița 1978; Taf. 160-160 E) und die Gußmodel aus Mediaș (KatNr. 49) diesen Gang der Ereignisse. Im Depot von Uioara de Sus, welches als Zentralhort angesprochen werden kann, treffen eine Vielzahl unterschiedlicher Tüllenbeile aus zum Teil weit entfernten Gebieten zusammen. In Mediaș belegen die Gußmodel die potentielle Herstellung von Tüllenbeilen (2.b.1.e.; Tafel 28; 2.b.5.c.; Tafel 28), die ansonsten eine weitgefächerte Verbreitung zeigen oder für andere Tüllenbeilkreise typisch sind.

Während der älteren Urnenfelderzeit liegen erstmals Gußmodel aus Velem vor (KatNr. 72q; 2.b.7.b.; Liste 2e; Tafel 65; 72b (?); 72f (?); siehe 2.a.4; Tafel 33). In dieser Lokalität setzt eine Entwicklung ein, die in der folgenden Stufe so typisch für Velem und aus dem gesamten urnenfelderzeitlichem Bestand Südosteuropas herausgehoben ist.

Auch hier vermitteln die Tüllenbeile und Gußmodel der älteren Urnenfelderzeit nicht nur einen Bezug zum Drau-Savegebiet, sondern auch in weit östlich gelegene Räume, wie es die Doppelösigkeit belegt. Bemerkenswert ist aber die Koppelung dieses Details mit der dafür fremden Dreieckszier in einem Gußmodel (1.b.2.; Tafel 27).

Während die Verbreitung der Positive ein Bild ergibt, |das mehrere weite Tüllenbeilstreuungen aufzeigt, läßt sich anhand der gußtechnischen Einrichtungen ein technologischer Kreis östlich der Theiß - 'Theiß-Siebenbürgenländischer Gußmodelkreis' genannt - und westlich der Theiß - 'Theiß-Donauländischer Gußmodelkreis' genannt - herausarbeiten.

Am deutlichsten gelingt diese Trennung anhand der Eingußkanalvarianten. Während östlich der Theiß die Variante vier zur Anwendung gelangte, stand westlich davon die Variante fünf in Benutzung (Tafel 12). Aufschlußreich sind in diesem Zusammenhang die Gußmodel von Kurvin-Grad (KatNr. 29), Mezőcsát (KatNr. 61) und Regöly (KatNr. 68), welche die Grenzziehung der Kreise aufzeichnen.

Alle drei Model dienten der Herstellung dreiecksverzierter Tüllenbeile (2.b.7.a.; Tafel 27; 3.b.3.a.; Tafel 67). Die Positivanalogien von Kurvin-Grad und Mezőcsát weisen in das Drau-Savegebiet, wo die Eingußkanalvariante fünf in Benutzung stand. Sie selber tragen die Variante vier. Am Gußmodel von Regöly ist der umgekehrte Fall feststellbar. Im Gebiet der Eingußvariante fünf gelegen, weist das Negativ durch das dreirippige Motiv nach Siebenbürgen (Tafel 68).

Es kommt also bei einigen Gußmodeln zur Überschneidung von ortsfremden Eingußkanalvarianten mit den Ornamenten fremder Provenienzen. Primärer Faktor bei der Model- und Negativherstellung war demnach der bekannte technologische Kreis, nicht die im Herkunftsgebiet des Ornamentes zur Anwendung gelangte Technik.

Dieses belegt die Gebietskonstanz dieser technologischen Einrichtung, darüberhinaus wird aber ein Bild vielschichtiger Kommunikation zwischen unterschiedlichen Tüllenbeil- und Gußmodelkreisen vermittelt.

Anders sind die oben genannten Gußmodel-'Fremdlinge' zu werten, die nicht nur durch die im Negativ angelegten Tüllenbeile fremder Herkunft gekennzeichnet sind, sondern auch die Beibehaltung der dortigen gußtechnologischen Einrichtungen aufzeigen.

Für den 'Theiß-Donauländischen Kreis' ist weiterhin das Auftreten stabförmiger Negative typisch (Abb. 7), für den östlich anschließenden sind es die dornartigen Ösenfortsätze, wie sie auch in Plenița (KatNr. 50 a u. b) belegt sind (Tafel 13). Weiterhin ist es die Vergesellschaftung mit anderen Negativen (Abb. 7) und der gerundete Querschnitt, dessen Verbreitungsgrenze nach Westen die Theiß darstellt (Tafel 5). Model mit rechteckigem Querschnitt sind zumeist westlich der Theiß verbreitet, jedoch überschreitet diese Eigenart auch den Fluß. Nicht so klar zu fassen ist die Zweiteilung der Gußmodelkreise bei den Passmarken (Tafel 8 und Abb. 4), Anbohrungen (Tafel 6) und Verzapfungslöchern (Tafel 7), die in gleicher geringer Zahl in beiden Kreisen erscheinen. Bei den Verschnürungsrillen (Tafel 9) ist die Zweiteilung klar zu erkennen.

Es bleibt auch hier festzuhalten, daß das Gebiet um die Theiß für gußtechnologische Einrichtungen die Grenze darzustellen scheint.

Zusammenfassung

Die Verbreitung der Tüllenbeile zeigt eine auf Groß- und Kleinräume bezogene Verteilung.

Im Gebiet des heutigen Bulgariens, eines kleinen Streifens nördlich der unteren Donau und der Dobrudscha ist ein Tüllenbeilkreis faßbar, der sich von den benachbarten in aller Schärfe abgrenzt. Daß es sich nicht nur um einen Raum gemeinsamer Tüllenbeilverbreitungen handelt, sondern mit einem Kreis technologischer Einrichtungen einhergeht, belegen die typischen Einrichtungen der Gußmodel, so daß gleichermaßen von einem 'Bulgarischen und Unterdanubischen Tüllenbeil- und Gußmodelkreis' zu sprechen ist.

Typisch sind die Zusammensetzungen der Gußmodelkollektionen von Želju-Voivoda (KatNr. 159, Esenica (KatNr. 5) und Cernica (KatNr. 44), ebenso das Auftreten von Zentralhorten.

Im Nordwesten stößt die Verbreitung der Tüllenbeile an die andersgearteter des Raumes um das Eiserne Tor. Hier läßt sich angesichts des kleinräumigen Vorkommens von Tüllenbeilen ein kleiner Kreis des Eisernen Tores postulieren, genau wie im nördlich und westlich anschließenden Gebiet, welches in kleinere und größere Tüllenbeilkreise zerfällt. Die Gußmodel des Eisernen Tores zeigen vielfältige gußtechnologische Verbindungen zu anderen Gebieten. Neben peripheren Fundortlagen der Gußmodel sind zum Teil weite Entfernungen zur Tüllenbeilverbreitung feststellbar.

Es läßt sich ein 'Theiß-Siebenbürgenländischer' und ein 'Theiß-Donauländischer Gußmodelkreis' formulieren. Sie sind primär durch die unterschiedlichen Eingußkanalvarianten voneinander scheidbar. Leider sind der Gußmodelbestand und damit verbunden die dazugehörigen Tüllenbeile zu gering an Zahl, um aufzeigen zu können, in welcher Verteilung Tüllenbeilkreise zu werten sind. Dem überlieferten Tüllenbeilvorkommen folgend, gehören solche mit gerundetem oder aufgebogenem Rand, sowie die mit Parabel- und Trapezzier zum 'Theiß-Siebenbürgenländischen Kreis', die Dreiecksornamentik tragenden zum 'Theiß-Donauländischen Gußmodelkreis'. Einzelne gußtechnische Einrichtungen und die zum Teil weitgestreuten Verbreitungen der Tüllenbeile belegen die zwischen den Kreisen bestehenden Verbindungen.

Zu den jungurnenfelderzeitlichen Gußmodeln und ihren Positivanalogien

In diesem Zeitabschnitt ist eine deutliche Änderung in der Struktur und Verbreitung der Tüllenbeile faßbar.

Während im vorherigen Abschnitt eine 'Zentrierung' der Tüllenbeile erkennbar war, lassen die jungurnenfelderzeitlichen Erscheinungen eine Auflösung dieser - zum Teil strengen - Regionalbindung erkennen. Gleichverzierte Tüllenbeile können jetzt sehr große Verbreitungen einnehmen, was bisweilen dazu führt, daß einzelne Formen im gesamten nördlichen und westlichen Teil des Arbeitsgebietes auftreten.

Bulgarien, die Region um das Eiserne Tor, Rumänien südlich der Karpaten und die Dobrudscha beenden mit der jüngeren Urnenfelderzeit die Herstellung von Tüllenbeilen. Gegenüber anderen Gebieten ist die Anzahl der dortigen Stücke äußerst gering. Darüberhinaus treten Formen auf, die seit der ältesten Urnenfelderzeit bekannt sind. Hierzu zählen die Tüllenbeile aus den Depotfunden von Dridu (2.b.6.a. <35>; Tafel 33), Bancu (Petrescu-Dîmbovița 1978; Taf. 298 <unten>- 299 <oben>), Alun (Ostave, Taf. 80, 7), Adaševci (Vinski-Gasparini 1973; Taf. 130 A 1-2) und Brza Palanka (Ostave; Taf. 83). Eine eigene Entwicklung neuer Typen ist nicht belegbar.

Eine Eigenheit des erwähnten Gebietes ist dagegen die Schrägrippung des Tüllenbeilrandes, die auch an Beilen außerhalb des Raumes um die untere Donau überliefert ist (Tafel 64).

Der nördlich anschließende Raum, dessen Grenzziehung zu südlichem Formengut bereits in der vorherigen Zeitstufe faßbar war und auch für die jüngere Urnenfelderzeit seine Gültigkeit besitzt, zeichnet sich durch a) eine große Anzahl von Tüllenbeilen, b) neu entwickelte Ornamente und durch c) eine weite Verbreitung dieser Formen aus.

Die weiteste Verbreitung nehmen die Tüllenbeile der Verzierungen 2.b.6.a und 2.b.6.b. ein (Tafel 33). Sie haben eine Hauptverbreitung, die vom Drau-Savegebiet über Transdanubien, die Slowakei, Nordungarn bis nach Siebenbürgen reicht.

Die zur jüngeren Urnenfelderzeit am häufigsten auftretende Verbreitungsstruktur umfaßt das nördliche Österreich, das nördliche Pannonien, die Slowakei, Nordungarn und Siebenbürgen (Tafel 32 und 33). Hierbei lassen sich angesichts der zahlenmäßigen Verteilung der Tüllenbeile innerhalb dieses Gebietes Konzentrationen feststellen, die aber kaum noch einen kleinräumigen Bezug einzelner Tüllenbeile erkennen lassen. Sie haben somit als eine durchaus logische Fortsetzung im Sinne einer Auflösung von Tüllenbeilzentren in der späten Bronzezeit über mehrere großräumige älterurnenfelderzeitliche Gebiete bis zur Auflösung zentraler Bildungen zur jüngeren Urnenfelderzeit zu gelten.

Gelegentlich ist jedoch ein räumlicher Bezug einzelner Tüllenbeile erkennbar, der an ältere Verbreitungsschemata erinnert. Eine westliche Ausbreitung ist den Beilen 2.b.2.c., 2.b.2.d. und 2.b.1.b. (Tafel 32) gemein. Die Lage der Gußmodel ist peripher, entweder südlich oder westlich der Hauptverbreitung der Positivanalogien.

Die Tüllenbeile 2.b.6.c. (Tafel 33), 2.b.1.f. (Tafel 32), 2.b.1.e. (Tafel 28), 2.b.1.d. (Tafel 32) und 2.a.4. (Tafel 33) belegen durch ihr häufigeres Vorkommen eine östliche Verbreitungstendenz, wobei auch hier die Lage der Gußmodel durchweg peripher ist. Eine Grenzziehung zwischen den beiden Verbreitungen stellt auch hier das Gebiet um die Theiß dar, wie es auch schon für die ältere Urnenfelderzeit feststellbar war.

Die Tüllenbeile 2.b.6.e., 2.b.6.d. (Tafel 33),

2.b.2.b. und 2.b.6.f. (Tafel 32) treten in beiden Gebieten auf. Die Fundorte der Gußmodel befinden sich ebenfalls peripher zu denen der Tüllenbeile.

Der Raum westlich und nördlich des Theiß-Mureşgebietes ist also durch eine Vielzahl großräumiger, weitgestreuter Verbreitungen, die sich zum Teil überlappen, miteinander verbunden. Auszuscheiden sind dabei westlich und östlich der Theiß bestehende Verbreitungen einzelner Tüllenbeile.

Bemerkenswert ist in diesem Zeitabschnitt die Lokalität von Velem, die mit ihrer Vielzahl von Gußmodeln und Tüllenbeilen als etwas Besonderes innerhalb der südosteuropäischen Bronzezeit dasteht. Abgesehen davon, daß hier Gußmodel und Tüllenbeile - zum Teil zu den in der Gußform angelegten gehörig - einmaligerweise in großer Zahl gemeinsam auftreten, bestehen zwischen den dortigen Gußmodeln und den Positivanalogien erhebliche räumliche Distanzen, die Anlaß für die Ausdeutung dieses Phänomens gaben (v. Miske 1932, 70; Foltiny 1958, 70).

Weiterhin ist in diesem Zeitabschnitt die Einbeziehung Ostösterreichs zu vermerken, das nun mit Gußmodeln und dazugehörigen Tüllenbeilen aufwartet (2.b.2.d.; Tafel 32).

Eine Zweiteilung des Arbeitsgebietes läßt sich auch anhand der Eingußkanalvarianten durchführen, die die gleiche Gliederung der älteren Urnenfelderzeit weiterführen. Es ist so vom 'Theiß-Siebenbürgenländischem Gußmodelkreis' und von einem 'Theiß-Donauländischem Gußmodelkreis' zu sprechen. Bemerkenswerterweise tritt an einem Gußmodel aus Velem die Variante vier auf, dessen Positivanalogien östlich der Theiß beheimatet sind (Tafel 12; 24, 14). Ebenso fremd wirkt auf dem Gußmodel der dornartige Fortsatz, der am Steigetrichter ansetzt (Tafel 24, 14). Somit ist dieser Gußmodel als 'Fremdling' zu erkennen. Vergleichbares gilt für den Gußmodel aus Brădiceşti (KatNr. 42 b; 3.b.2.b.; Tafel 29), dessen Positivanalogien weit entfernt im nordwestlichen Bulgarien liegen. Der Gußmodel selber dürfte die Eingußvariante fünf aufweisen. Sie ist typisch für den 'Theiß-Donauländischen Gußmodelkreis'.

Weiterhin typisch für diesen Kreis sind die Vergesellschaftung mit anderen Negativen auf demselben Gußmodel (Tafel 63 und Abb. 7), die dornartigen Fortsätze an den Tüllenbeilösen (Tafel 13) sowie der rechteckig ausgeführte Querschnitt (Tafel 5).

Eine Besonderheit des ostalpinen und nordtransdanubischen Raumes ist das Auftreten der sogenannten Viertelformen (Tafel 6). Ihre Verbreitung schließt sich nördlich an die der 'Großformen' des folgenden Zeitabschnitts an (Tafel 6).

Ebenfalls in die jüngere Urnenfelderzeit fällt der letzte Abschnitt des 'Bulgarisch-Unterdanubischen Gußmodelkreises'. Er läßt gußtechnische Bezüge zu anderen Kreisen als auch eigenständige Entwicklungen erkennen. Letzteres kommt in der Eingußkanalvariante zwei zum Ausdruck (Tafel 12). Das Auftreten von Passmarken auf den Stirn- und Schmalseiten ist hier am häufigsten verbreitet, das aber auch aus anderen Gebieten an einigen Modeln bekannt ist (Abb. 4 und Tafel 8).

Die Vergesellschaftung mit anderen Negativen auf demselben Gußmodel ist auch westlich der Theiß bekannt (Tafel 63).

Für den 'Theiß-Siebenbürgenländischen Gußmodelkreis' sind der D-förmige Querschnitt (Tafel 5), Entgasungskanäle (?) (Tafel 11) und die Eingußkanalvariante vier (Tafel 12) kennzeichnend.

Zu den späturnenfelderzeitlichen Gußmodeln und ihren Positivanalogien

Während der späten Urnenfelderzeit kommt die Entwicklung bronzener Tüllenbeile zum Erliegen. Schon vor diesem Zeitabschnitt koppeln sich Bulgarien, die Walachei und der Raum um das Eiserne Tor von dieser Entwicklung ab, so daß aus diesen Gebieten keine Tüllenbeile und Gußmodel mehr bekannt sind. Unter Umständen gehört der moldavische Fund von Brădicești (KatNr. 42b) in diese letzte Phase der Urnenfelderzeit.

Die Gußmodel und ihre Positivanalogien

Neben den späturnenfelderzeitlichen bronzenen und eisernen Tüllenbeilen, auf die unten eingegangen wird, setzt sich ein Raum der jüngsten Gußmodel und ihrer zuweisbaren Positivanalogien ab.
Er findet sich im Gebiet der Flüsse Drau, Save und Una (Tafel 57).
Datierend für diese Tüllenbeile stehen Hortfunde, denen durch ihre Vergesellschaftung mit jüngeren Bronzen ein entsprechender Zeitansatz zuzubilligen ist. Darüber handelt es sich um formal 'neue' Tüllenbeile, zu denen keine Vorläufer bekannt sind, so daß auch die wenigen Einzelfunde methodisch gerechtfertigt diesem Zeitabschnitt angehören dürften.
Kennzeichen dieser Beile ist entweder eine verzierungsfreie Breitseite (2.a.1.; 1.a.1.) oder eine spärliche Horizontal- oder Vertikalrippenzier (1.b.1; 2.b.1.a.; 2.b.1.g.). Einmal ist eine bogige Lappenzier überliefert (2.b.2.e.).
Typisch sind weiterhin der hohe Randwulst und eine breite Form.
Es läßt sich ein Tüllenbeilkreis südlich der Save bis zur Adriaküste fassen, zu dem der Gußmodel aus Pécs nördlich, im südlichen Pannonien liegt (Tafel 34, 2.b.1.g.). Ein Tüllenbeil unter 2.a.1. befindet sich im Depot von Kács.

Ein nördlich anschließendes Verbreitungsgebiet umfaßt die Tüllenbeile und Gußmodel unter 2.b.1.a., 1.b.1. und 2.b.2.e., die südlich der Positivanalogien liegen. In weiter Streuung befinden sich die Tüllenbeile am östlichen Alpenrand. In gußtechnologischer Hinsicht weisen die Gußmodel durch ihre Gestalt - zum Teil Großformen ⟨Tafel 6⟩ -, durch den rechteckigen Querschnitt (Tafel 5) - als Ausnahme dazu steht der fragmentierte Model von Zorenci (KatNr. 41) -, und die Vergesellschaftung mit anderen Negativen auf demselben Gußmodel (Tafel 63) sowie die Anwesenheit von Passmarken auf einen eigenen Gußmodelkreis hin. Er wird als 'Ostalpiner Gußmodelkreis' der späten Urnenfelderzeit bezeichnet. Er markiert die letzte Entwicklungsstufe bronzener Tüllenbeile, denen Gußmodel zugewiesen werden können.

Exkurs:
Die Tüllenbeile aus Bronze ohne Positivanalogien

Für Rumänien schied Petrescu-Dîmbovița neun Depotfunde aus, die zur Stufe 'Șomartin', die dem zur Diskussion stehenden Zeitabschnitt entspricht, zusammenfaßbar sein sollen. Es handelt sich um die Funde von Crizbav (Petrescu-Dîmbovița 1978; Taf. 265 E), Girișu Roman (Ebd.; Taf. 266 A), Minţiu Gherlii (Ebd.; Taf. 266 B), Iara ⟨drittes Depot⟩ (Ebd.; Taf. 267 A), Ruși (Ebd.; Taf. 267 B), Șomartin (Ebd.; Taf. 267 C), Unguraș (Ebd.; Taf. 267 D), Vetiș (Ebd.; Taf. 267 E) und Pădureni (Ebd.; Taf. 268-269 A). Von diesen neun enthalten acht Tüllenbeile.
Die Abgliederung dieser Funde vom vorherigen erscheint jedoch vom methodischen bzw. quellenkritischen Standpunkt aus nicht mit wünschenswerter Deutlichkeit klar, so daß sie im folgenden näher diskutiert werden soll.

Im Depot von Girişu Roman befindet sich eine Fibel vom Typ Unter-Radl (Ebd.; Taf. 266 A 21). Soll ihre Anwesenheit für eine späte Datierung ausschlaggebend sein, so muß dem entgegengehalten werden, daß die Untersuchungen Baders zu den rumänischen Fibeln diesem Fibeltyp eine weite chronologische Spannweite zubilligen (Bader 1983, 15 ff.). Den Tüllenbeilen des Depots sind ohne Schwierigkeiten Entsprechungen aus der jüngeren Urnenfelderzeit an die Seite zu stellen (Petrescu-Dîmboviţa 1978; Taf. 223 ff.).

Es ist nicht klar, aufgrund welchen Umstandes das Depot von Minţiu Gherlii der Stufe Şomartin angehören soll. Die dortigen Tüllenbeile weisen in den älteren Abschnitt der jüngeren Urnenfelderzeit. Gleiches gilt für das dritte Depot von Iara, dessen Authentizität vom selben Autor angezweifelt und dessen Zugehörigkeit zum zweiten Depot von Iara als "wahrscheinlich" angesehen wird (Ebd. 151).

Ähnliches gilt für den Hort von Ruşi, über dessen Zusammensetzung darüberhinaus kontroverse Ansichten bestehen (Ebd.). Gleiches ist für das Depot von Unguraş (Ebd.) ins Feld zu führen.

Für eine späte Datierung innerhalb der urnenfelderzeitlichen Entwicklung verbleiben somit nur die Horte, bei denen durch die Vergesellschaftung mit sogenannten thrako-kimmerischen Bronzen ein derartiger Zeitansatz begründbar erscheint (Zu dem Begriff 'Thrako-Kimmerische Bronzen' und dessen inhaltlicher Füllung siehe: Kossak 1954a, 111 ff.; Gabrovec 1980, 30 ff.; Kemenczei 1980a, 79 ff.).

Von diesen möglichen Horten ist der von Crizbav auszuscheiden. Es ist höchst fraglich, ob die im Fund auftretende Bronzeschale (Petrescu-Dîmboviţa 1978; Taf. 265 E 1) zu diesem Depot gehört.

Es handelt sich dabei um eine kalottenförmige Schale, die jedoch kein Indiz für eine Datierung in die späte Urnenfelderzeit darstellt. Derartige Gefäße sind weiterhin aus Sîngeorghiu de Pădure (Ebd.; Taf. 261, 3-6) und aus Fizeşu Gherlii (Ebd.; Taf. 256 B 7-8) bekannt. Unverständlich bleibt, warum letztgenanntes Depot nicht zusammen mit dem Hortfund von Crizbav in demselben Zeitabschnitt erscheint. Bemerkenswert ist die Übereinstimmung zwischen den Ensembles der Horte von Fizeşu Gherlii und Prügy (s.u.).

Es verbleiben somit die Funde von Şomartin und Vetiş, denen durch die Vergesellschaftung mit 'thrako-kimmerischen' Bronzen eine späturnenfelderzeitliche Datierung zusprechbar erscheint. Durch diese zwei Depots ist der methodische Weg aufgezeichnet, jüngste Tüllenbeilentwicklungen von älteren zu trennen. Erst die Vergesellschaftung mit jüngeren Inventarien erlaubt, eine Abgliederung vorzunehmen. Tüllenbeile ohne diese Form der Vergesellschaftung sind davon abzusetzen, da sie auch in einen älteren Rahmen passen, wie oben gezeigt werden konnte bzw. von Rusu (1966, 11 ff.) für einige als jung angesprochene Tüllenbeile erklärt wurde.

Daraus ergibt sich folglich das Problem, ob das Auftreten der 'thrako-kimmerischen' Bronzen in chronologischer Hinsicht, also im Sinne eines eigenen, jungen Horizontes innerhalb der jüngeren Urnenfelderzeit zu interpretieren ist - was für die aus Rumänien in diesem Zusammenhang auftretenden Beile eine lange 'Laufzeit' bedeutete - oder ob diese Hortfunde einem besonderen Kollektionskodex unterliegen, demzufolge die aus der Urnenfelderzeit bekannten Tüllenbeile mit den 'thrako-kimmerischen' Bronzen gemeinsam in den Boden gelangten und diese Entwicklung zur 'Zeit der Tüllenbeile' einsetzte.

Es ist jedoch hier nicht der Platz, diese ganz am Ende der urnenfelderzeitlichen Entwicklung stehenden Ereignisse zu durchleuchten, geht es doch letzlich darum, eine methodisch gut begründbare Ausgliederung jüngsten Formengutes zu fassen. Solange eine Bearbeitung dieses zeitlichen und räumlichen Grenz- bzw. Überschneidungsbereiches nicht vorliegt, werden die ausgliederbaren Tüllenbeile im Sinne einer jüngsten Entwicklung gewertet.

Diesem Vorgehen folgend sind die ungarischen Depotfunde von Biharugra (Gallus u. Horvath 1939; Taf. 18, 6; 19, 7-13), Szanda (Ebd.; Taf. 10, 1-3. 16-17), Kács (Ebd.; Abb. 9, 5-6) und Prügy (Kemenczei 1981; Abb. 6-7) in diesen Zeitabschnitt zu stellen.

Müller-Karpe kennzeichnete für die "Ha B3-Depots" "Tüllenbeile mit vertikalen Zierrippen und kleine Tüllenbeile mit gebogenen Rippengruppen" als "Leitformen dieser Stufe" (Müller-Karpe 1959, 129).

Die Depotfunde von Treffelsdorf (Ebd.; Taf. 144 B) und Großweikersdorf (Ebd.; Taf. 142 B) gehören dieser Stufe an. Nach Mayer sind einige Beile "mit schlichtem Lappendekor", die bis auf den Grabfund von Radkersburg und die Siedlung von Baden als Einzelfunde überliefert sind, über süddeutsche und einen französischen Depotfund in Verbindung mit der spätesten Phase der Urnenfelderzeit zu sehen (Mayer 1978, 199 f.; Anm. 4). Aber auch hier sind für diese Beile ältere Entsprechungen bekannt (Ebd.), so daß die genaue Zeitstellung offenbleiben muß.

Das der Mayerschen Tüllenbeilgruppe "verwandt(e)" von Radkersdorf hat auszuscheiden (Ebd. 200; Taf. 82, 1135). Es ist mit seiner langrechteckigen Form und dem abgesetzten Schneidenteil nicht mit urnenfelderzeitlichen Beilen in Zusammenhang zu sehen, sondern gehört unzweifelhaft zu neuen, unter hallstattzeitlichen Einflüssen entstandenen Beilformen. Es steht zwischen den Tüllenbeilen und den Lappenbeilen mit Schulterbildung (Ebd.; Taf. 65, 884 ff. - Siehe auch: Vejdova u. Mirnik 1973; Taf. 2, 7 u. Staré 1964-65; Taf. 10, 1).

Der Vergleich mit französischen Hortfunden zum Zwecke der chronologischen Einordnung (Mayer 1978, 200) scheint sehr fragwürdig. Die westeuropäische Chronologie weist in Bezug auf das mitteleuropäische Schema (Müller-Karpe) erhebliche Divergenzen auf, die nicht dazu geeignet sind, Begründungen oder Hinweise auf Datierungen österreichischen Formengutes zu geben.

So treten in französischen und englischen Hortfunden häufig Ha A (und älteres !) und Ha B3 (und jüngeres !) Formengut zusammen auf. Eine Klärung dieses Befundes in Bezug auf die Müller-Karpesche Metallchronologie der mitteleuropäischen Urnenfelderzeit steht noch aus.

Eine strenge Datierung 'nach jung' und Rückübertragung nach Mitteleuropa ist meines Erachtens ohne Diskussion oder Klärung des Sachverhaltes methodisch nicht richtig.

Erinnert sei in diesem Zusammenhang an die Ausführungen oben zur zeitlichen Stellung des Gußmodellhortes von Ciumeşti.

Man sollte die Mayersche Gruppe "Tüllenbeile mit schlichtem Lappendekor und abgesetzter Klinge" in Zusammenhang mit den Tüllenbeilen unter 2.b.2.c. und 2.b.2.d. sehen und sie der jüngeren Urnenfelderzeit zuweisen.

Das Depot von Haslau-Regelsbrunn (Müller-Karpe 1959; Taf. 143 A) gehört jedoch einem späten Zeitabschnitt an. Das von Mayer erstmals vorgelegte Tüllenbeil von Statzendorf (Mayer 1978, 202 f.; Taf. 83, 1158) wird ohne Begründung als älterhallstattzeitlich (=HaC) eingestuft. Durch den Umstand einer Grabbeigabe und die Beschreibung der begleitenden Keramik wird eine derartige Datierung nahegelegt. Von der Verzierung her bindet es sich in die Variante 2 (s.u.) ein.

Aus Hallstatt ist aus dem Grab 288 unter anderem ein unverziertes bronzenes Tüllenbeil bekannt (Kromer 1959b, 82 f.; Taf. 46, 2).

Aus der Slowakei sind die Depotfunde von Plesivec (Novotná 1970b; Taf. 42, 752) und Pocudvadlo (Ebd. 51; die erwähnten Tüllenbeile sind nicht mit abgebildet) zu nennen, die durch ihre Beifunde dieser Stufe angehören können. Mit den genannten Tüllenbeilen aus Siebenbürgen, Ungarn, der Slowakei und Österreich ist der Kreis der spätesten bronzenen Tüllenbeile umrissen. Sie lassen sich nach ihrer Form und Verzierung in mehrere Varianten gliedern.

Die erste Variante ist durch Horizontalrippen unterhalb des Randes gekennzeichnet. Der Beilkörper kann trapez-, parabelförmig oder dreieckig gegliedert sein.

Hierzu zählen die Tüllenbeile aus Biharugra (Gallus u. Horvath 1939; Taf. 19, 7), Vetiş (Petrescu-Dîmboviţa 1978; Taf. 267 E 2-3. 5), Şomartin (Ebd.; Taf. 267 C 2) und Prügy (Kemenczei 1981; Abb. 7, 8-14). Sie entsprechen bzw. stehen den Varianten C6 bis C10 der 'Siebenbürgischen Tüllenbeile' nach Rusu nahe, deren Zeitstellung die ältere und jüngere Urnenfelderzeit umfassen soll (Rusu 1966, 11 ff.). Die wenigen Fundorte markieren als Verbreitungsgebiet den Raum um die Flüsse Körös und Theiß. Zur Verbreitung dieser und der folgenden Varianten siehe die Tafel 57.

Eine zweite Variante umfaßt Tüllenbeile mit vertikaler Rippenzier. Sie sind aus Treffelsdorf (Mayer 1978; Taf. 82, 1147), Biharugra (Gallus u. Horvath 1939; Taf. 19, 10-13), Kács (Ebd.; Abb. 9, 5), Prügy (Kemenczei 1981; Abb. 6, 1. 3-4) und Statzendorf (Mayer 1978; Taf. 83, 1158). bekannt. Letztgenannter Fundort dürfte der Hallstattzeit angehören. Die Variante zwei liegt aus Oberungarn und der Steiermark vor.

Die zahlenmäßig am stärksten auftretende Variante drei umfaßt Tüllenbeile mit vertikalbogiger mehrrippiger Zier. Der Schneidenteil kann parabel- oder trapezförmig gestaltet sein. Bei einigen Beilen laufen die beiden inneren Rippen zusammen, so daß ein verlängertes V-förmiges Motiv gebildet wird.

Tüllenbeile dieser Art sind aus Vetiş (Petrescu-Dîmboviţa 1978; Taf. 267 E 2), Großweikersdorf (Müller-Karpe 1959; Taf. 142 B 1-3), Biharugra (Gallus u. Horvath 1939; Taf. 19, 9), Szanda (Ebd. Taf. 10, 1-3. 16-17), Prügy (Kemenczei 1981; Abb. 6, 2. 5-12; 7, 1-5), Haslau-Regelsbrunn (Müller-Karpe 1959; Taf. 143 A 7-8) und Plesivec (Novotná 1970b; Taf. 42, 752) bekannt. Die Verbreitung umfaßt das östliche Ungarn, die Slowakei und Niederösterreich.

Zur Variante vier zählen Beile mit langer trapezförmig gestalteter Schneide und einer kleinen, einfach oder doppelt bogenförmig gestalteten Ornamentik auf dem Beilkörper. Hierzu gehören die Stücke aus Biharugra (Gallus u. Horvath 1939; Taf. 18 B 6), Prügy (Kemenczei 1981; Abb. 6, 13-16; 7, 1. 18) und Haslau-Regelsbrunn (Müller-Karpe 1959; Taf. 143 A 5-6). Die Variante ist je einmal aus Niederösterreich und dem östlichen Ungarn belegt.

Die Variante fünf umfaßt Beile mit langgestreckter U-förmiger Verzierung auf der Breitseite. Sie sind aus den Depotfunden von Prügy (Kemenczei 1981; Abb. 7, 16-17. 19) und Vetiş (Petrescu-Dîmboviţa 1978; Taf. 267 E 6-8) bekannt.

Unverzierte Tüllenbeile lieferten die Funde von Şomartin (Ebd.; Taf. 267 C 1) und das Grab 288 von Hallstatt (Kromer 1959b; Taf. 46, 2).

Die Tüllenbeile aus Eisen

Ähnlich den spätbronzezeitlichen Tüllenbeilen, an denen u.a. ein funktional-typologischer Übergang zu den Nackenscheibenäxten herausgearbeitet werden konnte, sind gleichermaßen am Endpunkt der Tüllenbeilentwicklung in der späten Urnenfelderzeit vielfältige Wandlungen spürbar. Diese resultieren aus dem Aufkommen des Eisens, der Änderung im Ornament und einem Funktionswandel.

Die folgenden Darstellungen sollen einen kurzen Abriß zur Geschichte der eisernen Tüllenbeile geben. Dieses scheint berechtigt, stehen die eisernen Tüllenbeile in einer logischen Konsequenz zu ihren bronzenen Vorläufern. Aus diesem Grund wird der chronologische Rahmen der Arbeit gestreckt und auch eisenzeitliche Erscheinungen mit einbezogen. Bezeichnend für die späte Urnenfelderzeit ist das erste gehäufte Auftreten eiserner Gegenstände. Hierzu zählen auch die Tüllenbeile aus Eisen, die den materialbezogenen Ersatz bronzener darstellen.

Aufgrund ihrer formalen Nähe zu ihren bronzenen Vorläufern werden sie als 'Eiserne Tüllenbeile in urnenfelderzeitlicher Formtradition' bezeichnet. Diese Beile scheiden sich nach formalen Kriterien gut in zwei Gruppen (Variante 1 und 2). Davon abzusetzen sind die hallstattzeitlichen Beile mit einem Verbreitungsschwerpunkt in Oberkrain. Eine dritte Variante stellen vornehmlich auf den Britischen Inseln verbreitete Tüllenbeile mit asymmetrisch gestaltetem Beilkörper dar.

Die genannten Tüllenbeile haben ihren zeitlichen Beginn in der späten Urnenfelderzeit und sind bis in die frühe Latènezeit hinein bekannt. In wenigen Exemplaren sind sie aus noch späterer Zeit bis zur Völkerwanderungszeit belegt.

Variante 1

Liste 23; Tafel 59; 60, 1-3.

Sie ist durch lang-rechteckige Tüllenbeile gekennzeichnet. Die Seitenbahnen verlaufen nahezu parallel oder sind leicht beidseitig konkav geschwungen. Der Rand schließt entweder gerade oder halbrund ausgebildet. Der Querschnitt der Beile ist in der Hauptsache oval, wobei gekantete oder gespitzte Variationen die Ausnahme darstellen.

Wenn diese Beile in ihrer Gesamtheit eine weite Verbreitung zeigen, ist zumindestens für das Arbeitsgebiet eine Hauptverbreitung im zentralen Siebenbürgen festzustellen. Die Beile datieren an das Ende der urnenfelderzeitlichen Entwicklung und stellen die direkten Nachfolger der bronzenen Tüllenbeile dar. Außerhalb Rumäniens finden sich die eisernen späturnenfelderzeitlichen Tüllenbeile in Jugoslawien. Dem Flußverlauf von Donau und Save folgend findet sich ein weiterer Verbreitungsschwerpunkt in Oberkrain. Zu den nicht mit auf der Tafel 57 erfaßten Tüllenbeilen der Variante 1 siehe die Liste 13.

Variante 2

Liste 13; Tafel 60 und 61.

Sie umfaßt kleinere Beile mit rechteckigem Querschnitt. Ein fächerförmiger Schneidenteil mit halbrunder Schneide ist typisch. Der Rand wirkt - bis auf das Beil aus Brezje (Tafel 60, 10 - wie rechtwinklig abgetrennt. Die südöstlichsten Vertreter dieser Variante finden sich in Slowenien, ansonsten zeigen sie eine weite Verbreitung in Mitteleuropa.

Als unterste Zeitgrenze dieser Beile hat die jüngere Hallstattzeit zu gelten. Während der Latènezeit waren sie ebenfalls in Gebrauch, der jüngste Nachweis dieser Zusammenstellung ist das völkerwanderungszeitliche Grab aus Schwerin (Liste 13; Variante 2).

Entgegen anderen Autoren (Jacobi 1974, 29-32; 1977, 22-23) sind nur Tüllenbeile mit einer ganzseitig geschlossenen Tülle zur Variante 2 gezählt worden. Daß ein dreieckiger Ausschnitt am unteren Tüllenende (Jacobi 1977; Taf. 14, 2) oder die Tüllennaht (Jacobi 1974; Abb. 8) nicht auf Zufälligkeiten oder Korrosion des Werkstoffes beruhen, zeigen zum einen die zahlreichen Tüllenbeile mit geschlossener Tülle der Variante 2, als auch das beabsichtigte Detail der 'Tüllennaht'

naht' und der dreieckigen Aussparung an älteren Beilen (beispielsweise: Hencken 1978; Abb. 96b; 117h; 203a).

Daß sich die Varianten 1 und 2 zweifelsfrei auch nach metrischen Gesichtspunkten voneinander absetzen, zeigt eine vergleichende Gegenüberstellung ihrer Größen und Schneidenbreiten.

Während die Längen in der Hauptsache bei beiden Varianten zwischen 9 und 13 Zentimeter liegen, weist die Variante 1 eine größere Anzahl kleinerer, die Variante 2 mehr längere 'Ausreißer' auf.

Sehr deutlich wird der Unterschied jedoch bei dem Vergleich der Schneidenbreiten, wobei eine Grenze bei 5 Zentimeter zu liegen scheint. Bei dem direkten Vergleich der Gerätelängen und der Schneidenbreiten zeigt sich, daß in keinem Fall gleich lange (oder ähnlich gleich lange) Tüllenbeile der Variante 1 in der Schneidenbreite an die der Variante 2 heranreichen.

Durch diese Aufschlüsselung wird auch deutlich, daß bei der Variante 2 innerhalb enggefaßter Gruppen die Breite der Schneiden stark variieren kann.

Variante 3

Liste 13.

Der Vollständigkeit halber soll eine weitere Gruppe eiserner Tüllenbeile nicht unerwähnt bleiben. Es handelt sich um Beile mit asymmetrischer Schneidenbildung und Öse. Sie ist bis auf ein bekanntes französisches Exemplar von den Britischen Inseln her bekannt. Die Ermittlung der Zeitstellung für die gesamte Variante ist mangels geschlossener Funde äußerst schwierig. Manning und Saunders haben anläßlich der Bearbeitung dieses Tüllenbeiltys als wahrscheinliche chronologische Eckpunkte das siebente vorchristliche Jahrhundert und die Zeitenwende in Erwägung gezogen (Manning u. Saunders 1972, 280 f.).

Auch wenn sich die vorgestellten Tüllenbeile chronologisch und thematisch von den urnenfelderzeitlichen Beilen - und dem Thema der Arbeit - vielleicht weiter als angestrebt gelöst haben, schien es mir berechtigt, zumindestens in der Form eines kurzen Exkurses auf diese von mir in Varianten gegliederte Tüllenbeile einzugehen.

Zu nah ist hier die formale Analogie zwischen den eisernen und älteren bronzezeitlichen Erscheinungen, als daß man über sie hinweggehen sollte.

Während die Beile der Variante 1 'nur' eine Umsetzung der am häufigsten auftretenden Tüllenbeilform sind, lassen sich die Varianten 2 und 3 ohne Schwierigkeiten im urnenfelderzeitlichen Formengut wiederfinden.

Hierbei ist natürlich an die Tüllenbeile mit stark symmetrisch ausschwingender Schneide (2.a.4.), an solche mit ledermesserartiger Schneide (siehe unter 2.a.4.) und an Beile mit asymmetrischer Schneidenführung (2.b.1.f.) zu denken.

Daß man die hallstattzeitlichen, latènezeitlichen und jüngeren eisernen Tüllenbeile nicht als direkte 'Nachfahren' der erwähnten urnenfelderzeitlichen Typen nehmen sollte, erscheint einsehbar. Die Analogie hat sich wohl auf die zweckgebundene Handhabung der speziellen Tüllenbeilausprägungen zu beziehen. Darüberhinaus sagt die 'personenbezogenere' Quellengattung der Grabfunde im Verband mit bildlichen Darstellungen der Hallstattzeit (Situlen) mehr über den (urnenfelderzeitlichen) Gerätetyp Tüllenbeil aus. Dieses alleine rechtfertigt schon die Erwähnung oder Behandlung jüngerer Erscheinungen. Zur Funktion der Tüllenbeile sei auf das entsprechende Kapitel unten verwiesen.

Formal abgesetzt von den erwähnten Tüllenbeilen stehen solche, die als 'Eiserne Tüllenbeile hallstattzeitlicher ostalpiner Formgebung' beschrieben werden. Sie sind in der Liste 14 zusammengestellt, die eine korrigierte und ergänzte Fassung der Staryschen Auflistung von 1982 darstellt.

Diese Beile sind im 5-10 Zentimeterbereich größer als die eben erwähnten.

Auch fällt auf, daß die Längenwerte einheitlicher an eine Größe gebunden sind, die hier von 17-20 Zentimeter reicht. Ihre Verbreitung beschränkt sich fast ausschließlich auf das Gebiet der slowenischen Hallstattkultur (Tafel 57 u. 58).

Auch diese Beile zeigen eine formenkundliche Gliederung. Die Mehrzahl der Stücke ist unverziert, der Schneidenteil kann parabel- trapezförmig oder unstrukturiert sein. Einige Beile haben eine vertikalfazettierte Tülle. Die Ausnahme stellen Bronzetauschierungen dar, die rektanguläre Muster bilden können.

Daneben findet sich genauso selten eine in Ritztechnik ausgeführte Verzierung kurz unterhalb des Randes.

Als Motive treten horizontal angeordnete Rillen, Rautenmusterung und Würfelaugenmotive auf. Ein weiteres Kriterium ist die An- oder Abwesenheit von Ösen.

Sämtliche der genannten Erscheinungen finden sich bei Hencken (1978; Abb. 26 ff.) und Mayer (1978; Taf. 104, 1510 ff.). Entsprechungen dieses Typs in Bronze sind aus Österreich bekannt (Ebd.; Taf. 83, 1159. 1161).

Das bei Stary (1982; Abb. 4) beispielhaft gezeigte Tüllenbeil mit Vertikalfazettierung suggeriert ein falsches Bild. Diese Beile sind gegenüber den anderen nur in ganz wenigen Exemplaren überliefert.

Eine gröbere, nicht alle Varianten umfassende Gliederung legte Peroni vor (Peroni 1981, 50; Abb. 11, 10-13).

Da diese Beile mein Thema formenkundlich nur am Rande streifen und sie primär durch ihre Verbreitung und Quellenlage von Wichtigkeit sind, soll hier im beschreibenden Teil nicht mehr auf sie eingegangen werden.

Die Herstellung von eisernen Tüllenbeilen hatte aufgrund des unterschiedlichen Rohstoffes auf anderem Wege zu erfolgen. Während Bronze für massive Geräte in der Regel gegossen wurde, war Eisen nur durch Schmieden in die gewünschte Façon zu bringen. Während lang-flache Gerätschaften wie Pflugscharen, Schwerter, Messer etc. prinzipiell keine Schwierigkeiten bei der Ausführung in Eisen bereiteten, stellten mit Hohlräumen oder Tüllen versehene Objekte größere Anforderungen an die Fähigkeiten des Schmiedes. Jedoch scheint zumindestens bei den Tüllenbeilen schnell der optimale, dem neuen Rohstoff angepaßte Herstellungsweg gefunden worden zu sein.

Mayer weist auf eiserne Tüllenmeißel hin, die auf ihrer Tülle eine sogenannte Nahtstelle aufweisen (Mayer 1978, 253; Taf. 105, 1537-1538). Sie belegt, daß die Tülle durch Falzung eines rechtwinkligen Streifens geschmiedet wurde. Die Enden wurden entweder aneinanderstoßend oder übereinandergelegt zusammengeschmiedet. Zur Verstärkung wurde ein Ring um das Tüllenende gelegt (Ebd.; Taf. 105, 1537-1540). Diese Art der Tüllenherstellung ist aber auch schon von bronzenen Lanzenspitzen her bekannt und typisch für den griechisch-vorderasiatischen Raum zur späten Bronzezeit ‹dortiger Terminologie› (Avila 1983; Taf. 1 ff.; de Maigret 1976; Abb. 22 ff.).

Die Tüllenbeile aus Turnișor (Tafel 59, 4), Šarengrad (Tafel 60, 2) und Goplano (Bukowski 1981; Abb. 7) zeigen gleichartige vertikal verlaufende Nahtstellen. Somit ist auch bei diesen Stücken mit einer derartigen Herstellung zu rechnen.

Häufiger und bewußt am Gerät belassen, erscheinen Tüllenbeile mit Nähten während der späten Hallstatt- und Latènezeit (Jacobi

1974; 1977). Der Vorteil gegenüber bronzenen Tüllenbeilen, bei denen diese Nahtstelle natürlich nicht herstellbar war, liegt in der günstigeren Einführungsmöglichkeit und Klammerwirkung der Schäftung.

Bemerkenswerte Befunde sind durch polnische Forschungen bekanntgeworden. Hier ist in erster Linie Piaskowski zu nennen, der in den fünfziger Jahren durch großangelegte Röntgenserienuntersuchungen Einblick in die eisernen Tüllenbeile ermöglichte.

Der röntgenologische Befund zeigt, daß über ein massives Schneidenteil die Tülle angeschmiedet wurde (Piaskowski 1959a; Abb. 7-14; 1959b; Abb. 7. 82-86; Pleiner 1962; Taf. 65, 2). Das Tüllenbeil wurde also aus zwei einzelnen Teilen gefertigt.

Nun könnte man annehmen, daß einige Tüllenbeile der Variante zwei derartige Schneidenteile darstellen, an die die Tülle nicht angeschmiedet wurde.

Doch zeigt uns die randständige Öse am Beil von Maiersch (Tafel 59, 9), daß solche Beilformen erwünscht waren. Auch belegen die Tüllenbeillängen, daß die 'abgeschnitten' wirkenden Beile in die Spannweite der Längen der Variante eins fallen.

Leider sind Röntgenuntersuchungen meines Wissens in diesem Umfang nur am polnischen Material durchgeführt worden. Es bleibt somit eine gewisse Unsicherheit, diese Befunde auf das südosteuropäische Material zu übertragen.

Für die britischen Tüllenbeile konnten Mannings und Saunders (1972, 279 f.) ein mehrteiliges Herstellungsverfahren der Beile und das Anschmieden der Öse glaubhaft machen. Cree und Curle (1921-22, 217) dachten an ein Austreiben der Tülle ("the socket being formed over a mandrel").

Weitere Forschungen zur Herstellung eiserner Tüllenbeile, die vielleicht Handwerkstraditionen oder chronologische Bezüge erkennen lassen, sollten abgewartet werden.

Eine gänzlich andere Art des ersten Erscheinens von Eisen stellen Tüllenbeile dar, deren Klinge aus Eisen geschmiedet war. Die bronzene Tülle wurde im Verfahren des Überfanggusses an sie angegossen. Aus Kaptol, Brezec und Hallstatt liegen Beispiele für derartige Geräte vor (Tafel 60, 12-13.- Mayer 1978; Taf. 63, 846). Daß dieses Verfahren nicht allein auf Tüllenbeile beschränkt war, zeigen andere Geräte, bei denen die Handhaben - meist komplizierterer Form - aus Bronze gegossen und die Klingen aus Eisen geschmiedet waren. Hier sind in erster Linie Schwerter zu nennen (Pleiner 1981; Abb. 5, 1. 11-15).

Eine weitere Ausprägung des Bezuges Bronze zu Eisen stellen Bronzetauschierungen an eisernen Tüllenbeilen dar (Mayer 1978; Taf. 104, 1505; Hencken 1978; Abb. 57 f; 196 c).

Als einen Zusammenfall urnenfelderzeitlicher und hallstattzeitlicher Formgestaltung sind die bronzenen Beile von Radkersburg (Ebd.; Taf. 82, 1135), 'Österreich' (Ebd.; Taf. 82, 1136) und Vinkoh vrh (Staré 1964-65; Taf. 10, 1) zu nennen.

Es handelt sich um Geräte, die aus einer Tülle bestehen, welche nach einer nach außen gerichteten Knickung in einer langen rektangulären Klinge enden. Während die Tüllen von "Tüllenbeile(n) mit schlichtem Lappendekor und abgesetzter Klinge" her bekannt sind (Mayer 1978, 199 f.), ist der geknickte Bahnverlauf an hallstattzeitlichen Lappenbeilen überliefert (Ebd.; Taf.; 58, 794 ff.). Zu ebenso gestalteten Beilen, jedoch mit einer eisernen Klinge siehe oben.

Eine andersgeartete Änderung in Richtung hallstattzeitlichen Formengutes stellt der Wandel an urnenfelderzeitlichen Ornamenten dar. Ein Tüllenbeil aus Österreich (Tafel 60, 15) und ein Tüllenhammer aus Magdalenska Gora (Tafel 60, 14) tragen zwei V-förmig verlaufende Rippen, die an ihren unteren Enden in gegenständigen Aufrollungen enden. Auf dem österreichischen Beil erscheinen sie unter drei Horizontalrippen, in Magdalenska Gora fassen sie eine einfache hängende Dreieckszier und eine kleine Vertikalrippe ein.

Die in Aufrollungen endenden Rippen sind nicht aus dem urnenfelderzeitlichem Verzierungsschatz zu verstehen. Sie lassen sich auch schwerlich im Sinne eines Ornamentwandels erklären, sondern weisen eindeutig zu hallstattzeitlichen Motiven, wie sie in ganz ähnlicher Anordnung auf Keramik und Blecharbeiten erscheinen (Zu Keramik: Dobiat 1980; Taf. 11, 6; 21, 8; 29, 1. - Dular 1982; Abb. 4 A 12-13; 26, 1; Taf. 4, 17; 9, 85. - Zu Metall: Kromer 1959b; Taf. 255, 1; 252, 1; 178, 8; 172, 1a; 155; 152; 148, 1; 131, 7; 130, 11; 125; 75, 8; 25, 6; 20, 4; 9, 22; 8, 7).

Versucht man den Wandel zu fassen, der sich am Übergang zu den eisernen Tüllenbeilen und durch diese abzeichnet, so sind folgende Dinge festzustellen (Die zusammenfassenden Ausführungen beziehen sich auf die Zeitdauer vom ersten Erscheinen eiserner Tüllenbeile bis zu den Stücken aus den späthallstattzeitlichen und frühlatènezeitlichen 'Fürstengräbern'):

Die Umsetzung der Tüllenbeile in Eisen führte bei der Variante 1 zu keinen grundsätzlichen Formveränderungen. Die 'Normalausprägung' des Gerätetyps Tüllenbeil erfolgte in Eisen. Entgegen László (1977, 62), der das frühe Beil aus Lápus nach formalen Kriterien - Größe, Randform und Verlauf der Seitenbahnen - von den späteren Exemplaren absetzt, paßt das Tüllenbeil ohne Schwierigkeiten in die Variante 1. Nach der Rususchen Abbildung (Tafel 59, 1) ist der Seitenbahnenverlauf auch hier konvex. Die Annahme Lászlós, daß spätere Beile kleiner sind, trifft nicht zu, wie oben angedeutet wurde. Auch in der Schneidenbreite bindet es sich in die erste Variante ein.

László nimmt weiter an, daß die eisernen Tüllenbeile einen kurzzeitigen Versuch markieren, den Gerätetyp in diesem Rohstoff umzusetzen, der sich jedoch als erfolglos erwies. Man ersetzte das Tüllenbeil "mit neuen, wirkungsvolleren...Waffen" wie Ärmchenbeil oder Doppeläxte, die leichter zu schmieden seien. Das verhältnismäßig häufige Auftreten der Ärmchenbeile, von denen in der Publikation einige vorgelegt wurden, sollen diese Annahme unterstützen (Ebd. 64).

Dem ist allerdings entgegenzuhalten, daß die Anzahl der Tüllenbeile - nimmt man alle von László erwähnten und durch die Literatur nachprüfbaren zusammen ‹Liste 13, Variante 1› - die der Ärmchenbeile fast um das Doppelte übersteigt.

In der Tat sind lang-flachrechteckige Gegenstände einfacher zu schmieden als solche mit Tülle. Doch sei hierzu auf die Ausführungen zur Herstellung oben verwiesen.

Man wird sich die Frage stellen können, warum nicht mehr eiserne Tüllenbeile urnenfelderzeitlicher Formtradition überliefert sind, da das Schmieden der Tülle um einen eisernen 'Schneidenkern' nicht die Anforderungen stellen sollte, nimmt man nicht komplexere, jedoch bislang noch nicht belegte, Herstellungsmethoden in Betracht.

Auch sollte in diesem Zusammenhang die unterschiedliche Korrosionsfähigkeit von Eisen und die Versorgung der Schmiede mit diesem (seltenen und wertvollen ?) Rohstoff mit bedacht werden.

Neben der gänzlichen Ausführung in Eisen sind Tüllenbeile mit bronzenen Tüllen und eisernen Klingen bekannt. Das Ornament des einen (Tafel 60, 13) stellt keine Neuschöpfung dar. Zum Vergleich können die oben unter 2.b.2.b., 2.b.2.c. und 2.b.2.d. zusammengestellten Tüllenbeile und Gußmodel genannt werden.

Das andere Beil (Tafel 60, 12) steht Stücken nahe, wie sie von Carancini für Italien aufgeführt wurden (Carancini 1984; Taf. 132, 3906; 137, 3967; 179 A ‹Verbreitung›).

Die Ornamente auf den Beilen Tafel 60, 14-15 stellen Übernahmen hallstattzeitlichen Ornamentes dar. Auch hier ist der Tüllenbeiltyp beibehalten worden.

Es zeigt sich also, daß das Eisen sowie ein neuer Verzierungsschatz - als Ausdruck andersgearteter geistiger Vorstellungen - keinen Anstoß gaben, das Tüllenbeil in seiner Erscheinung zu verändern. Es wurde problemlos in den neuen Rohstoff umgesetzt bzw. mit neuen Ornamenten belegt.

Etwas wirklich Neues stellen die hallstattzeitlichen Beile des Ostalpengebietes dar. Sie setzen sich in Form und Größe deutlich von ihren Vorläufern und nachfolgenden Beilen ab.

Hier ist außer dem Gerätetyp kein Verknüpfungspunkt vorhanden. Es liegt eine neue Funktion und Verständnis um das Tüllenbeil vor, der nicht im urnenfelderzeitlichen Habitus zu wurzeln scheint, sondern dem Repräsentationsdenken und der Kampfesweise des hallstattzeitlichen Kriegers angepaßt worden ist. Das Tüllenbeil ist nun zum wichtigen Bestandteil des Grabes geworden.

Letztlich soll zusammenfassend auf die Verbreitung der späturnenfelder- und hallstattzeitlichen Tüllenbeilerscheinungen eingegangen werden (Dazu Tafel 57).

Die nach Material und Form gliederbaren Tüllenbeile zeigen einen Bezug zu geographischen Groß- und Kleinräumen. Die Verbreitungsgebiete sind gegeneinander abgrenzbar.

Die in der urnenfelderzeitlichen Tradition stehenden Beile, welche sich methodisch einwandfrei diesem Zeitabschnitt zuweisen lassen, sind in einem west-östlich verlaufenden Gebietsstreifen von Niederösterreich, über die Slowakei, Ungarn bis nach Nordwestrumänien verbreitet. Die Verbreitung entspricht in lockerer Streuung der Fundpunkte dem Verbreitungsbild jungurnenfelderzeitlicher Tüllenbeile. Ein Bezug in der Ornamentik ist ebenso klar zu erkennen, Traditionsfäden scheinen vorzuliegen. Südöstlich daran schließt sich primär im Quellgebiet des Mureş die Variante 1 des in diesem Raum so typischen Beiltyps (Liste 14) an.

Ebenfalls hier befindet sich die südöstlichste Verbreitung der Tüllenbeile der Variante 2. Sie sind ansonsten in Mitteleuropa bzw. in dessen westlichen Teil beheimatet.

Tüllenbeile der Variante 3 sind bis auf ein Beil aus Frankreich von den Britischen Inseln her bekannt.

Die späturnenfelderzeitlichen Gußmodel und ihre Positivanalogien finden sich im Raum um die Una, grenzen somit südlich an die Verbreitung der slowenischen Beile.

Eine eindeutige Verbreitung der verschiedenen Tüllenbeilvarianten ist festzuhalten. Geographische Überschneidungen stellen die Ausnahme dar, und sind auch im Sinne einer chronologischen Reihung der unterschiedlichen Tüllenbeile zu interpretieren.

Zur Verbreitung und Lage der Gußmodel

Die Verbreitungen der Tüllenbeile und ihrer Gußmodel sind nicht identisch. Während die Positive in der Regel abgrenzbare Gebiete einnehmen, liegen die Gußmodel zumeist im Randbereich der jeweiligen Tüllenbeilverbreitung oder außerhalb davon, wie oben gezeigt wurde.

Grundsätzlich erweitert eine zu den Tüllenbeilen durchgeführte Kartierung der Gußmodel unsere Kenntnis um eine bestimmte Formengruppe. Die unterschiedlichen Verbreitungen zeigen jedoch deutlich, daß die die Geräteverbreitung bewirkenden Mechanismen nicht auf die Gußmodel zu übertragen sind. Andere Gründe müssen für deren spezielle Lage ausschlaggebend gewesen sein. Dem Verständnis dieses Phänomens ist dieses Kapitel gewidmet.

Die Lagerstätten für Kupfer und Zinn

1953 veröffentlichten Maczek, Preuschen und Pittioni eine Auflistung und Kartierung einiger kupferführender Lagerstätten (Maczek, Preuschen und Pittioni 1953, 67. ff.; Abb. 2). Die dort als Abbildung zwei erscheinende Karte umfaßt ein Gebiet, welches mit Ausnahme von Griechenland dem des Arbeitsraumes entspricht. Auf der Karte erscheint auch die Verbreitung kupferzeitlichen Äxte.

Auch wenn unterschiedliche Lagerstätten hinsichtlich ihrer Genese, Abbaubarkeit und Abbauwürdigkeit nebeneinander erscheinen, kann nach Ansicht der Autoren "eine innere Verbindung von Lagerstätte und Kupferobjekt" kaum mehr in Abrede gestellt werden (Ebd. 76). Was unter 'innerer Verbindung' zu verstehen ist, wird jedoch nicht genannt.

Es dürfte soviel bedeuten, daß der räumliche Bezug zwischen Lagerstätte und Kupfergerät auf einem ursächlichen Zusammenhang beruht, dergestalt, daß die Anwesenheit von Kupferlagerstätten zur Herstellung und Verwendung des aus ihnen gewonnenen Rohstoffs in benachbarte Gebieten führte.

Sowie im genannten Fall ein Bezug zwischen Lagerstätte und Fertigprodukt in Erwägung zu ziehen ist, ist ein solcher besonders bei den Gußmodeln zu erwarten. Sie waren in jedem Fall auf den notwendigen Rohstoff angewiesen, und sind nicht unmittelbar für die Verteilung der Fertigprodukte verantwortlich zu machen.

Die Tafel 71 zeigt eine neue Zusammenstellung vieler kupfer- und der wenigen bekannten zinnführenden Lagerstätten. Sie beruht auf mehreren geowissenschaftlichen und einigen archäologischen Werken (Siehe unter 'Tafelerklärungen' zu Tafel 71). Die Karte soll als Grundlage bei der Beurteilung der Beziehung Gußmodel zu Lagerstätte dienen.

Wenn auch der Versuch unternommen wurde, eine Vielzahl von Lokalitäten zusammenzutragen und zu kartieren, muß einschränkend bemerkt werden, daß es sich um die verschiedenartigsten Lagerstätten handelt; verschiedenartig, was Lage, Genese, mineralogische Zusammensetzung betrifft und daraus resultierend die Abbauwürdigkeit und Abbaubarkeit.

Der Begriff einer Kupferlagerstätte war mit Sicherheit in der Bronzezeit anders als heute definiert. Ebenso dürften einige Lagerstätten, die nach heutigen Begriffen im Sinne der Abbauwürdigkeit nicht zu Lagerstätten zu zählen haben, nicht auf der Karte erscheinen.

Der umgekehrte Fall ist auch denkbar, nämlich daß kleine, in der Vorzeit vollständig ausgebeutete Lagerstätten natürlich nicht mehr faßbar sind.

Einen sehr bescheidenen Einblick in das, was unter prähistorischer Kupferlagerstätte zu verstehen ist, vermitteln uns die bekannten

Lokalitäten von Rudna Glava (Jovanović 1982), Mali Šturac (Jovanović 1983), Aibunar (Černych 1978, 203 ff.) und der österreichische Bergbau (Hampl 1976), in welchen nachweislich in vorgeschichtlicher Zeit Kupfer abgebaut wurde. Außerhalb des Arbeitsgebietes sind die Lagerstätten und der Bergbau Westeuropas zu nennen (Shepherd 1980, 173 ff.; Monteagudo 1976, 10 ff.). Somit verbleiben für das gesamte metallzeitliche vorgeschichtliche Europa nicht einmal zehn Lagerstätten - die darüberhinaus noch zu sehr unterschiedlichen Zeiten unter Abbau standen -, in denen nachweislich Kupfer abgebaut worden ist.

Gelegentlich wird auch durch indirekte Belege auf Abbautätigkeit hingewiesen. Liptáková (1973, 72 ff.) veröffentlichte einen wohl beim Abbau benutzten Steinschlegel als Hinweis auf Tätigkeit unter Tage.

Černych wertete in seiner Kartierung der bulgarischen Kupferlagerstätten einige als 'vermuteter äneolithischer Abbau' oder mit 'glaubwürdige Nachrichten über prähistorischen Abbau, ohne Nachweis' (Černych 1978b; Abb. 3).

Gegenüber der Zusammenstellung von 1953 liegt durch die vorliegende Karte (Tafel 71) ein weitaus genaueres Bild vor. Es gibt nicht nur Zentrumsbildungen von Lagerstätten wieder, sondern zeigt auf, in welchem räumlichen Umfang mit kupferführenden Formationen zu rechnen ist. Darüber erscheinen Lagerstätten in Gebieten, die in der Karte von 1953 fundleer waren.

Das neben dem Kupfer zur Bronzeherstellung benötigte Metall ist Zinn. Gegenüber dem Kupfer kommt es nur an sehr wenigen, weit voneinander liegenden Plätzen in Europa vor. Dieser Umstand gab den Anlaß zu vielfältigen Deutungen zur Zinnbeschaffung. Sie reichten von der Beschaffung aus weit entfernten Quellen bis zum erschöpfenden und heutzutage nicht mehr erkennbaren Abbau einheimischer Lagerstätten.

Meines Wissens erwähnten Rusu und Chiţu als erste drei Kasseteritlagerstätten in Rumänien (Rusu u. Chiţu 1982, 45; Anm. 24). Die von Racoşul de Jos und Camena werden der primären Literatur zufolge als fraglich eingestuft (Radulescu u. Dumitrescu 1966, 94). Die Kenntnis der slowakischen Lagerstätten verdanke ich einer persönlichen Mitteilung V. Furmáneks.

Die rumänischen und slowakischen Lagerstätten stellen neben denen Sachsens und Böhmens die einzigen dieses Metalls im östlichen Europa dar.

Wie kontrovers die Abbaubarkeit der Lagerstätten im Erzgebirge diskutiert wird, zeigen die Ausführungen Muhlys (1977, 248) und Taylors (1983, 295 ff.), die aufgrund der Lagerstättengenese einen Abbau entweder für möglich halten oder ihn als nicht durchführbar einstufen.

Zur Verbreitung von Zinnlagerstätten in Europa soll die Arbeit Spindlers nicht unerwähnt bleiben (Spindler 1971).

Der Bezug Lagerstätte-Fertigprodukt

Eine Möglichkeit, Verknüpfungen zwischen Lagerstätte, Fertigprodukt und Gußmodel aufzuzeigen, besteht in einer analytischen Untersuchung der Zusammensetzung von Bronzeobjekt und Lagerstätte. Ergäben sich im Chemismus Zusammenhänge zwischen einer Lagerstätte und dem bronzenen Gegenstand, so wären u.a. Einblicke in die Verhandlungsrichtung und Verhandlungsintensität von Metall aufzeigbar. Die Fundortlagen der Gußmodel erschienen dann in viel klarerem Licht. Eine Lösung dieses anscheinend klaren und logischen Ansatzes steht jedoch vor schwierigen, wenn nicht gar unlösbaren Problemen. 1953 warnten Maczek, Preuschen und Pittioni in analogem Zusammenhang davor, "... dieses überaus komplizierte Problem auf eine so einfache Formel zu bringen und damit lösen zu wollen...Die weitere Forschung wird uns zweifellos noch vor manche Rätsel stellen" (Maczek u.a. 1953, 78).

Trotz eines erheblichen Informations- und Kenntniszuwachses äußerte sich Schickler 32 Jahre später ungleich kritischer, wenn nicht gar ablehnend zur Relation Lagerstätte-Objekt. Es wird leider mit aller Deutlichkeit klar, vor welchem inneren Problem organisatorischer, finanzieller und methodischer Art ein derartiges Unternehmen heutzutage steht. Die Forschung steht in dieser Hinsicht am Anfang (Schickler 1985, 69-71. 75. 77. - Siehe auch: Schulz 1983, 1 ff. u. Pittioni 1985, 155 ff.). Die Verknüpfung Lagerstätte und Metall scheint auch objektbezogen vor gewichtigen Problemen zu stehen, hält man sich folgendes vor Augen: a) die mineralogische Zusammensetzung einer Lagerstätte braucht nicht konstant zu sein, sondern kann innerhalb ihres Verlaufes Schwankungen unterworfen sein, b) die Legierungen einzelner Bestandteile bronzener Geräte können variieren, wie zum Beispiel bei einem Dolch Klinge, Niete und Griff je nach Art der Beanspruchung unterschiedlich gefertigt sein können. Unterschiedliche Zusammensetzung des Metalls an einem Gegenstand kann auch durch die Herstellung bedingt sein (Rottländer 1985, 201) und c) ist damit zu rechnen, daß ein Großteil der Bronzen aus erschmolzenem Altmaterial hergestellt worden ist, somit Unterschiede im Mischungsverhältnis der das Kupfer begleitenden Mineralien vorliegen und nicht von einer lagerstättenspezifischen Zusammensetzung die Rede sein kann. Sehr schön wird der letzte Punkt durch die Vorlagen Mozsolics' unterstützt (Mozsolics 1981, 403 ff.; 1984, 19 ff.), die Gußkuchen mit halbverschmolzenen Geräten publizierte.

Der Bezug Lagerstätte-Gußmodel

Beim derzeitigen Kenntnisstand scheint meines Erachtens nur die Aufnahme und Kartierung aller erreichbaren Kupfer- und Zinnlagerstätten und deren Vergleich mit den Gußmodeln der einzige bescheidene, gangbare Weg, um die verschiedenen Gebiete des Arbeitsgebietes gleichgewichtig miteinander zu vergleichen.

Wie paßt sich die Verbreitung der Gußmodel und ihrer Positivanalogien in die Verteilung der Lagerstätten ein?

Es sei in diesem Zusammenhang auf die Ausführungen oben zur Zusammenstellung der Lagerstätten hingewiesen. Natürlich können sich unter 'wenigen' Lagerstätten auch solche bedeutenden Umfanges befinden, doch ist dieses nicht ermittelbar. Bei den anschließenden Überlegungen wird nach rein quantitativen Gesichtspunkten argumentiert, d.h. eine Häufung von Lagerstätten wird im Sinne einer potentiellen Rohstoffquelle höher eingestuft, als nur wenige oder einzelne.

Betrachten wir die spätbronzezeitlichen Gußmodel (Tafel 26), so ist kein signifikanter Bezug zwischen ihnen und der Verteilung der Lagerstätten spürbar (Tafel 71).

Der ostsiebenbürgische Model von Cernat (Tafel 26, 2.b.3.) liegt in einem Gebiet, in dem sich nur wenige Lagerstätten befinden.

Im Fall des Models von Ljuljakovo (Tafel 26, 3.b.4.c.) ist unter Umständen an die - relative - Nähe der Kupferlagerstätten im Raum zwischen unterer Tundža, dem Istranca-Gebirge und der Schwarzmeerküste zu denken. Recht beziehungslos befindet sich der Fundort am Südhang des östlichen Balkangebirges zu den gleichzeitigen Depotfunden, die nördlich dieses Gebirges vom Eisernen Tor bis zur Dobrudscha verbreitet sind (Hänsel 1976; Karte 1).

Der Gußmodel von Beljakovec (Tafel 26,

3.b.4.d.) liegt weit abgelegen von seinen Positivanalogien. Auch in diesem Fall kann man damit spekulieren, die kupferführenden Lagerstätten südlich des Balkangebirges für die Fundortlage verantwortlich zu machen, zumal er an der zum Šipkapass führenden Jantra liegt, des gangbarsten Weges über das zentrale Balkangebirge.

Im Fall von Cernat scheint das Auftreten im intramontanen Tal des oberen Oltes eher ausschlaggebend für die Ortswahl gewesen zu sein. Hier befindet sich der Überschneidungspunkt zweier Tüllenbeilkreise. Die Lage mag sich an einem Verbreitungsgebiet von Positiven orientiert haben, dessen Lage sich in keiner Weise nach den Lagerstätten zu richten braucht.

Dieses wird verständlich, hält man sich vor Augen, daß die für einen einheitlichen Verzierungs- und Gestaltungskreis gleichartiger Tüllenbeile verantwortlichen Menschen wohl kaum ihr Siedlungsgebiet nach ständiger Erzlagernähe ausgerichtet haben. Außerdem finden sich die Tüllenbeile fast ausnahmslos in Hortfunden, für deren Deponierungsort ebenfalls andere Gründe ausschlaggebend waren. Gerade die Lage in einem Treffpunkt zweier Tüllenbeilkreise, die ja auch zwei Technologiekreise darstellen, dürfte für einen Metallhandwerker nicht uninteressant sein, denkt man an die Möglichkeit des Erfahrungsaustausches, der Einblicknahme in fremdes Handwerkertum, der Kenntnisnahme anderer Geräte o.ä.

Eine 'innere Verbindung', wie sie bei den kupferzeitlichen Äxten angenommen wurde, ist für die spätbronzezeitlichen Gußmodel und Tüllenbeile nicht belegbar. Ihre Verbreitungsschwerpunkte liegen gerade dort, wo keine oder nur wenige Lagerstätten bekannt sind.

Auch bei der östlich der Theiß gelegenen Tüllenbeilvielfalt Nordungarns (Tafel 25) ist eine Verbindung zu entsprechenden Rohstoffvorkommen nicht aufzuzeigen, will man nicht beispielsweise in den slowakischen Erzlagerstätten einen 'Verbindungspartner' sehen.

Die Konzentration von Gußmodeln und Tüllenbeilen in Gebieten ohne Kupfervorkommen zeigt an, daß andere Auswahlkriterien bei der Ortswahl dominanter waren.

Anknüpfend an die Fundortlage von Cernat sowie vieler anderer Gußmodel für andere Gegenstände am oberen Olt, weist die Fundhäufung beiderseits der Donau im Bereich des unteren Argeș auf einen 'Brückenkopf' über die Donau hin, der Teil eines Verbindungsstranges zwischen der unteren Donau und dem Brașover Raum ist. Er läßt sich die Dîmbovița und die Prahova entlang weiterverfolgen, deren Tal den gangbarsten Weg über die Südkarpaten darstellt (und nicht, wie man annehmen möchte, das des Oltes).

Inwieweit diese Annahme zu verallgemeinern ist, soll dahingestellt bleiben. Jedoch spricht einiges dafür, daß Beweggründe topographischen Hintergrundes eine nicht unerhebliche Rolle gespielt haben dürften.

Ungleich komplexer wird die Problemstellung zur älteren und jüngeren Urnenfelderzeit (Tafel 26-33).

Durch die das Arbeitsgebiet umspannende Verbreitung findet sich eine größere Menge an Gußmodeln in der Nähe von Kupferlagerstätten. Ein signifikanter Bezug der Gußmodel und der Tüllenbeile ist auch in diesen Zeitabschnitten festzustellen. Auch legt die Orientierung an den großen und kleineren Flüssen eine nach Wegesystemen ausgerichtete Verteilung nahe.

Es hat den Anschein, daß die Kenntnis und Benutzung der Verteilungswege von ausschlaggebener Wichtigkeit waren. Diese Annahme wird durch die Tüllenbeile unterstützt, da deren weite Verbreitung und Durchmischung verschiedener Tüllenbeile ein Verteilungssystem u.a. in Form eines Wegenetzes zur Voraussetzung hat.

Während der späten Urnenfelderzeit sind Gußmodel nur aus dem nordwestlichen Arbeitsgebiet bekannt (Tafel 34). Es hat auch hier das bereits oben Ausgeführte zu gelten. Bezüge zwischen den Gußmodeln und den Rohstofflagerstätten sind nicht glaubhaft zu machen.

Die wenigen bekannten Zinnlagerstätten sind von der Betrachtung ausgeschlossen worden. Ihre geringe Anzahl verbietet sinnvolle Stellungnahmen.

Gelegentlich werden auch andere Bodenschätze für das Auftreten von Fundhäufungen verantwortlich gemacht. Dazu gehören "das für den Menschen und Tier so notwendige Salz" und das Gold als Grundlage für die Prosperität eines Gebietes (Zu Salz: Rusu 1981, 382; Rusu u. Chiţu 1982, 42 f.; 37 mit Abb. - Zu Gold: Rusu 1972, 29 ff.; 1981, 380; Neuninger u.a. 1971, 23 ff.).

Aber einerseits ist es die begrenzte Lagerstättenvorlage, zum anderen ist es wiederum der nicht eindeutige Bezug - d.h. der nicht aus dem archäologischen Material zu belegende - zwischen Lagerstätte, Gußmodel und Fertigprodukt, die eine Abhängigkeit je nach dem Blickwinkel des Bearbeiters erkennen lassen oder nicht.

Abb. 6

	TÜ	HA	ME	LS	AR	AN	SW	GL	GE	ÄB	SA	ND	BA	NG	DO	RN	PF	FI	RM	SE	MS	NI	KN
Pobit Kamäk KatNr. 9	1				1	1		1	1	1	1		2										
Sokol KatNr. 12	3	1		1									4										
Esenica KatNr. 5	1		2										+	5									
Cernica KatNr. 44	2		1	1									3		1								
Ciumeşti KatNr. 45	3		2			1										5			1	2			
Pleniţa KatNr. 52	5	1																					
Sveti Petar KatNr. 39	3	1	2	3																	2	+	
Brădiceşti KatNr. 42b	1																	8					9
Sághegy KatNr. 69	+					+						+				+							
Velem KatNr. 72	+	+	+	+		+						+				+	+				+		
Ripač KatNr. 38	+	+		+								+											
Donja Dolina KatNr. 23	+					+										+							

Vergesellschaftung von Tüllenbeilgußmodeln mit anderen in Hortfunde (oben) und Siedlungen (unten)

Zur Vergesellschaftung von Tüllenbeilgußmodeln mit anderen Gußmodeln im selben Fundverband

Auf der Abb. 6 sind die geschlossenen Gußmodelfunde nach ihrem Inhalt aufgeführt.

Hierzu zählen reine Gußmodeldepots und solche Kollektionen, welche zusammenliegend an einer Stelle im Bereich einer Siedlung gefunden wurden (Cernica, Sveti Petar).

In Ripač, Donja Dolina, vom Sägberg und in Velem sind Gußmodel über ein weites Gebiet verteilt geborgen worden. Sie werden allgemein als 'Siedlungsfunde' eingestuft. Durch die Befundüberlieferung einer kleinräumigen Ansammlung sind sie von den 'Gußmodelkollektionen in Siedlungen' zu trennen.

Gußmodel - auch für andere Geräte - im Verband mit Metallhorten stellen die Ausnahme dar. Hierzu zählen das spätbronzezeitliche Depot von Domănești, dem unter Umständen eine Gußform für einen Meißel zuzurechnen ist (Mozsolics 1973, 128 f.) und das jungurnenfelderzeitliche von Brza Palanka (Ostave; Taf. 83-84), zu dem eine Gußformenhälfte für ein Flachbeil und für eine Nadel gehört.

Die Zusammensetzung der geschlossenen Gußmodelfunde zeigt abgestuft sowohl verbindende Gemeinsamkeiten als auch deutliche Unterschiede. Verbindendes Element ist die Kombination von mehreren Tüllenbeilgußmodeln. Nur die Funde von Pobit Kamăk, Esenica und Brădicești enthalten ein Model für Tüllenbeile. Am zweithäufigsten erscheinen die Barren (neun Funde) und weiter die Meißel (sieben) und Lanzenspitzen (sechs).

Durch die Vergesellschaftung der Gußmodel für die genannten häufigsten Typen lassen sich bei den Hortfunden zwei Arten von Kollektionstypen voneinander scheiden.

Zur ersten gehören die Funde von Logrești-Moșteni, Želju-Voivoda, Plenița und Esenica. Außer dem Gußmodel für Nägel und weitere nicht zu deutende Objekte in Esenica stehen die Horte durch die Model für Tüllenbeile, Barren und Meißel eng zusammen.

Eine zweite Gruppe wird durch die Depotfunde von Cernica und Sokol mit ihren Gußmodeln für Lanzenspitzen gebildet.

Beide Arten der Gußmodelzusammenstellungen sind beiderseits der unteren Donau verbreitet (Tafel 62).

An die erste Gruppe anzuschließen sind die Horte von Ciumești und Pobit Kamăk mit ihren Modeln für Tüllenbeile, Barren und Meißel. Ansonsten weichen sie mit ihrem Ensemble erheblich ab, was ausschließlich bei ihnen auftritt. Zur zweiten Gruppe sollte das Depot von Sveti Petar mit den Modeln für Lanzenspitzen gerechnet werden. Wie oben dargestellt, treten die Gußmodel für zusätzliche Geräte nur hier auf.

Die Horte lassen sich nach ihrer Typenvielfalt der Gußmodel für bestimmte Geräte in solche mit einer 'Grundausstattung' - Tüllenbeil, Meißel, Barren und gegebenenfalls Lanzenspitze - und in solche, die ein zusätzliches nur im betreffenden Fund erscheinendes Gußmodelensemble aufweisen, gliedern.

Zu den letzten sollte das Depot von Brădicești gerechnet werden. Es enthält neben einem Gußmodel für ein Tüllenbeil und eine Scheibe Model für neun Knöpfe und acht Fibeln.

Das durch die Siedlungen vom Sägberg, von Donja Dolina, Velem und Ripač übermittelte Bild weicht von dem der Horte ab. Während da vornehmlich Model für Schwergerät bekannt sind, finden sich in den Siedlungen auch Gußmodel für Klein- und Schmuckformen wie 'Anhänger', Pfeilspitzen und Nadeln. Weitere nur in dieser Fundgruppe auftretende 'Schwergeräte' sind Sicheln und Lappenbeile.

Während bei der letzten wohl die westliche Lage des Sághegys innerhalb des Arbeitsgebiet für die Anwesenheit eines Gußmodels für Lappenbeile verantwortlich zu machen ist, scheinen die Gußmodel für Sicheln an die Siedlungen gebunden zu sein (Abb. 6).

Die Siedlungsfunde passen sich mit ihren Gußmodeln in das Erscheinungsspektrum der 'großen' und 'kleinen' Horte ein und erweitern es durch nur hier auftretende Gußmodel. Durch die ähnlichen Gußmodelzusammenstellungen des unterdanubischen Raumes ist an eine spezielle Ausstattung von Gießern zu denken. Die Funde von Ciumeşti, Pobit Kamăk und Sveti Petar weichen in ihrer Zusammensetzung ab. Sie zeigen wohl die Maximalausstattung einer Gießerwerkstatt, die an die der Siedlungen erinnert.

Hält man wandernde Handwerker für vorstellbar, so ist in diesem Zusammenhang der Fund von Brădiceşti äußerst aufschlußreich. Die Positivanalogien zum Tüllenbeil sind im nordwestlichen Bulgarien und südöstlichen Rumänien verbreitet (Tafel 29, 3.b.2.b.). Daneben erscheinen Gußmodel für Fibeln vom Typ Poiana nach Bader (1983, 99 ff.) in Brădiceşti. Der Typ Poiana gehört zu den in Rumänien nicht allzu häufig verbreiteten Bogenfibeln (Ebd. Taf. 23, 128 ff.; 47-51). Diese Fibeln sind - unter anderem - im nordwestlichen Bulgarien und südwestlichen Rumänien zu finden. Sie stammen also aus dem Gebiet, in dem die Positivanalogien zum Tüllenbeilgußmodel aus Brădiceşti beheimatet sind.

Interessanterweise liegen die bulgarischen Exemplare des Fibeltyps Poiana in der thrakischen Tiefebene (Ebd. Taf. 51). Nur von dort sind die übrigen Gußmodel zu den Tüllenbeilen 3.b.2.b. belegt (Tafel 29).

Es ist folglich mit großer Wahrscheinlichkeit anzunehmen, daß die Gußmodel aus Brădiceşti einem wandernden Gießerhandwerker gehörten, der von der thrakischen Tiefebene bis in die mittlere Moldau kam.

Auch wenn die Beweislage hier nicht so eindeutig ist, sollte Vergleichbares auch für den Hort von Pleniţa in Erwägung gezogen werden, dessen Positivanalogien sich weit nördlich befinden (Tafel 33, 2.b.6.a.).

Wenn man die wenigen mit Tüllenbeilgußmodel vergesellschafteten anderen wertet, so sind von den Depotfunden die von Pleniţa und Brădiceşti als Händlerausrüstungen identifizierbar.

Die Siedlungen zeigen insgesamt ein größeres Gußmodelspektrum. Auch aufgrund der eingeschränkten Fundüberlieferung ist bei ihnen mit stationären Gießerwerkstätten zu rechnen.

Zwischen den 'kleinen' Depots und den Siedlungen stehen die Funde von Ciumeşti, Pobit Kamăk und Sveti Petar. Es ist kaum zu entscheiden, ob sie in 'Abhängigkeit' von den Siedlungen standen oder Gußmodelkollektionen 'unabhängiger', wandernder Bronzegießer darstellen.

Abb. 7

	FB	AN	TÜ	ST	BA	SW	AR	HA	ME	ND	SE	PF	PE	LS	PS	RN	NI	MS
Sághegy; 69 d	1																	
Beljakovec; 1		1																
Lăpuş; 47 a			2															
Lăpuş; 47 b			1															
Skalica; 11				1														
Lovas; 31				1														
Cernica; 44 e				1														
Logreşt-M.; 48 c					4													
Pobit Kamăk; 9 d.e						1	1											
Brzi Brod; 20							1											
'Südbulgarien'; 13								1										
Velem; 72 d								1										
Esenica; 5 a									1									
Gomolova; 24									1									
Vraca; 14										1								
Ciumeşti; 45 a				1		1												
Zelju-Voivoda; 15 d				1														
Pleniţa; 52 a.b				1														
Roman; 10				1														
Sághegy; 69 f				1														
Velem; 72 r						1				2								
Gornja Radgona; 25 a										3								
Sághegy; 69 c											1							
Velem; 72 p												1						
Velem; 72 t								1										
Sokol; 12 h									1									
Velem; 72 i											1							
Karlovo; 6							1											
Velem; 72 l									1									
Velem; 72 d														1				
Novigrad; 34															1			
Piliny; 65																2		
Velem; 72 k																1		
Idjoš; 26																		
Sveti Petar; 39 g.h				1													16	
Donja Dolina; 23 b																		
Brădiceşti; 42b																		1

Vergesellschaftung von Tüllenbeilnegativen mit anderen auf demselben Gußmodel

Zur Vergesellschaftung von Tüllenbeilnegativen mit anderen auf derselben Gußformenhälfte

Ein anderer Punkt betrifft die Ausnutzung der Formenflächen der Tüllenbeilgußmodel. Bei vielen ist zusätzlich zum Tüllenbeilnegativ ein weiteres entweder auf derselben oder einer der anderen Formenflächen eingearbeitet.

Hierbei galt es zu beachten, das zweite Negativ nicht zu groß zu fertigen, da sonst bei der Benutzung beider Breitseiten die Beanspruchung durch das flüssige Metall zu stark gewesen wäre. Aus diesem Grunde wurden die Negative zum Teil 'gedreht' zueinander angebracht. Auf diese Weise wurden die beim Einguß belasteten Eingußkanäle so weit wie möglich voneinander entfernt.

Bisweilen sind die Tüllenbeilgußmodel aus schon benutzten Gußformenhälften hergestellt, was an den Resten der primären Negative zu erkennen ist. Im Falle des Models von Pobit Kamǎk ist das primäre Negativ eines Tüllenbeils und Armbandes zerstört worden, um das Negativ für einen Schwertgriff einzuarbeiten (Tafel 40, 7-8). In Vraca ist der Rest eines primären Nadel(?)negatives erkennbar (Tafel 39, 5).

Die Benutzung älterer Gußmodel spricht ein beredtes Wort für den hohen Stellenwert des zur Gußformenherstellung herangezogenen Gesteinsmaterials, das durch seine hohe Belastbarkeit oder seine schwierige Beschaffung eine vollständige Ausnutzung zuließ bzw. notwendig machte.

In jedem Fall ist mit einem sorgsamen Umgang der Gußmodel zu rechnen, das wohl nur selten handwerklich falsch bearbeitet wurde. Ein solcher Fall ist u.U. die Gußformenhälfte aus Brzi Brod (KatNr. 20), wo es den Anschein hat, daß zu einem Tüllenbeilnegativ ein Negativ für einen Hammer zu tief eingearbeitet worden ist.

Auf der Abbildung 7 sind Tüllenbeilnegative mit den sie begleitenden anderen Negativen zusammengestellt.

Auffällig ist das gehäufte Auftreten der unter 'Stab' (ST) zusammengefaßten Negative. Es handelt sich dabei um längliche, schmale Rinnen oder breitere Kanäle auf der ersten Breitseite oder den Schmalseiten. Gemein ist ihnen, daß sie nicht auf der Formenfläche abschließen, sondern mit dem Negativ bis zur Formenkante laufen. Die Ansprache als Negative für Barren ist meines Erachtens falsch. In Plenița ist dieses Negativ an zwei Stellen ausgebaucht und wird von plattigen Negativen überlagert. An einer Stelle befindet sich ein Verzapfungsloch im Negativ, so daß sein Ausguß nicht praktikabel erscheint (Tafel 47, 6b u. 7b).

Am häufigsten sind weiterhin Negative für Tüllenbeile, Barren und Meißel mit solchen für Tüllenbeile vergesellschaftet. Dieser Befund korrespondiert mit der Vergesellschaftung im selben Fundverband. Daß hier nicht die Lanzenspitzen zu finden sind, liegt an der Größe dieser Geräte. Zusammen mit den Tüllenbeilen ist die Beanspruchung für das Gußmodel zu groß gewesen. So verwundert es auch nicht, daß ein großer Teil der begleitenden Negative für Klein- oder Schmuckgeräte bestimmt war. Viele der Gußmodel mit anderen Negativen sind schon von den geschlossenen Funden her bekannt. Der auf Abb. 7 dargestellte Befund entspricht der Vergesellschaftungsform auf Gußmodeln des nördlichen Schwarzmeergebietes. Auch hier rangieren Meißel und Tüllenbeil an erster Stelle (Bočkarev u. Leskov 1980, 47 u. Abb. auf 46).

Hinsichtlich der Chronologie zeigt sich, daß die Vergesellschaftung im selben Fundverband wie auf derselben Gußform ihren Höhepunkt in der älteren und jüngeren Urnenfelderzeit hat. Während der späten Bronzezeit wie in der letzten Phase der Urnenfelderzeit sind diese Ausprägungen in weitaus geringerer Zahl vorhanden. Somit korrespondiert das durch die Gußmodel gewonnene Bild gut mit dem des Metallreichtums und zeigt, daß der quantitative und qualitative Metallanfall auch durch die bessere Ausnutzung einer Gußform wie durch die Vergesellschaftung mehrerer im selben Fundverband dazu beigetragen hat bzw. die technische Voraussetzung dafür war (Tafel 63).

Abb. 8

	Höhensiedlung	Lagerstätte	Architektur	Depot	Nekropole	Gußmodel	Gießereigerät	Literatur
Velem	+	+	+	+		+	+	v. Miske 1908; Fekete 1982
Sághegy	+	(+)		+		+	+	Lázár 1943
Dridu	+			+	(+)	+		Soroceanu unpubl.
Blučina	+			+	+	+	+	Salaš 1985
Třiškolupy	+			+		+		v. Weinzierl 1906a
Pobedim	+					+		Studeníková u. Paulík 1983
Nagyberki	+					+		Bándi 1982; Patek 1968
Somló	+					+		Bándi 1982
Lengyel	+					+		Bándi 1982; Patek 1968
Regöly	+					+	+	Ebd.
Pécs	+			+		+		Bándi 1982; Bándi u. Fekete 1973-74
Budapest	+					+		Bándi 1982
Benczúrfalva	+			+		+		Kemenczei 1982
Kisterenye	+			(+)		+		Ebd.
Ožd'any	+			+	+	+		Furmánek 1982
Terna	+					+		Ebd.
Badacsony-szentkirály	+					+		Nováki 1979

Befundsituation metallzeitlicher Siedlungen mit Gußmodeln

Zur Organisation des Gießerwesens anhand der Tüllenbeilgußmodel

Aufbauend auf den Ergebnissen zur Gußtechnologie, Verbreitung der Gußmodel und ihrer Positivanalogien, zu den Lagerstätten und den Vergesellschaftungsformen der Model und Negative soll in diesem Kapitel der Versuch unternommen werden, den Aspekt des Tüllenbeilgusses innerhalb des bronzezeitlichen Südosteuropas zu rekonstruieren.

Durch die Beschränkung auf einen Gerätetyp kann damit nur ein zwangsläufig unvollständiger Überblick gegeben werden. Aber durch die Dominanz und die umfassende Verbreitung der Tüllenbeile und ihrer Gußmodel bietet sich gerade der Gerätetyp für eine derartige Bearbeitung an.

Sie soll als Maßstab für zukünftige Untersuchungen weiterer metallzeitlicher Sachgüter dienen.

Ein entscheidender Punkt liegt in der Frage, ob spezielle Einrichtungen der Gußformen liefernden Siedlungen auszumachen sind, und ob von Gießerzentren die Rede sein kann.

Hinweise in Form von Tiegeln, Schmelzöfen oder zum Guß- und Aufbereitungsprozeß des Metalls benötigter Werkzeuge - in Kombination mit den Gußmodeln - liegen als Regelfall nicht vor. Auch die Siedlungsstruktur der Anlagen, in denen Gußformen - und Gießereigerät - gefunden wurden, läßt nicht den Gedanken an eigene Gießersiedlungen oder gesonderte Gießerviertel aufkommen.

Primär verantwortlich für diesen Sachverhalt dürfte der Forschungsstand zur bronzezeitlichen Siedlungsarchäologie sein. Es liegt in der Natur der Sache, daß Siedlungsgrabungen zu den umfangreichsten und aufwendigsten archäologischen Projekten gehören, deren Ergebnisse - inklusive literarischer Vorlage - beim momentanen Forschungsstand äußerst ausschnitthaft sind und nicht für das Ganze zu stehen vermögen.

Wenn die Tendenz dahin geht, daß Gußmodel eher in Höhensiedlungen anzutreffen sind, so sollte vor einer Verallgemeinerung gewarnt werden. Das sich schnell anbietende Bild eines fortifikatorisch begünstigten Gießerzentrums bedarf der Begründung.

Zum einen sind Höhensiedlungen für die Forschung aus mehreren Gründen ein attraktives Objekt, andererseits ist aber die Forschungssituation von Land zu Land in höchstem Maße variabel (Einen Überblick vermittelt: Beiträge zum bronzezeitlichen Burgenbau in Mitteleuropa <Berlin-Nitra 1982>).

Als einzige Ausnahme hierzu hat die Höhensiedlung von Velem (KatNr. 72) zu gelten.

Die der Forschung seit dem Ende des letzten Jahrhunderts bekannte Fundstelle lieferte mit Abstand die größte Menge an Gußmodeln und Gießereigerät. Leider erfolgte die Bergung des Fundmaterials nicht nach heutigen Maßstäben, so daß die Zuweisung zu Fundkomplexen oder architektonischen Einheiten nicht mehr ermittelbar ist.

Es steht aber fest, daß die 'Grabungen' von Miskes unterhalb der Akropolis auf einem künstlich terrassierten Gelände erfolgt sind. Von hier stammt auch die Mehrzahl der Gußmodel (Information durch M. Fekete).

Somit ist mit einem eigenen Gießer'viertel' außerhalb der eigentlichen Siedlung zu rechnen.

Die seit 1973 vom Savaria Museum in Szombathely wieder aufgenommenen, wissenschaftlichen Untersuchungen erbrachten Siedlungsreste zum Teil erstaunlichen Charakters. Dagegen war der Anfall von Modeln und Gießereigerät äußerst gering.

Die Befunde ergaben regelmäßig angeordnete, aufeinander Bezug nehmende Rechteckhäuser mit Fußböden aus gestampftem Lehm. Die Häuser waren zu einzelnen Gruppen zusam-

mengefaßt und durch Straßen voneinander getrennt (Bándi u. Fekete 1973-74, 113 ff; 1977-78, 101 ff.; Fekete 1977-78, 133.)
Herausragend ist der Befund eines aus Lehmziegeln errichteten größeren Hauses, wie es sonst nur aus dem mediterranen Bereich bekannt ist.
Über Sinn und Unsinn dieser konstruktiven Eigenart im nichtmediterranen Europa geben uns die Erkenntnisse zur Heuneburg Auskunft - die neben Velem die einzige vorgeschichtliche Anlage mit partieller Lehmziegelarchitektur ist -, wo Teile der fortifikatorischen Anlage aus Lehmziegeln gebaut waren (Gersbach 1976, 21 ff.; Dehn 1957, 84 ff.).
Wenn das dortige Fundgut Objekte griechischer Provenienz lieferte, und man sowohl einen Fernhandel wie die Entstehung der Lehmziegelarchitektur unter mediterranem Einfluß oder Beteiligung anzunehmen hat, stellt sich die Frage wie der Velemer Befund einzuschätzen ist. Mykenisches Fundgut beispielsweise fehlt.
In jedem Fall steht Velem als etwas Besonderes innerhalb der Bronzezeit des nordwestlichen Karpatenbeckens da. Es ist die bisher größte bekannte Metallhandwerkstätte des südöstlichen Europas, wie es unter anderem in der großen Anzahl von Gußmodeln, Gießereigerät und Bronzegegenständen, die zum Teil als Hortfunde vorliegen, zum Ausdruck kommt.
Daß auch in anderen Teilen Europas mit einer Strukturierung des Gießerwesens zu rechnen ist, belegen die Befunde aus dem urnenfelderzeitlichen Hillfort von 'Fort Harrouard' im nordwestlichen Frankreich. Die hier gefundenen Gußmodel waren nach den auszugießenden Gerätetypen niedergelegt worden, was auf einen arbeitsteiligen Prozeß bei der Herstellung der unterschiedlichen Geräte hindeuten mag (Information S. Gerloff).
In den zeitgleichen Höhensiedlungen Süddeutschlands ließ sich trotz einer detaillierten Untersuchung Jockenhövels (1986) unter Zuhilfenahme aller Indizien kein arbeitsteiliger Arbeitsvorgang belegen.
Jockenhövel wies aber auf urnenfelderzeitliche Grabfunde hin, in denen "nie Fundgattungen aus dem Aufbereitungs- und Fertigungsprozeß...und Weiterverarbeitungsgeräte zusammen" auftreten. Danach ließe sich eine Arbeitsteilung postulieren (Ebd. 229).
Daß mit großer Wahrscheinlichkeit zumindestens mit abseits zum Wohn- und Lebensraum gelegenen Gießervierteln zu rechnen ist, zeigt der Umstand, daß wegen einer möglichen Feuergefahr die Gießerplätze in jedem Fall außerhalb des bewohnten Teils einer Siedlung zu liegen hatten (Siehe dazu den mittelbronzezeitlichen Befund von Soltvádkert <Gazdapusztai 1959>, wo sich außerhalb einer Hütte Feuerstellen und die Gußmodel befanden). Dieses dürfte unter anderem ein Grund dafür sein, daß bei Grabungen, die die Siedlung nicht gänzlich erfassen, diese peripheren Zonen unentdeckt bleiben.
Daß der Fernhandel eine bedeutende Rolle gespielt hat, zeigen die Untersuchungen zu den Gußmodel und deren Positivanalogien, die als Ganzes, in ornamentalen Details oder in der Wahl der Eingußvariante in zum Teil weit entfernte Gebiete - hauptsächlich südlich und östlich gelegen - verweisen.
Es stellt sich anknüpfend die Frage, was die Gründe für eine derart weite Verbreitung sind.
Als Voraussetzung zur Bildung eines Handelszentrums dürften die günstige Lage zum Verkehrssystem, der eigene vorteilhafte Standort und die Nähe der ostalpinen Kupferlagerstätten gewesen sein.
Auch aufgrund der Untersuchungen zur Eingußtechnologie ist die Produktion von Fremdgut anzunehmen, d.h. die Herstellung von ortsunüblich verzierten Tüllenbeilen mittels

einheimischer Gußtechnik. Daß ortsfremde Herstellungsverfahren zur Anwendung kamen, mag unter anderem dem Wunsch entsprungen sein, das Tüllenbeil nach den technischen Vorgaben oder unter Anleitung des zukünftigen Benutzers herzustellen. Vielleicht arbeiteten auch fremde Gießer in Velem.

Auch zu diesem Gedanken eröffnen sich wieder Parallelen zur Heuneburg. Das dort gefundene Fragment eines Models für eine Henkelattasche einer etruskischen Bronzekanne ist nach Kimmig ein weiteres Indiz für eine "süd-nord gerichtete(n) Kultur- und Handelsbeziehung...der dem erregenden Wechselspiel zwischen Nord und Süd einen neuen wichtigen Akzent hinzufügt" (Kimmig u. Vacano 1973, 72 ff.).

Im Falle Velems käme ein 'erregendes Wechselspiel' zwischen Ost und West in Frage, das nach den Untersuchungen jedoch in anderer Weise konzipiert gewesen zu sein scheint. Während im Falle der Heuneburg die späthallstattzeitliche und frühlatènezeitliche Zivilisation mit 'Importen' mediterraner Provenienz versorgt gewesen ist, stellt Velem das Produktionszentrum für ferne Gebiete dar; eine Annahme, wie sie für das Heuneburger Gußmodel nicht annehmbar ist.

Oder sind es im Fall von Velem die beschränkten archäologischen Überlieferungen - und Methoden ? -, die uns gerade das Bild zur jungen Urnenfelderzeit im nordwestlichen Karpatenbecken aufdrängen, hier nicht mit einem bedeutenden einheimischen Handels- und (!) Machtzentrum rechnen zu dürfen ?

Ein weiterer Beleg für die Bedeutung Velems bilden die Gußmodel für Metallbearbeitungsgeräte (v. Miske 1904; Abb. 17-18), die für die eigene Benutzung hergestellt wurden. Auch dieses ist ein einmaliger Befund im südöstlichen Europa.

Es ist jedoch nicht zu übersehen, daß die Siedlung von Velem die Ausnahme darstellt, aber auch ihr Gesamteinfluß und ihre Bedeutung für andere Gießerplätze schwer zu beurteilen ist.

Es lassen sich jedoch in Ansätzen mehrere Siedlungen erfassen, die Gußmodel lieferten und durch die Anwesenheit von Gießereigerät und Depotfunde sowie durch den Charakter von Höhensiedlungen unter Umständen zu einer Gruppe von Gießerhöhensiedlungen zusammenstellbar sind.

Die Kombination Höhensiedlung-Depot(s)-Gußmodel findet sich in Velem, Dridu, Somló, Pécs-Jakobhegy, Benczúrfalva, Kisterenye, Ožd'any und auf dem Ságberg. Die Abb. 8 zeigt eine Zusammenstellung von Siedlungen des Arbeitsgebietes mit außerhalb liegenden Vergleichen.

Es muß aber auch dazu einschränkend bemerkt werden, daß die Zusammenstellung eher zufälliger Natur sein dürfte.

Zu dürftig ist immer noch die literarische Vorlage, die zum Teil mit allgemeinen Angaben oder Andeutungen das Material zu gliedern versucht.

So stellt sich beispielsweise die Frage, was in der Abb. 8 der übernommene Begriff 'Gießereigerät' zu bedeuten hat. Sind darunter Gußmodel, Tiegel, Schlackenfunde oder anderes zu verstehen ?

Die Vorlage des Kongreßberichtes "Beiträge zum bronzezeitlichen Burgenbau in Mitteleuropa (Berlin-Nitra 1982)" kann als erste knapp gehaltene Zusammenfassung zu diesem Thema gelten (Bader 1982; Bándi 1982; Furmanek u.a. 1982; Kemenczei 1982; Soroceanu; Točík 1982; Vasić 1982).

Bemerkenswert sind die Bemerkungen Bándis (1982, 88). "Von 14 befestigten Höhensiedlungen liegen Siedlungsspuren aus der Hallstattzeit vor, wobei es sich um solche Fundplätze handelt, auf denen metallurgische Zentren existierten..., die aufgrund der strategischen Lage oder um die Fortführung zu sichern, weiter benutzt wurden", d.h. urnenfelderzeitliche metallurgische Aktivitäten fortführten. Auch wenn es gilt, solche Behauptungen zu belegen, ist zumindestens für Velem ein vorhallstattzeitlicher Fernhandel nach Osten anzunehmen.

Für den Sågberg konnten hier durch die Gußmodel für Anhänger Beziehungen nach Westen aufgedeckt werden. Man wird in beiden Siedlungen mit stationären Gießern zu rechnen haben.

Gleiches ist für den Fund von Dridu (Soroceanu unpubl.) anzunehmen, der ebenfalls die Kombination Höhensiedlung-Depot-Gußmodel - jedoch nicht für Tüllenbeile - aufweist.

Mit seinen Tüllenbeilen der Verzierung 2.b.6.a. liegt er weit außerhalb der Hauptverbreitung (Tafel 33).

Eine weitere Handwerkergruppe ist mit den Gußmodelhorten zu fassen. Hier ist mit Wanderhandwerkern zu rechnen, wie es in der speziellen Modelausstattung zum Ausdruck kommt.

Von Bedeutung ist in dieser Hinsicht der Befund von Pobit Kamăk, wo zwei Gußformenhälften durch eine Kupferflickung restauriert wurden (Tafel 44). Dieses spricht für den hohen Stellenwert des Gesteinsrohstoffes für Model, der nicht zu jeder Zeit in ausreichender Menge zur Verfügung stand, schon gar nicht bei wandernden Gießern. Dieser meines Wissens nach einmalige Fall der Reparatur eines Gußmodels spricht außerdem für den Wunsch, ein bestimmtes Gußmodelsortiment komplett mitzuführen.

Bei den Horten konnte zwischen kleinen und umfangreicher ausgestatteten unterschieden werden. Durch die Gerätevielfalt der reichen Horte ist an deren stärkeren Bezug zu den Siedlungen zu denken.

Problematischer sind letztlich die Siedlungsfunde, die nur ein oder zwei Gußmodel erbrachten. Man könnte hier den Eindruck gewinnen, daß es sich um Bedarfsdeckung für den eigenen Verbrauch oder für kleinregionale Gebiete handelt. Aber auch hier können nur weitere Forschungen weiterhelfen. Geht man davon aus, daß auch diese Siedlungen auf die Lieferung von Rohstoff angewiesen waren, so mag es ein Hinweis darauf sein, daß auch sie sich nach einem bestimmten Wegesystem zu richten hatten, was dann zu einer exponierten Lage zu den Positivanalogien geführt hatte.

Zusammenfassend läßt sich festhalten, daß bei dem - auf der Grundlage der Tüllenbeilgußmodel untersuchten - Gießertum drei Klassen in Ansätzen voneinander scheidbar sind.

A) Höhensiedlungen mit einer ständigen Gießereiwerkstatt, zum Teil Fernhandel.

B) Gußmodeldepots von Wanderhandwerkern mit einer speziellen Gerätekombination.

C) Kleinsiedlungen mit wenigen Gußmodeln.

Die Lage der Gußmodel scheint in erster Linie von einem Wegesystem abhängig zu sein, dessen Führung für die Verbreitung der Gußmodel verantwortlich zu machen ist. Die Gebiete der Herstellung und Benutzung hatten keinen Bezug zueinander.

Nimmt man die Deutung der Tüllenbeile als Waffen im Verband mit einer komplexen Verzierung, die gebietsbezogen auftritt, zur Kenntnis, so entwickelt sich zur Bronzezeit im südöstlichen Europa ein komplexes Bild der Rohstoffbeschaffung - sei es für Bronze oder für Stein -, des gußtechnischen Geschehens und der Darstellung des Metallhandwerkertums, welches der Herstellung und Verbreitung dieses wichtigsten bronzezeitlichen Gerätes diente. Entgegen Kovács (1986, 189), der von "der relativ geringen Anzahl der bekannten Gußformen - es handelt sich häufig um Einzelfunde - mit ihrer eingeschränkten Aussagefähigkeit" spricht, hat die vorliegende Untersuchung - zusammen mit den Einzelfunden - gezeigt, daß bei einem angemessenen methodischen Ansatz - inklusive der Einzelfunde - die (Tüllenbeil-)Gußmodel mit ihren Positivanalogien eine Quelle ersten Ranges zur Aufdeckung und Ausdeutung handwerklicher und allgemein kulturgeschichtlicher Gegebenheiten zur südosteuropäischen Bronzezeit darstellen.

Der Fundkatalog

Der Katalog führt in der Reihenfolge der Länder Bulgarien, Jugoslawien, Slowakei, Rumänien und Ungarn die Tüllenbeilgußmodel liefernden Fundorte in alphabetischer Reihenfolge auf. Er bedient sich der heutigen in den Ländern gebräuchlichen Lokalitäts- bzw. Ortsnamengebung. Gußmodel ohne genaue Fundortangabe erscheinen mit der Nennung des Landes (zum Beispiel 'Bulgarien') oder dessen Teilbereiches (zum Beispiel 'Südbulgarien') alphabetisch eingegliedert. Die der Auswertbarkeitsstufe 1 zuweisbaren Gußmodel sind mit einem * gekennzeichnet. Die Katalognummern entsprechen den Kartierungsnummern auf den Tafeln 1. 5-13. 62-63.

Bulgarien

1. **Beljakovec, okr. Veliko Tărnovo.***
   Einzelfund einer steinernen Gußformenhälfte.
   B1: TÜ
   B2: TÜ, fragmentiertes Negativ, gegenüber B1 gedreht.
   S1: Von St1 ausgehende kurze Rinne mit Anbohrung im Endpunkt.
   S2: TÜ, gegenüber B1 gedreht.
   St1: Passmarken.
   Eingußvariante 2 für alle TÜ.
   Dat.: Späte Bronzezeit.
   Verbl.: Nationalmuseum, Sofia.
   Lit.: Troja und Thrakien; Abb. 76. Ebd. 93 <524> Erwähnung der Gußformenhälfte unter falscher Fundort- und Verbleibnennung.

2. **'Bulgarien'.** (Taf. 46, 6)
   Einzelfund einer steinernen Gußformenhälfte. Rechteckiger Querschnitt.
   B1: TÜ; zwei Verzapfungslöcher; Rinne vom linken Negativrand zur Formenkante verlaufend.
   Dat.: Ältere Urnenfelderzeit.
   Verbl.: ?
   Lit.: Černych 1978b, 196; Taf. 36, 4. Ebd. Abbildung unvollständig.

3. **'Bulgarien'.**
   Einzelfund einer steinernen Gußformenhälfte. D-förmiger Querschnitt.
   B1: TÜ; Verzapfungslöcher; wohl weitere, nicht zu identifizierende gußtechnische Einrichtungen.
   Eingußvariante 3.
   Dat.: Späte Bronzezeit.
   Verbl.: ?
   Lit.: Černych 1978b, 187; Taf. 31, 14. Ebd. falsche Stellung der Querschnittszeichnung der S2.

4. **Umgebung Chotnica, okr. Veliko Tărnovo.***
   (Taf. 46, 7)
   Einzelfund einer steinernen Gußformenhälfte; fragmentiert; D-förmiger Querschnitt.
   B1: TÜ
   Eingußvariante 2.
   Dat.: Jüngere Urnenfelderzeit.
   Verbl.: Museum, Varna.
   Lit.: Iltčeva u. Kokorkov 1979, 23; Abb. 3.

5. **Esenica, okr. Varna.***
   Hortfund (?). Museumsankauf von fünf steinernen Gußmodeln und einem Trensenknebel.
   a) B1: TÜ; Verzapfungslöcher; Eingußvariante 2.
      B2: ME; gegenüber B1 gedreht; Verzapfungslöcher.
   b) B1: ME; Verzapfungslöcher.
      S1: Stabförmiges Negativ mit Öse und halbkugeligem Ende; Rinne vom linken Negativrand zur Formenkante verlaufend.
      S2 u. B2:
      Teil einer Ansatzform; Negativ für nagelartigen Gegenstand mit großer Kopfplatte; auf S1 Verzapfungslöcher; auf B2 Verzapfungslöcher und Ritzungen.
   c) Fragmentierter Teil einer Ansatzform.
      B1: (Mindestens) 5 NG; Verzapfungsloch.
      S2: (Mindestens) 5 NG.
   d) Rechteckiger Querschnitt.
      B1: Drei, in Dreiecksform angeordnete Bohrungen, zwei davon durch eine Rinne verbunden.
   e) Fragmentiert; rechteckiger Querschnitt.
      B1: U-förmig geformtes Negativ mit Ausbauchungen.
      B2: Reste zweier BA.
   Dat.: Übergang von älterer zu jüngerer Urnenfelderzeit.
   Verbl.: Museum Varna.
   Lit.: Tončeva 1973, 39 ff.; Abb. 1 <b>; 2 <a>; 3 <c>; 4 <d>; 5 <e>.
   Hänsel 1976, 42.
   Černych 1978b, 187; 189; Taf. 30, 15; 34, 1.
   Mikov 1933, 100. Ebd. unter Fundortnennung 'Kasimlar'.
   Gaul 1942, 407. Ebd. unter Fundortnennung 'Kasimlar'.

6. **Karlovo, okr. Plovdiv.**
   Steinerne Gußformenhälfte.
   B1: TÜ
   B2: SE

Eingußvariante 2 ?
Dat.: Jüngere Urnenfelderzeit
Verbl.: Museum, Plovdiv.
Lit.: Unveröffentlicht. Mitteilung B. Hänsel.

7. Lesičevo, okr. Pazardžik.
Steinerne Gußformenhälfte.
B1: TÜ
Lit.: Unveröffentlicht. Mitteilung B. Hänsel.

8. Ljuljakovo, okr. Burgas.* (Taf. 46, 2)
Siedlungsfund ? Zusammen mit der Gußformenhälfte gerundeten Querschnittes wurden Keramik und Knochenmaterial gefunden.
B1: TÜ; Verzapfungslöcher.
Eingußvariante 2.
Dat.: Späte Bronzezeit.
Verbl.: Museum, Burgas.
Lit.: Černych 1978b, 189; Taf. 33, 17.

9. Pobit Kamǎk, okr. Razgrad.
Hortfund. Größter geschlossener Gußmodelfund des Arbeitsgebietes. Bestehend aus 31 Gußmodeln, vier Stücken Rohmaterial und mit großer Wahrscheinlichkeit drei weiteren Gußmodeln, welche 40 Jahre vor Auffindung des Hortes, vom selben Fundort stammend, in das Archäologische Museum zu Sofia eingeliefert wurden. Der Hortfund wurde in zwei Kilometer Entfernung vom Dorfe Pobit Kamǎk auf einer kleinen Hügelkuppe in 40-50 cm Tiefe beim Pflügen entdeckt. Angestellte Nachuntersuchungen erbrachten weitere Gußmodel. Hinweise auf eine Siedlung oder Grabniederlegung sind nicht festgestellt worden. Alle Stücke sind aus Stein.
a)*B1: T-förmiges Ende eines Armreifens; Verzapfungslöcher; Anbohrung im Negativ; Entgasungskanäle. (Taf. 40, 1a)
B2: Drei Halbkugeln; Verzapfungslöcher. (Taf. 40, 1b)
b)*Gegenstück zu a).
B1: Drei Halbkugeln; Verzapfungslöcher. (Taf. 40, 2a)
B2: Verzapfungslöcher; quer verlaufende Rille. (Taf. 40, 2b)
c)*B1: Zwei AN; Verzapfungslöcher. (Taf. 40, 3a)
B2: Verzapfungslöcher. (Taf. 40, 3b)
d)*B1: Rest eines primären TÜ; Verzapfungslöcher; Anbohrung im Negativ; Eingußvariante 2. (Taf. 40, 7b)
B2: Teil eines Schwertgriffes; Entgasungskanäle; Verzapfungslöcher. (Taf. 40, 7d)
S1: Verzapfungslöcher; Ritzungen; Verschmauchungsspuren (Taf. 40, 7a)
S2: Teil für das Mittelstück eines Armreifens; Verzapfungsloch; Anbohrung im Negativ. (Taf. 40, 7c)
e)*B1: Schneidenteil des unter d) B1 genannten primären TÜ; Verzapfungsloch. (Taf. 40, 8b)
B2: Gegenstück zu d) B2. Teil eines Schwertgriffes; Verzapfungslöcher; Vertiefungen für Gußkernhalter. (Taf. 40, 8d)
S1: Verzapfungslöcher; Ritzungen; Verschmauchungsspuren. (Taf. 40, 8a)
S2: Teil für das Mittelstück eines Armreifens; primäres Negativ. (Taf. 40, 8c)
f)*B1: Teil eines Schwertgriffes; Entgasungskanäle; Verzapfungslöcher. (Taf. 40, 9)
St2: Verzapfungslöcher; Ritzungen.
g)*B1: Gegenstück zu f) B1. Teil eines Schwertgriffes; Entgasungskanäle; Verzapfungslöcher. (Taf. 40, 10)
h)*B1: Knaufplatte eines Schwertes; Verzapfungslöcher; Anbohrung im Negativ; Entgasungskanäle. (Taf. 41, 4)
i)*B1: HA; Anbohrungen im Negativ; Verzapfungslöcher; Vertiefungen für Gußkernhalter. (Taf. 41, 8)
j)*B1: Gegenstück zu i) B1. HA; Verzapfungslöcher; tiefe Einkerbung. (Taf. 41, 9)
k)*B1: Schwertklinge; Entgasungskanäle; Verzapfungslöcher. (Taf. 43, 1)
l)*B1: Gegenstück zu k) Schwertklinge; Verzapfungslöcher; Anbohrung im Negativ. (Taf. 43, 2)
m)*B1: Kleine, längliche Platte; Verzapfungslöcher. (Taf. 40, 5)
St1: Halbrunde Wölbung.
n)*B1: Gegenstück zu m) B1. Kleine, längliche Platte; Verzapfungslöcher. (Taf. 40, 6)
o)*B1: Birnenförmiger Gegenstand; Entgasungskanäle; Verzapfungslöcher; Entgasungskanäle im Eingußkanal. (Taf. 41, 10)
p)*B1: Gegenstück zu o) Birnenförmiger Gegenstand; Entgasungskanäle; Verzapfungslöcher; Entgasungskanäle im Eingußkanal. (Taf. 41, 11)
q)*B1: Glockenförmiger Gegenstand; Entgasungskanäle; Verzapfungslöcher; Bohrungen im Negativ (Taf. 41, 7)
r)*B1: Gegenstück zu q) B1. Glockenförmiger Gegenstand; Verzapfungslöcher; Bohrungen im Negativ. (Taf. 41, 6)
St2: Verzapfungsloch.
s)*B1: Zweihenkliges Gefäß; Verzapfungslöcher; Bohrungen i. Negativ. (Taf. 40, 4)
St2: Verzapfungslöcher.
t)*B1: SA (Taf. 44, 1b)
B2: ÄB (Taf. 44, 1c)
S1: ME; Gußformenhälfte im oberen Teil des Negatives geflickt. (Taf. 44, 1a)
u)*B1: Gegenstück zu t) B1. SA. (Taf. 44, 2b)
B2: Gegenstück zu t) B2. ÄB (Taf. 44, 2c)
Von S1 zu S2 verlaufende Flickung durch den Einguß von Metall. (Taf. 44, 2a)
v)*B1: SA; Dornartiger Fortsatz an der Schäftungstülle. (Taf. 43, 3)

w)*B1: SA; Dornartiger Fortsatz an der Schäftungstülle. (Taf. 43, 4)
x)*B1: SA (Taf. 43, 5)
y)*B1: SA (Taf. 43, 6)
z)*B1: Zoomorph gestaltete SA; Verzapfungslöcher; Entgasungskanal zwischen Schneide und Tülle. (Taf. 42, 1)
aa)*B1: Gegenstück zu z) B1. Zoomorph gestaltete SA; Verzapfungslöcher; Entgasungskanal zwischen Schneide und Tülle. (Taf. 42, 3)
ab) B1: Zoomorph gestaltete SA; Verzapfungslöcher; Entgasungskanal zwischen Schneide und Tülle. (Taf. 42, 2)
ac) B1: Gegenstück zu ab) B1. Zoomorph gestaltete SA; Verzapfungslöcher; Entgasungskanal zwischen Schneide und Tülle. (Taf. 42, 4)
ad)*B1: Flacher, langrechteckiger Gegenstand (BA ?).
ae)*B1: Flacher, langrechteckiger Gegenstand (BA ?).
af)-ai)*Vier langrechteckige Vorformen für Gußmodel. (Taf. 45)
aj) Aus zwei Teilen bestehend.
  B1: Schwertgriff; Verzapfungslöcher; Entgasungskanäle. (Taf. 41, 1)
  St2: Verzapfungslöcher, Entgasungskanäle. (Taf. 41, 1c)
ak) Aus zwei Teilen bestehend, der obere in zwei Teile zerbrochen.
  B1: Schwertgriff; Verzapfungslöcher; Entgasungskanäle. (Taf. 41, 2a-b)
  B2: Rhombischer Gegenstand; Entgasungskanäle. (Taf. 41, 2b)
al) B1: Knaufplatte eines Schwertes; Verzapfungslöcher; Entgasungskanäle. (Taf. 41, 3).
Dat.: Ältere Urnenfelderzeit.
Verbl.: Nationalmuseum, Sofia; af)-ai) Museum Razgrad.
Lit.: Vulpe 1970, 39; Anm. 1.
  Hänsel 1974, 90.
  Pjatyševoj 1974, 46; 50-54; Abb. 50-51.
  Hänsel 1976, 31; 35; 37 ff.; 61; 188; Taf. 1-3.
  Černych 1978b, 254 ff.; Taf. 67-70.
  Černych 1976b; Taf. 46.
  Fol u. Marazov 1979, 136 f. mit Abb.
  Coles u. Harding 1979 391; Anm. 21.
  Gold der Thraker 62 ff.; Abb. 81; 84.
  Müller-Karpe 1980, 798; Taf. 282 C.
  Leskov 1981, 77; 80; Anm. 77; 81; 84; 88; Taf. 8 C 62-63.
  Sandars 1983, 55 f.; Abb. 12 d.

Die bei Černych, Leskov und Müller-Karpe abgebildete Gußformenhälfte für die Schwertklinge ist falsch wiedergegeben. Das Negativ weist eine Anbohrung auf.

10. **Roman, okr. Vraca.***
Einzelfund einer steinernen Gußformenhälfte; D-förmiger Querschnitt.
B1: TÜ (Taf. 46,1b)
S1: Über die Schmalseite verlaufende Rinne mit Anbohrung. (Taf. 46, 1a)
S2: Passmarke.
Eingußvariante 3.
Dat.: Jüngere Urnenfelderzeit.
Verbl.: Archäologisches Museum, Sofia.
Lit.: Mikov 1933, 101; Abb. 59.
  Gaul 1942, 407.
  Černych 1978b, 187; Taf. 30, 22.

11. **Skalica, okr. Jambol.***
Einzelfund einer steinernen Gußformenhälfte; rechteckiger Querschnitt.
B1: TÜ; Verzapfungslöcher; Rinne.
Eingußvariante 2.
Dat.: Ältere Urnenfelderzeit.
Verbl.: Museum, Jambol.
Lit.: Černych 1978b, 189; Taf. 34, 14.

12. **Sokol, okr. Sliven.***
Hortfund dreier Gußformen und vier Gußformenhälften aus Stein.
a) B1: LS
  S2: Passmarken.
  St1: Passmarken.
  St2: Passmarken.
b) Gegenstück zu a).
  B1: LS
  S1: Passmarken; Anbohrungen.
  S2: Passmarken; Anbohrungen.
  St1: Passmarken; Anbohrung.
  St2: Passmarke.
c) Rechteckiger Querschnitt.
  B1: TÜ (Taf. 46, 4b)
  B2: Verschnürungsrille. (Taf. 46, 4d)
  S1: Passmarken. (Taf. 46, 4a)
  S2: Passmarken.
  St1: Passmarken.
  St2: Passmarken. (Taf. 46, 4c)
  Eingußvariante 2.
d) Gegenstück zu c).
  B1: TÜ
  S1: Passmarken.
  S2: Passmarken.
  St1: Passmarken.
  St2: Passmarken.
e) D-förmiger Querschnitt.
  B1: TÜ (Taf. 46, 5)
  St2: Passmarken.; Eingußvariante 1.
f) Gegenstück zu e).
  B1: TÜ
  St2: Passmarken.
g) B1: Rest eines flachen, rechteckigen Gegenstandes (BA?).
h) B1: TÜ (Taf. 46, 3a)
  B2: ME, gegenüber B1 gedreht (Taf. 46, 3b)
  St2: Passmarke; Verschnürungsrillen. (Taf. 46, 3c)

i) B1: LS
   S1: Passmarken.
   S2: Passmarken.
   St1: Passmarken.
j) B1: LS
   S1: Passmarken.
   S2: Passmarken.
   St1: Passmarken.
   Dat.: Übergang von älterer zu jüngerer Urnenfelderzeit.
   Verbl.: Museum, Nova Zagora.
   Lit.: Kojcev 1950, 218 ff.; Abb. 142-147.
   Katinčarov 1975, 1 ff.; Abb. 4.
   Hänsel 1976, 42.
   Černych 1978b, 187; 196; 232; Taf. 30, 17; 34, 2; 36, 2; 60, 5-6. 8.

13. 'Südbulgarien'.*
    Einzelfund einer steinernen Gußformenhälfte.
    B1: TÜ; Verzapfungslöcher; horizontale Ritzung auf der Formenfläche; Eingußvariante 3. (Taf. 39, 6b)
    B2: ME, gegenüber B1 gedreht; Verzapfungslöcher; tiefe horizontale Einkerbungen. (Taf. 39, 6d)
    S1, S2 und St2 Bearbeitungsspuren (Taf. 39, 6a u. c)
    Dat.: Ältere Urnenfelderzeit.
    Verbl.: Archäologisches Museum, Sofia.
    Lit.: Černych 1978b, 196; Taf. 36, 9.
    Ebd. falsche Stellung der B2.

14. Vraca, okr. Vraca.*
    Siedlungsfund ? In der Nähe des Flüßchens Leva wurde die steinerne Gußformenhälfte zusammen mit Keramik der 'jüngeren Bronzezeit und älteren Urnenfelderzeit' geborgen (Information B. Nikolov).
    B1: TÜ; ND (?); D-förmiger Querschnitt; Eingußvariante 4. (Taf. 39, 5)
    Dat.: Ältere Urnenfelderzeit.
    Verbl.: Museum, Vraca.
    Lit.: Nikolov 1974, 41 ff.; Abb. 1-2.

15. Želju-Voivoda, okr. Sliven.*
    Hortfund ? Siedlungsfund ? Drei Kilometer westlich von Sliven wurden in der Nähe eines Siedlungshügels zwei steinerne Gußformen gefunden.
    a) D-förmiger Querschnitt.
       B1: TÜ
       Eingußvariante 2. (Taf. 46, 9)
    b) Gegenstück zu a). D-förmiger Querschnitt.
       B1: TÜ
    c) Rechteckiger Querschnitt.
       B1: TÜ
       S1: Passmarken.
       S2: Passmarken.
       St1: Passmarken.
       St2: Passmarken. (Taf. 46, 8)
    d) Gegenstück zu e) B1.
       B1: TÜ; Negativ teilweise zerstört; Anbohrungen (Verzapfungslöcher ?).
    Dat.: Übergang von älterer zu jüngerer Urnenfelderzeit.
    Verbl.: a) und b) Nationalmuseum, Sofia; c) und d) Museum, Sliven.
    Lit.: Mikov 1933, 107.
    Gaul 1942, 407.
    Bacova-Kostova 1971, 66; Abb. 11.
    Hänsel 1976, 39.
    Černych 1978b, 187; 196; Taf. 30, 1; 36, 5.
    Bei Mikov und Gaul werden die Gußformen unter dem Fundort 'Michailovo' aufgeführt.

Slowakei

16. Somotor, okr. Trebišov.
    Einzelfund einer steinernen Gußformenhälfte.
    B1: TÜ; Querrille unterhalb der Schneide.
    Eingußvariante 4.
    Dat.: Jüngere Urnenfelderzeit.
    Verbl.: Sammlung des Archäologischen Institutes der slowakischen Akademie der Wissenschaften.
    Lit.: Novotná 1970b, 101; Taf. 45, 851.
    Andel 1955, 445 ff.; Abb. 213.

17. 'Slowakei'.
    Einzelfund einer steinernen Gußformenhälfte.
    Rechteckiger Querschnitt.
    B1: TÜ; Entgasungskanal; dornartiger Fortsatz.
    Eingußvariante 4.
    Dat.: Jüngere Urnenfelderzeit.
    Verbl.: Museum, Košice.
    Lit.: Novotná 1970b, 101; Taf. 45, 850.

Jugoslawien

18. Banatska Palanka, opš. Bela Crkva, SR Srbija (SAPV)*
    Einzelfund einer steinernen Gußformenhälfte. Fragmentiert; D-förmiger Querschnitt.
    B1: Schneidenteil Tü; Durchbohrung; Entgasungskanal.

Dat.: ?
Verbl.: Museum, Vršac.
Lit.: Unveröffentlicht.

19. Boljetin, opš. Majdanpek, SR Srbija.*
Siedlungsfund. Aus der unteren Schicht einer zweischichtigen Siedlung wurde eine steinerne Gußformenhälfte zusammen mit Keramik, Knochenwerkzeugen und Bronzen (Sichel, Messer, Ringe, Pfriem) geborgen.
D-förmiger Querschnitt; Eingußvariante 4.
B1: TÜ; Verzapfungsl. (Taf. 38, 6 b)
S1: Konkav geformt; Verzapfungslöcher; Verschnürungsrille; Passmarke. (Taf. 38, 6 a)
S2: Anbohrung.
St1: Verschnürungsrille.
Dat.: Ältere Urnenfelderzeit.
Verbl.: Nationalmuseum, Beograd.
Llt.: Tasić 1978, 213; Abb. 107.
Jevtić 1981, 22; 26; Taf. 2, 1.

20. Brzi Brod, opš. Niš, SR Srbija.*
Siedlungsfund. Steinerne Gußformenhälfte.
D-förmiger Querschnitt.
B1: HA
B2: Rest eines primären TÜ, gegenüber B1 gedreht.
St2: Passmarken; Ritzungen.
Dat.: Ältere Urnenfelderzeit.
Verbl.: Museum, Niš.
Lit.: Krstić 1972, 77; 115; Abb. 164.

21. Debelo Brdo bei Sarajevo, SR BiH.*
Fund einer steinernen Gußformenhälfte von einer Höhensiedlung.
Fragmentiert; D-förmiger Querschnitt.
B1: Schneidenteil eines TÜ.
S1: Rest eines unbestimmbaren primären Negatives; Passmarke.
Dat.: ?
Verbl.: Museum, Sarajevo.
Lit.: Unveröffentlicht.

22. Dobanovci, opš. Zemun, SR Srbija.
Einzelfund einer steinernen Gußformenhälfte.
D-förmiger Querschnitt.
B1: TÜ
Eingußvariante 6.
Dat.: Ältere Urnenfelderzeit.
Verbl.: Stadtmuseum, Beograd.
Lit.: Todorović 1971, 48; Taf. 26, 1.

23. Donja Dolina, opš Bosanska Gradiska, SR BiH.
Aus einer ehemaligen Pfahlbausiedlung am Ufer der Save wurden unter anderem eine Gußform und zwei Gußformenhälften aus Stein geborgen.
a)*Rechteckiger Querschnitt.
B1: TÜ (Taf. 38, 2a)
S1: Passmarken; Verschnürungsrille.
S2: Verschnürungsrille.
B2: Verschnürungsrillen. (Taf. 38, 2c)
Eingußvariante 5.
b)*Gegenstück zu a).
B1: TÜ (Taf. 38, 1a)
B2: MS; Verschnürungsrillen (Taf. 38, 1c)
S1: Passmarken; Verschnürungsrillen.
S2: Verschnürungsrillen.
c) Fragmentiert; Rechteckiger Querschnitt.
B1: TÜ
Eingußvariante 5.
d) B1: TÜ
Dat.: Späte Urnenfelderzeit.
Verbl.: Museum, Sarajevo.
Lit.: Truhelka u.a. 1904, 67.
Marić 1964, 5 ff.; Taf. 3, 16 ⟨c⟩. 17. 18 ⟨d⟩. 19; 4, 1.
Starè 1957, 219; Taf. 9, D.

24. Gomolova bei Hrtkovci, opš Ruma, SR Srbija (SAPV).*
Siedlungsfund einer steinernen, fragmentierten Gußformenhälfte aus dem Grabungssektor VII des Siedlungshügels von Gomolova.
D-förmiger Querschnitt.
B1: TÜ (Taf. 38, 4)
Eingußvariante 4.
Dat.: Ältere Urnenfelderzeit.
Verbl.: Museum, Novi Sad.
Lit.: Unveröffentlicht.

25. Gornja Radgona, obč. Gornja Radgona, SR Slovenija.*
Aus den Schichten 3a und 3b einer in sechs Schichten gliederbaren stratigraphischen Abfolge wurden im Verlauf einer Notbergung auf dem 'Burghügel' östlich von Gornja Radgona unter anderem zwei fragmentierte steinerne Gußformenhälften und ein Gußkern (Taf. 15, 1) geborgen.
a) Aus der Schicht 3a.
Viertelstück eines Tüllenbeilgußmodels.
B1: TÜ (primäres Negativ ?) (Taf. 37, 8a)
B2: Schneidenteil eines TÜ (?), gegenüber B1 gedreht. (Taf. 37, 8c)
S2: Schneidenteil eines ME, gegenüber B1 gedreht. (Taf. 37, 8c)
b) B1: ND (?)
B2: Halbkugelige Vertiefung; Anbohrung im Negativ.
St1: Passmarke.
St2: Passmarke.
Dat.: Jüngere Urnenfelderzeit.
Verbl.: Museum, Murska Sobota.
Lit.: Horvat-Šavel 1981, 291 ff.; Taf. 1, 18; 2, 11 ⟨b⟩.

26. Idjoš, opš. Kikinda, SR Srbija (SAPV).*
Einzelfund einer steinernen Gußformen-

hälfte.
Rechteckiger Querschnitt.
B1: TÜ; Verzapfungsloch (?) in der Tüllenbeilöse. (Taf. 37, 5a)
B2: Rest eines ringförmigen Objektes; Verschnürungsrille. (Taf. 37, 5b)
S1: Anbohrung.
S2: Passmarke.
Eingußvariante 4.
Dat.: Jüngere Urnenfelderzeit.
Verbl.: Museum, Kikinda.
Lit.: Unveröffentlicht.

27. **Bei der Einmündung des Jakomirbaches in die Donau, bei Kladovo, opš.Kladovo, SR Srbija.**
Einer Information R.Vasićs zufolge wurde ebenda eine steinerne Gußformenhälfte zusammen mit Keramik der Žuto-Brdo-Kultur geborgen.
Dat.: Späte Bronzezeit/Ältere Urnenfelderzeit.
Verbl.: 'Eisernes Tor Museum', Kladovo
Lit.: Unveröffentlicht.

28. **Karlovčić, opš. Pecinci, SR Srbija (SAPV).**
Einzelfund einer steinernen Gußformenhälfte.
B1: TÜ
B2: TT; durchbrochener, peltaförmiger AN.
S2: Passmarken.
Eingußvariante 4.
Dat.: Ältere Urnenfelderzeit.
Verbl.: Stadtmuseum, Beograd.
Lit.: Jevtić 1975, 151 ff.; Taf. 1-2.

29. **Kurvin-Grad, SR Srbija.**
Einzelfund einer steinernen Gußformenhälfte.
B1: TÜ
Eingußvariante 4.
Dat.: Ältere Urnenfelderzeit.
Lit.: Vasić 1910, 5 ff.; Taf. 3, 12a.
Trbuhović 1983, 33.
Die von Trbuhović angenommene Vergesellschaftung des Gußmodels mit Keramik der Žuto-Brdo-Kultur ist nicht zu belegen.

30. **Livade bei Mala Vrbica, opš. Kladovo, SR Srbija*.**
Einzelfund einer steinernen, fragmentierten Gußformenhälfte vor einer Ausgrabung, die unter anderem Keramik der Verbicoara-Kultur erbrachte.
D-förmiger Querschnitt.
B1: TÜ; Verzapfungslöcher; Vorrichtungen zur Gußkernhalterung; dornartiger Fortsatz. (Taf. 37, 3a)
Dat.: Ältere Urnenfelderzeit.
Verbl.: Nationalmuseum, Beograd.
Lit.: Unveröffentlicht. Zu den Ausgrabungen von Livade siehe: Vukmanović u. Popović 1984, 85 ff.

31. **Lovas, opš. Vukovar, SR Hrvatska.***
Einzelfund einer steinernen, fragmentierten Gußformenhälfte.
B1: TÜ (Taf. 37, 4a)
B2: Schneidenteil eines TÜ; gegenüber B1 gedreht; Rille. (Taf. 37, 4c)
S1: Passmarke.
Eingußvariante 5.
Dat.: Ältere Urnenfelderzeit.
Verbl.: Museum, Zagreb.
Lit.: Vinski-Gasparini 1973, 181; Taf. 106 B 1-2.

32. **Maklejenovac, opš. Doboj, SR BiH.***
Bei Erdarbeiten wurde auf der Anhöhe 'Crkvenica' eine steinerne Gußformenhälfte geborgen.
Rechteckiger Querschnitt.
B1: TÜ; unvollständig ausgeführtes Negativ. (Taf. 38, 5b)
S1: Bearbeitungsspuren (Taf. 38, 5a)
Eingußvariante 5.
Verbl.: Museum, Sarajevo.
Lit.: Radimsky 1893, 270; Abb. 26.

33. **Mikleuška, opš. Kutina, SR Hrvatska.**
Siedlungsfund. Eine tönerne Gußformenhälfte wurde an der tiefsten Stelle einer Sondierungsgrabung zusammen mit einer Bronzenadel und einem Fragment eines Bronzebleches gefunden.
Rechteckiger Querschnitt.
B1: TÜ; Entgasungskanal. (Taf. 39, 4)
Eingußvariante 5.
Dat.: Späte Urnenfelderzeit.
Verbl.: Museum, Kutina.
Lit.: Iveković 1968, 362; Taf. 17.

34. **Novigrad na Savi, opš. Slavonski Brod, SR Hrvatska.***
Siedlungsfund einer steinernen Gußformenhälfte aus unstratifiziertem Zusammenhang.
B1: TÜ; Entgasungskanäle. (Taf. 38, 3b)
B2: Drei RN; nicht identifizierbares weiteres Negativ; Durchbohrung zur S1. (Taf. 38, 3c)
S1: Primärer ME. (Taf. 38, 3a)
S2: Passmarken.
St1: Verschnürungsrille (?).
Eingußvariante 5.
Dat.: Jüngere Urnenfelderzeit.
Verbl.: Museum, Zagreb.
Lit.: Vinski-Gasparini 1973, 217; Taf. 21, 13 a-b.

35. **Ormož, obč. Ormož, SR Slovenija.**
Einer Information N. Trampuž-Orels zufolge sollte sich eine steinerne Gußformenhälfte von einer urnenfelderzeitlichen Höhensiedlung bei Ormož im Museum von

Ptuj befinden. Eine dortige Überprüfung des Sachverhaltes ergab, daß sich genannte Gußformenhälfte im Museum von Ljubljana befände.
Dat.: Urnenfelderzeit.
Verbl.: ?
Lit.: Unveröffentlicht.

Pivnica ?

36. Rabe-Anka Insel, SR Srbija.*
Siedlungsfund einer fragmentierten Gußformenhälfte aus Ton.
Rechteckiger Querschnitt.
B1: Schneidenteil eines TÜ.
S1: Anbohrungen.
Verbl.: Museum, Novi Sad.
Lit.: Unveröffentlicht.

37. Radovin, opš. Zadar, SR Hrvatska.
Siedlungsfund einer steinernen, fragmentierten Gußformenhälfte aus der untersten Schicht einer urnenfelderzeitlichen Höhensiedlung.
Rechteckiger Querschnitt.
B1: TÜ
Eingußvariante 5.
Dat.: Späte Urnenfelderzeit.
Lit.: Batović 1968, 58; 61; 71 f.; Taf. 21.
Batović 1980, 21 ff.; Taf. 7, 7.

38. Ripač, opš. Bihać, SR BiH.
Siedlungsfund. In der Pfahlbausiedlung am Ufer der Una wurden beieinander liegend drei Gußmodel ⟨a)-c)⟩ auf dem ehemaligen Begehhorizont gefunden. d) nicht zum geschilderten Befund gehörig, Einzelfund aus der Siedlung.
a)*D-förmiger Querschnitt.
  B1: TÜ   (Taf. 39, 1b)
  S1: Passmarke; Griffmulde (Taf. 39, 1a)
  S2: Griffmulde.
  St2: Passmarken.
  Eingußvariante 5.
b)*D-förmiger Querschnitt.
  B1: TÜ   (Taf. 39, 2b)
  S1: Griffmulde.   (Taf. 39, 2a)
  S2: Griffmulde.   (Taf. 39, 2c)
  Eingußvariante 5.
c)*D-förmiger Querschnitt.
  B1: TÜ   (Taf. 39, 3b)
  S1: Passmarke; Griffmulde. (Taf. 39, 3a)
  S2: Passmarken; Griffmulde. (Taf. 39, 3c)
  Eingußvariante 5.
d) Rechteckiger Querschnitt.
  B1: TÜ
  S1: Griffmulde.
  S2: Passmarke; Griffmulde.
  Eingußvarariante 5.
Dat.: Späte Urnenfelderzeit.
Verbl.: Museum, Sarajevo.
Lit.: Radimský u.a. 1897, 47; Taf. 21, 66-67. 69 ⟨d⟩.
Truhelka 1914; Abb. 51.
Stipčević 1960-61; Abb. 15.

39. Sveti-Petar bei Ludbreg, opš. Ludbreg, SR Hrvatska.*
Größter geschlossener Gußmodelfund Jugoslawiens. In einer 110 cm tiefen und 115 weiten zylinderförmigen Grube wurden zusammen mit einer Tondüse, Gußkernen (wie Taf. 15, 1) und Keramikfragmenten fünf Gußformen, sieben Gußformenhälften, zwei Abdeckplatten (alle aus Stein) sowie tönerne Gußmodel, die der Herstellung von Armringen und Ringfußknöpfen im Verfahren des Verlorenen Gusses dienten, gefunden. Die Grube, deren Verfüllung aus braun-schwarzer mit Asche- und Holzkohleteilchen vermischter Erde bestand, war Teil einer aus mehreren Gruben bestehenden Siedlungsanlage.
a) B1: ME   (Taf. 37, 1b)
   B2: MS; primäres Negativ. (Taf. 37, 1d)
   S1: Passmarken.   (Taf. 37, 1a)
b) Gegenstück zu a)
   B1: ME   (Taf. 37, 2a)
   B2: vier PS   (Taf. 37, 2c)
   S2: Passmarken.   (Taf. 37, 2b)
c) B1: LS; Verzapfungslöcher; Anbohrungen im Negativ. (Taf. 36, 9)
   S2: Passmarken.
d) Gegenstück zu c)
   B1: LS; Verzapfungsloch. (Taf. 36, 8b)
   S1: Passmarken.   (Taf. 36, 8a)
   S2: Passmarken.
e) B1: ME   (Taf. 36, 7a)
   B2: MS   (Taf. 36, 7b)
   S1: Passmarken.
f) Gegenstück zu e)
   B1: ME; zwei Rillen. (Taf. 36, 10a)
   B2: MS   (Taf. 36, 10b)
   S1: Passmarken.
g) B1: TÜ   (Taf. 35, 8b)
   S1: tiefe Rinne.   (Taf. 35, 8a)
   S2: Passmarken.
h) Gegenstück g)
   B1: TÜ   (Taf. 35, 1b)
   B2: mindestens 16 lanzettförmige Negative. (Taf. 35, 1d)
   S1: Passmarken.   (Taf. 35, 1a)
   S2: tiefe Rinne.   (Taf. 35, 1c)
i) B1: TÜ   (Taf. 36, 1)
   S1: Passmarken.
   S2: Passmarken.
j) Gegenstück zu i)
   B1: TÜ   (Taf. 36, 2b)
   S1: Passmarken   (Taf. 36, 2a)
k) B1: TÜ   (Taf. 36, 3)
   S2: Passmarke.
l) B1: HA   (Taf. 35, 2a)
   S2: Passmarken.   (Taf. 35, 2b)
m) B1: TÜ; Rest eines primären Negatives. (Taf. 36, 4)
   S2: Passmarken
n) Quaderförmiges Stück, Abdeckplatte.
o) Quaderförmiges Stück, Abdeckplatte.
p) B1: LS   (Taf. 36, 5)

S1: Passmarke.
S2: Passmarke.

q) B1: LS (Taf. 36, 6)
B2: Rille.
S1: Passmarken.
r)-t) Fragmente von Gußmodeln; Negative nicht zuweisbar. Weiterhin tönerne Gußmodel, zum Teil fragmentiert für 'Verlorenen Guß', teils mit ausgegossenen Bronzen als Inhalt. (Taf. 35, 3-6) Alle Tüllenbeilgußmodel Eingußvariante 5.
Dat.: Späte Urnenfelderzeit.
Verbl.: Museum, Varaždin.
Lit.: Šimek 1978a.
    Šimek 1978b.
    Šimek 1983.

40. Umgebung Velešnica, opš. Kladovo, SR Srbija.
Einer Information Dj. Jovanovićs zufolge sollen sich zwei Gußformenhälften (einer Gußform ?) in der Sammlung des I. Ilić, Negotin befinden.

41. Zorenci, obč. Crnomelj, SR Slovenija.*
Einzelfund einer steinernen, fragmentierten Gußformenhälfte.
B1: Schneidenteil eines TÜ; Rille. (Taf. 37, 6)
Dat.: Späte (?) Urnenfelderzeit.
Verbl.: Museum, Metlika.
Lit.: Unveröffentlicht.

Rumänien

42a) Arad, jud. Arad.*
Einzelfund einer steinernen Gußformenhälfte.
Rechteckiger Querschnitt.
B1: TÜ (Taf. 49, 6)
S1: Passmarke
Eingußvariante 4.
Dat.: Jüngere Urnenfelderzeit
Verbl.: Sammlung I. Miloi, Arad.
Lit.: Rusu u.a. 1977. Ebd. unvollständige Zeichnung, da Eingußöffnung nicht dargestellt ist.

42b) Brădicești, jud. Iași.*
Hortfund. Bestehend aus einer Gußformenhälfte für Tüllenbeile, acht Gußformenhälften für Fibeln, einer für sechs Knöpfe sowie einer Abdeckplatte.
Rechteckiger Querschnitt.
B1: TÜ (Taf. 50, 4)
B2: SE
Eingußvariante 5 ?
Dat.: Späte Urnenfelderzeit.
Verbl.: Museum, Iași.
Lit.: Iconomu 1983-84 (siehe **Addenda**).

43. Cernat, jud. Covasna.*
Siedlungsfund. Zwei steinerne Gußformenhälften wurden zusammen mit spätbronzezeitlicher Keramik geborgen.
a) D-förmiger Querschnitt.
B1: TÜ
B2: Längsfazettiert geschliffen. (Taf. 49, 4b)
S2: Passmarken
St1: Passmarken (Taf. 49, 4a)
b) Rechteckiger Querschnitt.
B1: Schneidenteil eines TÜ; Entgasungskanäle; Dornartiger Fortsatz. (Taf. 49, 5)
S2: Passmarken.
St2: Passmarke (Verschnürungsrille ?)
Dat.: Späte Bronzezeit ⟨a⟩, ⟨b⟩ ?
Verbl.: Museum, Sfîntu Gheorghe.
Lit.: Székely 1966, 17 ff.; Taf. 8, 6.
    Székely 1970, 478; Abb. 1, 1.

44. Cernica, zone agricole Ilfov.
Siedlungsfund (?). Im Bereich einer Siedlung der Tei-Kultur wurden fünf Gußmodel zusammenliegend geborgen.
a) B1: LS
B2: DO
S1: Flache, längliche Rinne.
b) B1: Drei BA; Rest eines MS.
c) B1: ME
d) D-förmiger Querschnitt.
B1: TÜ
Eingußvariante 4.
e) Dreieckiger Querschnitt.
B1: TÜ
S2: Halbrunde, längliche Vertiefung.
Eingußvariante 4.
Dat.: Ältere Urnenfelderzeit.
Verbl.: Nationalmuseum, Bukarest.
Lit.: Unveröffentlicht. Mitteilung B. Hänsel.

45. Ciumești, jud. Satu Mare.*
Hortfund. Größter geschlossener Gußmodelfund Rumäniens. Aus einer Baugrube wurden 19 tönerne Gußmodel, ein Steinbeil und eine Steinplatte geborgen.
a) Rechteckiger Querschnitt.
B1: TÜ (Taf. 48, 4)
B2: SE
S2: Passmarken.
Eingußvariante 4.
b) B1: AN (Taf. 19, 4)
c) B1: SE mit dreieckigem Fortsatz.
d) Rechteckiger Querschnitt.
B1: TÜ; dornartiger Fortsatz (Taf. 48, 2)
S1: Passmarken.
St2: Passmarken (davon eine Verschnürungsrille ?)
Eingußvariante 4.
e) D-förmiger Querschnitt.
B1: TÜ; dornartiger Fortsatz. (Taf. 48, 3a)
B2: Griffmulde (?) (Taf. 48, 3b)

Eingußvariante 4.
f) B1: ME
S2: Passmarke.
St2: Passmarken.
g) Gegenstück zu f)
B1: ME
S1: Passmarke.
St2: Passmarke.
h) B1: RM
S1: Passmarken.
i) Gegenstück zu h)
B1: RM
S2: Passmarken.
j) B1: RN
k) Gegenstück zu j)
B1: RN
S1: Passmarken.
S2: Passmarken.
St1: Passmarke.
St2: Passmarken.
l) Gegenstück zu k) B2 oder a) B2.
B1: SE; Entgasungskanäle (?)
m) B1: ME; Entgasungskanal (?)
n) B1: Langovale Vertiefung mit T-förmigen
   Abschlüssen. (Taf. 19, 5)
S1: Passmarken.
St1: Passmarken; Anbohrung.
o) Gegenstück zu n)
B1: Langovale Vertiefung mit T-förmigen
   Abschlüssen.
S2: Passmarken.
St1: Passmarken.
p) B1: Langovale mit schlitzförmiger Öff-
   nung versehene Vertiefung mit T-för-
   migen Abschlüssen. (Taf. 19, 6)
S1: Passmarken.
St1: Passmarken.
St2: Passmarke.
q) B1: Rhombisches, durchbrochenes Objekt.
r) B1: RN
Dat.: Ältere Urnenfelderzeit.
Verbl.: Nationalmuseum, Bukarest.
⟨a⟩, ⟨d⟩, ⟨h⟩, ⟨i⟩, ⟨q⟩, ⟨r⟩; alle
übrigen Museum, Baia Mare.
Lit.: Petrescu-Dîmboviţa 1977, 90; Taf.
132, 11-14; 133, 1-15.
Petrescu-Dîmboviţa 1978, 118; Taf.
91.
Bader 1978, 123; Taf. 64.

46. Holboca, jud. Iaşi
Siedlungsfund. Gefunden wurden unter anderem stark fragmentierte Reste von Tüllenbeil- und Dolchgußmodeln.
Dat.: Späte Bronzezeit/ Urnenfelderzeit
Lit.: Zaharia u. Petrescu-Dîmboviţa 1970,
197; Taf. 61, 1-2. 9-10.
Leskov 1981; Taf. 8 B 60.

47. Lăpuş, jud. Maramureş.*
Aus den Hügeln 13 und 16 einer aus mehreren Hügeln bestehenden Anlage wurden neben Bronzen und reichhaltigem Keramikmaterial der Wietenberg-Kultur eine Gußform und zwei Gußformenhälften geborgen.
a) Aus Hügel 16
B1: TÜ (Taf. 48, 6a)
B2: TÜ, gegenüber B1 gedreht.
(Taf. 48, 6b)
S2: Passmarke.
St2: Passmarke.
Eingußvariante (B1) 4
b) Gegenstück zu a) B1
Gekanteter Querschnitt.
B1: TÜ; schmale Rinne im Eingußkanal.
(Taf. 48, 7b)
S1: Passmarken. (Taf. 48, 7a)
S2: Passmarken. (Taf. 48, 7d)
St2: Passmarken.
Eingußvariante 4.
c) Aus Hügel 13
B1: Halbrunde, lange Rinne (BA?); Entgasungskanäle.
d) Rechteckiger Querschnitt.
B1: Schneidenteil eines TÜ (Taf. 49, 1)
Dat.: Ältere Urnenfelderzeit.
Verbl.: Museum, Baia Mare.
Lit.: Unveröffentlicht; Mitteilung C.
Kacsó.

48. Logreşti-Moşteni, jud. Gorj.
Hortfund dreier steinerner Gußformenhälften.
a)*D-förmiger Querschnitt.
B1: TÜ; Verzapfungslöcher; Dornartiger
   Fortsatz ? (Taf. 48, 5b)
B2: Anbohrungen. (Taf. 48, 5d)
S1: Passmarken.
S2: Anbohrungen; Passmarken.
(Taf. 48, 5c)
St1: Passmarke. (Taf. 48, 5a)
St2: Verschnürungsrille. (Taf. 48, 5e)
Eingußvariante 3.
b) D-förmiger Querschnitt.
B1: TÜ
Eingußvariante 3
c) B1: TÜ; Verzapfungslöcher.
B2: Vier BA.
Eingußvariante 3
Dat.: Ältere Urnenfelderzeit.
Verbl.: Nationalmuseum, Bukarest.
Lit.: Berciu 1939; Abb. 176.
Petrescu-Dîmboviţa 1978, 112; Taf.
74 C 1⟨c⟩, 2⟨a⟩, 3⟨b⟩.

49. Mediaş, jud. Sibiu.*
Einzelfunde zweier steinerner Gußformenhälften.
a) D-förmiger Querschnitt.
B1: TÜ; Verzapfungslöcher.
(Taf. 47, 1)
St1: Passmarke; Anbohrungen; Verschnürungsrille.
Eingußvariante 4.
b) D-förmiger Querschnitt.
B1: TÜ; Verzapfungslöcher; Dornartiger
   Fortsatz. (Taf. 47, 3b)

B2: Längsfazettiert geschliffen.
(Taf. 47, 3c)
S2: Passmarken.
St1: Passmarke.
St2: Passmarken; Verschnürungsrille.
Eingußvariante 4.
Dat.: Beide Gußmodel Ältere Urnenfelderzeit.
Verbl.: Museum, Mediaş.
Lit.: Székely 1953; Abb. 2-3.
<a> unveröffentlicht.

50. **Umgebung Mediaş, jud. Sibiu.***
Einzelfund einer steinernen Gußformenhälfte.
Rechteckiger Querschnitt.
B1: TÜ; Entgasungskanäle. (Taf. 47, 2)
S1: Passmarken.
S2: Passmarken.
St1: Passmarken.
Eingußvariante 4.
Dat.: Jüngere Urnenfelderzeit.
Verbl.: Museum, Mediaş.
Lit.: Unveröffentlicht; Mitteilung N. Boroffka.

51. **Păltiniş, jud. Caras-Severin.***
Siedlungsfund. Zusammen mit Keramik wurde eine steinerne Gußformenhälfte geborgen.
D-förmiger Querschnitt.
B1: TÜ
S2: Passmarken.
Eingußvariante 4 (?)
Dat.: Ältere Urnenfelderzeit.
Verbl.: Museum, Caransebeş.
Lit.: Unveröffentlicht.

52. **Pleniţa, jud. Dolj**
Fünf steinerne Gußformenhälften und eine Gußform wurden zusammenliegend auf einer Hügelspitze gefunden.
a)*rechteckiger Querschnitt.
B1: TÜ; Verzapfungslöcher; lange Rille, die durch flache Vertiefungen führt; dornartiger Fortsatz. (Taf. 47, 6b)
S1: Griffmulde; Anbohrungen; Passmarken. (Taf. 47, 6a)
S2: Griffmulde; Anbohrung.
Eingußvariante 4.
b)*Gegenstück zu a).
B1: TÜ; Verzapfungslöcher; lange Rille, die durch flache Vertiefungen führt.
(Taf. 47, 7b)
S1: Griffmulde; Passmarken. (Taf. 47, 7a)
S2: Griffmulde.
c)*Rechteckiger Querschnitt.
B1: TÜ; Verzapfungslöcher; dornartiger Fortsatz.
Eingußvariante 4.
d)*B1: HA; Verzapfungslöcher. (Taf. 47, 5)
e)*Rechteckiger Querschnitt.
B1: TÜ; Verzapfungslöcher; dornartiger Fortsatz. (Taf. 48, 1)
f) B1: TÜ; Verzapfungslöcher.
Eingußvariante 4.
g) B1: TÜ; Verzapfungslöcher.
Eingußvariante 4.
Dat.: Übergang von älterer zu jüngerer Urnenfelderzeit.
Verbl.: Nationalmuseum, Bukarest.
Lit.: Berciu 1939, 101 ff.; Abb. 175
Petrescu-Dîmboviţa 1978; Taf. 222 C 1<d>, 2<g>, 3<e>, 4<c>, 5<f>, 6<a>, 7<b>.
Preistoria Daciei; Abb. 433 <links>.

53. **Poian, jud. Covasna.***
Einzelfund einer steinernen Gußformenhälfte.
D-förmiger Querschnitt.
B1: TÜ (Taf. 49, 3)
S2: Passmarken.
Eingußvariante 4.
Dat.: Späte Bronzezeit.
Verbl.: Museum, Sfîntu Gheorghe.
Lit.: Unveröffentlicht; Mitteilung N. Boroffka.

54. **Reci, jud. Covasna.**
Siedlungsfund (?) Eine fragmentierte, steinerne Gußformenhälfte wurde in Schnitt 4 in 90 cm Tiefe der Ausgrabung von Reci-Telek geborgen.
Rechteckiger Querschnitt (?)
B1: Schneidenteil eines TÜ.
Verbl.: Museum, Sfîntu Gheorghe.
Lit.: Székely 1959, 197; Abb. 6, 6.
Székely 1966, 5 ff.; Taf. 8, 7.

55. **Umgebung Sînnicolău Mare, jud. Timiş.***
Einzelfund einer steinernen, fragmentierten Gußformenhälfte.
D-förmiger Querschnitt.
B1: TÜ (Taf. 49, 7)
S1: Passmarke.
Eingußvariante 4.
Verbl.: Museum, Timişoara.
Lit.: Preistoria Daciei; Abb. 288. Ebd. unter falscher Fundortnennung.

56. **Tăşad, jud. Bihor.***
Siedlungsfund. Aus einer Siedlung der Gava-Kultur wurde eine steinerne, fragmentierte Gußformenhälfte geborgen.
B1: TÜ; dornartiger Fortsatz (?)
(Taf. 49, 2)
Eingußvariante 5.
Dat.: Jüngere Urnenfelderzeit.
Verbl.: Museum, Oradea.
Lit.: Unveröffentlicht; Miteilung M. Rusu.

Ungarn

57. **Bakonyszentkirály, Kom. Veszprem.**
Siedlungsfund. Auf dem Zörögberg wurde unter anderem eine zur zweiten Phase einer Höhensiedlung gehörende fragmen-

tierte, steinerne Gußformenhälfte geborgen.
Rechteckiger Querschnitt.
Viertelform einer Gußformenhälfte.
B1: TÜ; dornartiger Fortsatz. (Taf. 24, 7)
Eingußvariante 4.
Dat.: Jüngere Urnenfelderzeit.
Verbl.: Museum, Veszprem.
Lit.: Nováki 1979, 103; Abb. 39, 4.

58. Berettyószentmárton, Kom. Hajdú Bihar.*
Einzelfund einer steinernen, fragmentierten Gußformenhälfte.
B1: TÜ; Vertiefung für Gußkernhalterung.
(Taf. 49, 12a)
S2: Passmarke. (Taf. 49, 12b)
Eingußvariante 4.
Dat.: Urnenfelderzeit.
Verbl.: Nationalmuseum, Budapest.
Lit.: Unveröffentlicht.

59. Ercsi, Kom. Pest.
Siedlungsfund einer steinernen Gußformenhälfte.
Rechteckiger Querschnitt.
B1: TÜ
S1: Passmarken.
S2: Passmarken.
St2: Verschnürungsrillen (?)
Dat.: Jüngere Urnenfelderzeit.
Verbl.: Nationalmuseum, Budapest.
Lit.: Hampel 1880, 211 f.; Abb. 44.

60. Keszthely, Kom. Veszprem.
Siedlungsfund. In einer Siedlung am Ufer des Plattensees wurde unter anderem eine steinerne, fragmentierte Gußformenhälfte gefunden.
B1: TÜ; Verzapfungsloch.
Dat.: Urnenfelderzeit.
Verbl.: ?
Lit.: Sági 1909, 348; Abb. 5, 3.

61. Mezőcsát, Kom. Borsod-Abaúj-Zemplén.
Siedlungsfund. Südlich des Hügels Hörcsögös wurde in einer Grube unter anderem eine steinerne, fragmentierte Gußformenhälfte gefunden.
D-förmiger Querschnitt.
B1: TÜ; Verzapfungsloch; dornartiger Fortsatz.
Eingußvariante 4.
Dat.: Ältere Urnenfelderzeit.
Verbl.: Museum, Miskolc.
Lit.: Patek 1981, 328 ff.; Abb. 3.

62. Miskolc, Kom. Borsod-Abaúj-Zemplén.
Siedlungsfund zweier Gußformenhälften.
a) B1: TÜ (?)
b) B1: TÜ (?)
Dat.: Ältere Urnenfelderzeit (?)
Verbl.: Museum, Miskolc.
Lit.: Kemenczei 1966; Abb. 15, 14; 18, 11.

63. Neszmély, Kom. Komárom.
Siedlungsfund. In einer Siedlung auf einer Donauinsel wurde unter anderem eine steinerne, fragmentierte Gußformenhälfte geborgen.
Viertel einer Gußformenhälfte.
B1: TÜ (Taf. 24, 6)
Eingußvariante 5.
Dat.: Jüngere Urnenfelderzeit.
Verbl.: Nationalmuseum, Budapest.
Lit.: Patek 1961, 60; Taf. 28, 8.

64. Pécs, Kom. Baranya.
Siedlungsfund. Unterhalb des Gipfels des Makarberges wurde unter anderem eine steinerne Gußformenhälfte geborgen.
B1: TÜ
S1: Passmarken
S2: Passmarken
Eingußvariante 5.
Dat.: Späte Urnenfelderzeit.
Verbl.: Museum, Pécs.
Lit.: Juhász 1896, 157 f.; Abb. 1.
Bándi 1979, 121 mit Abb.

65. Piliny, Kom. Nógrád.
Aus Piliny stammt eine größere Sammlung von Gußmodeln, zu denen eine steinerne, fragmentierte Gußformenhälfte für Tüllenbeile gehört.
B1: TÜ (Taf. 50, 6)
B2: Tiefe, halbrunde Eintiefung (Tülle einer Lanzenspitze ?)
S1: Passmarke
S2: Längliche Vertiefung
Dat.: Jüngere Urnenfelderzeit.
Verbl.: Nationalmuseum, Budapest.
Lit.: Mozsolics 1973, 81; Taf. 110, 7.

66. Poroszló, Kom. Heves.
Siedlungsfund. Von dem an der Theiß gelegenen Hügel Aponhát stammt unter anderem eine steinerne, fragmentierte Gußformenhälfte.
B1: TÜ; dornartiger Fortsatz.
S1: Passmarke
S2: Passmarke
Eingußvariante 5 (?)
Verbl.: Museum, Debrecen.
Lit.: Patay 1976, 200; Abb. 4, 2.

67. Prügy, Kom. Borsod-Abaúj-Zemplén.
Siedlungsfund. Auf einem Hügelrücken wurde unter anderem eine Gußformenhälfte für Tüllenbeile geborgen.
Dat.: Urnenfelderzeit (?)
Verbl.: Museum, Nyíregyháza.
Lit.: Kemenczei 1984, 161.

68. Regöly, Kom. Tolna.
Siedlungsfund. In einer Abfallgrube einer befestigten Siedlung wurde unter anderem eine steinerne Gußformenhälfte für Tüllenbeile gefunden.

B1: TÜ.
S1: Passmarken.
S2: Passmarken.
Rechteckiger Querschnitt.
Eingußvariante 5.
Dat.: Ältere Urnenfelderzeit.
Verbl.: Nationalmuseum, Budapest.
Lit.: Patek 1968, 64; Taf. 81, 12.

69. Sághegy bei Celldömölk, Kom. Vas.
Von der Höhensiedlung auf dem Ságberg stammen mehrere zum überwiegenden Teil fragmentierte, steinerne Gußmodel. Weitere Geräte umfassen Tondüsen, Tiegel, Gußkerne (Taf. 14, 1) bronzene Metall(nach)bearbeitungsgeräte. Sämtliche von der Siedlung stammende Materialien sind ohne stratigraphischen Zusammenhang.
a) Aus zwei Teilen bestehend.
   B1: TÜ
   S2: Passmarken.
b) Rechteckiger Querschnitt.
   B1: TÜ   (Taf. 49, 9)
   S1: Passmarke.
   Eingußvariante 5.
c) Viertel einer Gußformenhälfte.
   B1: TÜ
   B2: Rest eines TÜ (Schneidenteil), gegenüber B1 gedreht; zwei ND.
d)*B1: Schneidenteil eines TÜ; Entgasungskanal; dornartiger Fortsatz (?)
                                      (Taf. 49, 8b)
   B2: AN   (Taf. 49, 8c)
   S1: (Miniatur) FB   (Taf. 49, 8a)
   S2: Rest eines Negatives; Passmarken.
e) B1: Schneidenteil eines TÜ.
f) B1: TÜ; langrechteckiger Gegenstand.
   Eingußvariante 5.
   Dat.: Mittlere Bronzezeit ⟨d⟩; Ältere Urnenfelderzeit ⟨b⟩; Jüngere (Späte ?) Urnenfelderzeit ⟨a⟩, ⟨c⟩.
   Verbl.: Nationalmuseum, Budapest.
   Lit.: Lázár 1943, 280 ff.; Taf. 1, 2 ⟨a⟩; 2, 2 ⟨a⟩. 3. 4-5 ⟨c⟩. 6-7 ⟨e⟩; 3, 11-12; 5, 36 ⟨f⟩.
   Patek 1968, 36 f.

70. Tiszaföldvár, Kom. Szolnok.
Einzelfund einer tönernen Gußform.
Beide Gußformenhälften D-förmiger Querschnitt.
a) B1: TÜ; Verzapfungslöcher.
b) Gegenstück zu a).
   B1: TÜ; Verzapfungslöcher mit Verzapfungsstiften.
   Eingußvariante 5.
   Dat.: Ältere Urnenfelderzeit.
   Verbl.: Nationalmuseum, Budapest.
   Lit.: Hampel 1877, 30; Taf. 14, 16. 18.
         Hampel 1886b; Taf. 3, 4-5.

71. 'Ungarn'
Einzelfund einer steinernen Gußform.
Beide Gußformenhälften D-förmiger Querschnitt.
a) B1: TÜ; Verzapfungslöcher; dornartiger Fortsatz.   (Taf. 49, 10)
   S1: Passmarken.
b) Gegenstück zu a).
   B1: TÜ; Verzapfungslöcher; dornartiger Fortsatz.   (Taf. 49, 11)
   Eingußvariante 4.
   Dat.: Ältere Urnenfelderzeit.
   Verbl.: Nationalmuseum, Budapest.
   Lit.: Unveröffentlicht.

72. Velem, Kom. Vas.
Siedlungsfund. Von dieser Fundstelle stammt die gößte Anzahl an Gußmodeln, Gießereigerät und Werkzeugen zur Metallbearbeitung des Arbeitsgebietes. Unter den Gußmodeln sind eine große Anzahl zur Herstellung von Tüllenbeilen. Alle folgenden Gußmodel sind aus Stein.
a)*Rechteckiger Querschnitt.
   B1: TÜ
   Eingußvariante 5.
b)*D-förmiger Querschnitt.
   B1: TÜ; Verzapfungslöcher.
   S2: Passmarken.
   Eingußvariante 5.
c)*Viertelform einer Gußformenhälfte.
   B1: TÜ   (Taf. 24, 9)
   Eingußvariante 5.
d)*B1: TÜ
   B2: HA, gegenüber B1 gedreht.
   S1: Passmarken.
e)*Viertelform einer Gußformenhälfte.
   B1: TÜ   (Taf. 24, 11)
   B2: Rest eines Negatives.
f)*B1: TÜ; Verzapfungsloch; Entgasungskanal.
g)*Viertelform einer Gußformenhälfte.
   B1: TÜ
   Eingußvariante 5.
h)*Viertelform einer Gußformenhälfte.
   B1: TÜ
   S1: Passmarke.
   Eingußvariante 5.
i)*B1: TÜ; dornartiger Fortsatz.
   B2: Drei ND.
   Eingußvariante 4.
j)*Rechteckiger Querschnitt.
   B1: TÜ
   S2: Passmarken.
   Eingußvariante 5.
k)*B1: TÜ   (Taf. 50, 5)
   B2: Zwei RN.
   S1: Passmarke.
l)*B1: Reste von Negativen für zwei MS und TÜ.
   B2: Rest eines TÜ.
m)*Viertelform einer Gußformenhälfte.
   B1: TÜ
n)*Viertelform einer Gußformenhälfte.
   B1: TÜ
o)*B1: Schneidenteil eines TÜ.

S2: Reste von Nl.
p)*Viertelform einer Gußformenhälfte
   B1: TÜ
   B2: TÜ
   S1: Konischer Gegenstand.
q)* Rechteckiger Querschnitt
   B1: TÜ   (Taf. 50, 3a)
   S2: Passmarken   (Taf. 50, 3b)
   Eingußvariante 5.
r)*B1: TÜ   (Taf. 50, 1b)
   B2: Schwertgriff   (Taf. 50, 1c)
   S1: Passmarke; Rille.   (Taf. 50, 1a)
   Eingußvariante 5.
s)*B1: TÜ   (Taf. 24, 10)
   B2: TÜ, gegenüber B1 gedreht.
   S2: Passmarken.
t) Viertelform einer Gußformenhälfte.
   B1: TÜ; Anbohrung.   (Taf. 24, 8)

Dat: Ältere Urnenfelderzeit ⟨b⟩, ⟨d⟩?, ⟨f⟩?, ⟨q⟩; alle übrigen mit erkennbarem Ornament: jüngere Urnenfelderzeit.
Verbl.: q) und r) Naturhistorisches Museum Wien; die übrigen Museum Szombathely.
Lit.: v. Miske 1908; Taf 22, 1 ⟨o⟩; 23, 4 ⟨c⟩. 2 ⟨j⟩; 24, 1 ⟨e⟩. 2 ⟨d⟩. 6 ⟨i⟩. 13 ⟨s⟩; 25, 2 ⟨d⟩. 4 ⟨e⟩. 5 ⟨i⟩. 12 ⟨s⟩; 26, 2 ⟨f⟩; 27, 9 ⟨o⟩. 10 ⟨t⟩.
Foltiny 1959; Taf. 1, 7. 9; 6, 2.
Bándi u. Fekete 1977-78; 101 ff. Abb. 9 ⟨s⟩.
v. Miske 1904a, 133; Abb. 31 ⟨b⟩.

Verzeichnisse und Register

Verzeichnis der allgemeinen und gußtechnischen Abkürzungen

ÄUK	=	Ältere Urnenfelderzeit
B.	=	Breitseite
BZ	=	Bronze
Dat.	=	Datierung
EF	=	Einzelfund
Fe	=	Eisen
GM	=	Gußmodel
Gr.	=	Grab
HO	=	Hortfund
Jud.	=	Judeţ (= Bezirk). Rumänische Verwaltungseinheit
JUK	=	Jüngere Urnenfelderzeit
KatNr.	=	Katalognummer
Kom.	=	Komitat. Ungarischer Verwaltungsbezirk
Lit.	=	Literaturverweis
M.	=	Maßstab
MBZ	=	Mittlere Bronzezeit
Okr.	=	Okrăžen (=Bezirk). Bulgarische Verwaltungseinheit
Opš./Obč.	=	Opština/Občina (= Gemeinde). Jugoslawische Verwaltungseinheit
PA	=	Positivanalogie
S	=	Schmalseite
SAPV	=	Sozialistische Autonome Provinz Voivodina
SBZ	=	Späte Bronzezeit
SI	=	Siedlung
Sp.	=	Spalte
SR	=	Sozialistische Republik. Jugoslawische Verwaltungseineinheit
St.	=	Stirnseite
SUK	=	Späte Urnenfelderzeit
Tum.	=	Tumulus
Verbl.	=	Verbleib

Verzeichnis der Abkürzungen für Gerätetypen

ÄB	=	Ärmchenbeil
AN	=	Anhänger
AR	=	Armring oder Armreif
BA	=	Barren
DO	=	Dolch
FI	=	Fibel
FB	=	Flachbeil
GE	=	Gefäß
GG		Gießereigerät
GL	=	Glocke
HA	=	Hammer
KN	=	Knopf
LB	=	Lappenbeil
LS	=	Lanzenspitze
ME	=	Meißel
MS	=	Messer
ND	=	Nadel
NG	=	Nagel
NI	=	Niet
NZ	=	Nicht zuzuordnendes Negativ
PF	=	Pfriem
PS	=	Pfeilspitze
RI	=	Ring
RM	=	Rasiermesser
RN	=	Ring
SA	=	Schaftlochaxt
SE	=	Scheibe
SI	=	Sichel
ST	=	'Stab'. Hierzu zählen die länglichen, rillenartigen Negative, die nicht als Barrennegative anzusprechen sind.
SW	=	Schwert oder Teil eines Schwertes
TÜ	=	Tüllenbeil

Listen 1-14

Zu den Listen 1-4

In den Listen 1-4 sind die mit hängenden Dreiecken verzierten Tüllenbeile zusammengestellt. Zum Zwecke des einfacheren Vergleiches folgt das Benennungssystem der Gliederung des Ornaments (Abb. 9). Dieses bedingt bei nicht vorhandenen Ornamentkombinationen den Wegfall einiger Benennungen.

Abb. 9

Das Benennungssystem der mit hängenden Dreiecken verzierten Tüllenbeile

	1	2	3	4		1	2	3	4
a	1.a.	2.a. ✗	3.a. ✗ S.123	4.a. ✗		1.c.	2.c. ✗ S.117	3.c. ✗	4.c. ✗
b	1.b.	2.b. ✗	3.b.	4.b.		–	2.d. ✗	3.d. ✗ S.117	4.d.
c	–	–	–	– Novi Grad ✗		– S.116	2.e. ✗ S.117	3.e.	4.e.
d	–	–	–	– ← Maćkovac ✗		– S.116	2.f.	3.f.	–
e	–	–	–	– ← Maćkovac		1.g.	2.g.	3.g.	–

ohne Öse | mit Öse

Liste 1 (Tafel 64)

Einfache Dreieckszier

a. Tüllenbeile ohne Öse; randständig.

1. Spălnaca.
   Petrescu-Dîmbovița 1978; Taf. 143, 108

2. Přestvalky.
   Říhovský 1972; Taf. 33, 15.

b. Tüllenbeile ohne Öse; unter einer Horizontalrippe.

1. Laas.
   Mayer 1977; Taf. 75, 1036.

2. Augsdorf.
   Ebd.; Taf. 76, 1045.

3. Uioara de Sus.
   Petrescu-Dîmbovița 1978; Taf. 164, 99.

4. Peterd.
   Bándi 1979; Abb. auf 121.

c. Tüllenbeile mit Öse; randständig.

1. Dipșa.
   Petrescu-Dîmbovița 1978; Taf. 94, 25.

2. Bezirk Prozor.
   Truhelka 1895; Abb. 3. } Ponir ?

3. Drslavice.
   Říhovský 1972; Taf. 35, 32.

g. Tüllenbeile mit Öse; unter vier Horizontalrippen.

1. Aleșd.
   Petrescu-Dîmbovița 1978; Taf. 270 F 1.

Liste 2 (Tafel 65-66)

Doppelte Dreieckszier

a. Tüllenbeile ohne Öse; randständig.

1. Dipşa.
   Petrescu-Dîmboviţa 1978; Taf. 94, 18.

2. Uioara de Sus.
   Ebd.; Taf. 162, 43.

3. Variaş. → Stufe Jupalnic
   Ebd.; Taf. 221 E 1.

4. Lengyeltóti.
   Török 1940; Taf. 2, 39.

5. Motke.
   Fiala 1899; Abb. 16.

6. Siófok.
   Mozsolics 1985; Taf. 103, 10.

7. Sárazsadány.
   Ebd.; Taf. 169, 7.

8. Vajdácska.
   Ebd.; Taf. 206, 20.

b. Tüllenbeile ohne Öse; unter einer Horizontalrippe.

1. Bogøta.
   Petrescu-Dîmboviţa 1978; Taf. 84 C 2.

2. Uioara des Sus.
   Ebd.; Taf. 162, 49-53. 55; 163, 56-63.
   75-78; 164, 80. 82. 86. 92. 101.

3. Şpălnaca.
   Ebd.; Taf. 143, 95. 113.

4. Gusteriţa.
   Ebd.; Taf. 105, 46. 57.

5. Dipşa.
   Ebd.; Taf. 94, 17.

6. Petroşani.
   Ebd.; Taf. 129 B 1.

7. Socu.
   Ebd.; Taf. 214, 3.

8. Veliko Središte.
   Milleker 1940; Taf. 19 ⟨oben⟩.

9. Mesić.
   Holste 1951; Taf. 19, 1-2.

10. Jakovo.
    Ostave; Taf. 27, 14.

11. Borjas.
    Milleker 1940; Taf. 15, 6.

12. Privina Glava.
    Ostave; Taf. 63, 1.

13. Sióagárd.
    Holste 1951; Taf. 42, 5.

14. Peterd.
    Bándi 1979; Abb. auf 121.

15. Nijemci.
    Vinski-Gasparini 1973; Taf. 107 B 5.

16. Otok-Privlaka. → wall mit Öse!
    Ebd.; Taf. 27, 4. 11.

17. Tenja.
    Ebd.; Taf. 31, 6. 8.   } Taf. 31,7 paßt ja nicht!

18. Bizovac.
    Ebd.; Taf. 36, 6. 15.

19. Donja Bebrina. → Phase III
    Ebd.; Taf. 94, 10. 17.

20. Slavonski Brod.
    Ebd.; Taf. 106 C 4.

21. Veliko Nabrdje. → mit Öse!
    Ebd.; Taf. 46, 2. 4. 6.

22. Poljanci.
    Bulat 1973; Taf. 4, 1. 5.

23. Brodski Varoš.
    Vinski-Gasparini 1973; Taf. 61, 1. 4; 62,
    1. 3. 7. 14.

24. Budinšćina. → auf S. 213 wiederum mit Öse!
    Ebd.; Taf. 78, 1-3. 9.
    → vgl. S. 217!

25. Jurka Vas.
    PJZ; Taf. 6, 15. 17.

26. Cerovec.
    Müller-Karpe 1959; Taf. 125 C 1.

27. Špure.
Ebd.; Taf. 131, 2.

28. Lannach.
Mayer 1978, Taf. 75, 1033.

29. Graz.
Ebd.; Taf. 75, 1034.

30. Debeli vrh.
Hirschbäck-Merhar 1984; Taf. 1, 6.

31. Pécs.
Mozsolics 1949; Taf. 17, 1-4.

32. Simonfa.
Kohlbach 1900; Abb. 2. 4-5.

33. Nagyvejke.
Mészáros 1971-72; Taf. 2, 1.

34. Palotaboszok.
Hampel 1896; Taf. 98, 7.

35. Szentgáloskér.
Ebd.; Taf. 119, 2.

36. Ebergöc.
Bándi 1962; Taf. 1, 4.

37. Várpalota.
Patek 1968; Taf. 44, 5.

38. Siófok.
Kuzsinsky 1920; Abb. 7, 10.

39. Pölöske.
Szechenyi 1887; Taf. 1, 10.

40. Kisapáti.
Szentmárton 1897; Taf. 1, 13-14. 17.

41. 'Plattensee'.
Angeli u. Neuninger 1964; Taf. 12, 1; 13, 1.

42. Prievidza.
Novotná 1970b; Taf. 37, 655.

43. Levice.
Ebd.; Taf. 37, 654.

44. Püspökhatvan.
Kemenczei 1984; Taf. 113, 5-6.

45. Felsődöbsza.
Ebd.; Taf. 47 a7.

46. Nagyhalász.
Jósa 1963-64; Taf. 37, 38.

47. Sárazsadány.
Ebd.; Taf. 17, 8. 10; 18, 11.

48. Piricse.
Ebd; Taf. 48, 25-26

49. Sarkad.
Holste 1951; Taf. 38, 29.

50. Apagy.
Jósa 1963-64; Taf. 3, 54.

51. Bingula-Divoš.
Vinski-Gasparini 1973; Taf. 84, 27.

52. Tešany.
Truhelka 1909; Abb. 40.

53. Čermernica.
PJZ; Taf. 52, 4.

54. Aiud.
Rusu 1981; Abb. 3, 6. 8.

55. Sredni Vodeanu.
Kacsó 1977a; Abb. 3, 4.

56. Birján.
Mozsolics 1985; Taf. 69, 5. 9. 10. 12.

57. Bakóca.
Ebd.; Taf. 87, 7-9.

58. Márok.
Ebd.; Taf. 90, 12-13.

59. Pamuk.
Ebd.; Taf. 104, 17.

60. Szentgálosker.
Ebd.; Taf. 111, 18.

61. Tab.
Ebd.; Taf. 116, 6. 10.

62. Balatonszemes.
Ebd.; Taf. 121, 11.

63. Vajdácska.
Ebd.; Taf. 206, 13. 16.

64. Szentes.
Ebd.; Taf. 225, 1.

65. Muscoli.
Carancini 1984; Taf. 120, 3722.

66. Malička.
Balen-Letunić 1985; Taf.1, 9.

c. Tüllenbeile mit Öse; randständig.

1. Gusterița.
   Petrescu-Dîmbovița 1978; Taf. 105, 47.

2. Pod kod Bugojna.
   PJZ; Taf. 66, 6.

3. Ometala.
   Ebd.; Taf. 47, 3.

4. Szárazd.
   Holste 1951; Taf. 21, 35.

5. Veliko Nabrdje.
   Vinski-Gasparini 1973; Taf. 46, 6.

6. Șpălnaca.
   Petrescu-Dîmbovița 1978; Taf. 143, 96.

7. Aiud.
   Rusu 1981; Abb. 3, 5.

8. Berzence.
   Mozsolics 1985; Taf. 129 B 1.

9. 'Manduria'.
   Carancini 1984; Taf. 122, 3751.

d. Tüllenbeile mit Öse; unter einer Horizontalrippe.

1. Suseni.
   Petrescu-Dîmbovița 1978; Taf. 135 C 3.

2. Gornești.
   Ebd.; Taf. 273 D 1.

3. Șpălnaca.
   Ebd.; Taf. 143, 102-103.

4. Gusterița.
   Ebd.; Taf. 105, 49.

5. Veliko Središte.
   Milleker 1940; Taf. 19 ⟨unten⟩.

6. Peterd.
   Bándi 1979; Abb. auf 121.

7. Bingula Divoš.
   Vinski-Gasparini 1973; Taf. 84, 25.

8. Otok-Privlaka.
   Ebd.; Taf. 27, 4.

9. Veliko Nabrdje.
   Ebd.; Taf. 46, 2.

10. Gornja Vrba.
    Ebd.; Taf. 50, 10.

11. Podcrkavlje i Brod.
    Ebd.; Taf. 67, 1.

12. Javornik.
    Ebd.; Taf. 98, 3.

13. Budinščina.
    Ebd.; Taf. 78, 9.

14. Gorenji Log.
    Müller-Karpe 1959; Taf. 125 A 5.

15. Jurka Vas.
    PJZ; Taf. 6, 17.

16. Hollern.
    Mayer 1977; Taf. 76, 1048.

17. Raisenmarkt.
    Ebd.; Taf. 76, 1052 A.

18. Maiersdorf.
    Ebd.; Taf. 76, 1053.

19. Balatonfokajár.
    Gallus u. Mithai 1942; Taf. 19, 8.

20. Várpalota.
    Patek 1968; Taf. 44, 6.

21. Sesto al Reghena.
    Carancini 1984; Taf. 120, 3717.

22. Badacsonytomaj.
    Mozsolics 1949, Taf. 23, 4.

23. Gyöngyössolymos.
    Kemenczei 1970-71; Taf. 1, 1; 3, 1. 6; 5, 1.

24. Edelény.
    Kemenczei 1984; Taf. 112 b 3.

25. Bodrogkeresztúr.
    Hampel 1896; Taf. 95,

26. Kemecse.
    Jósa 1963-64; Taf. 29, 64. 71-72.

27. Alsódobsza.
    Kemenczei 1984; Taf. 41, 1.

28. Napkor.
Ebd.; Taf. 183, 14.

29. Nagyvejke.
Mészáros 1971-72; Taf. 2, 6.

30. Draßburg.
Říhovský 1972; Taf. 38 A 43.

31. Bizovac.
Vinski-Gasparini 1973; Taf. 37, 4.

32. Glod.
Petrescu-Dîmboviţa 1978; Taf. 258 C 7.

33. Pocsaj.
Hampel 1896; Taf. 200, 2.

34. Aiud.
Rusu 1981; Abb. 3, 4.

35. Kurd.
Mozsolics 1985; Taf. 23, 2.

36. Későhidegkút.
Ebd.; Taf. 31, 9.

37. Birján.
Ebd.; Taf. 69, 9. 11.

38. Lengyeltóti.
Ebd.; Taf. 110, 3.

39. Szentgáloskér.
Ebd.; Taf. 111, 2. 4-6. 11.

40. Sárazsadány.
Ebd.; Taf. 169, 6.

41. Nyírtura.
Ebd.; Taf. 204, 1.

42. Doss Trento.
Carancini 1984; Taf. 120, 3716.

e. Tüllenbeile mit Öse;
unter zwei Horizontalrippen.

1. Bizovac.
Vinski-Gasparini 1973; Taf. 36, 12.

2. Gornja Vrba.
Ebd.; Taf. 50, 9.

3. Pivnica.
Benac 1966; Taf. 3, 5.

4. Brodski Varoš.
Vinski-Gasparini 1973; Taf. 62, 2. 8.

5. Siče.
Ebd.; Taf. 95, 5.

6. Javornik.
Ebd.; Taf. 98, 4.

7. Jurka Vas.
PJZ; Taf. 6, 16.

8. Čermozište.
Müller-Karpe 1959; Taf. 134, 5.

9. Podrute.
Vinski-Gasparini 1973; Taf. 81 B 1-2.

10. Rinyaszentkirály.
Hampel 1896; Taf. 214, 12. 14.

11. Nagyvejke.
Meszaros 1971-72; Taf. 2, 2.

12. Gyönggyössolymos.
Kemenczei 1971-72; Taf. 5, 2.

13. Gemer.
Novotná 1970b; Taf. 35, 618.

14. Szentes.
Holste 1951; Taf. 35, 2. 6. 10.

15. Tab.
Ebd.; Taf. 36, 10.

16. Središče.
Gabrovec 1955; Taf. 4, 4.

17. Kezőhidegkút.
Mozsolics 1985; Taf. 31, 8. 11.

18. Szentgáloskér.
Ebd.; Taf. 111, 3.

19. Rétközberencs.
Ebd.; Taf. 193, 1.

20. Badacsonytomáj.
Ebd.; Taf. 235, 11.

**f. Tüllenbeile mit einer Öse;
unter drei Horizontalrippen.**

1. Bancu.
   Petrescu-Dîmboviţa 1978; Taf. 225 C 6.

2. Delniţa.
   Ebd.; Taf. 255 C 5.

3. Şoarş.
   Ebd.; Taf. 243 B 2.

4. Sărăţeni.
   Ebd.; Taf. 221 B 2.

5. Jupalnic.
   Ebd.; Taf. 220 B 1.

6. Ţelna.
   Ebd.; Taf. 248 B 4.

7. Szentes
   Kemenczei 1984; Taf. 214, 11.

8. Suatu.
   Petrescu-Dîmboviţa 1978; Taf. 242, 7.

9. Spălnaca.
   Ebd.; Taf. 244, 15.

10. Plăieşti.
    Ebd.; Taf. 237 C 7.

11. Tăuteu.
    Ebd.; Taf. 247 B 10.

12. Jászkarajenő.
    Mozsolics 1985; Taf. 250, 9.

**g. Tüllenbeile mit einer Öse;
unter vier Horizontalrippen.**

1. Zagon.
   Petrescu-Dîmboviţa 1978; Taf. 250 B 3.

2. Săcuieni.
   Ebd.; Taf. 238 B 5.

Liste 3 (Tafel 67-68)

Dreifache Dreieckszier

a. Tüllenbeile ohne Öse; randständig.

1. Gusteriţa.
   Petrescu-Dîmboviţa 1978; Taf. 105, 53-54. 56.

2. Uioara de Sus.
   Ebd.; Taf. 162, 44; 163, 72.

3. Berzasca.
   Ebd.; Taf. 82 A 15.

4. Lăţunaş.
   Ebd.; Taf. 120 B 2.

5. Mesić.
   Holste 1951, Taf. 19, 4.

6. Baia Mare.
   Petrescu-Dîmboviţa 1978; Taf. 271, 3.

7. Galoşpetreu.
   Ebd.; Taf. 100 C 5.

8. Cheşeru.
   Ebd.; Taf. 88 D 1.

9. Füzesabony.
   Kemenczei 1984; Taf. 111, 1.

10. Igriş.
    Petrescu-Dîmboviţa 1978; Taf. 119 C 2.

11. Pećinci.
    Vasić 1982b; Abb. 4, 1.

12. Šimanovci.
    Ostave; Taf. 41, 4.

13. Motke.
    Fiala 1899; Abb. 17.

14. Bizovac.
    Vinski-Gasparini 1973; Taf. 36, 18.

    — Grapska

15. Donja Bebrina.
    Ebd.; Taf. 94, 13.

16. Brodski Varoš.
    Ebd.; Taf. 62, 11-12.

17. Dolina.
    Schauer 1974; Abb. 3, 5.

18. Špure.
    Müller-Karpe 1959; Taf. 131, 3.

19. Rinyaszentkirály.
    Hampel 1896; Taf. 214, 11.

20. Zalavár.
    Patek 1968; Taf. 51, 13.

21. Siofók.
    Kuszinsky 1920; Abb. 7, 11. 14.

22. Palotaboszok.
    Hampel 1887; Taf. 98, 12.

23. Novi Bečej.
    Nagy 1955; Taf. 2

24. Bakóca.
    Mozsolics 1985; Taf. 87, 5.

25. Szentgáloskér.
    Ebd.; Taf. 111, 15.

26. Balatonszemes
    Ebd.; Taf. 121, 12.

27. Kemecse.
    Ebd.; Taf. 183, 16.

28. Castions di Strada.
    Carancini 1984; Taf. 121, 3725.

① = gemeint mit wohl Vinski-Gasparini 1973; vgl. S. 211!

② = bei Mozsolics 1985: Taf. 42-43 nicht zu identifizieren

b. Tüllenbeile ohne Öse; unter einer Horizontalrippe.

1. Deva.
   Petrescu-Dîmboviţa 1978; Taf. 92 C 1.

2. Caransebeş.
   Ebd.; Taf. 86 C 1. 5.

3. Sióagárd.
   Holste 1951; Taf. 42, 3. ②

4. Bizovac.
   Vinski-Gasparini 1973; Taf. 36, 4-5.

5. Brodski Varoš.
   Ebd.; Taf. 62, 5.

6. Budinščina. ①
   Mayer 1977; Taf. 78, 1. —> Ungarn!

7. Palotaboszok.
   Hampel 1887; Taf. 98, 2. 8.

8. Steinhaus.
   Mayer 1977; Taf. 74, 1032.

9. Kemecse.
   Jósa 1963-64; Taf. 29, 65.

10. Öreglak.
    Mozsolics 1985; Taf. 76, 12.

11. Bakóca.
    Ebd.; Taf. 87, 4.

12. Márok.
    Ebd.; Taf. 90, 10.

13. Szentgáloskér.
    Ebd.; Taf. 111, 8. 16.

14. Vajdácska.
    Ebd.; Taf. 206, 22.

15. Velika Planina.
    Koren 1974, 186; Abb. 112.

c. Tüllenbeile mit Öse; randständig.

1. Suaţu.
   Petrescu-Dîmboviţa 1978 Taf. 242, 20.

2. Uioara de Sus.
   Ebd.; Taf. 162, 42. 48.

3. Şpălnaca.
   Ebd.; Taf. 143, 100.

4. Hida.
   Ebd.; Taf. 259 C 7.

5. Joşani.
   Ebd.; Taf. 233, 11.

6. Lăţunas.
   Ebd.; Taf. 120 B 1.

7. Brestovik.
   Ostave, Taf. 9, 2.

8. Novi Bečej.
   Nagy 1955; Taf. 2,

9. Šimanovci.
   Ostave; Taf. 41, 7.

10. Otok-Privlaka.
    Vinski-Gasparini 1973; Taf. 27, 8.

11. Poljanci.
    Ebd.; Taf. 49, 1.

12. Mačkovac.
    Ebd.; Taf. 73, 5

13. Čermozište.
    Müller-Karpe 1959; Taf. 134, 6.

14. Rinyaszentkirály.
    Hampel 1896; Taf. 214, 15.

15. Balmazújváros.
    Kemenczei 1984; Taf. 190 b 8.

16. Mesič.
    Ostave; Taf. 61, 4.

17. Palotabozsok.
    Mozsolics 1985; Taf. 70, 10.

18. Lengyeltóti.
    Ebd.; Taf. 107, 1.

19. Szentgáloskér.
    Ebd.; Taf. 111, 9.

20. Tab.
    Ebd.; Taf. 116, 8.

21. 'Manduria'
    Carancini 1984; Taf. 121, 3742; 122, 3743-3744. 3746-3747. 3750.

- Debelo brdo 1
- Motke

**d. Tüllenbeile mit Öse;
unter einer Horizontalrippe.**

1. Gusteriţa.
   Petrescu-Dîmboviţa 1978; Taf. 105, 47.

2. Uioara de Sus.
   Ebd.; Taf. 163, 64. 66-68.

3. Şpălnaca.
   Ebd.; Taf. 143, 97. 100.

4. Zlatna.
   Ebd.; Taf. 222 A 2.

5. 'Salaj'.
   Ebd.; Taf. 132 D 2.

6. Nagykálló.
   Jósa 1963-64; Taf. 38, 5.

7. Mezőkövesd.
   Kemenczei 1984; Taf. 122, 6.

8. Gyönggyössolymos.
   Kemenczei 1970-71; Taf. 3, 1.

9. Veliko Središte.
   Milleker 1940; Taf. 19,

10. Pećinci.
    Milošević 1960; Taf. 1.

11. Nove Bingula.
    Ostave; Taf. 23, 8.

12. Budinšćina.
    Vinski-Gasparini 1973; Taf. 78, 14.

13. Čermožište.
    Müller-Karpe 1959; Taf. 134, 1.

14. Augsdorf.
    Mayer 1977; Taf. 76, 1051.

15. Palotaboszok.
    Hampel 1886b; Taf. 98, 11.

16. Orci.
    Ebd.; Taf. 117, 3.

17. Paloznok.
    Patek 1968; Taf. 66, 4.

18. Kurd.
    Hampel 1886b; Taf. 210, 8.

19. Kistormás.
    Wosinsky 1896; Taf. 66, 1.

20. Punitovci.
    Vinski-Gasparini 1979; Taf. 1, 6-7.

21. Šumetac bei Podzvizd.
    Truhelka 1893; Abb. 11.

22. Trlić.
    Ostave; Taf. 25, 12.

23. Öreglak.
    Mozsolics 1985; Taf. 77, 1.

24. Bakóca.
    Ebd.; Taf. 87, 3.

25. Márok.
    Ebd.; Taf. 90, 8.

26. Tab.
    Ebd.; Taf. 116, 5.

27. Sopron.
    Ebd.; Taf. 135, 2.

28. Apagy.
    Ebd.; Taf. 180, 6.

29. Vajdácska.
    Ebd.; Taf. 206, 14.

e. **Tüllenbeile mit Öse;**
   unter zwei Horizontalrippen.

1. Şpălnaca.
   Petrescu-Dîmboviţa 1978; Taf. 244, 20.

2. Dîrja.
   Ebd.; Taf. 219, 22.

3. Velem.
   Hampel 1896; Taf. 236, 1.

4. Koroncó.
   Gallus u. Mithai 1942; Taf. 19, 7.

5. Rohod.
   Jósa 1963-64; Taf. 52, 14.

6. Arad.
   Petrescu-Dîmboviţa 1978; Taf. 223, 8. 10. 12-13.

7. Plăieşti.
   Ebd.; Taf. 237 C 6.

8. Dragu.
   Soroceanu unpbl.

9. Somogybábod.
   Mozsolics 1985; Taf. 122, 2.

10. Jászkarajenő.
    Ebd.; Taf. 250, 16.

f. **Tüllenbeile mit einer Öse;**
   unter drei Horizontalrippen.

Verlo. Taf. 68

1. Boldeşti.
   Petrescu-Dîmboviţa 1978; Taf. 252 A 1-2.

2. Zagon.
   Ebd.; Taf. 250 B 2.

3. Giurgiova.
   Ebd.; Taf. 231 C 5.

4. Şoarş.
   Ebd.; Taf. 243 B 1.

5. Corneşti.
   Ebd.; Taf. 229, 9.

6. Şpălnaca.
   Ebd.; Taf. 244, 16.

7. Căpusu de Cîmpie.
   Ebd.; Taf. 215 B 2.

8. Glod.
   Ebd.; Taf. 258 C 10.

9. Tăuteu.
   Ebd.; Taf. 247 A 8.

10. Szentes.
    Kemenczei 1984; Taf. 204, 12. 14.

11. Arad.
    Petrescu-Dîmboviţa 1978; Taf. 223, 9.

12. Hradec.
    Novotná 1970b; Taf. 35, 616.

13. Altmünster.
    Mayer 1977; Taf. 78, 1076.

14. Ecsedi láp.
    Jósa 1963-64; Taf. 62, 1 <Mitte>.

15. Nagykálló.
    Ebd.; Taf. 38, 6-7.

16. Debrecen.
    Kemenczei 1984; Taf. 192, 12.

17. Egyek.
    Ebd.; Taf. 193, 15.

18. Tiszaszentimre.
    Ebd.; Taf. 210, 12.

19. Josani.
    Petrescu-Dîmboviţa 1978; Taf. 232 C 10.

20. Spital am Pyhrn.
    Pertlwieser u. Tovornik 1981; Abb. 428.

g. **Tüllenbeile mit einer Öse;
unter vier Horizontalrippen.**

1. Zagon.
   Petrescu-Dîmbovița 1978; Taf. 250 A 13;
   B 3.

2. Dacia.
   Ebd.; Taf. 217 D 1.

3. Șpălnaca.
   Ebd.; Taf. 244, 12.

4. Szárvas.
   Kemenczei 1984; Taf. 203 b 2.

Liste 4 (Tafel 70) woll 69
Vierfache Dreieckszier

a. Tüllenbeile ohne Öse; randständig.

1. Sighetu Marmației.
   Petrescu-Dîmbovița 1978; Taf. 134 B 6.

2. Čermozište.
   Müller-Karpe 1959: Taf. 134, 7.

3. Punitovci.
   Vinski-Gasparini 1973; Taf. 1, 7.

4. Blatnica.
   Mandić 1931; Taf. 16 ‹rechts oben›.

5. Dolina.
   Schauer 1974; Abb. 3, 7.

   — Brodski Varoš → glatt

6. Pećinci. → glatter Wulst
   Vasić 1982b; Abb. 4, 1.

7. 'Bosnien' → verwaschen grob gerippt
   PJZ; Taf. 52, 3.

8. Nijemci. → grob gerippt
   Vinski-Gasparini 1973; Taf. 107 B 2.

9. Privina Glava. → glatt
   Ostave; Taf. 63, 1.

   was ist mit — Poljanić ?
10. Motke.
    Fiala 1899; Abb. 18.   — Bošnjaci
    — Poderkavlje - Slavonski Brod   — Brodski Varoš
    — Bošnjaci   — Poderkavlje - Slavonski Brod
        — Kesző́hidegkut
        — Poljanci II

b. Tüllenbeile ohne Öse; unter einer Horizontalrippe.

1. Uioara de Sus.
   Petrescu-Dîmbovița 1978; Taf. 163, 73.

2. Sióagárd.
   Mozsolics 1985; Taf. 42, 5.

3. Szentgáloskér.
   Ebd.; Taf. 111, 13.

c. Tüllenbeile mit Öse; randständig.

1. 'Manduria'
   Carancini 1984; Taf. 122, 3745. 3753.

   — Bizovac → grob gerippter Wulst

d. Tüllenbeile mit Öse; unter einer Horizontalrippe.

1. Bežanica.
   Garašanin 1954; Taf. 7, 1.   — Dolina

2. Vršac.
   Rašajski 1972-73; Taf. 2, 11.

e. Tüllenbeile mit Öse; unter zwei Horizontalrippen.

1. Suatu.
   Petrescu-Dîmbovița 1978; Taf. 242, 8.   — Brodski Varoš
        — Dolina
        — Poljanci II

Liste 5 (Tafel 64)
Tüllenbeile mit schräg geripptem Rand

1. Prodimčec.
   Černych 1978b; Taf. 38, 7. Ohne Randverzierung abgebildet.

2. Stražica.
   Hänsel 1976; Abb. 1, 10.

3. Velem.
   v. Miske 1904; Taf. 14, 41.

4. Vinička.
   Novotná 1970b; Taf. 38, 691.

5. Pácin.
   Kemenczei 1984; Taf. 201, 6.

6. Jupalnic.
   Petrescu-Dîmbovița 1978; Taf. 220 B 4.

7. Pietrosu.
   Ebd.; Taf. 251 C 1.

8. Sîmbăta Nouă.
   Ebd.; Taf. 253, 18-25.

9. Sîngeorghiu de Pădure.
   Ebd.; Taf. 263 A 15.

10. Leskovo.
    Ostave; Taf. 71, 3.

11. Brza Palanka.
    Ebd.; Taf. 83 <links oben>.

12. 'Bosnien'
    PJZ; Taf. 54, 9.

Liste 6 (Tafel 69)
Tüllenbeile mit horizontalgerippten Rand

1. Ometala kod Gmica.
   PJZ; Taf. 47, 3.

2. Sitno.
   Ebd.; Taf. 50, 1-3. 9-10.

3. 'Bosnien'
   Ebd.; Taf. 52, 3.

4. Bošnjaci.
   Vinski-Gasparini 1973; Taf. 30 A 2.

5. Brodski Varoš.
   Ebd.; Taf. 60, 2.

6. Donja Bebrina.
   Ebd.; Taf. 94, 13.

7. Nijemci.
   Ebd.; Taf. 107 B 2.

8. Beravci.
   Ebd.; Taf. 108, 12-13.

9. Ivanec Bistranski.
   Ebd.; Taf. 113, 1-3.

10. Gajina Pecina.
    Ebd.; Taf. 128, 10.

11. Matijevči.
    Ebd.; Taf. 129, 5.

12. Velem.
    v. Miske 1904; Taf. 23, 2.

13. Gornja Vrba.
    Holste 1951; Taf. 16, 5-6.

14. Mesić.
    Ebd.; Taf. 19, 3.

15. Rudnik.
    Ebd.; Taf. 20, 2.

16. Bizovac.
    Ebd.; Taf. 3, 6.

17. Gusterița.
    Ebd.; Taf. 25, 7.

18. Szentes.
    Ebd.; Taf. 35, 5-6.

19. Tura.
    Ebd.; Taf. 37, 6.

20. Nyíregyháza.
    Ebd.; Taf. 43, 3. 6.

21. Mahrersdorf.
    Mayer 1977; Taf. 78, 1070.

22. Salzburg ?
    Ebd.; Taf. 78, 1071.

23. Andau.
    Ebd.; Taf. 78, 1072.

24. Tautendorf.
    Ebd.; Taf. 79, 1091.

25. Hallstatt.
    Ebd.; Taf. 80, 1110.

26. Umgebung Anger Birkfeld.
    Ebd.; Taf. 82, 1138.

27. Brückmühl.
    Ebd.; Taf. 82, 1139.

28. Reci.
    Székely 1966; Taf. 8, 1.

29. Sághegy.
    Patek 1968; Taf. 31, 5-6; 32, 6-7. 9-12.

30. Kezőhidegkút.
    Mozsolics 1985; Taf. 31, 7.

31. Debrecen.
    Ebd.; Taf. 259, 2.

32. Škocjan.
    Szombathely 1937; Abb. 57-60.

33. Lukavac.
    Čović 1955; Taf. 1, 3-6.

Text S. 117 f.

Liste 7 (Tafel 70)
Tüllenbeile mit hängender trapezförmiger Zier

1. Tomišelj.
   PJZ; Taf. 3, 4. → /?/ *"in streng rechtangulärer Ausführung"*
   o o o

2. 'Kapela'
   Ebd.; Taf. 52, 2. → /?/
   o o o

3. Beravci.
   Vinski-Gasparini 1973; Taf. 108, 12.

4. Lovasberény.
   Mozsolics 1985; Taf. 244, 12. 14.

5. Székesfehérvár.
   Holste 1951; Taf. 22, 33.

6. Szarvas.
   Ebd.; Taf. 33, 8.

7. Nyíregyháza.
   Ebd.; Taf. 43, 1.

8. Şpălnaca.
   Ebd.; Taf. 47, 2-3.

9. Dévaványa.
   Ebd.; Taf. 28, 25.

10. Săcuieni.
    Petrescu-Dîmboviţa 1978; Taf. 238 B 6.

11. Cluj-Napoca.
    Ebd.; Taf. 228 B 7.

12. Torvaj.
    Holste 1951; Taf. 34, 23.

13. Somogyszob.
    Mozsolics 1985; Taf. 249, 2.

14. Debrecen.
    Ebd.; Taf. 268, 2.

Es fehlen:
- *Uzsavölgy*
- *Nagydem*

Liste 8 (Tafel 70)
Tüllenbeile mit Halbrundzier

1. Şpălnaca.
   Petrescu-Dîmboviţa 1978; Taf. 142, 91; 143, 133.

2. Jupalnic.
   Ebd.; Taf. 220 B 5. 7.

3. Brăduţ.
   Ebd.; Taf. 227 A 2.

4. Cetea.
   Ebd.; Taf. 228 A 7-8.

5. Săcuieni.
   Ebd.; Taf. 238 B 6.

6. Sîmbăta Nouă.
   Ebd.; Taf. 253, 16.

7. Cluj-Napoca.
   Ebd.; Taf. 272 C 3.

8. Somotor.
   Novotná 1970b; Taf. 33, 581; 39, 692.

9. Bruckmühl.
   Mayer 1977; Taf. 82, 1139.

10. Tab.
    Holste 1951; Taf. 36, 11.

11. Tura.
    Ebd.; Taf. 37, 4.

12. Dévaványa.
    Kemenczei 1984; Taf. 194 a 1-2.

13. Hajdúszovát.
    Ebd.; Taf. 196 b 16-18.

14. Pácin.
    Ebd.; Taf. 201, 8.

15. Kántorjánosi.
    Jósa 1963-64; Taf. 26, 6-7.

16. Bükkaranyos.
    Hampel 1896; Taf. 217, 7.

17. Kemecse.
    Hampel 1896; Taf. 229, 24; 230, 3.

18. Veliko Nabrdje.
    Vinski-Gasparini 1973; Taf. 46, 5.

19. Brodski Varoš.
    Ebd.; Taf. 61, 6; 62, 9.

20. Beravci.
    Ebd.; Taf. 108, 13.

21. Ivanec Bistranski.
    Ebd.; Taf. 113, 2.

22. Debrecen.
    Mozsolics 1985; Taf. 264, 11.

23. Szentes.
    Ebd.; Taf. 224, 17.

24. Vajdácska.
    Ebd.; Taf. 206, 19.

Liste 9 (Tafel 70)

Tüllenbeile mit Punktzier

1. Michelstetten.
   Mayer 1977; Taf. 75, 1041.

2. Straßengel.
   Ebd.; Taf. 80, 1113.

3. Umgebung von Retz.
   Ebd.; Taf. 80, 1111.

4. Marchegg.
   Ebd.; Taf. 80, 1112.

5. Herrnbaumgarten.
   Ebd.; Taf. 81, 1119.

6. Bruckmühl.
   Ebd.; Taf. 82, 1139.

7. Arcuş.
   Petrescu-Dîmboviţa 1978; Taf. 19 C 9.

8. Moldova Veche.
   Ebd.; Taf. 122 A 7.

9. Suseni.
   Ebd.; Taf. 136, 6.

10. Şpălnaca.
    Ebd.; Taf. 143, 133.

11. Brăduţ.
    Ebd.; Taf. 227 A 2.

12. Cetea.
    Ebd.; Taf. 228 A 7-9.

13. Minţiu Gherlii.
    Ebd.; Taf. 266 B 3.

14. Boian.
    Ebd.; Taf. 272 A 2.

15. Cluj-Napoca.
    Ebd.; Taf. 272 C 3-4.

16. Umgebung von Sebeş.
    Ebd.; Taf. 274 G 5.

17. Sciniţa.
    Ebd.; Taf. 257 D 3.

18. Beša.
    Novotná 1970b; Taf. 36, 629. 632. 639.

19. Sebedražie.
    Ebd.; Taf. 38, 673.

20. Domaniža.
    Ebd.; Taf. 38, 679.

21. Hradec.
    Ebd.; Taf. 38, 680.

22. Somotor.
    Ebd.; Taf. 39, 692.

23. Trenčianske Bohuslavice.
    Ebd.; Taf. 39, 694.

24. Pácin.
    Kemenczei 1984; Taf. 201, 6.

25. Táktakenéz.
    Jósa 1963-64; Taf. 57, 9.

26. Tura.
    Ebd.; Taf. 61, 7.

27. Tiszaeszlár.
    Ebd.; Taf. 71, 60.

28. Napkor.
    Kemenczei 1984; Taf. 183, 2-3.

29. Edelény.
    Ebd.; Taf. 112 b 1.

30. Nove Bingula.
    Ostave; Taf. 23, 9.

31. Noci Bečej.
    Garašanin 1973; Taf. 76.

32. Janjevo.
    Vasić 1977; Taf. 14 B 3.

33. Bizovac.
    Vinski-Gasparini 1973; Taf. 37, 1-2. 5.

34. Veliko Nabrdje.
    Ebd.; Taf. 46, 7.

35. Brodski Varoš.
    Ebd.; Taf. 62, 10. 17.

36. Landica.
    Ebd.; Taf. 74 B 4.

37. Budinščina.
    Ebd.; Taf. 78, 7-8.

38. Bingula Divoš.
    Ebd.; Taf. 84, 24.

39. Nijemci.
    Ebd.; Taf. 107 B 2.

40. Beravci.
    Ebd.; Taf. 108, 5. 12.

41. Dévaványa.
    Holste 1951; Taf. 28, 24.

42. Uioara de Sus.
    Ebd.; Taf. 45, 5.

43. Gorenji Log. (1)
    PJZ; Taf. 3, 12.

44. Hočko Pohorje.
    Ebd.; Taf. 5, 27.

45. Dabra kod Segeta. (1)
    Ebd.; Taf. 49, 7.

46. Stejăreni.
    Hampel 1886b; Taf. 11, 1-2.

47. Bodrogkeresztúr.
    Kemenczei 1984; Taf. 95, 2.

48. Špure.
    Müller-Karpe 1959; Taf. 131, 1.

49. Čermožište.
    Ebd.; Taf. 134, 2-3.

50. Hummersdorf.
    Ebd.; Taf. 135, 3.

51. Dolina.
    Schauer 1974; Abb. 2, 5.

52. Motke.
    Fiala 1899; Abb. 19-20.

53. Predgrad. ? (2)
    Hirschbäck-Merhar 1984; Taf. 1, 4.

54. Novi Grad bei Bosanski Šamca.
    Mandić 1927; Taf. 3, 1-6.

55. Debelo Brdo.
    Truhelka 1914; Abb. 39-43.

56. Bezirk Livno.
    Čurčić 1909; Abb. 1.

57. Ciceu-Corabia.
    Marinescu 1979; Taf. 1, 2.

58. Stupini.
    Dănilă 1975; Abb. 1, 1.

59. Velem.
    v. Miske 1904; Taf. 14, 38; 15, 4.

60. Veliko Središte.
    Milleker 1940

61. Torvaj. *Dévavanja*
    Mozsolics 1985; Taf. 271 A 5.

62. Debrecen.
    Ebd.; Taf. 268, 3.

63. Vajdácska.
    Ebd.; Taf. 206, 20.

64. Edelény.
    Ebd.; Taf. 157, 3. → !? « Stabbaxen » !

65. Lengyeltóti.
    Ebd.; Taf. 109, 36.

66. Lukavac.
    Čović 1955; Taf. 1, 6.

(1) = Keszöhidegkut fehlt, und hier hätte man sinnvoll zusammenfassen können!

(2) = An anderer Stelle Debeli vrh (S. 212)

Liste 10 (Auswahl?)
Tüllenbeile mit Kernhalteröffnungen

1. Frîncenii de Piatră.
   Petrescsu-Dîmboviţa 1978; Taf. 100 A 13.

2. Galoşpetreu.
   Ebd.; Taf. 100 C 5.

3. Gusteriţa.
   Ebd.; Taf. 105, 44-45. 57.

4. Igriş.
   Ebd.; Taf. 119 C 2.

5. Lăţunaş.
   Ebd.; Taf. 120 B 1-2.

6. Sighetu Marmaţiei.
   Ebd.; Taf. 134 B 6.

7. Uioara de Sus.
   Ebd.; Taf. 162, 42-43. 49. 54-55; 163, 58-61. 63. 72-75. 78; 164, 84. 91. 96.

8. 'Transsilvanien'
   Ebd.; Taf. 277 A 1.

9. Bošnjaci.
   Vinski-Gasparini 1973; Taf. 30. 1. 3.

10. Otok-Privlaka.
    Ebd.; Taf. 27, 4. 8. 11.

11. Bizovac.
    Ebd.; Taf. 36, 2. 7. 9-10. 16-18; 37, 6.

12. Veliko Nabrdje.
    Ebd.; Taf. 46, 1-3. 9. 14-17. 20.

13. Gornja Vrba.
    Ebd.; Taf. 50, 10-11.

14. Brodski Varoš.
    Ebd.; Taf. 60, 1-3; 61, 3. 6. 8; 62, 3-7. 9. 14-17. 20.

15. Podcrkavlje i Brod.
    Ebd.; Taf. 67, 2. 4.

16. Mackovac.
    Ebd.; Taf. 73, 5.

17. Budinščina.
    Ebd.; Taf. 78, 3.

18. Sisak.
    Ebd.; Taf. 74 C 2.

19. Bingula Divoš.
    Taf. 84, 27.

20. Javornik.
    Ebd.; Taf. 98, 2-3. 5.

21. Nijemci.
    Ebd.; Taf. 107 B 2.

22. Beravci.
    Ebd.; Taf. 108, 3-4.

23. Nove Bingula.
    Ostave; Taf. 33, 9; 34, 2.

24. Privina Glava.
    Ebd.; Taf. 63, 2.

25. Veliko Središte.
    Milleker 1940; Taf. 19, 3-4.

26. Brestovik.
    Ostave; Taf. 7, 1.

27. Dolina.
    Schauer 1974; Taf. Abb. 1, 5. 7; 2, 1. 4. 6; 3, 7.

28. Füzesabony.
    Holste 1951; Taf. 31, 8.

29. Tab.
    Ebd.; Taf. 36, 11.

30. Sióagárd.
    Ebd.; Taf. 42, 4-5.

31. Rohod.
    Jósa 1963-64; Taf. 52, 16.

32. Piricse.
    Hampel 1896; Taf. 192, 25.

33. Csongrád.
    Kemenczei 1984; Taf. 180 a 1.

34. Szendrő.
    Kemenczei 1970; Abb. 2, 1.

35. Kindberg.
    Mayer 1977; Taf. 73, 1012.

36. Oggau.
    Ebd.; Taf. 73, 1014.

37. Maiersdorf.
    Ebd.; Taf. 73, 1015; 75, 1040, 76, 1053.

38. Augsdorf.
    Ebd.; Taf. 75, 1038-1039; 76, 1045. 1051.

39. Umgebung Horn ?
    Ebd.; Taf. 75, 1042.

40. Hollern
    Ebd.; Taf. 75, 1043; 76, 1048-1049

41. Raisenmarkt.
    Maier 1977; Taf. 76, 1052 A.

42. Slowakei.
    Novotná 1970b; Taf. 26, 465; 27, 471; 33, 587; 36, 638; 39, 709; 40, 714. 718.

43. Somotor.
    Ebd.; Taf. 33, 584.

44. Hradec.
    Ebd.; Taf. 35, 616.

45. Beša.
    Ebd.; Taf. 36, 584.

46. Prievidza.
    Ebd.; Taf. 37, 655.

47. Dolné Hámre.
    Ebd.; Taf. 41, 733.

48. Čachtice.
    Ebd.; Taf. 40, 723.

49. 'Spiš'.
    Ebd.; Taf. 43, 801.

Liste 11

Viertelbruchstücke von Tüllenbeilen

1. Domănești.
   Petrescu-Dîmbovița 1978; Taf. 28 B 6. 8. 11-12.

2. Deva.
   Ebd.; Taf. 92 C 2.

3. Dipșa.
   Ebd.; Taf. 93 B 12; 94, 19-23. 27.

4. Galoșpetreu.
   Ebd.; Taf. 100 C 7.

5. Popești.
   Ebd.; Taf. 129 C 7-8.

6. Șpălnaca.
   Ebd.; Taf. 141, 45. 47-50. 53. 88; 143, 106. 110-112. 114-115. 124-125.

7. Uioara de Sus.
   Ebd.; Taf. 164, 98.

8. Cornești.
   Ebd.; Taf. 229, 14-17.

9. Pietrosu.
   Ebd.; Taf. 251 C 3.

10. Tîrgu Secuiesc.
    Ebd.; Taf. 265 C 3.

11. Balsa.
    Jósa 1963-64; Taf. 8, 96-97.

12. Tiszabezdéd.
    Ebd.; Taf. 16, 22.

13. Kemecse.
    Ebd.; Taf. 30, 131.

14. Nyírbogdány.
    Ebd.; Taf. 41, 28.

15. Pátroha.
    Ebd.; Taf. 47, 1.

16. Románd.
    Németh u. Torma 1965; Abb. 22-24.

17. Nádudvar.
    Nepper u. Máthé 1971; Abb. 12, 5. 18.

18. Badacsonytomaj.
    Mozsolics 1949; Taf. 23, 5-6.

19. Kisapáti.
    Szentmárton 1897; Abb. 1, 18.

20. Otok-Privlaka.
    Vinski-Gasparini 1973; Taf. 27, 23.

21. Nove Bingula.
    Ostave; Taf. 34, 7.

22. Novi Bečej.
    Garašanin 1973; Taf. 76 <oben>.

23. Veliko Središte.
    Milleker 1940; Taf. 19.

24. Poljanci.
    Bulat 1973; Taf. 4, 14.

25. Draßburg.
    Mayer 1977; Taf. 85, 1182-1185.

26. Bodrog.
    Novotná 1970b; Taf. 33, 588-589; 36, 633.

27. Čičarovce.
    Ebd.; Taf. 35, 614.

Liste 12

Tüllenbeile mit herausgebrochenen 'Viertelstücken'

1. Balşa.
   Petrescu-Dîmboviţa 1978; Taf. 20 B 1.

2. Bătarci.
   Ebd.; Taf. 20 C 6.

3. Beltiug.
   Ebd.; Taf. 21 B 4.

4. Guruslău.
   Ebd.; Taf. 34 A 14-15.

5. Roşia de Secaş.
   Ebd.; Taf. 44 A 2.

6. Sîmboieni.
   Ebd.; Taf. 45 C 2.

7. Oinacu.
   Ebd.; Taf. 73 B 12.

8. Dipşa.
   Ebd.; Taf. 93 B 4.

9. Sighetu Marmaţiei.
   Ebd.; Taf. 134 B 2.

10. Spălnaca. Hortfund I.
    Ebd.; Taf. 143, 102.

11. Tîrgu Lăpuş.
    Ebd.; Taf. 160 C 1.

12. Uioara de Sus.
    Ebd.; Taf. 161, 23. 28. 30; 162, 37. 40.

13. Zimandu Nou.
    Ebd.; Taf. 210 C 2-3.

14. Cenadu Mare.
    Ebd.; Taf. 216 B 2.

15. Dezmir.
    Ebd.; Taf. 217 E 5; 218, 11; 219, 15.

16. Arad.
    Ebd.; Taf. 223, 17.

17. Josani.
    Ebd.; Taf. 232 C 4.

18. Spălnaca. Hortfund II.
    Ebd.; Taf. 244, 12.

19. Sîmbăta Nouă.
    Ebd.; Taf. 253, 25.

20. Borşa.
    Ebd.; Taf. 254 D 2.

21. 'Transsilvanien'
    Ebd.; Taf. 276 B 6. 10.

22. Pátroha.
    Jósa 1963-64; Taf. 47, 2-3.

23. Rohod.
    Ebd.; Taf. 56, 35.

24. Sićú.
    Holste 1951; Taf. 9, 31.

25. Lovasbereny.
    Ebd.; Taf. 22, 7.

26. Torvaj.
    Ebd.; Taf. 34, 24.

27. Sarkad.
    Ebd.; Taf. 48, 29.

28. Gemzse.
    Mozsolics 1973; Taf. 33, 5.

29. Olcsvaapáti.
    Ebd.; Taf. 34, 4.

30. Bodrogkeresztúr.
    Kemenczei 1968; Taf. 2, 7.

31. Tállya.
    Ebd.; Taf. 3, 2.

32. Pácin.
    Kemenczei 1966; Taf. 17, 9. 13.

33. Gornja Vrba.
    Holste 1951; Taf. 15, 5.

34. Otok Privlaka.
    Vinski-Gasparini 1973; Taf. 27, 20.

35. Bosnjaci.
    Ebd.; Taf. 30, 3.

36. Brodski Varoš.
    Ebd.; Taf. 62, 16.

37. Javornik.
    Ebd.; Taf. 98, 6.

38. Rudovci.
    Vasić 1977; Taf. 5, 20 ⟨aus Eisen⟩.

39. Dolina.
    Schauer 1974; Abb. 1, 7.

40. Gánovce.
    Novotná 1970b; Taf. 42, 762.

Liste 13 (Tafel 57)

Eiserne Tüllenbeile urnenfelderzeitlicher Formtradition

(Die Nummerierung entspricht nicht der auf Tafel 57.
Siehe unter 'Tafelerklärungen' zu dieser Tafel)

Variante 1

XX 1. Cipău, Grabfund.
László 1977, 62 ‹TÜ›; Horedt 1964, 123 ‹ME›; Vlassa 1961, 20.

2. Teleac, Siedlungsfund.
Berciu u. Popa 1965, 71 ff.; Abb. 3, 3.

3. Turnişor
Roska 1942, 130 f.; Abb. 154.

XX 4. Lăpuş, Grabfund.
Rusu 1974; Abb. 1, 1.

5. Şpălnaca
Roska 1942, 113.

X 6. Vinţul de Jos, Depotfund.
Popa u. Berciu 1964, 93; Abb. 1, 5.

7. Coldău, Einzelfund.
Vlassa 1980, 65 ff.; Abb. 1, 2; 2, 2; 3, 2.

8. Mescreac, Einzelfund.
Roska 1942, 172 ‹160›.

9. Corneşti, Einzelfund.
Ebd. 97 ‹29›

X 10. Rudovci, Depotfund.
Vasić 1977, 65; Taf. 5, 20. 21.

XX 11. Aljudovo, Depotfund.
Ebd. 51; Taf. 12, 3.

XX 12. Maiersch, Hort? - Grab?fund.
Mayer 1978, 251; Taf. 105, 1530.

XX 13. Kaptol, Grabfund.
Vejdova u. Mirnik 1973, 603; Taf. 6, 6.

XX 14. Družinska vas, Grabfund.
Stare 1973, 80; Taf. 58, 11.

15. Rifnik, Einzelfund.
Bolta 1956, 267; Taf. 17, 554.

XX 16. Glasinac, Grabfund.
Benac u. Čović 1957, 11; Taf. 17, 3.

17. Libna, Einzelfund.
Guštin 1976; Taf. 43, 8.

XX 18. Doba, Grabfund.
Gallus u. Horvath 1939, 109; Taf. 63, 4.

18. Doba, Grabfund.
Gallus u. Horvath 1939, 109; Taf. 63, 4.

X 19. Šarengrad, Hortfund.
Vinski-Gasparini 1973; Taf. 131, 9; Vinski u. Vinski-Gasparini 1962, 270; Abb. 30.

20. Zambincy.
Šramko 1981, 109 ff.; Taf. 2, 10.

21. Gorszewice.
Piaskowski 1959b; Abb. 1, 2; 7; 82.

22. Goplano.
Bukowski 1981, 73; Abb. 7.; Piaskowski 1959a; Abb. 1 i u. j; 10-14.

XX 23. Szszonów, Hortfund.
Bukowski 1981, 73; Abb. 8; Piaskowski 1959a; Abb. 1 b; 7; 8.

24. Sulęcina.
Piaskowski 1959b; Abb. 83.

25. Chobienic.
Ebd.; Abb. 84.

26. Czacza.
Ebd.; Abb. 85.

27. Kuźnicy Slupskiej.
Ebd.; Abb. 86.

28. Grandes-Chapelle, Siedlungsfund ?
Buchenschutz u.a. 1979, 417 f.; Abb. 4, 1-2.

X 29. Krásna Hôrka, Hortfund ?
Novotná 1970a; Taf. 55 ‹links unten›.

X 30. Brno, Grabfund.
Podborský 1970; Taf. 59, 9.

XX 31. Schlöben, Hortfund.
Amende 1922; Taf. 15, 11.

XX 32. Wielowieś, Hortfund.
Bezzenberger 1904; Abb. 53.

XX = überprüfen

Variante 2

1. Hallein, Grabfund.
   Pauli 1978; Taf. 219 D 2.

2. Welzelach, Grabfund.
   Mayer 1978; Taf. 105, 1531.

3. Brezje, Grabfund.
   Kromer 1959a, 73; Taf. 42, 6.

4. Asperg, Grabfund.
   Zürn 1970, 23; Taf. 19, 5.

5. Hundersingen, Grabfund.
   Rieth 1938, Abb. 40, 8.

6. La Butte à Sainte Colombe, Grabfund.
   Joffroy 1958, 78; Abb. 16, 4.

7. Sarry, Grabfund.
   Joffroy 1960, 100; Taf. 32, 3.

8. Vix, Siedlungsfund.
   Ebd.; Taf. 32, 2.

9. Straubing, Siedlungsfund.
   Krämer 1962; Abb. 3, 6.

10. Rittershausen, Siedlungsfund.
    Kutsch 1926; Taf. 7, 31-34.

11. Býci skála-Höhle.
    Jacobi 1974, 32; Anm. 129.

12. Col de Flaum.
    Nothdurfter 1979, 33; Anm. 177.

13. Němčice nad Hanou.
    Jacobi 1974, 31; Anm. 122.

14. Auingen, Grabfund.
    Paret 1937, 22; Abb. 2, 2.

15. Gleichberg, Siedlungsfund.
    Neumann 1963; Abb. 16, 8-9.

16. Kappel, Hortfund.
    Fischer 1959; Taf. 16, 51.

17. Luszkow.
    Piaskowski 1959a; Abb. 9.

18. Kastell Mainz.
    Behrens 1912, 92; Abb. 6, 46.

19. Mont Beuvray, Siedlungsfund.
    Dechelette 1927; Abb. 595, 4.

20. Schwerin, Grabfund.
    Sprockhoff 1934, 44 f.; Abb. 1, 6.

21. Singen, Grabfund.
    Funk u. Kraft 1929-32, 206; Abb. 85 ⟨unten⟩.

22. Wincheringen, Grabfund.
    Jahresbericht 1933, 152; Abb. 18 c.

23. Dünsberg, Siedlungsfund.
    Jacobi 1977, 22 f.; Taf. 14, 6. 9-11; 15, 6-8. 10.

24. Chezy-sur-Marne.
    Chevallier 1963, 223 f.; Abb. 65, 5.

Variante 3

Siehe: **Manning u. Saunders 1972, 276 ff.** mit folgenden Ergänzungen:

1. New Grange.
   Raftery 1983, 219.

2. Chezy-sur-Marne.
   Chevallier 1958, 458; Abb. 2.

3. 'North Ireland'.
   Scott 1981, 102.

Liste 14 (Tafel 58)

Eiserne Tüllenbeile hallstattzeitlicher ostalpiner Formgebung

Siehe Stary 1982, 38 f.; Abb. 4; 81 ff.; Liste 4 mit folgenden Ergänzungen:

A. Abzüglich:

	Begründung
1. Brezje, Tum. XIII, Gr. 53	Siehe Liste 13
2. Kaptol; Tum. IV; Gr. 1	Anderer TÜTyp; BZTülle und FESchneide
3. Kaptol; Tum VII, Gr. 1	Siehe Liste 13
4. Rifnik bei Celje	Siehe Liste 13
5. Šmarjeta (richtig: Družinska vas)	Siehe Liste 13
6. Vinkov vrh	Anderer TÜTyp; aus Bronze

B. Zuzüglich

1. Bučni vrh pri Velikih Orlah.
   Guštin 1974; Taf. 10, 5.
2. Brusnice, Tum. XVII, Gr. 7.
   Teržan 1974; Taf. 5, 5.
3. Brusnice, Tum. XIV, Gr. 4.
   Ebd. Taf. 9, 7.
4. Most na Soči, Gr. 294.
   Teržan u.a. 1985, Taf. 27, 294. 5.
5. Most na Soči, Gr. 560.
   Ebd.; Taf. 47, 560, 4.
6. Most na Soči, Gr. 1638.
   Ebd.; Taf. 153, 1638. 16.
7. Most na Soči, Gr. 2447.
   Ebd.; Taf. 263, 2447. 1.
8. Most na Soči.
   Ebd.; Taf. 273, 7.
9. Kosmatec pri Preski, Gr. 7.
   Guštin 1974; Taf. 12, 7.
10. Vnanje Gorice.
    Vuga 1980; Abb. 3, 8.
11. Idria ob Bači, Gr. 37.
    Szombathy 1901; Abb. 24.
12. Stična; Tum. IV, Gr. 3.
    Wells 1981; Abb. 57 b.
13. Stična, Tum. IV, Gr. 16.
    Ebd; Abb. 70 e.
14. Stična, Tum. IV, Gr. 18.
    Ebd.; Abb. 72 a.
15. Stična, Tum. IV, Gr. 41a.
    Ebd.; Abb. 95 a.
16. Stična, Tum. V, Gr. 17.
    Ebd.; Abb. 127 a.
17. Stična, Tum. VI, Gr. 21a.
    Ebd.; Abb. 153.
18. Stična, vas vir, Gr. 8.
    Ebd.; Abb. 179.
19. Kobarid.
    Gabrovec 1976; Taf. 10, 10.
20. Mantrach.
    Mayer 1978; Taf. 104, 1516.
21. Maiersch.
    Pollak 1980, 71; Taf. 60, 5.
22. Polšnik.
    Slabe 1974; Abb. 6, 2.
23. Bašelj.
    Valič 1977; Abb. 15.

C. Entsprechungen in Bronze

1. Strettweg, Grabfund.
   Mayer 1978; Taf. 83, 1159.
2. Hallstatt, Grabfund.
   Ebd.; Taf. 83, 1160-1161.

Literaturverzeichnis

Die Abkürzungsweise der aufgeführten Literatur orientierte sich an: Richtlinien und Abkürzungsverzeichnisse der Römisch-Germanischen Kommission des Deutschen Archäologischen Instituts. Ber. RGK 55, 1974, 477-501.

Die Transliteration slawischer kyrillischer Namen und Begriffe erfolgte nach: Transliteration slawischer kyrillischer Buchstaben. Deutsche Normen. DIN 1460. Oktober 1962.

Adámek	1961	F. Adámek, Pravěké hradisko u Obřan (Brno 1961).
Alexandrescu	1955	A. D. Alexandrescu, Săpăturile de salvare de la Sîntion (r. Oradea, reg. Oradea). Stud. Cerc. Ist. Veche 6, 1955, 487-495.
Altschlesien	1929	Vermehrung der vorgeschichtlichen Sammlung des Schlesischen Museums für Kunstgewerbe und Altertümer. Altschlesien 2, 1929, 59-68.
Amende	1922	E. Amende, Vorgeschichte des Altenburger Landes (Altenburg 1922).
Andel	1955	K. Andel, Bronzový poklad zo Sonotorn na východnom Slovensku. Arch. Rozhledy 7, 1955, 445-447.
Aner	1961	E. Aner, Die frühen Tüllenbeile des nordischen Kreises. Acta Arch. 32, 1961, 165-219.
Angeli u. Neuninger	1964	W. Angeli u. H. Neuninger, Ein urnenfelderzeitlicher Depotfund aus der Umgebung des Plattensees. Mitt. Anthr. Ges. Wien 93-94, 1964, 77-89.
Ariescu	1970	A. Ariescu, Depozitele de unelte, arme și podoabe de bronz din Dobrogea. Pontica 3, 1970, 26-76.
Arora	1985	S.-K. Arora, Metallzeitliche Flintindustrie. Neuere Untersuchungen im Rheinischen Braunkohlenrevier. Das rheinische Landesmuseum Bonn 6, 1985, 83-85.
Avila	1983	R. A. J. Avila, Bronzene Lanzen- und Pfeilspitzen der griechischen Spätbronzezeit. PBF V, 1 (München 1983).
Bacova-Kostova	1971	E. Bacova-Kostova, Praistoričeski selišni mogili okolo Sliven. Bull. Inst. Arch. Sofia 13, 1, 1971, 61-66.
Bader	1978	T. Bader, Epoca bronzului in nordvestul Transsilvaniei. Cultura pretacică și tracică (Bukarest 1978).
	1982	-; Die befestigten bronzezeitlichen Siedlungen in Nordwestrumänien. In: Beiträge zum bronzezeitlichen Burgenbau in Mitteleuropa (Berlin-Nitra 1982) 47-70.
	1983	-, Die Fibeln in Rumänien. PBF XIV, 6 (München 1983).
Balen-Letunić	1985	D. Balen-Letunić, Ostava kasnog brončanog doba iz Maličká. Vjesnik Zagreb 18, 1985, 35-44.
Bándi	1962	G. Bándi, Ebergöci koravaskori kincslelet. Arch. Ert. 89, 1962, 77-83.
	1979	-, Baranya megye története az őskortól a honfoglalásig (Pécs 1979).
	1982	-, Spätbronzezeitliche befestigte Höhensiedlungen in Westungarn. In: Beiträge zum bronzezeitlichen Burgenbau in Mitteleuropa (Berlin-Nitra 1982) 81-89.
Bándi u. Fekete	1973-74	G. Bándi u. M. Fekete, A Velem-Szentvidi település késő bronzkori periódusai. Savaria 7-8, 1973-74, 113-120.
	1977-78	-, Ujabb bronzkincs Velem-Szentviden. Savaria 11-12, 1977-78, 101-133.

	1982	-, A város születése. Die Geburt einer Stadt (Szombathely 1982).
Banner	1944-45	J. Banner, Bronzleletek Hódmezővásárhely határában. Arch. Ert. 71-72, 1944-45, 29-42.
Bărcăcilă	1924	A. Bărcăcilă, Antiqités pré- et protohistoriques des environ de Turnu-Severin. Dacia 1, 1924, 280-296.
Bárta u. Veliačik	1976	J. Bárta u. L. Veliačik, Nálezy bronzových predmetov zo Zádielskych Dvorník-Zádielů. Arch. Vyskumý 1976, 36-41.
Batović	1968	Š. Batović, Istraživanje ilirskog naselja ů Radovinů. Diadora 4, 1968, 53-74.
	1980	-, L' età del bronzo recente sulla costa orientale dell' Adriatico. Glasnik Sarajevo Arh. 18. 1980, 21-62.
	1983	-, Krasno brončano doba na istočnom Jadranskom Primorju. PJZ 271-373.
Baudou	1960	E. Baudou, Die regionale und chronologische Einteilung der jüngeren Bronzezeit im nordischen Kreis (Stockholm 1960).
Beagrie	1983	N. Beagrie, The St. Mawes ingot. Cornish Arch. 22, 1983, 107-111.
Behrend	1921	F. Behrend, Die Kupfer- und Schwefelerze von Osteuropa (Berlin-Leipzig 1921).
Behrens	1912	G. Behrens, Neue Funde aus dem Kastell Mainz. Mainzer Zeitschr. 7, 1912, 82-109.
	1934	-, Neue Funde an der Westgrenze der Wangionen. Mainzer Zeitschr. 29, 1934, 44-55.
Behrens	1953	H. Behrens, Die wichtigsten Neufunde des Jahres 1952 im Lande Sachsen-Anhalt. Jahresschr. Halle 37, 1953, 323-333.
Benac	1966-67	A. Benac, Kameni kalupi sa Pivnice. Glasnik Sarajevo Arh. 21-22, 1966-67, 155-160.
Benac u. Čović	1957	A. Benac u. A. Čović, Glasinac. Dio II (Sarajevo 1957).
Berciu	1939	D. Berciu, Arheologia preistorică Olteniei (Craiova 1939).
	1953	-, Catalogul muzeului arheologic din Turnu-Severin. Mat. Arh. 1, 1953, 589-691.
	1968	-,Date noi privind sfîrşitul culturii Verbicoara. Stud. Cerc. Ist. Veche 27, 1968, 171-180.
Berciu u. Popa	1965	I. Berciu u. A. Popa, Depozitele de bronzuri de la Zlatna şi Aurel Vlaicu. Apulum 6, 1967, 73-84.
Berg	1962	F. Berg, Das Flachgräberfeld der Hallstattkultur von Maiersch. Veröffentl. der österreichischen Arbeitsgemeinschaft für Ur- u. Frühgesch. 4 (Wien 1962).

Berger	1986	A. Berger, Aspekte urnenfelderzeitlicher Gusstechnologie dargestellt an Formbruchstücken von Hüttenlehm in Unterfranken. Mainfränkische Studien 6, 1986, 25-36.
Berganzoni	1981	G. Berganzoni, L' area a sudest delle Alpi e l' Italia del nord intorno a V secolo A.C. In: Studi di Protostoria Adriatica 1; hrsg. R. Peroni (Rom 1981).
Bernjakovič	1961	K. Bernjakovič, Hromadné nálezy z doby bronzovej z územia na právom breku hornej Tisy (Zakarpatska oblast' USSR). Študijné Zvesti AUSAV 4, 1961, 5-108.
Berthold	1980	G. Berthold, Rohstoffwirtschaftliche Länderberichte XXV Jugoslawien. Metallrohstoffe. Bundesanstalt für Geowissenschaften und Rohstoffe Hannover (Hannover 1980).
Bezzenberger	1904	Analysen vorgeschichtlicher Bronzen Ostpreußens; hrsg. A. Bezzenberger (Königsberg 1904).
Bierbaum	1956	G. Bierbaum, Gußformen aus Sachsen. 2. Die Gußformen aus Grävernitz, Kreis Großenhain. Arbeits- u. Foschungsber. Sachsen 5, 1956, 176-184.
Bittel	1933	K. Bittel, Artvinde bulunan tunçtan mamul asari Atika. Türk Arch. Dergisi 1, 1933, 150-156. 193.
Bittel u. Schneider	1940	K. Bittel u. A. M. Schneider, Archäologische Funde aus der Türkei im Jahre 1939. Arch. Anz. 1940 Sp. 554-595.
Blăjan u.a.	1982-83	M. Blăjan, E. Stoicovici, C. Tatai u. I. Man, Studiul arheologic şi metalografic al unor obiecte de aramă şi bronz, descoperite în sudul Transsilvaniei. Sargetia 16-17, 1982, 95-124.
Blanchet	1984	J.-C. Blanchet, Les premiers metallurgistes en Picardie et dans la nord de la France. Mém. Soc. Préhist. Franç. 17 (Paris 1984).
Bobi	1981	V. Bobi, Descoperiri aeheologice din epoca bronzului în judeţul Vrancea. Vrancea 4, 1981, 47-77.
Bočkarev u. Leskov	1980	V. S. Bočkarev u. A. M. Leskov, Jung- und spätbronzezeitliche Gußformen im nördlichen Schwarzmeergebiet. PBF XIX, 1 (München 1980).
Böhm	1940	J. Böhm, Poklad z Lešan. Ročenka Prostějov 17, 1940, 5-10.
Bolta	1956	A. Bolta, Ilirske najdbe iz Rifnika pri Celju. Arh. Vestnik 7, 1956, 259-291.
Bóna	1959	I. Bóna, Chronologie der Hortfunde vom Koszider-Typus. Acta Arch. Hung. 9, 1959, 211-243.
	1960	-, Bronzezeitliche Schmuckgießerei in Tiszafüred Asotthalom. Ann. Univ. Budapest. Sectio historia 2, 1960, 261-270.
	1974	-, Die mittlere Bronzezeit im Karpatenbecken und ihre südöstlichen Beziehungen (Budapest 1974).
Bouzek	1962	J. Bouzek, K jedné pozdné bronzové jehlici v Čechách. Sborník Brno 2, 1962, 247-256.

	1985	-, The Aegean, Anatolia and Europe: Cultural interrelations in the second millenium b.c. (Göteborg 1985).
Bozu	1982	O. Bozu, Depozitul de bronzuri de la Fizeş (jud. Caraş-Severin). Stud. Com. Etnografie-Istorie Caransebeş 4, 1982, 137-153.
Bregant	1955	T. Bregant, Tulasta sekira z Ljubljanskega barja. Arh. Vestnik 6, 1955, 282-283.
Briard	1984	J. Briard, L' outillage des fondeurs de l' âge du bronze en Amorique. In: Paléométallurgie de la France Atlantique. Age du bronze (1) (Rennes 1984) 139-168.
Briard u. Onnée	1985	J. Briard u. Y. Onnée, Le dépôt de moules de Pennavern à Hanvec, Finistère (Bronze moyen). In: Paléométallurgie de la France Atlantique (2). Age du bronze (2) (Rennes 1985) 119-136.
Broholm	1943	H. C. Broholm, Danmarks bronsealderen. Bd. 1 (Kopenhagen 1943).
	1944	-, Danmarks bronsealderen. Bd 2 (Kopenhagen 1944).
v. Brunn	1959	W. A. v. Brunn, Die Hortfunde der frühen Bronzezeit (Berlin 1959).
	1968	-, Mitteldeutsche Hortfunde der jüngeren Bronzezeit. Röm.-Germ. Forsch. 29 (Berlin 1968).
Buchholz	1983	H.-G. Buchholz, Doppeläxte und die Frage der Balkanbeziehungen des Ägäischen Kulturkreises. In: Ancient Bulgaria. Papers presented to the international symposium on the ancient history and archaeology of Bulgaria; hrsg. A. G. Poulter (Nottingham 1983) 43-134.
Bukowski	1981	Z. Bukowski, Die ältesten Eisenfunde und älteste Eisengewinnung im Bereich der Lausitzer Kultur und im Flußgebiet von Oder und Weichsel. In: Festschrift Guyan 69-77.
Bulat	1973	M. Bulat, Krasnobrončanodobni depo iz Poljanaca na Savi. Osiecki Zbornik 14-15, 1973-75, 1-56.
Buratyński	1950-53	S. Buratyński, Zespol narzedzi zelaznych z okresu lateńskiego (I. w. przed n. e.) znaleziony w m. Wyciązy, pow. Krakowski. Przglad Arch. 9, 1950-53, 347-352.
Burenhult	1980	G. Burenhult, Götalands hällristningar del I. (utom Göteborgs och Bohuslän samt Dalsland) (Stockholm 1980).
Burgess	1968	C. B. Burgess, The later bronze age in the British Isles and north-western France. Arch. Journal 126, 1968, 1-45.
Buchsenschutz u.a.	1979	O. Buchsenschutz, M. Willaume u. P. Gabein, Le site bronze final-prémier âge du fer des Grandes-Chapelle à Brion (Indre). Bull. Soc. Préhist. France 76, 1979, 408-420.
Butler	1973	J. J. Butler, Einheimische Bronzebeilproduktion im Niederrhein-Maasgebiet. Paleohistoria 15, 1973, 319-343.

Calliano	1894	G. Calliano, Prähistorische Funde aus der Umgebung von Baden (Wien 1894).
	1925	-, Geschichte der Stadt Baden (Wien 1925).
Canby	1965	J. V. Canby, Early bronze 'trinket' moulds. Iraq 27, 1965, 42-61.
Čaplovič	1977	P. Čaplovič, Lužické sídlisko v Dolnom Kubíne. Arch. Výskumy 1977 (1978), 70-72.
Carancini	1984	G. L. Carancini, Le asce nell' Italia continentale II. PBF IX, 12 (München 1984).
Černych	1976a	E. N. Černych, Metallurgische Bereiche der jüngeren und späten Bronzezeit in der UDSSR. Jahresber. Inst. Frankfurt 1976, 130-149.
	1976b	-, Drevnjaja metalloobrabotka na jugo-zapadne SSSR (Moskau 1976).
	1978a	-, Aibunar - a Balkan copper mine of the fourth millenium b.c. Proc. Prehist. Soc. 44, 1978, 203-217.
	1978b	-, Gornoe delo i metallurgija v drevnejšej Bolgarii (Moskau 1978).
	1982	-, Die ältesten Bergleute und Metallurgen Europas. Das Altertum 28, 1982, 5-15.
Chardenoux u. Courtois	1979	M.-B. Chardenoux u. J.-C. Courtois, Les haches dans la France Méridionale. PBF IX, 11 (München 1979).
Chevallier	1958	R. Chevallier, Haches à douille avec anneau en fer. Bull. Soc. Préhist. France 55, 1958, 458-459.
	1963	-, Objets, provenant du Guè de l' abbaye à Chezy-sur-Marne (Aisne). Revue Arch. Est et Centre-Est 14, 1963, 210-240.
Chicideanu	1979	I. Chicideanu, Depozitul bronzuri de la Ocniţa (jud. Dîmboviţa). Stud. Cerc. Ist. Veche. 30, 1979, 607-611.
Chidioşan	1980	N. Chidioşan, Contribuţii la istoria tracilor din nord-vestul României. Aşezarea Wietenberg de la Derşida (Oradea 1980).
Chinta	1983	R. Chinta, Bergbau in Erbendorf. Oberpfälzer Heimat 27, 1983, 133-136.
Christophe u. Deshayes	1964	J. Christophe u. J. Deshayes, Index de l' outillage. Outils en métal de l' âge de bronze, des Balkan à l' Indus (Paris 1964).
Čilinska	1975	Z. Čilinska, Frauenschmuck aus dem 7.-8. Jahrhundert im Karpatenbecken. Slovenská Arch. 23, 1975, 63-96.
Cissarz	1956	A. Cissarz, Lagerstätten und Lagerstättenbildung in Jugoslawien in ihren Beziehungen zum Vulkanismus und Geotektonik (Belgrad 1956).
Civiltà de Ferro		Civiltà de ferro. Studi publicati nella ricorrenza centenaria della scoperta di Villanova. Documenti estudi 6 (Bologna 1959).

Coblenz	1961	W. Coblenz, Böhmisch-sächsische Kontakte während der Lausitzer Kultur. Památky Arch. 52, 1961, 362-373.
	1963	-, Die Ausgrabungen auf dem Burgwall von Nieder-Neundorf. Arbeits- u. Forschungsber. Sachsen 11-12, 1963, 9-58.
	1967	-, Zu den bronzezeitlichen Metallfunden von der Heidenschanze in Dresden-Coschütz und ihrer Rolle bei der zeitlichen und funktionellen Deutung der Burgen der Lausitzer Kultur. Arbeits- u. Forschungsber. Sachsen 16-17, 1967, 179-211.
Coffyn	1985	A. Coffyn, Le bronze final atlantique dans la péninsule ibérique (Paris 1985).
Coghlan	1951	H. H. Coghlan, Notes on the prehistoric metallurgy of copper and bronze in the old world (Oxford 1951).
Coghlan u. Raftery	1961	H. H. Coghlan u. J. Raftery, Irish prehistoric casting moulds. Sibrium 6, 1961, 223-244.
Coles u. Harding	1979	J. M. Coles u. A. F. Harding, The bronze age in Europe (London 1979).
Collins	1970	A. E. P. Collins, Bronze age moulds in Ulster. Ulster Journal Arch. 33, 1970, 23-36.
Cosner	1951	A. J. Cosner, Arrowshaft-straightening with a grooved stone. American Ant. 17, 1951, 147-148.
Čović	1955	B. Čović, Preistoriki depo iz Lukavca. Glasnik Sarajevo Arh. 10, 1955, 91-105.
	1973	-, Praistorijsko rudarstvo i metalurgija u Bosni i Hercegovini. In: Materijali simpozijuma 'Rudarstvo i metalurgija B i H od praistorije do XX vijeka' (Zenica 1973) 1-40.
Csalog u. Kemenczei	1966	Z. Csalog u. T. Kemenczei, A Jászberény-Cserohalmi későbronzkori temető. Arch. Ert. 93, 1966, 65-97.
Császta	1974	J. Császta, Bronzová sekerka z Dolných Lefantovce. Arch. Výskumy 1974, 41-42.
Čurčić	1909	V. Čurčić, Arheološke bilješke iz Livanjskog Kotara. Glasnik Sarajevo Arh. 21, 1909, 167-175.
	1912	-, Der prähistorische Pfahlbau der Bronzezeit in Ripač bei Bihać in Bosnien. Wiss. Mitt. Bosnien u. Herzegowina 12, 1912, 3-11.
	1930	-, Historija rudarstva i topionicarstva u B i H. Rudarski i Topionicarski Vesnik 8, 1930, 375-379.
Curle	1932-33	A. O. Curle, Account of further excavation in 1932 of the prehistoric township at Jarlshof Shetland, on behalf of H.M. office of work. Proc. Soc. Antiqu. Scotland 67, 1932-33, 82-136.
	1933-34	-, An account of further excavation at Jarlshof, Sumburgh, Shetland, in 1933, on behalf of H.M. office of work. Proc. Soc. Antiqu. Scotland. 68, 1933-34, 224-319.

Dănilă	1976	S. Dănilă, Depozitul de bronzuri de la Visuia. Stud. Cerc. Ist. Veche 27, 1976, 61-75.
Dănilă u. Marinescu	1974	S. Dănilă u. G. Marinescu, Unelte, arme şi obiecte de piatră şlefuită descoperite pe teritoriul judeţului Bistriţa-Năsăud. File de istorie 3, 1974, 11-55.
Darnay	1904	K. Darnay, A Kőszegi vasleletről. Arch. Ert. 24, 1904, 343-350.
	1906	-, Kelta pénzverő és öntő-muhely Szalacskán (Somogy m.). Arch. Ert. 26, 1906, 416-433.
Déchelette	1927	J. Déchelette, Manuel d' archéologie préhistorique celtique et gallo romaine. IV. Second Age du fer ou époque de La Tène (Paris 1927).
Dehn	1941	W. Dehn, Kreuznach. Kataloge West- und Süddeutscher Altertumssammlungen 7 (Berlin 1941).
	1957	-, Die Heuneburg beim Talhof unweit Reutlingen (Kr. Saulgau). Fundber. Schwaben N.F. 14, 1957, 78-99.
de Laet	1974	S. J. de Laet, Prehistorische Kulturen in let zuiden der lage Landen (Wetteren 1974)
Deshayes	1960	J. Deshayes, Les outils de bronze de l' Indus au Danube (Paris 1960).
Dimitroff	1960	S. Dimitroff, Magmenentwicklung und Verteilung der Erzlagerstätten in Bulgarien. Zeitschr. für angewandte Geologie 6, 1960, 306-310.
Dobiat	1980	C. Dobiat, Das hallstattzeitliche Gräberfeld von Kleinklein und seine Keramik. Schild von Steier. Beih. 1 (Graz 1980).
Dörner	1970	E. Dörner, Cercetări şi săpături arheologice în judeţul Arad. Mat. şi Cerc. Arh. 9, 1970, 445-465.
Dostál	1965	B. Dostál, Das Vordringen der großmährischen materiellen Kultur in die Nachbarländer. In: Magna Moravia. Spisy university J. E. Puskyně v Brně filosofická fakulta (Prag 1965) 361-416.
Dragomir	1979	I. Dragomir, Noi descoperiri arheologice de obiecte de aramă şi de bronz în regiunea de sud a Moldovei. Stud. Cerc. Ist. Veche. 30, 1979, 591-601.
Drechsler-Bižić	1983	R. Drechsler-Bižić, Japoska kulturna grupa. In: PJZ 374-389.
Drescher	1953-55	H. Drescher, Die technische Entwicklung und Anfertigung der Lüneburger Fibel. Hammaburg 4 1953-55, 23-34.
	1955	-, Die Verwendung von Steinformen zur Herstellung von Wachsmodellen. Harburger Jahrb. 5, 1955, 129-149.
	1956	-, Die Knöpfe des Hortfundes aus Hagen, Kr. Lüneburg. Offa 15, 1956, 83-92.
	1957	-, Der Bronzeguß in Formen aus Bronze. Die Kunde N.F. 8, 1957, 52-57.

	1958	-, Der Überfangguß (Mainz 1958).
	1961	-, Die Gußtechnik des Vollgriffschwertes aus Meckelfeld, Kr. Harburg. Hammaburg 7, 1961, 57-66.
	1962	-, Bronzezeitliche Gießer im östlichen Mitteleuropa. Giesserei 49, 1962, 817-822.
Driehaus	1952-55	J. Driehaus, Zur Datierung und Herkunft donauländischer Axttypen der Kupferzeit. Arch. Geogr. 2, 1952-55, 1-8.
Dular	1982	J. Dular, Halštatska keramika v Sloveniji (Ljubljana 1982).
Durman	1983	A. Durman, Metalurgija vučedolskog kulturnog kompleksa. Opuscula Arch. 8, 1983, 1-87.
Eggert	1976	M. K. H. Eggert, Die Urnenfelderkultur in Rheinhessen (Wiesbaden 1976).
Egloff	1980	M. Egloff, La civilisation de La Tène dans le canton de Neuchâtel. Helvetia Arch. 43-44, 1980, 139-151.
Ehrenberg	1981a	M. R. Ehrenberg, Inside socketed axes. Antiquity 55, 1981, 214-218.
	1981b	-, The anvils of bronze age Europe. Antiqu. Journal 61, 1981, 14-28.
Eibner	1982	C. Eibner, Kupferbergbau in Österreichs Alpen. In: PAS 339-408.
Eisner	1933	J. Eisner, Slovensko v pravěku (Bratislava 1933).
Emödi	1978	I. Emödi, Depozitul de celturi de la Sîntimreu. Crisia 8, 1978, 525-530.
Emre	1971	K. Emre, Anatolian lead figurines and their stone moulds (Ankara 1971).
Engelhardt	1865	C. Engelhardt, Nydam Mosefund. 1859-1863 (Kopenhagen 1865).
Ergegović-Pavlović	1967	S. Ergegović-Pavlović, Le dépôt des boucles d' oreilles de la fortification romano-byzantine à Boljetin sur le Danube. Arch. Jugoslavica 8, 1967, 91-95.
Erkanal	1977	H. Erkanal, Die Äxte und Beile des 2. Jahrtausends in Zentralanatolien. PBF IX, 8 (München 1977).
Evans	1881	J. Evans, The ancient bronze implements (London 1881).
Fekete	1982	M. Fekete, Angabe zu Kontakten zwischen Italien und Transdanubien. Savaria 16, 1982, 129-144.
Felcman	1911	J. Felcman, Hromadný nález v katastru Nová Ves u Velími. Památky Arch. 24, 6, 1911, 375-382.
Festschrift Guyan		Frühes Eisen in Europa. Festschrift Walter Ulrich Guyan zu seinem 70. Geburtstag. Acta des 3. Symposiums des 'Comité pour la sidérurgie ancienne de l' UISPP'. Schaffhausen und Zürich 24.-26. Oktober 1979; hrsg. H. Haefner (Schaffhausen 1981).

Feustel	1983	B. Feustel, Bilder zur Ur- und Frühgeschichte Thüringens (Weimar 1983).
Fiala	1896a	F. Fiala, Die prähistorische Ansiedlung auf dem Debelo Brdo bei Sarajevo. Wiss. Mitt. Bosnien u. Herzegowina 4, 1896, 38-72.
	1896b	-, Kleine Mitteilungen. Wiss. Mitt. Bosnien u. Herzegowina 4, 1896, 170-184.
	1899	-, Prähistorische Bronzen aus Bosnien und Hercegowina. Wiss. Mitt. Bosnien u. Herzegowina 6, 1899, 139-147.
Fischer	1959	F. Fischer, Der spätlatènezeitliche Depot-Fund von Kappel (Kreis Saulgau) (Stuttgart 1959).
Fol u. Mazarov	1977	A. Fol u. I. Mazarov, Goldene Fährte Thrakien (Innsbruck 1977).
Foltiny	1955	S. Foltiny, Zur Chronologie der Bronzezeit des Karpatenbeckens (Bonn 1955).
Foltz	1980	E. Foltz, Guss in verlorener Form mit Bleimodellen. Arch. Korrbl. 10, 1980, 345-349.
Foster	1980	J. Foster, The iron age moulds from Gussage all Saints. British Mus. Occasional Papers 12 (London 1980).
Fugazzola Delpino	1975	M. A. Fugazzola Delpino, Ripostigli 'Protovillanoviani' dell' Italia peninsulare. In: F. R. Vonwiller u. G. Fogolari, Popoli e civilta dell' Italia antica 4 (Rom 1975) 43-49.
Funk u. Kraft	1929-32	A. Funk u. G. Kraft, Vorgeschichtliche Siedlungen u. Gräber in Singen a. H. Badische Fundber. 2, 1929-32, 200-214.
Furmánek	1977	V. Furmánek, Pilinyer Kultur. Slovenská Arch. 25, 1977, 251-370.
	1980	-, Sekerka s tujelkon ze Zaježové. Arch. Vyskúmy 1980, 63-64.
Gabrovec	1973	S. Gabrovec, Začetek halštatskega obdobja v Sloveniji. Arh. Vestnik 24, 1973, 338-385.
	1976	-, Železnodobna nekropola v Kobaridu. Goriški Letnik 3, 1976, 44-64.
	1980	-, Der Beginn der Hallstattzeit und der Osten. In: Die Hallstattkultur. Frühform europäischer Einheit (Steyr 1981) 30-53.
Gärtner	1969	G. Gärtner, Die ur- und frühgeschichtlichen Denkmäler und Funde des Kreises Sternberg (Schwerin 1969).
Gallus u. Horváth	1939	S. Gallus u. T. Horváth, Un peuple cavalier préscythique en Hongrie (Budapest 1939).
Gallus u. Mithay	1942	S. Gallus u. S. Mithay, Györ története a tizenhormadik század közepéig (Györ 1942).
Gandert	1960	O.-F. Gandert, Ein Hortfund der mittleren Bronzezeit aus Berlin-Charlottenburg. Berliner Bl. Vor- u. Frühgesch. 9, 1960, 47-58.

Garašanin	1954	D. Garašanin, Katalog metala (Belgrad 1954).
	1958-59	-, Studije iz metalnog doba Srbije N. Starinar Beograd N.F. 9-10, 1958-59, 37-42.
	1973	-, Praistorija na tlu SR Srbije (Belgrad 1973).
Gaul	1942	J. H. Gaul, Possibilities of prehistoric metallurgy in the east balkan peninsula. Am. Journal Arch. 46, 1942, 400-409.
Gazdapusztai	1959	S. Gazdapusztai, Der Gußformenfund von Soltvadkert. Acta Arch. Hung. 9, 1959, 229-305.
Gedl	1981	M. Gedl, Die Rasiermesser in Polen. PBF VIII, 8 (München 1981).
	1982	-, Zarys dziejów metalurgii miedzi i brązu na ziemiach Polskich do początków epoki żelaza. Pamiętnik Muz. Miedzi 1, 1982, 33-66.
	1984	-, Die Messer in Polen. PBF VII, 4 (München 1984).
Gerdsen	1984	H. Gerdsen, Ein westeuropäisches Tüllenbeil in Ingolstadt. Arch. Korrbl. 14, 1984, 53-58.
Gerloff	1975	S. Gerloff, The early bronze age daggers in Great Britain and a reconsideration of the Wessex culture. PBF VI, 2 (München 1975).
Gersbach	1976	E. Gersbach, Das Osttor (Donautor) der Heuneburg bei Hundersingen (Donau). Germania 54, 1976, 17-42.
Gimbutas	1965	M. Gimbutas, Bronze age cultures in central and eastern Europe (Paris-Den Haag-London 1965).
Girtler	1970	R. Girtler, Ein urnenfelderzeitlicher Verwahrfund aus Schiltern, p. B. Korneuburg, G. B. Langenlois, N Ö. Arch. Austriaca 48, 1970, 1-7.
Glob	1938	P. V. Glob, Stenredskaber fra bronzealderen. In: Winther Festskrift. Til Kobmand Jens Winther paa 75-aarsdagen. 1863-16. December-1938 (Kopenhagen 1938) 40-74.
Göhl	1895	O. Göhl, Régiségek a Szabadkai főgymnasium gyüjte-ményeben. Arch. Ert. 29, 1895, 312-315.
Götze	1925	A. Götze, Bronzeguß. In: Ebert II 147-162.
Gold der Thraker		Gold der Thraker. Archäologische Schätze aus Bulgarien (Mainz 1979).
Goldmann	1981	K. Goldmann, Guß in verlorener Sandform - das Hauptverfahren alteuropäischer Bronzezgießer. Arch. Korrbl. 11, 1981, 109-116.
Greeves	1982	T. A. P. Greeves, Rezension zu 'Černych 1978b'. In: Proc. Prehist. Soc. 48, 1982, 538-542.
Griesa	1982	S. Griesa, Ergebnisse und Probleme der Feldforschungen auf dem Burgwall von Lossow. In: Beiträge zum bronzezeitlichen Burgenbau in Mitteleuropa (Berlin-Nitra 1982) 221-228.
Grimes	1951	W. F. Grimes, The prehistory of Wales (Cardiff 1951).

Gross	1883	V. Gross, Les protohelvètes (Berlin 1883).
Günther	1901	A. Günther, Augusteisches Gräberfeld bei Coblenz-Neuendorf. Bonner Jahrb. 107, 1901, 73-94.
Guštin	1974	M. Guštin, Gomile starejše železne dobe iz okolice Boštanja. Posavski Muz. Brežice 1, 1974, 87-119.
	1976	-, Libna. Posavski Muz. Brežice 3, 1976.
	1979	-, Notranjska. K začetkom železne dobe na severnem Jadranu. Zu den Anfängen der Eisenzeit an der nördlichen Adria (Ljubljana 1979).
Hänsel	1969	B. Hänsel, Beiträge zur Chronologie der mittleren Bronzezeit im Karpatenbecken (Bonn 1968).
	1973	-, Eine datierte Rapierklinge mykenischen Typs von der unteren Donau. Prähist. Zeitschr. 48, 1973, 200-206.
	1974	-, Die Gliederung der älteren Hallstattzeit im thrakischen Raum. Thracia 3, 1974, 87-94.
	1976	-, Beiträge zur regionalen und chronologischen Gliederung der älteren Hallstattzeit an der unteren Donau (Bonn 1976).
	1982a	-, Burgenbau und Zentrumsbildung im spätbronzezeitlichen Südosten nördlich der Ägäis. In: Beiträge zum bronzezeitlichen Burgenbau in Mitteleuropa (Berlin-Nitra 1982).
	1982b	-, Südosten zwischen 1600 und 1000 v. Chr. In: PAS 1-38.
Hampel	1877	J. Hampel, Antiquités préhistoriques de la Hongrie (Esztergom 1877).
	1886a	-, Trouvaille de l'âge de bronze. Congrès international d' anthropologie et d' archaeologie préhistoriques. Compte-rendu de la huitième session à Budapest 1876. Second volume. II. partie (Budapest 1886).
	1880	-, Oskori öntőminták. Arch. Ert. 14, 1880, 211-212.
	1887	-, Alterthümer der Bronzezeit in Ungarn (Budapest 1887).
	1886b ; 1892; 1896	-, A bronzkor emléki Magyarhonban (Budapest 1886 <Bd. 1>; 1892 <Bd. 2>; 1896 <Bd. 3>).
	1895	-, Az Aranyos és ördöngösfüzesi oskori bronzleletek. Arch. Ert. 15, 1895, 193-210.
	1898	-, Dunantúli bronzlelet. Arch. Ert. 18, 1898, 82-85.
Hampl	1976	F. Hampl, Die bronzezeitlichen Kupfergewinne in Niederösterreich. Arch. Austriaca. Beih. 14, 1976 <Festschr. R. Pittioni>, 58-67.
Harding	1984	A. F. Harding, The mycenaeans and Europe (1984).
Harţuche u. Constantinescu	1981-83	N. Harţuche u. G. Constantinescu, Depozitul de la Mihai Bravu, com. Victoria, judeţul Brăila. Istros 2-3, 1981-83, 41-47.

Hawkes	1956	Inventaria Archaeologica. Great Britain 3rd set: GB 14-18; hrsg. C. F. C. Hawkes (London 1956).
Heierli	1888	J. Heierli, Pfahlbauten. Neunter Bericht (Leipzig 1888).
	1901	-, Urgeschichte der Schweiz (Zürich 1901).
Hencken	1978	H. Hencken, The iron age cemetery of Magdalenska gora in Slowenia. Mecklenburg collection, part II (Cambridge 1978).
Herrmann	1966	F.-R. Herrmann, Die Funde der Urnenfelderkultur in Mittel- und Südhessen. Röm.-Germ. Forsch. 27 (Berlin 1966).
Hirschbäck-Merhar	1984	G. Hirschbäck-Merhar, Prazgodovinski depo Debeli vrh nad Predgradom. Arh. Vestnik 35, 1984, 90-109.
Hochstetter	1981	A. Hochstetter, Eine Nadel der Noua-Kultur aus Nordgriechenland. Ein Beitrag zur absoluten Chronologie der späten Bronzezeit im Karpatenbecken. Germania 59, 1981, 239-259.
Hodges	1954	H. W. M. Hodges, Studies in the late bronze age in Ireland. Ulster Journal Arch. 17, 1954, 62-80.
	1957	-, Some recent finds of bronze implements. Ulster Journal Arch. 20, 1957, 64-69.
	1958-59	-, The bronze age moulds of the British Isles. Part 1: Scotland and northern England - Moulds of clay and stone. Sibrium 4, 1958-59, 129-137.
Holste	1936	F. Holste, Der Bronzefund von Winklsaß B.=A. Mahlersdorf, Niederbayern. Bayer. Vorgeschbl. 13, 1936, 1-23.
	1941	-, Ein Prunkbeil aus Lignières. Germania 25, 1941, 158-162.
	1951	-, Hortfunde Südosteuropas (Marburg 1951).
	1962	-, Zur Chronologie der südosteuropäischen Depotfunde der Urnenfelderzeit (Marburg 1962).
Hoof	1970	D. Hoof, Die Steinbeile und Steingeräte im Gebiet des Niederrheins und der Maas. Die neolithischen und frühbronzezeitlichen Großsteingeräte (Bonn 1976).
Horedt	1970	K. Horedt, Die Verwendung des Eisens in Rumänien bis in das 6. Jahrhundert v. u. Z. Dacia N.F. 8, 1964, 119-132.
Horedt u. Seraphin	1971	K. Horedt u. C. Seraphin, Die prähistorische Ansiedlung auf dem Wietenberg bei Sighişoara-Schäßburg (Bonn 1971).
Horvat-Šavel	1981	I. Horvat-Šavel, Rezultati sondiranj prazgodovinskego naselja v Gornji Radgoni. Arh. Vestnik 32, 1981, 291-310.
Hralová u. Hrala	1971	J. Hralová u. J. Hrala, Hromadný nález bronzu z Březonic u Chrudimi. Arch. Rozhledy 23, 1971, 3-26.

Hundt	1982	H.-J. Hundt, Einige technologisch-chronolische Bemerkungen zu den Schaftlochäxten. In: Il passagio del neolitico all' età del bronzo nell' Europa centrale e nella regione Alpina. Lazise-Verona 8-12 april 1980 (Verona 1982).
Hunyady	1944	J. Hunyady, Kelták a Kárpátmedencében (Budapest 1944).
Iconomu	1977	C. Iconomu, Depozitul de bronzuri de la Tătărăni (comuna Dănești, jud. Vaslui). Cerc. Ist. Iași N.F. 8, 1977, 213-229.
	unpubl.	-, Descoperirile arheologice de la Brădicești-Iași. Unveröffentl. Manuskript.
Ignat	1981	M. Ignat, Contribuții la cunoașterea epocii bronzului și a Hallstatt-ului timpuriu în județul Suceava. Thraco-Dacia 2, 1981, 133-146.
Iltčeva u. Kokorkov	1979	V. Iltčeva u. I. Kokorkov, Praistoričeski metalni ot c. Chotnica, Velikotărnovski okrăg. God. Muz. Varna 5, 1979, 20-27.
Jaanusson	1971	H. Jaanusson, Bronsalderboplatsen vid Hallunda. Fornvännen 66, 1971, 173-187.
G. Jacob-Friesen	1967	G. Jacob-Friesen, Bronzezeitliche Lanzenspitzen Norddeutschlands und Skandinaviens (Hildesheim 1967).
	1968	-, Eine Pferdekopfkeule der frühen Eisenzeit aus Siebenbürgen. In: Studien zur europäischen Vor- und Frühgeschichte ⟨Festschr. H. Jankuhn⟩; hrsg. M. Claus, W. Haarnagel u. C. Raddatz (Neumünster 1968) 66-73.
K. H. Jacob-Friesen	1930	K. H. Jacob-Friesen, Eine Lanzenspitze vom Lüneburger Typus. In: Schumacher Festschrift (Mainz 1930) 141-145.
	1940	-, Der Bronzegießerfund von Schinna, Kr. Nienburg. Die Kunde 8, 1940, 108-118.
Jacobi	1974	G. Jacobi, Werkzeug und Gerät aus dem Oppidum von Manching. Die Ausgrabungen in Manching 5; hrsg. W. Krämer (Wiesbaden 1974).
	1977	-, Die Metallfunde vom Dünsberg. Mat. zur Ur- u. Frühgesch. Hessens 2 (Wiesbaden 1977).
Jahresbericht	1933	Jahresbericht des Provinzialmuseums Trier 1933. Trier Zeitschr. 9, 1934, 135-180.
	1939	Jahresbericht des Rheinischen Landesmuseums Trier für 1939. Trier Zeitschr. 15, 1940, 35-105.
Janković u. Sillitoe	1980	European copper deposits; hrsg. S. Janković u. R. H. Sillitoe (Belgrad 1980).
Jankuhn	1943	H. Jahnkuhn, Die Ausgrabungen in Haithabu (1937-39). Vorläufiger Grabungsbericht (Berlin 1943).
Janšak	1938	S. Janšak, Staré osídlenie Slovenská. Dolný hron a Ipel' v praveku (Turčiansky 1938).
Jevtić	1975	M. Jevtić, Kalup za livenje bronzanich predmeta iz Karlovčića. Starinar Beograd N.F. 26, 1975, 151-154.

Joachim	1976	W. Joachim, Untersuchung einer späthallstatt-frühlatènezeitlichen Siedlung in Kornwestheim, Kreis Ludwigsburg. Fundber. Baden-Württemberg 3, 1976, 173-203.
Jockenhövel	1971	A. Jockenhövel, Die Rasiermesser in Mitteleuropa. PBF VIII, 1 (München 1971).
	1982a	-, Zu den ältesten Tüllenhämmern aus Bronze. Germania 60, 1982, 459-467.
	1982b	-, Jungbronzezeitlicher Burgenbau in Süddeutschland. In: Beiträge zum bronzezeitlichen Burgenbau in Mitteleuropa (Berlin-Nitra 1982) 253-272.
	1986	-, Struktur und Organisation der Metallverarbeitung in urnenfelderzeitlichen Siedlungen Süddeutschlands. Veröffentl. Mus. Ur- u. Frühgesch. Potsdam 20, 1986, 213-234.
Joffroy	1958	R. Joffroy, Les sépultures à char du premier âge du fer en france (Paris 1958).
	1960	-, L' oppidum de Vix et la civilisation hallstattienne finale dans l' est de la France (France 1960).
Jósa	1902	A. Jósa, A Takta-Kenéz bronzleletről. Arch. Ert. 22, 1902, 274-280.
	1963-64	-, Bronzkori halmazleletek. Evkönyve Nyíreggyháza 6-7, 1963-64, 19-45.
Jovanović	1982	B. Jovanović, Rudna Glava. Der älteste Kupferbergbau im Zentralbalkan (Belgrad 1982).
	1983	-, Mali Šturac - ein neues prähistorisches Kupferbergwerk in Zentralserbien. Der Anschnitt 35, 4-5, 1983, 177-179.
Juhasz	1896	L. Juhasz, Baranymegyei régisékről. Arch. Ert. 16, 1896, 157-159.
Kacsó	1977a	C. Kacsó, Descoperiri inedite de bronzuri din judeţul Maramureş. Marmaţia 3, 1977, 27-36.
	1977b	-, Toporul de bronz de la Oarţa de Sus. Acta Mus. Napocensis 14, 1977, 57-62.
	1977c	-, Contribuţii la cunoaşterea metalurgiei cuprului şi bronzului în nord-vestul României. Apulum 15, 1977, 131-154.
Kacsó u. Mitrea	1976	C. Kacsó u. I. Mitrea, Depozitul de bronzuri de la Rozavlea (jud. Maramureş). Stud. Cerc. Ist. Veche 27, 1976, 537-548.
Kaletyn	1975	T. Kaletyn, Sprawozdanie z dzialalności archeologicznej sluzby konserwatorskiej na terenie woj. Wroclawskiego w 1973 voku. Silesia Ant. 17, 1975, 209-308.
Katinčarov	1975	R. Katinčarov, Proyčvanija na bronzovata epocha v Bălgarija (1944-1974). Bull. Inst. Arch. Sofia 17, 2, 1975, 1-17.

Keller	1876	F. Keller, Pfahlbauten. 7. Bericht (Zürich 1876).
Kemenczei	1964a	T. Kemenczei, A Tiszaszederkényi későbronzkori raktárlelet. Evkönyve Miskolc 4, 1964, 37-43.
	1964b	-, A Pilinyi kultúra báscai csorportja. Evkönyve Miskolc 4, 1964, 7-36.
	1965	-, Die Chronologie der Hortfunde vom Typ Rimazombat. Evkönyve Miskolc 5, 1965, 105-175.
	1965-66	-, A Napkor-Piripucpusztai bronzlelet. Evkönyve Nyíregyháza 8-9, 1965-66, 13-24.
	1966	-, Koravaskori bronz raktárleletek a Miskolci múzeumban. Evkönyve Miskolc 6, 1966, 49-108.
	1967	-, Die Zagyvapálfalva-Gruppe der Pilinyer Kultur. Acta Arch. Hung. 19, 1967, 229-305.
	1968	-, Oskori bronztárgyak a Miskolci múzeumban. Evkönyve Miskolc 7, 1968, 19-46.
	1969	-, Ujabb bronzleletek Borsod megyéből. Evkönyve Miskolc 8, 1969, 27-68.
	1970	-, A Kyjatice kultúra Eszak-Magyarországon. Evkönyve Miskolc 9, 1970, 17-78.
	1970-71	-, A Gyöngyössolymos-Kishegy bronzleletek. Evkönyve Eger 8-9, 1970-71, 133-146.
	1974	-, Zur Deutung der Depotfunde von Aranyos. Folia Arch. 25, 1974, 49-70.
	1980a	-, Ostungarn in der Zeit der Frühhallstattkultur. In: Die Hallstattkultur. Frühform europäischer Einheit (Steyr 1981) 79-92.
	1980b	-, A Gyöngyössolymos-Kishegyi megyedik. Evkönyve Eger 16-17, 1980, 137-155.
	1981	-, A Prügyi koravaskori kincslelet. Com. Arch. hung. 1981, 29-41.
	1982	-, Der spätbronzezeitliche Burgenbau in Nordungarn. In: Beiträge zum bronzezeitlichen Burgenbau in Mitteleuropa (Berlin-Nitra 1982) 273-278.
	1983	-, A Tatabanya-Bánhida bronzlelet. Acta Arch. Hung. 109, 1983, 61-68.
	1984	-, Die Spätbronzezeit Nordostungarns (Budapest 1984).
Kersten	1958	K. Kersten, Die Funde der älteren Bronzezeit in Pommern. Atlas der Urgeschichte. Beih. 7 (Hamburg 1958).
Kersten u. Aner	1978	K. Kersten u. E. Aner, Die Funde der älteren Bronzezeit des nordischen Kreises in Dänemark, Schleswig-Holstein und Niedersachsen. IV. Südschleswig-Ost (Kopenhagen-Neumünster 1978).
Keßler	1930	P. T. Keßler, Eine neuartige Grabanlage der Latène-Zeit in Wallertheim, Rheinhessen. Mainzer Zeitschr. 24-25, 1930, 125-133.

Kibbert	1984	K. Kibbert, Die Äxte und Beile im mittleren Westdeutschland II. PBF IX, 13 (München 1984).
Kilian	1976	K. Kilian, Nordgrenze des ägäischen Kulturbereiches in mykenischer und nachmykenischer Zeit. Jahresber. Inst. Frankfurt 1976, 112-129.
Kimmig u. Vacano	1973	W. Kimmig u. O. W. Vacano, Zu einem Gußformen-Fragment einer etruskischen Bronzekanne von der Heuneburg a.d. oberen Donau. Germania 51, 1973, 72-85.
Klanica	1974	Z. Klanica, Práce klenotniku na Slovanských hradištich. Štud. Arch. Ustavu Československé Akad. Brně 6 (Brno 1974).
Kleemann	1942	O. Kleemann, Die Bronzefunde von Osterrode Ostpreußen und Dittersdorf Kreis Mohrungen Ostpreußen. Alt-Preußen 7, 1, 1942, 2-7.
Knez	1958	T. Knez, Preistoriski depo iz Osredak. Glasnik Sarajevo Arh. 13, 1958, 255-260.
Kohlbach	1900	Kohlbach, A Simonfai bronzleletrol a Kaposvári állami fogymnasium gyüjteményeben. Arch. Ert. 20, 1900, 79.
Kojčev	1950	N. Kojčev, Kolektivna nachodka na kalăpi za bronzovi bradvički i bărchove na bronzovi kopija v zemliščeto na s. Sokol, Novazagorska okolija. Izvestija Arch. Inst. Sofia 17, 1950, 228-221.
Kolling	1968	A. Kolling, Späte Bronzezeit an Saar und Mosel. Saarbrücker Beitr. zur Altkde 6 (Bonn 1968).
Kosorić	1958-59	M. Kosorić, Dva grupna nalaza iz severiistočne Srbije. Starinar Beograd N.F. 9-10, 1958-59, 273-276.
Kossak	1954a	G. Kossak, Pferdegeschirr aus Gräbern der älteren Hallstattzeit Bayerns. Jahrb. RGZM 1, 1954, 111-178.
	1954b	-, Studien zum Symbolgut der Urnenfelder- und Hallstattzeit Mitteleuropas. Röm.-Germ. Forsch. 20 (Berlin 1954).
Koszegi	1960	F. Koszegi, Beiträge zur Geschichte der ungarischen Urnenfelderzeit. Acta Arch. Hung. 12, 1960, 137-186.
Kovács	1966	T. Kovács, Eastern connections of north-eastern Hungary in the late bronze age. Folia Arch. 18, 1966, 27-58.
	1981	-, Der spätbronzezeitliche Depotfund von Rétközberencs. In: Studien zur Bronzezeit. Festschrift für Wilhelm Albert v. Brunn; hrsg. H. Lorenz (Mainz 1981) 163-178.
	1982	-, Befestigungsanlagen um die Mitte des 2. Jahrtausends v.u.Z. in Mitteleuropa. In: Beiträge zum bronzezeitlichen Burgenbau in Mitteleuropa (Berlin-Nitra 1982) 279-291.
	1986	-, Jungbronzezeitliche Gußformen und Gießereien in Ungarn. Veröffentl. Mus. Ur- u. Frühgesch. Potsdam 20, 1986, 189-196.

Kozenkova	1975	B. I. Kozenkova, K voprosu o ranniej date nekotorych kinžalov tak nazjvaemogo Kabardino-Pjatigorskogo tipa. Stud. Thracia 1, 1975, 91-102.
Krämer	1952	W. Krämer, Eine Siedlung der Frühlatènzeit in Straubing a.d. Donau (Niederbayern). Germania 30, 1952, 256-262.
Krivcova-Grakova	1955	O. A. Krivcova-Grakova, Stepnoe povolže i Pričernomore v epochy posdiej bronzy. Mat. Moskva-Leningrad 46 (Moskau 1955).
Kroeger-Michel	1983	E. Kroeger-Michel, Les haches à disque du bassin des Carpathes. Editions recherches sur les civilisations. Mémoire 24 (Paris 1983).
Kromer	1959a	K. Kromer, Brezje. Hallstättische Hügelgräber aus Brezje bei Trebelno (Ljulbjana 1959).
	1959b	-, Das Gräberfeld von Hallstatt (Florenz 1959).
Krstić	1972	D. Krstić, Bronzano doba Srbije (Belgrad 1972).
Krušel'nic'ka	1985	L. I. Krušel'nic'ka, Vzajemoz'jazky naselennja Prykapattja i Wolyni z plemenamy schidnoi zentral'noi Evropy (rubiž epoch bronzi y zaliza) (Kiew 1985).
Kubinyi	1882	M. Kubinyi, Felső-Kubini urnatemető. Arch. Ert. 2, 1882, 274-285.
Kučera	1904	J. Kučera, Hromadný nález bronzu v Drslavicch u Uh. Brodu. Pravěk pro Praehist. a Anthr. Zemí Ceskych 2, 1904, 7-11.
Kudláček	1952	J. Kudláček, Bronzový poklad zoždian na Slovensku. Arch. Rozhledy 4, 1952, 28-30.
Kunkel	1931	O. Kunkel, Pommersche Urgeschichte in Bildern (Stettin 1931).
Kutsch	1926	F. Kutsch, Der Ringwall auf der 'Burg' bei Rittershausen. Nass. Ann. 47, 1926, 1-37.
Kuz'mynich	1983	S. V. Kuz'mynich, Metallurgija Volgo-Kam'ja (Moskau 1983).
Kuszinsky	1920	B. Kuszinsky, A Balaton környékének archaeologiája lelőkelyek és leletek (Budapest 1920).
Kytlicová	1964	O. Kytlicová, K časovému zařazeni depotu horizontu Plzeň-Jíhalka. Arch. Rozhledy 16, 1964, 516-556.
	1982	-, Bronzemetallurgie in Böhmen in der Jung- und Spätbronzezeit. Arch. Polski 27, 1982, 383-394.
Labuda	1980	J. Labuda, Druhá etapa archeologického vyškumu na Sitne a Prieskum okolica. Arch. Výskumy 1980, 167-169.
László	1977	A. László, Anfänge der Benutzung und der Bearbeitung des Eisens auf dem Gebiete Rumäniens. Acta Arch. Hung. 29, 1977, 53-75.
Lázár	1941	J. Lázár, A Ságheyi I. és II. számu bronzleletek ismertetése. Dunántúli Szemle 8, 1941, 371-379.

	1943	-, A Sághegyi őskori telep bronzmüvessége. Dunántúli Szemle 10, 1943, 280-287.
Lehóczky	1893	T. Lehóczky, Beregmegyei régisékről. Arch. Ert. 13, 1893, 260-262.
Leskov	1967	A. M. Leskov, O Severopričernomorskom očage metalloobrabotki v epochu pozdnej bronzy. In: Pamjatniki epochi bronzy juga evropejskoj části SSSR <Festschr. A. I. Terenožkin> (Kiew 1967) 143-178.
	1981	-, Jung- und spätbronzezeitliche Depotfunde im nördlichen Schwarzmeergebiet I (Depots mit einheimischen Formen). PBF XX, 5 (München 1981).
Leube u.a.	1967	A. Leube, A. Hollnagel u. U. Schoknecht, Kurze Fundberichte 1966. Jahrb. Bodendenkmalpflege Mecklenburg 1967, 305-352.
Lippert	1972	A. Lippert, Das Gräberfeld von Welzelach (Osttirol). Eine Bergwerksnekropole der späten Hallstattzeit (Bonn 1972).
Liptáková u. Stiavnica	1973	Z. Liptáková u. B. Stiavnica, Kamenné mlaty zo Španej Doliny, okr. Banská Bystrica. Arch. Rozhledy 25, 1973, 72-75.
Loseri	1977	L. R. Loseri, La necropola di Brežec presso S. Canziano de Carso Scavi Marchesetti 1896-1900 (1977).
Lucke u. Frey	1962	W. Lucke u. O.-H. Frey, Die Situla in Providence (Rhode Island). Ein Beitrag zur Situlenkunst des Osthallstattkreises. Röm.-Germ. Forsch. 26 (Berlin 1962).
Mačalová	1982	H. Mačalová, Nález bronzové sekerky z Hermanovců nad Topl'ou. Arch. Výskumy 1982, 162.
Mácelová	1981	M. Mácelová, Nález bronzovej sekerky v neto pierskej Jaskyni v Banskej Bystrici-Sásovej. Arch. Výskumy 1981, 172-173.
Maczek u.a.	1953	M. Maczek, E. Preuschen u. R. Pittioni, Beiträge zum Problem der Kupferverwertung in der Alten Welt. II. Teil. Arch. Austriaca 12, 1953, 67-82.
Maier	1964	R. A. Maier, Die jüngere Steinzeit in Bayern. Jahresber. Bodendenkmalpflege Bayern 5, 1964, 9-197.
	1965	-, Jüngermetallzeitliche Steinäxte aus Bayern. Germania 43, 1965, 152-155.
de Maigret	1976	A. de Maigret, Le lance nell' Asia anteriore nell' età del bronzo. Studio tipologico (Rom 1976).
Maksimov	1972	E. Maksimov, Der alte Erzbergbau Bulgariens. Geologie 4-5, 1972, 553-569.
Maleev	1976	J. N. Maleev, Litejnye formy c poselnija Myškoviči v Podnestrov'e. In: Eneolit i bronzovyj vek Ukrainy issledonanija i materialy (Kiew 1976) 232-240.
Malinowski	1982	T. Malinowski, Groby odlewców w kulturze luzycky na ziemiach Polskich. Pamiętnik Muz. Miedzi 1, 1982, 249-270.

Malmer	1981	M. P. Malmer, A chorological study of north Europaen rock art (Stocklholm 1981).
Mandić	1931	M. Mandić, Arheološke bilješke. Glasnik Sarajevo Arh. 43, 1931, 13-17.
Marić	1964	Z. Marić, Donja Dolina. Glasnik Sarajevo Arh. 19, 1964, 5-128.
Marinescu	1979a	G. Marinescu, Depozitul de bronzuri de la Ciceu-Corabia. Acta Mus. Porolissensis 3, 1979, 51-57.
	1979b	-, Noi descoperiri de topoare de cupru și bronz în Transilvania nord-estică. Stud. și Com. de Ist. Caransebeș 1979, 123-132.
	1980	-, Cercetări și descoperiri arheologice în județul Bistrița-Năsăud. Marisia 10, 1980, 31-51.
Marinescu u. Dănilă	1974	G. Marinescu u. S. Dănilă, Obiecte de bronz descoperite pe teritoriul județului Bistrița-Năsăud. File de Ist. 3, 1974, 65-86.
Marinescu u. Retegan	1974	G. Marinescu u. A. Retegan, Descoperiri arheologice pe teritoriul comunei Căiunu-Mic, județul Bistrița-Năsăud. File de Ist. 3, 1974, 443-451.
Marović	1984	I. Marović, Sinjska regija u prahistoriji. Izdanja Hrvatskog Arh. Društva 8, 1984, 27-63.
Maryon	1938	H. Maryon, The technical methods of the irish smiths in the bronze and early iron age. Proc. Roy. Irish. Acad. 44 C7, 1938, 181-229.
Maurer	1981	H. Maurer. In: 1981 eingelangte Fundberichte. Urnenfelderzeit. Niederösterreich. Fundber. Österreich 20, 1981, 410.
Mayer	1976	E. F. Mayer, Zur Herstellung südosteuropäischer Kupferschwergeräte. Arch. Korrbl. 6, 1976, 289-291.
	1977	-, Die Äxte und Beile in Österreich. PBF IX, 9 (München 1977).
Medeleț u. Soroceanu	unpubl.	F. Medeleț u. T. Soroceanu, Ein urnenfelderzeitlicher Depotfund von bronzenen Werkzeugen in Frătelia, bei Timișoara. Unveröffentl. Manuskript.
Medović	1978	P. Medović, Naselja stanijég gvozdenog doba u Jugoslovenskom podunavlju (Belgrad 1978).
v. Merhart	1956-57	G. v. Merhart, Geschnürte Beinschienen. Ber. RGK 37-38, 1956-57, 91-147.
Mestorf	1885	J. Mestorf, Vorgeschichtliche Alterthümer aus Schleswig-Holstein (Hamburg 1885).
Mészáros	1971-72	G. Mészáros, A Nagyvejkei későbronzkori kincslelet. Evkönyve Szekzard 2-3, 1971-72, 19-66.
Miclea u. Florescu	1980	I. Miclea u. R. Florescu, Daco-Romȃnii 2 (Bukarest 1980).

Mikov	1933	V. Mikov, Predistoričeski selišta i nachodki vă Bălgarija. Materiali za archeologičeska karta na Bălgarija VII (Sofia 1933).
Milleker	1940	F. Milleker, Vorgeschichte des Banats. Starinar Beograd 3 Ser. 15, 1940, 3-42.
Milojčić	1953	V. Milojčić, Zur Frage der Chronologie der frühen und mittleren Bronzezeit in Ostungarn. In: Actes de la IIIe session Zürich 1950 (Zürich 1953) 256-278.
	1959	-, Zur Chronologie der jüngeren Stein- und Bronzezeit Südosteuropas und Mitteleuropas. Germania 37, 1959, 65-84.
Milošević	1960	P. Milošević, Bronzano ostava iz Petinica. Rad. Vojvodj. Muz. 9, 1960, 156-175.
Mitschin	1960	A. Mirtschin, Neue Funde aus der Umgebung von Riesa. Arbeits- u. Forschungsber. Sachsen. 7, 1960, 281-310.
v. Miske	1904a	K. v. Miske, Die Bedeutung Velem St. Veits als prähistorische Gußstätte mit Berücksichtigung der Antimon-Bronzefrage. Archiv Anthr. N.F. 2, 1904, 124-138.
	1904b	-, Die ununterbrochene Besiedlung Velem St. Veits. Archiv Anthr. N.F. 2, 1904, 29-41.
	1908	-, Die prähistorische Ansiedlung Velem St. Vid (Wien 1908).
	1929	-, Bergbau, Verhüttung und Metallbearbeitungsgerät aus Velem St. Veit (Westungarn). Wiener Prähist. Zeitschr. 16, 1929, 81-94.
	1932	-, St. Vid, ein Mittelpunkt des prähistorischen Bronzehandels. Archiv Anthr. N.F. 22, 1932, 66-71.
Mohen	1973	J. P. Mohen, Les moules en terre des bronziers protohistoriques. Antiqu. Nationales 5, 1973, 33-44.
	1978	-, Moules en bronze de l' âge du bronze. Antiqu. Nationales 10, 1978, 23-32.
	1980-81	-, Moules multiples de fondeurs de l' âge du bronze. Antiqu. Nationales 12-13, 1980-81, 27-33.
Monteagudo	1977	L. Monteagudo, Die Beile auf der iberischen Halbinsel. PBF IX, 6 (München 1977).
Montelius	1873	O. Montelius, Sur les époques de l' âge du bronze en Suède. Congrès international d' anthropologie et d' archaeologie préhistoriques. Compte rendue de la cinquième session à Bologne 1871 (Bologna 1873) 288-294.
	1895; 1904; 1910	-, La civilisation primitive en Italie (Stockholm 1895 ⟨Bd. 1⟩; 1904 ⟨Bd. 2 Tafelteil⟩; 1910 ⟨Bd. 2 Textteil⟩).
	1906	-, Kulturgeschichte Schwedens (Leipzig 1906).
Moračik	1974	J. Moračik, Nález bronzovej sekerky Ďurčinej. Arch. Výskumy 1974, 62-63.
Mozsolics	1949a	A. Moszolics, Traditions des steppes à l'âge du bronze en Hongrie. Arch. Ert. 76, 1949, 63-74.

	1949b	-, Két Dunántúli bronzlelet a hallstattkarból. Arch. Ert. 76, 1949, 26-29.
	1957	-, Archäologische Beiträge zur Geschichte der großen Wanderung. Acta Arch. Hung. 8, 1957, 119-122.
	1963	-, Két Nagykállói depotlelet és Telekoldali bronzlelet vizsgálata. Arch. Ert. 90, 1963, 252-262.
	1965-66	-, Goldfunde des Depotfundhorizontes von Hajdúsámson. Ber. RGK 46-47, 1965-66, 1-76.
	1966	-, Die Goldfunde von Nyíregyháza und von Szarvasszó. Acta Arch. Hung. 18, 1966, 15-33.
	1967	-, Bronzefunde des Karpatenbeckens. Depotfundhorizonte von Hajdúsámson und Kosziderpádlas (Budapest 1967).
	1969	-, Tiszakarádi bronzleletek. Arch. Ert. 96, 1969, 62-66.
	1971	-, Some remarks on 'peschiera' bronzes in Hungary. In: The European community in later prehistory. Studies in honour of C. F. C. Hawkes (London 1971) 57-76.
	1972	-, Beziehungen zwischen Italien und Ungarn während 'bronzo recente' und 'Bronzo finale'. Riv. Szienze Preist. 27, 1972, 373-401.
	1973a	-, Beiträge zur Geschichte und Chronologie der ungarischen Bronzezeit. Acta Antiqu. 21, 1973, 3-20.
	1973b	-, Bronze- und Goldfunde des Karpatenbeckens. Depotfundhorizonte von Forró und Opályi (Budapest 1973).
	1975	-, Somogy megyei bronzleletek. Somogyi Múz. Közleményei 2, 1975, 5-21.
	1981	-, Der Goldfund von Várvölgy-Felsozsid. In: Studien zur Bronzezeit. Festschrift für Wilhelm Albert v. Brunn; hrsg. H. Lorenz (Mainz 1981) 299-308.
	1981b	-, Gußkuchen aus wieder eingeschmolzenem Altmetall. Arbeits- u. Forschungsber. Sachsen. Beih. 16, 1981, 403-417.
	1984a	-, Ein Beitrag zum Metallhandwerk der ungarischen Bronzezeit. Ber. RGK 65, 1984, 19-72.
	1984b	-, Rekonstruktion des Depots von Hajdúbözörmény. Prähist. Zeitschr. 59, 1984, 81-93.
	1985	-, Bronzefunde aus Ungarn. Depotfundhorizonte von Aranyos, Kurd und Gyermely (Budapest 1985).
Müller	1891	S. Müller, Ordning af Danmarks oldsager. Bronsealderen (Paris-Kopenhagen-London 1891).
	1897	-, Nordische Altertumskunde 1 (Strassburg 1897).
Müller-Karpe	1959	H. Müller-Karpe, Beiträge zur Chronologie der Urnenfelderzeit nördlich und südlich der Alpen. Röm.-Germ. Forsch. 22 (Berlin 1959).

	1961	-, Die Vollgriffschwerter der Urnenfelderzeit aus Bayern (München 1961).
	1973	-, Die Kupferzeit als historische Epoche. Jahresber. Inst. Frankfurt 1973, 5-15.
	1974a	-, Handbuch der Vorgeschichte. Dritter Band. Kupferzeit (München 1974).
	1974b	-, Zur Definition und Benennung chronologischer Stufen der Kupferzeit, Bronzezeit und älteren Eisenzeit. Jahresber. Inst. Frankfurt 1974, 7-18.
	1980	-, Handbuch der Vorgeschichte. Vierter Band. Bronzezeit (München 1980).
Muhly	1973	J. D. Muhly, Copper and Tin. The distribution of mineral resources and the nature of the metaltrade in the bronze age. Trancactions of the Connecticut Acad. of Arts and Sciences 43, 1973, 155-535.
Nánási	1974	Z. Nánási, Repertoriul obiectelor de bronz din muzeul de istorie de la Săcuieni. Crisia 4, 1974, 177-190.
Narr	1982	K. J. Narr, Grobe Steinwerkzeuge heute. Arch. Korrbl. 12, 1982, 129-135.
Narr u. Lass	1985	K. J. Narr u. G. Lass, Gebrauch einfacher Steinwerkzeuge in der Bronze- und Eisenzeit. Arch. Korrbl. 15, 1985, 459-461.
Neeb	1915	E. Neeb, Bericht über die Vermehrung der Sammlungen des Altertumsmuseums der Stadt Mainz vom 1. April 1914 bis 1. April 1915. Mainzer Zeitschr. 10, 1915, 74-86.
Needham	1980	S. Needham, An assemblage of late bronze age metalworking debris from Dainton, Devon. Proc. Pre. Soc. 46, 1980, 177-215.
	1981	-, The Bulford-Helsbury manufacturing tradition. The production of Stogursey socketed axes during the later bronze age in Southern Britain. British Mus. Occasional Papers 13, 1981.
Neergaard	1908	C. Neergaard, Haag-Fundet. Aarböger 1908, 273-352.
Németh u. Torma	1965	P. Németh u. J. Torma, A Romándi későbronzkori raktárlelet. Veszprém Megyei Múz. Közleményei 4, 1965, 59-90.
Nepper u. Máthé	1971	J. M. Nepper u. M. S. Máthé, A Hajdú-Bihar megyei múzeumok régészeti tevékenysége 1969-1971 (leletkataszter). Debrecen Déri Múz. Evkönyve 1971, 35-54.
Neumann	1963	G. Neumann, Vor- und Frühgeschichte. In: Das Gleichberggebiet. Werke der deutschen Heimat 6 (Berlin 1963) 14-57.
Neuninger u.a.	1971	H. Neuninger, E. Preuschen u. R. Pittioni, Goldlagerstätten in Europa. Arch. Austriaca 49, 1971, 23-35.
Nikolov	1974	B. Nikolov, Nachodki ot kraja na bronzovata epocha văv Bračansko. Bull. Inst. Arch. Sofia 16, 1, 1974, 41-50.

Nistor u. Vulpe	1969	F. Nistor u. A. Vulpe, Bronzuri inedite din Maramureş în colecţia Prof. Francisc Nistor din Sighetu Marmaţiei. Sud. Cerc. Ist. Veche. 20, 1969, 181-194.
	1974	-, Depozitul de bronzuri de la Crăciuneşti (Maramureş). Stud. Cerc. Ist. Veche. 25, 1974, 5-18.
Nothdurfter	1979	J. Nothdurfter, Die Eisenfunde von Sanzeno im Nonsberg. Röm.-Germ. Forsch. 38 (Berlin 1979).
Nouel	1959	A. Nouel, La chachette de bronze de Boissy-aux-Cailles et les chachettes du centre de la France. Rev. Arch. Est et Centre-Est 8, 1957, 298-311.
Nováki	1979	G. Nováki, Őskori és középkori várak a Bakonyi Kesellő-és Zöröghegyen. Veszprém Megyei Múz. Közleményei 14, 1979, 75-122.
Novikova	1976	L. A. Novikova, Zapadje svjazi Severopričernomorskogo očaga metalloobrabotka v epochy pozdiej bronzy. Sovetskaja Arch. 1976, 3, 25-57.
Novotná	1955	M. Novotná, Medené nástroje a problém najstaršej ťažby medi na Slovensku. Slovenská Arch. 3, 1955, 70-100.
	1970a	-, Die Bronzehortfunde in der Slowakei. Spätbronzezeit (Bratislava 1970).
	1970b	-, Die Äxte und Beile in der Slowakei. PBF IX, 3 (München 1970).
	1980	-, Die Nadeln in der Slowakei. PBF XIII, 6 (München 1980).
	1982	-, Metalurgia medi a bronzu v dobe bronzovej na Slovensku. Arch. Polski 27, 359-369.
	1983	-, Metalurgia opevnených osád. Arch. Rozhledy 35, 1983, 63-71.
	1984	-, Halsringe und Diademe in der Slowakei. PBF XI, 4 (München 1984).
Oancea u. Gherghe	1981	A. Oancea u. P. Gherghe, Depozitul de bronzuri de la Drăguţeşti, judeţul Gorj. Stud. Cerc. Ist. Veche 32, 1981, 265-269.
O'Connor	1980	B. O'Connor, Cross-channel relations in the later bronze age. British Arch. Reports 91 (1980 London).
Özgüç	1966	N. Özgüç, Excavations at Acemhöyük. Anadolu 10, 1966, 29-51.
Okrusch u. Schubert	1986	M. Okrusch u. W. Schubert, Das Gestein Hösbachit als Material für prähistorische Bronze-Gussformen aus dem fränkischen Raum. Mainfränkische Studien 37, 1986, 31-36.
Oldeberg	1943	A. Oldeberg, Metallteknik under förhistorisk tid 2 (Lund 1943).
	1974; 1976	-, Die ältere Metallzeit Schwedens (Stockholm 1974 ⟨Bd. 1⟩, 1976 ⟨Bd. 2⟩).

Ohlhauer	1939	H. Ohlhauer, Der germanische Schmied und sein Werkzeug (Leipzig 1939).
Olshausen	1885	O. Olshausen, Technik alter Bronzen. Zeitschr. Ethn. 17, 1885, (410)-(458).
Opitz	1933	D. Opitz, Altorientalische Gußformen. Archiv für Orientforschung. Beiband 1: Festschrift für Max Freiherrn von Oppenheimer; hrsg. E. F. Weidner (Berlin 1933) 179-215.
Ostave		Praistorijske ostave u Srbiji i Voivodini (Belgrad 1975).
v.d. Osten	1937	H. H. von der Osten, The Alishar Hüyük seasons of 1930-32. Part II (Chikago 1937).
Pagès-Allary	1905	M. Pagès-Allary, Nouvelles observations sur le tumulus de Celles (Cantal). L' Anthropolgie 16, 1905, 117-118.
Panajotov	1980a	I. Panajotov, Problems of metallurgy of the late bronze age in the Bulgarian lands. In: Actes du IIe congrès international de Thracologie (Bukarest 1980) 105-111.
	1980b	-, Bronze rapiers, swords and double axes from Bulgaria. Thracia 5, 1980, 173-198.
Paret	1937	O. Paret, Mittellatènegrab von Auingen, OA. Münsingen. Germania 21, 1937, 20-22.
	1952-54	-, Der große Fund von Bronzegußformen der Spätbronzezeit von Neckargartach (Gem. Heilbronn). Fundber. Schwaben N.F. 13, 1952-54, 35-39.
	1954	-, Ein Sammelfund von steinernen Bronzegußformen aus der späten Bronzezeit. Germania 32, 1954, 7-10.
PAS		Prähistorische Archäologie in Südosteuropa 1; hrsg. B. Hänsel (Berlin 1982).
Patay	1976	P. Patay, Vorbericht über die Ausgrabungen zu Poroszló-Aponhát. Folia Arch. 27, 1976, 193-201.
	1984	-, Kupferzeitliche Meißel, Beile und Äxte in Ungarn. PBF IX, 15 (München 1984).
Patay u.a.	1963	P. Patay, K. Zimmer, Z. Szabi u. G. Simay, Spektrographische und metallurgische Untersuchung kupfer- und frühbronzezeitlicher Funde. Acta Arch. Hung. 15, 1963, 37-64.
Patek	1961	E. Patek, Die Siedlung und das Gräberfeld von Neszmély. Acta Arch. Hung. 13, 1961, 33-82.
	1968	-, Die Urnenfelderkultur in Transdanubien (Budapest 1968).
	1981	-, Die Siedlungsgrube mit Gußform für Tüllenbeile in Mezőcsát-Hörcsögös (Ostungarn). In: Studien zur Bronzezeit. Festschrift für Wilhelm Albert v. Brunn; hrsg. H. Lorenz (Mainz 1981) 327-332.
Patterson	1979	D. Patterson. In: Ausgr. u. Funde Unterfranken 1979, 139.

Pauli	1978	L. Pauli, Der Dürrnberg bei Hallein III. Auswertung der Grabfunde. Zweiter Teilband (München 1978).
Paulík	1964	J. Paulík, Súpis medených a bronzových predmetov v okresnom vlastvednom múzeu v Rimavskej Sobote. Študijné Zvesti AUSAV 14, 1964, 33-106.
Pausweg	1976	F. Pausweg, Die Bedeutung der Ur- und Frühgeschichtsforschung für die Lagerstättenkunde am Beispiel des Kupferbergbaus Mitterberg bei Mühlbach am Hochkönig, Salzburg. Arch. Austriaca. Beih. 14, 1976, 125-129.
Perini	1975	R. Perini, La palafitti di Fiavè-Carera. Preist. Alpina 11, 1975, 25-64.
Peroni	1961	R. Peroni, Ripostigli delle età dei metalli. I- ripostigli del Massicccio della Talfa. Inv. Arch. Italia 1: I1-I3 (Bonn 1961).
	1963	-, Ripostigli delle età dei metalli. 3- ripostigli dell' Appennino Umbro-Marchigiano. Inv. Arch. Italia 3: I6-I8 (Bonn 1963).
	1967	-., Ripostigli delle età dei metalli. Ripostigli di Ardea. Inv. Arch. Italia 4: I9 (Bonn 1967).
Pertlwieser u. Tovornik	1981	M. Pertlwieser u. V. Tovornik. In: Fundber. Österreich 20, 1981, 430.
Petres	1960	E. Petres, Der früheisenzeitliche Schatzfund von Székesfehérvar (Stuhlweissenburg). Folia Arch. 12, 1960, 35-43.
Petrescu-Dîmboviţa	1977	M. Petrescu-Dîmboviţa, Depozitele bronzuri din România (Bukarest 1977).
	1978	-, Die Sicheln in Rumänien mit Corpus der jung- und spätbronzezeitlichen Horte Rumäniens. PBF XVIII, 1 (München 1978).
Piaskowski	1959a	J. Piaskowski, Metaloznawcze badania wyrobów z elaznych ze 'Skarbów' i osad luzyckich Wielkopolski. Arch. Polski 3, 1959, 349-403.
	1959b	-, Metaloznawsze badania wyrobów z elaznych z cmentarzysk cialopalnych Wielkopolski z okresu halsztackiego. Fontes Arch. Poznan 10, 1959, 202-228.
Píč	1896	J. L. Píč, Archaeologický výskum ve středních Čechách. Popelovité jámy u Vepřku. Památky Arch. 17, 1896, ⟨Sp.⟩ 175-181.
	1898	-, Mohyly Bechyňské II. Památky Arch. 18, 1898, 1-14.
Pintér	1899	S. Pintér, Az Ecsegi bronzleletről (Nógrád m.). Arch. Ert. 18, 1899, 56-60.
Pittioni	1957	R. Pittioni, Urzeitlicher Bergbau auf Kupfererz und Spurenanalyse. Arch. Austriaca. Beih. 1, 1957.
	1985	-, Über Handel im Neolithikum und in der Bronzezeit Europas. In: Untersuchungen zu Handel und Verkehr der vor- und frühgeschichtlichen Zeit in Mittel- und in Nordeuropa 1; hrsg. K. Düwel u.a. (Göttingen 1985) 127-180.

Pjatyševoj	1974	Frakijskoe iskustvo i kultura Bolgarskich zemel; hrsg. N. V. Pjatyševoj (Moskau 1974).
PJZ		Praistorija Jugoslavenskih zemalja IV. Bronzano doba; hrsg. A. Benac (Sarajevo 1983).
Pleiner	1962	R. Pleiner, Staré Evropské kovářstvi. Stav metalografického výzkum (Prag 1962).
	1978	Pravěké dějiny Čech; bearb. R. Pleiner (Prag 1978).
	1981	-, Die Wege des Eisens nach Europa. In: Festschrift Guyan 115-128.
Podborský	1970	V. Podborský, Mähren in der Spätbronzezeit und an der Schwelle der Eisenzeit (Brünn 1970).
Pollak	1980	M. Pollak, Die germanischen Bodenfunde des 1.-4. Jahrhunderts n. Chr. im nördlichen Niederösterreich (Wien 1980).
Ponzi Bononi	1970	L. Ponzi Bononi, Il ripostiglio di Contigliano. Bull. Paletn. Italiana N.F. 21, 79, 1970, 95-156.
Popa u. Berciu	1964	A. Popa u. I. Berciu, Contribution à l' étude des dépôts d' objets hallstattiens. Dacia N.F. 8, 1964, 87-100.
Popović	1964	D. Popović, Ostave iz Salaša Noćajskog. Rad. Vojvodj. Muz. 12-13, 1964, 5-21.
Prendi	1977-78	F. Prendi, Epoka e bronzit në Shqipëri. Iliria 7-8, 1977-78, 5-58.
	1982a	-, La culture énéolithique Maliq II en Albanie du Sud-est. In: Ancient Bulgaria. Papers presented to the international symposium on the ancient history and archaeology of Bulgaria; hrsg. A. G. Poulter (Nottingham 1983) 33-73.
	1982b	-, Die Bronzezeit und der Beginn der Eisenzeit in Albanien. In: PAS 203-233.
	1984	-, Një depo sëpatash nga Torovica e Lezhës. Iliria 14, 2, 1984, 21-45.
Preuschen u. Pittioni	1937-39	E. Preuschen u. R. Pittioni, Untersuchungen im Bergbaugebiete Kelchalpe bei Kitzbühl, Tirol. Mitt. Prähist. Komm. Wien 3, 1937-39.
Prüssing	1982	P. Prüssing, Die Messer im nördlichen Westdeutschland. PBF VII, 3 (München 1982).
Radimský	1891	V. Radimský, Die prähistorischen Fundstätten ihre Erforschung und Behandlung mit besonderer Rücksicht auf Bosnien und Hercegovina sowie auf dem österreichisch-ungarischem Fundgebiet (Sarajevo 1891).
	1896a	-, Archäologische Tagebuchblätter. Bericht über die Ausgrabungen von Domavia bei Srebrenica in den Jahren 1892 und 1893. Wiss. Mitt. Bosnien u. Hercegovina 4, 1896, 185-201.
	1896b	-, Die Gradina Čungar bei Cazin. Wiss. Mitt. Bosnien u. Hercegovina 4, 1896, 73-93.

Radimský u.a.	1897	V. Radimský, L. Glück, J. N. Woldřich u. G. Ritter v. Mannagetta, Der prähistorische Pfahlbau von Ripač bei Bihać. Wiss. Mitt. Bosnien u. Herzegowina 5, 1897, 29-123.
Rădulescu u. Dumitrescu	1966	D. Rădulescu u. R. Dumitrescu, Mineralogia topografica a României (Bukarest 1966).
Raftery	1951	J. Raftery, Prehistoric Ireland (London 1951).
Rageth	1974	J. Rageth, Der Lago di Ledro im Trentino und seine Beziehungen zu den alpinen und mitteleuropäischen Kulturen. Ber. RGK 55, 1974, 73-259.
Rajterič-Sivec	1974	I. Rajterič-Sivec, Oris arheološkega stanja in Povojna raziskovanja zgod njesred njeveške arheologije v Albaniji. Arh. Vestnik 25, 1974, 552-574.
Ramović	1973	M. Ramović, Nalazišta ruda zlata, bakra, kalaja, željeza, srebra, olova, žive, antimona i arsena u SR B i H. In: Materijali simpozijuma 'Rudarstvo i metalurgija B i H od praistorije do početaka XX vijeka' (Zenica 1973) 1-10.
Rašajski	1971	R. Rašajski, Ostave Vršačkog Gorja I. Rad. Vojvodj. Muz. 20, 1971, 25-36.
Richlý	1894	H. Richlý, Die Bronzezeit in Böhmen (Wien 1894).
Richter	1970	I. Richter, Der Arm- und Beinschmuck der Bronze- und Urnenfelderzeit in Hessen und Rheinhessen. PBF X, 1 (München 1970).
Rieth	1938	A. Rieth, Vorgeschichte der Schwäbischen Alb unter besonderer Berücksichtigung des Fundbestandes der mittleren Alb. Mannus Bücherei 61 (Leipzig 1938).
Říhovský	1961	J. Říhovský, Počátky Velatické kultury na Moravě. Slovenská Arch. 9, 1-2, 1961 ⟨Festschr. J. Eisner⟩, 107-154.
	1972	-, Die Messer in Mähren und dem Ostalpengebiet. PBF VII, 1 (München 1972).
	1979	-, Die Nadeln in Mähren und im Ostalpengebiet. PBF XIII, 5 (München 1979).
	1983	-, Die Nadeln in Westungarn I. PBF XIII, 10 (München 1983).
Roska	1912	M. Roska, Asatás a Pécska-Szemlaki határban levo Nagy Sánczon. Dolgozatok Koloszvár 3, 1912, 1-73.
	1942	-, Erdély régészeti repertóriuma I. Oskor (Cluj 1942).
Rusu	1963	M. Rusu, Die Verbreitung der Bronzehorte in Transsylvanien vom Ende der Bronzezeit bis in die mittlere Hallstattzeit. Dacia N.F. 7, 1963, 177-210.
	1966	-, Depozitul de bronzuri de la Balşa. Sargetia 4, 1966, 17-41.
	1972	-, Consideration asupra metalurgiei aurului in Transilvania în bronz D şi Hallstatt A. Acta Mus. Napocensis 9, 1972, 29-64.

	1974	-, Începuturile metalurgiei fierului în Transilvania. In: In memoriam Constantini Daicoviciu (Cluj 1974) 349-360.
	1981	-, Bemerkungen zu den großen Werkstätten- und Giessereifunden aus Siebenbürgen. In: Studien zur Bronzezeit. Festschrift für Wilhelm Albert v. Brunn; hrsg. H. Lorenz (Mainz 1981) 375-402.
Rusu u. Chitu	1982	M. Rusu u. L. Chitu, Depozitul de la Aiud şi problema marilor ateliere de prelucrarea bronzului din Transylvania. Apulum 20, 1982, 33-51.
Rusu u.a.	1977	M. Rusu, E. Dörner, V. Pintea u. T. Bader, Bronzehortfunde aus Transilvanien. Inv. Arch. Rumänien 10 (R64-R70) (Bukarest 1977).
Rychner	1979	V. Rychner, L' âge du bronze final à Auvernier (Lausanne 1979).
Rydbeck	1926	O. Rydbeck, Nyare förvärv fran koppar- och bronsalderen i Lunds universitets historiska museum. Fornvännen 1926, 281-306.
Rynne	1983	E. Rynne, Why the ribs inside socketed axeheads ? Antiquity 57, 1983, 48-49.
Săcărin	1977	C. Săcărin, Trei celturi de la Pescari (judeţul Caraş Severin). Bantica 4, 1977, 111-115.
	1979	-, Depozitul de bronzuri de la Cozla (Judeţul Caraş severin). Bantica 5, 1979, 107-114.
Sagi	1909	J. Sagi, Ostelep a Balaton partján. Arch. Ert. 29, 1909, 342-354.
Salaš	1985	M. Salaš, Metalurgička výroba na výš innén sídlišti z doby bronzové u Blučiny. Časopis Brno 70, 1985, 37-56.
Šaldová	1965	V. Šaldová, Západní Čechy v pozdní době bronzové-pohřebiště Nynice I. Památky Arch. 56, 1965, 1-96.
Sandars	1963	N. K. Sandars, Later Aegan bronze swords. Am. Journal Arch. 67, 1963, 117-161.
	1971	-, From bronze age to iron age: a sequel to a sequel. In: The European community in later prehistory. Studies in honour of C. F. C. Hawkes (London 1971) 1-29.
	1983	-, North and South at the end of an old problem. Oxford Journal Arch. 2, 1983, 43-68.
Savory	1971	H. N. Savory, A Welsh bronze age hillfort. Antiquity 45, 1971, 251-261.
Schäfer	1971	H. P. Schäfer, Zur Datierung einer Gußform aus Troya. Arch. Anzeiger 1971, 419-422.
Schauer	1977	P. Schauer, Der urnenfelderzeitliche Depotfund von Dolina, Gde. Kr. Nova Gradiška, Kroatien. Jahrb. RGZM 21, 1977 <Festschr. H.-J. Hundt>, 93-124.
Schickler	1985	H. Schickler, Zur Auswertung von Bronzeanalysen. Glogowskie Zeszyty Naukowe 1, 1985, 69-85.

Schmidt	1902	H. Schmidt, Heinrich Schliemanns Sammlung trojanischer Altertümer (Berlin 1902).
Schneider	1956	E. Schneider, Fundberichte für die Jahre 1950-53. Bayer. Vorgeschbl. 21, 1956, 21-130.
Schönberger	1952	H. Schönberger, Die Spätlatènezeit in der Wetterau. Saalburg-Jahrb. 11, 1952, 21-130.
Schoknecht	1967	U. Schoknecht, Bezirk Neubrandenburg. Jahrb. Bodendenkmalpflege 1967, 325-352.
Schreiber	1971	R. Schreiber, A későbronzkori halonsíros kultúra emlékei Budapestem. Arch. Ert. 98, 1971, 45-52.
Schuldt	1959	Mecklenburgische Altertümer. Museum für Ur- und Frühgeschichte; hrsg. Mus. für Ur- und Frühgeschichte Schwerin durch E. Schuldt (Schwerin 1959).
H. D. Schulz	1978	H. D. Schulz, Kupfer-Verhüttung auf Helgoland. Offa 35, 1978, 11-35.
	1983	-, Zuordnung von Kupfer-Metall zum Ausgangserz. Prähist. Zeitschr. 58, 1983, 1-14.
W. Schulz	1938	W. Schulz, Vor- und Frühgeschichte Mitteldeutschlands (Halle 1938).
Schwantes	1939	G. Schwantes, Die Vorgeschichte Schleswig-Holsteins (Neumünster 1939).
Scott	1981	G. Scott, The origins and early development of iron use in Ireland as seen from the archaeological, linguistical and literary records. In: Festschrift Guyan 101-108.
Seger	1909	H. Seger, Beiträge zur Vorgeschichte Schlesiens. Schles. Vorzeit N.F. 5, 1909, 1-27.
Şerbănescu u. Trohani	1975	D. Şerbănescu u. G. Trohani, Obiecte din cupru şi bronz din judeţul Ilfov. Stud. Cerc. Ist. Veche 26, 1975, 529-539.
Shepherd	1980	R. Shepherd, Prehistoric mining and allied industries (London 1980).
Sielski	1931	S. Sielski, Arheološki nalasci u okolici Travnika i Žepča. Glasnik Sarajevo Arh. 43, 1931, 7-12.
Sievers	1984	S. Sievers, Die Kleinfunde der Heuneburg. Die Funde der Grabungen 1950-1979. Heuneburgstudien V. Röm. Germ. Forsch. 42 (Mainz 1984).
Šimek	1978a	M. Šimek, Prethistorijsko naselje u. Sv. Petru Ludbreškom. Rezultati arheoloških istraživanja u. 1977. godini (Varaždin 1978).
	1978b	-, Sv. Petar Ludbreški, Ludbreg. Prethistorijsko naselje raznih epoha. Arh. Pregled 20, 1978, 38-39.
	1979	-, Sv. Petar Ludbreški-nalaz metalurške radionice. Podravski Zbornik 1979, 106-119.
	1983	-, Prostor varaždinske regije od neolita do rimskog doba (Pregled stanja i istraživanja do 1981. godine. In: Varaždinski Zbornik 1181-1981 (Varaždin 1983) 145-166.

Simić	1951	V. Simić, Istoriski razvoj naseg rudarstvo (Belgrad 1951).
Slabe	1974	M. Slabe, Polšnik. Varstvo Spomenikov 17-18, 1, 1974, 107.
Smiglieski u. Durczewski	1961	W. Smiglieski u. D. Durczewski. Fin de l' âge du bronze et période de Hallstatt. Inv. Arch. Pologne. Fascicule VII: PL 37-PL 40 (Lodz u. Warschau 1961).
Smodič	1955	A. Smodič, Bronaste depojske najdbe v Črmožišah in severovzhodni Sloveniji. Arh. Vestnik 6, 1, 1955, 82-96.
Smolik	1886	J. Smolik, Kadluby na slévâni bronzových predmětu, nalezené ve Zvoleněvsi. Památky Arch. 13, 1886, <Sp.> 193-208.
Soroceanu	1981	T. Soroceanu, Der zweite Depotfund von Vîlcele. Prähist. Zeitschr. 56, 1981, 249-261.
	1982	-, Hortfunde und befestigte Anlagen in Transsilvanien. In: Beiträge zum bronzezeitlichen Burgenbau in Mitteleuropa (Berlin-Nitra 1982) 363-373.
Soroceanu u. Lakó	1981	T. Soroceanu u. E. Lakó, Depozitul de bronzuri de la Sig (jud. Salaj). Acta Mus. Porolissensis 5, 1981, 145-168.
	unpubl.	-, Der zweite Depotfund von Dragu (Kr. Salaj). Zu den Tüllenbeildepots in Rumänien. Unveröffentl. Manuskript.
Soroceanu u. Retegan	1981	T. Soroceanu u. A. Retegan, Neue spätbronzezeitliche Funde im Norden Rumäniens. Dacia N.F. 25, 1981, 195-229.
Spahiu	1971	H. Spahiu, Gjetje të vjetra nga varreza mesjetare e Kalasë së Dalmaces. Iliria 1, 1971, 227-261.
Spennemann	1985	D. R. Spennemann, Einige Bemerkungen zur Schäftung von Lappen- und Tüllenbeilen. Germania 63, 1985, 129-138.
Spindler	1971	K. Spindler, Zur Herstellung der Zinnbronze in der frühen Metallurgie Europas. Acta Praehist. et Arch. 2, 1971, 199-253.
Sprater	1928	F. Sprater, Die Urgeschichte der Pfalz (Speyer am Rhein 1928).
Sprockhoff	1934	E. Sprockhoff, Ein germanischer Grabfund der Völkerwanderungszeit aus Schwerin (Mecklenburg). Germania 18, 1934, 43-46.
	1937	-, Jungbronzezeitliche Hortfunde Norddeutschlands (Periode IV) (Mainz 1937).
	1938	-, Die Spindlersfelder Fibel. In: Festschr. Merhart (Mainz 1938) 205-233.
	1941	-, Niedersachsens Bedeutung für die Bronzezeit Westeuropas. Zur Verankerung einer neuen Kulturprovinz. Ber. RGK 31, 1941 <2. Teil>, 1-138.

	1949-50	-, Das Lausitzer Tüllenbeil. Prähist. Zeitschr. 34-35, 1949-50, 76-131.
Spyropoulos	1972	T. G. Spyropoulos, Ysteromykenaikoi Elladikoi thesauroi (Athen 1972).
Šramko	1981	B. A. Šramko, Die ältesten Eisenfundstücke Osteuropas. In: Festschrift Guyan 109-114.
Srejović	1960	D. Srejović, Tri praistoriske ostave iz istočne Srbije. Starinar Beograd N.F. 11, 1960, 47-63.
Stare	1973	V. Stare, Prazgodovina Šmarjeta (Ljubljana 1973).
	1980	-, Kranj nekropola iz časa preseljevanja ljudstev (Ljubljana 1980).
Starè	1957	F. Starè, Polmesečne britve iz Jugoslavije. Arh. Vestnik 8, 1957, 204-234.
Stary	1982	P. F. Stary, Zur hallstattzeitlichen Beilbewaffnung des circum-alpinen Raumes. Ber. RGK 63, 1982, 17-104.
Stipčević	1960-61	A. Stipčević, Orudja za rad kod Ilira. Diadora 2, 1960-61, 135-177.
	1977	-, The Illyrians (New Jersey 1977).
Studeníková u. Paulík	1983	E. Studeníková u. J. Paulík, Osada z doby bronzovej v Pobedim (Bratislava 1983).
Šturms	1938	E. Šturms, Die Entstehung einer ostbaltischen Tüllenbeilform. Elbinger Jahrb. 15, 1939 ‹Festschr. B. Ehrlich›, 54-56.
Sudholz	1964	G. Sudholz, Die ältere Bronzezeit zwischen Niederrhein u. Mittelweser. (Hildesheim 1964).
Sundwall	1943	J. Sundwall, Die älteren italischen Fibeln (Berlin 1943).
Svešnikov	1968	I. K. Svešnikov, Bogatje progrebenija Komarovskoj kultury u s. ivanja Rovenskoj oblast. Sovetskaja Arch. 1968, 2, 159-168.
Symonovič	1968	E. A. Symonovič, Ingulskij klad. Sovetskaja Arch. 1968, 1, 127-142.
Széchenyi	1887	B. Széchenyi, A Pölöskei bronzleletről. Arch. Ert. 7, 1887, 57-58.
Székely	1953	Z. Székely, Cercetări arheologice in regiunea Stalin şi reguinea autonomă Maghiară. Din activitatea stinţifică a Muzeului raional Medias, 2, 1953, 5-35.
	1959	-, Cercetări arheologice efctuate în regiunea autonomă Maghiară. Mat. şi Cerc. 6, 1959, 187-211.
	1966	-, Asezări din prima vîrstă a fierului în sud-estul Transilvaniei (Sfîntu-Gheorghe 1966).
	1967	-, Noi descoperiri de unelte de aramă şi de bronz din Transilvania. Stud. Cerc. Ist. Veche 18, 1967, 327-332.

	1968	-, Săpăturile executate de muzeul regional din Sf. Gheorghe (reg. autonomă Maghiară). Mat. şi Cerc. 7, 1968, 179-190.
	1976-77	-, Contribuţii privind epoca bronzului în sud-estul Transsilvaniei. Aluta 8-9, 1976-77, 25-36.
Szendrei	1889	J. Szendrei, Csoma József régiséggyüjteménye. Arch. Ert. 9, 1889, 150-154.
Szentmárton	1897	D. K. Szentmárton, Kisapáti bronzkincs. Arch. Ert. 17, 1897, 116-127.
	1910	-, Az Uszavölgyi bronzkincs. Arch. Ert. 44, 1910, 426-431.
Szombathely	1901	J. Szombathely, Das Grabfeld von Idria bei Bača. Mitt. Prähist. Komm. Wien 1, 5, 1901, 291-363.
	1937	-, Altertumsfunde aus Höhlen bei St. Kanzian im österreichischen Küstenlande. Mitt. Prähist. Komm. Wien 2, 1937, 127-190.
Tasić	1962	N. Tasić, Naselje kulture polja sa urnama u istočnom delu Srema. Rad. Vojvodj. Muz. 11, 1962, 127-144.
	1978	-, The iron gate treasure archaeology (Belgrad 1978).
	1984	Kulturen der Frühbronzezeit des Karpatenbeckens und Nordbalkans; hrsg. N. Tasić (Belgrad 1984).
Taylor	1983	J. W. Taylor, Erzgebirge tin: a closer look. Oxford Journal Arch. 2, 1983, 295-298.
Teodor	1978	D. G. Teodor, Teritorul est-carpatic în reacurile V-XI e.n. (Iaşi 1978).
Teodor u. Şadurschi	1978	S. Teodor u. P. Şadurschi, Descoperirile arheologice de la Lozna, comuna Dercsa, judeţul Botoşani. Hierasus 1, 1978, 121-140.
Teržan	1974	B. Teržan, Halštatke gomile iz Brusnic na Dolenjskem. Posavski Muzej Brežice 1, 1974, 31-66.
Teržan u.a.	1985	B. Teržan, F. Lo Schiavo u. N. Trampuž-Orel, Most na Soči (S. Lucia) II (Ljubljana 1985).
Thracian treasures		Thracian treasures from Bulgaria. A special exhibition held at the British Museum January-March 1976 (London 1976).
Todorova	1978	H. Todorova, The eneolithic period in Bulgaria. British Arch. Reports. International Ser. 49 (London 1978).
	1981	-, Die kupferzeitlichen Äxte und Beile in Bulgarien. PBF IX, 14 (München 1981).
Todorović	1956-57	J. Todorović, Bronzano ostava iz Voilava, Starinar Beograd N.F. 7-8, 1956-57, 275-278.
Török	1940	G. Török, A Lengyeltótiban előkerült bronzlelet. Dolgozatok Szeged 16, 1940, 57-65.

	1950	-, Pécs-Jakobhegyi földvár és tumulusok. Arch. Ert. 77, 1950, 4-9.
v. Tompa	1923-26	F. v. Tompa, Velemszentvid bronzönto ipara. Az országos Magyar régészeti társulat Evkönyve 2, 1923-26, 41-53. 366.
	1934-35	-, 25 Jahre Urgeschichtsforschung in Ungarn 1912-1936. Ber. RGK 24-25, 1934-35, 27-127.
Tončeva	1973	G. Tončeva, Kalăpi za otlivanja na sečiva i ukrašenija ot s. Esenica. Bull. Inst. Arch Sofia 15, 2, 1973, 39-45.
Trbuhović	1981	V. Trbuhović, Zu den Problemen der späten Bronzezeit und frühen Eisenzeit im Zentral- und Westbalkangebiet. In: Festschrift Guyan 33-35.
Tringham	1971	R. Tringham, Hunters, fishers and farmers of eastern Europe (London 1971).
Troya u. Thrakien		Troya und Thrakien. Austellung Berlin-Hauptstadt der DDR (Ostberlin 1981).
Truhelka	1893	Č. Truhelka, Ein Depotfund der Bronzezeit aus Šumetac bei Podzvizd (Bezirk Cazin). Wiss. Mitt. Bosnien u. Herzegowina 1, 1893, 35-38.
	1895	-, Prähistorische Bronzen aus dem Kreis Prozor. Wiss. Mitt. Bosnien u. Herzegowina 3, 1895, 510-512.
	1909	-, Prähistorische Funde aus Bosnien. Wiss. Mitt. Bosnien u. Herzegowina 11, 1909, 28-74.
	1914	-, Kulturne prilike Bosne i Hercegovine u doba prehistoričko. Glasnik Sarajevo Arh. 26, 1914, 43-139.
Truhelka u.a.	1904	Č. Truhelka, J. N. Woldřich u. K. Maly, Der vorgeschichtliche Pfahlbau im Savebette bei Donja Dolina (Bezirk Bosnisch-Gradiška). Bericht über die Ausgrabungen bis 1904. Wiss. Mitt. Bosnien u. Herzegowina 9, 1904, 3-107.
Tyclecote	1962	R. F. Tylecote, Metallurgy in archaeology (London 1962).
Udrescu	1973-74	T. Udrescu, Descoperiri arheologice în jumătatea sudică a Moldoviei cu privire la cultura Noua. Carpica 6, 1973-74, 17-42.
Undset	1884	I. Undset, Az Oroszi lelet és a Magyarországi bronzleletek. Arch. Ert. 4, 1884, 200-208.
Unger	1924	E. Unger, Bergbau. In: Ebert I 409-428.
Ursulescu	1978	N. Ursulescu, Materiale arheologice din judeţul Botoşani în colecţia cabinetului de istorie veche a institutului de învăţămînt superior din Suceava. Hierasus 1, 1978, 243-256.
v. Uslar	1940	R. v. Uslar, Sensheim. Bonner Jahrb. 145, 1940, 297-298.
Valič	1977	A. Valič, Bašelj pri Preddvorn. Varstvo Spomenikov 21, 1977, 181.

Vasić	1910	M. M. Vasić, Žuto Brdo. Prolozi za poznav inje kulture grozdenoga doba u Dunavskoj Dolini. Starinar Beograd 5, 1910, 1-207.
	1977	R. Vasić, The chronology of the early iron age in the socialist republic of Serbia. British Arch. Reports. International Ser. 31 (London 1977).
	1982a	-, Forschungsergebnisse des jungbronze- und früheisenzeitlichen Burgenbaus in Nordjugoslawien. In: Beiträge zum bronzezzeitlichen Burgenbau in Mitteleuropa (Berlin-Nitra 1982) 427-436.
	1982b	-, Spätbronzezeitliche und älterhallstattzeitliche Hortfunde im östlichen Jugoslawien. PAS 267-285.
Vejvoda u. Mirnik	1973	V. Vejvoda u. J. Mirnik, Halštatski kneževski grobovi iz Kaptol kod Slavonske Požega. Arh. Vestnik 24, 1973, 592-610.
Verron	1973	G. Verron, Circonscription de haute et basse Normandie. Gallia Préhist. 16, 1973, 361-399.
Vinski u. Vinski-Gasparini	1962	Z. Vinski u. K. Vinski-Gasparini, U utjecajima istočno-Alpske Halštatske kulture i Balkanske Ilirske kulture na Slavonsko-Srijemsko podunavlje. Arh. Radovi i Rasprave 2, 1962, 263-293.
Vinski-Gasparini	1973	K. Vinski-Gasparini, Kultura polja sa žarama u Sjevernoj Hrvatskoj (Zadar 1973).
	1979-80	-, Ostava kasnog brončanog doba iz Punitovci kod Djakovo. Vejesnik Zagreb Ser. 3, 12-13, 1979-80, 87-105.
	1983	-, Ostave s područja kulture polja sa žarama. In: PJZ 647-667.
Virchow	1880	R. Virchow. Rezension zu: W. Osborne, Über einen Fund aus der jüngeren Steinzeit in Böhmen. Zeitschr. Ethn. 12, 1880, 82.
Vlassa	1961	N. Vlassa, O contribuţie la problema epochii scitice în Transilvania: cimitirul de la Cipău-'Gară'. Stud. şi Com. Alba Iulia 4, 1961, 19-49.
	1982	-, O rectificare necesară. Despre poziţia cronologică a domă piese de fier de la Coldău. Apulum 20, 1982, 65-73.
Voillier	1924	D. Viollier, Die Moor- und Seesiedlungen in den Kantonen Zürich und St. Gallen. In: Pfahlbauten. Zehnter Bericht (Zürich 1924) (25)-(58).
Vouga	1923	P. Vouga, La Tène (Leipzig 1923).
Vuga	1980	D. Vuga, Železnodoba najdišča v Kotlini Ljubljanskega barja. Situla 20-21, 1980, 199-210.
Vukmanović u. Popović	1984	M. Vukmanović u. P. Popović, Livade, Mala Vrbica. In: Djerdapska Sveske II; hrsg. V. Kondić (Belgrad 1984) 85-92.
Vulpe	1970	A. Vulpe, Die Äxte und Beile in Rumänien I. PBF IX, 2 (München 1970).

Wagner	1977	H. Wagner, Rohstoffwirtschaftliche Länderberichte III Rumänien. Bundesanstalt für Geowissenschaften und Rohstoffe. (Hannover 1977).
Weber	1982	C. Weber, Die einschneidigen Rasiermesser im östlichen Mitteleuropa in der ausgehenden Bronzezeit. Savaria 16, 1982, 45-56.
Weidmann	1981	T. Weidmann, Bronzegußformen des unteren Zürichseebeckens. Helvetia Arch. 45-48, 1981, 218-229.
	1982	-, Keramische Gußformen aus der spätbronzezeitlichen Seerandsiedlung 'Sumpf'. Jahrb. Schweiz. Ges. Urgesch. 65, 1982, 69-81.
v. Weinzierl	1906a	v. Weinzierl, Hervorragende Neuerwerbungen für die urgeschichtliche Abteilung. Tätigkeits-Bericht der Museums-Gesellschaft Teplitz im Verwaltungsjahr 1904/1905, 1906, 31-38.
	1906b	-, Die Gußtechnik der Bronzezeit. Tätigkeits-Bericht der Museums-Gesellschaft Teplitz im Verwaltungsjahr 1904/1905, 1906, 39-42.
Weißhaar	1984	H.-J. Weißhaar, Ausgrabungen auf der Amöneburg. In: H.O. Frey u. H. Roth, Studien zur Latènezeit (Bonn 1984) 65-88.
Wels-Weyrauch	1978	U. Wels-Weyrauch, Die Anhänger und Halsringe in Südwestdeutschland und Nordbayern. PBF XI, 1 (München 1978).
Wells	1981	P. S. Wells, The emergence of an iron age economy. The grave groups from Hallstatt and Stična. Mecklenburg collection, part III (Cambridge 1981).
Werner	1952	J. Werner, Mykene-Siebenbürgen-Skandinavien. Atti Congrès. Intern. Protost. Mediterranea (Florenz-Rom 1952) 293-308.
Wilke	1984	F. Wilke, Zur Technik vorgeschichtlichen Bronzegusses. Bodenfunde u. Heimatforsch. 13, 1984, 22-33.
Winkler u. Baumann	1975	F. Winkler u. W. Baumann, Jüngstbronzezeitliches Grab mit Gußformen von Battaume Kr. Eilenburg. Ausgr. u. Funde 20, 1975, 80-87.
Wosinsky	1896	M. Wosinsky, Tolnavármegye az őskortol a honfoglalásig 1 (Budapest 1896).
Wüstemann	1974	H. Wüstemann, Zur Sozialstruktur im Seddiner Kulturgebiet. Zeitschr. Arch. 8, 1974, 67-107.
Wyss	1967	R. Wyss, Bronzezeitliche Gußtechnik. Aus dem schweizerischen Landesmus. 19 (Basel 1967).
	1971	-, Technik, Wirtschaft und Handel. In: Archäologie der Schweiz 3 (Basel 1971) 123-145.
	1974	-, Technik, Wirtschaft, Handel und Kriegswesen der Eisenzeit. In: Archäologie der Schweiz 4 (Basel 1974) 105-138.

Zaharia u. Petrescu-Dîmboviţa	1970	N. u. E. M. Zaharia u. M. Petrescu-Dîmboviţa, Aşezări din Moldova. De la paleolitic pînă in secolul al XVIII-lea (Iaşi 1970).
Zürn	1970	H. Zürn, Hallstattforschungen in Nordwürttemberg (Stuttgart 1970).
Zwicker	1979	U. Zwicker, Untersuchungen an schiffchenförmigen Schmelztiegeln und Schlackenresten der späten Hallstattzeit. Fundber. Baden-Württemberg 4, 1979, 118-129.

Addenda

Zum Fundort Brădiceşti (KatNr. 42b):

C. Iconomu, Descoperirile arheologice de la Brădiceşti-Iaşi (I). Cerc. Ist. Iaşi N.F. 14-15, 1983-84, 85-114.

Ortsregister

Die Arbeit bedient sich der in den einzelnen Ländern heutzutage gegebräuchlichen Orts- und Lokalitätsnennungen. Zum Zwecke des besseren Verständnisses werden einige veraltete - zum Teil im allgemeinen Sprachgebrauch und in der wissenschaftlichen Literatur beibehaltene - Namen mit aufgeführt und auf die modernen korrekten Entsprechungen verwiesen.

Hinweis: Entgegen den Lokalitätsnennungen unter **KatNr.** 58 und 63 im Fundkatalog lauten die korrekten Namen **Berettyóújfalu** und **Almásneszmély**.

Abaújszántó	139	Balsa	50. 100. 230
Adaševci	77. 91. 164	Balşa	79. 96. 138. 231
Agatovo	121	Bamut, Umg.	51
Aibunar	177	Banatska Palanka	46. 132. 196
Aiud	101. 104. 212. 213. 214	Banatski Karlovac	137. 138. 140
Ajak	139. 142	Bancu	101. 102. 164. 215
Alba Iulia	139	Bašelj	235
Ališar Hüyük	20	Bătarci	78. 79. 96. 231
Almásneszmély (Neszmély)	66. 111. 203	Battaume	50. 51
Aleşd	79. 96. 210	Beljakovec	128. 156. 178. 193
Aljudovo	232	Beltiug	231
Alland	112	Benczúrfalva (s. Szécsény)	
Alsódobsza	78. 141. 213	Beravci	106. 223. 224. 225. 226. 228
Altimir	104	Beremend	37. 38. 86. 107
Altmünster	219	Berettyóújfalu (Berettyószentmárton)	
Alun	100. 164		34. 56. 133. 203
Amstetten	86	Berettyószentmárton (s. Berettyóújfalu)	
Andau	223	Berg Oybin	50
Anger-Birkfeld, Umg.	92. 223	Berkesz	50. 81. 139
Apagy	212. 218	Berlin-Spindlersfeld	33
Aparhant	110	Berzasca	216
Arad	41. 50. 92. 219. 231	Berzence	213
Aranyos (s. Bükkaranyos)		Beşa	226. 229
Arcuş	101. 226	Besse (s.Stejăreni)	
Asperg	233	Bežanica	75. 221
Aszód	27. 51. 139	Biatorbágy (Herceghalom)	90. 106. 110
Augsdorf	88. 210. 218. 228	Biharugra (Ugra)	54. 94. 168. 169. 170
Auingen	233	Bingula-Divoš	86. 212. 213. 226. 228
Babie	80	Birján	141. 212. 214
Baden	21. 93. 94	Bîrsana	79
Badacsony (s. Badacsonytomaj)		Bistriţa-Năsăud	111
Badacsonytomaj (Badacsony)		Bizovac 78. 211. 214. 216. 217. 223. 226. 228	
	93. 107. 213. 214. 230	Blatna Polyanka	79
Baia Mare	96. 216	Blatnica	75. 89. 110. 221
Baktalórántháza (Nyírbákta)	79	Bodrog	230
Bakóca	141. 142. 212. 216. 217. 218	Bodrogkeresztúr	78. 139. 141. 213. 227. 231
Bakonyszentkirály	49. 66. 69. 133. 202	Bogota	211
Balassagyarmat	139. 141	Boian	110. 114. 226
Balatonfőkajár (Kajár)	213	Boissy-aux-Cailly	84
Balatonhídvég (s. Zalavár)		Boldeşti	219
Balatonkiliti (s. Siofok)		Boljetin 34. 45. 52. 69. 98. 104. 105. 160. 197	
Balatonszemes	212. 216	Bondaricha	21
Balmazújváros	89. 217	Bonyhád, Umg.	86. 90. 131. 159

Borjas	211	Căiunu Mare	78
Borşa	90. 231	Camena	177
Borsod-Abaúj-Zemplén, Kom.	142	Canne	21
Borsodgeszt	94	Cara	80. 124. 125
Bosnien	120. 221. 222. 223	Căpuşu de Cîmpie	229
Bosnien, südliches	91	Caransebeş	217
Bošnjaci	223. 228. 231	Carnitz	51
Bošovice	33	Casalecchio	44
Boszok (s. Palotaboszok)		Căscioarele	104
Botpalád	79. 139	Castions di Strada	232
Botrad' (Bótrágy)	80	Cătina	140
Bótrágy (s. Botrad')		Căuaş	50. 80
Brădiceşti	68. 69. 122. 165. 166. 183. 200	Čebanovka	21
Brăduţ	225. 226	Cenadu Mare	231
Bratislava	92. 110	Čemernica	212
Braunau	94	Cerknica	86
Brestovik	119. 217. 228	Čermožište	75. 214. 227. 218. 227. 231
Brezec	173	Cernat	35. 41. 45. 46. 49. 132
Brezje	170. 233. 235		156. 157. 178. 179
Brnvište	78. 106	Cernica	69. 124. 159. 162. 182. 200
Brno	232	Cerovec	211
Brod (s. Prod)		Cetea	101. 102. 225. 226
Brodski Varoš	86. 211. 214. 216. 217. 223	Cheşeru	216
	225. 226. 228. 231	Chezy-sur-Marne	233. 234
Brückmühl	223. 225	Chobienic	232
Brza Palanka	89. 164. 182. 222	Chotnica	127
Brzeg	33	Chotnica, Umg.	122. 193
Brzi Brod	37. 133. 185. 196	Chotouchov	33
Brušnice	235	Čičarovce	230
Buchberg bei Zittau	33	Ciceu-Corabia	112. 114. 227
Bučni vrh	235	Ciglenik	77
Budapest	142	Ciorani	101
Budinšćina	211. 213. 217. 218. 226. 228	Cipău	232
Büdöskutpusztakárol (s. Szendrő)		Circîrlău	147
Bükkaranyos (Aranyos)	78. 79. 135. 139	Cîrna	122
	140. 141. 142. 225. 226	Ciumeşti	33. 41. 45. 49. 52. 69. 78. 79. 84.
Bulgarien	56. 104. 121. 131. 193		85. 92. 182. 183. 200
Bužorovo	127. 128. 129	Cluj-Napoca	80. 96. 110. 111. 224. 225. 226
Buzovgrad	127. 129	Coldău	232
Býci skála	233	Col de Flaum	233
Cachtice	229	Constanţa-Palaş	124. 127. 128. 129. 138. 140
Cadea	139	Copăcelu	101
Căianu Mic	96	Corlate	98

Corneşti	106. 219. 230	Dragomireşti	79
Coştiui	79	Dragu	96. 219
Cozla	101. 103	Drăguţeşti	98
Crăciuneşti	80	Drajna de Jos	96. 101. 137. 138. 140
Criştineşti	101	Draßburg	214. 230
Crmošnjice	104	23. August	89
Crizbav	80. 166. 167	Drenovi	110
Csabapuszta (s. Tab)		Drevenik	135. 136
Csegöld	142	Dridu	106. 164. 190. 191
Csongrád	228	Drňa	80
Czacza	232	Drslavice	100. 210
Dabra kod Segeta	227	Družinska vas	232. 235
Dacia	220	Duda	101. 140
Debelo Brdo	24. 110. 132. 197. 227	Dugiš	77
Debeli vrh	212	Dumbrăveni	101
Debrecen	106. 219. 223. 224. 225. 227	Dumeşti	62
Delniţa	111. 215	Dunaújváros	134. 147
Demecser	79	Drevenik	135. 136
Derevjannoje	21	Dünsberg	233
Derşida	153	Ebergőc	212
Detva	78. 110	Ecsédi láp	92. 219
Deva	217. 230	Ecseg	79. 142. 148
Dévaványa	106. 224. 225. 227	Edelény	79. 110. 213. 214. 226. 227
Dezmir	50. 80. 231	Egyek	219
Dibić	73	Ercsi	24. 45. 94. 203
Dičevo	127. 128	Erlach	93
Dipşa	78. 80. 96. 210. 211. 230	Erlingshofen	33
Dîrja	50. 78. 80. 106. 219. 231	Esenica	15. 124. 125. 160. 162. 182. 193
Dittersdorf (s. Wielowieś)		Farmos (Muszaj)	139
Dnjepropetrovsk, Umg.	21	Felsődobsza	212
Doba	232	Felsőzsolca	138. 139
Dobanovci	64. 65. 119. 197	Fînaţe	80
Dolina	75. 123. 216. 221. 227. 228. 231	Finke (s. Edelény)	
Dolné Hámre	229	Firtuşu	96
Dolné Lefantovce	110	Fizeş	100
Dolný Kubín	21. 63. 90	Fizeşu Gherlii	80. 89. 98. 111. 167. 168
Domăneşti	78. 142. 145. 182. 230	Florentin	124
Domaniža	226	Floreşti	86
Dombóvár	93	Forst im Weißenbachtal	88
Donja Bebrina	211. 216. 223	Fort Harrouard	189
Donja Dolina	24. 45. 72. 73. 74. 75. 76. 95. 182. 197	Fraham	93
		Frîncenii de Piatră	228
Doss trento	214	Füzesabony	216. 228

Gajina Pecina	91. 223	Haassel	33
Galatin	100. 122	Hadháztéglás (Téglás)	79
Galice	72. 73	Hagia Triada	20
Galoşpetreu	78. 80. 216. 228. 230	Haimbach	33
Ganovce	231	Hainburg a.d. Donau	21
Gemer	139. 214	Hajdúszovát	225
Gemer (ehemaliges Komitat)	88. 110. 139	Halînga	124
Gemzse	78. 80. 139. 140. 231	Hallein	233
Gföhl	139	Hallstatt	113. 168. 169. 173. 223. 235
Girişu Român	111. 166. 167	Hallunda	28
Giurgiova	219	Harsány	78. 139. 140. 145. 146
Glanegg	95	Haşag	92
Glasinac	232	Haslau-Regelsbrunn	112. 168. 169
Gleichberg	233	Hazlin	92
Glod	78. 111. 214. 219	Heilbronn-Neckargartach	51. 83. 84
Gössenheim	33	Herakleion, Umg.	20
Goljamo Peštene	122	Herceghalom (s. Biatorbágy)	
Golourov	21	Hermanovce nad Topl'ou	80
Gomolova	69. 117. 161. 197	Herrnbaumgarten	111. 226
Goplano	172. 232	Hesselberg	51
Gorenji Log	213. 227	Heuneburg	190. 191
Gorj, jud.	100	Hida	92. 93. 112. 217
Borneşti	213. 232	Hinova	101
Gornja Radgona	53. 59. 63. 66. 133. 197	Hočko Pohorje	86. 227
Gornja Vrba	213. 214. 223. 228. 231	Hódmezővásárhely	81. 93
Gornji Slatinik	142	Holboca	132. 201
Gorodenka, Bez.	63	Hollern	213. 228
Gorsko Kosovo	121. 122. 124. 127. 128. 131	Holzendorf	33
Gorszewice	232	Horn, Umg.	228
Gradina Čungar	53. 62. 64	Horné Strháre	78
Grävernitz	51	Hradec	93. 219. 226. 229
Grandes-Chapelle	232	Humenné	79
Graz	212	Hummersdorf	85. 227
Großweikersdorf	168. 169	Hundersingen	233
Guljanci	122	Iara	92. 166. 167
Guruslău	231	Idjoš	111. 197
Gusteriţa	62. 80. 88. 96. 121. 120. 211. 213. 216. 218. 223. 228	Idria kod Bači	235
		Igriş	216. 228
Gutenstein	93	Ileanda	79
Gyermely	86. 88	Ilija	21
Gyönggyössolymos	86. 213. 214. 218	Isleham	84
Gyulaháza	96	Isle of Harty	84
Haag	28. 45. 59. 64. 148	Ivanec Bistranski	23. 225

Jakomir Bach	132. 198	Kobarid	235
Jakovo	119. 211	Kobjakovo	21
Jamu Mare	90	Kolodnoe	134. 136
Janjevo	226	Konz	33
Javornik	213. 214. 228. 231	Korlát	139
Jászkarajenő	80. 107. 215. 219	Koroncó	219
Josani	80. 217. 219. 231	Korneuburg	95
Judelnik	124	Kosmatec	235
Jupalnic	86. 106. 215. 222. 225	Krampnitz	33
Jugani	96	Kranj	77
Jurka Vas	211. 213. 214	Krásna Hôrka	232
Kács	166. 168. 169	Kroatien, südliches	91
Kajár (s. Balatonfőkajár)		Kurd	37. 214. 218
Kalakača	44. 61	Kurvin-Grad	123. 159. 162. 198
Kalugerovo	73	Kuźnicy Słupskiej	232
Kamena Gorica	88	Laas	210
Kántorjánosi	79. 225	Landica	226
Kapela	117. 224	Lannach	212
Kapelna	93. 106	Lăpuş	41. 49. 63. 78. 79. 85.
Kappel	233		174. 201. 232
Kaptol	173. 232. 225	Lasberg	94
Kapulovka	21. 62	Lăţunaş	216. 217. 228
Karabeir	124. 125	Lengyeltóti	37. 211. 214. 217. 227
Karbow	33	Lešany	106
Kardašinka	21	Lesenceistvánd (Uszavölgy)	94
Karlovčić	38. 41. 103. 159. 198	Lesičevo	15. 122. 194
Karlovo	72. 74. 75. 76. 193	Leskovec	122
Kastell Mainz	233	Leskovo	74. 100. 222
Kaszapuszta (s. Pocsaj)		Lesne	79
Kazanläk	127	Lesura	104. 124. 129
Kék	78. 79. 90	Levice	78. 212
Kemecse	78. 213. 216. 217. 225. 230	Libna	232
Kéménd	134	Limberg	21. 66. 95. 133
Kér (s. Szentgáloskér)		Lindenstruth	33
Keszőhidegkút	37. 214. 223	Livadje	49. 56. 102. 198
Keszthely	203	Liptovský Hradec	142
Kielpino	33	Livno, Bez.	227
Kietrz	47. 51	Lubljanska barja	91
Kindberg	228	Ljulin	124
Kirovo	21	Ljuljakovo	74. 127. 156. 178. 194
Kisapáti	212. 230	Logreşti-Moşteni	39. 40. 41. 45. 49. 52. 62
Kisterenye	190		69. 98. 99. 131. 159. 160. 182. 201
Kistormás	218	Lovas	110. 198

Lovasberény	38. 100. 101. 107. 113. 224. 231	Miercurea Ciuc	96
Lozna	96	Mihai Bravu	124. 127
Lukavac	107. 110. 223. 227	Mikleuška	33. 46. 52. 69. 88. 198
Lüneburg, Umg.	33	Miljana	106
Luszkow	233	Minţiu Gherlii	112. 166. 167. 226
Mackovac	106. 110. 217. 228	Miroc	104
Magdalenska Gora	173. 174	Mişca	78. 139
Magosliget	147	Miskolc	133. 139. 203
Magura	104	Mödling	93
Mahrersdorf	92. 113. 223	Mörigen	51
Maiersdorf	213. 228	Mohács (Sáros Polyánka)	79
Maiersch	173. 232. 235	Moidrey	151
Maklejenovac	34. 37. 38. 123. 198	Mokrin	153
Malička	212	Moldova Veche	226
Mali Šturac	177	Most na Soči	235
Malorad	72. 73	Mount Beuvray	233
Malo Središte	139	Motke	75. 111. 216. 221. 227
Mălut	92	Munkács-Podharjány (s. Podchoran)	
Malye Kopani	21	Muscoli	212
Manduria	213. 217. 221	Mušja Jama	77
Mantrach	235	Muszaj (s. Farmos)	
Marcal (s. Nógrádmarcal)		Myškovici	49. 50. 51. 63
Marchegg	226	Nádudvar	94. 230
Márok	80. 212. 217. 218	Nagyhalász	50. 79. 212
Matejovce	101	Nagykálló	80. 106. 110. 218. 219
Matijevći	77. 91. 223	Nagyvejke	212. 214
Mayaki	21	Napkor	50. 78. 106. 214. 226
Mazepincy	21	Năsăud	110
Meckenheim	83	Negreşti	101. 104
Mediaş	35. 41. 45. 46. 50. 52. 90. 104 159. 160. 161. 201	Němčice nad Hanoŭ	233
		Neszmély (s. Almásneszmély)	
Mediaş, Umg.	41. 90. 157. 202	Neunkirchen	112
Medow	45	New Grange	233
Mehedinţi, jud.	101. 104	Nicolae-Bălcescu	127. 131. 137. 138. 140
Melgushe	20	Nijemci	211. 221. 223. 226. 228
Merk	79. 106	Nitra	114
Merseburg	33	Nógrádmarcal (Marcal)	106
Mescreac	232	Nordgriechenland	20
Mesić	98. 101. 211. 216. 217. 223	Nordungarn	133
Meszlen	106	North Ireland	234
Mezőcsát	50. 51. 161. 162. 203	Nová Vés	33
Mezőkövesd	92. 113. 218	Nove Bingula	218. 226. 228. 230
Michelstetten	226	Nové Mesto nad Váhom	93

Novgrad	127	Paprača	86
Novi Bečej	86. 216. 217. 226. 230	Parc-y-Meirch	89
Novi Grad bei Bosanska Šamca	227	Parhăuţi	92
Novigrad na Savi	36. 41. 45. 46. 198	Pătroha	230. 231
Novo Aleksandrovka	21	Păucea	139
Nyírbákta (s. Bakatalóránthaza)		Pawlowiczki	33
Nyírbogdány	230	Pčela	129
Nyíregyhaza	50. 92. 111. 139. 142. 148. 156. 157. 223. 224	Péci	91
		Pecica	24. 96
Nyírpazony	50	Pećinci	216. 218. 231
Nyírtura	50	Pécs	91. 141. 166. 190. 203. 212
Nynice	83	Peklenica	140
Oarţa de Sus	63	Pepinci	75
Obřany	51. 94	Pescari	98. 101
Obreja	90	Peterd (Peterdpuszta)	141. 210. 211. 222
Obrovka, Umg.	91	Peterdpuszta (s. Peterd)	
Ocniţa	124	Pétervására	78. 138. 139
Öreglak	78. 80. 217. 218	Petreşti	131
Österreich	104. 138. 173	Petroşani	98. 99. 211
Oggau	228	Piešt'any, Umg.	92
Oinacu	62. 127. 128. 138. 140. 231	Piediluco	120
Olcsvaapáti	80. 139. 231	Pietroasa	72. 80. 222
Olympia	20	Pietrosu	230
Ometala kod Gmica	77. 117. 213. 223	Piliny	89. 93. 203
Orci	218	Pinticu	96
Ormož	198	Piricse	78. 79. 141. 142. 212. 228
Ornding	21. 66. 133	Pivnica	60. 214
Orodel	124	Plăieşti	215. 219
Oros	96	Plattensee	212
Osredak	77	Pleniţa	39. 40. 41. 45. 49. 50. 52. 69. 98. 101. 102. 106. 117. 118. 159. 160. 162. 182. 183. 185. 202
Ostrovec	21		
Ostrovu Mare	98. 101		
Otok Privlaka	138. 211. 213. 217. 228. 230. 231	Plešany	80
		Plešivec	168. 169
Otomani	111. 134. 147	Pliešovce	113
Ožd'any	136. 190	Pobedim	66
Pácin	74. 79. 106. 222. 225. 226. 231	Pobit Kamăk	26. 27. 34. 36. 47. 67. 68. 69. 182. 183. 191. 194
Pădureni	166		
Palotaboszok (Boszok)	212. 216. 217. 218	Pocsaj (Kaszapuszta)	203
Paloznak	218	Podcrkavlje i Brod	78. 213. 228
Păltiniş	41 98. 202	Počudladlo	89. 142. 168
Pamuk	212	Podchoran (Munkacs-Podcharjány)	145. 148
Panticeu	79	Pod kod Bugojna	117. 222

Podrute	214	Ried am Riederberg	94
Pölöske	212	Riederode	51
Poian	41. 124. 125. 156. 157. 202	Rifnik	225. 232
Poljanci	211. 217. 230	Rimeţ	81
Polšnik	224	Rinyaszentkirály	86. 100. 123. 150
Polzen	33		214. 216. 217
Popeşti	230	Ripač 24. 41. 45. 53. 63. 69. 77. 160. 182. 199	
Popinci	119	Ritopek	147
Popgruevo	38. 42. 73	Rittershausen	233
Poroszló	49. 111. 203	Riureni	96
Porumbenii Mari	80	Roman	41. 126. 194
Prag-Suchdol	33	Románd	92. 94. 106. 230
Predgrad	227	Rohod	79. 92. 96. 139. 140. 219. 228. 231
Preslav, okr.	127	Roşia de Secaş	138. 231
Přestvalky	210	Rozavlea	80
Prievidza	212. 229	Rudna Glava	177
Privina Glava	75. 211. 221. 228	Rudnik	119. 223
Prod (Brod)	93. 94	Rudovci	231. 232
Prodimčec	74. 122. 131. 222	Ruja	96
Prozor	77	Ruşi	166. 167
Prozor, Bez.	210	Săcuieni	80. 215. 224. 225
Prügy	90. 168. 169. 203	Sághegy bei Celldömölk	16. 24. 27. 33. 46
Pseira	20		65. 66. 84. 92. 93. 94. 110. 132
Ptachovka	21		133. 136. 182. 183. 190. 191. 204. 223
Püspükhatvan	79. 212	Sainte Colombe	233
Punitovci	75. 218. 221	Sajóörös	145. 146
Rabe-Anka Insel	33. 52. 132. 199	Salaj	218
Răcarii de Jos	122	Sălard	110. 111
Răchiţa	140	Salaš Nocajski	122
Rachovo	128	Sălişte	80
Racoşu de Jos	177	Salzburg	80. 95. 223
Rădeni	72. 73	Samovodene	127
Radensk	21	Sărătel	89
Radkersberg	173	Sărăţeni	96. 215
Radovin	69. 120. 199	Sárazsadány	141. 211. 212. 214
Raisenmarkt	213. 229	Šarengrad	172. 232
Răscruci	139	Sarkad	212. 231
Rebrişoara	96. 140	Sáros Polyanka (s. Mohács)	
Reach	85	Sarry	233
Reci	110. 132. 202. 223	Săsarm	96
Regöly	38. 116. 161. 162. 203	Sátoraljaújhely	80
Rétközberencs	214	Satu Mare	80
Retz, Umg.	111. 226	Sazazkale	20

Schinna	33	Slowakei	21. 46. 47. 49. 56.
Schlöben	232		63. 114. 138. 196. 229
Schotten	33	Šmarjeta	235
Schwerin	170	Şoars	215. 219
Sciniţa	226	Socu	211
Seberdražie	226	Sokol, okr. Silistra	75. 124
Sebeş, Umg.	101. 102. 226	Sokol, okr. Sliven	41. 45. 61. 69. 121. 122
Seleuşu	138		129. 159. 182. 194
Seline	77	Solocha	21
Semerdžievo	127	Soltvadkert	25. 34. 36. 134. 189
Şendreni	104	Şomartin	166. 169. 170
Sesto al Reghena	214	Somló	190
Sfăraş	80. 139. 140. 141	Somogybábob	219
Sic	96	Somogyszob	224
Siče	214	Somotor	21. 50. 62. 111. 113
Sićú	231		196. 225. 226. 229
Şieu	110. 111	Sopron	218
Şieu-Odorhei	96	Şpălnaca	80. 96. 100. 106. 210. 211. 213. 215
Sîg	110		217. 218. 219. 220. 224. 235 →?
Sighetu Marmaţiei	75. 80. 221. 228. 231		226. 230. 231. 232
Şimanovci	216. 217	Spiš	229
Sîmbăta Nouă	74. 75. 80. 90. 106. 110	Spišska Nová Ves	110
	222. 225. 231	Spital a. Pyrhn	219
Sîmboieni	96. 138. 231	Şpure	86. 212. 216. 227
Sîmbriaşi	110	Središče	214
Simnicea	101	Sredni Vodeanu	212
Simonfa	141. 142. 212	Staraja Igren	21
Singen	233	St. Andrä a.d. Traisen	21
Sîngeorghiu de Pădure	50. 74. 86. 93. 110. 111	Statzendorf	168. 169
	112. 167. 222	Steinhaus	217
Sînnicolău Mare, Umg.	78. 85. 202	Stejăreni (Besse)	227
Sîntion	221 63	Sterne Dergisi	20. 129. 130
Sióagárd	81. 141. 211. 217. 228	Stična	235
Siófok (Balatonkiliti)	142. 211. 212. 216	Stillfried	93
Sisak	228	St. Pölten	78
Sitno	91. 120. 223	Strašimirovo	101. 102
Skalica	129. 140	Straßengel	226
Škočjan	77. 89. 223	Straubing	233
Slavkovce	79	Stražica	75. 122. 126. 129. 222
Slavonski Brod	211	Strekeov	94
Slepšek	88	Strettweg	235
Slivengrad	127	Studenok	21
Slopna	112	Stupini	96. 227

Suatu	75. 110. 111. 215. 217. 221	Tetin	63
Sümeg	107	Tikač	73. 124
Suleçina	232	Tiliguler Bucht	21
Šumen, okr.	127. 128. 129	Tîrgu Lăpuş	231
Šumetac	210. 218	Tîrgu Mureş	93. 111. 112
Suseni	213. 226	Tîrgu Secuiesc	230
Südbulgarien	34. 36. 56. 121. 196	Tiszabezdéd	230
Sveti Janez bei Tomiselj	141	Tiszadob	78. 81
Sveti Petar-Ludbreški	15. 27. 36. 41. 51. 53	Tiszaeszlár	113. 226
	67. 69. 72. 76. 88. 182. 183. 199	Tiszaföldvár	33. 34. 39. 49. 64. 117. 161. 204
Szabad	98	Tiszafüred (Tiszaszölös)	25. 79. 106. 113
Szanda	168. 169	Tiszakarád	80
Szárazd	213	Tiszanagyfalu	79. 139
Szarvas	86. 106. 220. 224	Tiszaszentimre	89. 219
Szécsény (Benczúrfalva)	135. 136. 190	Tiszaszentmárton	139
Székesfehérvár	94. 106. 224	Tiszaszölös (s. Tiszafüred)	
Szendro	106. 139. 228	Tiszavasvári	50. 106. 154
Szendrolad	79	Tomišely	117. 224
Szentgáloskér (Ker)		Topolnica	137
	212. 213. 214. 216. 217. 221	Torovicĕ	20
Szentes	81. 86. 92. 98. 100. 101. 102. 103.	Torvaj	56. 224. 227. 231
	212. 214. 215. 219. 223. 225	Tószeg	153
Szolnok-Doboka, Kom.	142	Transdanubien	134. 136. 147. 228
Szihalom	153	Transsilvanien	231
Syrovin	93	Treffelsdorf	168. 169
Szöreg	51	Trenčianske Bohuslavice	106. 226
Szszonów	232	Trlič	218
Tab (Csabapuszta)		Trilj	77
	78. 212. 214. 217. 218. 225. 228	Troja	20
Taktakenéz	78. 79. 106. 226	Troas	20. 129
Tállya	78. 231	Trössing	53. 139
Tarhos	79. 89	Tura	106. 223. 225. 226
Tăşad	49. 112. 202	Turia	96
Tăuţii-Măghereăus	147	Turnişor	172. 232
Tautendorf	223	Überackern	93
Tăut	137	Ugra (s. Biharugra)	
Tăuteu	80. 113. 215. 219	Uioara de Sus	75. 80. 90. 96. 101. 123. 142
Techirghiol	80. 113. 215. 219		161. 210. 211. 216. 217
Téglás (s. Hadháztéglás)			218. 221. 227. 228. 230. 231
Teleac	51. 145. 232	Ulmi	39. 40. 41
Ţelna	110. 111. 215	Ungarn	33. 39. 40. 41. 47
Tenja	211		50. 139. 141. 146. 204
Tešany	106. 212	Unguraş	166. 167

Ungureni	84	Vix	233
Uriu	50. 79. 96	Vnanje Gorice	235
Uroi	96. 137	Vojilovo	103
Urovica	100. 101. 104	Vološskoje	21
Uzsavölgy (s. Lesenceistvánd)		Vorland	33
Vădaş	96	Voznesenka	21
Vajdácska	78. 81. 211. 212. 217. 218. 225. 227	Vraca	100. 185. 196
Valea Largă	96	Vranjkovo Pečina	91
Valea lui Mihai	80. 96. 139	Vršac	221
Vărbica	121. 122. 124. 126. 129	Vultureşti	100
Variaş	93. 211	Vyšný Kubín	21. 51. 62
Várpalota	212. 213	Wallerfangen	33
Varvara	24	Watford	85
Vejle Amt	51	Welz, Umg.	106
Velem	15. 16. 24. 25. 27. 34. 37. 39. 40. 41. 46. 49. 50. 51. 53. 63. 66. 72. 75. 76. 87. 88. 93. 95. 108. 113. 114. 117. 132. 133. 161. 165. 182. 188. 189. 190. 191. 204. 219. 222. 223. 227	Welzelach	233
		Werne	33
		Wielowieś (Dittersdorf)	232
		Wietenberg	96
		Wiltshire	44
Velešnica, Umg.	132. 200	Wincheringen	233
Velika Planina	217	Wohlau	51. 52
Veliko Nabrdje	53. 119. 211. 213. 225. 226. 228	Zagon	106. 113. 215. 219. 220
		Zalavár (Balatonhidveg)	216
Veliko Središte	211. 213. 218. 227. 228. 230	Zambincy	232
Vepřek	84. 219. 222. 223. 227	Zavadovka	21. 99
Veselé	134	Zazimje	21
Vésztő	79. 106	Zbince	79
Vetiş	166. 169. 170	Zemling	21
Vîlcele	78. 80. 139. 141	Želju-Voivoda	41. 61. 69. 121. 129. 162. 182. 196
Vinča	147		
Vinička	50. 74. 79. 110. 222	Zimandu Nou	231
Vinkoh vrh	173	Zlatna	218
Vinţul de Jos	232	Zorenci	132. 166. 200
Visuia	80	Zvoleneveš	45. 61. 63. 83. 84
Viţa	98		

Tafelerklärungen

Tafel 2

1. Hagia Triada; 2. Umgebung Herakleion; 3. Pseira; 4. Olympia; 5. Troya; 6. 'Troas'; 7. Kopaonik; 8. Janjevo; 9. Goštivar (?); 10. Odorovci; 11. Červen Brjag; 12. Kamenica; 13. Karabeir; 14. Asenovgrad; 15. Slivengrad; 16. Pčela; 17. Ljulin; 18. Strašimirovo; 19. Sterne Dergisi; 20. Melgushë; 21. Torovicë. Sazazkale (41° 11' N - 41° 49' E) undAlišar Hüyük nicht kartiert.

Tafel 4

Gußmodel für Tüllenbeile:

1. Holzendorf; 2. Medow; 3. Karbow; 4. Lossow; 5. Karzeg; 6. Boyadla; 7. Brzeg; 8. Wołów; 9. Radzikow; 10. Legnica; 11. Piekary; 12. Srém; 13. Pawlowiczki; 14. Pobedim; 15. Obřany; 16. Limberg; 17. Zemling; 18. Malje Kopany; 19. Ornding; 20. Baden; 21. Hainburg a.d. Donau; 22. Kielpino; 23. Vyšný Kubín; 24. Sitno; 25. Troya; 26. Ostrovec; 27. Čebanovka; 28. Mayaki; 29. 'Tiliguler Bucht'; 30. Kardašinka; 31. Radensk; 32. Ptachovka; 33. Zavadovka; 34. Novo Aleksandresko; 35. Macepincy; 36. Derevjannoje; 37. Golourov; 38. Kapulovka; 39. Vološskoje; 40. Staraja Igren; 41. 'Gegend von Dnjepropetrovsk'; 42. Kirovo; 43. Studenok; 44. Bondaricha; 45. Koljakova; 46. Dolny Kubin; 47. Voznesenka; 48. Solocha; 49. Zazinje; 50. Myškovici; 51. Canne; 52. Bez. Gorodenka.

Gußmodel aus Metall:

1. Karbow; 2. Holzendorf; 3. Berlin-Spindlersfeld; 4. Buchberg; 5. Krampnitz; 6. Merseburg; 7. Polzen; 8. Vorland; 9. Pawlowiczki; 10. Brzeg; 11. Kielpino; 12. Bošovice; 13. Chotouchov; 14. Nová Ves; 15. Prag; 16. Erlingshofen; 17. Gössenheim; 18. Haassel; 19. Rendsburg.

Tafel 4 nach:

Gärtner 1969; Leube u.a. 1967; Schuldt 1959; Griesa 1982; Smiglieski u. Durczewski 1961; Seger 1909; Altschlesien 1929; Kaletyn 1975; Studeníková u. Paulík 1983; Adámek 1961; Mayer 1977; Maurer 1981; Gedl 1981; Kubinyi 1882; Labuda 1980; Schmidt 1902; Bočkarev u. Leskov 1980; Maleev 1976; Čaplovič 1984; Malinowski 1982; Carancini 1984; Krušel'nic'ka 1985; Sprockhoff 1938; Coblenz 1961; Schulz 1939; Jacob-Friesen 1930; Pleiner 1978; Felcman 1910-12; Müller-Karpe 1959; Gandert 1960; Kersten 1958; Drescher 1957; Kersten u. Aner 1978.

Tafel 14 nach:

1. Patek 1968; Taf. 33, 1; 2. 4 Girtler 1970; Abb. 1, 4-5; 3. Říhovský 1961; Abb. 12, 11; 5. Ponzi Bononi 1970; Abb. 12, 5; 6. Mayer 1977; Taf. 85, 1212; 7. Vinski-Gasparini 1973; Taf. 46, 19; 8. v. Miske 1908; Taf. 26, 13; 9. Radimský u.a. 1897; Taf. 24, 122; 10-11 Čurčić 1912; Taf. 4, 13-14; 12-15 Radimský 1896a; Abb. 53-57; Gallus u. Horvath 1939; Taf. 19 B 8.

Tafel 15 nach:

1. Horvat-Šavel 1981; Taf. 1, 19; 2. v. Miske 1908; Taf. 26, 11; 3. Hralová u. Hrala 1971; Abb. 5 <rechts>; 4. v. Miske 1908; Taf. 16, 12, 5-6 Curle 1933-34; Abb. 37. 49; 7. 10 Schwantes 1939; Abb. 671. 673; 8. Benac 1966-67; Taf. 1, 3; 9. Drescher 1957; Taf. 4, 3.

Tafel 17 nach:
4. Curle 1932-33; Abb. 41; 5-6. Hodges 1957; Abb. 3; 7. Hodges 1958-59; Abb. 4, 1; 8. Leskov u. Bočkarev 1980; Taf. 12, 101; 9. Coghlan 1951; Abb. 1; 10. Hodges 1960; Abb. 3.

Tafel 18 nach:
1. Hodges 1958-59; Abb. 4, 2; 2. Oldeberg 1943; Abb. 296; 3. Drescher 1957; Taf. 4, 4; 4. Coffyn 1985; Taf. 56, 3; 5. Neergard 1908; Abb. 31-33; 6. Grimes 1951; Abb. 26; 7. Feustel 1983; Abb. 36; 8. Raftery 1951; Abb. 119; 9. Maryon 1938; Abb. 3.

Tafel 19 nach:
1. Information Kácso; 2. Novotná 1970b; Taf. 44, 845; 3. Alexandescu 1955; Abb. 2; 7. Neergard 1908; Abb. 24; 8. Leube u.a. 1967; Abb. 191 m; 9. Schwantes 1939; Abb. 676; 10. Petrescu-Dîmboviţa 1978; Taf. 33 F 1; 11. 14. Gärtner 1969; Taf. 36 m-n; 12-13 Drescher 1957; Taf. 3 <links unten>; 4, 7.

Tafel 20 nach:
1. Mozsolics 1985; Taf. 29, 1; 2-7 Ebd.; Taf. 90, 9-15; 8-11 Ebd.; Taf. 253, 1-4; 12. Novotná 1970b; Taf. 39, 699; 13. Ohlhauer 1939; Taf. 6, 1; 14. Sprockhoff 1937; Taf. 4, 10; 15. Oldeberg 1943; Abb. 298.

Tafel 24 nach:
1. Carancini 1984; Taf. 131, 3881; 2. Studeníková u. Paulík 1983; Taf. 34, 2; 74, 5; 3-4.Mayer 1977; Taf. 85, 1191-1192; 5. Ebd.; Taf. 85, 1194; 6. Patek 1961; Taf. 28, 8; 7. Nováki 1979; Abb. 39, 4; 8-11 v. Miske 1908; Taf. 23, 4; 24, 1. 13; 27, 10; 12. Čaplovič 1977; Abb. 37, 6; 13. Krušel'nic'ka 1985; Abb. 13, 24; 14. v. Miske 1908; Taf. 24, 6; 15. Novotná 1970b; Taf. 45; 854; 16. Ebd.; Taf. 45, 851.

Tafel 51 nach:
1. Hampel 1896; Taf. 5, 4; 2. Jockenhövel 1982; Abb. 7, 7; 3. Mirtschin 1960; Abb. 11-12; 4. Bierbaum 1956; Abb. 1-2; 5. Kozenkova 1975; Abb. 1 C 2; 6. Kubinyi 1882; Abb. 6; 7. Broholm 1944; Taf. 36 9 b.

Tafel 52 nach:
1. Herrmann 1966; Taf. 205 A; 2-3 Paret 1952-54; Taf. 4; 4. Gedl 1982; Abb. 19; 5-6 Heierli 1901; Abb. 211; 7-8 Altschlesien 2, 1929, 64; Taf. 6, 3 a; 9. Coblenz 1961; Abb. 6, 1; 10-11 Winkler u. Baumann 1975; Abb. 3, 1; 4, 1; 12. Maleev 1976; Abb. 1, 3.

Tafel 53 nach:
1. Novotná 1970b; Taf. 27, 467; 2. Ebd; Taf. 40, 711; 3-4 Hampel 1896; Taf. 160, 1-2; 5. Ebd.; Taf. 199, 10; 7. Kemenczei 1965; Taf. 4, 9; 8. Kemenczei 1969; Taf. 2, 6; 9. Jósa 1963-64; Taf. 44, 25; 10. Ebd.; Taf. 12, 38; 11. Kemenczei 1974; Abb. 1, 6; 12. Petrescu-Dîmboviţa 1978; Taf. 39 B 1; 13. Soroceanu 1981; Abb. 3, 6; 14. Hampel 1896; Taf. 217, 7; 15. Kemenczei 1974; Abb. 1, 4; 16. Kemenczei 1965; Taf. 2, 8; 17. Holste 1951; Taf. 34, 17;

18. Jósa 1963-64; Taf. 23, 2; 19. Ebd.; Taf. 60, 1; 20. Petrescu-Dîmboviţa 1978; Taf. 209 B 5.

Tafel 54 nach:
1. Kemenczei 1984; Taf. 47 a 2; 2. Kemenczei 1968; Taf. 2, 1; 3. Novotná 1970b; Taf. 41, 742; 4. Kemenczei 1970; Abb. 2, 1; 5. Novotná 1970b; Taf. 41, 471; 5a. Blăjan u.a. 1982-83; Abb. 2, 2; 6. Mayer 1977; Taf. 80, 1105; 7. Kemenczei 1984; Taf. 44 c 2; 8. Petrescu-Dîmboviţa 1978; Taf. 131 C 2; 9-10 Jósa 1963-64; Taf. 12, 40-41; 11. Blăjan u.a. 1982-83; Abb. 10, 3; 12. Hampel 1886b; Taf. 4, 6; 13. Ebd.; Taf. 11, 16; 14. Rašajski 1971; Taf. 1, 2; 15. Mayer 1977; Taf. 83, 1162.

Tafel 55 nach:
1. Kemenczei 1974; Abb. 1, 1; 2. Kemenczei 1984; Taf. 41, 1; 3-4 Jósa 1963-64; Taf. 48, 25-26; 5-9 Kohlbach 1900, 81 mit Abb.; 10. Jósa 1963-64; Taf. 17, 10; 11. Müller-Karpe 1959; Taf. 125 C 1; 12. Mozsolics 1973; Taf. 37, 5; 13. Hampel 1886a; Taf. 123, 7; 14. Hampel 1886b; Taf. 13, 10.

Tafel 56 nach:
1. Hampel 1896; Taf. 123, 3; 2. Ebd.; Taf. 25, 4; 3. Kemenczei 1984; Taf. 186 a 1 ; 4. Ebd.; Taf. 47 a 26; 5. Hampel 1886b; Taf. 32, 1; 6. Ebd.; Taf. 33, 4; 7. Berciu u. Popa 1965; Abb. 3, 1; 8. Vinski-Gasparini 1973; Taf. 69, 6; 9. Schreiber 1971; Abb. 4, 1; 10. Holste 1951; Taf. 45, 4; 11. Ebd.; Taf. 45, 9; 12. Mozsolics 1985; Taf. 103,1; 13. Ebd.; Taf. 87, 10; 14. Pinter 1899; Abb. 1, 5.

Tafel 57
Eiserne Tüllenbeile in urnenfelderzeitlicher Formtradition
Variante 1:
1. Cipău; 2. Teleac; 3. Turnişor; 4. Lăpuş; 5. Şpălnaca; 6. Vinţul de Jos; 7. Coldău; 8. Meşcreac; 9. Corneşti; 10. Rudovci; 11. Aljudovo; 12. Maiersch; 13. Kaptol; 14. Družinska vas; 15. Rifnik; 16. Glasinac; 17. Libna; 18. Doba; 19. Šarengrad; 20. Krásna Hôrka; 21. Brno; 22. Nižna Myšl'a.

Variante 2:
1. Hallein; 2. Welzelach; 3. Brezje.

Späturnenfelderzeitliche bronzene Tüllenbeile
1. Biharugra; 2. Vetiş; 3. Prügy; 4. Şomartin; 5. Treffelsdorf; 6. Kács; 7. Großweikersdorf; 8. Szanda; 9. Haslau-Regelsbrunn; 10. Plešenice; 11. Počudvadlo; 12. Statzendorf; 13. Hallstatt.

Tafel 57 u. 58
Slowenische hallstattzeitliche eiserne Tüllenbeile
1. Magdalenska Gora; 2. Stična; 3. Vače; 4. Mokroneg; 5. Vnanje gorice; 6. Novo Mesto; 7. Podzemelj; 8. Tržišce; 9. Šmihel; 10. Blatna Brezovica; 11. Boštanj; 12. Brezje; 13. Brušnice; 14. Dolenjski Toplice; 15. Ilijak; 16. Libna; 17. Idria kod Bači; 18. Malence; 19. Most na Soči; 20. Poštela; 21. Rovišče; 22. Celje; 23. Šmarjeta-Strelac; 24. Kosmatec pri Preski; 25. Valična

vas; 26. Vinkov vrh; 27. Volčje; 28. Zagorje; 29. Hrastje; 30. Vintarjevac; 31. Kobarid; 32. Mantrach; 33. Klein-Klein; 34. Hallein; 35. Hallstatt (aus Bronze); 36. Strettweg (aus Bronze); 37. Maiersch; 38. Polšnik; 39. Bašelj.

Tafel 71 nach:
Černych 1973; 1978a; 1978b; 1982; Jovanović 1982; Liptáková u. Stiavnica 1973; Čović 1973; Simić 1951; Ramović 1973; Čurčić 1930; Muhly 1976; Todorova 1978; 1981; Behrend 1921; Novotná 1955; Pittioni 1957; Maczek u.a. 1953; Dimitroff 1960; Tringham 1971; Gimbutas 1965; Driehaus 1952-55; Patay u.a. 1963; Pausweg 1976; Hampl 1976; Vulpe 1976; Novotná 1976; Gaul 1942; Cissarz 1956; Maksimov 1972; Berthold 1980; Rădulescu u. Dumitrescu 1966; Wagner 1977; Friedensburg u. Dorstewitz 1976; Unger u. Schütz 1980; 1981; 1982; Durman 1983; Mozsolics 1985; Foltiny 1958; Janković u. Sillitoe 1980; Information Furmánek.

Tafeln 1 - 71

Die Kartierungsnummern auf den Tafeln 1. 5-13. 62-63 entsprechen
den Katalognummern

Auf den Tafeln 25-34. 64-70 entsprechen große Kartierungssymbole
Gußmodeln, kleine Tüllenbeilen

Sofern nicht abweichend angegeben, ist der Maßstab auf den Tafeln
35-50 1:2,5

Zu den mit * gekennzeichneten Tafeln liegen Tafelerklärungen vor

Tafel 1

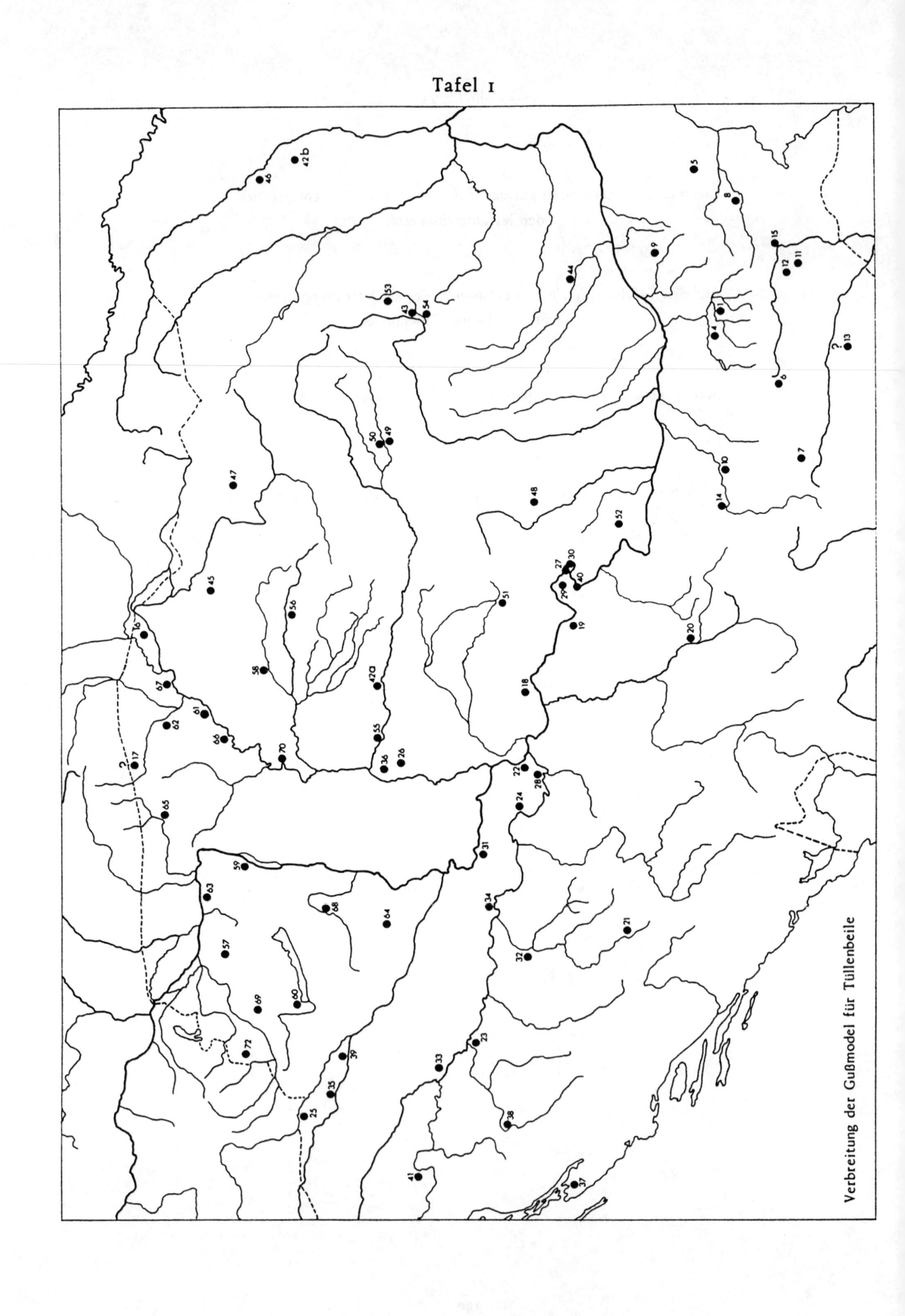

Verbreitung der Gußmodel für Tüllenbeile

Tafel 2*

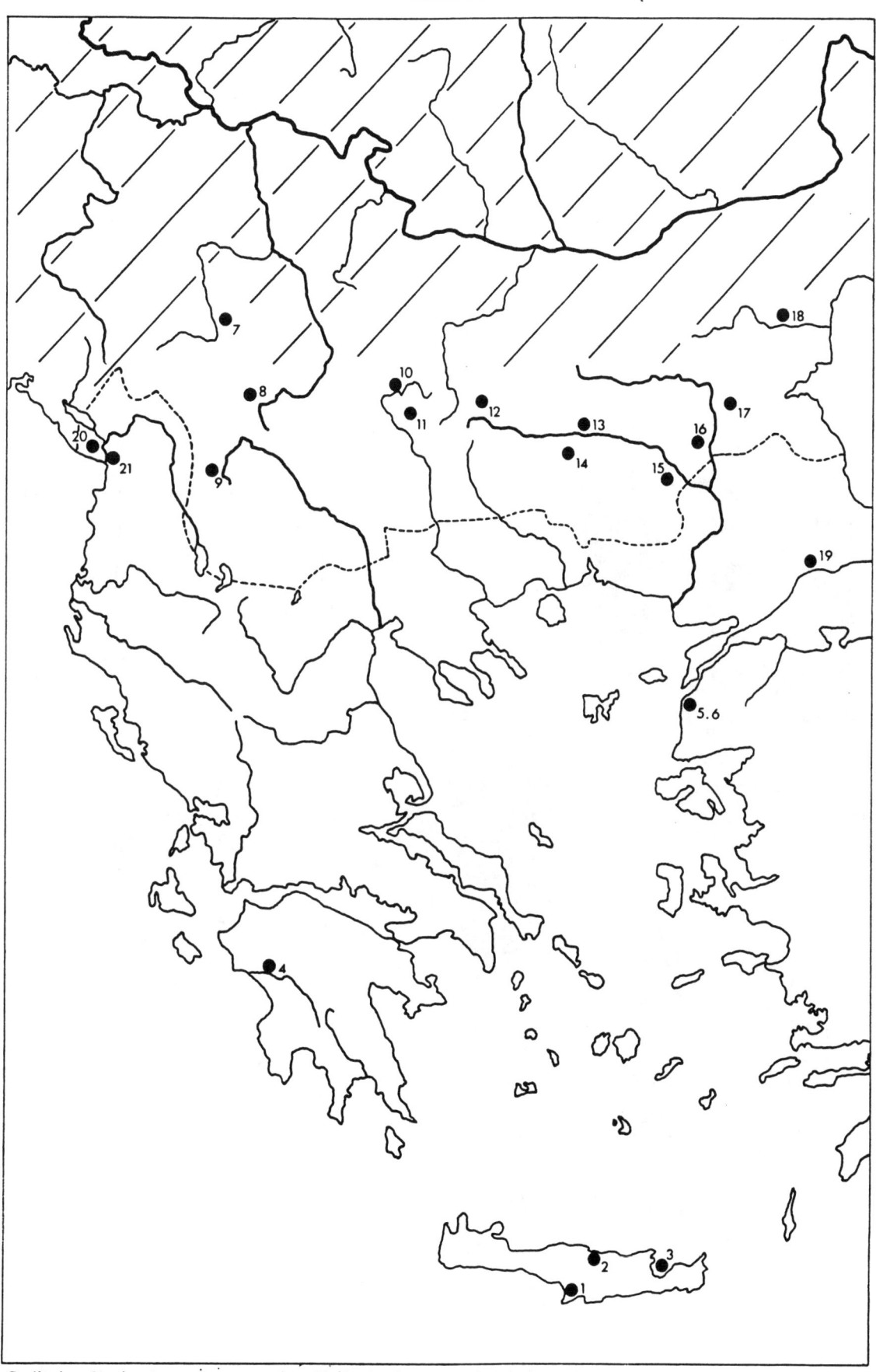

Südliche Verbreitungsgrenze der Tüllenbeile im südöstlichen Europa und Verbreitung in Griechenland und in der Türkei

Tafel 3

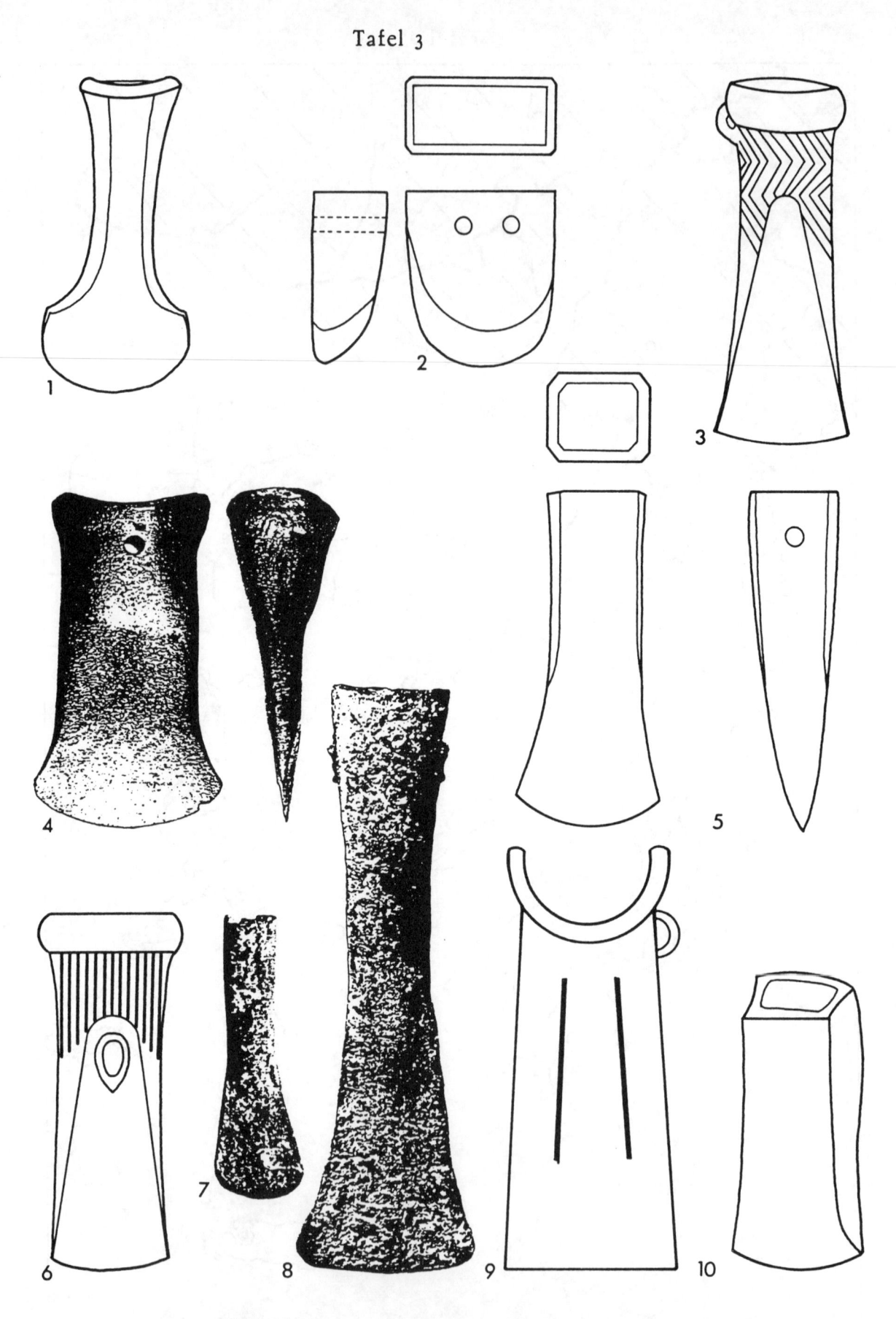

Tüllenbeile aus Griechenland und der Türkei

Tafel 4*

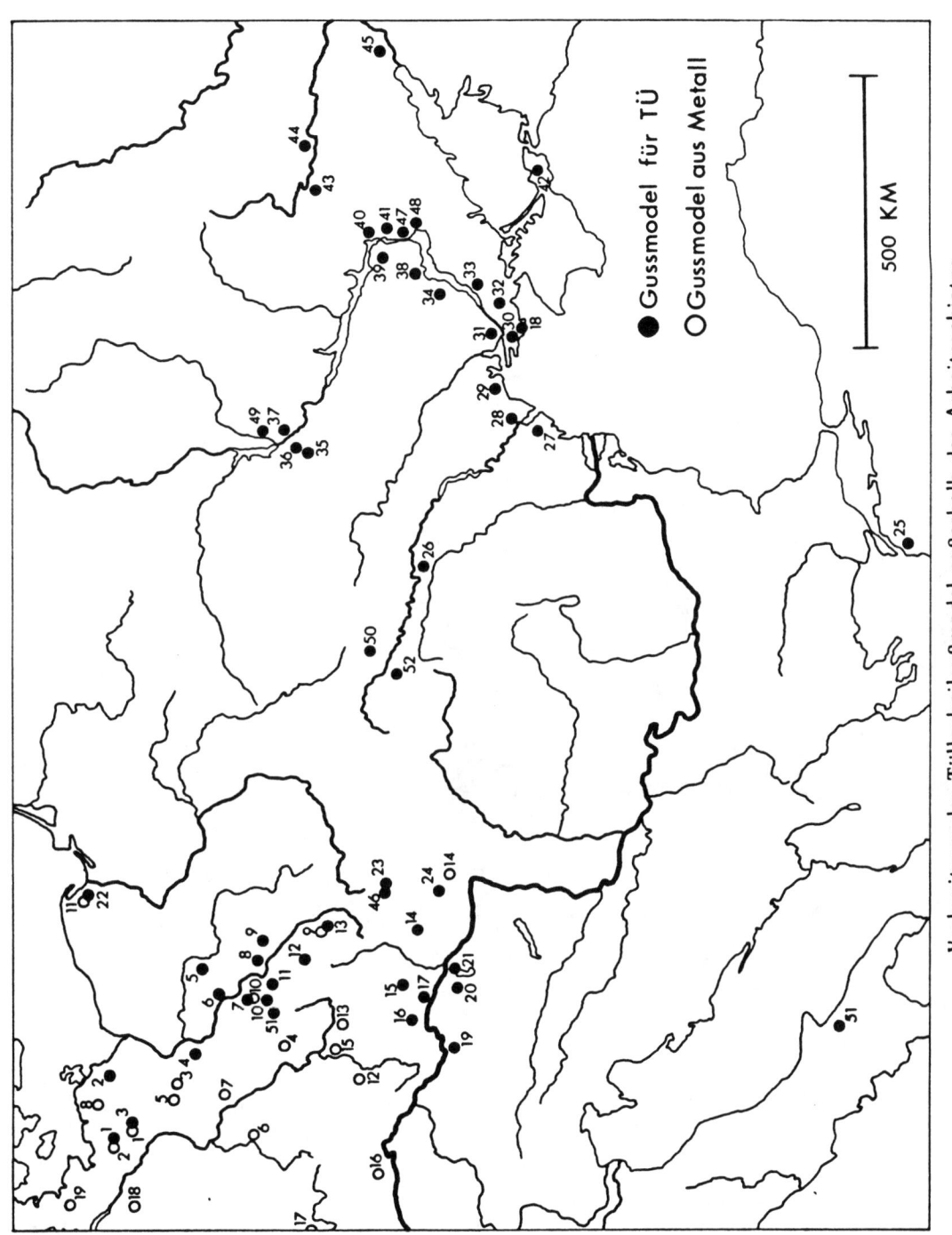

Verbreitung der Tüllenbeilgußmodel außerhalb des Arbeitsgebietes

● Gussmodel für TÜ
○ Gussmodel aus Metall

Tafel 5

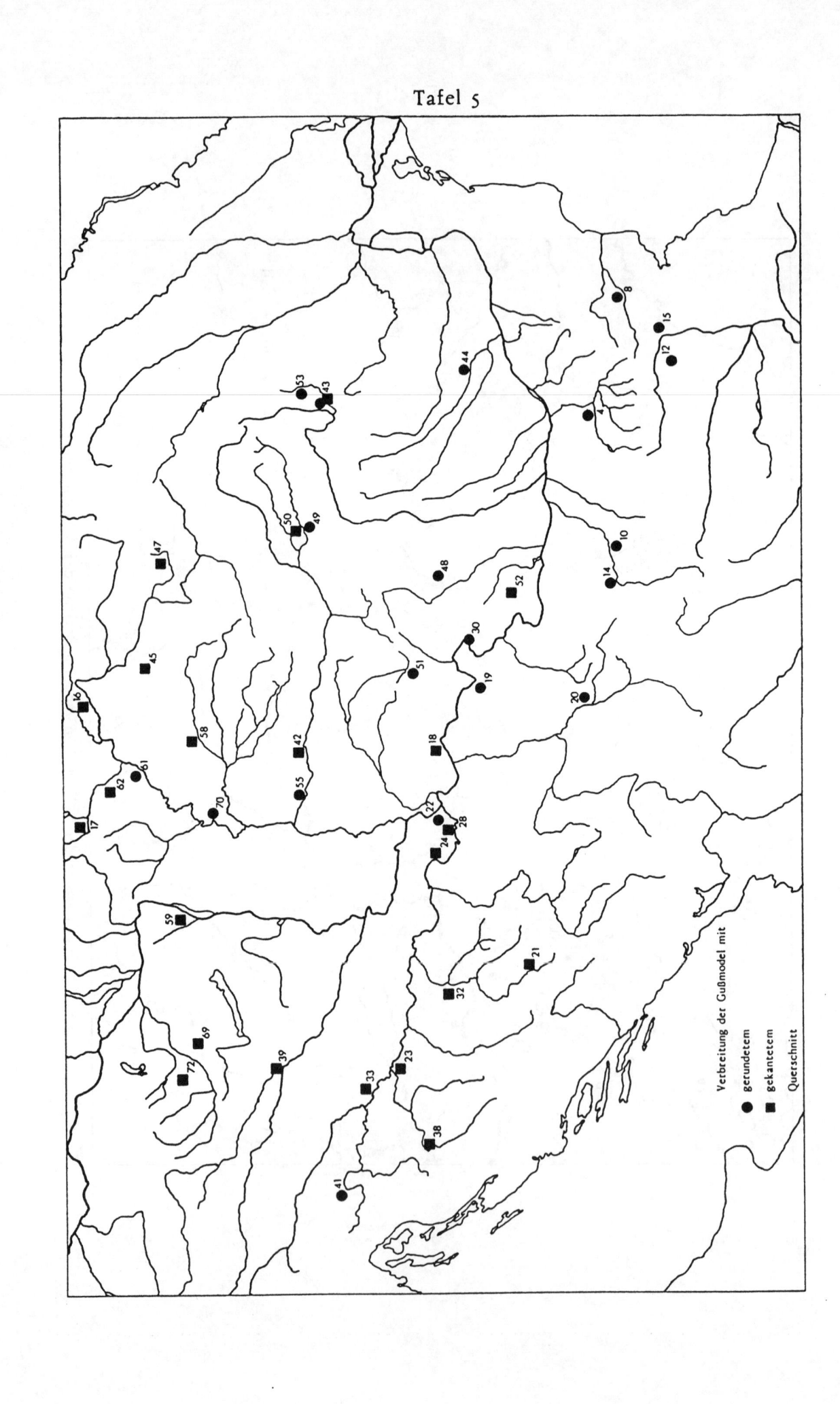

Tafel 6

Verbreitung der Gußmodel mit sekundären Anbohrungen

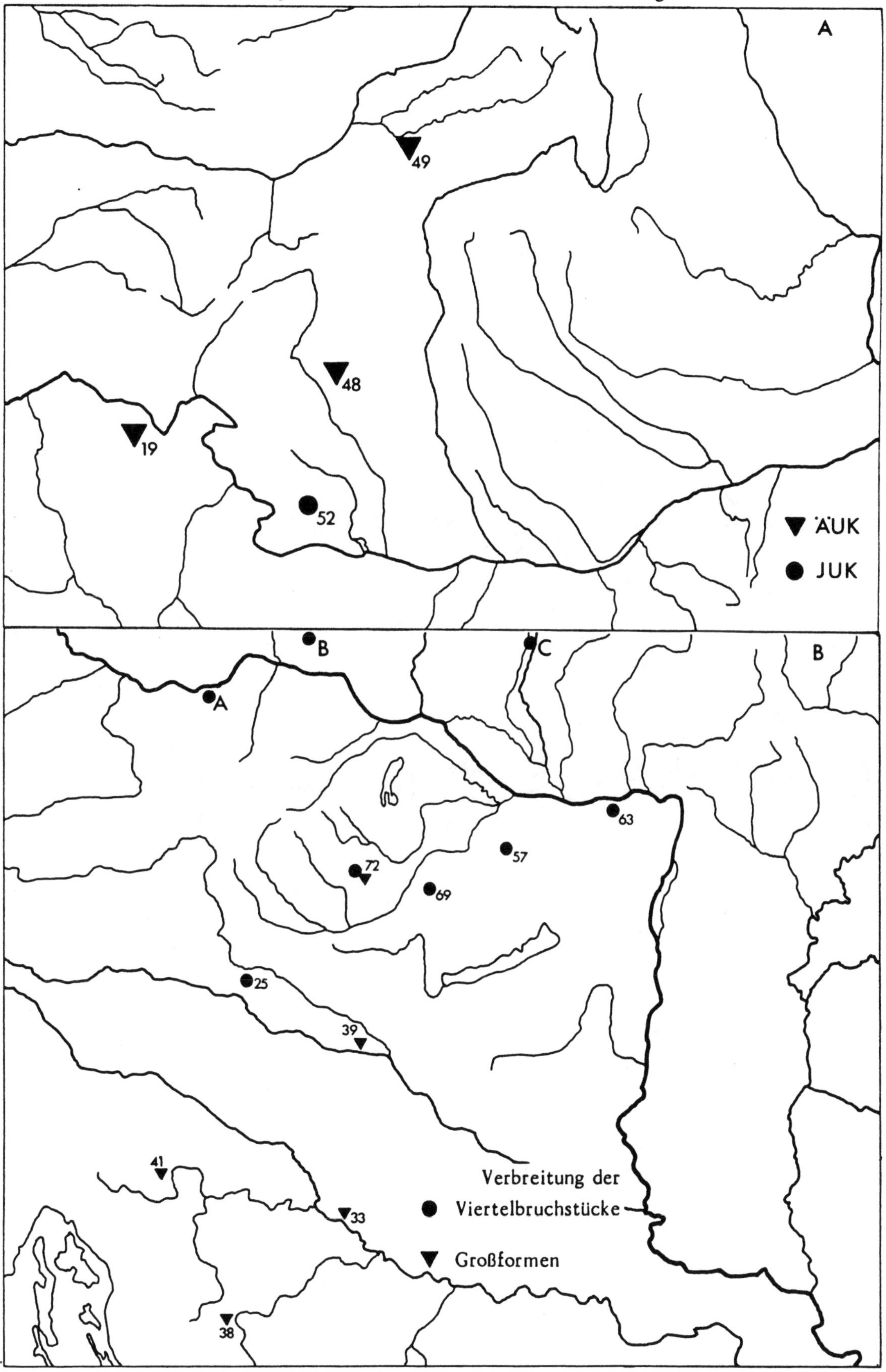

▼ ÄUK
● JUK

Verbreitung der
● Viertelbruchstücke
▼ Großformen

Tafel 7

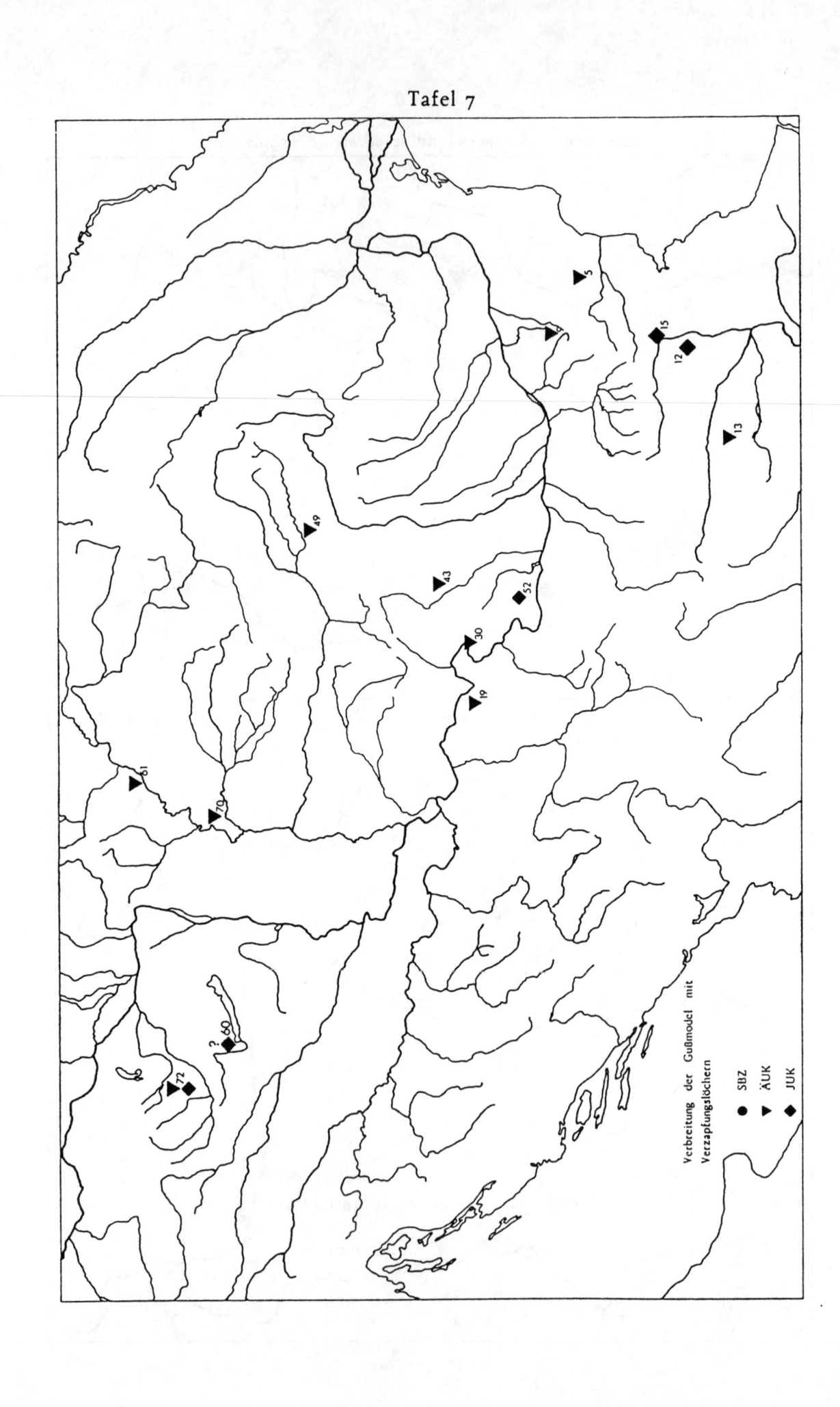

Tafel 8

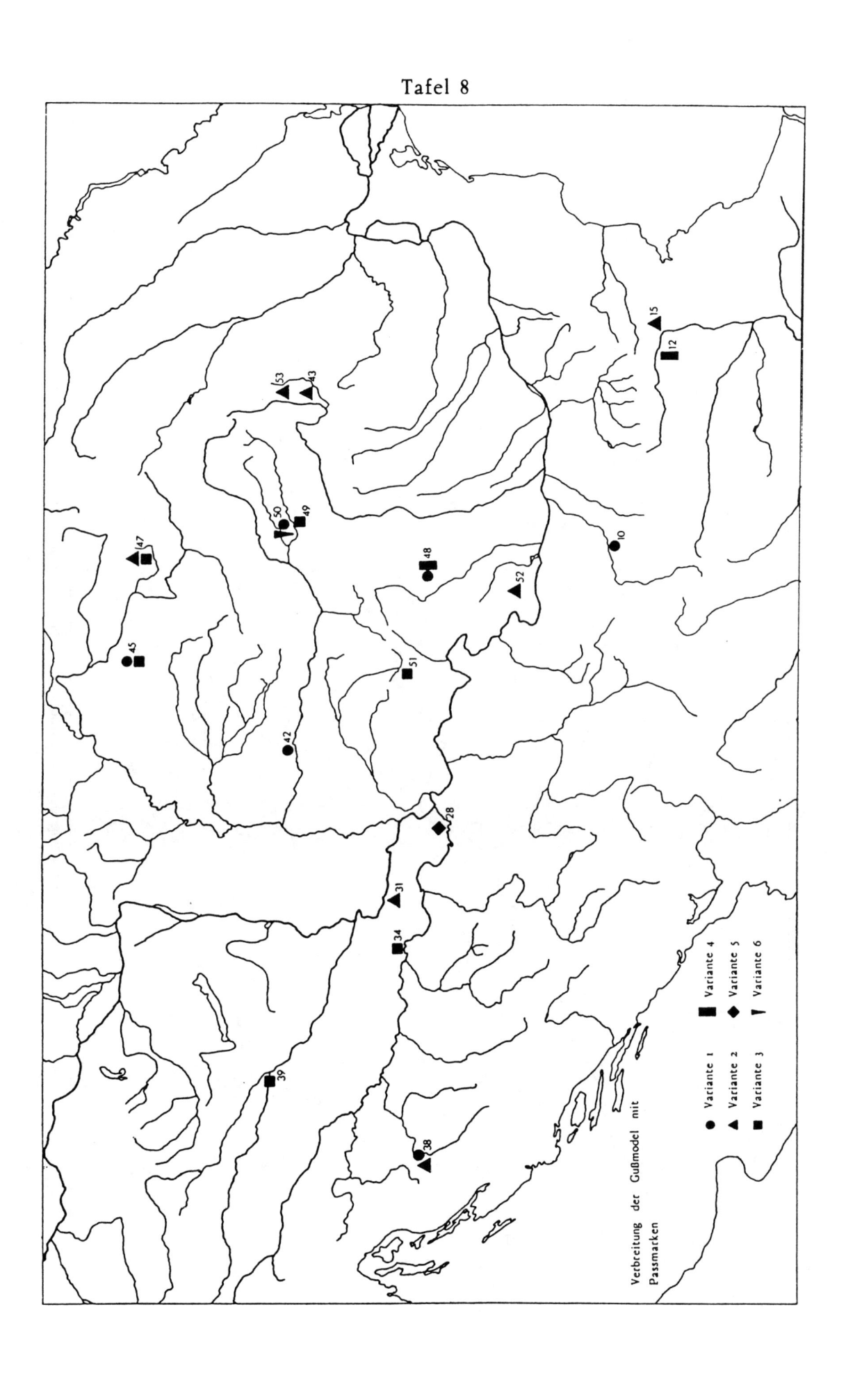

Verbreitung der Gußmodel mit Passmarken

● Variante 1   ■ Variante 4
▲ Variante 2   ♦ Variante 5
■ Variante 3   ▌ Variante 6

Tafel 9

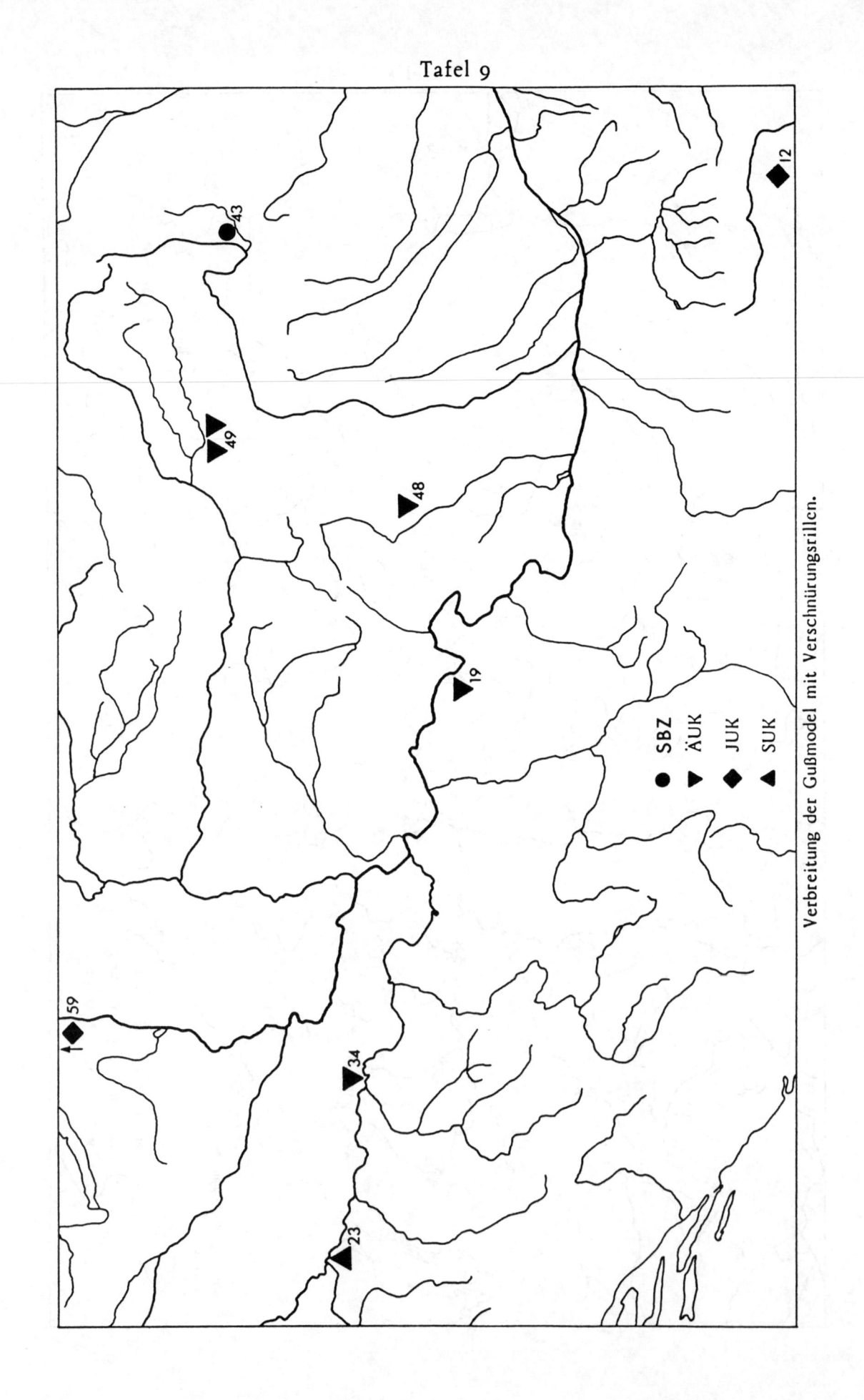

Verbreitung der Gußmodel mit Verschnürungsrillen.

SBZ ●
ÄUK ▶
JUK ◆
SUK ◀

Tafel 10

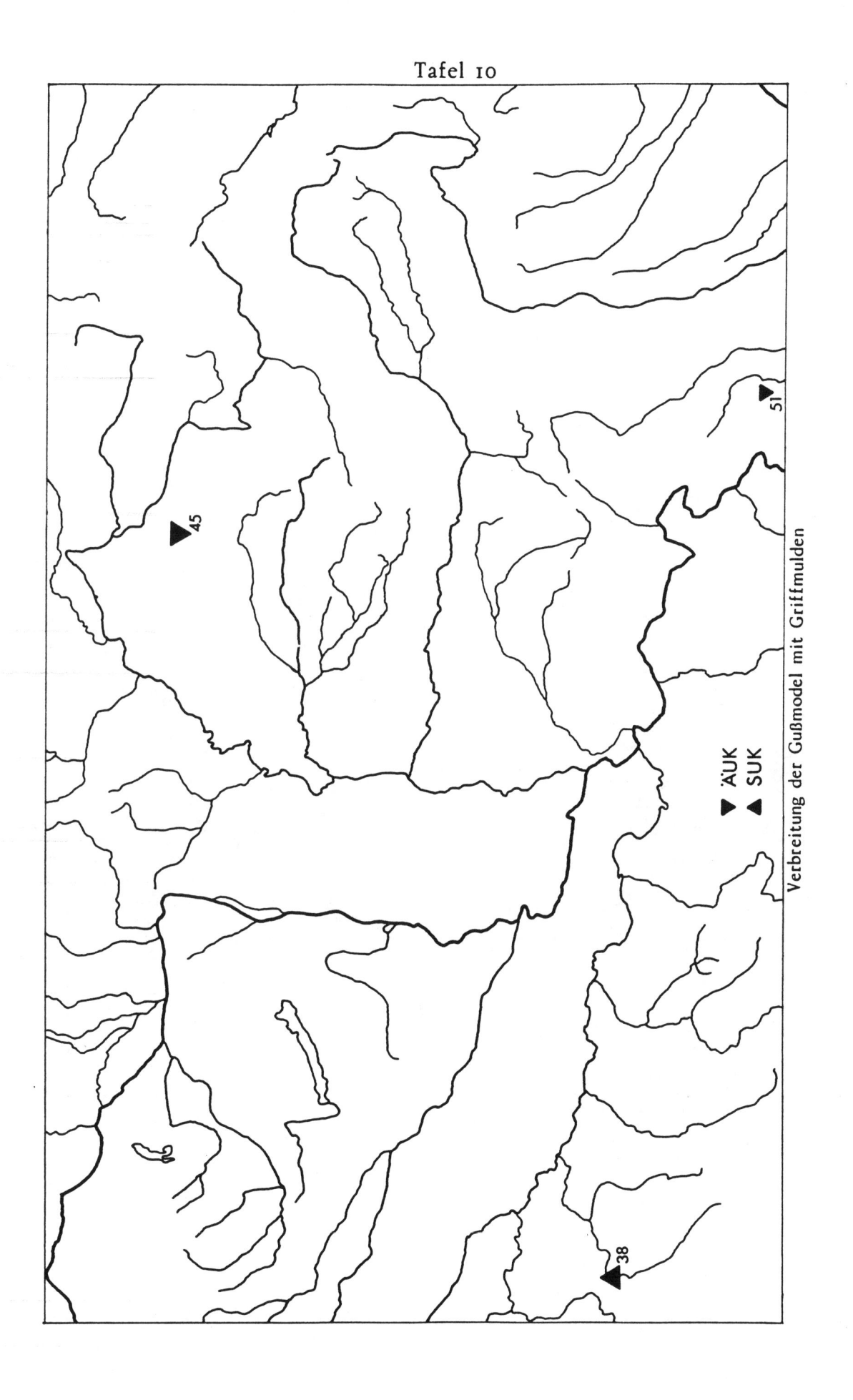

▶ ÄUK
◀ SUK

Verbreitung der Gußmodel mit Griffmulden

Tafel 11

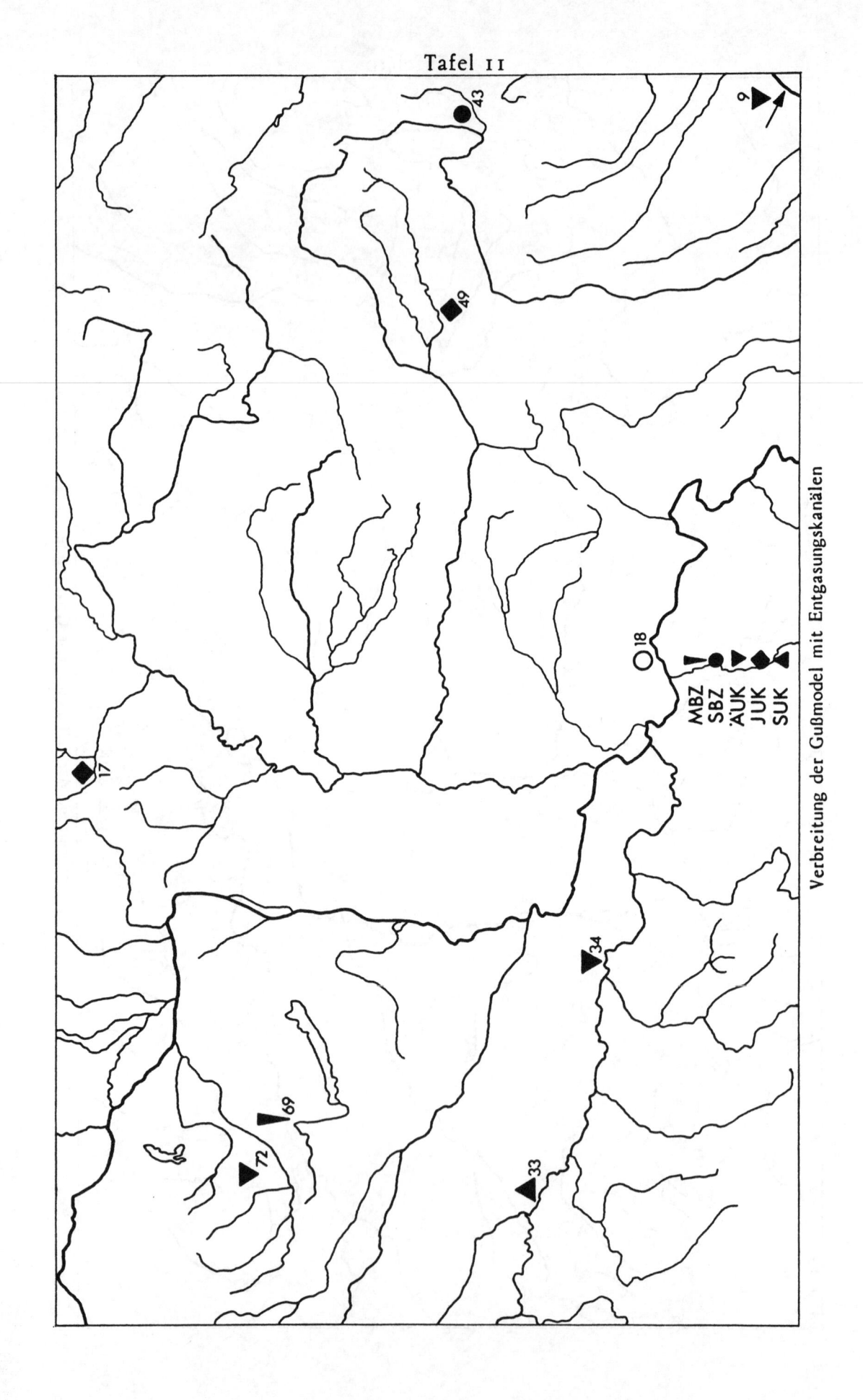

MBZ
SBZ
ÄUK
JUK
SUK

Verbreitung der Gußmodel mit Entgasungskanälen

Tafel 12

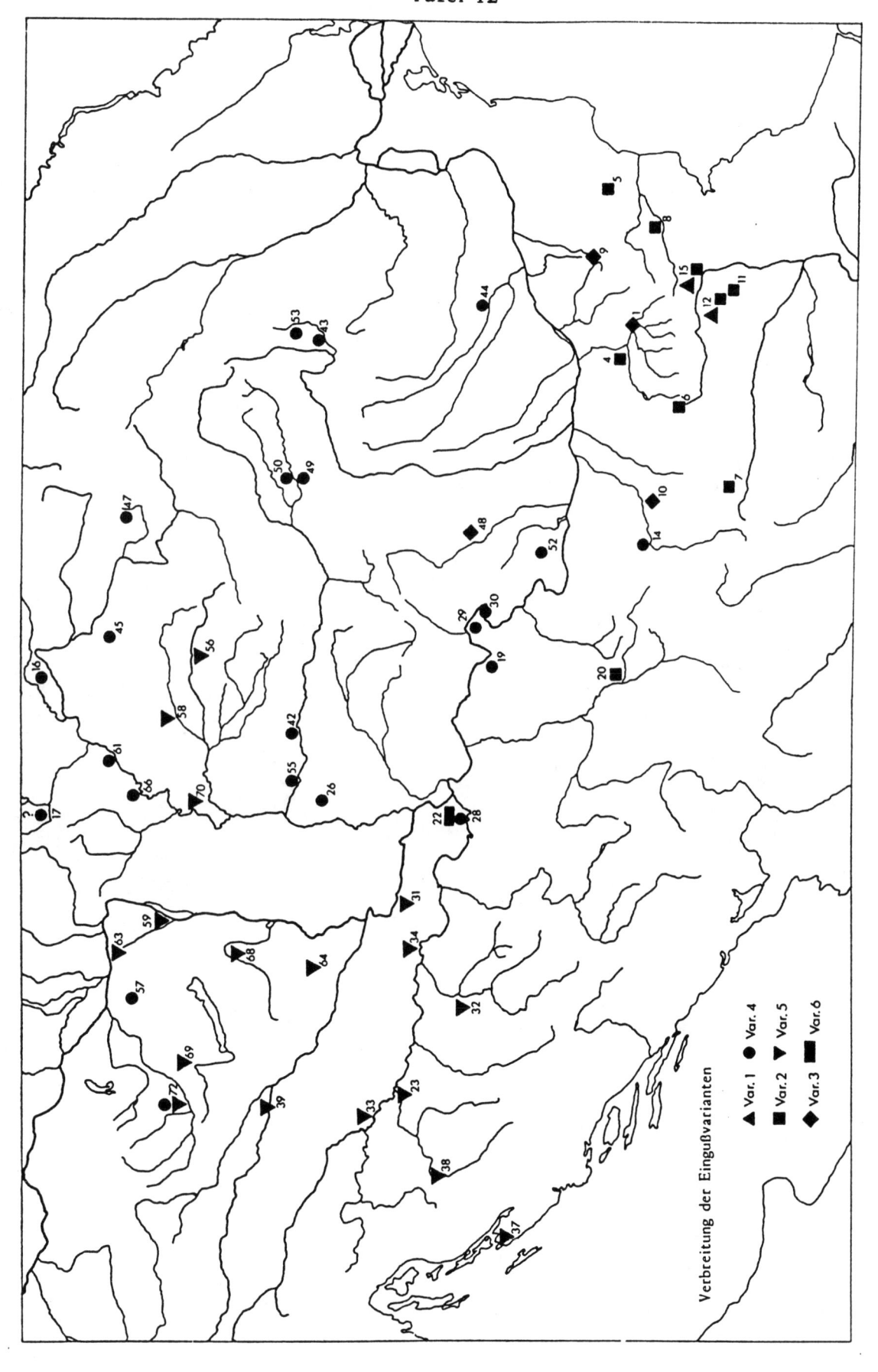

Verbreitung der Eingußvarianten

▲ Var.1 ● Var.2 ▼ Var.3 ■ Var.4 ▼ Var.5 ◆ Var.6

Tafel 13

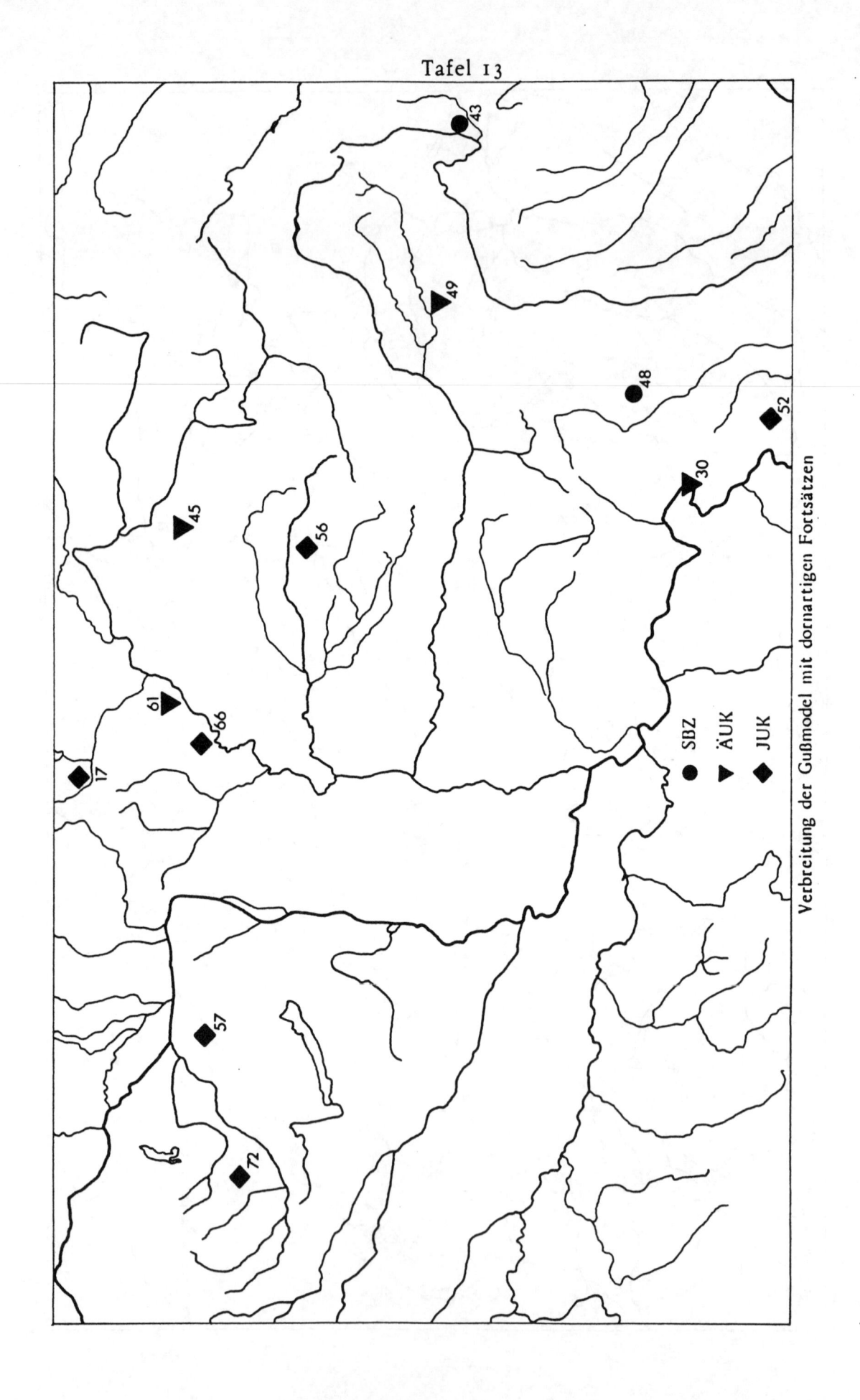

Verbreitung der Gußmodel mit dornartigen Fortsätzen

SBZ ●
ÄUK ▼
JUK ◆

Tafel 14*

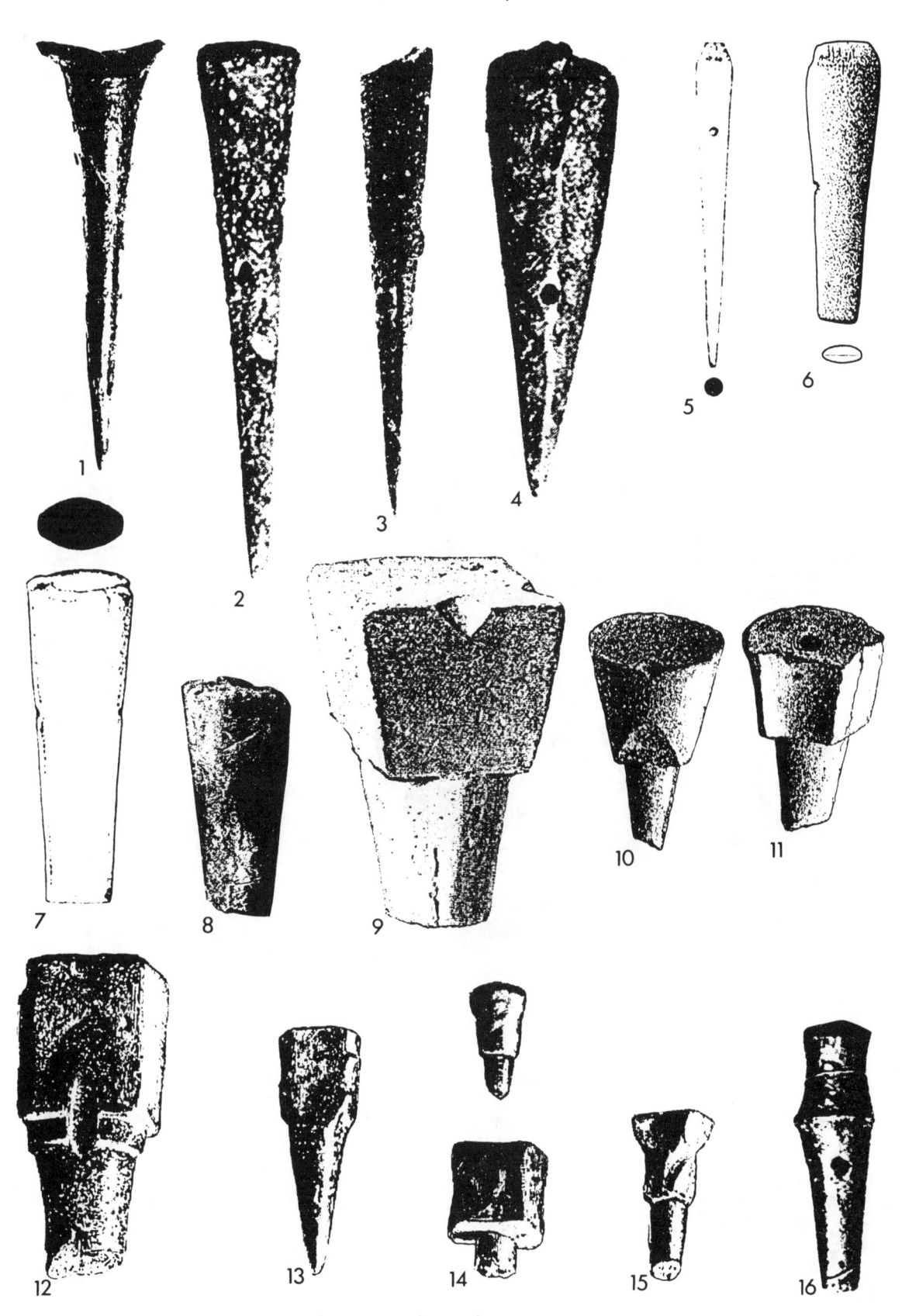

1. Sághegy; 2. 4. Schiltern; 3. Blučina; 5. Cantagliano; 6. Trössing; 7. Veliko Nabrdje; 8. Velem; 9. Ripač; 10-15 Gradina Čungar; 16. Biharugra. Verschiedene Maßstäbe.

Tafel 15*

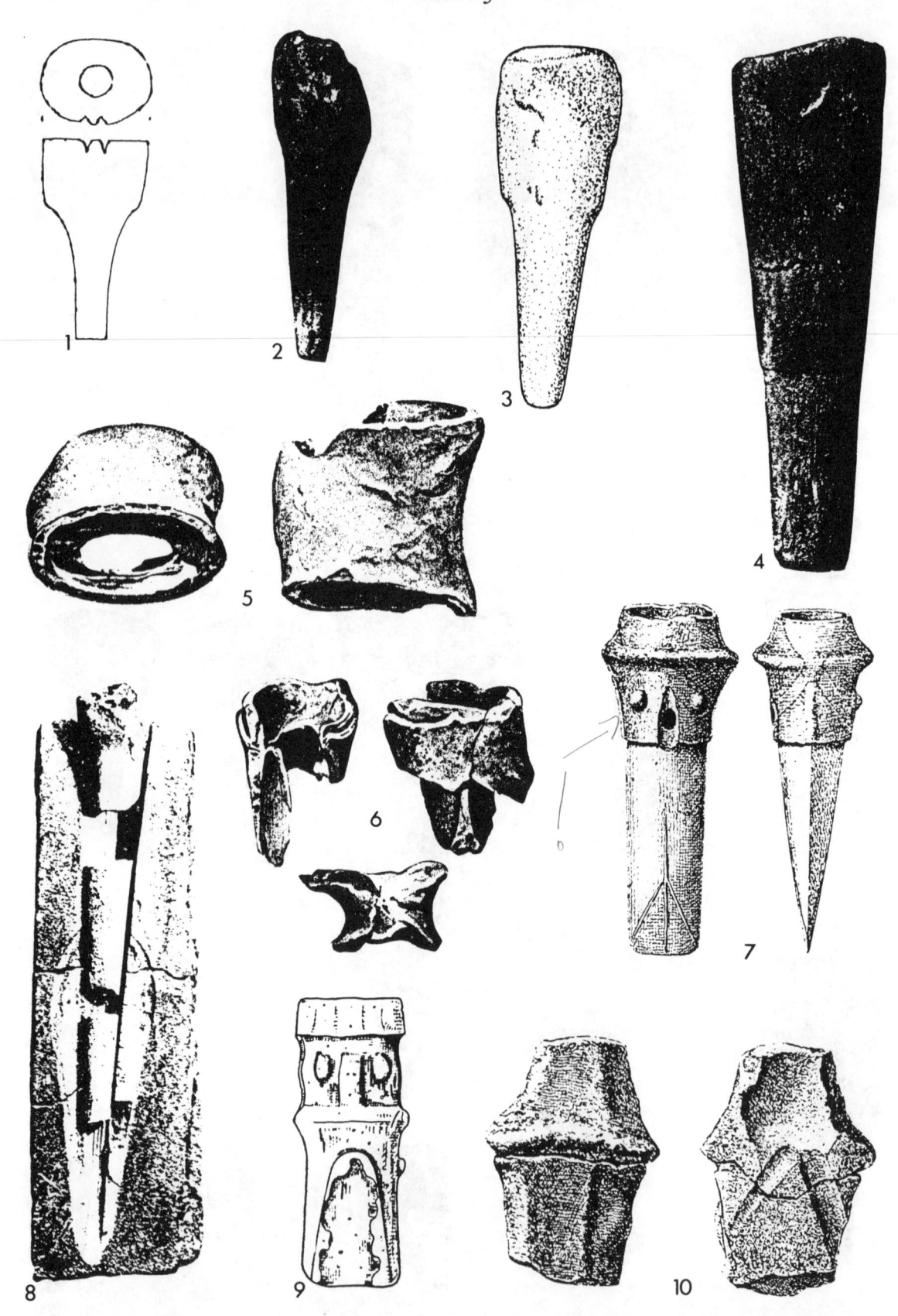

1. Gornja Radgona; 2. 4. Velem; 3. Tetin; 5-6 Jarlshof; 7. 10 Haag; 8 Pivnica; 9 ohne Fundort. Verschiedene Maßstäbe.

Tafel 16

1 2
3 4 5
6 7 8

Schematische Darstellung der Gußkernhaltervorrichtungen im Bereich des Eingußkanals

Tafel 17*

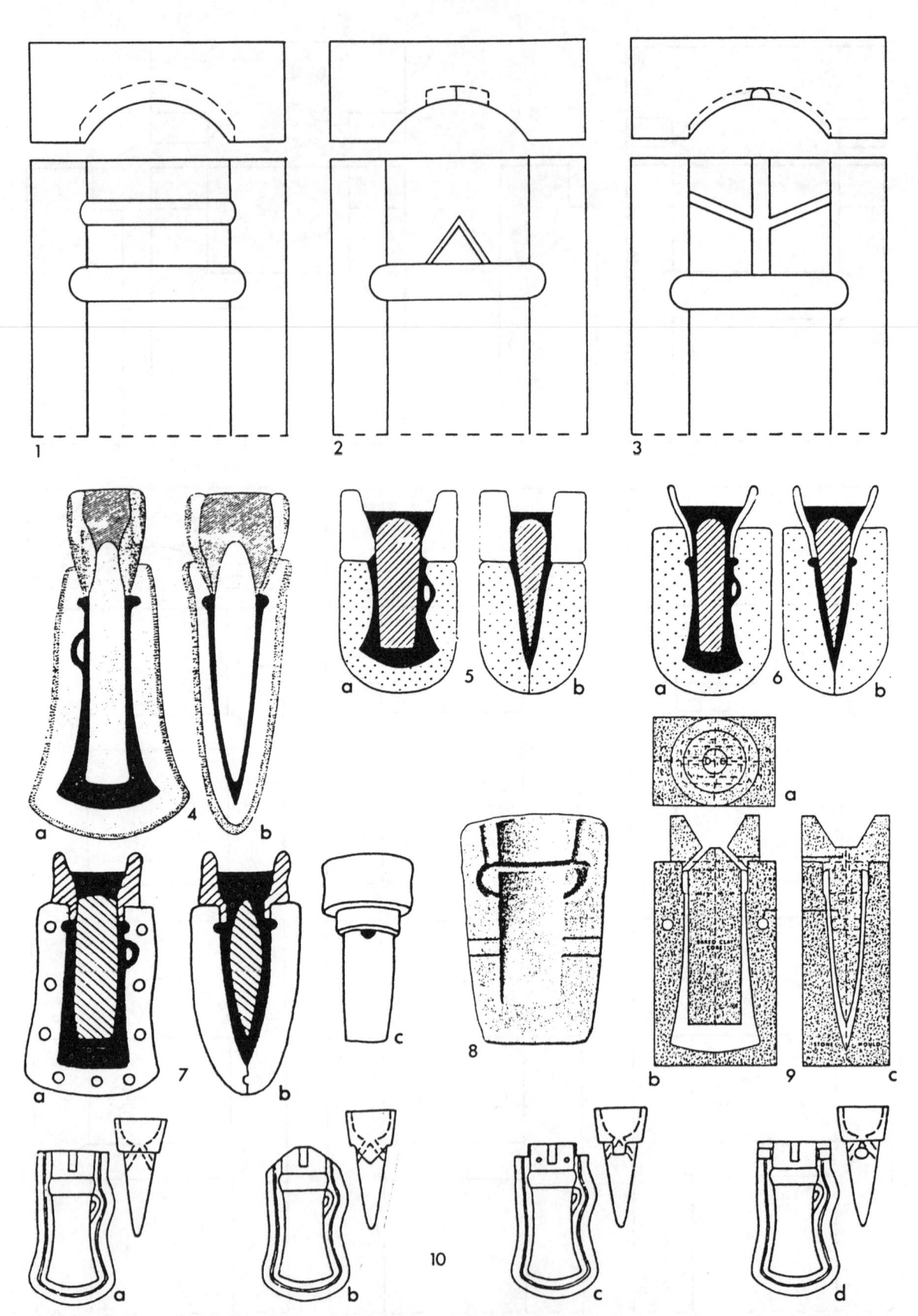

1-3 Schematische Darstellung der Gußkernhaltervorrichtungen im Bereich des Eingußkanals;
4-10 Rekonstruktionen der Gußkernhalterung im Gußmodel

Tafel 18*

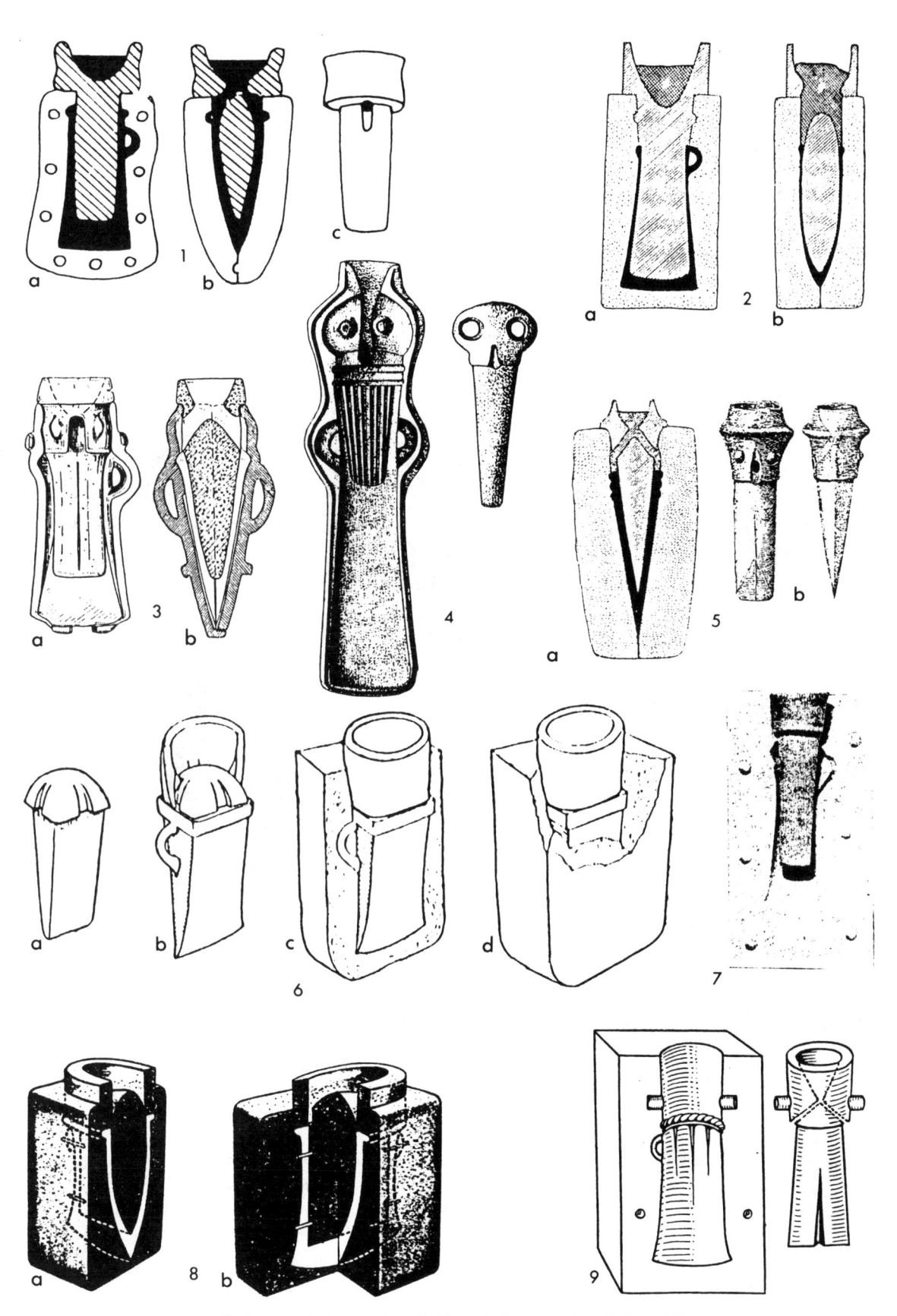

Rekonstruktionen der Gußkernhalterung im Gußmodel

Tafel 19*

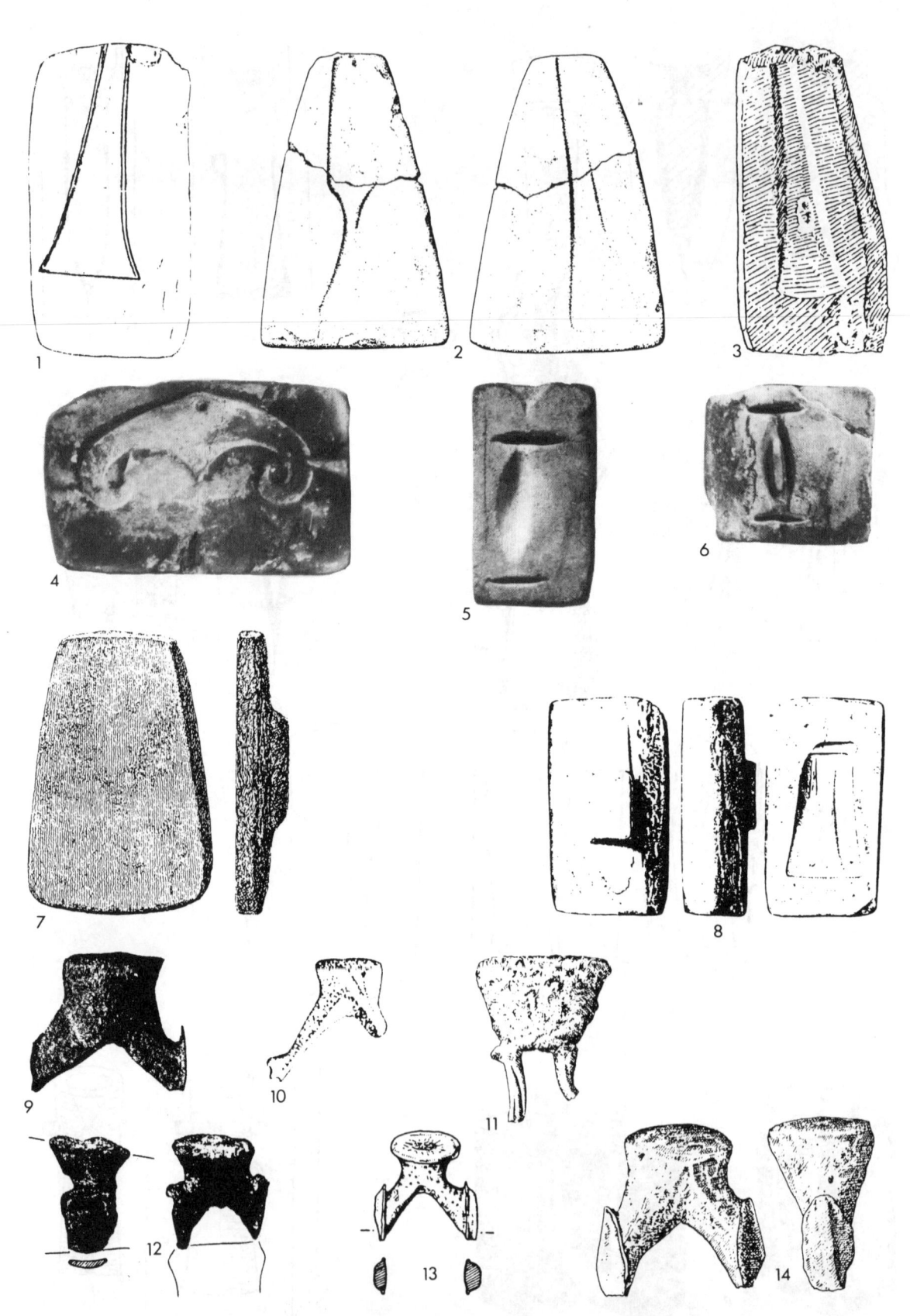

1. Oarţa de Sus, 2. 'Slowakei'; 3. Sîntion; 4-6 Ciumeşti; 7 Haag; 8 Medow; 9 Tremsbüttel; 10. Guruslău; 11-12. 14 Stolzenau; 13. ohne Fundort. Verschiedene Maßstäbe.

Tafel 20*

1. Regöly; 2-7 Márok; 8-11 Beremend; 12 'Oberungarn'; 13 Gresine; 14. Tarbek; 15 'Smaland'. Verschiedene Maßstäbe.

Tafel 21

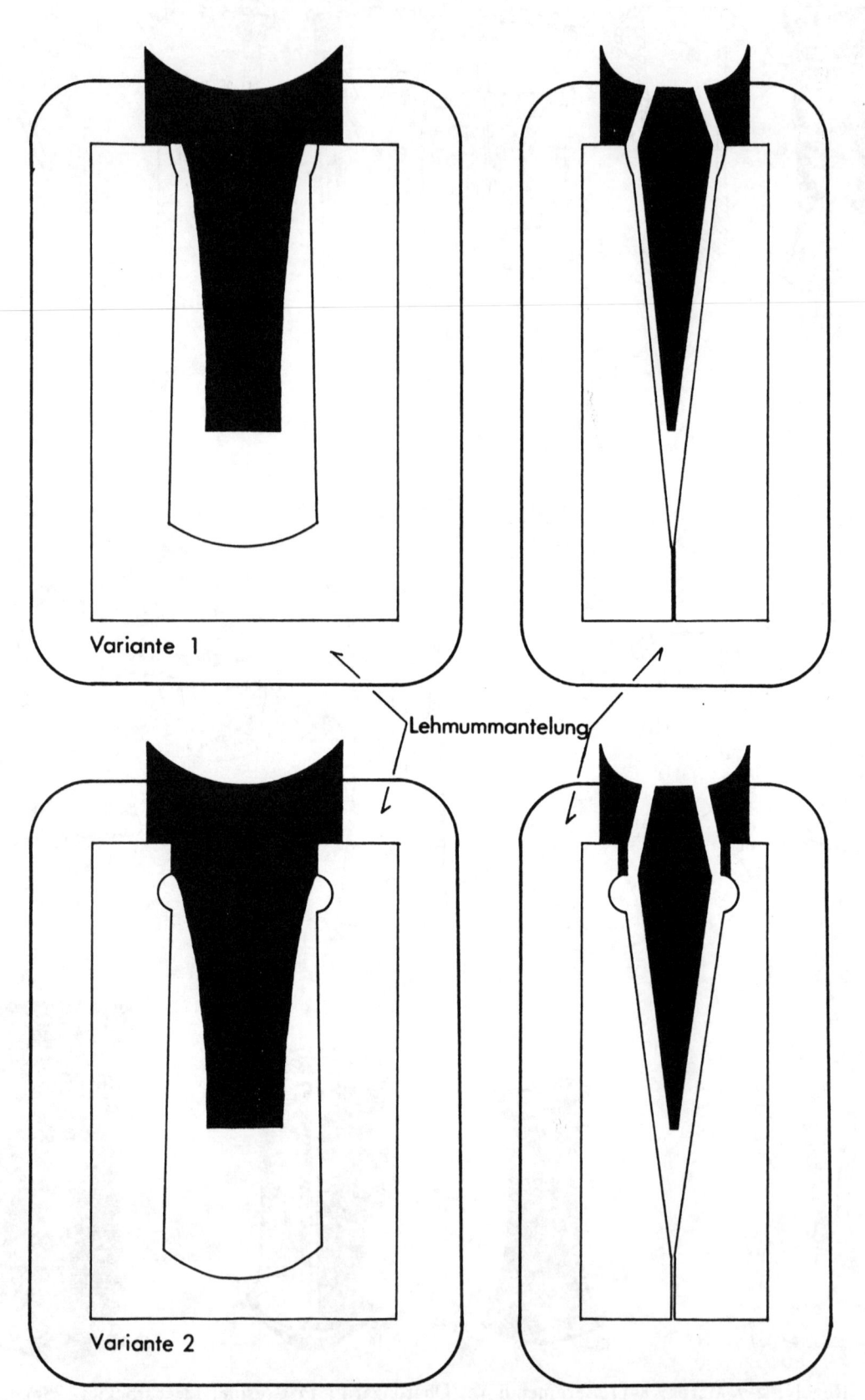

Variante 1

Variante 2

Lehmummantelung

Schematische Darstellung der Gußkernhalterung der Eingußvarianten 1 und 2

Tafel 22

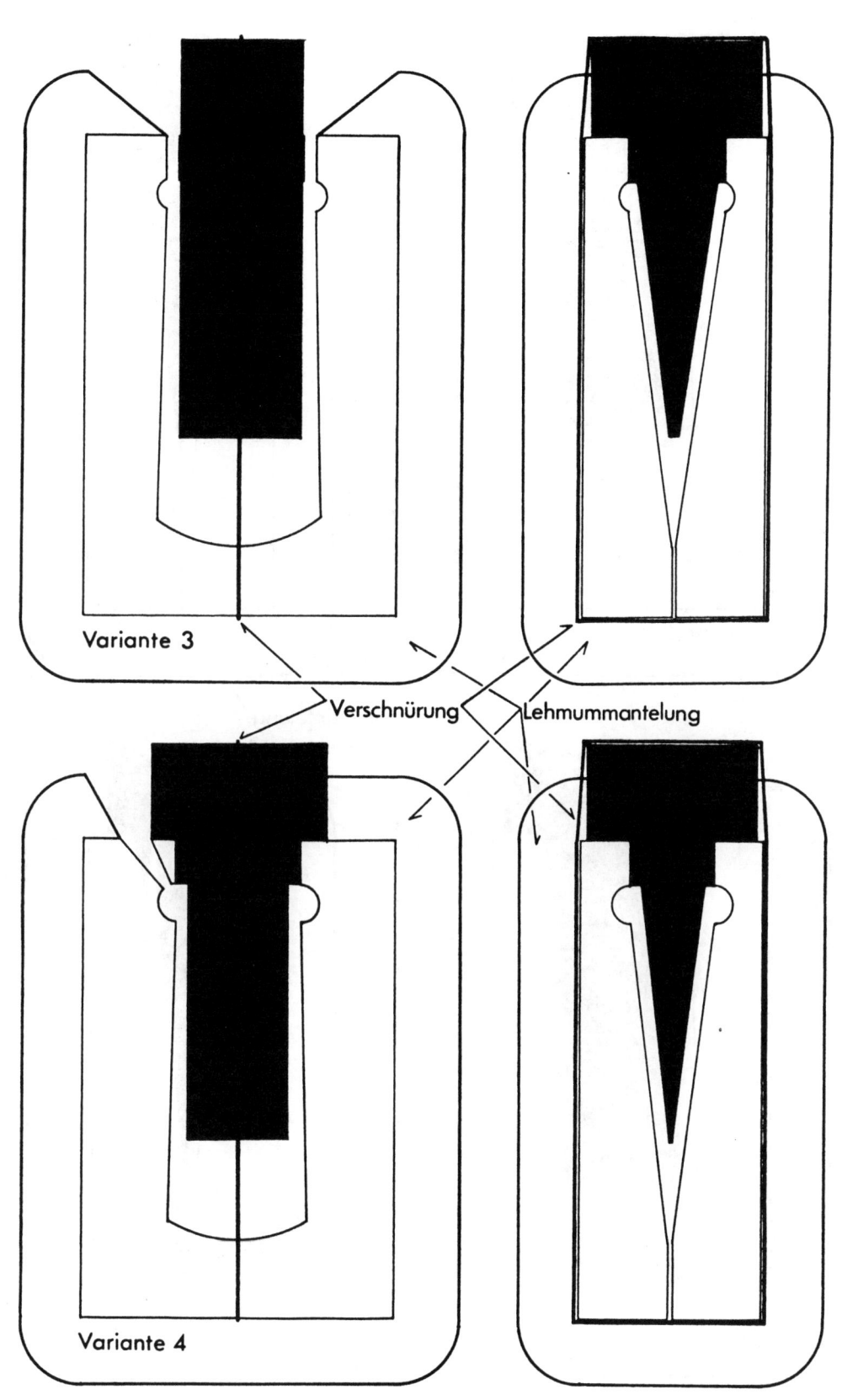

Variante 3

Verschnürung   Lehmummantelung

Variante 4

Schematische Darstellung der Gußkernhalterung der Eingußvarianten 3 und 4

Tafel 23

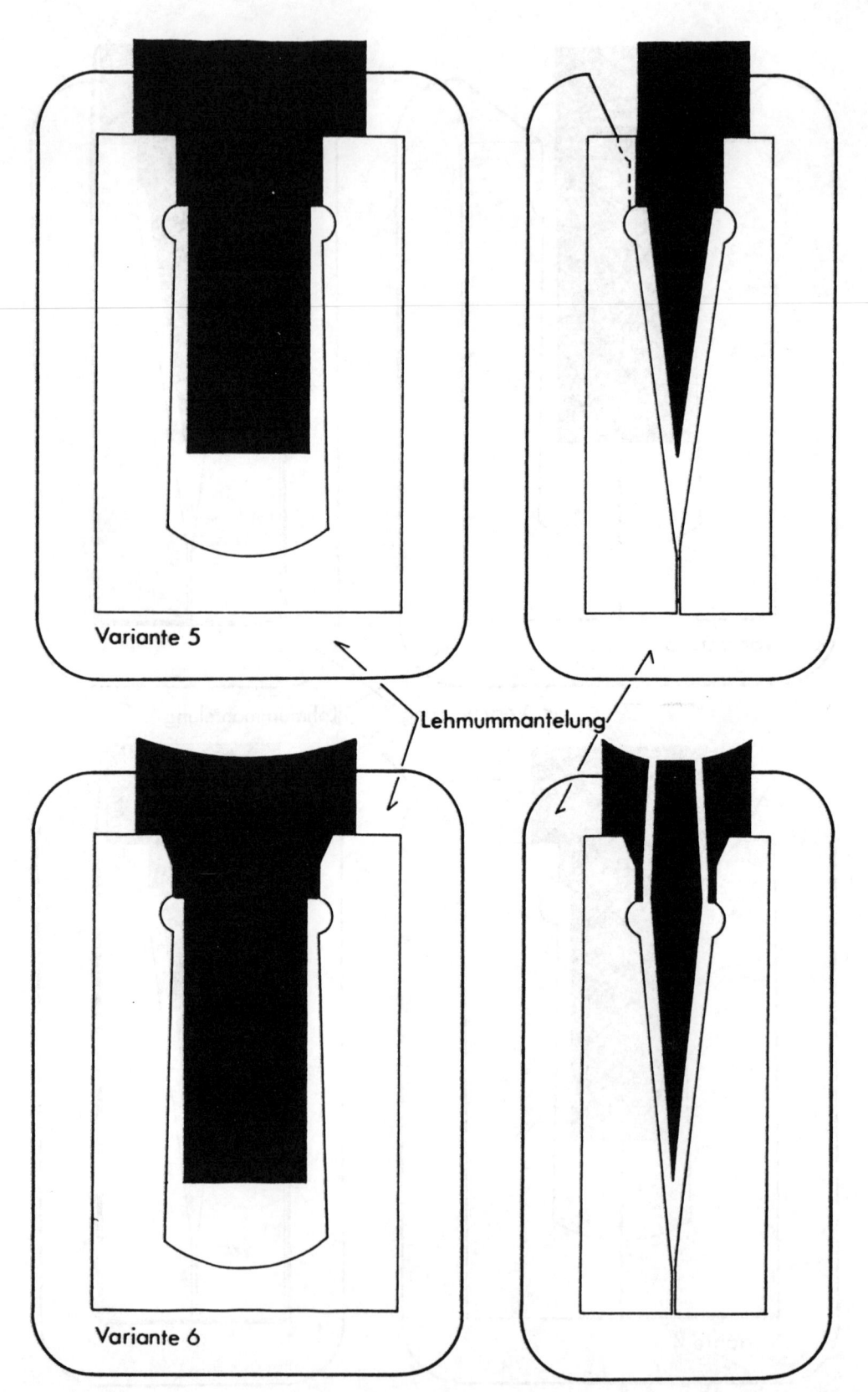

Variante 5

Variante 6

Lehmummantelung

Schematische Darstellung der Gußkernhalterung der Eingußvarianten 5 und 6

Tafel 24*

1. Canne; 2. Pobedim; 3-4 Ornding; 5. Limberg; 6. Neszmély; 7. Bakonyszentkirály; 8-11. 14 Velem; 12. Dolný Kubin; 13. Bez. Gorodenka; 15. Vyšný Kubin; 16. Somotor. Verschiedene Maßstäbe.

Tafel 25

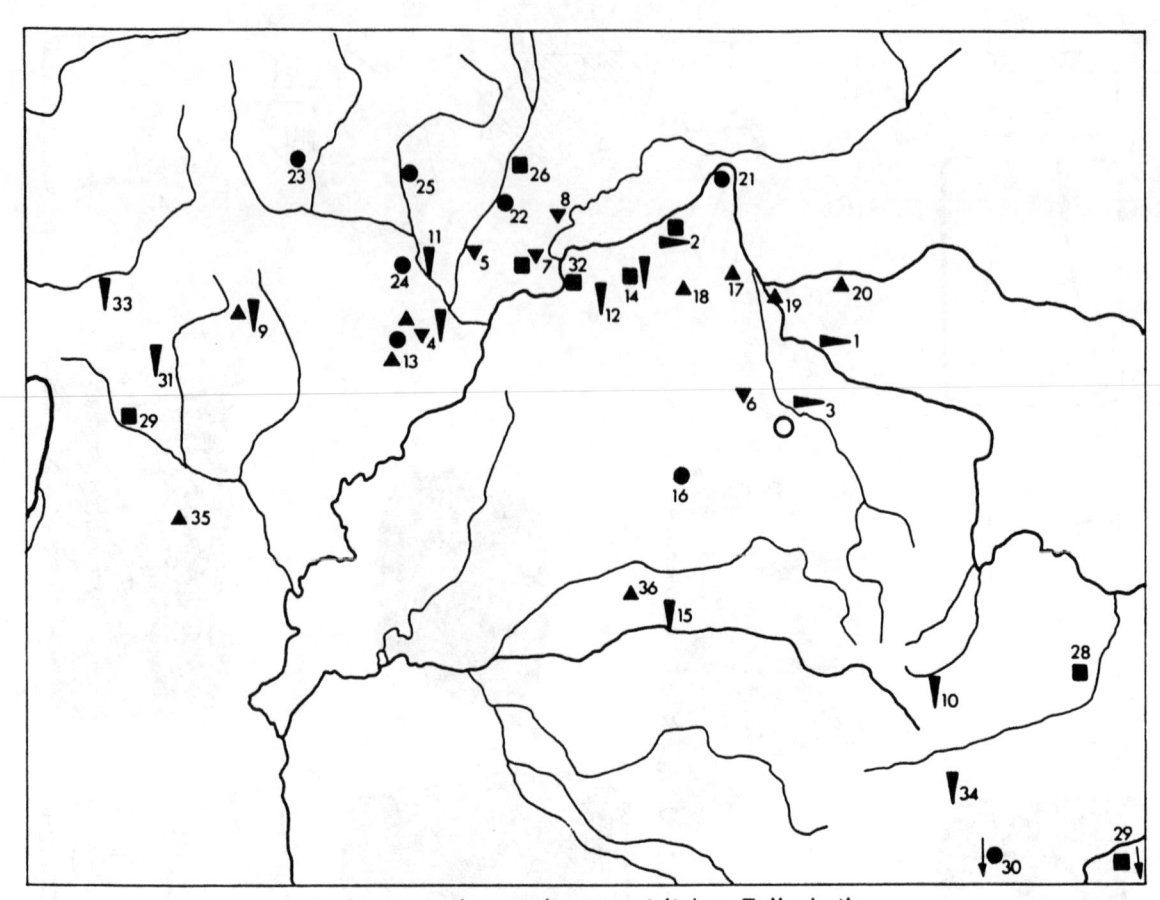

Verbreitung der spätbronzezeitlichen Tüllenbeile

● Typ Harsány   ▲ Typ Olcsvaapáti

■ Typ Berkesz   ▼ Tüllenbeile mit großer Dreickszier

▮ Typ Felsőszolca ▶ Tüllenbeile mit Schäftungseinsatz

1. Csegöld; 2. Ajak; 3. Domăneşti; 4. Bükkaranyos; 5. Alsódobsza; 6. Piricse; 7. Bodrogkeresztúr; 8. Sáraszadány; 9. Pétervására; 10. Sfaras; 11. Felsőszolca; 12. Nyíregyháza; 13. Harsány; 14. Berkesz; 15. Mişca; 16. Valea lui Mihai; 17. Gemsze; 18. Rohod; 19. Olcsvaapáti; 20. Botpalád; 21. Tiszaszentmárton; 22. Abaújszántó; 23. Gemer; 24. Miskolc; 25. Szendrő; 26. Korlát; 27. Aszód; 28. Rascruci; 29. Păucea; 30. Alba Iulia; 31. Ecseg; 32. Tiszanagyfalu; 33. Balassagyarmat; 34. Vîlcele; 35. Farmos; 36. Cadea.

Tafel 26

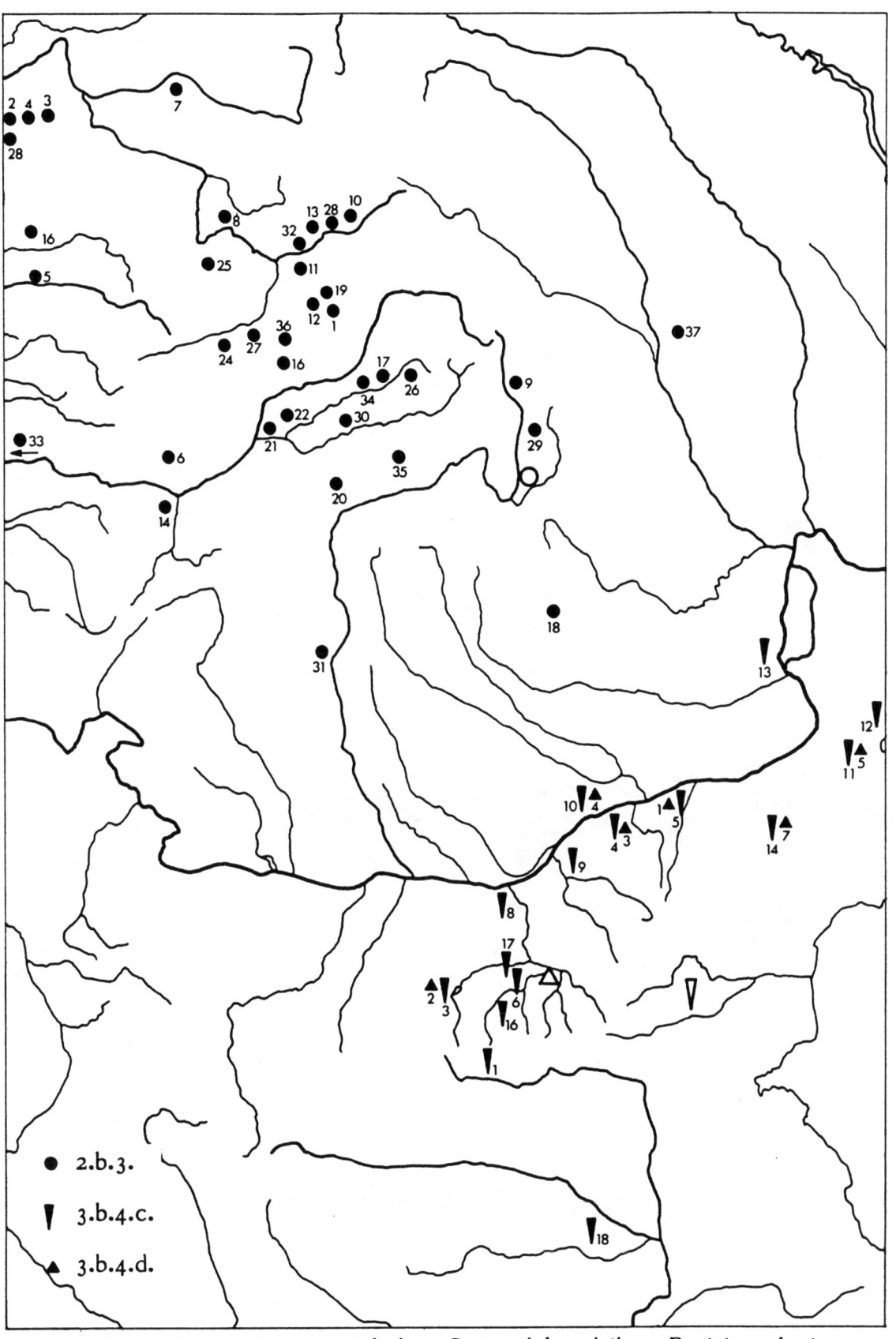

● 2.b.3.

▼ 3.b.4.c.

▲ 3.b.4.d.

Verbreitung der spätbronzezeitlichen Gußmodel und ihrer Positivanalogien

Tafel 27

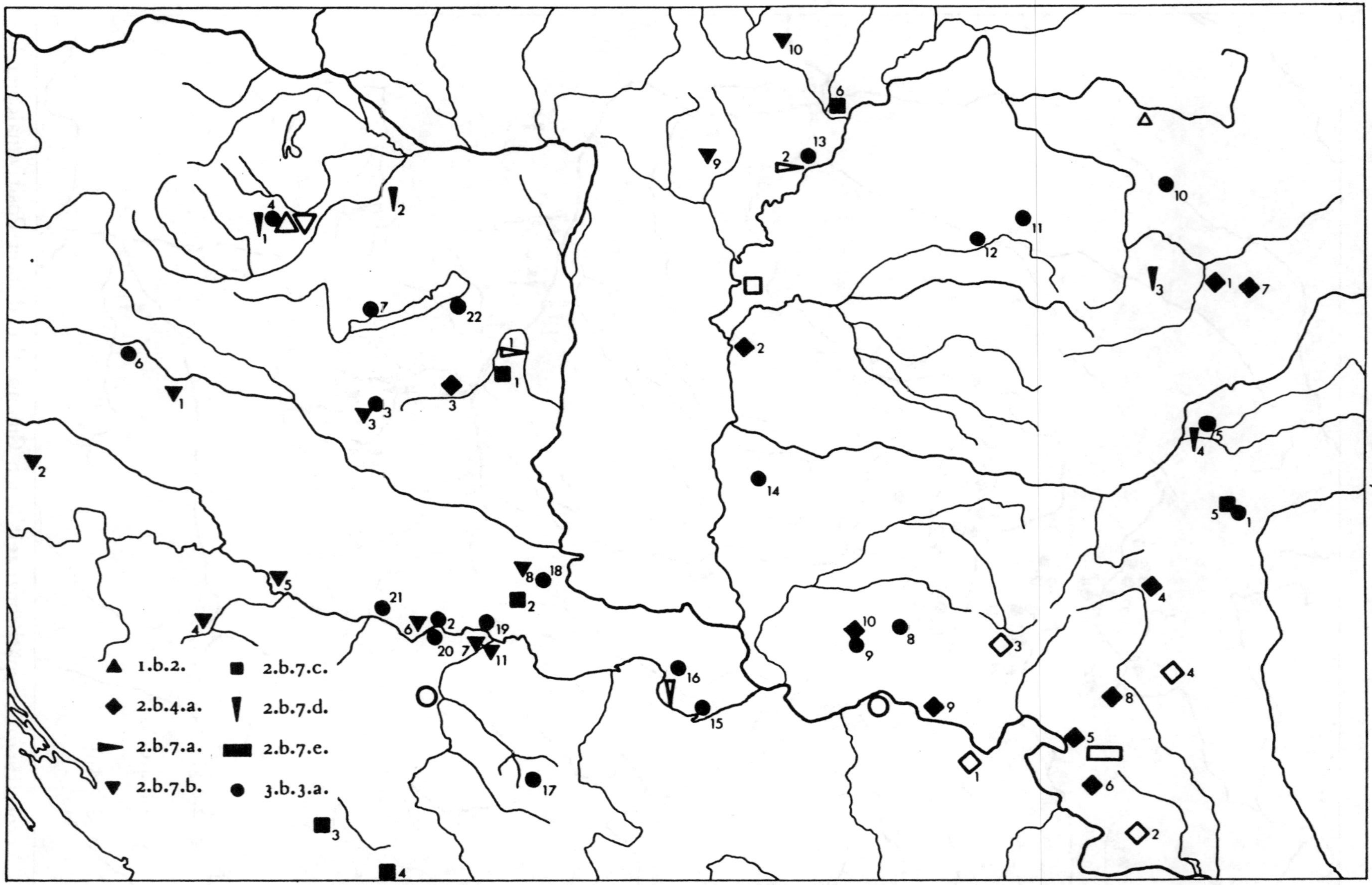

Verbreitung von älterurnenfelderzeitlichen Gußmodeln und ihren Positivanalogien

- 1.b.2. ▲
- 2.b.4.a. ◆
- 2.b.7.a. ▌
- 2.b.7.b. ▼
- 2.b.7.c. ■
- 2.b.7.d. ▎
- 2.b.7.e. ▬
- 3.b.3.a. ●

Tafel 28

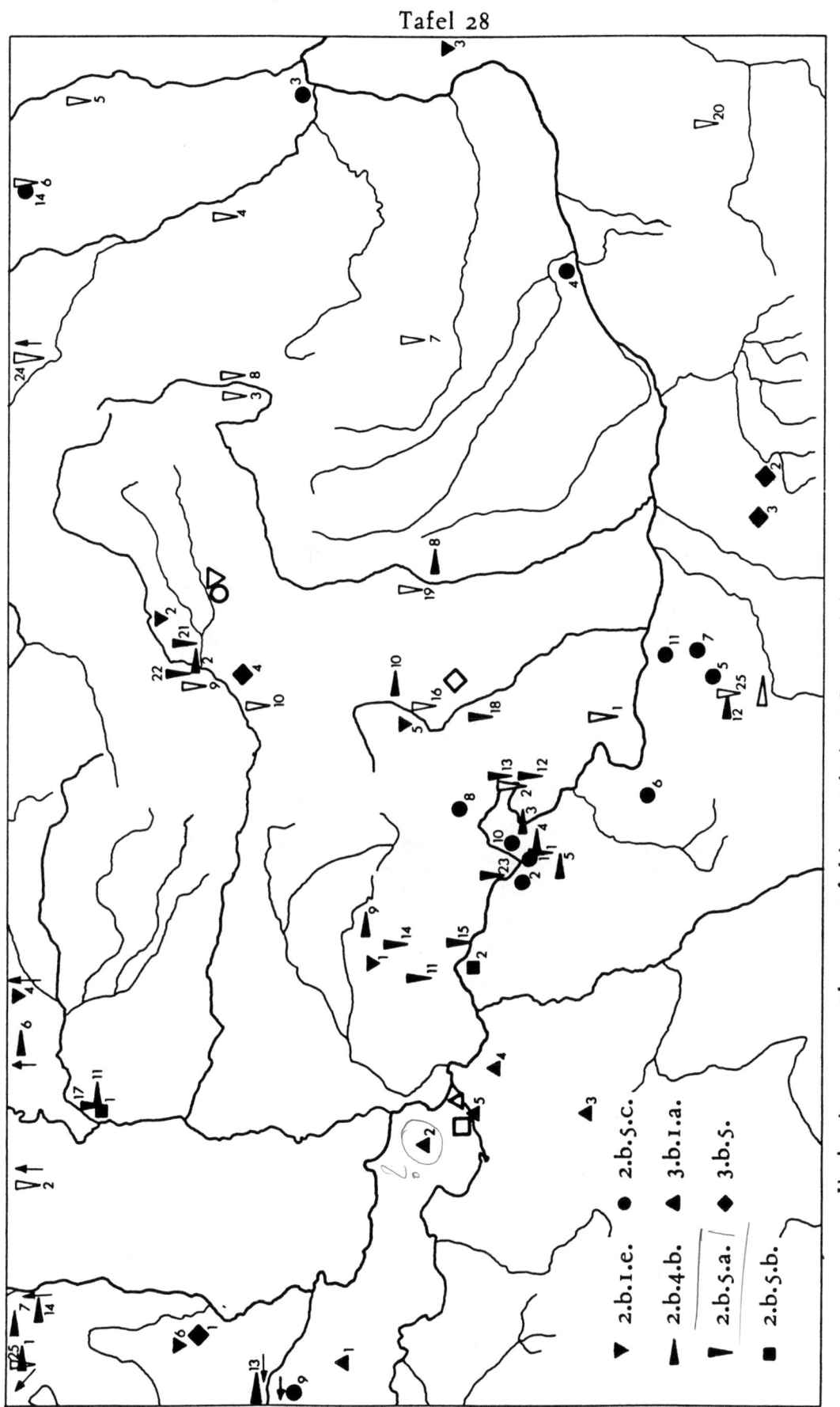

Verbreitung von älterurnenfelderzeitlichen Gußmodeln und ihren Positivanalogien

- ▼ 2.b.1.e.
- ▲ 2.b.4.b.
- � 2.b.5.a.
- ■ 2.b.5.b.
- ● 2.b.5.c.
- ▲ 3.b.1.a.
- ♦ 3.b.5.

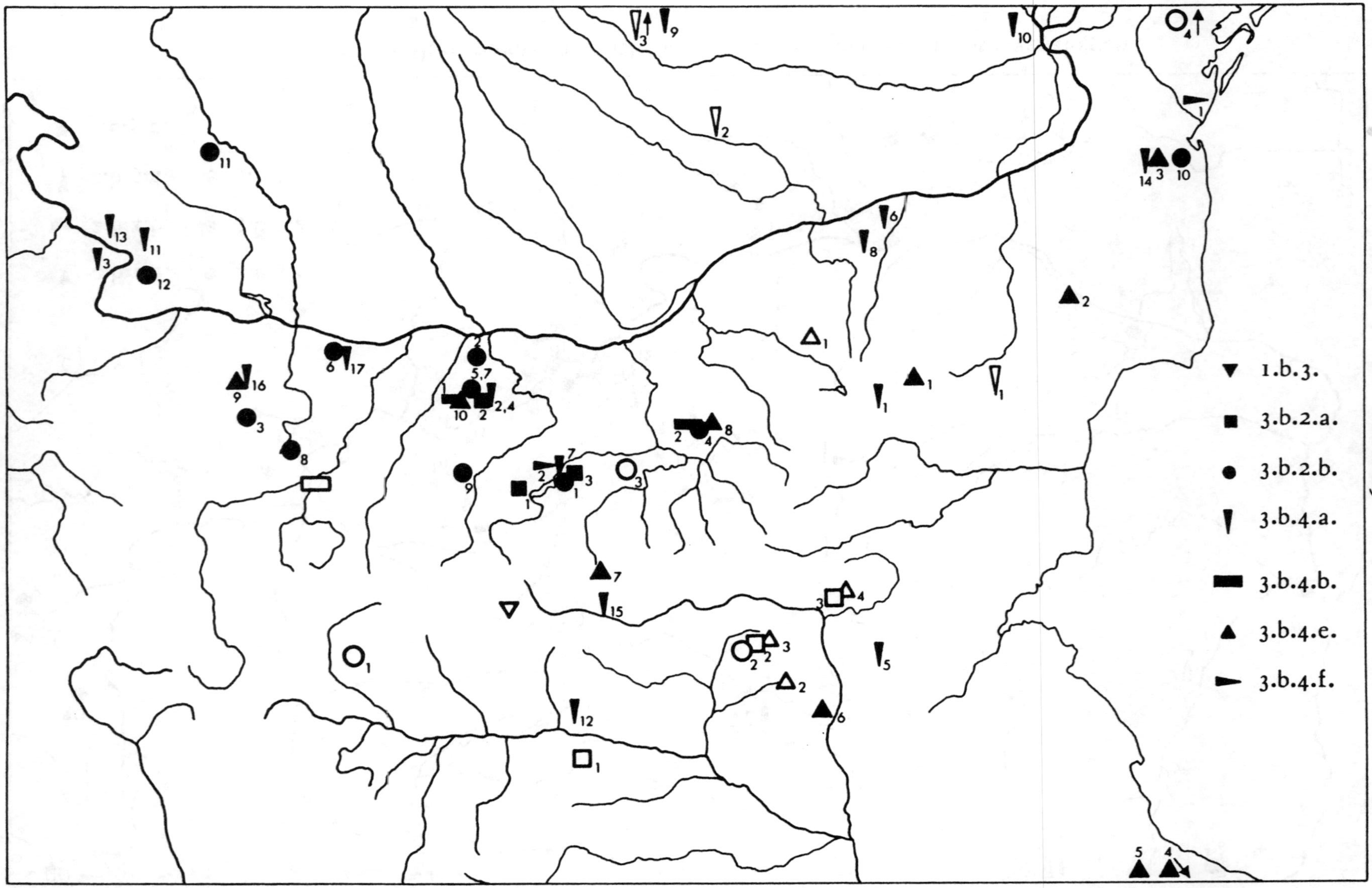

Tafel 29

Symbol	Code
▼	1.b.3.
■	3.b.2.a.
●	3.b.2.b.
▶	3.b.4.a.
▬	3.b.4.b.
◀	3.b.4.e.
▲	3.b.4.f.

Verbreitung von älterurnenfelderzeitlichen Gußmodeln und ihren Positivanalogien

Tafel 30

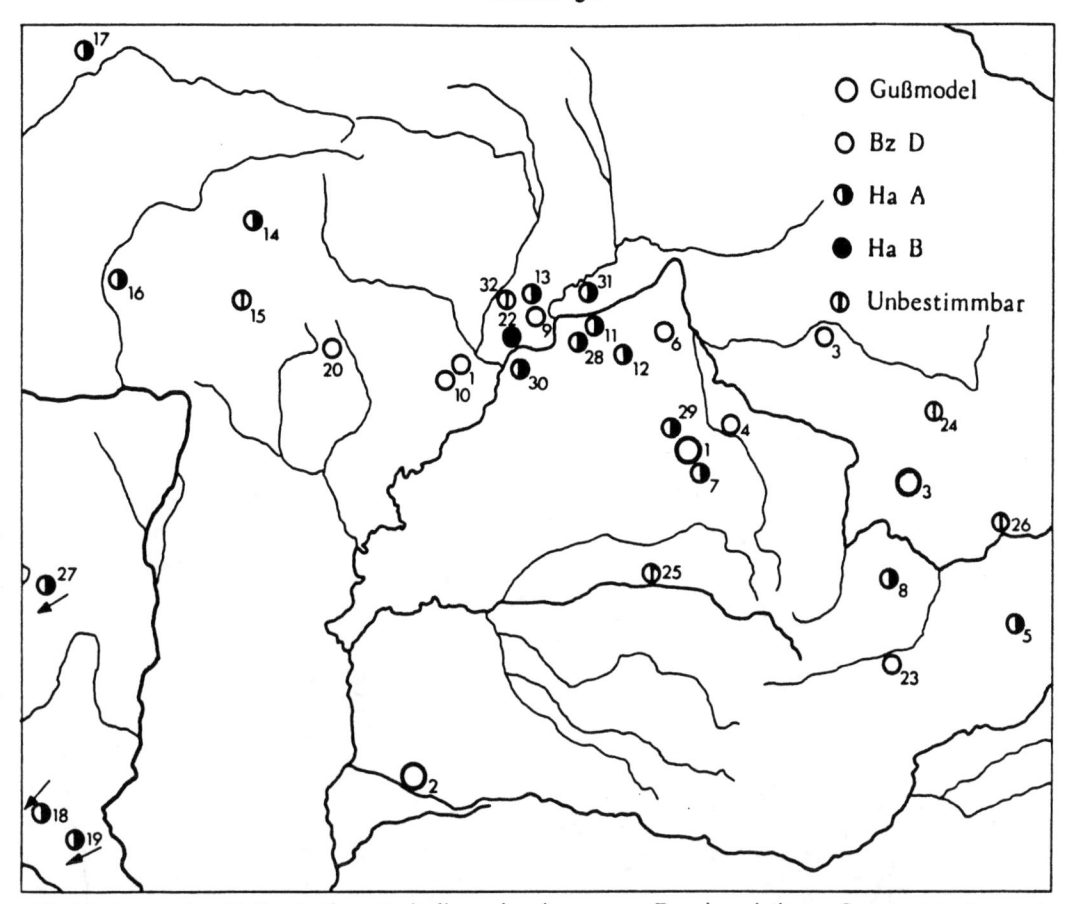

Verbreitung der Tüllenbeile mit halbrund gebogenem Rand und ihren Gußmodeln (2.a.2.)

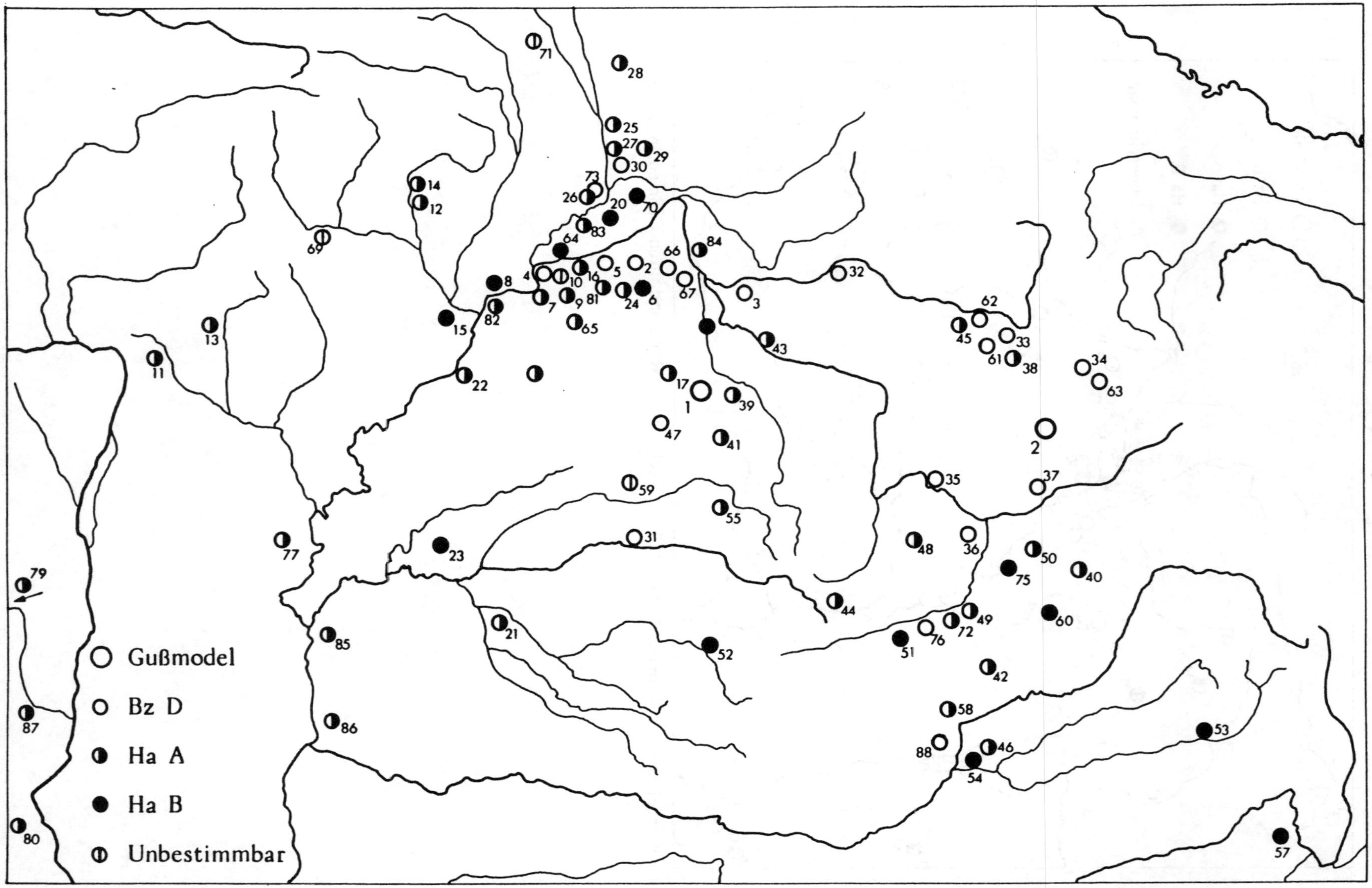

Tafel 31

Verbreitung der Tüllenbeile mit einseitig aufgebogenem Rand und ihren Gußmodeln (2.a.3.)

Tafel 32

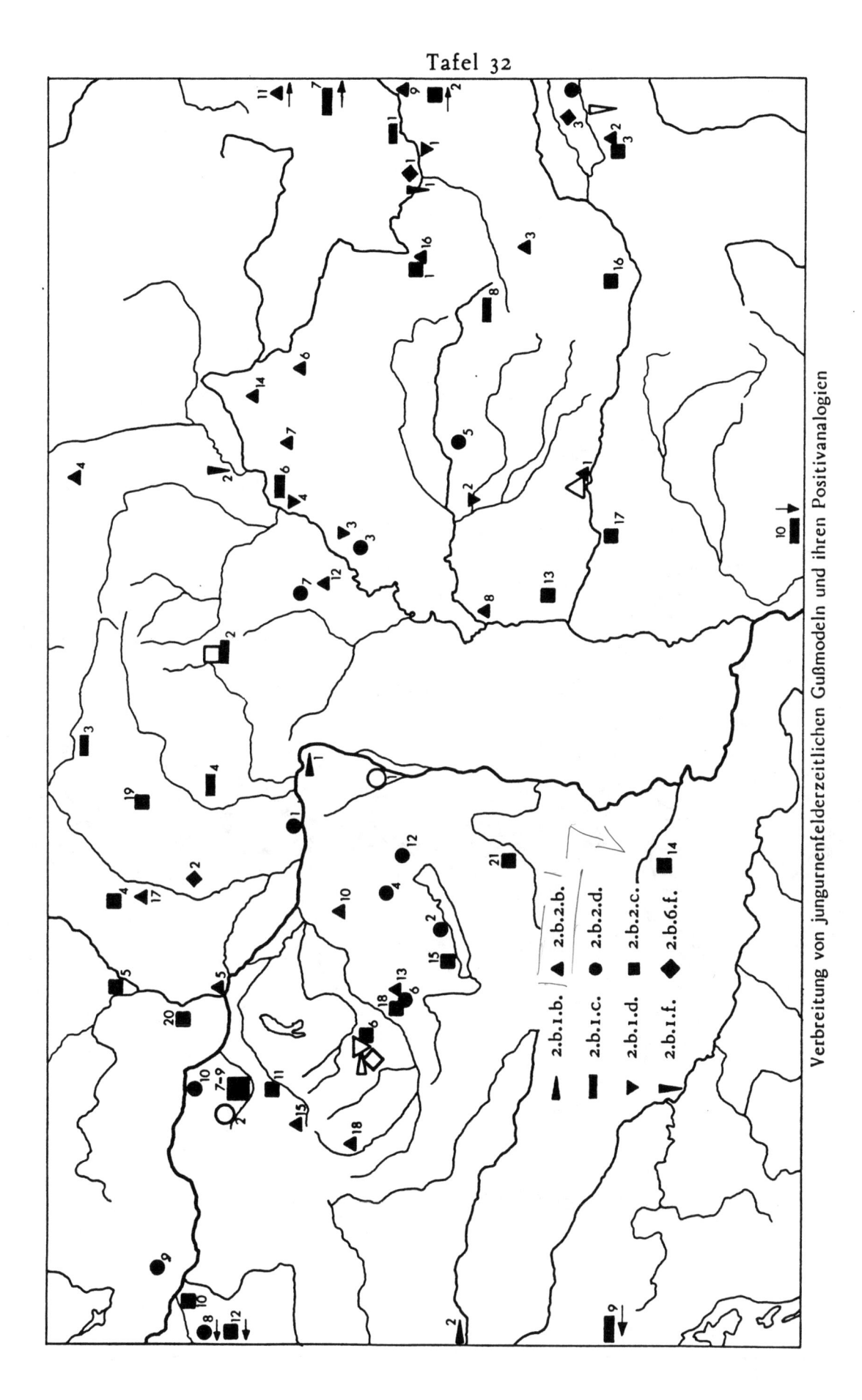

Verbreitung von jungurnenfelderzeitlichen Gußmodeln und ihren Positivanalogien

Tafel 33

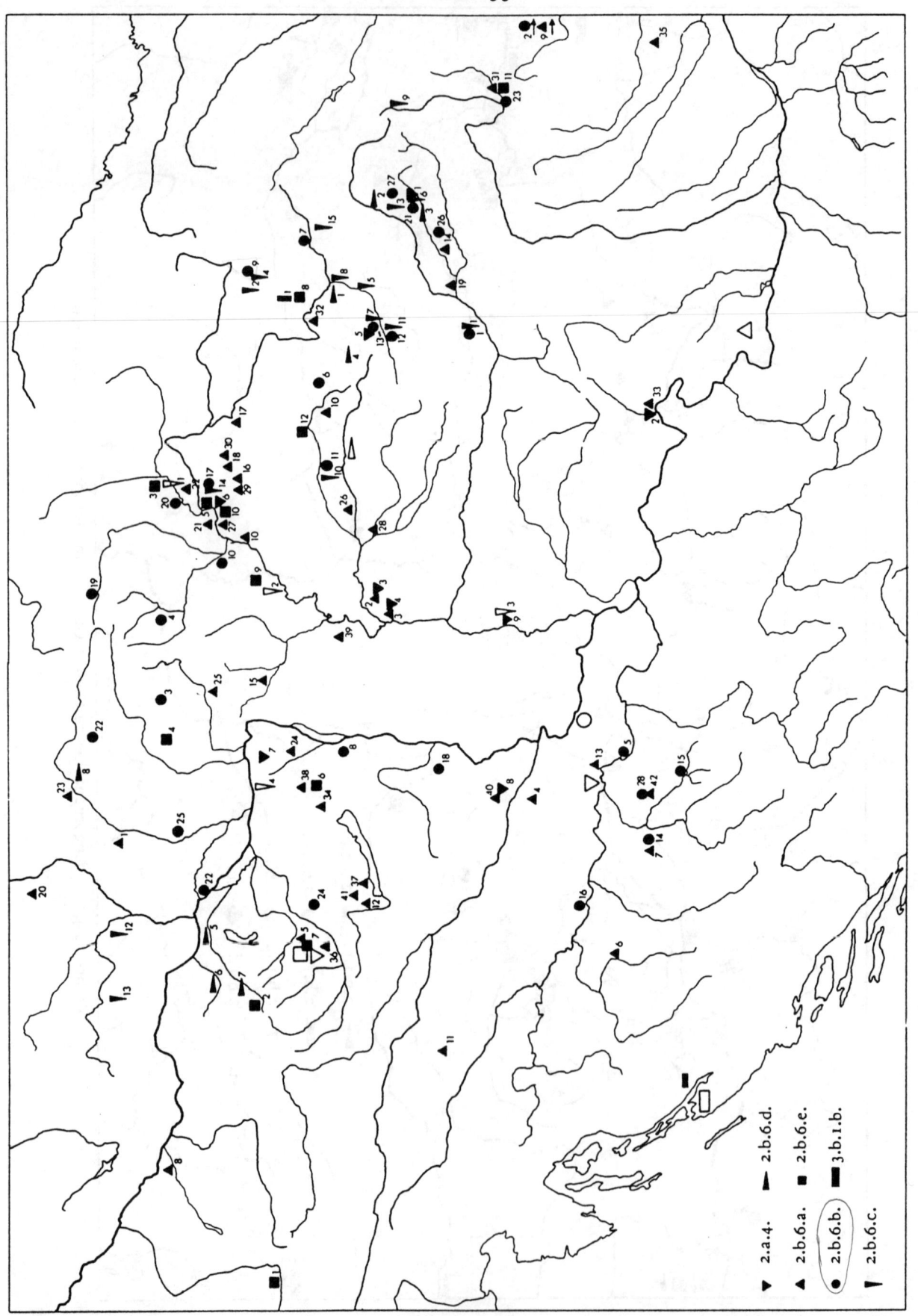

Verbreitung von jungurnenfelderzeitlichen Gußmodeln und ihren Positivanalogien

2.a.4. ▼
2.b.6.a. ▲
2.b.6.b. ●
2.b.6.c. ▌
2.b.6.d. ◢
2.b.6.e. ■
3.b.1.b. ■

Tafel 34

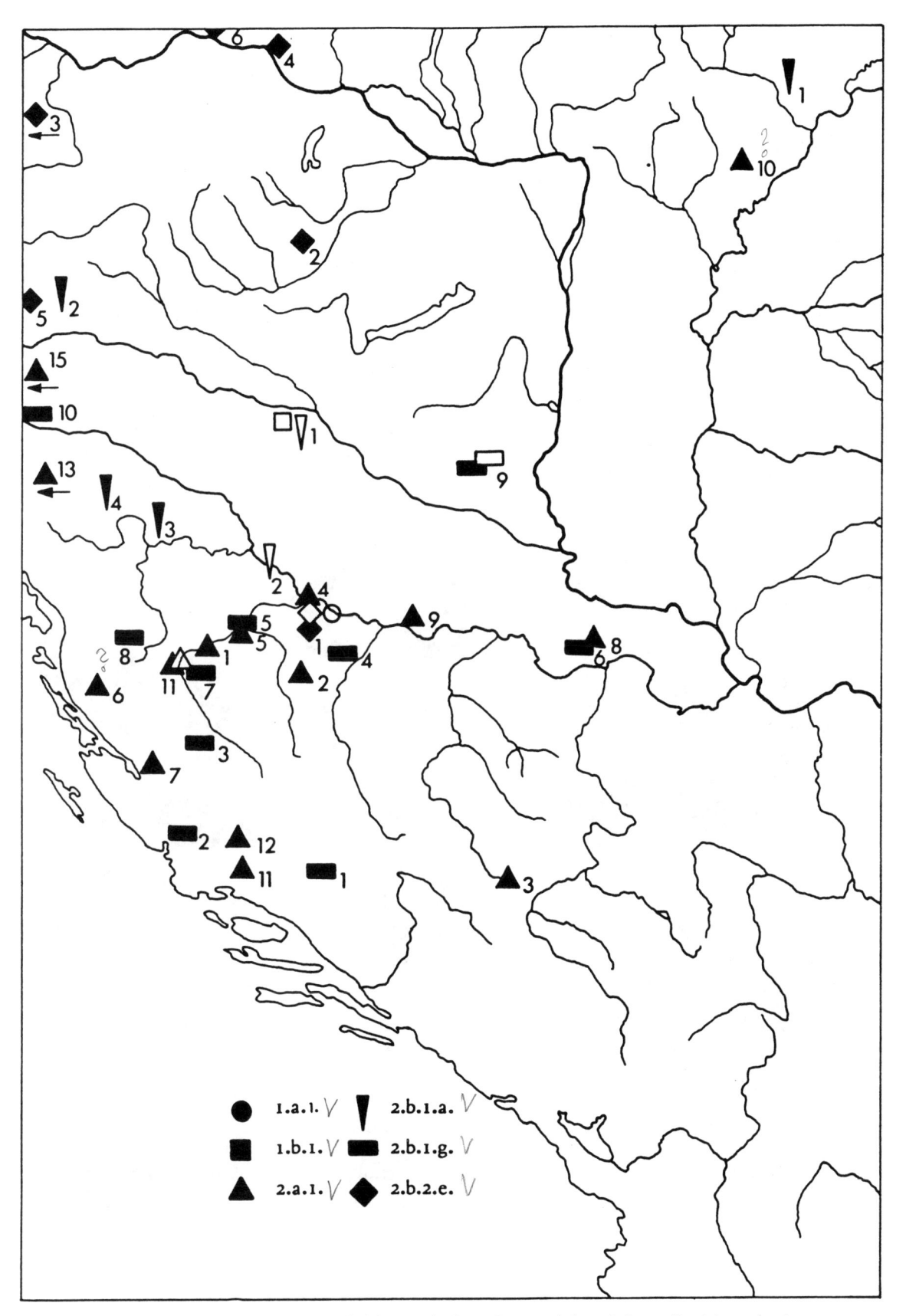

●	1.a.1.	▌	2.b.1.a.
■	1.b.1.	▬	2.b.1.g.
▲	2.a.1.	◆	2.b.2.e.

Verbreitung der späturnenfelderzeitlichen Gußmodel und ihrer Positivanalogien

Tafel 35

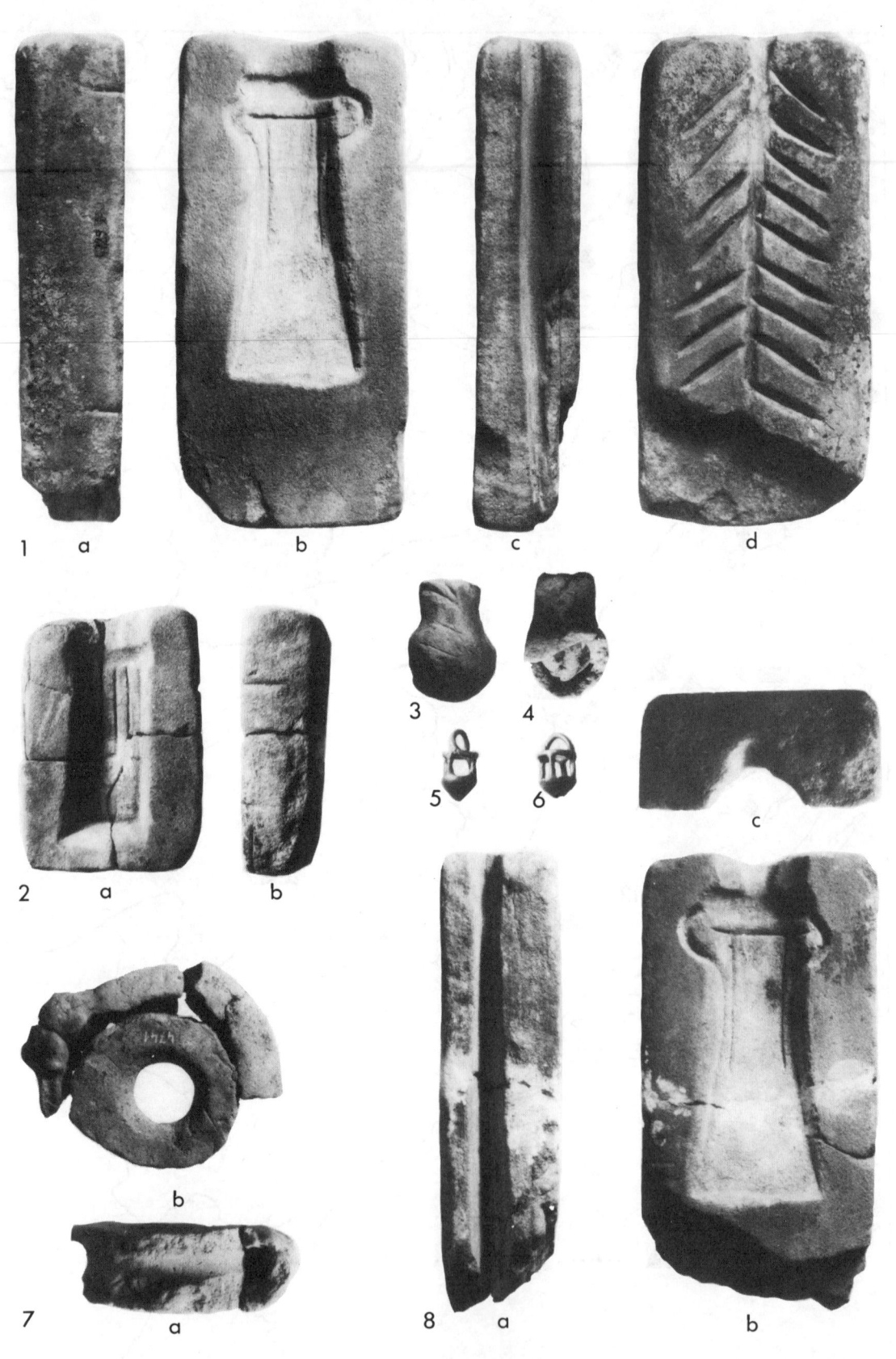

1-8 Sveti Petar-Ludbreški

Tafel 36

1-10 Sveti Petar-Ludbreški

Tafel 37

1-2 Sveti Petar-Ludbreški; 3 Livadje; 4 Lovas; 5 Idjoš; 6 Zorenci; 7 Banatska Palanka; 8 Gornja Radgona

Tafel 38

1-2 Donja Dolina; 3 Novigrad na Savi; 4 Gomolova; 5 Maklejenovac; 6 Boljetin

Tafel 39

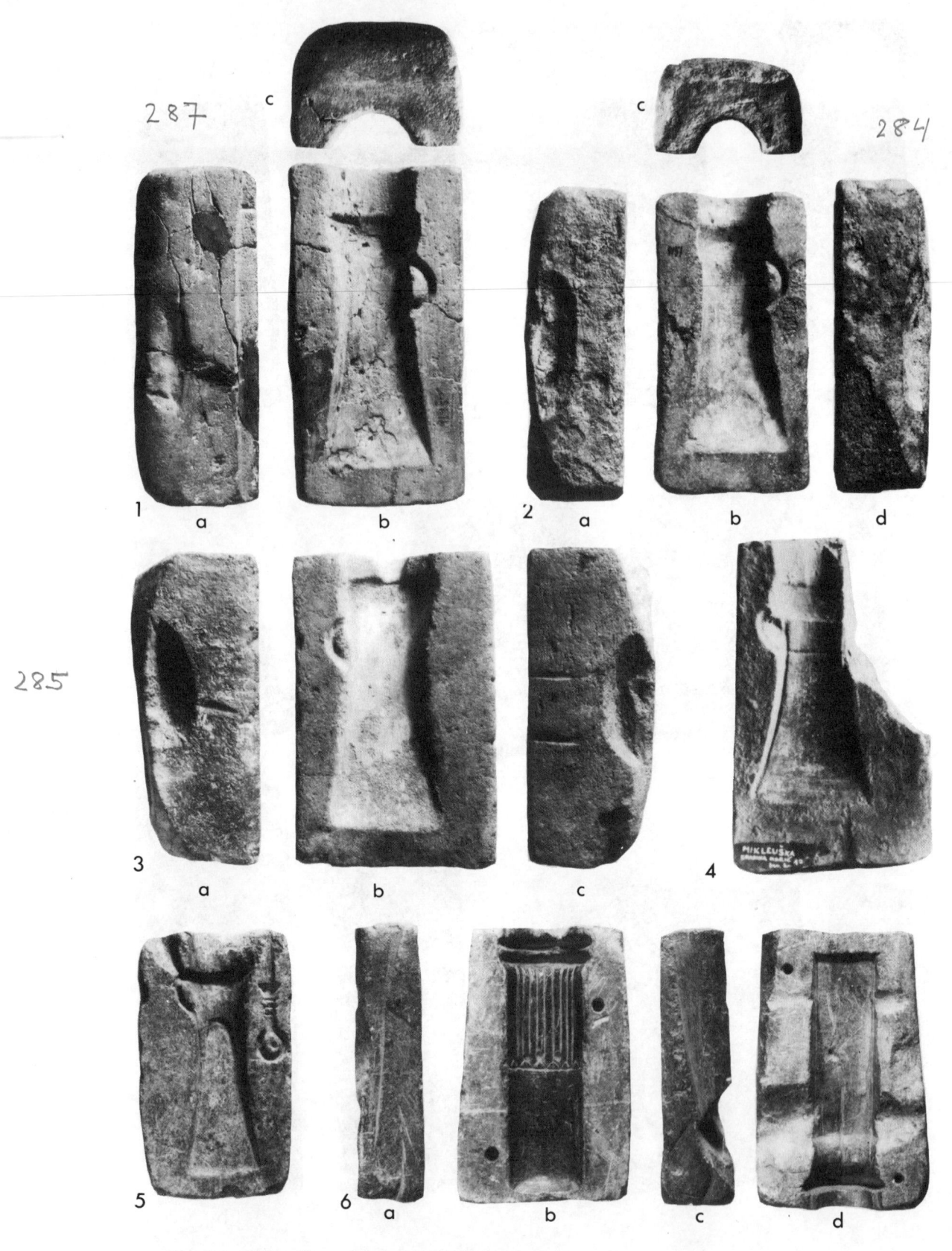

1-3 Ripač; 4 Mikleuška; 5 Vraca; 6 'Südbulgarien'

Tafel 40

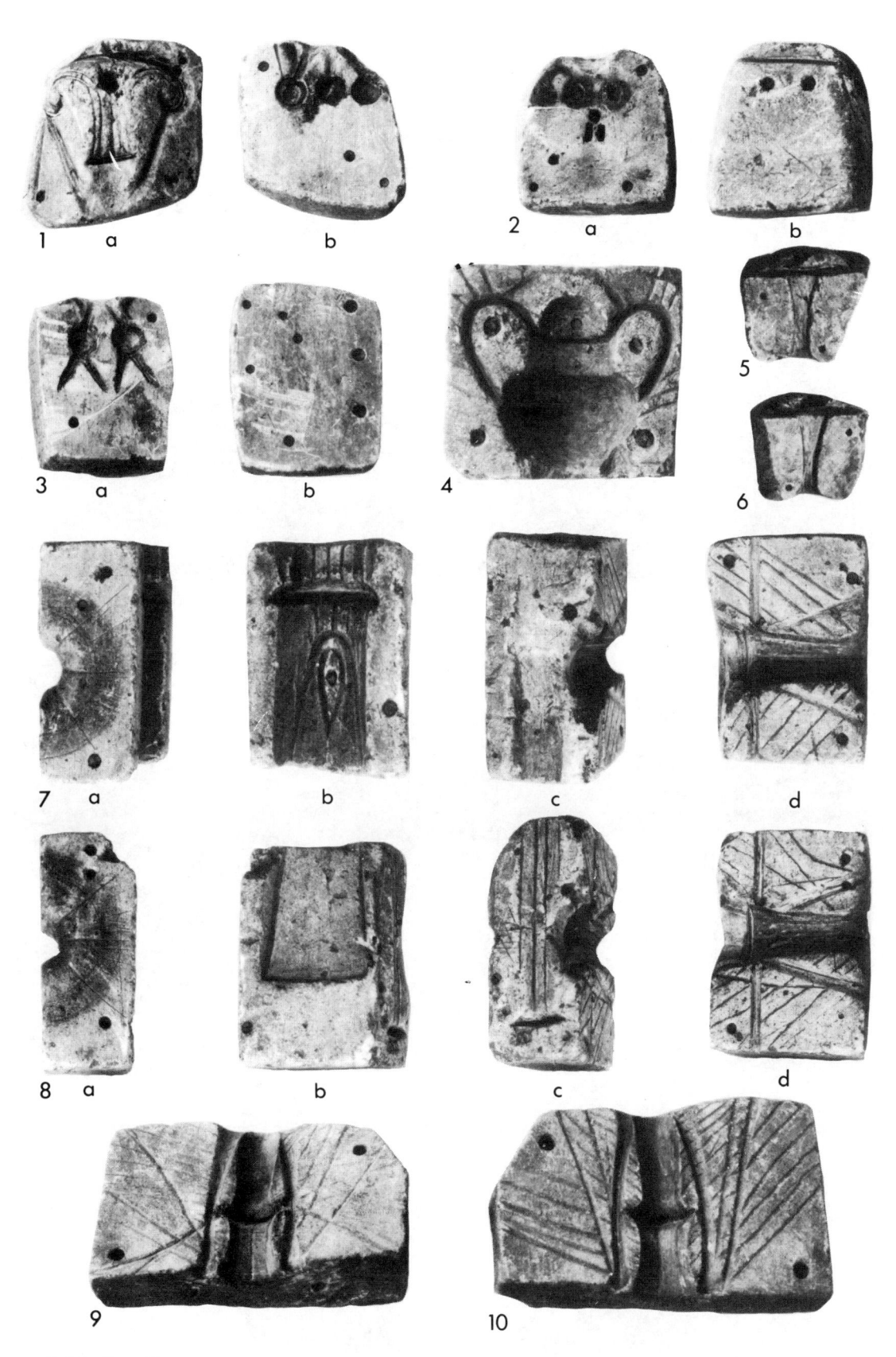

1-10 Pobit Kamǎk

Tafel 41

1-11 Pobit Kamǎk. 1-3 Maßstab ca. 1:2

Tafel 42

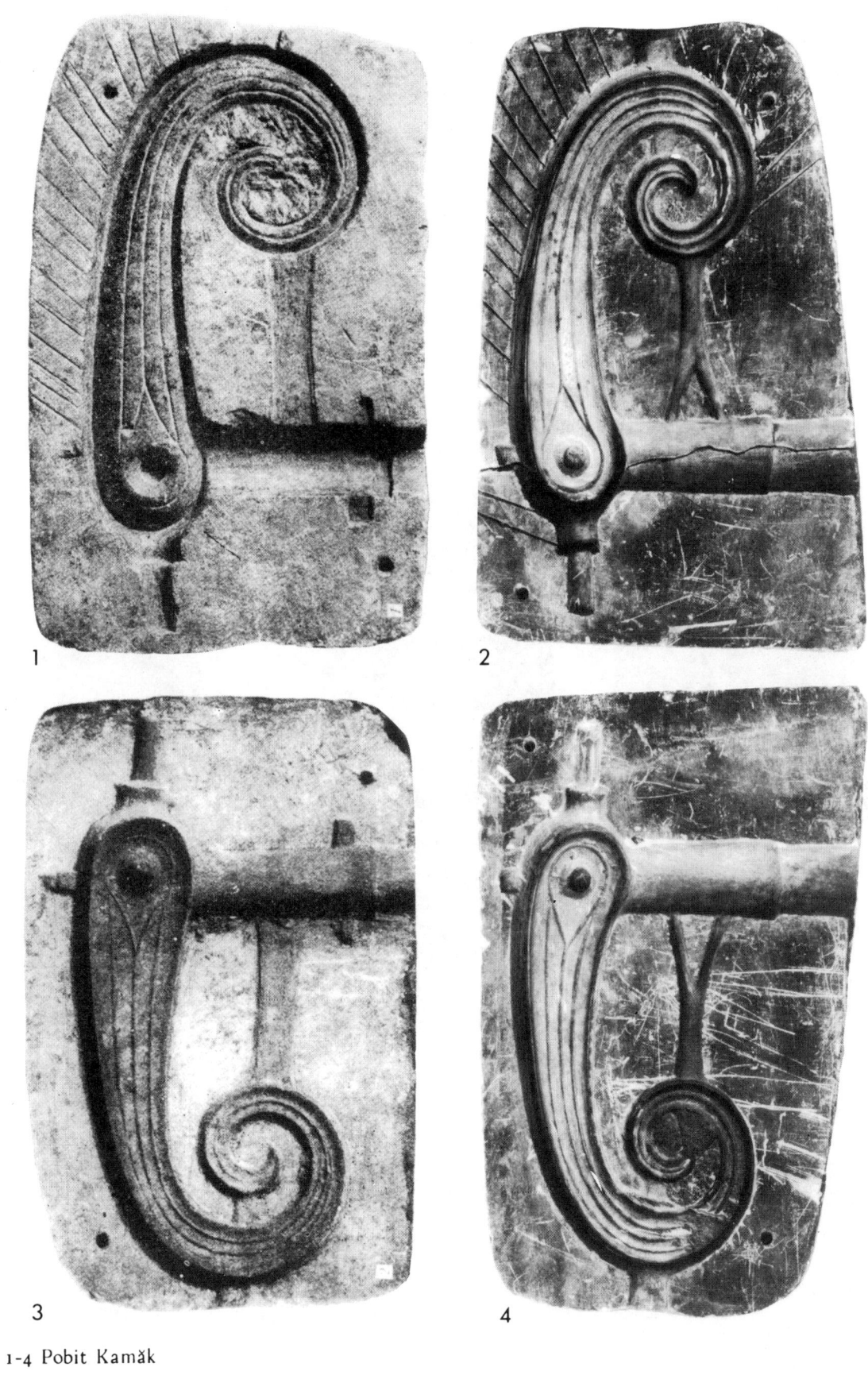

1-4 Pobit Kamăk

Tafel 43

1-6 Pobit Kamăk

Tafel 44

1 a b c

2 a b c

1-2 Pobit Kamăk

Tafel 45

1   2   3   4

1-4 Pobit Kamăk

Tafel 46

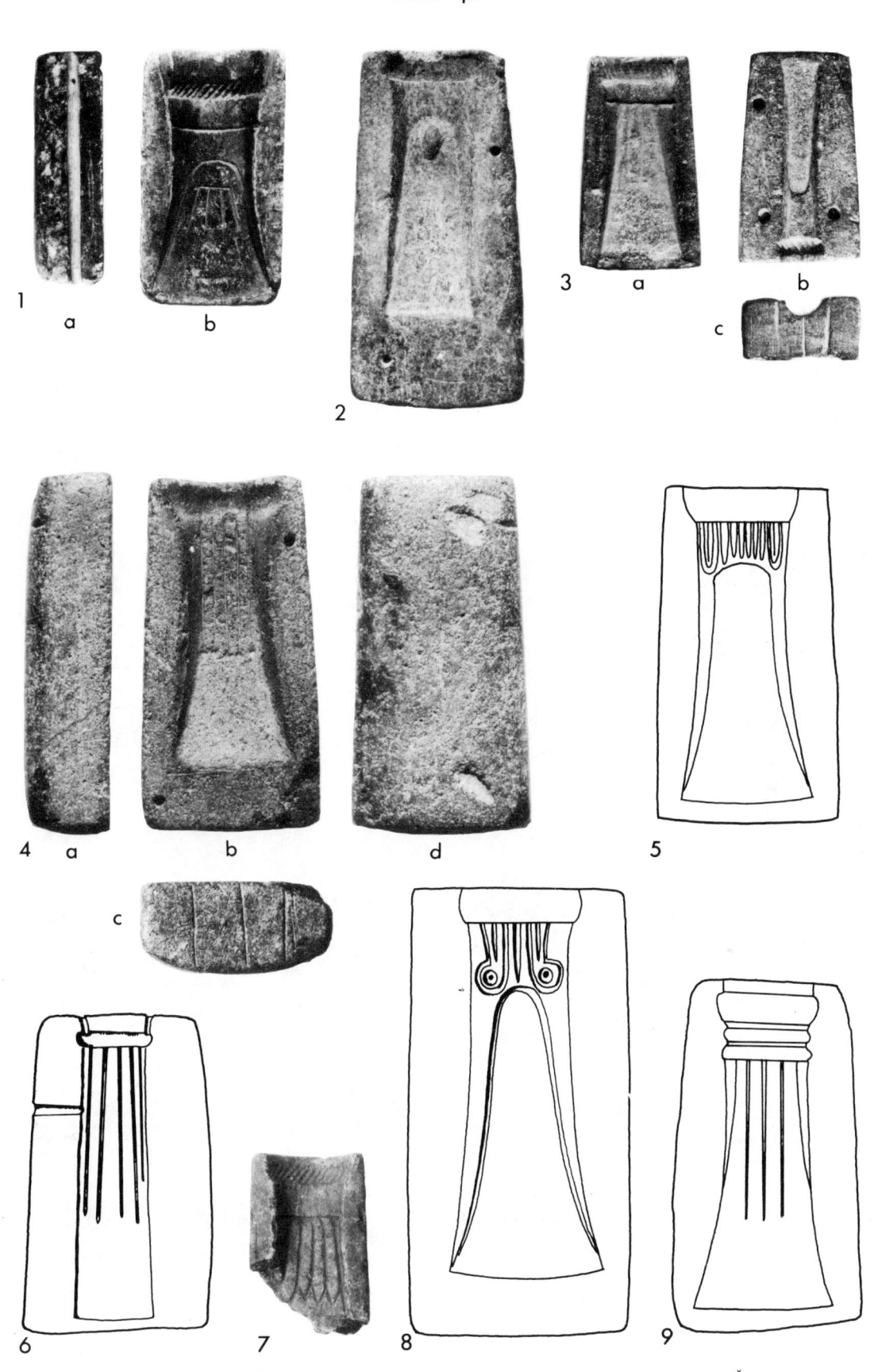

1 Roman; 2 Ljuljakovo; 3–5 Sokol; 6 'Bulgarien'; 7 Umgebung von Chotnica; 8–9 Želju-Voivoda

Tafel 47

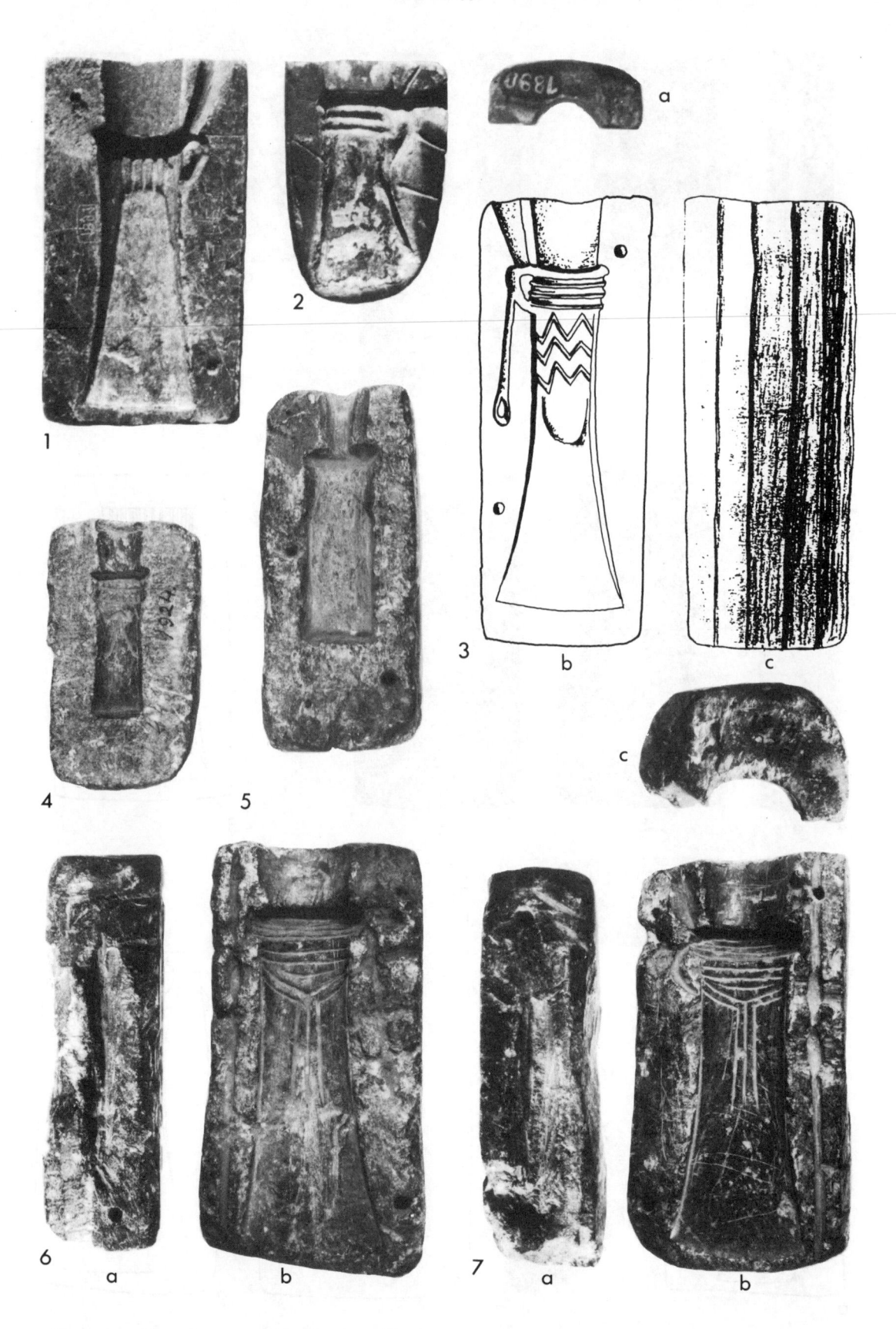

1-2 Mediaş; 3 Umgebung von Mediaş; 4-7 Pleniţa

Tafel 48

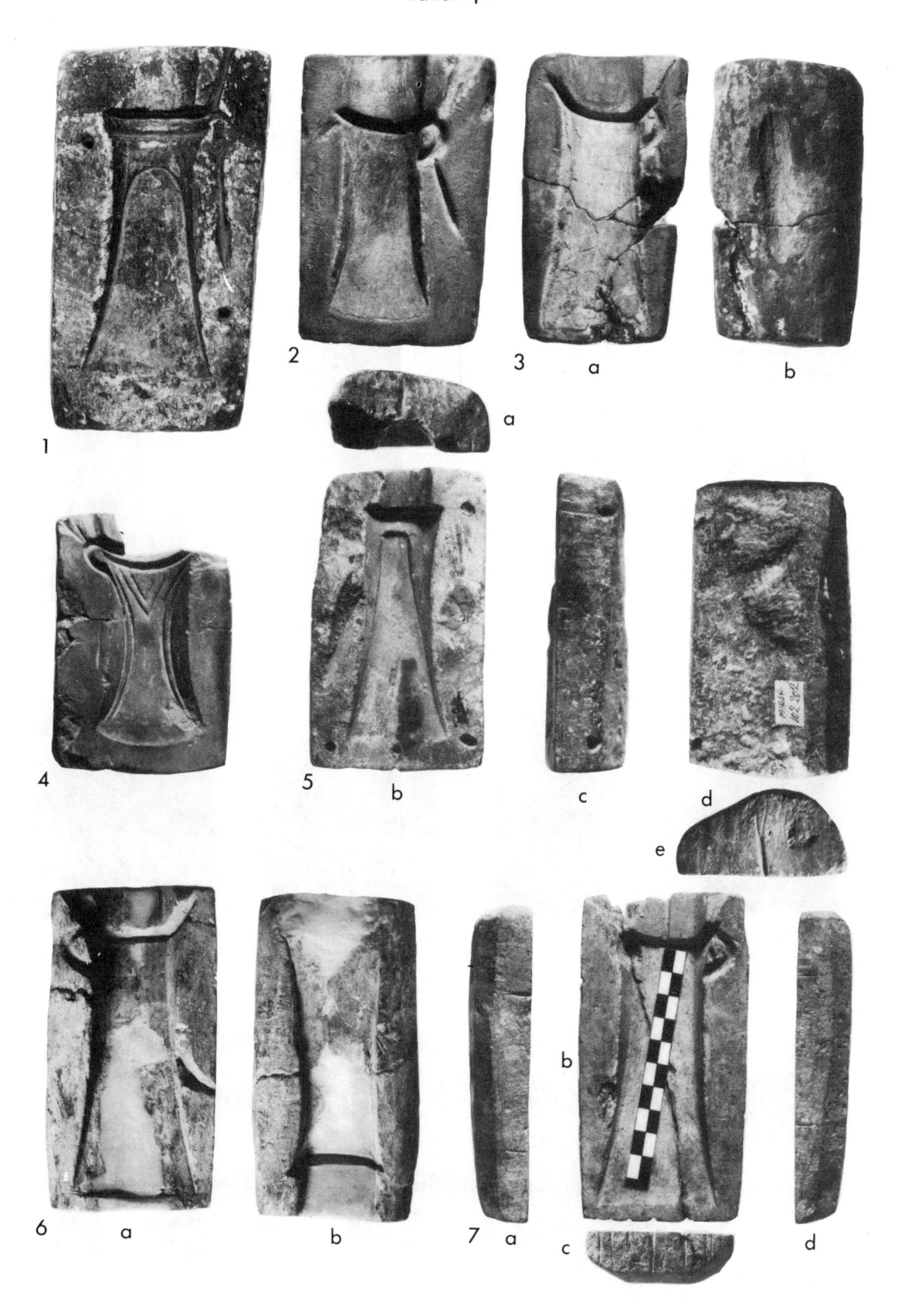

1 Plenița; 2-4 Ciumești; 5 Logrești-Moșteni; 6-7 Lăpuș

Tafel 49

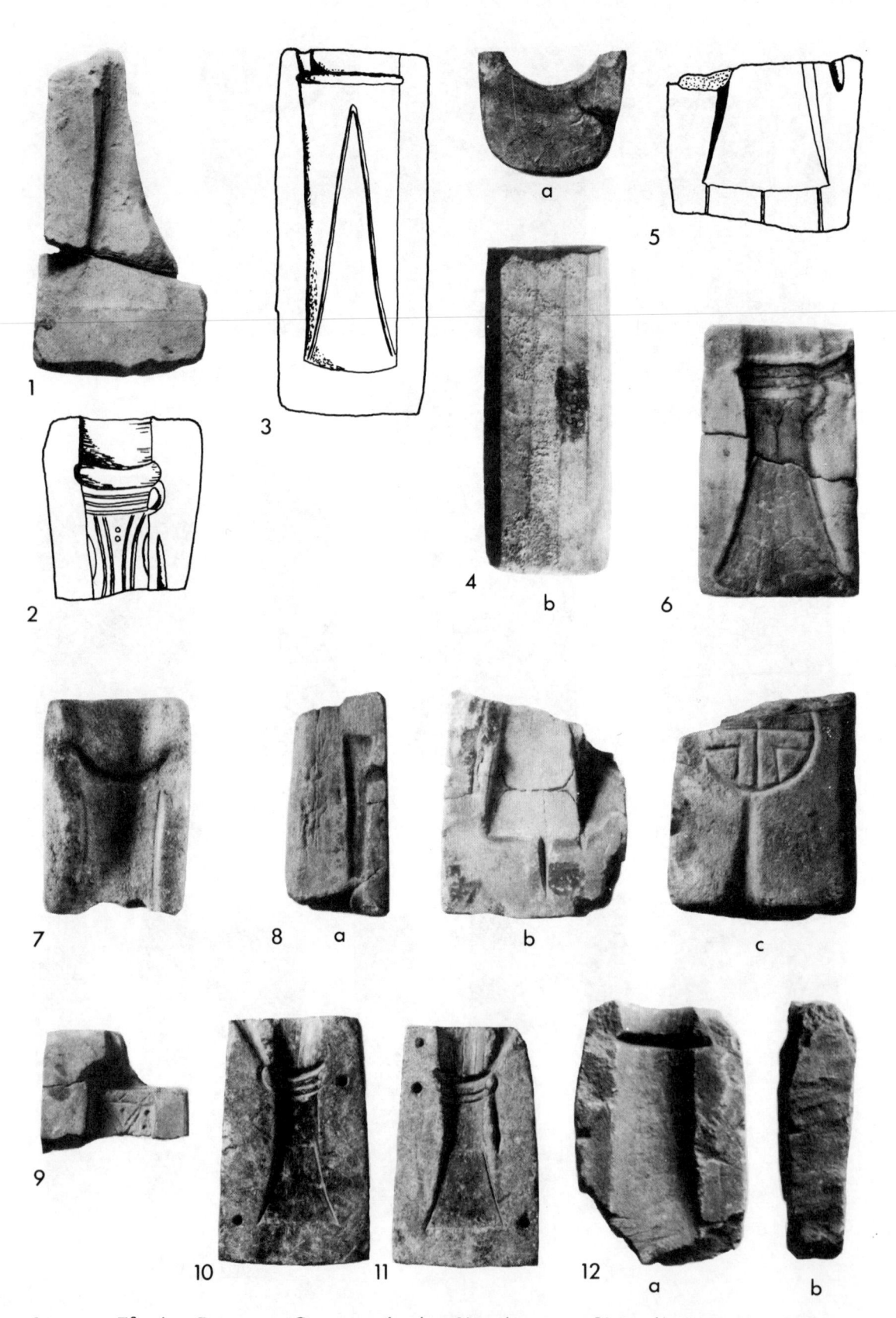

1 Lăpuş; 2 Tăşad; 3 Poian; 4-5 Cernat; 6 Arad; 7 Umgebung von Sînnicolău Mare; 8-9 Sághegy; 10-11 'Ungarn'; 12 Berettyószentmárton. 2 ohne Maßstab

Tafel 50

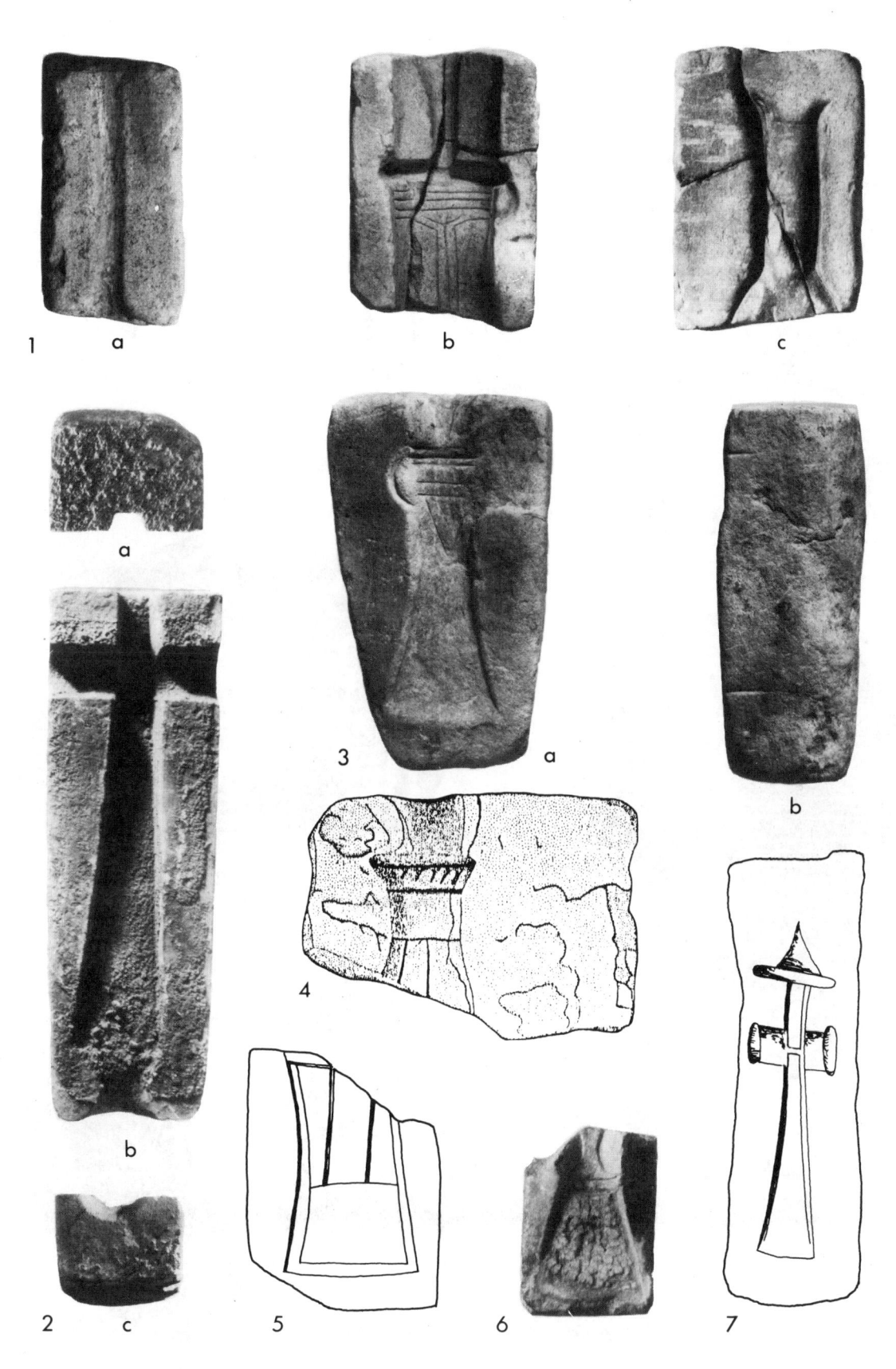

1. 3. 5. Velem; 2. Vinča; 4. Brădiceşti; 6. Piliny; 7. Umg. von Cicîrlău. 7 ohne Maßstab.

Tafel 51*

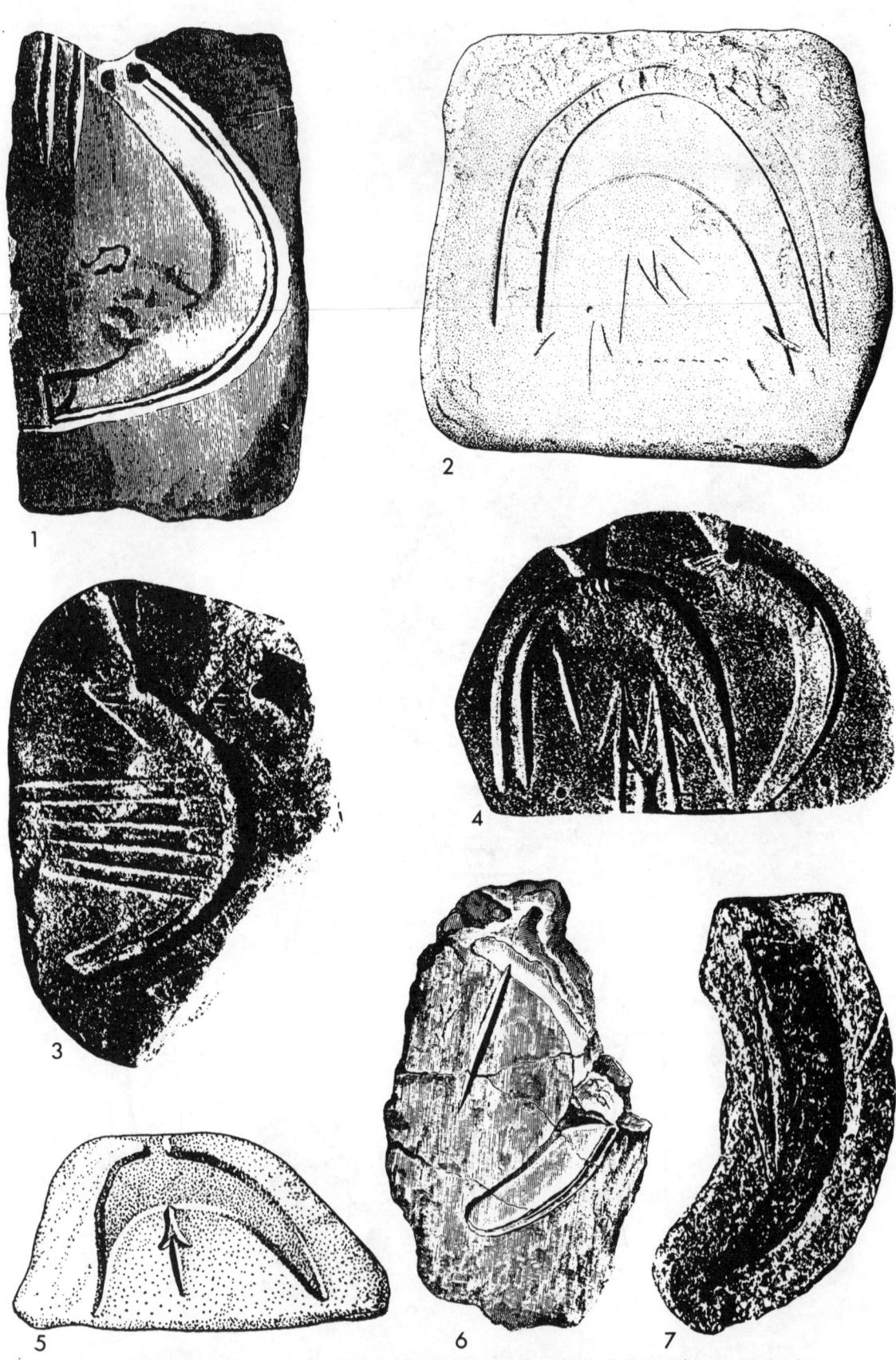

1. Aszód; 2. Hesselberg; 3. Carnitz; 4. Grävernitz; 5. Bamut; 6. Vyšny Kubín; 7. Vejle Amt.
Verschiedene Maßstäbe.

Tafel 52*

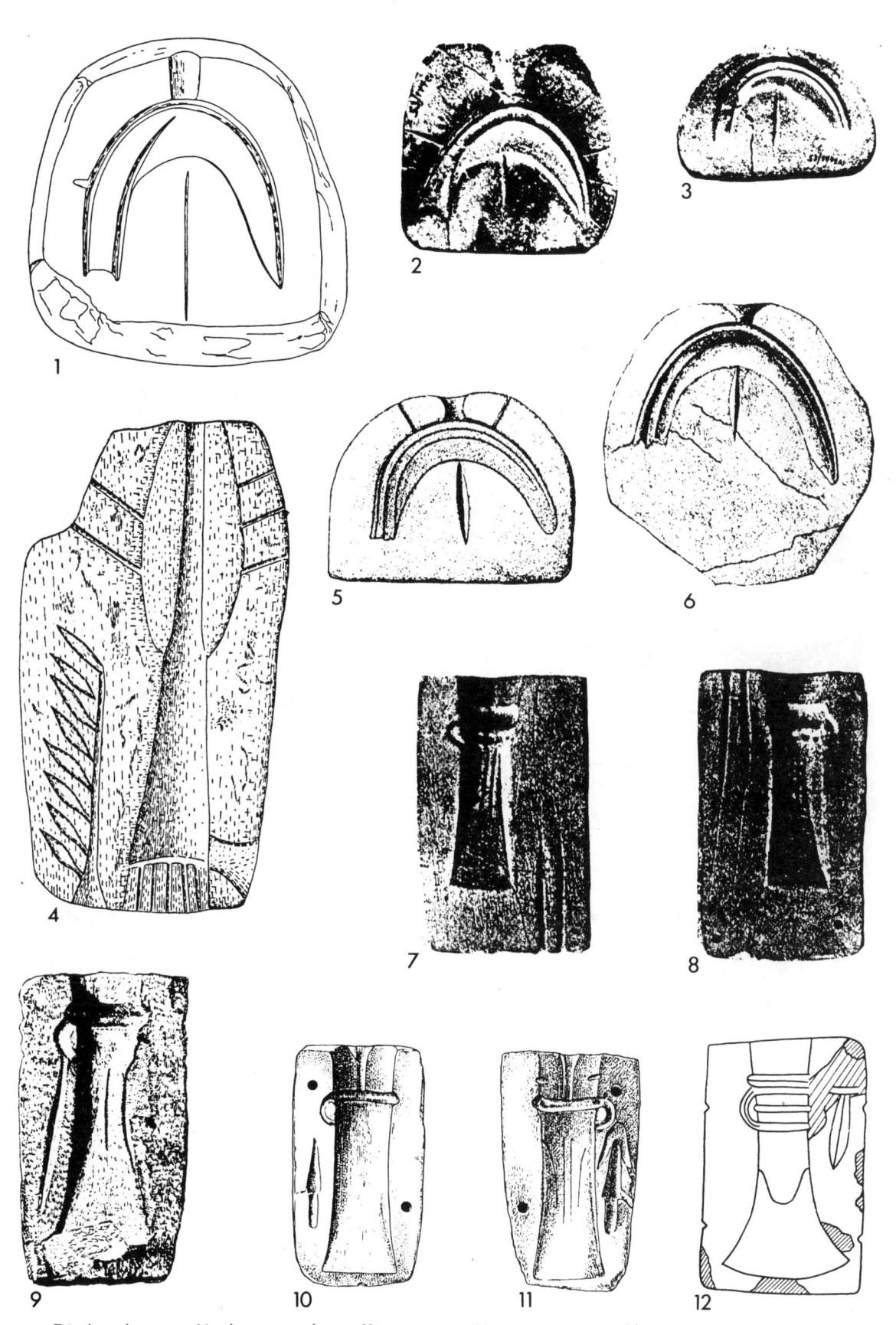

1. Riederode; 2-3 Neckargartach; 4 Kietrz; 5-6 Mörigen; 7-8 Wohlau; 9. Berg Oybin; 10-11 Battaume; 12. Myškovici. Verschiedene Maßstäbe.

Tafel 53*

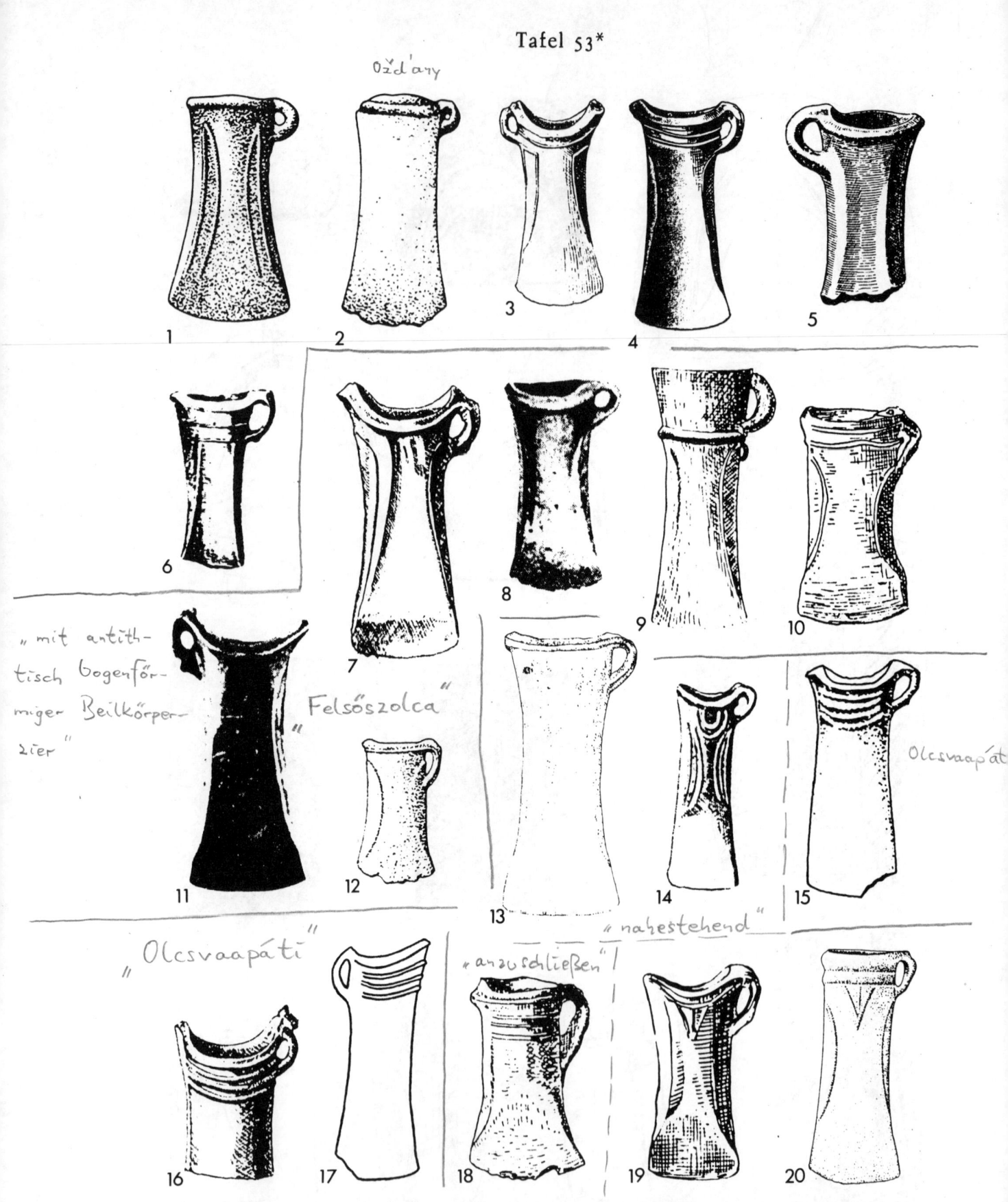

Ožd'any (near 2)

"mit antithtisch bogenförmiger Beilkörperzier" (near 11)

"Felsőszolca" (near 12)

"Olcsvaapát" (near 15)

"Olcsvaapáti" (near 16)

"anzuschließen" (near 18)

"nahestehend" (near 19)

1. Drevenik; 2. Ožd'any; 3-4 Benczúrfalva; 5. 'Dunantul; 6. Kolodnoe; 7. 16. Pétervására; 8. Bodrogkeresztúr; 9. Nyíregyháza; 10. Berkesz; 11. 14-15; Bükkaranyos; 12. Mişca; 13. Vîlcele; 17. Farmos; 18. Gemsze; 19. Tiszaszentmárton; 20. Valea lui Mihai. Verschiedene Maßstäbe.

Tafel 54*

"Harsány"

"Berkesz"

1. Harsány; 2. Miskolc; 3. Gemer; 4. Szendrő; 5. ehem. Kom. Gemer; 5a. Alba Iulia; 6. Gföhl;
7. Korlát; 8. Rascruci; 9–10 Berkesz; 11. Păcuea; 12. Aszód; 13. 'Ungarn'; 14. Veliko Središte;
15. Trössing. Verschiedene Maßstäbe.

Tafel 55*

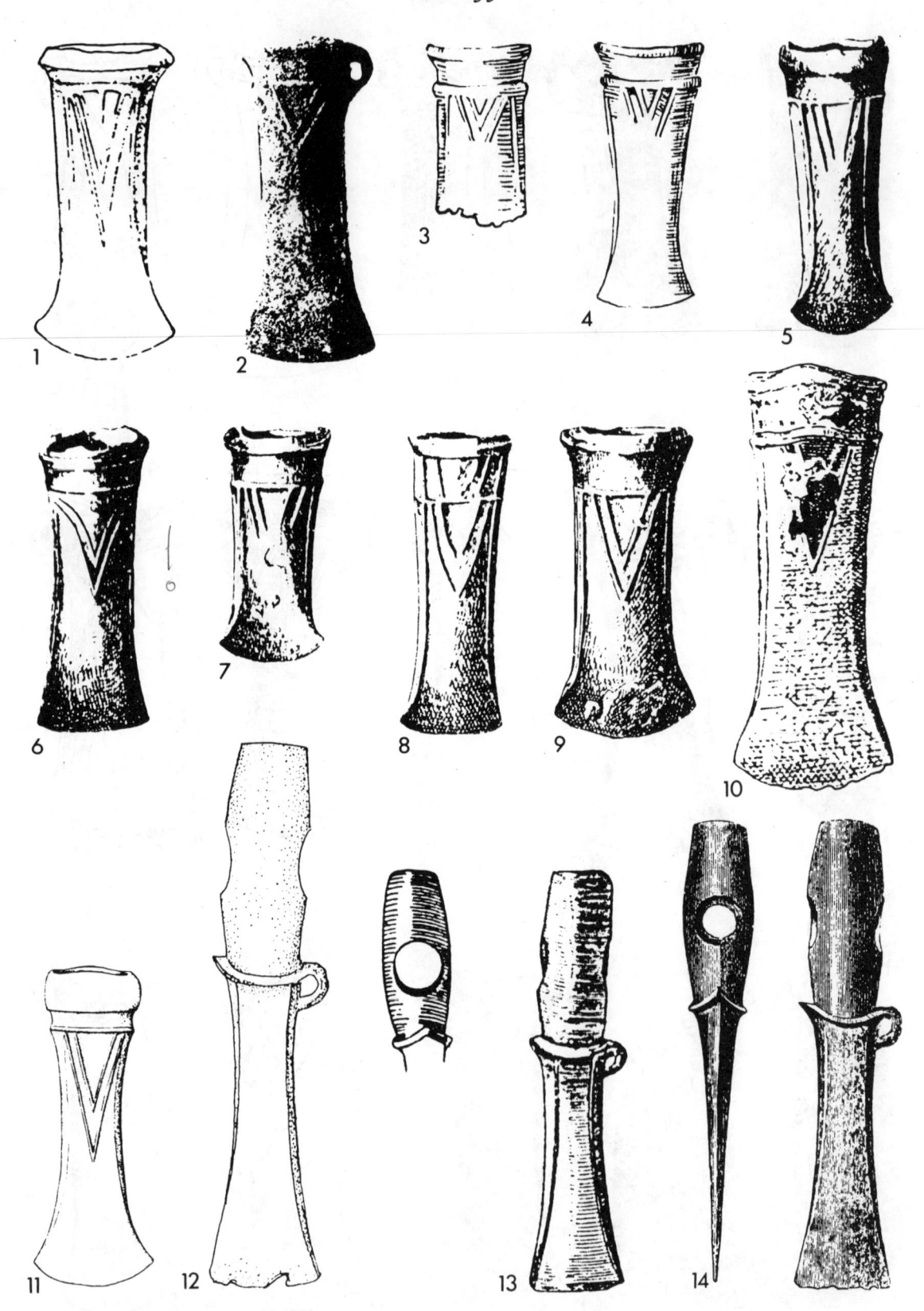

1. Bükkaranyos; 2. Alsódobsza; 3-4. Piricse; 5-9. Simonfa; 10. Sáraszadany; 11. Sveti Janez; 12. Ajak; 13. Domănești; 14. 'Kom. Borsód-Abaúj-Zemplén'l Verschiedene Maßstäbe.

Tafel 56*

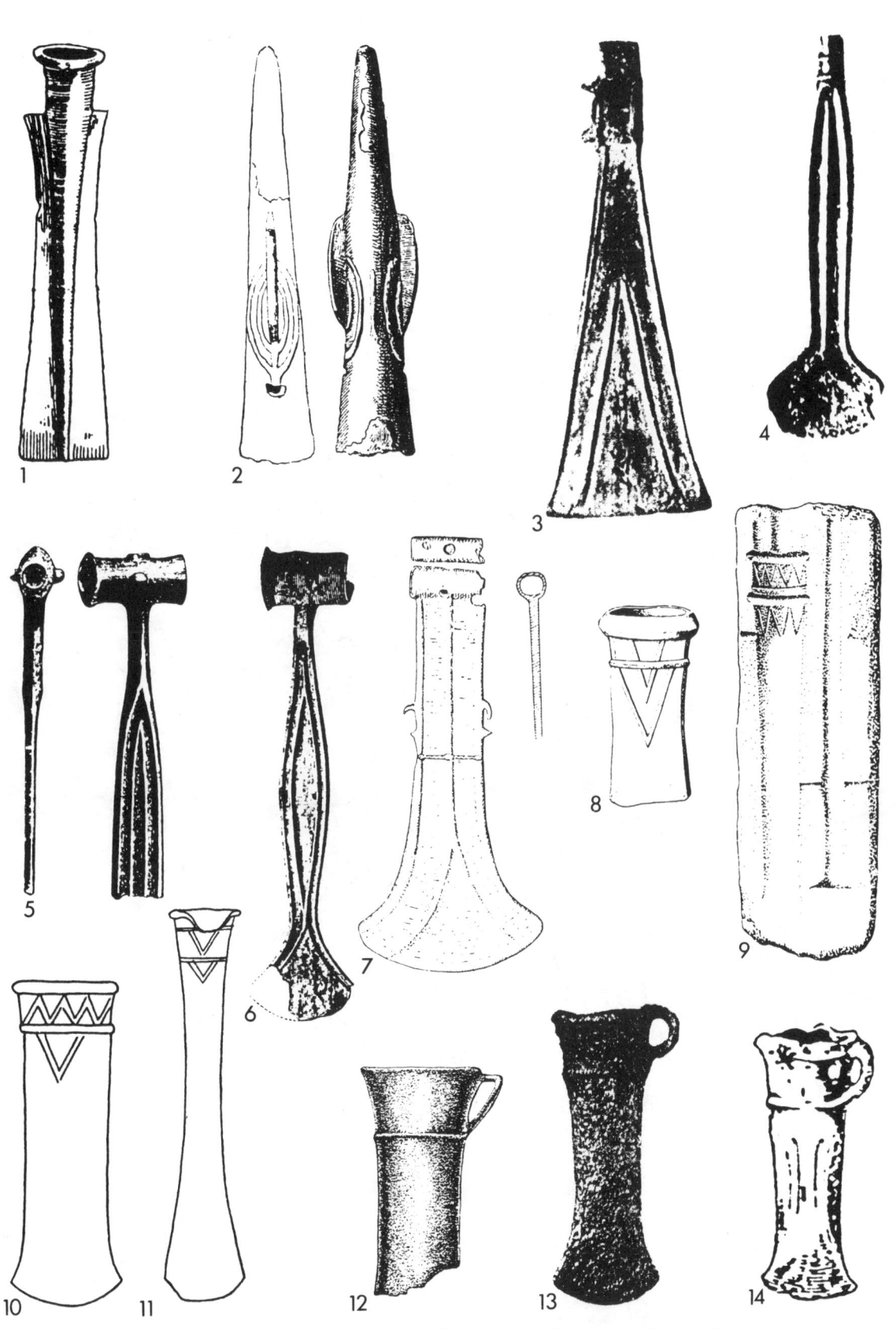

1. Domănești; 2. 5-6 'Ungarn'; 3. Sajóörös; 4. Harsány; 7. Teleac; 8. Gornji Slatenik; 9. Budapest; 10-11. Uioara de Sus; 12. Balatonkiliti; 13. Bakóca; 14. Ecseg. Verschiedene Maßstäbe.

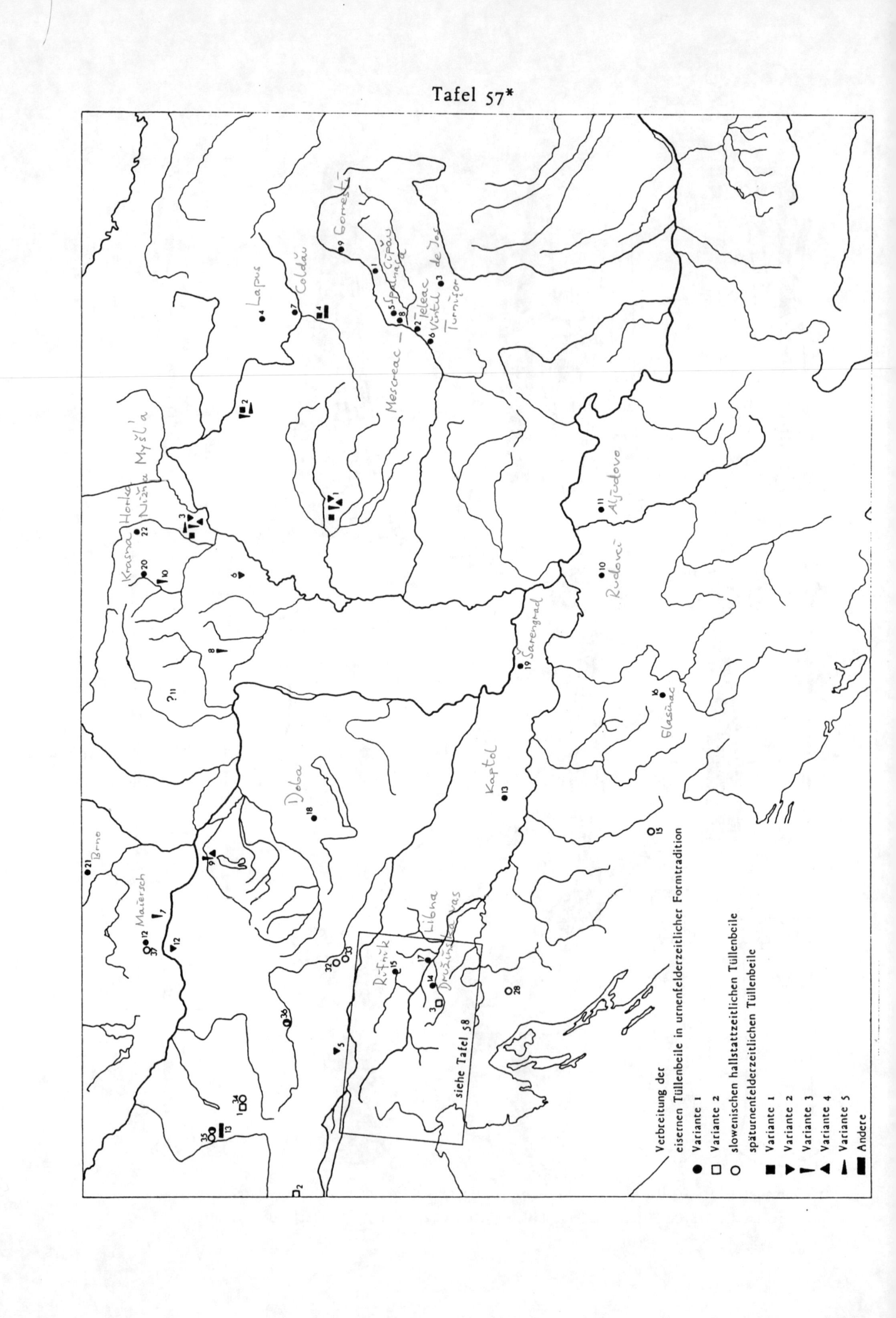

Tafel 57*

Verbreitung der
eisernen Tüllenbeile in urnenfelderzeitlicher Formtradition
  Variante 1   ●
  Variante 2   □
slowenischen hallstattzeitlichen Tüllenbeile   ○
spätúrnenfelderzeitlichen Tüllenbeile
  Variante 1   ■
  Variante 2   ▶
  Variante 3   ▶
  Variante 4   ◀
  Variante 5   ▲
  Andere   ▮

Tafel 58* Ausschnitt aus Tafel 57

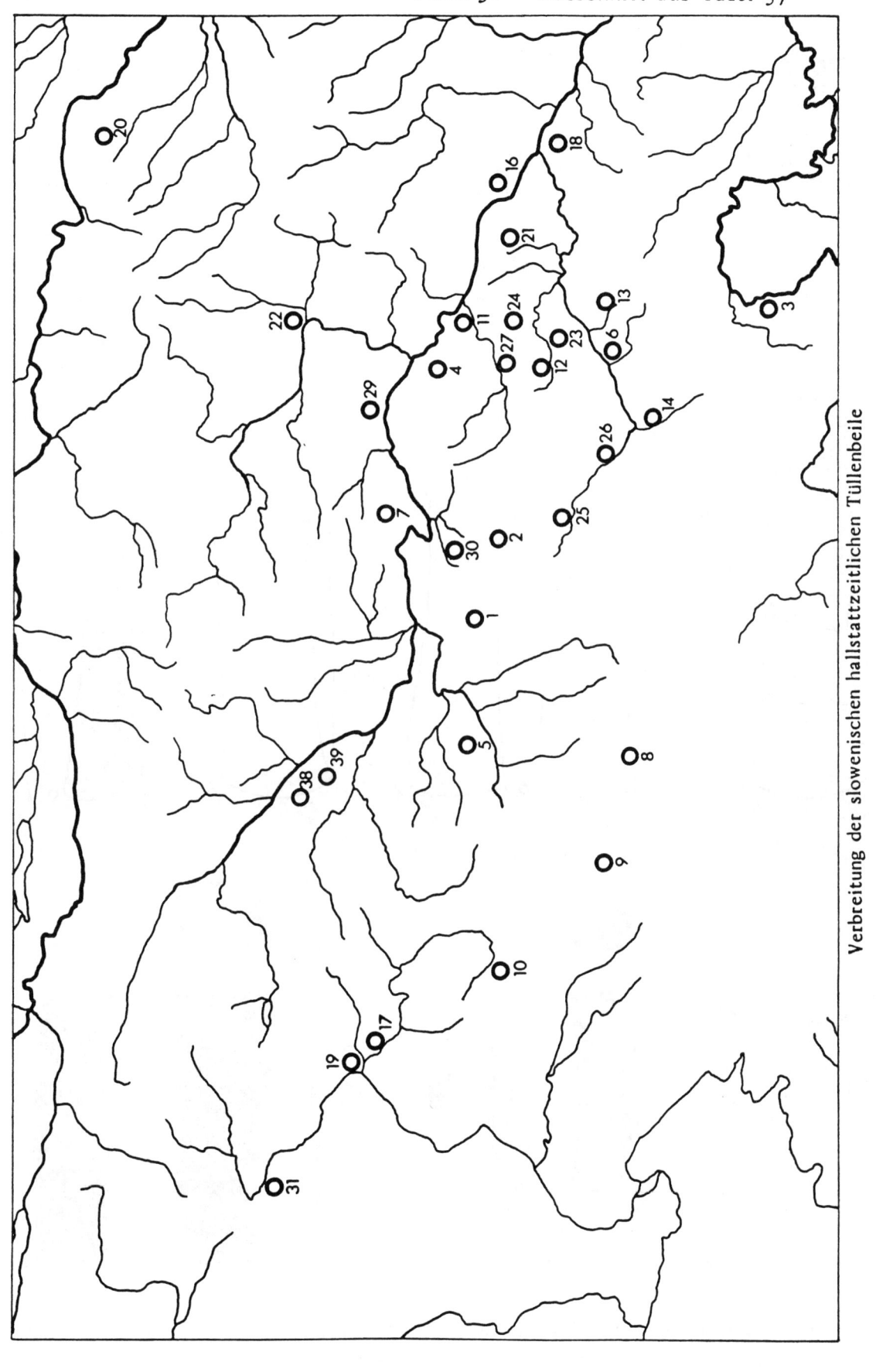

Verbreitung der slowenischen hallstattzeitlichen Tüllenbeile

Tafel 59

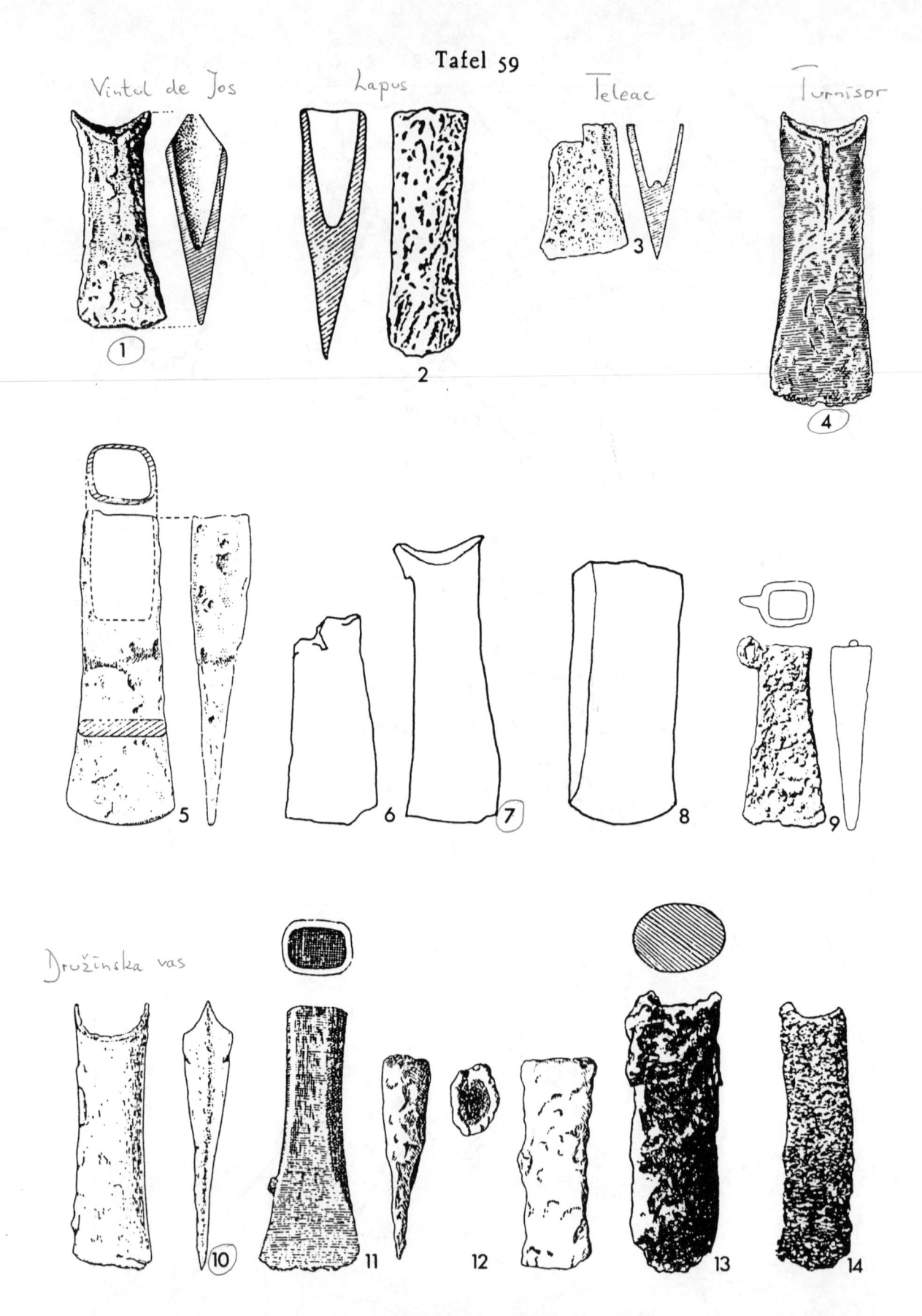

1. Vinţul de Jos; 2. Lăpuş; 3. Teleac; 4. Turnişor; 5. Coldău; 6-7 Rudovci; 8. Aljudovo; 9. Maiersch; 10. Družinska vas; 11. Doba; 12. Rifnik; 13. Glasinac; 14. Kaptol

Tafel 60

1. Libna; 2. Šarengrad; 3. Krásna Hôrka; 4. Chézy-sur Marne; 5. Hundersingen; 6. Welzelach; 7. Vix; 8. Sainte Colombe; 9. Asperg; 10. Brezje; 11. Hallein; 12. Kaptol; 13. Brežec; 14. Magdalenska Gora; 15. 'Sieding a. Murrer' (?)

Tafel 61

1. Kappel; 2. Mont Beuvray; 3. Schwerin; 4. Sarry; 5. Straubing; 6-7 Gleichberg; 8. Kastell Mainz; 9. Singen; 10-12 Dürrnberg; 13-15 Rittershausen; 16. Grandes Chapelle

Tafel 62

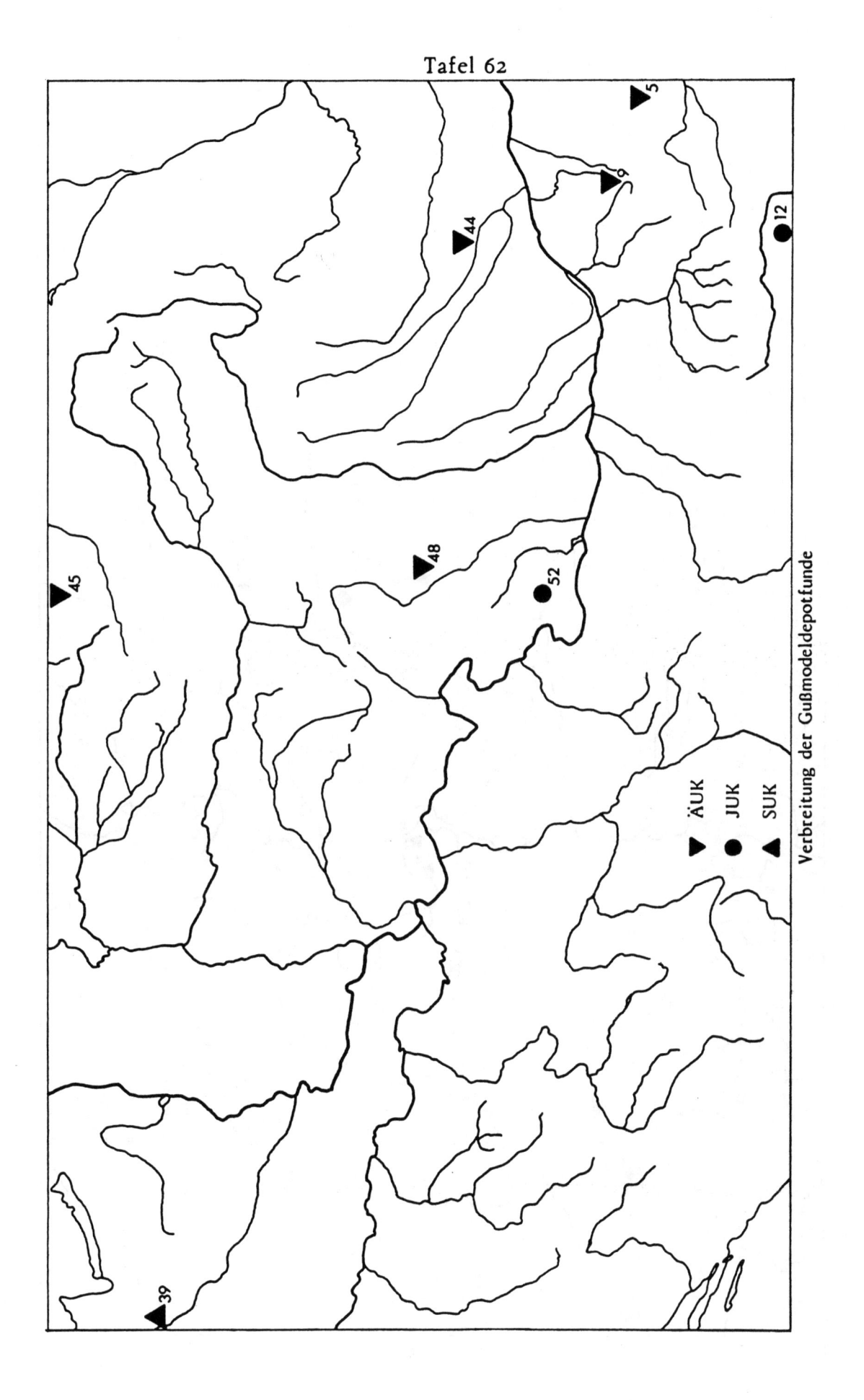

ÄUK ▶
JUK ●
SUK ◀

Verbreitung der Gußmodeldepotfunde

Tafel 63

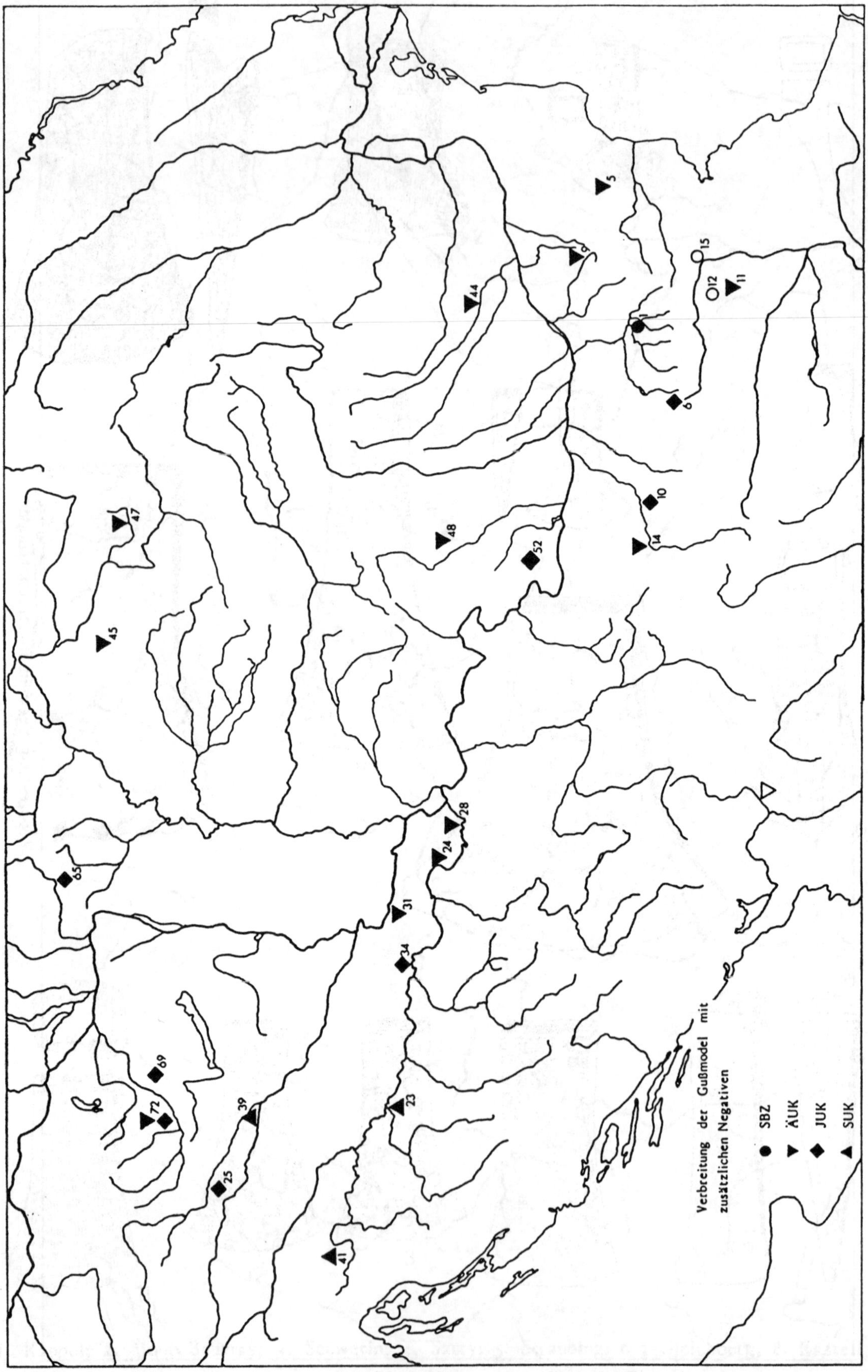

Verbreitung der Gußmodel mit zusätzlichen Negativen

SBZ ●
ÄUK ▶
JUK ◆
SUK ◀

Tafel 64

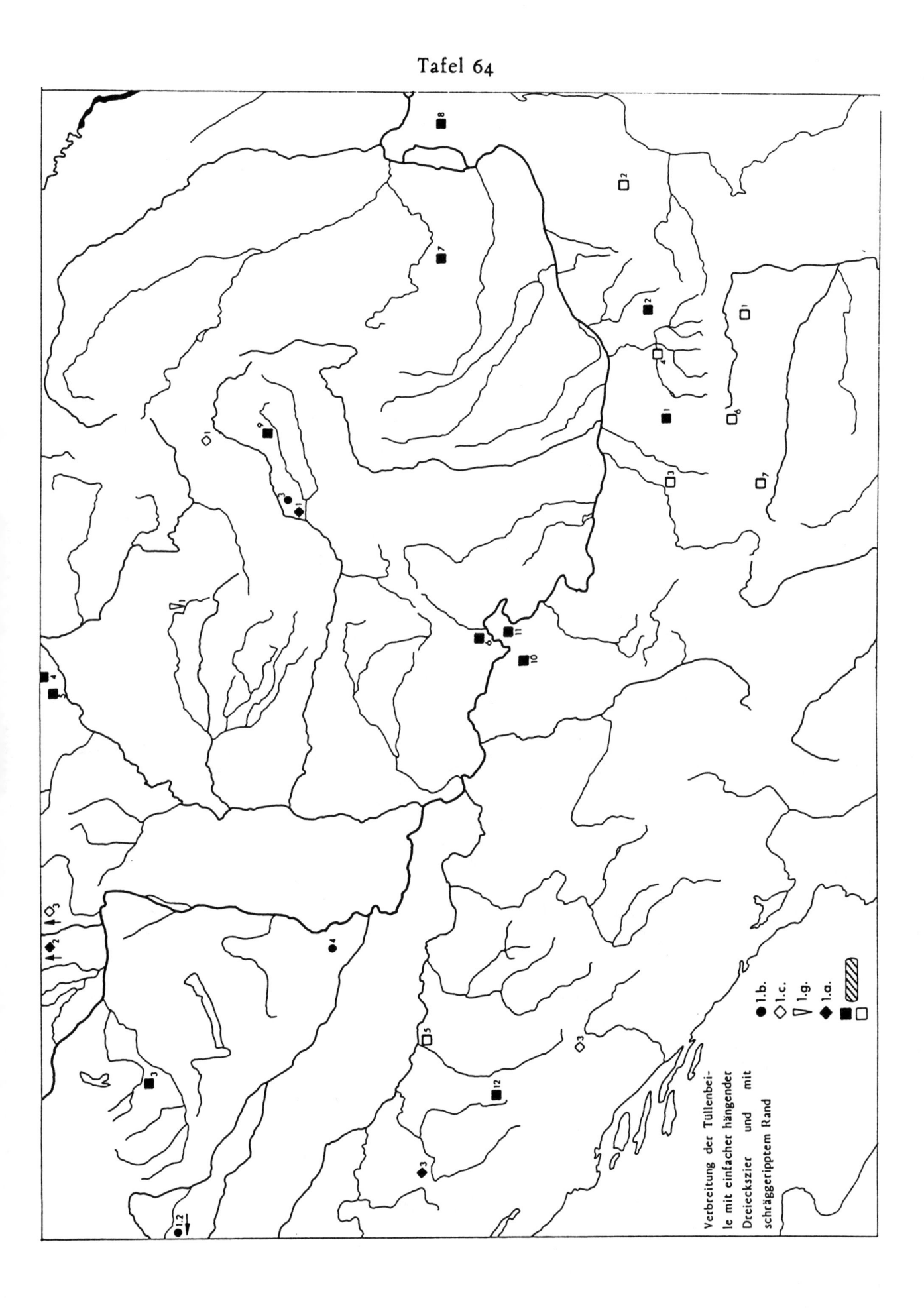

Verbreitung der Tüllenbeile mit einfacher hängender Dreieckszier und mit schräggerripptem Rand

1.b. ●
1.c. ◇
1.g. ▽
1.a. ◆ ■ □

Tafel 65

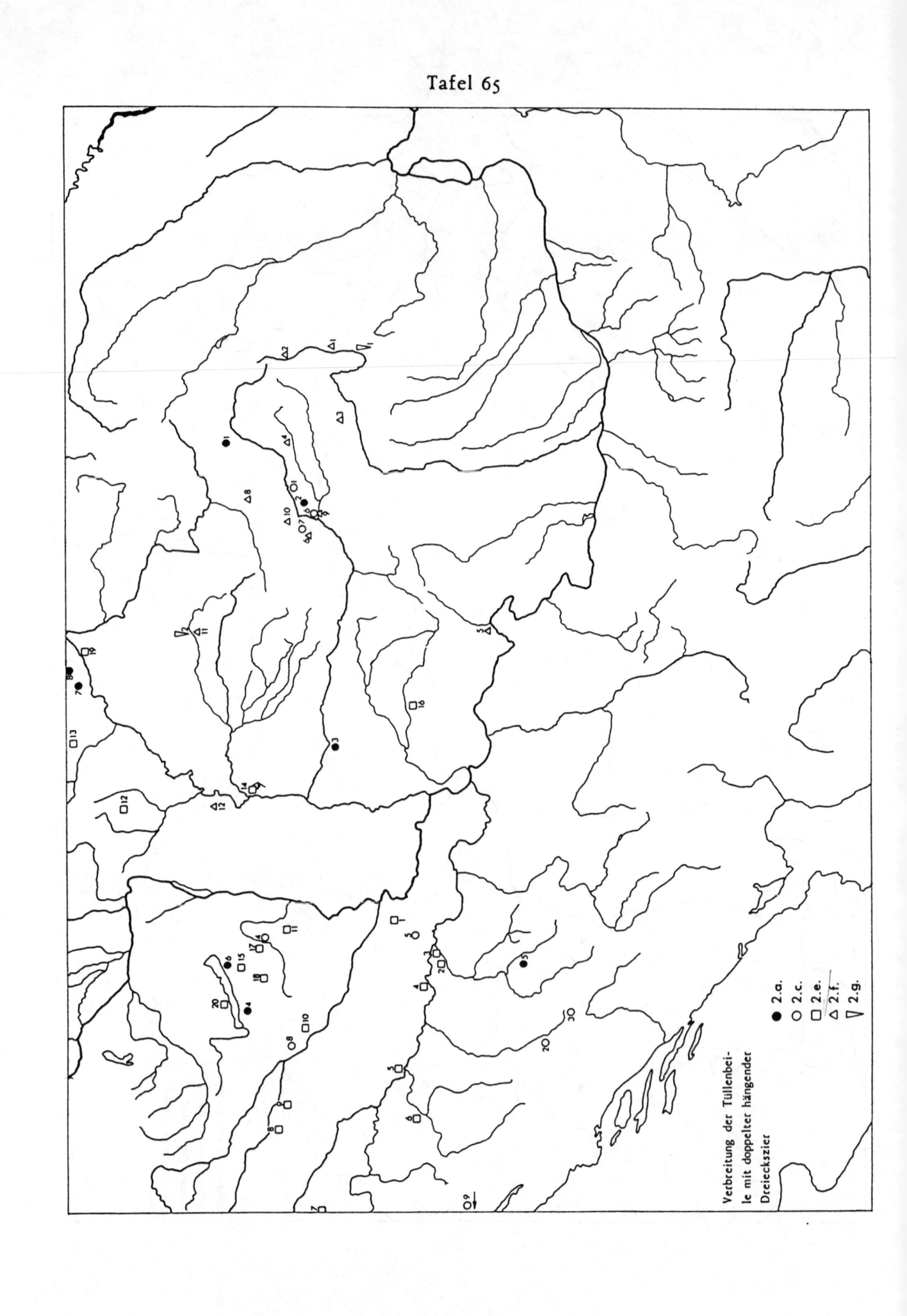

Verbreitung der Tüllenbeile mit doppelter hängender Dreieckszier

● 2.a.
○ 2.c.
□ 2.e.
△ 2.f.
▽ 2.g.

Tafel 66

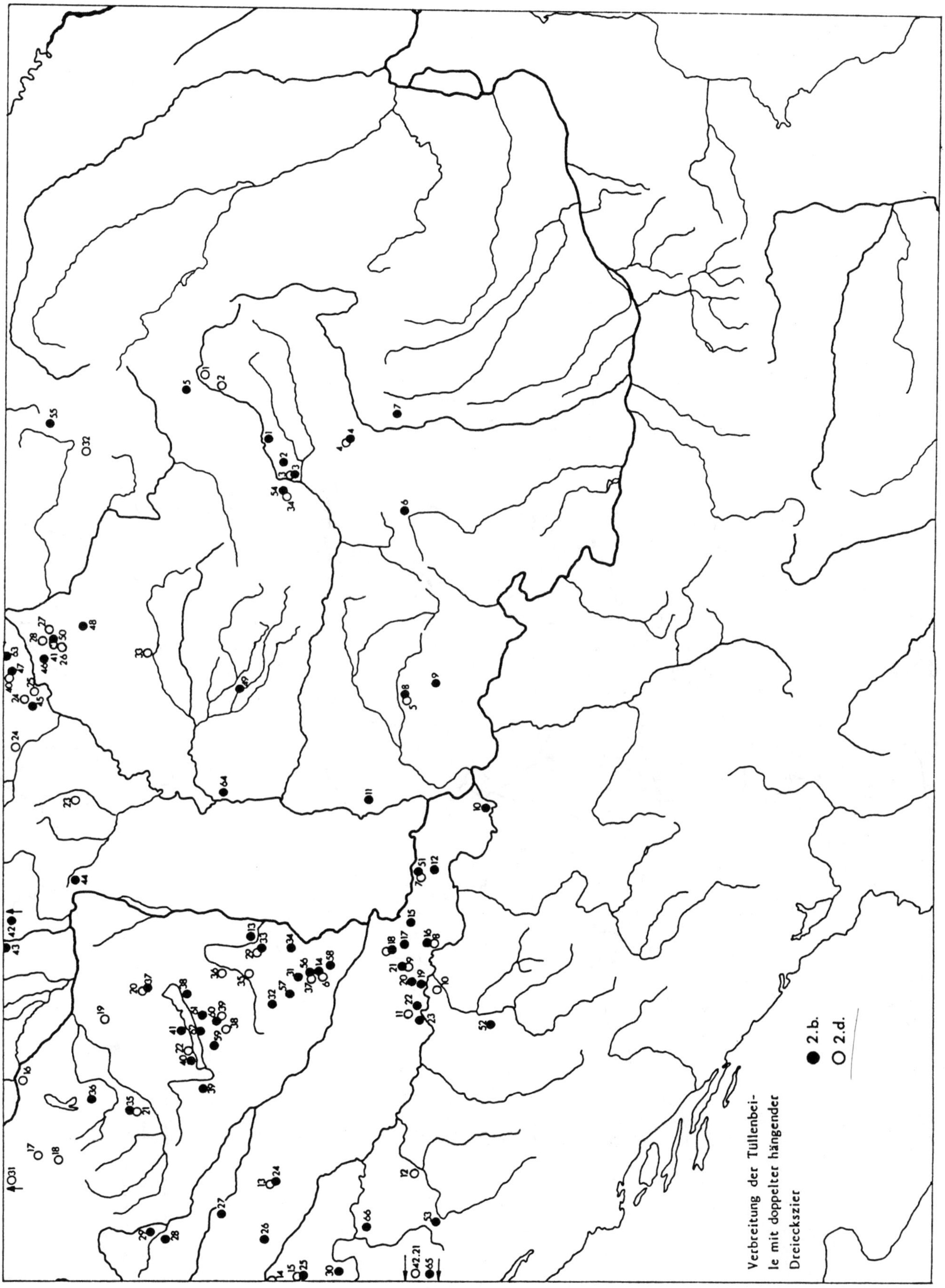

Verbreitung der Tüllenbeile mit doppelter hängender
Dreiecksszier

● 2.b.
○ 2.d.

Tafel 67

Verbreitung der Tüllenbeile mit dreifacher hängender Dreieckszier

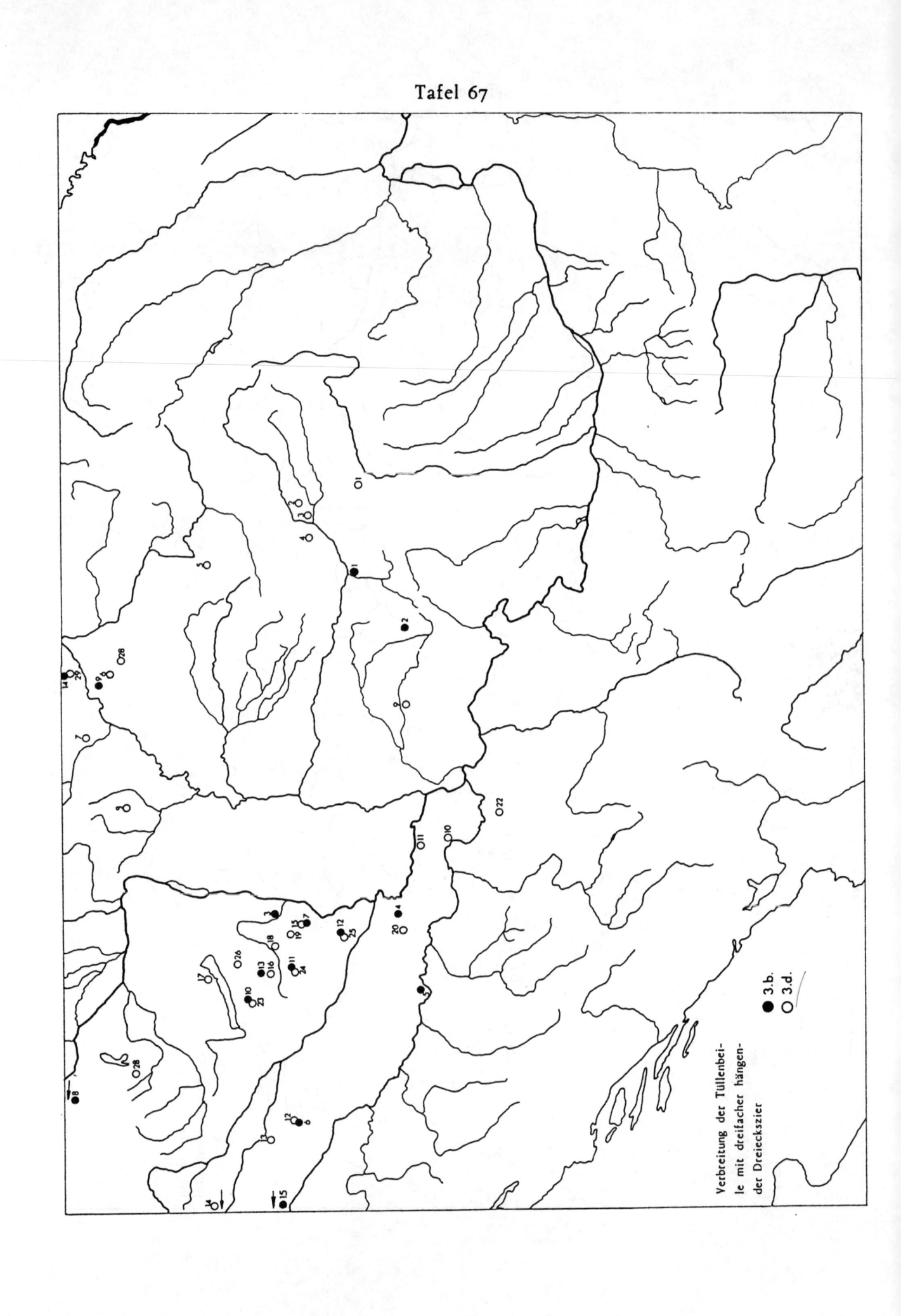

● 3.b.
○ 3.d.

Tafel 68

Verbreitung der Tüllenbeile mit dreifacher hängender Dreieckszier

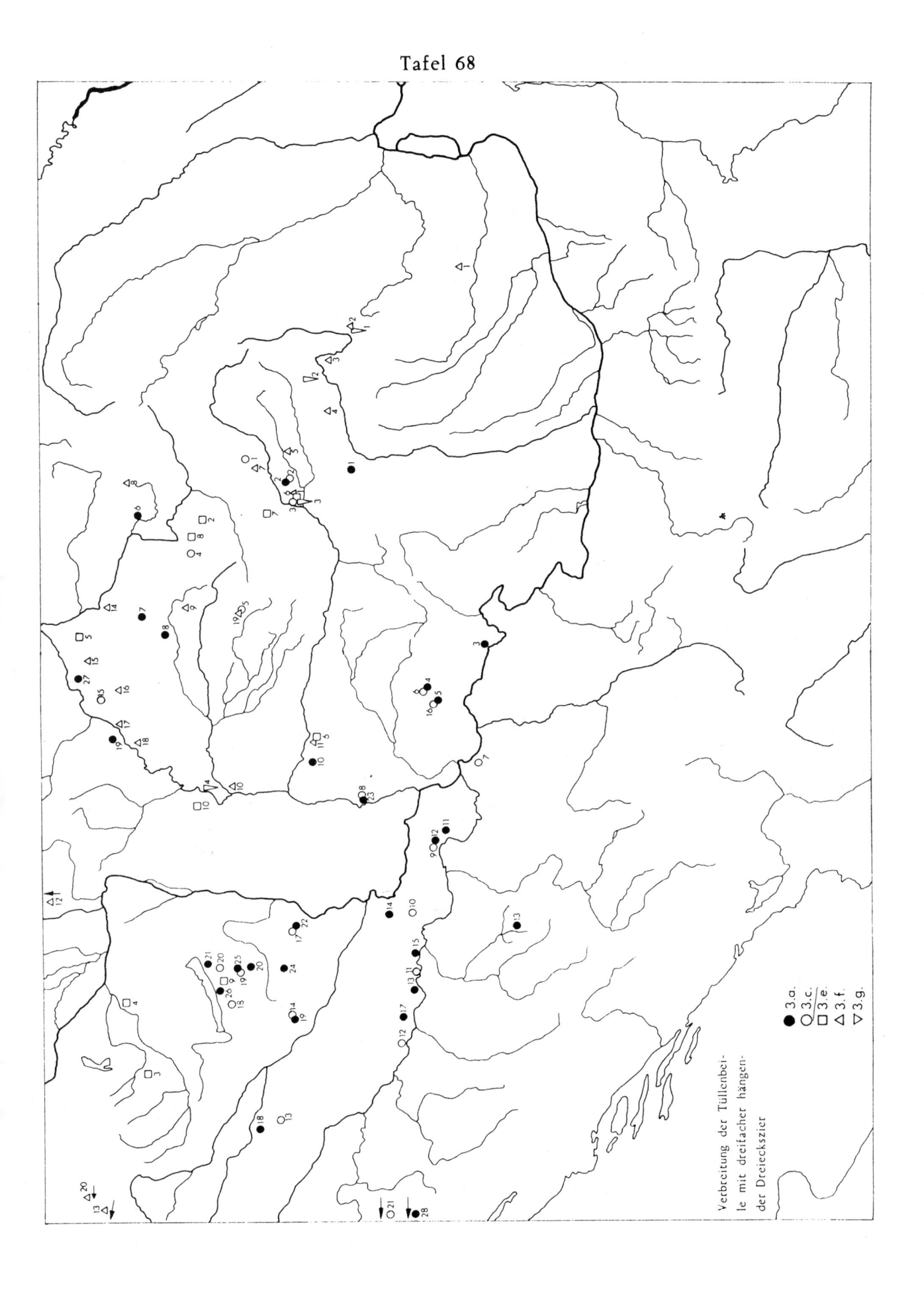

● 3.a.
○ 3.c.
□ 3.e.
△ 3.f.
▽ 3.g.

Tafel 69

Verbreitung der Tüllenbeile mit vierfacher hängender Dreieckszier und mit horizontalgeripptem Rand

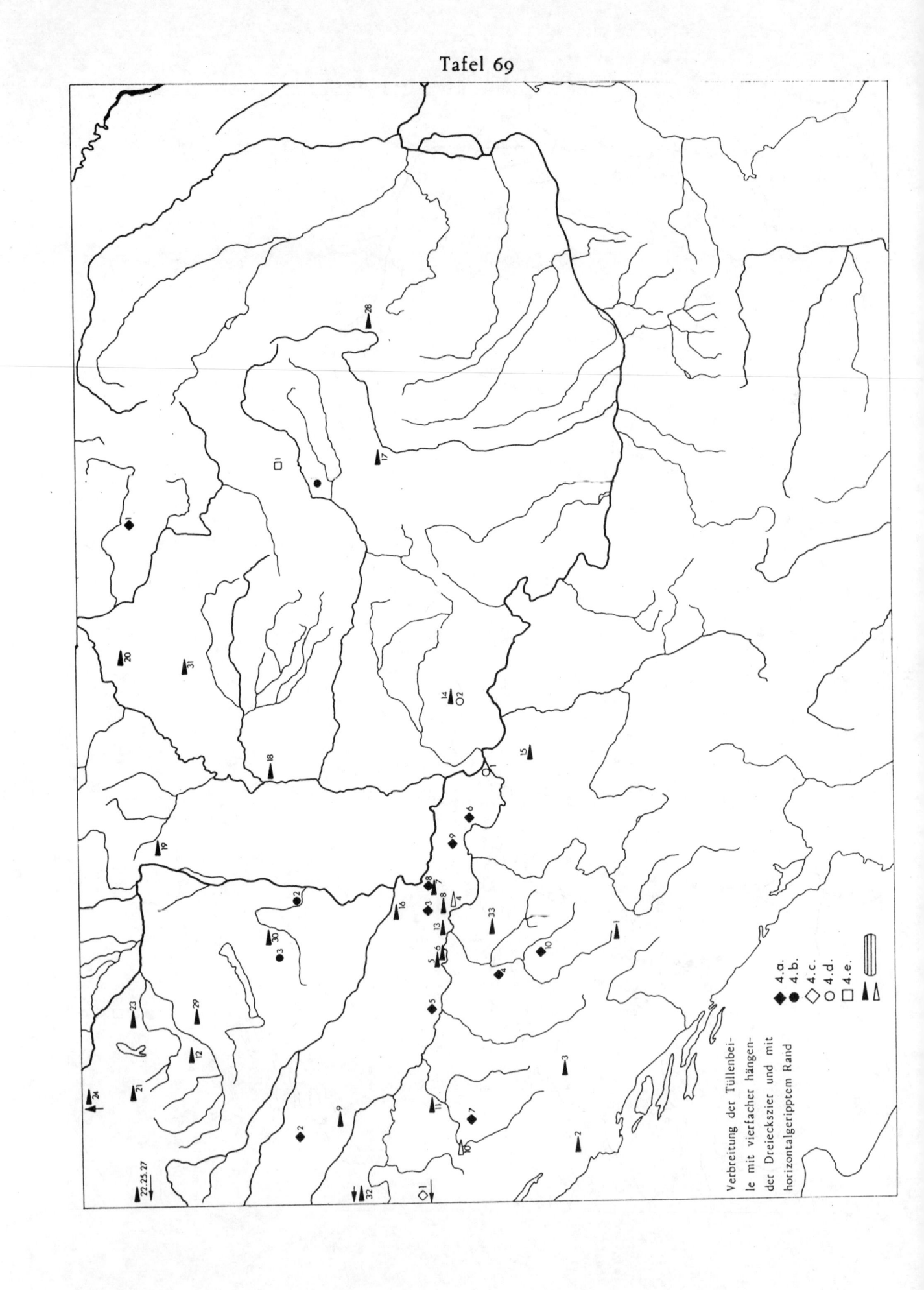

4.a. ◆
4.b. ●
4.c. ◇
4.d. ○
4.e. □
▲ △